John Keegan
Der Erste Weltkrieg

Gelöscht

Plastisch, detailliert und voller Anteilnahme schildert Keegan den Kriegsverlauf an allen Fronten, im Westen wie im Osten, in Europa wie in Afrika, eine packende Mischung aus politischer Ereignis- und Militärgeschichte. Die Perspektive, aus der erzählt wird, ist nicht wie so oft das Verhältnis der fünf europäischen Großmächte zueinander, sondern die des Soldaten an der Front. Große Politik spiegelt sich für den Autor am besten im Schützengraben. Wie in seinen anderen bahnbrechenden Werken zur Militärgeschichte stellt er den Zusammenhang her zwischen dem Einzelnen und dem Allgemeinen, zwischen Gestern und Heute, zwischen Kultur und Barbarei des Krieges.

John Keegan hat für unsere Generation ein Standardwerk zum Ersten Weltkrieg vorgelegt. Es wird der Reichweite und der Komplexität der historischen Ereignisse gerecht — und zeigt neben dem militärischen Geschehen auf, welche Entwicklungen in Technik und Wissenschaft, in der Kunst, in Ökonomie und Soziologie dieser Krieg befördert hat, zu einem Preis allerdings, den niemand wird je beziffern können.

John Keegan

Der Erste Weltkrieg
Eine europäische Tragödie

Deutsch von
Karl und Heidi Nicolai

verlegt bei KINDLER

1. Auflage September 2000
Copyright © 2000 der deutschsprachigen Ausgabe
by Kindler Verlag GmbH, Reinbek bei Hamburg
Copyright © 1998 by John Keegan
Alle Rechte vorbehalten
Die Originalausgabe erschien unter dem Titel
The First World War
bei Hutchinson/Random House, London
Lektorat Thomas Schulz
Umschlaggestaltung Cathrin Günther/Walter Hellmann
Abbildung «Gassed» von John Singer Sargent,
Öl auf Leinwand 1918/Imperial War Museum, London
Satz aus der Plantin PostScript PageOne
Gesamtherstellung Clausen & Bosse, Leck
Printed in Germany
ISBN 3 463 40390 0

Die Schreibweise entspricht den Regeln
der neuen Rechtschreibung.

Den Männern von Kilmington,
die aus dem Großen Krieg 1914–18
nicht zurückkehrten

Inhalt

Vorwort 9

1 Eine europäische Tragödie 11
2 Pläne für den Kriegsfall 41
3 Die Krise im Sommer 1914 77
4 Die Grenzschlachten und die Marneschlacht 111
5 Sieg und Niederlage im Osten 201
6 Patt im Stellungskrieg 249
7 Der Krieg an den anderen Fronten 289
8 Das Jahr der Schlachten 361
9 Zusammenbrechende Heere 429
10 Amerika und der Entscheidungskampf 517

Anmerkungen 593
Bibliographische Hinweise 613
Personenregister 620
Ortsregister 629
Bildnachweise 637

Vorwort

Ich wuchs auf unter Männern, die im Ersten Weltkrieg gekämpft, und unter Frauen, die zu Hause auf eine Nachricht von ihnen gewartet hatten. Mein Vater war im Ersten Weltkrieg Soldat, ebenso seine beiden Brüder und mein Schwiegervater. Alle vier überlebten. Die sorgfältig zensierten Erinnerungen meines Vaters und meines Schwiegervaters vermittelten mir eine erste Vorstellung vom Wesen des Krieges. Die Schwester meines Vaters, die zu dem vom Krieg hervorgebrachten Heer allein stehender Frauen gehörte, erzählte mir gegen Ende ihres Lebens von den Sorgen der Hinterbliebenen. Ihnen und den hunderten direkt oder indirekt in die Tragödie des Krieges verwickelten Veteranen, mit denen ich im Lauf der Jahre gesprochen habe, verdanke ich die Anregung zu diesem Buch.

Es ist von persönlichen Erinnerungen durchdrungen, basiert jedoch im Wesentlichen auf der Lektüre vieler Jahre. Für den Zugang zu den Büchern, die mir wichtig erschienen, habe ich den Bibliothekaren und dem Personal der Büchereien der Königlichen Militärakademie in Sandhurst, der Generalstabsakademie, der Militärakademie der Vereinigten Staaten in West Point, des Vassar College und des *Daily Telegraph* zu danken. Besonderen Dank schulde ich Oberst Robert Doughty, dem Dekan der historischen Fakultät in West Point, und seinem Stellvertreter, Major Richard Faulkner, die es ermöglichten, dass ich während meiner Gastprofessur 1998 in Vassar die großartige Bibliothek von West Point benutzen durfte. Dankbar bin ich auch dem Bibliothekar und dem Personal der *London Library* sowie Tony Noyes, dem Vorsitzenden der *Western Front Association*.

Für wichtige Hilfe während der Entstehungsphase dieses Buches schulde ich großen Dank meinem Herausgeber bei Hutchinson, Anthony Whittome, meiner Herausgeberin bei Knopf, Ashbel Green, meiner Bildredakteurin Anne-Marie Ehrlich, dem Kartographen Alan Gilliland, der für die graphische Gestaltung des *Daily Telegraph* verantwortlich ist, sowie meinem literarischen Agenten Anthony Sheil. Lindsey Wood, die das Manuskript tippte, Fehler entdeckte, meine Hieroglyphen entzifferte, Widersprüche glättete und alle bei der Veröffentlichung eines Buches auftretenden Schwierigkeiten beseitigte, bewies wieder einmal, dass sie eine unvergleichliche Sekretärin ist.

Neben anderen, die mich auf verschiedene Weise unterstützten, möchte ich den nachsichtigen Herausgeber des *Daily Telegraph*, Charles Moore, sowie meine hilfsbereiten Kollegen Robert Fox, Tim Butcher, Tracy Jennings, Lucy Gordon-Clarke und Sharon Martin hervorheben. Besonderen Dank schulde ich Conrad Black, dem Eigentümer des *Daily Telegraph*.

Zu den Freunden in Kilmington, die mir das Schreiben des Buches ermöglichten, gehören Honor Medlam, Michael und Nesta Grey, Nick Lloyd und Eric Coombs. Meine Liebe und Dankbarkeit gelten wie immer meinen Kindern und meinem Schwiegersohn, Lucy und Brooks Newmark, Thomas, Matthew und Rose, sowie meiner lieben Frau Susanne.

The Manor House,
Kilmington,
Juli 1998

Eine
europäische
Tragödie

Der Erste Weltkrieg war ein tragischer und unnötiger Konflikt. Er war unnötig, weil die Kette der Ereignisse, die zu seinem Ausbruch führte, während der fünfwöchigen Krise, die dem ersten bewaffneten Zusammenstoß vorausging, noch jederzeit hätte unterbrochen werden können. Er war tragisch, weil er den Tod von zehn Millionen Menschen zur Folge hatte, die Gefühle von weiteren Millionen verletzte, die liberale und optimistische Kultur des europäischen Kontinents zerstörte und, als die Kanonen nach vier Jahren endlich schwiegen, so starke politische und rassistische Hassgefühle hinterließ, dass die Ursachen des Zweiten Weltkriegs ohne diese Wurzeln nicht zu verstehen sind. Der Zweite Weltkrieg, der fünfmal so viele Menschenleben vernichtete und erheblich höhere materielle Kosten verursachte, war das unmittelbare Resultat des Ersten Weltkriegs. Am 18. September 1922 stieß Adolf Hitler, ein entlassener Frontsoldat, im besiegten Deutschland jene Drohung aus, die er 17 Jahre später in die Tat umsetzte: «Es kann nicht sein, dass zwei Millionen Deutsche umsonst gefallen sind ... Nein, wir verzeihen nicht, sondern fordern – Vergeltung!»[1]

Zeugnisse dieser Vergeltung sind auf dem ganzen von ihm verwüsteten Kontinent sichtbar: die wieder aufgebauten Zentren der deutschen Städte, die durch die Bombenangriffe der Alliierten dem Erdboden gleichgemacht wurden; die Städte, die Hitler selbst verwüsten ließ – Leningrad, Stalingrad, Warschau, Rotterdam, London; die Trümmer des Atlantikwalls, erbaut in der vergeblichen Hoffnung, die Feinde abzuwehren; die verfallenden Baracken in Auschwitz und die Überreste der zerstörten Vernichtungslager in Sobibór, Belzec und Treblinka; ein Kinderschuh im polnischen Staub, ein Stück rostenden Stacheldrahts, die Asche eines Knochens in der Nähe der ehemaligen Gaskammern – Relikte des Ersten wie des Zweiten Weltkriegs.[2] Sie haben eine Vorgeschichte in den Stacheldrahtresten, die noch auf französischen Feldern liegen und die die Luft an feuchten Morgen mit dem Geruch von Rost erfüllen, in den verschimmelten Ledergamaschen, die der Besucher unter einer Rainhecke entdeckt, in dem von Grünspan überzogenen Messing eines Rangabzeichens oder Uniformknopfes, in verrosteten Ladestreifen und zerfressenen Granatsplittern. Französische Bauern finden noch heute sterbliche Überreste in der einst blutgetränkten Erde an der Somme – «Dann unterbreche ich die Arbeit sofort. Ich habe vor euren englischen Gefallenen große Achtung.» Dem nur schwer erträglichen Film, der die Massengräber Bergen-Belsens von 1945 zeigt, gehen die verwackelten Filmaufnahmen französischer Soldaten voraus, die 1915 nach der zweiten Schlacht in der Champagne ihre toten Kameraden übereinander schichteten. Im Ersten Weltkrieg begann das fabrikmäßige Massentöten, das im Zweiten einen erbarmungslosen Höhepunkt erreichte.

Es gibt feierlichere Denkmäler. Nur in wenigen französischen und britischen Gemeinden fehlt ein Ehrenmal für die Gefallenen des Zweiten Weltkriegs. In meinem Heimatort in Wiltshire wurde in den Sockel des Kreuzes, das in der Ortsmitte steht, nachträglich eine Liste von Namen eingemeißelt. Das Kreuz selbst wurde zur Erinnerung an die jungen Männer errichtet, die aus dem Ersten Weltkrieg nicht zurückkehrten. Ihre Zahl ist doppelt so hoch wie die der im Zweiten Weltkrieg Gefallenen. In meinem 1914 zweihundert Einwohner zählenden Dorf kehrte jeder vierte wehrdienstfähige Mann nicht aus dem Feld zurück. Ihre Familiennamen – Gray, Lapham, Newton, Norris, Penn, White – lassen sich in den Kirchenbüchern bis ins 16. Jahrhundert nachweisen und leben bis heute im Dorf weiter. Hier wird sichtbar, dass der Große Krieg Leid in einem Ausmaß verursachte, wie man es seit der Gründung des Dorfes durch die Angelsachsen im frühen Mittelalter noch nie und – Gott sei Dank – bis heute nicht mehr erlebt hat. Das Kreuz für die Gefallenen ist – von der Kirche abgesehen

– das einzige öffentliche Denkmal in meinem Dorf. Vergleichbare Stätten des Gedenkens stehen in allen Nachbardörfern, in den Städten der Grafschaft, wo die Namen um ein Vielfaches zahlreicher sind, sowie in der Kathedrale von Salisbury. Sie haben ein Pendant in jeder Kathedrale Frankreichs, wo stets eine Wandplatte mit der Inschrift zu finden ist: «Zur Ehre Gottes und zum Gedenken an die eine Million Soldaten des Britischen Empire, die im Großen Krieg fielen und von denen die meisten in französischer Erde ruhen.»

Zugleich errichteten die Franzosen natürlich Ehrenmale für die eigenen Gefallenen jeder Stadt und jedes Dorfes. Frankreich verlor im Ersten Weltkrieg fast zwei Millionen Soldaten – zwei von neun Männern, die ins Feld zogen. Sie sind oft symbolisch dargestellt in der Gestalt eines Poilu in hellblauer Uniform, der trotzig sein Bajonett nach Osten gegen die deutsche Grenze richtet. Die Namenlisten sind jeweils ergreifend lang – umso ergreifender, wenn die Wiederholung eines Namens davon zeugt, dass eine Familie mehr als einen Gefallenen zu beklagen hatte. Ähnliche in Stein gemeißelte Listen finden sich in den Gemeinden und Städten nahezu aller Länder, die am Großen Krieg teilnahmen. Besonders rührend ist der gedämpfte Klassizismus des Ehrenmals für die venezianische Kavalleriedivision, das neben dem Dom von Murano in der Lagune Venedigs steht. Es verzeichnet reihenweise die Namen junger Männer aus der Po-Ebene, die in den schroffen Julischen Alpen fielen. Das gleiche Gefühl ergreift einen in den Kirchen Wiens, wo schlichte Steinplatten an das Blutopfer historischer, heute fast vergessener Regimenter der Habsburgermonarchie erinnern.[3]

Die Deutschen können ihrer vier Millionen Gefallenen des Zweiten Weltkriegs nicht in gebührender Weise gedenken – die Wehrmacht war durch die Gräueltaten des NS-Staates kompromittiert. Nach dem Ersten Weltkrieg war es für die Deutschen – aus praktischen, nicht aus moralischen Gründen – ebenso schwierig, der Trauer für ihre Gefallenen einen angemessenen symbolischen Ausdruck zu geben, weil so viele in fremder Erde lagen. Die Schlachtfelder im Osten waren ihnen durch die bolschewistische

Revolution verschlossen; im Westen wurden sie ihnen bestenfalls widerwillig zugänglich gemacht, damit sie ihre Gefallenen bergen und umbetten konnten. Die Franzosen und die Belgier brachten für deutsche Soldatenfriedhöfe nur wenig Verständnis auf. Während den Briten für ihre Soldatengräber eine *sépulture éternelle* gewährt wurde und in den zwanziger Jahren entlang der ehemaligen Westfront eine Reihe parkähnlicher, atemberaubend schöner Soldatenfriedhöfe entstand, durften die Deutschen lediglich an abgelegenen Orten Massengräber anlegen. Nur in Ostpreußen, auf dem historischen Schlachtfeld von Tannenberg, gelang es ihnen, für ihre Gefallenen ein Mausoleum von triumphierender Monumentalität zu schaffen. In der Heimat, fern den Fronten, an denen ihre jungen Männer gefallen waren, errichteten sie in Kirchen und Domen Ehrenmäler, die vor allem durch den Ernst der spätgotischen Kunst – oft durch Grünewalds *Kreuzigung* oder Holbeins *Christus im Grab* – inspiriert sind.[4]

Der Christus Grünewalds und Holbeins blutet, leidet und stirbt, ohne in seinem Todeskampf von Verwandten oder Freunden begleitet zu werden. Dieses Bild eignete sich zur symbolischen Darstellung des einfachen Weltkriegssoldaten, denn mehr als die Hälfte der im Westen Gefallenen – im Osten dürften es noch mehr gewesen sein – war in der Wildnis der Schlachtfelder nicht mehr aufzufinden. Ihre Zahl war so hoch, dass ein anglikanischer Geistlicher, der als Militärpfarrer am Krieg teilgenommen hatte, unmittelbar nach dem Krieg anregte, das angemessenste Ehrenmal für die Gefallenen sei die Exhumierung und Neubestattung eines dieser Nichtidentifizierten an einem Ehrenplatz. Beispielgebend wurde die Beisetzung eines unbekannten Soldaten am Westportal der Westminster Abbey. Die Grabplatte trägt die Inschrift: «Sie begruben ihn unter den Königen, weil er gegen Gott und sein Haus wohl getan hatte.» Am gleichen Tag, dem zweiten Jahrestag des Waffenstillstands vom 11. November 1918, wurde unter dem Arc de Triomphe in Paris ein unbekannter französischer Soldat beigesetzt. Später wurden in vielen Hauptstädten der siegreichen Nationen unbekannte Soldaten symbolisch umgebettet.[5] Als die besiegten Deutschen 1924 ein nationales Ehrenmal für ihre Gefallenen zu errichten suchten, ging die Enthüllung in einem Chaos politischer Proteste unter. Die Rede des Reichspräsidenten Friedrich Ebert, der im Krieg zwei Söhne verloren hatte, fand zwar Gehör. Aber das zweiminütige Schweigen, das folgen sollte, wurde durch laute Parolen von Militaristen und Pazifisten unterbrochen, was einen den ganzen Tag anhaltenden Tumult auslöste.[6] Der Schmerz über den verlorenen Krieg spaltete Deutschland, bis 1933 Hitler kam. Bald nachdem er Reichskanzler geworden war, feierten NS-Literaten Hitler, den «unbekannten Gefreiten», als eine lebendige Verkörperung des «unbekannten Soldaten», den der Staat von Weimar nicht geehrt hatte. Binnen kurzem bezeichnete sich Hitler in seinen Reden als Führer des deutschen Volkes selbst als «einen unbekannten Soldaten des Weltkriegs». Er säte die Saat, die zum Tod von weiteren vier Millionen deutschen Soldaten führen sollte.[7]

Die durch einen Krieg verursachten Wunden sitzen tief und heilen langsam. Ende 1914, vier Monate nach dem Ausbruch des Großen Krieges, waren 300 000 Franzosen gefallen und 600 000 verwundet – bei einer männlichen Bevölkerung von 20 Millionen, von der etwa 10 Millionen im wehrfähigen Alter standen. Als der Krieg endete, waren fast zwei Millionen Franzosen gefallen, die meisten aus der Infanterie, der wichtigsten Waffengattung, die 22 Prozent ihrer Soldaten verlor. Die schwersten Verluste hatten die jüngsten Jahrgänge erlitten: zwischen 27 und 30 Prozent der in den Jahren 1912–15 Einberufenen. Viele dieser jungen Männer waren noch nicht verheiratet; 1918 lebten in Frankreich 630 000 Kriegerwitwen und sehr viele jüngere Frauen, die der Krieg einer Heiratsmöglichkeit beraubt hatte. Bei den 20- bis 39-Jährigen gab es 1921 ein starkes Ungleichgewicht zwischen den Geschlechtern: Auf 55 Frauen kamen nur 45 Männer. Unter den 5 Millionen Kriegsversehrten wurden mehrere Hunderttausend als *grands mutilés* eingestuft: Soldaten, die Arme, Beine oder das Augenlicht verloren hatten. Am schlimmsten war wohl das Schicksal der Menschen, die entstellende Gesichtsverletzungen davongetragen hatten; diese boten teilweise einen so erschütternden

Anblick, dass in abgelegenen ländlichen Regionen Siedlungen erbaut wurden, wo sie abgeschottet ihren Urlaub verbringen konnten.[8]

Die deutsche Kriegsgeneration erlitt ähnliche Verluste. «Die Jahrgänge 1892–1895, die beim Kriegsausbruch zwischen 19 und 22 Jahre alt waren, wurden um 35–37 Prozent reduziert.» Von den zwischen 1870 und 1899 geborenen Männern fielen insgesamt 13 Prozent, das heißt in jedem Kriegsjahr durchschnittlich 465 600. Die höchsten Verluste, wie in den meisten Heeren, erlitt das Offizierskorps. Während von den einfachen Soldaten 14 Prozent fielen, waren es bei den Offizieren 23 Prozent, bei den Berufsoffizieren sogar 25 Prozent. Von den überlebenden deutschen Schwerkriegsversehrten hatten 44 657 ein Bein, 20 877 einen Arm, 136 beide Arme, 1264 beide Beine und 2547 das Augenlicht verloren; der größte Teil der Kopfverletzten überlebte nicht. Insgesamt starben im Krieg oder später an den Folgen ihrer Verletzungen 2 057 000 Deutsche.[9]

Deutschland hatte zwar die meisten zahlenmäßig belegbaren Toten zu verzeichnen (für Russland oder die Türkei liegen nur Schätzungen vor), proportional gesehen erlitt Serbien jedoch höhere Verluste. Von der 5 Millionen zählenden serbischen Vorkriegsbevölkerung fielen 125 000 im Krieg, weitere 650 000 Zivilpersonen starben an Entbehrung oder Krankheit. Das ergibt einen Gesamtverlust von 15 Prozent der Bevölkerung, während Großbritannien, Frankreich und Deutschland nur zwischen 2 und 3 Prozent ihrer Bevölkerung verloren.[10]

Selbst diese proportional geringeren Verluste hinterließen furchtbare psychische Wunden, denn sie trafen die jüngste und aktivste männliche Bevölkerungsgruppe. In dem Maße, wie der Erste Weltkrieg historisch ferner rückt, ist es Mode geworden, die Klage um eine «verlorene Generation» als Legendenbildung abzutun. Demographen weisen nach, dass die Verluste schnell durch das natürliche Bevölkerungswachstum ausgeglichen wurden, und hartgesottenere Historiker behaupten sogar, die Verluste seien nur von einem Bruchteil der Familien empfunden worden. Schlimmstenfalls seien nur 20 Prozent – wahrscheinlich nur

10 Prozent oder weniger – der Einberufenen nicht nach Hause zurückgekehrt. Für die Mehrheit sei der Krieg ein Durchgangsstadium gewesen, eine Unterbrechung des normalen Lebens, zu dem die Gesellschaft schnell zurückgefunden habe, sobald die Kanonen schwiegen.

Das ist eine selbstgefällige Beurteilung. Es mag zutreffen, dass der Große Krieg im Vergleich zum Krieg von 1939–45 geringe materielle Schäden verursachte. In seinem Verlauf wurde keine europäische Großstadt zerstört oder verwüstet wie die deutschen Großstädte durch die Bombenangriffe des Zweiten Weltkriegs. Der Erste Weltkrieg wurde an der Ostfront wie an der Westfront in ländlichen Regionen geführt, die Schlachtfelder wurden bald wieder als Acker- oder Weideland genutzt und die zerschossenen Dörfer – mit Ausnahme derjenigen um Verdun – schnell wieder aufgebaut. Schäden, die der Krieg dem kulturellen Erbe Europas zugefügt hatte, konnten mühelos repariert werden: Die gotische Tuchhalle in Ypern zeigt heute keine Spuren der 1914–18 erfolgten Zerstörung mehr, ebenso wenig die Marktplätze von Arras und die Kathedrale von Reims; die Bauwerke von Löwen (Louvain), 1914 in einem einmaligen Akt des Vandalismus niedergebrannt, wurden in der Nachkriegszeit Stück um Stück wieder aufgebaut.

Vor allem verschonte der Krieg die Zivilbevölkerung weitgehend vor der bewussten Zerstörung und Brutalität, die den Zweiten Weltkrieg kennzeichnen sollten. Nur in Serbien und anfangs in Belgien wurden Einheimische gezwungen, ihre Häuser, ihren Grundbesitz und ihre friedlichen Beschäftigungen aufzugeben. Nur in Türkisch-Armenien kam es zu einem Genozid; obwohl die osmanische Regierung ihre armenischen Untertanen grausam behandelte, gehören die zu ihrer Vernichtung organisierten Zwangsmärsche eher in die Geschichte der osmanischen Reichspolitik als in die des Krieges. Im Ersten Weltkrieg gab es – anders als im Zweiten – keine systematischen Vertreibungen, kein planmäßiges Aushungern, keine Enteignungen, nur wenige Massaker oder Gräueltaten. Abgesehen von den Grausamkeiten des Schlachtfeldes war es ein merkwürdig zivilisierter Krieg, auch wenn die staatliche Propaganda das Gegenteil zu verbreiten suchte.

Gleichwohl fügte der Erste Weltkrieg der durch die Aufklärung geprägten rationalen und liberalen Zivilisation Europas wie auch der Weltzivilisation bleibenden Schaden zu. Vor dem Krieg hatte Europa gegenüber anderen Erdteilen eine imperiale Politik betrieben, jedoch die Prinzipien der verfassungsmäßigen Regierungsform, der Rechtsstaatlichkeit und des Repräsentativsystems geachtet. Nach dem Krieg gab Europa diese Prinzipien bald auf. In Russland gingen sie nach 1917 völlig verloren, in Italien nach 1922, in Deutschland 1933, in Spanien nach 1936, und in den jungen Staaten Mittel- und Südeuropas, die durch die Friedensverträge geschaffen oder vergrößert worden waren, wurden sie stets nur inkonsequent befolgt. 15 Jahre nach dem Ende des Krieges war der Totalitarismus in zahlreichen Ländern im Aufstieg. «Totalitarismus» war ein damals neues Wort für ein System, das den Liberalismus und den Konstitutionalismus – Konstanten der europäischen Politik seit 1789 – missachtete. Er war die politische Fortsetzung des Krieges mit anderen Mitteln. Er uniformierte und militarisierte seine Anhänger, während er die Bevölkerung ihrer Wahlrechte beraubte, an ihre niedrigsten politischen Instinkte appellierte und jede Opposition im Innern marginalisierte und einschüchterte. Weniger als 20 Jahre nach dem Ende des Großen Krieges – des «Krieges zur Abschaffung der Kriege», wie man ihn nannte, als die Friedenshoffnungen auf dem Tiefpunkt angelangt waren – verbreitete sich in Europa die Furcht vor einem neuen Krieg, hervorgerufen durch die ehrgeizigen Aktionen aggressiver *Warlords*, wie sie die Alte Welt während der langen Friedensperiode des 19. Jahrhunderts nicht gekannt hatte. Europa rüstete auf, es produzierte Waffen (Panzer, Bombenflugzeuge, Unterseeboote), die sich im Ersten Weltkrieg noch im Entwicklungsstadium befunden hatten und die den Zweiten zu einer noch größeren Katastrophe zu machen drohten.

Der Zweite Weltkrieg, der 1939 begann, war zweifellos das Resultat des Ersten und in hohem Maße dessen Fortsetzung. Seine Umstände – die den Deutschen verweigerte europäische Gleichberechtigung – sowie seine unmittelbaren Ursachen – ein Streit zwischen einem deutschsprachigen Herrscher und einem slawischen Nachbarn – waren die gleichen. Die Akteure waren dieselben, auch wenn sie inzwischen eine andere Stellung innehatten: Maurice Gustave Gamelin, 1939 Oberbefehlshaber der französischen Streitkräfte, war 1918 Stabschef bei Foch, dem Oberbefehlshaber der Alliierten; Winston Churchill, 1939 Erster Lord der Admiralität, hatte diesen Posten bereits 1914 einmal inne; Adolf Hitler, «der erste Soldat des Dritten Reiches», gehörte im August 1914 zu den ersten Kriegsfreiwilligen des wilhelminischen Kaiserreiches. Auch die Schlachtfelder sollten die gleichen sein: Die Maas, im Mai 1940 von den deutschen Panzertruppen mit spektakulärer Leichtigkeit überquert, hatte sich von 1914 bis 1918 bei Verdun als unüberwindbar erwiesen; Arras, im Ersten Weltkrieg für das britische Expeditionskorps Brennpunkt einiger der erbittertsten Grabenkämpfe, war 1940 Schauplatz des einzigen erfolgreichen Gegenstoßes des britischen Heeres; die Bzura, ein schmaler Wasserlauf westlich von Warschau, sollte sich nicht nur 1915, sondern auch 1939 für die Operationen an der Ostfront als entscheidend erweisen. 1939 marschierten viele los, die bereits 1914 – jünger und mit einem niedrigeren Dienstgrad – ins Feld gezogen waren, in dem festen Glauben, siegreich nach Hause zurückzukehren, «ehe das Laub fällt». Die glücklichen Überlebenden hätten jedoch einen Unterschied zugegeben: 1939 waren das Gefühl der drohenden Kriegsgefahr und die Angst vor dem Krieg stark, denn man kannte seine Wirklichkeit; 1914 hingegen traf der Krieg wie ein Blitz aus heiterem Himmel die Völker, die sich von ihm keine Vorstellung machen konnten und die in dem Glauben aufgewachsen waren, der Krieg werde ihren Kontinent nie wieder heimsuchen.

Europäische Harmonie

Im Sommer 1914 erfreute sich Europa einer friedlichen Produktivität, die so stark auf internationalen Warenaustausch und internationale Zusammenarbeit angewiesen war, dass ein allgemeiner Krieg ausgeschlossen schien. 1910 war eine Untersuchung über die vorherrschende wirtschaftliche Interdependenz, *The Great Illusion*, ein Bestseller geworden. Ihr Verfasser, Norman Angell, hatte zur Zufriedenheit nahezu aller gut unterrichteten Kreise nachgewiesen, dass die Störung des internationalen Kreditwesens, die ein Krieg zwangsläufig mit sich brächte, diesen entweder verhindern oder rasch beenden werde. Eine solche Botschaft fand damals bei der Industrie und beim Großhandel freudige Zustimmung. Nach der zwei Jahrzehnte anhaltenden Depression von 1873, heraufbeschworen durch die Zahlungsunfähigkeit einer österreichischen Bank und verstärkt durch den Verfall der Preise für Rohstoffe und Fertigwaren, war in den letzten Jahren des 19. Jahrhunderts die Industrieproduktion wieder angestiegen. Neue Waren – elektrische Apparate, chemische Farbstoffe, Fahrzeuge mit Verbrennungsmotoren – hatten sich auf dem Markt durchgesetzt. Neue billige Rohstoffquellen sowie Vorkommen wertvoller Metalle, vor allem in Südafrika, waren inzwischen zugänglich und erhöhten das Kreditgeschäft. Eine wachsende Bevölkerung – zwischen 1880 und 1910 stieg sie in Österreich-Ungarn um 35 Prozent, in Deutschland um 43 Prozent, in Großbritannien um 26 Prozent, in Russland um über 50 Prozent – vergrößerte die Binnenmärkte deutlich; Auswanderer – zwischen 1880 und 1910 emigrierten 26 Millionen Europäer nach Nord- und Südamerika, Australien oder Neuseeland – erhöhten auch dort die Nachfrage nach Gütern. Die gewaltige Ausdehnung formeller und informeller überseeischer Reiche in Afrika und Asien eröffnete Millionen ihrer Bewohner den internationalen Markt, nicht nur als Rohstofflieferanten, sondern auch als Konsumenten. Eine zweite Revolution im Transportwesen – 1893 übertraf der Schiffsraum der Dampfschiffe zum ersten Mal den der Segelschiffe – hatte den Überseehandel stark beschleunigt und erweitert. Die Ausdehnung des in Westeuropa und den Vereinigten Staaten praktisch schon um 1870 ausgebauten Eisenbahnnetzes nach Osteuropa und Russland – wo es zwischen 1890 und 1913 von 31 000 auf 71 000 km wuchs – integrierte dieses riesige, an Getreide, Erzen, Öl und Bauholz reiche Gebiet in die Weltwirtschaft. Es ist kaum überraschend, dass mit Beginn des neuen Jahrhunderts die Bankiers ihre

Zuversicht zurückgewonnen hatten. Auf dem Goldstandard basierendes Kapital floss ungehindert von Europa nach Amerika und Asien, im ersten Jahrzehnt des 20. Jahrhunderts etwa 350 Millionen Pfund pro Jahr; Gewinne aus überseeischen Investitionen bildeten in Großbritannien, Frankreich, Deutschland, Holland und Belgien ein wesentliches Element privater und körperschaftlicher Einkünfte. Belgien, eines der kleinsten Länder Europas, besaß 1914 die sechstgrößte Wirtschaftskraft der Welt – das Ergebnis seiner frühen Industrialisierung sowie der intensiven Tätigkeit seiner Banken, Handelshäuser und Unternehmen.

Russische Eisenbahnen, südafrikanische Gold- und Diamantenminen, indische Textilfabriken, afrikanische und malaiische Kautschukplantagen, südamerikanische Rinderfarmen, australische Schaffarmen, kanadische Weizenfelder und nahezu alle Sektoren der gigantischen Wirtschaft der USA – sie war schon 1913 die größte der Welt und stellte ein Drittel aller Industrieprodukte her – verschlangen europäisches Kapital so schnell, wie es nur aufgetrieben werden konnte. Der größte Anteil wurde über die Londoner City transferiert. Die Goldreserven der Londoner Zentralbank waren allerdings gering: 1890 lediglich 24 Millionen Pfund, während die Bank von Frankreich 95 Millionen, die Deutsche Reichsbank 40 Millionen und die Bundesbank der Vereinigten Staaten 142 Millionen Pfund Goldreserven besaßen. Die weltweiten Verbindungen der Londoner Privatbanken und Diskonthäuser, Versicherungs- und Rohstoffgesellschaften, Aktien- und Warenbörsen machten die Londoner City dennoch für alle fortgeschrittenen Länder zur Drehscheibe für Kauf, Verkauf und Kreditaufnahme. Die überragende Bedeutung der Londoner City nährte den von Norman Angell so überzeugend vorgetragenen Glauben, jede Störung des über sie abgewickelten, reibungslosen täglichen Ausgleichs von Soll und Haben werde nicht nur das Vertrauen in den Geldmechanismus, von dem die Welt lebte, sondern auch diesen Mechanismus selbst zerstören.

Am 17. Januar 1912 sprach Angell vor Londoner Bankiers über das Thema «Der Einfluss des Bankwesens auf die internationalen Beziehungen». Er argumentierte:

Die finanzielle Interdependenz, die in weit höherem Maße als bei irgendeiner anderen Branche das besondere Kennzeichen des Bankwesens ist – die Tatsache, dass die Zinsen und die Zahlungsfähigkeit des einen mit den Zinsen und der Zahlungsunfähigkeit von vielen verknüpft sind und dass es ein Vertrauen auf die termingerechte Erfüllung gegenseitiger Verpflichtungen geben muss, wenn nicht ganze Teile des Gebäudes zusammenbrechen sollen – trägt zweifellos wesentlich dazu bei nachzuweisen, dass die Grundlage der Moral letzten Endes nicht die Selbstaufopferung ist, sondern das aufgeklärte eigene Interesse, ein klareres und umfassenderes Verständnis für alle Bindungen, die uns miteinander vernetzen. Und dieses klarere Verständnis wird zweifellos nicht nur die Beziehung einer Gruppe zu einer anderen, sondern die Beziehung aller Menschen zu allen anderen Menschen verbessern. Es wird ein Bewusstsein schaffen, das zu einer effektiveren Zusammenarbeit der Menschen, zu einer besseren menschlichen Gesellschaft führen muss.

W. R. Lawson, ein ehemaliger Herausgeber der *Financial Times*, bemerkte nach der Rede: «Offenbar hatte Norman Angell fast alle Anwesenden mitgerissen.»[11]

Nicht nur die Londoner Bankiers – viele von ihnen waren deutscher Abstammung – anerkannten in den ersten Jahren des 20. Jahrhunderts die gegenseitige Abhängigkeit der Nationen als eine Bedingung des Lebens in dieser Welt, eine notwendige Bedingung, die an Bedeutung zunehmen musste. Diese Anerkennung reichte weit über ihre Kreise hinaus. Das hatte großenteils rein praktische Gründe. Die Revolution der Kommunikationswege – durch die Entwicklung der Eisenbahn, des Telegraphen und des Postverkehrs – erforderte eine internationale Zusammenarbeit im Bereich des Reisens und der Nachrichtenübermittlung. 1865 wurde eine Internationale Telegraphen-Union, 1875 die Internationale Post-Union gegründet. 1882 wurde eine «Internationale Konferenz zur Förderung einheitlicher technischer Normen bei den Eisenbahnen» einberufen – zu spät für die Vereinheitlichung der unterschiedlichen Spurweiten in West- und Osteuropa, denn Russland hatte schon die breite Spurweite übernommen, die 1914 wie 1941 den Aggressoren die Nutzung des russischen Eisenbahnnetzes erschwerte, in Friedenszeiten jedoch lediglich den internationalen Handelsverkehr behinderte. Seit 1873 gab es die Internationale Meteorologische Organisation zum Informationsaustausch über die Wetterbewegungen der Erde, die für den Seeverkehr von entscheidender Bedeutung waren, seit 1906 die Internationale Funktelegraphie-Union, die der neuen Erfindung der drahtlosen Telegraphie besondere Wellenlängen zuwies. Das waren durchweg Regierungsorganisationen, deren Arbeit von den Mitgliedstaaten durch Verträge oder Gesetze unterstützt wurde. Die Welt des Handels gründete eigene, ebenso notwendige internationale Vereinigungen: für die Veröffentlichung der Patente und Warenzeichen 1883, der Zolltarife 1890, für das industrielle, geistige und künstlerische Eigentum 1895, für die Veröffentlichung von Handelsstatistiken 1913. 1905 entstand ein Institut der Landwirtschaft, das Statistiken über die Erzeugung und Vermarktung landwirtschaftlicher Güter sammelte und veröffentlichte. Einzelne Branchen und Berufszweige gründeten ebenfalls internationale Körperschaften. Seit 1880 arbeitete der Internationale Kongress der Handelskammern, seit 1895 der Kongress der Versicherungsmathematiker, seit 1911 die Vereinigung der Wirtschaftsprüfer, seit 1906 die Internationale Elektrotechnische Kommission, seit 1897 das Komitee zur Vereinheitlichung des Seerechts, seit 1905 die Konferenz der Anrainerstaaten der Ostsee und des Weißen Meeres (die das Küstenrecht vereinheitlichte). Seit 1875 gab es ein Internationales Büro für Maße und Gewichte, in den achtziger Jahren wurden die ersten internationalen Abkommen über das Urheberrecht unterzeichnet.

Ohne diese Körperschaften hätte sich auf der Quadratmeile der Londoner City nicht jenes Netz von Kauf und Verkauf, Sammeln und Verteilen, Versichern und Diskontieren, Kreditvergabe und Kreditaufnahme bilden können. Es gab jedoch nicht nur einen kommerziellen, sondern auch einen geistigen, philanthropischen und religiösen Internationalismus. Die einzige Nationen übergreifende religiöse Bewegung war seit dem Untergang des Römischen Reiches die katholische Kirche, denn sie besaß weltweit auf Rom ausgerichtete Bischofssitze. Der römische Bischof im Hochsommer 1914, Papst Pius X., war jedoch ein freiwilliger Gefangener im Vatikanstaat, ein radikaler Gegner aller Modernisierungstendenzen in der Theologie, gegenüber den Liberalen des eigenen Lagers ebenso misstrauisch wie gegenüber den Protestanten. Letztere waren untereinander gleichermaßen gespalten: in Lutheraner, Calvinisten, Baptisten und Unabhängige vieler Schattierungen. Einigen Richtungen gelang es dennoch, wenigstens im Bereich der Mission zusammenzuarbeiten. Seit 1865 existierte die *China Inland Mission*, in der sich mehrere protestantische Kirchen zusammengeschlossen hatten. Eine Weltmissionskonferenz in Edinburgh (1910) führte diese Initiative weiter, nachdem christliche Akademiker 1907 in Tokio die internationale *Christian Movement* gegründet hatten. In Europa war jedoch von diesem Geist wenig zu spüren. Dort war die Evangelische Allianz, 1846 gegen den Katholizismus gegründet, die einzige Körperschaft, die zahlreiche protestantische Gruppen zusammenfasste.

Dogmatische Unterschiede machten also eine Gemeinschaft zwischen Christen zu einem unsicheren Unternehmen. Der gemeinsame christliche Glaube – 1914 bekannte sich die überwältigende Mehrheit der Europäer zum Christentum und dessen Traditionen – fand eher Ausdruck in der Philanthropie. Der Kampf gegen die Sklaverei war seit langem ein zentrales übernationales Anliegen der Weißen, das christliche Wurzeln hatte. 1841 hatten Großbritannien, Frankreich, Russland, Österreich und Preußen einen Vertrag unterzeichnet, der den Sklavenhandel zu einem Akt der Piraterie erklärte. Großbritannien handelte bereits tatkräftig nach diesem Grundsatz, indem es vor der Küste Westafrikas britische Schiffe gegen Sklavenhändler patrouillieren ließ. Die Bestimmungen dieses Vertrags wurden durch einen zweiten Vertrag erweitert, der 1889 in Brüssel unterzeichnet wurde – ausgerechnet in der Hauptstadt eines Königs, der im Kongo eine brutale Sklavenherrschaft aufrechterhielt. Immerhin war der Sklavenhandel auf den Meeren um diese Zeit durch internationale Zusammenarbeit abgeschafft. Gegen den Handel mit Frauen oder Kindern zur Prostitution, die «Weiße Sklaverei», wurde ebenfalls auf internationaler Ebene vorgegangen. 1877 tagte in Genf der Internationale Kongress des Bundes der Abolitionisten, dem 1899 und 1904 weitere Konferenzen folgten. 1910 ächtete ein Abkommen, das später von neun Staaten unterzeichnet wurde, den Handel mit Prostituierten als ein Verbrechen, das – wo immer es auch begangen wurde – nach dem jeweiligen Landesrecht strafbar war.

Die Lage der Arbeiter war ebenfalls ein philanthropisches Anliegen. Im Zeitalter der Massenauswanderung konnten und wollten die Regierungen die soziale Sicherheit derjenigen, die ohnehin in fernen Ländern ein neues Leben suchten, nicht gesetzlich regeln. Der Impuls, die Arbeitszeit zu begrenzen und die Kinderarbeit zu verbieten, hatte jedoch im 19. Jahrhundert die Gesetzgebung vieler europäischer Staaten beeinflusst. Bis 1914 hatten zahlreiche europäische Staaten bilaterale Verträge geschlossen, die die Rechte der Arbeiter auf soziale Absicherung und auf Entschädigung nach einem Arbeitsunfall garantierten sowie Frauen- und Kinderarbeit einschränkten. Die meisten dieser Verträge kamen Wanderarbeitern in Grenzgebieten zugute; vorbildlich war der Vertrag zwischen Frankreich und Italien (1904), der Bürgern des jeweiligen anderen Staates die Versicherungsleistungen und den Schutz durch die Arbeitsgesetze des eigenen Staates zusicherte. Man muss solche Verträge wohl als staatliche Reaktionen auf die internationale Arbeiterbewegung verstehen, insbesondere als Reaktion auf die Erste Internationale, die 1864 von Karl Marx in London, und die Zweite Internationale, die 1889 in Paris gegründet worden war. Sie proklamierten die soziale Revolution, der die europäischen Regierungen – besonders Bismarck in Deutschland nach 1871 – mit ihren Sozialgesetzen zuvorzukommen suchten.

Ebenfalls dem eigenen Schutz dienten internationale Abkommen, die beispielsweise die Verbreitung von Krankheiten eindämmen sollten, etwa durch Quarantänehäfen für Schiffe im Überseehandel und Quarantänestationen für Einwanderer aus dem Nahen Osten, die als Hauptquelle für die Verbreitung von Epidemien in Europa erkannt worden waren. Auch der Verkauf von Alkohol und Drogen wurde internationaler Kontrolle unterworfen. 1912 tagte in Den Haag eine Opiumkonferenz, an der zwölf

Regierungen teilnahmen; sie verfehlte zwangsläufig ihr Ziel, zeugte jedoch von einer wachsenden Bereitschaft der Regierungen, gemeinsam zu handeln. Zur Bekämpfung der Piraterie hatten sie das mit Erfolg getan. Sie arbeiteten auch zusammen bei der Auslieferung von Verbrechern an ihr jeweiliges Herkunftsland; diese unterblieb jedoch in der Regel, wenn Vergehen als politisch eingestuft werden konnten. In liberalen Staaten bestand eine starke Abneigung dagegen, die Herrschaft tyrannischer Regierungen zu unterstützen, obwohl die absolute Souveränität jedes Staates allgemein anerkannt war. Das Prinzip der Nichteinmischung in die inneren Angelegenheiten anderer Staaten blieb jedoch auf die christlichen Staaten beschränkt. Das Vorgehen des Osmanischen Reiches gegen seine Minderheiten hatte 1827 in Griechenland, 1860 im Libanon und später noch mehrfach internationales Eingreifen herausgefordert. Die Unterstützung des Chinesischen Kaiserreiches bei der Belagerung der europäischen Gesandtschaften in Peking durch die «Boxer» hatte 1900 zur Entsendung einer groß angelegten internationalen Entsatzexpedition geführt: Neben britischen Matrosen, russischen Kosaken, französischer Kolonialinfanterie, italienischen Bersaglieri, Abteilungen des deutschen und des österreichisch-ungarischen Heeres nahmen auch japanische Gardisten und amerikanische Marinesoldaten teil. Die Entsatzexpedition war ein voller Erfolg, der bewies, dass Europa gemeinsam handeln konnte, wenn es wollte.

Europa konnte natürlich auch gemeinsam denken und empfinden. Die gebildeten Schichten waren der europäischen Kultur verpflichtet. Insbesondere schätzten sie die Malerei der italienischen und flämischen Renaissance, die Musik Mozarts und Beethovens, die große Oper, die Baukunst des Mittelalters und der Renaissance sowie die moderne Literatur ihrer europäischen Nachbarn. Leo Tolstoi war eine europäische Gestalt wie Victor Hugo, Honoré de Balzac, Émile Zola, Charles Dickens, Alessandro Manzoni, William Shakespeare, Johann Wolfgang Goethe, Molière und Dante. Sie waren, zumindest dem Namen nach, jedem europäischen Oberschüler vertraut. Französisch, Englisch, Deutsch und Italienisch wurden an höheren Schulen allgemein als Fremdsprachen unterrichtet. Obwohl sich gegen den Vorrang von Latein und Griechisch zunehmend Widerstand regte, waren Homer, Thukydides, Cäsar und Livius in allen höheren Schulen Pflichtlektüre, und das Studium der alten Sprachen blieb sehr verbreitet. Da Platon und Aristoteles im Lehrplan standen, herrschte – trotz der durch Hegel und Nietzsche im 19. Jahrhundert entfachten geistigen Unruhe – sogar in der europäischen Philosophie Übereinstimmung; die klassischen Fundamente standen fest, vielleicht sicherer als die christlichen. Die Absolventen der europäischen Universitäten teilten einen Kanon des Denkens und Wissens, und obwohl sie nur eine kleine Minderheit bildeten, bewahrte ihre gemeinsame Weltanschauung etwas, was als eine einzigartige europäische Kultur zu erkennen war.

Diese zog eine ständig wachsende Zahl kulturbeflissener Touristen an. Der durchschnittliche Mensch reiste zunächst wenig; Seeleute, Wanderschäfer, die mit ihren Herden über Gebirgsgrenzen zogen, Wanderarbeiter, die zur Ernte kamen, Köche und Kellner, umherziehende Musikanten, Hausierer, Spezialhandwerker, Vertreter ausländischer Firmen: das waren die einzigen Fremden, denen Europas sesshafte Bevölkerung vor 1914 begegnete. Der wohlhabende Tourist war eine Ausnahme. Während das Reisen im 18. Jahrhundert ein Privileg der Reichen gewesen war, wurde es mit Beginn des 20. Jahrhunderts durch die revolutionäre Entwicklung der Eisenbahn und des Hotelgewerbes auch zu einem Vergnügen des Mittelstandes. Karl Baedekers Reiseführer, das unentbehrliche Handbuch für Touristen, war 1900 für Rom in der dreizehnten, für die Ostalpen in der neunten und für Skandinavien in der siebten Auflage erschienen. Tourismus war für die Mehrheit organisiert und ungefährlich. Die meistbesuchten Örtlichkeiten waren Venedig und Florenz, Rom, die Burgen am Rhein sowie Paris, die «Stadt der Lichter»; viele reisten alljährlich in die mitteleuropäischen Badeorte, Karlsbad und Marienbad, an die französische und italienische Riviera und in die Alpen. Nur wenige wagten sich in fernere Regionen. Studenten aus Oxford und Cambridge führten mit ihren Tutoren ein, was im 20. Jahrhundert zur Institution der Griechenlandreise werden sollte.

Baedekers Reiseführer für Österreich-Ungarn schloss auch Bosnien ein, mit folgendem Eintrag über Sarajevo: «Die zahlreichen Minarette und die kleinen, gartenumgebenen Häuser bieten einen sehr malerischen Anblick ... Die Straßen am Fluss werden vorwiegend von Serben, Katholiken, Juden und der eingewanderten Bevölkerung bewohnt, während die Moslems mehr am Abhang der Berge ihre Wohnsitze haben ... Der Konak ist Sitz des Landeschefs und Generaltruppeninspektors.»[12]

Der wichtigste Besucher Sarajevos im Jahr 1914 sollte Franz Ferdinand, der österreichische Thronfolger, sein. Er bereiste damit einen seiner eigenen Landesteile. Insgesamt reisten die Mitglieder der europäischen Herrscherhäuser viel und ihre Kontakte untereinander gehörten zu den wichtigsten zwischenstaatlichen Banden. Heiraten zwischen den Herrscherhäusern Europas waren ein Instrument der Außenpolitik. Die Nachkommen der Königin Victoria wurden in die meisten protestantischen Herrscherhäuser des Kontinents verheiratet. Ihre Enkeltochter Ena hatte die religiöse Schranke durchbrochen und war Königin von Spanien. Enkelsöhne Victorias saßen 1914 auf den Thronen Englands und Deutschlands; zu der Linie Sonderburg-Glücksburg in Dänemark, der Familie von Victorias Schwiegertochter, zählten die russische Zarin sowie die Könige von Griechenland und Norwegen. Es traf weitgehend zu, dass alle europäischen Monarchen Vettern waren; selbst die österreichischen Habsburger, die alle anderen Herrscher an Majestät überragten, heirateten gelegentlich Außenseiter. Da alle europäischen Staaten außer Frankreich und der Schweiz Monarchien waren, führte die Heiratspolitik zu einem sehr dichten Netz zwischenstaatlicher Beziehungen. Symbolische Verwandtschaften ergänzten die des Blutes. Der deutsche Kaiser war Oberst der britischen 1. Dragoner und Admiral der *Royal Navy*; sein Vetter, Georg V., war Oberst der preußischen 1. Gardedragoner. Der österreichische Kaiser war Oberst der britischen 1. Gardedragoner; zu den ausländischen Obersten österreichischer Regimenter zählten die Könige von Schweden, Belgien, Italien, Spanien, Bayern, Württemberg, Sachsen, Montenegro sowie der Zar von Russland.

Symbolische Verwandtschaften hatten in der Außenpolitik jedoch ebenso wenig Bedeutung wie Blutsverwandtschaft zwischen königlichen Vettern oder Heiratsverbindungen zwischen Herrscherhäusern. Das Europa des 19. Jahrhunderts hatte keine soliden Instrumente zwischenstaatlicher Zusammenarbeit oder diplomatischer Vermittlung entwickelt. Das «europäische Konzert», eine ungewollte Schöpfung Napoleons, gehörte der Vergangenheit an, ebenso der antirevolutionäre Dreikaiserbund von 1872. Es ist zwar ein Gemeinplatz, aber zutreffend, dass im Europa von 1914 der Nationalismus vorherrschte. Die katholische Kirche hatte ihr paneuropäisches Ansehen längst eingebüßt; mit dem Heiligen Römischen Reich war 1806 auch die Idee einer weltlichen Ökumene untergegangen. Immerhin waren einige Anstrengungen unternommen worden, diesen Mangel durch einen Kodex des internationalen Rechts zu kompensieren. Es blieb ein schwaches Konzept, denn sein wichtigster Grundsatz seit dem Westfälischen Frieden von 1648 war die Souveränität der Staaten. Das bedeutete praktisch, dass jeder Staat sich nur an sein vermeintliches Eigeninteresse gebunden fühlte. Das einzige Gebiet, für das sich die Staaten darauf geeinigt hatten, das Eigeninteresse einzuschränken, lag nicht auf dem Festland, sondern auf den Meeren: 1856 waren die führenden Mächte in Paris übereingekommen, auf See die Neutralität zu respektieren und private militärische Aktivitäten zu ächten. Die erste Genfer Konvention von 1864 hatte festgelegt, dass ärztliches Personal und Patienten geschützt sein sollten. 1868 hatte man in Sankt Petersburg über eine Begrenzung der Zerstörungskraft von Waffen verhandelt. Während der Genfer Konvention allgemeine humanitäre Überzeugungen zugrunde lagen, konnte die Erklärung von Sankt Petersburg die Entwicklung automatischer Waffen oder hochbrisanter Geschosse nicht verhindern.

Die Entscheidung des Zaren Nikolaus II., 1899 eine internationale Konferenz einzuberufen, auf der nicht nur die Rüstungsbegrenzung forciert, sondern auch ein internationaler Gerichtshof zur Regelung zwischenstaatlicher Konflikte durch Schiedsspruch gegründet werden sollte, war deshalb innovativ. Historiker sehen in seiner Einladung der Mächte nach Den Haag ein Eingeständnis der militärischen Schwäche Russlands. Zyniker behaupteten damals das Gleiche, ebenso Russlands Erzfeinde in Deutschland und Österreich. Menschen guten Willens, von denen es viele gab, dachten anders. Sie begrüßten die Warnung des Zaren, «der sich beschleunigende Rüstungswettlauf» – immer stärkere Heere, schwerere Geschütze und größere Kriegsschiffe – verwandle «den bewaffneten Frieden in eine erdrückende Last, die auf allen Nationen liegt, und wird, wenn der Prozess andauert, genau zu der Katastrophe führen, die er abzuwenden sucht». Auch aus Rücksicht auf die öffentliche Meinung stimmte die Haager Konferenz 1899 sowohl einer Rüstungsbegrenzung (besonders dem Verbot der Bombardierung aus der Luft) als auch der Einrichtung des Internationalen Gerichtshofes zu.

Ein Europa der Soldaten

Dass der Internationale Gerichtshof nur auf freiwilliger Basis zusammentreten sollte, war eine entscheidende Schwäche. Der amerikanische Delegierte schrieb über die vom russischen Zaren einberufene Konferenz: «Das Größte ist: Alle Nationen werden sehen, dass das Schiedsgericht ... ein aufrichtiges Verlangen erkennen lässt, den Frieden zu fördern und die verschiedenen Völker von der Furcht zu befreien, die auf allen so schwer lastet – die Furcht, dass jeden Augenblick ein Krieg ausbrechen könnte.» Ein deutscher Delegierter war realistischer und bemerkte, der freiwillige Charakter des Gerichtshofes nehme ihm «den allerletzten Rest eines moralischen oder sonstigen Druckes auf irgendeine Nation».[13] Der Deutsche hatte die wahre Situation Europas um die Jahrhundertwende besser erkannt als der Amerikaner. Man muss einräumen, dass es eine latente Furcht vor einem Krieg gab, die ebenso vage war wie die Vorstellung davon, welche Formen ein moderner Krieg annehmen könnte. Weit stärker, vor allem bei der politischen Klasse der größeren Länder, war die Furcht vor den Folgen, wenn man einer Kriegsgefahr nicht entgegenzutreten vermochte. Jede der fünf Großmächte – England, Frankreich, Deutschland, Russland, Österreich-Ungarn – hatte das Gefühl, ihre Position sei irgendwie gefährdet. Die drei großen Kaiserreiche – Deutschland, Österreich-Ungarn, Russland – fühlten sich durch ihre unzufriedenen nationalen Minderheiten bedroht. Dies galt insbesondere für Österreich-Ungarn, wo Deutsche und Ungarn über zahlenmäßig überlegene slawische Völker herrschten. Alle drei wurden überdies durch Forderungen nach mehr Demokratie beunruhigt, besonders dann, wenn nationalistische und demokratische Vorstellungen gemeinsam laut wurden. Großbritannien und Frankreich hatten dieses Problem nicht, da ihre männliche Bevölkerung das volle Wahlrecht besaß. Sie sahen sich anderen Problemen gegenüber: der Verwaltung riesiger überseeischer Herrschaftsgebiete in Afrika, Indien, Arabien, Südostasien, auf dem amerikanischen Kontinent und im Pazifik. Die Kolonien verliehen ihnen einen ungeheuren Nationalstolz, weckten bei ihren Nachbarn jedoch aggressiven Neid. Die Briten fürchteten, Russland strebe nach Indien, das unmittelbar an seine zentralasiatischen Besitzungen grenzte – eine irrige, aber verbreitete Meinung. Die Deutschen empfanden zweifellos tiefen Groll darüber, dass sie nur wenige Kolonien besaßen, suchten die in Afrika und im Pazifik erworbenen auszudehnen und waren stets bereit, insbesondere mit Frankreich um den Einfluss in den wenigen noch nicht von Europäern beherrschten Gebieten zu streiten.

In einem Erdteil, in dem eine Handvoll Staaten über eine große Gruppe abhängiger Völker herrschte und zwei Staaten – England und Frankreich – darüber hinaus einen Großteil der übrigen Welt beherrschten, waren die zwischenstaatlichen Beziehungen zwangsläufig von Argwohn und Rivalität geprägt. Die folgenschwerste Rivalität hatte Deutschland durch die 1900 im Zweiten Flottengesetz rechtskräftig gewordene Entscheidung provoziert, eine mit der *Royal Navy* konkurrierende Flotte zu bauen. Obgleich die deutsche Handelsflotte damals die zweitgrößte der Welt war, betrachteten die Briten das Zweite Flottengesetz mit Recht als eine Bedrohung ihrer jahrhundertealten Seeherrschaft und reagierten entsprechend: 1906 gehörte der

Versuch, Deutschland im Bau moderner Schlachtschiffe zu übertreffen, zu dem wichtigsten und populärsten Programmpunkt der britischen Regierungspolitik. Unter den Festlandmächten entwickelte sich darüber hinaus eine starke militärische Rivalität. Frankreich, ein Land mit 40 Millionen Einwohnern, versuchte militärisch ebenso stark zu werden wie das 60 Millionen Einwohner zählende Deutschland. Das «Dreijahresgesetz» von 1913, das die Wehrdienstzeit auf drei Jahre verlängerte, sollte zu diesem Ziel – wenigstens vorübergehend – beitragen. Es gab noch andere Rivalitäten, nicht zuletzt zwischen Großbritannien und Frankreich, die sich zwar um 1900 gegen die wachsende Aggressivität Deutschlands verbündet hatten, zugleich aber über koloniale Interessen in Afrika miteinander stritten.

Keine einzige dieser Streitigkeiten wurde vor das internationale Schiedsgericht gebracht, wie es die Haager Konferenz von 1899 vorgesehen hatte. Wenn ein potentieller Konflikt auszubrechen drohte, so im Fall der beiden Marokkokrisen von 1905 und 1911 (die die französisch-deutschen Beziehungen belasteten, weil sich die Deutschen über den wachsenden Einfluss Frankreichs in Nordafrika ärgerten), so im Fall der beiden Balkankriege von 1912 und 1913 (deren Ergebnisse Österreich, der Verbündete Deutschlands, missbilligte), regelten die beteiligten Großmächte die Probleme in herkömmlicher Weise unmittelbar durch einen internationalen Vertrag. Das jeweilige Resultat war ein zumindest vorläufiger Frieden: In keinem Fall griff man auf das Ideal einer überstaatlichen Friedenssicherung zurück, zu dem die Haager Konferenz den Weg gewiesen hatte.

Die internationale – und das hieß zunächst die europäische – Politik wurde in den ersten Jahren des 20. Jahrhunderts nicht davon bestimmt, Instrumente zur Konfliktvermeidung zu schaffen, sondern vielmehr davon, Sicherheit, wie seit alters, durch militärische Überlegenheit zu erreichen. Die Mittel dazu waren – der Zar hatte 1899 in Den Haag beredt darauf hingewiesen – die Schaffung immer größerer Heere und Flotten, der Kauf von immer mehr und immer schwereren Geschützen sowie der Bau immer stärkerer und ausgedehnterer Festungsgürtel an den Grenzen. Die fortschrittlichen Militärtheoretiker Europas hielten Festungsbauwerke allerdings für veraltet. Aufgrund des erfolgreichen Einsatzes schwerer Artillerie gegen Mauerwerk und Beton, etwa im Russisch-Japanischen Krieg von 1904/05 bei Port Arthur, waren sie davon überzeugt, dass Geschütze eine entscheidende Überlegenheit erlangt hätten. Die Schlagkraft sei von der statischen Verteidigung auf die mobile Offensive, das heißt konzentrierte Infanterie plus bewegliche Feldartillerie übergegangen, die schnell über das Schlachtfeld manövriert werden konnte. Nach wie vor glaubte man an die Bedeutung der in den europäischen Heeren stark vertretenen Kavallerie. In den Jahren vor 1914 stellte das deutsche Heer 13 zusätzliche Jägerregimenter zu Pferd auf; auch das französische, österreichische und russische Heer verstärkten ihre Kavallerie. Gleichwohl rechneten die Generale damit, dass der Sieg von einer starken Infanterie errungen werde. Diese war mit einem neuen Magazin-Gewehr ausgerüstet, in der Taktik der geschlossenen Ordnung ausgebildet und hatte vor allem eingesehen, dass die Verluste hoch sein würden, bevor eine Schlacht entschieden war.[14] Die Bedeutung improvisierter Befestigungen wurde nur mit Vorbehalt zur Kenntnis genommen: Die rasch ausgehobenen, von Schützen verteidigten Gräben und Schanzwerke, die im Burenkrieg an den Flüssen Tugela und Modder, im Russisch-Japanischen Krieg in der Mandschurei und im zweiten Balkankrieg an der Front von Chatalja dem Angreifer hohe Verluste zugefügt hatten. Einer starken, gut geführten und gut motivierten Infanterie, so glaubten die europäischen Militärtheoretiker, vermochte kein System von Schützengräben standzuhalten.

Neben den großen Industrieunternehmen Europas zu Beginn des 20. Jahrhunderts blühte deshalb die «Produktion» von Soldaten. Seit dem Triumph des aus Wehrpflichtigen und Reservisten bestehenden preußischen Heeres über die Österreicher 1866 und über die Franzosen 1870 hatten alle führenden europäischen Staaten (Großbritannien, vom Meer umgeben und von der stärksten Flotte der Welt geschützt, bildete eine Ausnahme) damit begonnen, ihre 18–20-jährigen jungen Männer einer militärischen Ausbildung zu unterwerfen und sie zu verpflichten, anschließend noch jahrzehntelang dem Staat als Reservisten zur Verfügung zu stehen. So entstanden gewaltige Heere dienender und abrufbereiter Soldaten. Im deutschen Heer, das als vorbildlich galt, verbrachten 18-jährige Wehrpflichtige zwei Jahre in Uniform, praktisch in einer Kaserne eingesperrt, die von distanzierten Offizieren geführt und von stets allzu gegenwärtigen Feldwebeln verwaltet wurde. Die ersten fünf Jahre nach der Entlassung aus dem Wehrdienst waren sie verpflichtet, jährlich an einer Übung der Reserve ihres Regiments teilzunehmen. Bis zum 39. Lebensjahr gehörten sie einer Einheit der Landwehr, bis zum 45. Jahr einer Einheit des Landsturms an. Vergleichbare Strukturen gab es in Frankreich, Österreich und Russland. Damit wurde im Rahmen der zivilen europäischen Gesellschaften eine zweite, verborgene militärische Gesellschaft in Millionenstärke etabliert, bestehend aus Männern, die gelernt hatten, ein Gewehr zu schultern, im Gleichschritt zu marschieren, die scharfe Zunge eines Feldwebels zu ertragen und Befehle zu befolgen.

Unter der Oberfläche der zivilen Struktur Europas existierte eine zweite, militärische Struktur aus Korps- und Divisionsbezirken. Frankreich war in 90 Departements gegliedert, die man 1791 eingerichtet hatte, um die alten königlichen Provinzen durch Verwaltungseinheiten von annähernd gleicher Größe zu ersetzen. Sie waren in der Regel nach dem örtlichen Fluss benannt wie Oise, Somme, Aisne, Marne, Meuse (Maas) – Namen, die durch den Ersten Weltkrieg einen traurigen Ruf erhalten sollten. Zugleich war Frankreich in 20 Militärbezirke eingeteilt. Jeder Bezirk umfasste vier oder fünf Departements und war in Friedenszeiten Standort eines Korps des «aktiven» Heeres, im Kriegsfall die Rekrutierungsbasis vergleichbarer Reserve-Divisionen. Das XXI. Korps war in Französisch-Nordafrika stationiert. Die 600 000 Mann der 42 aktiven Divisionen sollten bei der Mobilmachung weitere 25 Reserve-Divisionen und ergänzende Reserve-Einheiten mit ins Feld nehmen, sodass die Kriegsstärke des Heeres mehr als drei Millionen Mann betrug. Vom I. (Departements Nord und Pas-de-Calais) bis zum XVIII. Korpsbezirk (Landes und Pyrenées) glich die militärische Geographie Frankreichs der zivilen. Ebenso in Deutschland, das in 21 Korpsbezirke eingeteilt war; die größere Bevölkerungszahl ergab jedoch mehr Wehrpflichtige und mehr Reserve-Einheiten.[15] Der I. Korpsbezirk in Ostpreußen war in Friedenszeiten der Standort der 1. und 2. Infanterie-Division, im Kriegsfall aber auch des I. Reserve-Korps und einer großen Anzahl zusätzlicher Landwehr- und Landsturm-Einheiten, die den Bezirk gegen einen russischen Angriff verteidigen sollten. Diese militärische Geographie galt auch für Russland und Österreich-Ungarn. Letzteres – ein vielsprachiges Kaleidoskop von Königreichen, Herzogtümern, Markgrafschaften und Grafschaften – brachte das bunteste Heer Europas hervor; es umfasste ungarische Husaren, Tiroler Schützen und bosnische Infanteristen, die den Fes und die Pluderhosen ihrer früheren osmanischen Oberherren trugen.[16]

Diese unterschiedlichen Einheiten innerhalb der europäischen Heere – zu dieser Vielfalt gehörten auch französische Turcos mit Turban und Litzen am Wams, russische Kosaken mit Pelzmützen und Kaftan, Schotten aus dem Hochland mit Kilt, Felltasche und historischem Wams – waren in organisatorischer Hinsicht einheitlich aufgebaut: Den Kern der Heeresorganisation bildete überall die Division. Diese auf die militärische Revolution Napoleons zurückgehende Komponente umfasste in der Regel 12 Infanteriebataillone und 12 Artilleriebatterien, ausgerüstet mit 12 000 Gewehren und 72 Geschützen. Ihre Feuerkraft, wenn sie angriffen, war gewaltig. Pro Minute konnte eine Division 120 000 Schuss Gewehrmunition (und mehr, wenn ihre 24 Maschinengewehre zum Einsatz kamen) sowie 1000 Granaten abfeuern – eine Feuerkraft, die für einen Kommandeur früherer Epochen unvorstellbar war. 1914 gab es in Europa mehr als 200 Divisionen, die unmittelbar zur Verfügung standen oder jederzeit einberufen werden konnten. Theoretisch besaßen sie genügend Waffen, um einander in wenigen Minuten völlig zu vernichten. Der verbreitete Glaube an die Kraft der Offensive war richtig; wer seine verfügbaren Waffen wirkungsvoll als Erster einsetzte, musste die Oberhand gewinnen.

Man hatte jedoch nicht begriffen, dass die Feuerkraft nur

dann wirkungsvoll ist, wenn sie zum richtigen Zeitpunkt und präzise eingesetzt wird. Das ist nur mit Hilfe von Nachrichtenübermittlung möglich. Artilleriebeobachter müssen die Einschläge präzisieren, die Ziele korrigieren, Erfolge signalisieren, Fehlschüsse beenden, das Vorgehen der Infanterie mit der unterstützenden Artillerie koordinieren. Für diese Koordination ist eine schnelle Nachrichtenübermittlung erforderlich, um auf entsprechende Beobachtungen unverzüglich reagieren zu können. Über ein derartiges Instrument verfügten die komplex ausgerüsteten Heere des frühen 20. Jahrhunderts nicht. Man verständigte sich schlimmstenfalls mündlich, bestenfalls durch Telefon und Telegraph. Diese funktionierten jedoch nur, solange die anfälligen Drähte, die während der Schlacht meist beschädigt wurden, heil blieben. Wenn die Verbindung abriss, mussten die Nachrichten mündlich übermittelt werden, und die Kommandeure waren Verzögerungen und Unsicherheiten ausgeliefert, die an die Frühzeit der Kriegführung erinnerten.

Die Nachrichtenübermittlung durch Funk (damals sprach man von drahtloser Telegraphie) bot eine Lösung dieses Problems – jedenfalls theoretisch. Die damaligen Funkgeräte – angewiesen auf große und schwere Energiequellen, die nur auf Kriegsschiffen militärisch genutzt werden konnten – waren für die Befehlsübermittlung auf dem Schlachtfeld nicht einsetzbar. Während das Funkgerät zu Beginn des Ersten Weltkriegs immerhin eine untergeordnete strategische Rolle spielte, besaß es nie eine taktische Bedeutung, nicht einmal gegen Kriegsende. Das galt auch für den Seekrieg, denn den Flotten gelang es nicht, die Übermittlung von Funksignalen im Gefecht oder in der Nähe des Feindes abhörsicher zu verschlüsseln.[17] Im Rückblick ist zu erkennen, dass ein im Entwicklungsstadium befindliches System die Effektivität der verfügbaren Schlagkraft zu steigern versprach, technisch jedoch so weit hinter seinen Möglichkeiten zurückblieb, dass es sich als wirkungslos erwies.

Die moderne Nachrichtenübermittlung enttäuschte diejenigen, die sich für die Kriegführung engagierten; sie enttäuschte diejenigen, die sich für die Erhaltung des Friedens einsetzten, noch weit mehr. Die Tragödie der diplomatischen Krise vor Ausbruch der Kämpfe im August 1914, die sich zu der vier Jahre dauernden Tragödie des Großen Krieges steigern sollte, besteht darin, dass die Staatsmänner und Diplomaten von den Ereignissen, die sie unter Kontrolle zu halten suchten, zunehmend überwältigt wurden. Die Beamten in den Regierungskanzleien und Außenministerien der Großmächte waren ehrbare und fähige Männer. In der Julikrise waren sie jedoch an das Verfahren schriftlicher Noten, die Routine der Verschlüsselung und den Zeitplan des Telegraphen gebunden. Die Entwicklungsmöglichkeiten des Telefons, das die Schranken der Nachrichtenübermittlung hätte durchbrechen können, scheinen ihrer Vorstellungskraft völlig entgangen zu sein. So gingen die europäischen Staaten – fast wie in einem Totenmarsch – schließlich dazu über, ihren Kontinent und ihre Zivilisation zu zerstören.

2 Pläne für den Kriegsfall

Alle Streitkräfte besitzen Pläne. Alexander der Große hatte einen Plan für den Einmarsch ins Perserreich: das Heer des Großkönigs Dareios anzugreifen und diesen zu töten oder gefangen zu nehmen.[1] Hannibal hatte einen Plan für den Zweiten Punischen Krieg: der das Mittelmeer beherrschenden römischen Flotte auszuweichen, indem er von Spanien aus mit seinem Heer die Alpen überschritt, und anschließend die römischen Legionen in ihrem Heimatland anzugreifen. Philipp II. hatte einen Plan, um 1588 einen Krieg gegen England zu gewinnen: Seine Armada sollte in den Ärmelkanal einfahren, das die rebellischen Niederländer bekämpfende spanische Heer an Bord nehmen und in Kent an Land setzen. Marlboroughs Plan zur Rettung Hollands 1704 sah vor, die französische Armee über den Rhein an die Donau zu locken und dann anzugreifen, wenn sie sich von ihren Nachschubbasen so weit entfernt hatte, dass ihre Niederlage wahrscheinlich wurde. Napoleon entwarf als Feldherr fast jährlich einen neuen Plan: 1798 wollte er in Ägypten eine zweite Front gegen seine europäischen Feinde eröffnen, 1800 Österreich in Italien besiegen, 1806 Preußen in einem Blitzkrieg niederwerfen, 1808 Spanien erobern, 1812 Russland aus dem fortdauernden Krieg ausschalten. Die Vereinigten Staaten hatten 1861 den so genannten Anaconda-Plan, der den rebellischen Süden durch eine Blockade der Küsten und die Eroberer des Mississippi niederzwingen sollte. Selbst Napoleon III. hatte 1870 für seinen verhängnisvollen Krieg gegen Preußen so etwas wie einen Plan: Er wollte nach Süddeutschland vorrücken und die süddeutschen Königreiche zum Kampf gegen Berlin bewegen.[2]

Alle diese Pläne waren freilich improvisiert; sie wurden erst ausgearbeitet, wenn ein Krieg drohte oder bereits angefangen hatte. 1870 hatte jedoch – obwohl Napoleon III. das nicht erkannte – eine neue Ära des militärischen Planens begonnen: Pläne für den Kriegsfall wurden *in abstracto* entwickelt, zu den Akten gelegt und hervorgeholt, wenn der Kriegsfall eintrat. Diese abstrakte Planung ging auf zwei miteinander zusammenhängende Entwicklungen zurück. Die Militärs begriffen rasch, dass der Ausbau des europäischen Eisenbahnnetzes seit den dreißiger Jahren des 19. Jahrhunderts die Kriegführung revolutionierte, weil die Eisenbahn die Bewegung und Versorgung der Truppen im Vergleich zu Fußmarsch und Pferdewagen etwa um das Zehnfache beschleunigte. Zugleich erkannten sie, dass Truppentransporte per Bahn exakt geplant werden mussten.

Feldzüge in ferne Länder waren bereits in der Vergangenheit vorbereitet worden. Die Vorstellung, die Heere der Antike oder des Mittelalters seien spontan aufgebrochen, ist eine romantische Illusion. Alexander der Große marschierte entweder an der Küste entlang, nie mehr als 120 km von seinen Versorgungsschiffen entfernt, oder er schickte Agenten voraus, die persische Beamte bestachen, damit sie ihm Proviant verkauften. Karl der Große verlangte von den Grafen seines Reiches, dass sie zwei Drittel ihres Weidelandes für sein Heer reservierten, wenn es durch ihr Gebiet ziehen musste.[3] Die Versorgung des Dritten Kreuzzuges war nach einem katastrophalen Beginn erst wieder gesichert, als Richard Löwenherz eine Route einschlug, auf der er ständigen Kontakt zu seiner Nachschubflotte halten konnte.[4]

Einerseits war die Logistik vor dem Eisenbahnzeitalter stets unsicher, andererseits war sie flexibel. Viehherden und Zugtiere konnte man immer abseits des Weges abstellen, wenn man sie nicht benötigte, und man konnte lebende Tiere kaufen oder rauben, um die geschlachteten oder zu Tode geschundenen zu ersetzen. All das galt für Eisenbahnen nicht: Auf Bauernhöfen konnte man keine Ersatzlokomotive auftreiben. Die Fehlsteuerung von Eisenbahntransporten im Deutsch-Französischen Krieg von 1870 – ein Wirrwarr leerer Güterwagen in den Entladebahnhöfen blockierte die Weiterfahrt beladener Waggons – war für die französische Armee eine Lektion, die sie nie mehr vergessen sollte.[5] Die Militärs des 19. Jahrhunderts begriffen, dass Eisenbahnen im Krieg einen ebenso genauen Fahrplan benötigten wie im Frieden, wenn nicht sogar einen noch genaueren. Denn Eisenbahnlinien, die normalerweise monatlich Tausende von Passagieren beförderten, mussten bei einer Mobilmachung in wenigen Tagen Millionen von Soldaten befördern. Die Ausarbeitung von Zeitplänen für den Eisenbahntransport wurde daher zu einer wichtigen Aufgabe in Friedenszeiten.

Für diese Aufgabe mussten Offiziere ausgebildet werden. Glücklicherweise gab es bereits geeignete Ausbildungsstätten: die Kriegsschulen. Sie repräsentierten die zweite Entwicklung zur abstrakten Planung für den Kriegsfall. Kriegsschulen waren, wie Berufs- und Handelsschulen, eine Schöpfung des 19. Jahrhunderts. Die Offiziere Napoleons hatten ihr Handwerk von ihren Vorgesetzten gelernt. Ihre fachliche Kompetenz überzeugte die Konkurrenten davon, dass fachliches Können systematisiert werden musste. 1810 – am gleichen Tag, an dem in Berlin eine Universität gegründet wurde – eröffnete Preußen die «Allgemeine Kriegsschule» als Ausbildungsstätte für den Generalstabsdienst.[6] Vergleichbare Einrichtungen hatte es in Preußen und anderswo schon früher gegeben, aber die in diesen vermittelte Stabsarbeit war eng begrenzt: Büroarbeit, Geländeaufnahme, Zusammenstellen von Daten. Die Absolventen dieser Kriegsschulen waren für das Stabsgefolge bestimmt: Noch 1854 (55 Jahre, nachdem Großbritannien eine Kriegsakademie gegründet hatte) ernannten die Befehlshaber der britischen Krim-Armee ihre Truppenführer wie seit undenklichen Zeiten aus dem Kreis ihrer Freunde und Günstlinge.[7]

Damals ging Preußen daran, unter dem Einfluss des höchst anspruchsvollen Helmuth von Moltke seine bisherige Stabsschulung zu einer Kriegsschule im eigentlichen Wortsinne umzugestalten. Deren zukünftige Absolventen wurden angehalten, wie Generale zu denken, realistische Kriegsspiele durchzuführen, auf «Generalstabsreisen» konkrete militärische Möglichkeiten an Ort und Stelle zu untersuchen und «Lösungen» für nationale strategische Probleme auszuarbeiten. Nach den spektakulären Siegen Preußens über Österreich 1866 und Frankreich 1870 wurden in vielen Ländern Europas die bereits bestehenden militärischen Schulungseinrichtungen eilig modernisiert oder neue, «höhere» gegründet: 1880 die französische *École de guerre* und 1908 ein Zentrum für höhere Militärwissenschaft, die «Schule für Marschälle».[8] Die Ausbildungsmethoden, mit Kriegsspielen und Generalstabsreisen, folgten den preußischen. Man übersetzte deutsche Texte und analysierte die neuere Militärgeschichte. Die besten Absolventen wurden nach einer Ausleseprüfung zu den Generalstäben ihrer Armeen abkommandiert und mussten hier Zeitpläne für die Mobilmachung aufstellen, Fahrpläne für die Eisenbahn entwickeln und Pläne für die nationale Sicherheit ausarbeiten, die oft höchst offensiv waren.

Für Diplomaten gab es seltsamerweise keine entsprechende Ausbildungsstätte. Im 18. Jahrhundert war in Oxford zwar ein Lehrstuhl für Neuere Geschichte eingerichtet worden, um künftige Diplomaten auszubilden; aber noch 1914 wählte das britische Außenministerium nach wie vor viele seiner Bewerber aus den Reihen der ehrenamtlichen Attachés, junge Männer, deren Väter mit Botschaftern befreundet waren – ein Äquivalent zu den Günstlingen, die mit Lord Raglan in den Krimkrieg gezogen waren.

Die Diplomatie blieb daher eine Kunst, die im diplomatischen Dienst erlernt werden musste. Es war eine liberale Ausbildung. Die europäischen Diplomaten vor 1914 waren die einzige wirklich internationale Klasse des Kontinents; sie hielten untereinander vertraulichen Kontakt und sprachen dabei meist Französisch. Obwohl sie sich für die Interessen ihrer Nation einsetzten, teilten sie die Überzeugung, dass es ihre Pflicht sei, einen Krieg zu vermeiden.

Den Botschaftern Frankreichs, Russlands, Deutschlands, Österreichs und Italiens gelang es trotz ihrer akuten und gefährlichen nationalen Rivalitäten, unter dem Vorsitz von Sir Edward Grey die Balkankrise von 1913 beizulegen. Sie vertrauten der Redlichkeit und der Diskretion ihrer Gesprächspartner, besaßen eine gemeinsame Norm professionellen Verhaltens und wünschten vor allem, einen Flächenbrand zu verhindern. Es lag nicht an der alten Diplomatie ..., dass Europa durch den Ersten Weltkrieg zerrüttet wurde ... Andere, nicht-diplomatische Einflüsse und Interessen bestimmten die Ereignisse.[9]

So Harold Nicolson, ein Diplomat der alten Schule und Sohn eines solchen. Zu den von ihm erwähnten nicht-diplomatischen Interessen gehörte natürlich das der Berufssoldaten. Obwohl sie ebenso wenig professionelle Kriegstreiber waren wie die Diplomaten, waren sie in einem völlig entgegengesetzten Geist erzogen. Sie lernten, wie man sich in einer internationalen Krise einen militärischen Vorteil sicherte, nicht wie man sie beilegte. Ihre Weltsicht war vom Lehrplan der Kriegsakademie bestimmt, dieser durch die Zwänge der Mobilmachung, der Konzentrierung und des Aufmarsches der Truppen, und diese wurden durch die Kapazitäten der Eisenbahn diktiert. A. J. P. Taylor hatte zwar Unrecht, als er den Kriegsausbruch von 1914 schnodderig einen «Krieg nach Fahrplan» nannte. Die Staatsmänner hätten ihn mit gutem Willen jederzeit abwenden können, wenn sie die Ratschläge der Militärs ignoriert hätten. Aber in einem tieferen Sinne ist Taylors Bezeichnung treffend.

Nachdem Fahrpläne 1870 nachweislich so stark zum Sieg Preußens über Frankreich beigetragen hatten, beherrschten sie in der Folgezeit zwangsläufig das militärische Denken Europas. Der Tag der Mobilmachung, von den Deutschen als «Tag M» bezeichnet, wurde zu einem neurotisch fixierten Zeitpunkt. Von diesem Zeitpunkt an schrieb ein starrer Ablaufplan vor, wie viele Truppen mit welcher Geschwindigkeit in die jeweilige Grenzzone verlegt, wie viel Nachschub ihnen folgen und wie breit der Frontabschnitt sein würde, an dem die Armeen zu einem späteren Zeitpunkt gegen den Feind eingesetzt werden sollten. Aus simultanen Gleichungen ergab sich die entsprechende Leistungsfähigkeit des Feindes. So wiesen die Pläne für die militärischen Anfangsoperationen mathematische Zwangsläufigkeiten auf, mit denen Generalstabsoffiziere die Politiker konfrontierten. Joseph Joffre, im

Juli 1914 Chef des französischen Generalstabes, glaubte seine Pflicht zu erfüllen, als er den Landesverteidigungsrat (*Conseil supérieur de la défense nationale*) warnte: Die Generalmobilmachung aufzuschieben bedeute zwangsläufig, dass dem Feind täglich ein 25 km breiter Streifen französischen Bodens preisgegeben werde.

Alle europäischen Heere verfügten 1914 über fertig ausgearbeitete Operationspläne, die sich meist durch mangelnde Flexibilität auszeichneten. Keiner dieser Pläne war eingebettet in eine «nationale Sicherheitspolitik» im heutigen Sinne, die in geheimen Sitzungen von Politikern, Diplomaten, Chefs der Nachrichtendienste und Stabchefs der Streitkräfte mit dem Ziel konzipiert wird, die Interessen des Landes zu gewährleisten; ein derartiges Konzept nationaler Führung existierte damals nicht. Militärische Pläne galten als strenge militärische Geheimsache. Sie waren nur denjenigen bekannt, die sie ausgearbeitet hatten und lagen in Friedenszeiten oft weder den zivilen Regierungschefs noch den Chefs der übrigen Heeresteile vor.[10] Der selbstbewusste österreichische Generalstabschef beispielsweise hielt es im Juli 1914 nicht für nötig, den Außenminister über die nach Auffassung der Militärs bevorstehende Kriegserklärung Russlands zu informieren; und der Generalstab des italienischen Heeres informierte den Oberbefehlshaber der Marine 1915 über die Entscheidung, in den Krieg gegen Österreich einzutreten, erst am Tag der Kriegserklärung.[11] Nur in Großbritannien wurde in dem 1902 eingerichteten Reichsverteidigungsausschuss (*Committee of Imperial Defence*) über militärische Pläne offen diskutiert. In diesem Gremium waren Politiker, Regierungsbeamte und Diplomaten sowie Befehlshaber der Streitkräfte und Offiziere des Nachrichtendienstes vertreten. Selbst in diesem Ausschuss dominierte jedoch das Heer. Die *Royal Navy*, Englands älteste Waffengattung und Erbe Nelsons, verfolgte den Plan, jeden denkbaren Krieg durch ein zweites Trafalgar zu gewinnen, und wahrte deshalb vornehme Distanz zu den Überlegungen des Ausschusses.[12] In Deutschland war es dem Heer und dem Kaiser 1889 gelungen, sowohl das Kriegsministerium als auch das Parlament von der Militärpolitik auszuschließen. Die militärische Planung war alleinige Sache des Großen Generalstabes. Die Admirale der Marine wurden mit Brosamen abgespeist, und selbst der Reichskanzler Theobald von Bethmann Hollweg erfuhr erst im Dezember 1912 von dem entscheidenden Operationsplan, obwohl an diesem seit 1905 gearbeitet wurde.

Dieser Plan – nach seinem Architekten als «Schlieffenplan» bezeichnet – war das wichtigste Regierungsdokument, das im ersten Jahrzehnt des 20. Jahrhunderts überhaupt verfasst wurde. Man könnte sogar behaupten, dass sich der Schlieffenplan als das wichtigste amtliche Dokument der letzten hundert Jahre erwies. Denn die Konsequenzen, die dieser Plan für den Krieg hatte, die Hoffnungen, die er weckte, und die Hoffnungen, die er zunichte machte, sollten bis heute nachwirken. Man darf die Wirkung, die schriftlich niedergelegte Pläne auf die Entwicklung der Ereignisse ausüben, nicht überschätzen. Pläne entscheiden nicht über Erfolge. Aufgrund eines bestimmten Aktionsplans ausgelöste Entwicklungen gleichen selten denen, die eigentlich beabsichtigt sind. Sie sind nicht voraussagbar, und ihre Folgen gehen weit über das Vorstellungsvermögen des Urhebers hinaus. Das gilt auch für den Schlieffenplan. Er beschwor keinesfalls den Ersten Weltkrieg herauf. Der Krieg war das Ergebnis von Entscheidungen, die im Juni/Juli 1914 von vielen Menschen getroffen (oder nicht getroffen) wurden, aber nicht die Folge früherer Entscheidungen einer Offiziersgruppe oder eines Einzelnen im deutschen Großen Generalstab. Auch das Scheitern dieses Planes entschied nicht über die späteren Ereignisse. Es war ein Plan für einen schnellen Sieg in einem kurzen Krieg. Der lange Krieg, der folgte, hätte abgewendet werden können, wenn die Krieg führenden Nationen sich entschlossen hätten, nach dem ersten erfolglosen Waffengang aufzuhören. Allerdings entschied der Schlieffenplan, sobald er auf dem Höhepunkt der Krise übernommen wurde, darüber, wo der Schwerpunkt des Krieges liegen würde; er bestimmte nicht nur den Schauplatz für den Kriegsbeginn, sondern auch das Vorgehen des deutschen Heeres auf diesem Kriegsschauplatz. Durch seine inneren Widersprüche entschied er ferner über die eventuelle politische Ausweitung des Krieges und damit über dessen wahrscheinlich lange Dauer. Der Schlieffenplan enthielt gefährliche Ungewissheiten: Ungewiss war der schnelle Sieg, den er herbeiführen sollte; noch ungewisser waren die Folgen, wenn er dieses Ziel verfehlte.

Der Schlieffenplan war ein Schubladenplan *par excellence*. Schlieffen wurde 1891 zum Chef des Großen Generalstabes ernannt und begann sofort *in abstracto* darüber nachzudenken, wie bei der herrschenden politischen Situation die Sicherheit des Landes am besten garantiert werden konnte. Die Pläne, die er von seinen Vorgängern, dem älteren Moltke und dem Grafen Waldersee, übernommen hatte, gingen aus von der schwierigen Lage Deutschlands zwischen Frankreich einerseits, das seit der Niederlage von 1870/71 und dem Verlust Elsass-Lothringens ein unversöhnlicher Feind war, und Russland andererseits, das seit langem mit Frankreich befreundet war. Aus dieser Situation folgte schlimmstenfalls ein Zweifrontenkrieg. Beide Vorgänger Schlieffens hielten einen Erfolg gegen Frankreich, das von einer mit hohem Aufwand modernisierten Festungskette geschützt war, für unwahrscheinlich. Sie gelangten deshalb zu dem Ergebnis, das deutsche Heer im Westen – den Rhein als Barriere gegen eine französische Offensive nutzend – nur defensiv einzusetzen und die Hauptkräfte im Osten aufmarschieren zu lassen mit dem begrenzten Ziel, bald nach dem Überschreiten der russischen Grenze eine Verteidigungslinie aufzubauen. Die Russen nach einem Sieg in Polen bis ins Landesinnere zu verfolgen, liege nicht im deutschen Interesse, schrieb Moltke 1879. Er dachte an Napoleons Marsch auf Moskau, der mit einer Katastrophe geendet hatte.[13]

Schlieffen folgte zunächst diesen Überlegungen. Er verstand jedoch, obwohl er Moltkes Generalstabsausbildung durchlaufen hatte, nur deren Vorschriften, nicht deren Geist. Moltke hatte zwar auf genauer militärischer Analyse bestanden, war jedoch immer bemüht gewesen, seine strategischen Vorstellungen der Diplomatie seines Landes anzupassen. Er und Bismarck hatten offen miteinander gesprochen, auch wenn sie in politischen Fragen gelegentlich unterschiedlicher Meinung waren. Schlieffen interessierte sich nicht für Außenpolitik. Er glaubte an den Vorrang militärischer Stärke. Der junge Wilhelm II. hatte 1890 törichterweise auf die Erneuerung des von Bismarck geschlossenen Rückversicherungsvertrages mit Russland verzichtet. Dieser verpflichtete Russland zu Neutralität gegenüber Deutschland, solange Deutschland nicht Frankreich angriff, und Deutschland zu Neutralität gegenüber Russland, solange es nicht Österreich-Ungarn, den Verbündeten Deutschlands, angriff. Deshalb durfte sich Schlieffen als Chef des Generalstabes ganz auf militärische Stärke konzentrieren.[14] Er begann wie ein Schachspieler zu denken und spielte mit wenigen Figuren: einem Frankreich, das schwächer als Deutschland, aber durch Festungsanlagen geschützt war; einem Russland, das schwächer als Deutschland, aber durch seine Weiträumigkeit geschützt war; einem schwachen österreichischen Bundesgenossen, der mit Russland verfeindet und deshalb als Ablenkung, vielleicht sogar als Gegengewicht nützlich war; einem sehr schwachen, mit Deutschland und Österreich verbündeten Italien, das nicht zählte; einem Großbritannien, das man ignorieren konnte, denn Schlieffen interessierte sich für Seemacht so wenig, dass er sogar die deutsche Flotte gering schätzte, obwohl sie sich immer mehr zum Lieblingskind des Kaisers entwickelte.[15]

In Anbetracht der relativen Machtverhältnisse, die allein sein Denken beeinflussten, entwickelte Schlieffen nach und nach den Plan, im Kriegsfall sieben Achtel der militärischen Stärke Deutschlands für eine vernichtende Offensive gegen Frankreich einzusetzen – ein Spiel nach dem Motto ‹alles oder nichts›, das den eigenen König gefährdete. Mit einem Scheitern rechnete Schlieffen nicht. Schon im August 1892 hatte er sich dafür entschieden, dass der Westen – nicht wie bei Moltke und Waldersee der Osten – den Schwerpunkt des deutschen Einsatzes bilden müsse. 1894 legte er einen Plan für die Ausschaltung der Festungsanlagen an der französischen Ostgrenze vor. Nachdem er 1897 eingesehen hatte, dass Deutschlands schwere Artillerie die Forts nicht nachhaltig ausschalten konnte, argumentierte er, eine deutsche Offensive dürfe «sich nicht scheuen, nicht nur die Neutralität Luxemburgs, sondern auch diejenige Belgiens zu verletzen»,[16] mit anderen Worten: Er wollte die französischen Festungen ausschalten, indem er sie umging. Die Pläne, die zwischen 1899 und 1904 entworfen und durch Kriegsspiele und Generalstabsreisen erprobt worden waren, sahen einen Vormarsch mit mehr als zwei Dritteln des deutschen Heeres durch Luxemburg und den südlichen Zipfel Belgiens vor.

In der so genannten «Großen Denkschrift» vom Dezember 1905, die Schlieffen unmittelbar vor seiner Pensionierung abschloss, nachdem er 14 Jahre lang das höchste militärische Amt innegehabt hatte, legte er schließlich jede Mäßigung ab. Die belgische Neutralität – seit 1839 von den fünf europäischen Großmächten gemeinsam garantiert – sollte nicht nur geringfügig, sondern in größtem Maßstab verletzt werden. Nahezu das ganze deutsche Heer, aufgestellt in einer Linie von der Schweizer Grenze fast bis zur Nordsee, sollte in einer riesigen Schwenkung durch Belgien vorrücken. Der äußerste rechte Flügel sollte nördlich von Brüssel über die Ebenen Flanderns vorstoßen und am 22. Tag nach der Mobilmachung die französische Grenze erreichen. Am 31. Tag sollte die deutsche Frontlinie entlang der Somme und der Maas verlaufen. Aus dieser Position sollte der rechte Flügel nach Süden schwenken, Paris von Westen her umfassen und die französische Armee gegen den linken Flügel der Deutschen drücken, der von Elsass-Lothringen aus vorrückte. Eine große halbkreisförmige Zangenbewegung, mit einer Ausdehnung von 650 km und einer Öffnung von 300 km, sollte die französische Armee einschließen. Unter unerbittlichem Druck sollten die Franzosen in einer Entscheidungsschlacht gestellt und vernichtet werden. Bis zum 42. Tag nach der Mobilmachung sollte der Krieg im Westen gewonnen und das siegreiche deutsche Heer frei sein, um mit der Eisenbahn an die Ostfront verlegt zu werden und dort den Russen ebenfalls eine vernichtende Niederlage beizubringen.[17]

Als Generalstabschef arbeitete Schlieffen häufig bis Mitternacht und entspannte sich dann, indem er seinen Töchtern Werke der Militärgeschichte vorlas, für die er sich fast ebenso leidenschaftlich interessierte wie für das Ausarbeiten von Operationsplänen. Bevor er Chef des Großen Generalstabes wurde, war er dessen Militärhistoriker. Er untersuchte die Geschichte jedoch unter rein technischen Aspekten. Ihn interessierte die Aufstellung von Armeen auf der Landkarte, nicht die Stimmung unter ihren Soldaten, auch nicht die Argumente, mit denen Regierungen

Der Schlieffenplan

einen Krieg rechtfertigten.[18] Schlieffen war besessen von der Schlacht bei Cannae, in der Hannibal 216 v. Chr. die römischen Legionen umzingelt hatte. Hannibals überwältigender Sieg inspirierte ihn für seine Große Denkschrift von 1905. In der Schlacht bei Cannae sah Schlieffen die Quintessenz der Feldherrnkunst, ungetrübt durch Politik, Logistik, Technik oder Psychologie. Sein aktiver Dienst als junger Offizier bei den Garde-Ulanen scheint keine Spuren hinterlassen zu haben; in den Kriegen von 1866 und 1870 war er bereits Generalstabsoffizier; 1884 wurde er Militärhistoriker; nach 1891 beherrschte ihn offenbar die Routinearbeit am Kartentisch vollständig. Reserviert, sarkastisch, intellektuell überheblich, zunehmend unnahbar, je länger seine Amtszeit währte, war es ihm am Ende seiner Karriere gelungen, den Krieg – zumindest für sich selbst – auf eine reine Abstraktion zu reduzieren: so viele Armeekorps hier, so viele dort. Ein Auszug aus der Großen Denkschrift vermittelt eine Vorstellung davon:

> Der Schlachterfolg des deutschen Heeres soll womöglich durch Umfassung mit dem rechten Flügel erzielt werden. Deshalb ist er tunlichst stark zu machen. Zu diesem Zweck sollen 8 Armeekorps und 5 Kavallerie-Divisionen auf fünf Straßen die Maas unterhalb Lüttich überschreiten und in Richtung Brüssel – Namur vorgehen, ein 9. Armeekorps (XVIII.) soll sich ihnen nach Übergang über die Maas oberhalb Lüttich anschließen. Es muss dazu die Zitadelle von Huy, in deren Bereich es die Maas zu überschreiten genötigt ist, unschädlich machen.[19]

Schlieffen war auf Truppenbewegungen fixiert. Seltsamerweise lag ihm nichts daran, die Truppenzahl des deutschen Heeres zu vermehren, um so die Überlegenheit über den Gegner sicherzustellen. Wie Holger Herwig neuerdings gezeigt hat, teilte Schlieffen die in der preußischen Generalität vorherrschende Befürchtung, im Falle einer Heeresvermehrung könnten Sozialisten aus den Großstädten das bisher aus unpolitischen Bauernburschen bestehende Heer verderben. 1905 forderte er zwar die Aufstellung von 33 neuen Infanteriebataillonen, aber nur weil er ausgerechnet hatte, dass diese Zahl dem Defizit entsprach, an dem sein Plan scheitern konnte. In dieser Phase lehnte er zusätzliche Bataillone ab, obwohl Deutschlands zunehmende Zahl junger Männer sie ohne weiteres hätte liefern können. Er hatte sich die Aufgabe gestellt, einen kurzen Krieg mit den verfügbaren Ressourcen zu gewinnen. Und er war von dem Ehrgeiz beseelt, die Triumphe des großen Moltke von 1866 gegen Österreich und 1870 gegen Frankreich – Kriege, die sechs beziehungsweise sieben Wochen dauerten – zu wiederholen. Vor allem wollte er einen «Abnutzungskrieg» vermeiden. «Eine Ermattungsstrategie», schrieb er, «lässt sich nicht treiben, wenn der Unterhalt von Millionen [Soldaten] den Aufwand von Milliarden erfordert.»[20]

Er lebte nicht lange genug, um – wie später Hitler – zu erfahren, dass glänzende Angriffspläne, wenn sie Fehler enthalten, mit geradezu unerbittlicher Gesetzmäßigkeit einen Zermürbungskrieg nach sich ziehen. Nach den Gegebenheiten seines Zeitalters handelte Schlieffen richtig, wenn er den Umfang der von ihm geplanten Offensive zahlenmäßig begrenzte. Hitlers Plan sollte scheitern, weil er nach einem siegreichen Blitzkrieg im Westen überzeugt war, in den ungeheuren Räumen des Ostens auf die gleiche Weise siegen zu können. Schlieffen schreckte vor diesen Räumen zurück. Ihm war klar, dass ein vorrückendes Heer von Infanteristen und Kavalleristen in der grenzenlosen russischen Steppe seinen Schwung einbüßen würde. Deshalb brütete er bis spät in der Nacht über den Karten Flanderns und der Île-de-France: hier ein Armeekorps, dort ein Umgehungsmarsch, die Überquerung eines Flusses, die Ausschaltung eines Forts.

Das Ziel seiner pedantischen Arbeit bis Mitternacht war nicht, die Zahl der deutschen Truppen genau an die der Franzosen, sondern an die Kapazität des belgischen und französischen Straßennetzes anzupassen. Solche Berechnungen bildeten den Grundstock der Stabsausbildung: Die Lehrgangsteilnehmer übertrugen von fertigen Tabellen die Länge einer Marschkolonne (z. B. 29 km für ein Armeekorps) auf eine Straßenkarte und konnten dann ermitteln, wie viele Truppen mit welcher Geschwindigkeit durch ein bestimmtes Gebiet bewegt werden konnten. Da die tägliche

Höchstleistung für einen Gewaltmarsch bei 32 km lag, konnte ein Korps auf einer einzigen Straße nicht weiter vorankommen; somit befand sich das Ende einer 29 km langen Marschkolonne am Ende des Tages immer noch in der Nähe des Abmarschpunktes. Auf zwei parallelen Straßen konnten die Letzten die Hälfte der Strecke zurücklegen, bei vier Straßen drei Viertel und so weiter. Im Idealfall mussten die Einheiten eines Korps nicht hintereinander, sondern nebeneinander vorrücken, sodass am Ende des Tages alle das 32 km entfernte Tagesziel erreichten. Tatsächlich waren Parallelstraßen, wie Schlieffen in einem seiner Nachträge einräumte, bestenfalls in einem Abstand von einem oder zwei Kilometern zu finden. Da seine große Schwenkbewegung über eine Frontbreite von 300 km aber mit etwa 30 Armeekorps vorangetrieben werden sollte, verfügte jedes Korps nur über eine Frontlinie von 10 km, an der es vorrücken konnte. Dort gab es höchstens sieben parallele Straßen. Das reichte nicht aus, um die Letzten der Marschkolonnen bis zum Ende des Tages zu den Spitzen aufschließen zu lassen. Dieser Nachteil war schon an sich gravierend; noch schwerer wog, dass es völlig unmöglich war, in den Radius der Schwenkung noch mehr Truppen hineinzuzwängen.[21]

Schlieffens Entscheidung, mit dem vorhandenen Truppenbestand zu rechnen, war deshalb richtig; sein Plan ging von mathematischen Gegebenheiten aus. Wie er in seinem letzten Nachtrag erkannte, führte jeder Versuch, die Anzahl der Marschverbände zu erhöhen, möglicherweise schon der Aufmarsch der derzeit vorhandenen Anzahl, zu einem sinnlosen Stau: «Es wird sonst hinter der Feuerlinie ... unnötigerweise Masse gebildet.»[22] Der Plan ging jedoch, bedauerlicherweise für die Deutschen, nicht ausschließlich von mathematischen Gegebenheiten aus. Im Grunde genommen entsprang er einem Wunschdenken. Schlieffen träumte davon, die großen Siege von 1870 zu wiederholen – nicht wie damals an der deutsch-französischen Grenze, sondern tief im Inneren Frankreichs. Denn ihm war klar, dass die Franzosen den Deutschen wahrscheinlich nicht den «Liebesdienst» erweisen würden, sich ein zweites Mal Hals über Kopf auf deutsches Territorium zu stürzen. Aber Frankreich war, wie Schlieffen immer wieder betonte, eine «kolossale Festung», an seinen Grenzen und im Landesinneren befestigt, vor allem um Paris, das von modernen Festungswerken umgeben war. Belgien, obgleich ebenfalls befestigt, eröffnete eine Möglichkeit, die französischen Grenzbefestigungen zu umgehen; und das belgische Heer war nicht imstande, dem überlegenen deutschen längere Zeit standzuhalten.

Ein Vorrücken gegen Paris über Belgien bedeutete jedoch eine Verlängerung und zugleich eine Verengung der Frontlinie. Deshalb konzentrierte sich Schlieffen auf das Straßennetz, auf die Suche nach einem Korridor durch Flandern nach Paris, durch den die Korps des rechten Flügels schnell genug, das heißt innerhalb von sechs Wochen nach der Mobilmachung, bis zum Schauplatz der entscheidenden Schlacht durchstoßen konnten. Bei einer zeitlichen Verzögerung würden die Russen aus ihren weiten Räumen anrücken und die schwachen deutschen Kräfte überwältigen, die im Osten standen, um den Zugang nach Berlin zu verteidigen.

Schlieffen träumte von einem Wirbelsturm, aber in seinen Berechnungen warnte er vor einem nachlassenden Gewitter. Selbst in der Großen Denkschrift von 1905 äußerte er seine Befürchtungen: «Es kommt also darauf an, den Vormarsch des rechten deutschen Flügels nach Möglichkeit zu beschleunigen.» «Eine beständige Aufmerksamkeit und eine geeignete Verteilung der Marschstraßen ist den Armeeführern nötig.» Denn nach seiner eigenen Aussage betrug die mittlere Marschleistung ausgebildeter Truppen 20 km pro Tag.[23] Befehle, das Tempo zu erhöhen oder die Straßen zu wechseln, konnten daran kaum etwas ändern. Dann gab es die allseits bekannte Erfahrung, «dass [die Kräfte der Offensive] beständig abnehmen». «Die aktiven Korps müssen für die Schlacht unberührt erhalten bleiben und dürfen nicht für den Etappendienst, die Belagerung und Einschließung der Festungen verwendet werden.»[24] Gleichzeitig müssen jedoch «die Eisenbahnen, soweit sie für den Nachschub des Heeres erforderlich sind, gesichert, die großen Städte, die volk- und fabrikreichen Provinzen Belgiens und des nordwestlichen Frankreichs besetzt werden». Diese Aufgaben waren wie ein Schwamm, der Kampftruppen aufsaugte. Schließlich gab es unvorhergesehene Ereig-

Pläne für den Kriegsfall 57

nisse: «Sollten die Engländer landen und vorgehen, so würden die Deutschen Halt machen, ... die Engländer schlagen und dann wiederum die Operation gegen die Franzosen fortsetzen.»[25] Eine derartige Zeitverzögerung war nicht einkalkuliert. In einem späteren Nachtrag findet sich der Hinweis auf die Gefahr, dass die seit ihrem Zusammenbruch von 1870 unterschätzten Franzosen einen neuen Kampfgeist entwickelt haben könnten: «Da sie jetzt aber von offensiven Gedanken erfüllt sind, muss man annehmen, dass der nicht angegriffene Teil [ihres Heeres] zur Offensive vorgehen wird.»[26] Damit wurde das dunkle Gespenst eines Zermürbungskrieges heraufbeschworen, der lange Kampf, der mit Blut und Eisen ausgetragen werden musste. Diese Gefahr bestand ohnehin: «Wenn der Feind [gegenüber der großen Schwenkbewegung] standhält, [werden] auf der ganzen Linie die Korps wie im Belagerungskrieg von Stellung zu Stellung an den Feind heranzukommen suchen, sei es bei Tage, sei es bei Nacht vorgehen, sich eingraben, wieder vorgehen, wieder eingraben ...» Selbst wenn ein solches Vorgehen möglich war, wenn die Deutschen den Angriff nicht zum Stillstand kommen ließen, «wie es im Ostasiatischen Kriege (dem Russisch-Japanischen Krieg 1904/05) geschah», konnten die Franzosen weiter zurückfallen auf die «große Festung», als die «Frankreich betrachtet werden muss».[27] «Wenn die Franzosen die Oise und die Aisne geräumt und sich hinter die Marne, die Seine pp. zurückgezogen haben, ... so würde dies zu einem endlosen Kriege führen.»[28]

Das ist nicht das einzige Anzeichen von Selbstzweifel in der Großen Denkschrift. Es gibt weitere. Schlieffen forderte mehr Truppen am entscheidenden Punkt, auf dem rechten Flügel der großen Schwenkung durch Belgien und Nordfrankreich: «Noch andere Truppen müssen beschafft werden. 8 Armeekorps ... Wir pochen noch immer auf unsere hohe Einwohnerzahl, auf die Volksmassen, die uns zu Gebote stehen, aber diese Massen sind nicht in der vollen Zahl der Brauchbaren ausgebildet und bewaffnet ... Am nötigsten sind die 8 Armeekorps auf oder hinter dem rechten Heeresflügel.» Schlieffen forderte die Aufstellung dieser 8 Korps, eine Vermehrung der Heeresstärke um ein volles Viertel, zusammengesetzt aus den Reserven, dem Ersatz (unausgebildeten Kontingenten) und der Landwehr (überalterten Reservisten), obgleich er offenbar wie die anderen Generale Bedenken hatte, das Heer durch die Einberufung unzuverlässiger Elemente zu vergrößern. Die angedeuteten Selbstzweifel nehmen zu: «Wie viele [dieser 8 Armeekorps zum rechten Flügel] hinzubringen sind, hängt von der Leistungsfähigkeit der Eisenbahnen ab ... Von diesen ist mehr als $1/3$ zur Umgehung von Paris erforderlich ... Wie der Vormarsch gegen und der Angriff auf die Stellung gedacht ist, geht aus Karte 3 hervor.»[29]

Hier erkennt der aufmerksame Leser der Großen Denkschrift, dass der Plan brüchig wird: Karte 3 zeigt keineswegs, wie die neuen Armeekorps vorrücken oder Paris einschließen sollen. Die Korps sind einfach da, ohne einen Hinweis darauf, wie sie Paris und seine Umgebung erreicht haben. Die «Leistungsfähigkeit der Eisenbahnen» ist irrelevant; nach Schlieffens Plan sollte die Eisenbahn die Angreifer nur bis zur deutsch-belgischen und deutsch-französischen Grenze befördern. Anschließend würden das Straßennetz und der stapfende Schritt der Infanterie das Vormarschtempo bestimmen. Schlieffen selbst setzte dieses Tempo bei nur 20 km pro Tag an. In der Krise vom August und September 1914 waren sowohl deutsche als auch französische und britische Einheiten schneller, manchmal Tag für Tag – das 1. Bataillon des Gloucestershire-Regiments legte während des großen Rückzugs vom belgischen Mons auf die Marne (24. August–5. September) im Durchschnitt 26,5 km zurück; am 27. und 28. August marschierte es 37 beziehungsweise 34 km. Doch Schlieffens Mittelwert lag nicht weit daneben.[30] Die Armee des Generalobersts Alexander von Kluck am äußersten Flügel der großen Schwenkung legte zwischen dem 18. August und dem 5. September, auf einer Entfernung von 415 km, knapp 22 km am Tag zurück.[31] Wenn die «acht neuen Korps», die Schlieffen als letztes Mittel für die Umsetzung seines Plans benötigte, rechtzeitig auf dem entscheidenden Schauplatz eintreffen sollten, hätten sie nicht nur weiter und schneller marschieren müssen (was unwahrscheinlich war); sie hätten auch dieselben Straßen benutzen müssen, auf denen bereits existierende Korps marschierten – einfach eine Unmöglichkeit.

Es ist daher keineswegs überraschend, im Text der Großen Denkschrift versteckt das Eingeständnis des Verfassers zu finden, «dass wir ... zu schwach sind», um den Plan durchzuführen. In einem späteren Nachtrag heißt es: «Auf einer so ausgedehnten Linie [werden] mehr Truppen verbraucht werden als bisher angesetzt waren.»[32] Schlieffen war in eine logische Sackgasse geraten. Die Truppen sollten per Eisenbahn in die richtige Ausgangsstellung für die große Schwenkung gebracht werden und über die belgischen und französischen Straßen in der sechsten Woche nach der Mobilmachung die Außenbezirke von Paris erreichen. Dort aber würde ihre Stärke nur dann für eine siegreiche Entscheidungsschlacht ausreichen, wenn sie von acht Korps (200 000 Mann) begleitet würden, für die jedoch kein Platz vorhanden war. Schlieffens Plan für einen Blitzsieg war im Kern verfehlt.

Trotzdem wurde er für eine spätere Verwendung aufbewahrt. Der jüngere Moltke, der Neffe des Siegers von 1866 und 1870, bastelte an ihm weiter, als er 1906 Schlieffen als Chef des Großen Generalstabes nachfolgte. Schlieffen selbst arbeitete auch im Ruhestand weiter, buchstäblich bis zum Vorabend seines Todes am 4. Januar 1913. Weder Schlieffen noch Moltke lösten die Widersprüche des Plans. Gewöhnlich wird Moltke vorgeworfen, er habe diese Widersprüche verstärkt, indem er für den geplanten deutschen Aufmarsch den massiven rechten Flügel Schlieffens zugunsten des linken Flügels proportional schwächte. Das war aber kaum der entscheidende Punkt. Moltkes Generalstab verkürzte zweifellos die Zeit, die für das Verladen und Entladen der Truppen in den frontnahen Einsatzgebieten benötigt wurde – in einigen Sektoren um mindestens zwei, in anderen sogar um vier Tage.[33] Auch das war kaum der entscheidende Punkt. Denn Truppenbewegungen per Bahn konnten durch Planen beschleunigt werden, aber dann kamen die Straßen, wo das nicht möglich war. Aufgrund der durchschnittlichen Marschleistung von 20 km pro Tag stießen die Berechnungen der glänzendsten Experten an Grenzen. Moltke und der Große Generalstab begegneten diesem

Problem, indem sie es ignorierten. Der Schlieffenplan blieb in der Schublade liegen, um im August 1914 hervorgeholt und – mit katastrophalen Folgen – umgesetzt zu werden.

Der französische Operationsplan XVII, der 1914 in der Schublade lag, sah genau den «Liebesdienst» gegenüber Deutschland vor, mit dem Schlieffen nicht gerechnet hatte. Es war der Plan für eine stürmische Offensive an der französisch-deutschen Grenze in Richtung Lothringen und Rhein, was nach Schlieffens Auffassung den französischen Interessen am wenigsten entsprach. Denn wie Frankreich hatte Deutschland seit den achtziger Jahren des 19. Jahrhunderts keinen zeitlichen und finanziellen Aufwand gescheut, um die Befestigungsanlagen an den Grenzen zu verbessern und zu erweitern. Die Provinzen Elsass und Lothringen, die das deutsche Kaiserreich 1871 annektiert hatte, waren in den vorhergehenden zweihundert Jahren von Frankreich stark befestigt worden. Unter der deutschen Reichsregierung (Elsass-Lothringen war «Reichsland» und unterstand unmittelbar Berlin) waren die Befestigungsanlagen von Metz und Thionville (Diedenhofen) an der Mosel und von Straßburg am Rhein unter hohen Kosten modernisiert worden. Diese Städte waren die Tore zwischen Frankreich und Deutschland. Schlieffen nahm an, das französische Oberkommando werde in seinen Planungen davor zurückschrecken, diese anzugreifen.

Während der Zeit, als Schlieffen an der Großen Denkschrift arbeitete, traf diese Annahme zu. Der französische Plan XIV, 1898 fertig gestellt, sah im Falle eines Krieges mit Deutschland die Verteidigung der gemeinsamen Grenze vor. Ein französischer Angriff wurde aufgrund der zahlenmäßigen Überlegenheit der Deutschen ausgeschlossen. Die bei 40 Millionen stagnierende Bevölkerung Frankreichs konnte die wachsende Bevölkerung Deutschlands, die bereits 50 Millionen zählte und schnell zunahm, nicht herausfordern. Außerdem war das französische Oberkommando eingeschüchtert durch die nachgewiesene Fähigkeit Deutschlands, sein Heer in Krisenzeiten durch die Eingliederung von Reservisten rasch zu vergrößern. Das französische Reservesystem hatte 1870 versagt. Die französischen Generale von 1898 glaubten nicht, dass es in Zukunft besser funktionieren werde. Der Plan XIV wies separaten Reserveverbänden keine Rolle zu, der Plan XV von 1903 nur eine untergeordnete.

Das Problem der Reserven sollte die französischen Militärs während des ganzen ersten Jahrzehnts des 20. Jahrhunderts beunruhigen. Während die deutschen Generale sich mit dem Problem herumschlugen, wie eine große Zahl von Soldaten möglichst schnell zu dem jeweiligen Operationsgebiet transportiert werden konnte, mühten sich die französischen Generale damit ab, wie sie überhaupt eine ausreichende Zahl Soldaten rekrutieren konnten. Das Wehrdienstgesetz von 1905, das alle jungen Franzosen ohne Ausnahme zu einem zweijährigen Militärdienst verpflichtete, löste dieses Problem nur teilweise. Es vermehrte das aktive oder Friedensheer, das nun im Frieden sogar stärker als das deutsche war. Aber Deutschlands Absicht, in Belgien einzumarschieren, warf das Problem der Reserven erneut auf. Eine Friedensarmee, die das deutsche Heer an der gemeinsamen Grenze zahlenmäßig übertraf, war dennoch auf rasch verfügbare Reserven angewiesen, wenn die Front sich ausdehnte. 1907 ermöglichte der Plan XV A eine Konzentration französischer Truppen gegen Südbelgien; zwei Jahre später erhöhte der Plan XVI diese Konzentration. Die neuen Dispositionen beruhten auf der Eingliederung von Reservisten; allerdings war sich das Oberkommando im Hinblick auf ihre Verwendung nach wie vor unschlüssig. 1911 wurde eine große, durch massive Reserven verstärkte und über Belgien geführte deutsche Offensive befürchtet. Der neue französische Generalstabschef, Victor Michel, plädierte daher für eine radikale Abkehr von den Strategien der Pläne XIV–XVI: Alle verfügbaren Reserven sollten mit den aktiven Verbänden verschmolzen werden, und das Heer sollte unmittelbar nach der Mobilmachung entlang der gesamten französischen Grenze von der Schweiz bis zur Nordsee aufmarschieren.[34]

Michels Plan war ein Spiegelbild des Schlieffenplans, obwohl er diesen nicht kannte. Er schlug sogar eine Offensive gegen Nordbelgien vor, die frontal auf Schlieffens «starken rechten Flügel» gestoßen wäre – mit welchen Ergebnissen, ist nicht abzuschätzen, aber wahrscheinlich nicht mit schlechteren als denen, die der völlig andere französische Kriegsplan von 1914 erzielte. Michel war bedauerlicherweise ein militärischer Außenseiter, ein «republikanischer» General, dessen politische Überzeugungen seinen Kollegen missfielen. Er wurde bald durch eine neue konservative Regierung seines Amtes enthoben. Der Plan XVII, der im April 1913 in Kraft trat, stellte Michels Plan auf den Kopf: Die Verschmelzung der Reserve mit aktiven Verbänden wurde aufgegeben; der Aufmarsch bis zur Nordsee wurde eingeschränkt; die Abwehr eines eventuellen deutschen Vormarsches durch Nordbelgien blieb allein der 5. Armee überlassen, die auf dem linken Flügel an der Grenze zu Südbelgien stationiert war. Am wichtigsten war, dass die Operationen an der französisch-deutschen Grenze offensiv geführt werden sollten. Im Plan XVII hieß es: «Wie immer auch die Umstände sein mögen, es ist die Absicht des Oberbefehlshabers, mit vereinten Kräften den Vormarsch anzutreten, um die deutschen Armeen anzugreifen ...» Das bedeutete einen Angriff auf Lothringen, also eben jenen «Liebesdienst», den nach Schlieffens Überzeugung die Franzosen den Deutschen nie erweisen würden.[35]

Es gab mehrere Gründe, warum der Plan XVII – von Michels Nachfolger Joseph Joffre ausgearbeitet – übernommen wurde. Ein Grund war folgender: Der französische Nachrichtendienst konnte nicht endgültig bestätigen, dass die Deutschen den strategisch problematischen und außenpolitisch verkehrten Vorstoß durch Nordbelgien wirklich riskieren würden. Bei der strengen Geheimhaltung der damaligen Kriegsplanung und der engstirnigen Weigerung des französischen *Deuxième Bureau*, entsprechende Hinweise zur Kenntnis zu nehmen, waren solche Informationen nur schwer zugänglich.[36] Ein weiterer Grund war die Besorgnis darüber, wie Deutschland auf das französische «Zweijahresgesetz» von 1905 reagierte. 1911–13 verabschiedete der Reichstag Wehrdienstgesetze, die die Stärke des deutschen Friedensheeres beträchtlich erhöhten.[37] Diese Maßnahmen und die deutsche Praxis, bei der Mobilmachung Reserveverbände aufzustellen, machten es notwendig, die Stärke des französischen Friedensheeres möglichst kraftvoll einzusetzen, bevor die Reserven der anderen Seite sich auswirken konnten. Das bedeutete Angriff, und zwar Angriff über die gemeinsame Grenze gegen die Aufmarschgebiete der Deutschen auf ihrem Territorium, das sie dann verteidigen mussten. Außerdem hatte Frankreich auf die deutschen Wehrdienstgesetze von 1911–13 mit einem Gesetz reagiert, das die Wehrpflicht auf drei Jahre verlängerte. Dieses «Dreijahresgesetz» von 1913 konnte zwar das wachsende Übergewicht der deutschen über die französischen Armeen nicht ausgleichen, erhöhte jedoch die Stärke des französischen Friedensheeres bei gleichzeitiger Verringerung der Reserven, was ebenfalls für ein sofortiges offensives Vorgehen im Kriegsfall sprach. Ein dritter Grund für die Übernahme des Plans XVII waren die sich entwickelnden Beziehungen zwischen Frankreich und seinen Verbündeten. Seit 1905 trafen sich der britische und der französische Generalstab heimlich zu Besprechungen. 1911 hatten sie vereinbart, dass britische Expeditionsstreitkräfte am linken Flügel der Franzosen aufmarschieren sollten, wenn Deutschland die durch den Vertrag von 1839 garantierte Neutralität Belgiens verletzte. Durch diese Übereinkunft wurde «das belgische Problem» verringert, wenn auch nicht gelöst. Großbritannien und Frankreich hatten sich mehr erhofft: dass Belgien einem oder beiden erlauben würde, Truppen auf belgischem Staatsgebiet einzusetzen, wenn ein deutscher Angriff drohte. Beide waren vom belgischen Generalstab abgewiesen worden – für Frankreich ein zusätzlicher Grund, sich für den Plan XVII zu entscheiden. Dennoch konnte Frankreich auf das britische Hilfsversprechen bauen. Obgleich beide Länder durch keinen förmlichen Vertrag gebunden waren, hatten die französischen Generale die Erfahrung gemacht, dass, «wenn [ihre] Generalstäbe über etwas einig waren, Taten folgten».[38]

Gerade weil «das nicht oft der Fall war, wenn französische und russische Militärexperten [deren Regierungen sogar verbündet waren] sich auf einen Plan einigten», glaubten die französischen Generale, die Offensive nach Plan XVII sei notwendig, um die russische Unterstützung zu erhalten, die Frankreich beim Ausbruch eines Krieges mit Deutschland benötigte.[39] Die strategischen Probleme Russlands glichen denen Frankreichs und waren doch andere. Wie Frankreich brauchte Russland mehr Zeit als Deutschland, um in einer Krise seine Reserven zu mobilisieren. Die ersten Operationen mussten daher ebenfalls vom aktiven Heer geführt werden. Während Frankreich keinen akzeptablen Plan zur Einbindung der Reserven in das Friedensheer besaß, waren Russlands Reservistenprobleme eher geographischer als organisatorischer Natur. Die gewaltigen Entfernungen zwischen den russischen Bevölkerungszentren und der deutschen Grenze verzögerten den Aufmarsch an der Front. Diese Entfernungen waren für Russland aber auch ein Vorteil, denn unter den Gegebenheiten des Krieges ist die Dimension des Raumes auch eine der Zeit. In der kritischen Mobilmachungsphase würde Russland nicht unter Druck stehen. Es würde einen anfänglichen Gebietsverlust hinnehmen, während es sein Heer zusammenzog – was Frankeich sich nicht leisten konnte. Das war den Franzosen völlig klar. Der Plan XVII war deshalb in einer Hinsicht gerechtfertigt: Die große Schlacht im Westen, die er provozieren sollte, würde dem Osten Zeit verschaffen. In einer anderen Hinsicht entsprach er dem Bedürfnis der Franzosen, den Russen gleich von Anfang an klarzumachen, dass es ein Kampf auf Leben und Tod war. Je weiter und schneller die Krise um sich griff und je ernster die Gefahr für Frankreich war, desto früher kam es zu einer Bedrohung Russlands und desto stärker stand Russland unter dem Zwang, Frankreich unverzüglich zu Hilfe zu kommen.

Aber Russland war bekannt für seine Hinhaltetaktik, worüber sich die französischen Generale mit Recht ärgerten. Schlimm genug, dass ihre russischen Kollegen Heimlichtuerei betrieben und oft nicht zur Sache kamen – im Gegensatz zu den Briten, die Zuversicht erweckten, obwohl sie formal keine Verbündeten waren. Schlimmer war Russlands Scheu, feste Verpflichtungen einzugehen. «Vor 1911 hatten es die Russen trotz unaufhörlichen Drängens der Franzosen abgelehnt, mehr als ein unbestimmtes Offensivunternehmen bis zum 20. Tag nach der Mobilmachung zu versprechen. Ende 1910 wurde selbst diese Mindesterwartung erschüttert, als Sankt Petersburg mehrere Truppenverbände aus

Russisch-Polen abzog und der Zar sich mit dem Kaiser in Potsdam traf.» Es bedurfte neuer Generalstabsgespräche, einberufen von dem zutiefst beunruhigten Joffre, um General Suchomlinow, dem russischen Kriegsminister, eine Versicherung abzuringen, dass das russische Heer «am 16. Tag ein Offensivunternehmen starten werde, in der Hoffnung, dadurch mindestens fünf oder sechs deutsche Armeekorps zu binden, die sonst an der Westfront eingesetzt weden könnten». Diese Versicherung erfolgte wieder nur mündlich und die Franzosen hatten keine Vorstellung von dem Unternehmen, das die Russen erwogen.[40]

Das konnte man den Russen nicht ganz verübeln. Das erste Jahrzehnt des Jahrhunderts war für sie eine schwierige Zeit: eine Revolution im Innern, eine Niederlage im Krieg gegen die Japaner im Fernen Osten. Der Krieg hinterließ einen verarmten Staat, die Niederlage ein desorganisiertes Heer. Während der Jahre 1906–09 wäre der Schlieffenplan durchführbar gewesen, denn die Russen konnten in einem Konflikt bestenfalls eine strategische Defensive führen, was Frankreich überhaupt nicht geholfen hätte. 1909 hatten die Russen sich erholt und stellten den Mobilmachungsplan Nr. 18 auf. Er enthielt Vorkehrungen für eine Offensive, allerdings erst zu einem späteren Zeitpunkt, wenn das Zusammenziehen der Reserven abgesichert war und wenn feststand, ob die Hauptgefahr von Deutschland oder von Österreich ausging. Im Juni 1910 wurde der russische Generalstab konkreter. Der Mobilmachungsplan Nr. 19 nahm an, dass Deutschland der Hauptfeind sein werde; aber auch dieser Plan hätte den Großteil Russisch-Polens preisgegeben. Diese Aussicht empörte die Befehlshaber der westlichen Militärbezirke, die seit langem die Aufgabe hatten, die österreichischen Kräfte zu binden. Es folgten weitere Diskussionen im russischen Generalstab über die relative Bedeutung der verschiedenen operativen Möglichkeiten sowie darüber, was Russland seinen traditionellen Verpflichtungen in Südosteuropa und was es dem Bündnis mit Frankreich schulde. Das Ergebnis war ein Kompromiss, bekannt als die Varianten A und G zum Plan 19: A (= Austria) stand für eine Hauptanstrengung gegen Österreich, G (= Germania) gegen Deutschland.[41]

Hätten die Franzosen die Variante A gekannt, wären ihre schlimmsten Befürchtungen bestätigt worden. Glücklicherweise konnten sie im gleichen Monat, im August 1912, als der russische Generalstab die beiden Varianten zum Plan 19 fertig stellte, dem russischen Generalstabschef Schilinski die Zusage abringen, dass die Russen «nach M + 15», das heißt 15 Tage nach der Mobilmachung, mit mindestens 800 000 Mann (der Hälfte ihrer Friedensstärke) Deutschland angreifen würden.[42] Im Artikel III der russisch-französischen Militärkonvention vom September 1913 wurde diese Zusage präzisiert – statt «nach» hieß es jetzt «am Tag M + 15». Dass die Russen plötzlich ein so rückhaltloses Engagement für ihren Verbündeten zeigten, ist auf verschiedene Weise erklärt worden. Eine Erklärung besagt, dass das russische Heer sich 1913 von dem Chaos, in das es durch die Niederlage gegen Japan gestürzt worden war, weitgehend erholt hatte. Ein neuer Haushaltsplan, Suchomlinows «Großes Programm», versprach innerhalb von vier Jahren konkrete Verbesserungen und eine Heeresvermehrung. Ein zweiter Grund, den man vorgebracht hat, waren irreführende Informationen durch den Geheimdienst. 1913 besaßen die Russen einen hochrangigen Agenten, den österreichischen Oberst Alfred Redl, der ihnen die Mobilmachungspläne des österreichisch-ungarischen Heeres verkaufte. Diese Pläne ließen die in Variante A angenommenen Gefahren als geringfügig erscheinen. «Eine dritte Erklärung für das Verhalten der Russen liegt in der Bedeutung des Bündnisses [mit Frankreich] ... Wenn Frankreich von den Deutschen leicht erobert wurde, sahen die Russen kaum eine Chance, den vereinten Horden Deutschlands und Österreich-Ungarns standhalten zu können ... Russland und Frankreich stiegen entweder zusammen auf oder gingen zusammen unter, und ... Russland musste sich aufs Äußerste anstrengen, seine Verpflichtungen zu erfüllen, das heißt am Tag M + 15 Offensivoperationen zu eröffnen.» Schließlich wird behauptet, die russischen Generale hätten plötzlich die Gefahren ignoriert, die ein Offensivkrieg – statt eines eigennützigen, aber sicheren Defensivkrieges – für sie bedeutete. In diesem Punkt unterschieden sie sich von den Franzosen und den Deutschen nur dadurch, dass die sich erst spät für das Hasardspiel entschieden.[43]

Wie Russland, das in den Jahren 1906–14 Frankreich durch Ausflüchte und Zögern beunruhigte, verhielt sich Österreich gegenüber dem verbündeten Deutschland. Beide Länder – Gegner im Krieg von 1866, der Deutschland die Führung in Mitteleuropa verschafft hatte – hatten 1879 ihre Differenzen beigelegt. Der damals unterzeichnete Zweibund enthielt jedoch keine militärischen Bestimmungen. Bismarck, der Kanzler des Deutschen Reiches, scheute klugerweise davor zurück, sich in die zahlreichen inneren und äußeren Probleme Österreichs hineinziehen zu lassen, etwa in die uralte Feindschaft mit der Türkei, den Streit mit Italien wegen des Verlustes von Venetien, die Forderungen Serbiens und Rumäniens nach habsburgischen Gebieten, in denen starke und wachsende slawische Minderheiten lebten. Dennoch gab es zwischen dem österreichischen und dem deutschen Generalstab einen inoffiziellen Meinungsaustausch über die Strategie des jeweiligen Bündnispartners: Österreich erfuhr, dass Deutschland im Falle eines Zweifrontenkrieges Russland angreifen und gegen Frankreich defensiv bleiben werde; Deutschland erfuhr mit Genugtuung, dass in diesem Fall die Österreicher Russisch-Polen angreifen würden. Dabei blieb es. Der österreichische Generalstab fand Schlieffen, als dieser 1891 deutscher Generalstabschef wurde, «schweigsam und wenig entgegenkommend».[44] Erst im Januar 1909, drei Jahre nach Schlieffens Pensionierung, entwickelten sich fruchtbare Gespräche.

Der jüngere Moltke, Chef des deutschen Generalstabes, wusste, was er wollte. In seiner Schublade lag der Schlieffenplan. Dieser setzte voraus, dass die Österreicher mit möglichst vielen Truppen und möglichst rasch gegen Russisch-Polen aufmarschierten. Die Initiative zu den Gesprächen ging jedoch von seinem österreichischen Kollegen Franz Graf Conrad von Hötzendorf aus, der damals einen Krieg nicht nur mit Russland, sondern auch mit dessen Schützling Serbien befürchtete. Er hatte noch weitere Sorgen. Italien und Rumänien, seit 1882 beziehungsweise 1883 Verbündete Österreichs, erschienen ihm unzuverlässig. Die

Konstellationen, die er sah, waren nicht gerade günstig für Österreich. Der schlimmste Fall war, wenn Serbien einen Krieg gegen Österreich-Ungarn provozierte, in den Russland eingriff, nachdem die Hauptkräfte der k. u. k. Armee donauabwärts nach Süden marschiert waren – die falsche Richtung angesichts einer drohenden russischen Intervention – statt nach Norden in Richtung Russisch-Polen. Conrad empfahl für die Mobilmachung eine Dreiteilung des Heeres: eine Minimalgruppe Balkan (10 Divisionen), die gegen Serbien aufmarschieren sollte, eine Staffel A (30 Divisionen) für den polnischen Kriegsschauplatz und eine Staffel B (12 Divisionen), die im Notfall eine dieser beiden Heeresgruppen verstärken sollte.

Dieser Plan bot Moltke wenig, und so schrieb er am 21. Januar 1909 an Conrad mit dem Ziel, bessere Bedingungen zu erreichen. Moltke ignorierte die Befürchtungen des Österreichers wegen der Unzuverlässigkeit Italiens und Rumäniens und versicherte ihm, der Krieg im Westen werde beendet sein, bevor Russland seine Mobilmachung abgeschlossen habe; Deutschland werde bis dahin starke Kräfte nach Osten geschickt haben. Er nannte jedoch keinen Zeitplan – eine Unterlassung, die Conrad mit Sorge erfüllte, da er selbst für einen Zweifrontenkrieg planen musste. Am 26. Januar wies er Moltke darauf hin, dass Deutschland erst 50 Tage nach der Mobilmachung mit der Verlegung der Minimalgruppe Balkan nach Polen rechnen dürfe. Ob Deutschland garantieren könne, dass seine Unterstützung innerhalb von 40 Tagen eintreffe? Andernfalls sei es für ihn besser, sich gegenüber Polen defensiv zu verhalten und Serbien in einer Großoffensive vernichtend zu schlagen. Die Ausschaltung Serbiens war Conrads eigentliches Ziel. Wie viele Deutsch-Österreicher hasste er das kleine slawische Königreich, weil es der inoffiziellen Herrschaft Österreichs über die Balkanstaaten den gebührenden Respekt verweigerte und weil es auf unzufriedene Serben des Habsburgerreiches eine magnetische Anziehungskraft ausübte. Ein Sieg über Serbien schien die sicherste Lösung für die Probleme, die Österreich mit seinen übrigen slawischen Minderheiten hatte.

Moltke antwortete mit einer Mischung aus Zusicherungen

und Zurückweisungen. Die Franzosen könnten die deutschen Verstärkungen nicht länger als vier Wochen aufhalten – der Schlieffenplan, in dessen Einzelheiten Österreich nicht eingeweiht war, rechnete mit sechs Wochen. Deshalb sei es nicht nur völlig ungefährlich, sondern auch unbedingt erforderlich, dass Österreich in Polen offensiv gegen Russland vorgehe. Selbst wenn Österreich in einen Krieg mit Serbien verwickelt werden sollte, werde Deutschland es nicht im Stich lassen; im Übrigen werde «sich [die serbische Frage] für Österreich von selber erledigen». Conrad meinte dazu in einer Randbemerkung: «Gewiss, aber was soll ich tun, wenn wir in Serbien bereits gebunden sind?»[45] Da die Österreicher über 60, die Serben nur über 10 Divisionen verfügten (wobei nach herkömmlicher Auffassung bereits ein Verhältnis 3 zu 1 für einen Sieg ausreichte), musste Conrad damit rechnen, als ängstlich angesehen zu werden. Sein Heer konnte von den Serben nicht geschlagen werden, selbst wenn er nur die Minimalgruppe Balkan gegen sie einsetzte. Moltke kam es vor allem darauf an, dass Russland ebenfalls an zwei Fronten kämpfen musste: an einer polnischen Westfront, wo die Deutschen vorübergehend schwach waren, und einer polnischen Südfront, wo – wie er hoffte – die Österreicher stark waren. Deshalb unterdrückte er den Missmut, den Conrads Ausflüchte bei ihm hervorriefen, und versprach fast postwendend, sich einer österreichischen Offensive anzuschließen: «[Ich werde] nicht zögern, den Angriff zu machen, um die gleichzeitige österreichische Offensive zu unterstützen.»[46]

Dieses Versprechen hätte er nicht geben sollen, denn er konnte es auf keinen Fall halten. Der Schlieffenplan verlangte ausdrücklich, dass derjenige Teil des deutschen Heeres, der während der großen Schlacht im Westen in Ostpreußen verblieb, sich defensiv zu verhalten habe. Moltke gab das Versprechen offenbar in gutem Glauben, und der Brief vom 19. März 1909, in dem er es formuliert hatte, blieb in den folgenden Jahren die Übereinkunft zwischen den beiden Verbündeten. Als Conrad, im November 1910 wegen seiner Aggressivität des Amtes enthoben, ein Jahr später erneut ernannt wurde, stellte er fest, dass Moltkes Brief immer noch bei den Akten lag. Als er Moltke im Mai 1914 in dem böhmischen Kurort Karlsbad zum letzten Mal vor dem Krieg traf, antwortete der deutsche Generalstabschef auf die Bitte des Österreichers, im Osten zusätzliche Truppen einzusetzen, mit der vagen Versicherung: «Ich werde machen, was ich kann. Wir sind den Franzosen nicht überlegen.»[47] Schlieffen hatte in seinem Schubladenplan, in dem auf einer Karte Nordfrankreichs ein «starker rechter Flügel» eingezeichnet war, mit einem stärkeren Willen der Österreicher und einer schwächeren Heeresmacht der Russen gerechnet.

Mit einem Eingreifen der Briten hatte Schlieffen nicht gerechnet. Schlieffens Große Denkschrift deutete diese Möglichkeit zwar an; ein Nachtrag vom Februar 1906 erörterte ihre Tragweite, aber in der Annahme, die Briten würden lediglich bei Antwerpen oder an der deutschen Nordseeküste landen. Schlieffen ahnte nicht, dass sie sich in die französische Frontlinie an einem Abschnitt einreihen würden, wo sie den deutschen Vormarsch durch Belgien erschweren konnten. Da militärische Besprechungen zwischen Frankreich und Großbritannien – ein Ergebnis der *Entente cordiale* vom April 1904 – erst im Dezember 1905 begannen, als Schlieffen bereits seine Große Denkschrift abschloss, konnten ihm keine entsprechenden Hinweise vorliegen. Außerdem waren sich die Briten, selbst als die Besprechungen mit den Franzosen begannen, immer noch nicht darüber im Klaren, wie sie ihr Heer auf dem Kontinent einsetzen sollten. Es gab natürlich die Möglichkeit einer amphibischen Operation; dafür plädierte die *Royal Navy*, um auf diese Weise die deutsche Hochseeflotte zu einer Schlacht zu zwingen.[48] Das war jedoch eine «Ablenkungsstrategie». Die Militärs sprachen sich schließlich für eine «Strategie der Konzentration» am entscheidenden Punkt aus. Der entscheidende Punkt in einem von Deutschland ausgehenden Krieg lag in Frankreich. Der britische und der französische Generalstab einigten sich schrittweise darauf, dass in Frankreich ein Expeditionsheer eingesetzt werden sollte. Im April 1906 entwarf der Reichsverteidigungsausschuss (*Committee of Imperial Defence*) Pläne für eine Entsendung von Truppen nach Belgien. In den folgenden fünf Jahren ruhten die Verhandlungen, weil die Belgier der britischen Armee den Zutritt in ihr Land verwehrten und weil die Franzosen nicht imstande waren, einen überzeugenden Einsatzplan zu konzipieren. Als 1911 Joseph Joffre zum französischen Generalstabschef und Henry Wilson zum Leiter der Operationsabteilung des britischen Generalstabes ernannt wurden, änderte sich die Situation. Joffre war eine eindrucksvolle, Wilson eine dynamische Persönlichkeit. Als sie sich im November in Paris zum ersten Mal trafen, enthüllte Joffre die Umrisse des Plans XVII.[49] Bereits im August hatte Wilson vor dem Reichsverteidigungsausschuss skizziert, wie eine britische Expeditionstruppe eingesetzt werden könnte, so klein sie auch sein würde. Denn die Ausgaben für die Flotte und der fortdauernde Widerstand der Bevölkerung gegen die allgemeine Wehrpflicht erlaubten Großbritannien lediglich, ein Heer von sechs Divisionen im Mutterland zu unterhalten. Diese sechs Divisionen konnten durch eine Operation gegen den rechten Flügel der Deutschen ausschlaggebend sein, wenn sie diese nötigten, Kräfte zu ihrer Abwehr zu verlagern. Wilson argumentierte: «Je größer die Streitmacht ist, die die Deutschen vom entscheidenden Punkt abkommandieren, desto besser wird es für Frankreich und für uns sein.»

Dann ging Wilson zur Detailplanung über: Die Expeditionstruppe konnte am schnellsten mit der Flotte über den Kanal gebracht werden; diese befürwortete eine rasche Operation, um sich dann auf die Herausforderung der deutschen Flotte zu einer Entscheidungsschlacht einstellen zu können. Trotzdem waren die Briten vorsichtig. Obwohl Wilson ein begeisterter Franzosenfreund war, verweigerte er bis zum August 1914 einen klaren Hinweis darauf, wo die Expeditionstruppe den Kampf eröffnen werde; und dem britischen Außenminister Sir Edward Grey konnten die Franzosen erst im November 1912 so etwas wie die Verpflichtung zu gemeinsamem Vorgehen abringen. In seinem Schreiben hieß es:

> Wenn eine der beiden Regierungen ernstlich Grund habe, einen nicht provozierten Angriff einer dritten Macht oder etwas, das den allgemeinen Frieden bedrohe, zu erwarten, solle sie unmittelbar mit der

anderen erörtern, ob beide Regierungen zur Verhinderung einer Aggression und zur Wahrung des Friedens tätig werden sollten, und gegebenenfalls, welche Maßnahmen sie gemeinsam ergreifen sollten. Falls zu diesen Maßnahmen ein gemeinsames Vorgehen gehöre, werde man sofort über die Pläne der Generalstäbe beraten, und die Regierungen würden dann über deren konkrete Verwirklichung entscheiden.[50]

Trotz abnehmender Wirtschaftskraft und trotz der zunehmenden Stärke der deutschen Flotte bewirkte das Prinzip der *splendid isolation* immer noch, dass Großbritannien sich nur zögernd an einen Alliierten band.

Großbritannien genoss den Vorteil einer Wahl, die die Festlandmächte nicht hatten – es konnte wählen, «wie viel oder wie wenig Krieg es wollte». Bacons Zusammenfassung der Vorteile einer Seemacht traf im 20. Jahrhundert ebenso zu wie im 16. Jahrhundert. Frankreich und Deutschland, Russland und Österreich hatten nicht den Vorteil, durch eine Salzwassergrenze geschützt zu sein. Da sie bestenfalls durch einen Fluss oder ein Gebirge, schlimmstenfalls nur durch eine künstliche Linie auf der Landkarte voneinander getrennt waren, beruhte ihre Sicherheit auf ihren Heeren. Das brachte sie in eine harte und gemeinsame Zwangslage, die derjenigen glich, die sechzig Jahre später die atomaren Supermächte aneinander band. «Use them or lose them» (Setze sie ein oder büße sie ein!) wurde damals zum Imperativ der Raketenstrategie; denn Raketen, die in einer Krise nicht eingesetzt wurden, konnten durch einen feindlichen Erstschlag außer Gefecht gesetzt werden. Ein Heer, das 1914 nicht losschlug, sobald die Zeit es erlaubte, konnte noch während der Mobilmachung zerschlagen werden. Wenn es nach Abschluss der Mobilmachung nicht angriff, deckte es seine Karten auf und verzichtete auf den Vorteil, auf den der Operationsplan so sorgfältig ausgerichtet war. Diese Problematik stellte sich für Deutschland ganz akut: Wenn es nicht zur Offensive überging, sobald die Soldaten an den Entladepunkten eintrafen, wurde die ungleiche Verteilung der Kräfte zwischen dem Westen und dem Osten sowie – was noch schlimmer war – die Konzentration der Truppen gegen Belgien offen sichtbar. Das hätte bedeutet: Der Schlieffenplan wurde enthüllt; Frankreich erhielt Zeit, den riskanten Plan XVII aufzugeben; Russland wurde angespornt, mit einer Übermacht in Ostpreußen einzufallen; Österreich wurde die unerwünschte und wahrscheinlich unerfüllbare Aufgabe zuteil, Mitteleuropa zu verteidigen.

Ein Diskussionsforum der europäischen Großmächte hätte den Kriegsplänen, die in ihren jeweiligen Schubladen lagen, vielleicht ihre drohende Automatik nehmen können. Sechzig Jahre später brachten die selbstmörderischen Risiken der atomaren Kriegsplanung die Supermächte trotz ideologischer Differenzen dazu, wirksame Institutionen wie regelmäßige Gipfelkonferenzen und den so genannten «heißen Draht» zwischen Moskau und Washington einzurichten. Vor 1914 stand keine Technik für häufige und schnelle Kommunikation zur Verfügung; aber wichtiger als dieser Mangel war, dass keine Stimme nach einem derartigen Medium verlangte. Diese Stimme fehlte nicht nur bei den Diplomaten, die an den förmlichen Riten vergangener Zeiten festhielten, sondern auch bei den Regierungen. Der britische Reichsverteidigungsausschuss, dem die Oberbefehlshaber der Streitkräfte, Diplomaten und Politiker angehörten, war einzigartig, aber unvollkommen; die *Royal Navy* bestand auf ihrem höheren Rang und hielt ihre Meinung zurück. Das französische Heer verhielt sich in dem improvisierten Obersten Kriegsrat ähnlich. In Deutschland, Russland und Österreich, wo der Monarch nicht nur dem Namen nach, sondern auch tatsächlich der Oberbefehlshaber war, dem alle Organe des militärischen Systems direkt unterstanden, war die Kommunikation zwischen diesen Instanzen durch Heimlichtuerei und Eifersucht beladen. Verhängnisvollerweise nahm dieses System seine extremste Form in Deutschland an, wo

> es kein Regierungsverfahren gab, das ... die Selbstherrlichkeit des Kaisers bei der Beurteilung [von Plänen und politischen Maßnahmen] einschränkte. Nahezu ein halbes Hundert Menschen hatte direkten Zugang zu ihm; Regeln für die Diskussion oder Koordination

zwischen ihnen gab es ebenso wenig wie für die Weitergabe der wichtigen und geheimen Informationen, die jeder besaß. Informationen über den Plan für den Kriegsfall waren streng geheim und nur für diejenigen zugänglich, die sie unbedingt kennen mussten. Einen Austausch zwischen dem Großen Generalstab, dem Kriegsministerium, dem Militärkabinett, dem Marineministerium, dem Generalstab der Marine und dem Auswärtigen Amt gab es nicht.[51]

In der Krise von 1914, als allein der Kaiser den unerbittlichen Ablauf des Schlieffenplanes hätte bremsen können, stellte dieser fest, dass er das Räderwerk, das er kontrollieren sollte, nicht verstand. Er geriet in Panik und ließ zu, dass ein Stück Papier den Gang der Ereignisse bestimmte.[52]

3 Die Krise im Sommer 1914

Es waren Geheimpläne, die dazu führten, dass unter den Bedingungen von 1914 jede europäische Krise, die nicht durch vernünftige Diplomatie gelöst werden konnte, zu einem allgemeinen Krieg führen musste. Vernünftige Diplomaten hatten früher Krisen entschärft, etwa im Streit der Großmächte um ihre Stellung in Afrika oder bei der durch die Balkankriege von 1912–13 hervorgerufenen Unruhe. In diesen Krisen war es jedoch nur um Fragen des nationalen Interesses gegangen, nicht um Fragen der nationalen Ehre oder des nationalen Prestiges. Im Juni 1914 wurde die Ehre Österreich-Ungarns, der schwächsten und daher empfindlichsten europäischen Großmacht, tief verletzt, als der Thronfolger von einem Attentäter ermordet wurde, der sich mit dem subversivsten Nachbarstaat der Habsburgermonarchie identifizierte. Österreich-Ungarn, ein Staat mit fünf wichtigen Glaubensrichtungen und einem Dutzend Sprachen, lebte in ständiger Furcht vor subversiven Umtrieben seiner ethnischen Minderheiten.

Die Hauptquelle der Subversion war Serbien, ein aggressives und rückständiges christliches Königreich, das nach jahrhundertelanger Rebellion seine Unabhängigkeit vom moslemischen Osmanischen Reich errungen hatte. Das unabhängige Serbien umfasste nicht alle Serben. Eine große Minderheit lebte aufgrund historischer Zufälle im Habsburgerreich. Den Nationalisten unter ihnen missfiel die Herrschaft der Habsburger fast ebenso sehr, wie ihren jetzt befreiten Landsleuten die frühere Osmanenherrschaft missfallen hatte. Die Extremisten unter ihnen waren zum Töten bereit; und einer von ihnen ermordete den habsburgischen Thronfolger. Das löste im Sommer 1914 die verhängnisvolle Krise aus.

Das habsburgische Heer führte 1914 Sommermanöver in Bosnien durch, einer ehemaligen türkischen Provinz, die 1878 von Österreich besetzt und 1908 endgültig annektiert worden war. Franz Ferdinand, Neffe des Kaisers Franz Joseph und Generalinspekteur der Armee, kam am 25. Juni nach Bosnien, um die Manöver zu beobachten. Als diese am 27. Juni beendet waren, fuhr er am nächsten Vormittag mit seiner Gemahlin in die Provinzhauptstadt Sarajevo, um offizielle Verpflichtungen wahrzunehmen.

Der Tag war schlecht gewählt. Der 28. Juni, der Tag des heiligen Veit, ist der Jahrestag der Niederlage der Serben gegen die Türken 1389. Auf dieses Ereignis führen sie ihre lange Leidensgeschichte unter fremden Unterdrückern zurück.[1] Nach dem Rückzug der osmanischen Türken hatten – nach Auffassung nationalistischer Serben – die Habsburger die Rolle der Unterdrücker übernommen. Die Provinzverwaltung war gewarnt worden, der Besuch Franz Ferdinands sei unerwünscht und könnte gefährlich sein. Dieser ignorierte die Warnungen. Die Bedrohung Prominenter war nicht außergewöhnlich in einer Epoche, in der Fanatiker oder Geistesgestörte einen Zaren, eine österreichische Kaiserin oder einen Präsidenten der Vereinigten Staaten ermordet hatten. In diesem Fall war eine Gruppe von Attentätern am Werk: Fünf junge Serben und ein bosnischer Moslem, den die Verschwörer aus optischen Gründen angeworben hatten, alle mit Bomben und Revolvern ausgerüstet.[2] Als Franz Ferdinand und seine Gemahlin vom Bahnhof zum Rathaus fuhren, warf einer der Terroristen eine Bombe gegen ihr Kabriolett. Die Bombe prallte ab, explodierte unter dem nachfolgenden Wagen und verletzte einen darin sitzenden Offizier. Die erzherzogliche Gesellschaft setzte ihren Weg fort. Als das Thronfolgerpaar eine Dreiviertelstunde später den verletzten Offizier im Krankenhaus besuchen wollte, bog der Chauffeur falsch ab und hielt den Wagen kurz an, um den Rückwärtsgang einzulegen. Genau hier stand einer der unentdeckten Verschwörer, Gavrilo Princip, mit einem Revolver bewaffnet. Er sprang auf den Wagen zu und feuerte zwei Schüsse ab. Die Gattin des Erzherzogs starb sofort, er selbst zehn Minuten später. Princip wurde auf der Stelle festgenommen.[3]

Die Ermittlungen ergaben schnell, dass die Terroristen – alle österreichische Staatsangehörige – in Serbien mit Waffen ausgerüstet und von einer Organisation serbischer Nationalisten heimlich über die österreichische Grenze gebracht worden waren. Die österreichischen Ermittler identifizierten diese als die *Narodna Odbrana* (Nationale Verteidigung), die 1908 gegründet worden war, um gegen die Eingliederung Bosniens in das Habsburgerreich zu agieren. Es gehörte zum Glaubensbekenntnis dieser Nationalisten, dass Bosnien aufgrund seiner Geschichte serbisch sei. Tatsächlich war der Geheimbund «Vereinigung oder Tod», gemeinhin als «Schwarze Hand» bekannt, für das Attentat verantwortlich. Dieser Irrtum fiel kaum ins Gewicht, denn die beiden Organisationen hatten teilweise dieselben Mitglieder, und die *Narodna Odbrana* in Bosnien unterstützte die «Schwarze Hand».[4] Letztere war die gefährlichere Gruppe. Ihr Ziel war die «Vereinigung des serbischen Volkes», und ihre Mitglieder mussten Treue bis in den Tod schwören. Noch wichtiger war, dass sie von «Apis» (so sein Deckname) gesteuert wurde, einem Oberst, der im Generalstab des serbischen Heeres die Geheimdienstabteilung leitete.[5]

Inwieweit die serbische Regierung in die Verschwörung eingeweiht war, ist nie abschließend festgestellt worden. Der Geheimdienst war damals wie heute eine zwielichtige Welt. Damals bestand er – wie die Dreyfus-Affäre auf sensationelle Weise enthüllt hatte – in erster Linie aus Militärpersonal. Apis, mit bürgerlichem Namen Dragutin Dimitrijevic, war ebenso sehr Revolutionär wie Soldat (1903 war er an dem brutalen Sturz der Obrenović-Dynastie beteiligt) und führte möglicherweise ein Doppelleben. Wie dem auch sei, bis zum 2. Juli hatten drei der Attentäter ein umfassendes Geständnis abgelegt; aus einem Arsenal des serbischen Heeres waren sie mit Waffen ausgestattet worden, und serbische Grenzposten hatten ihnen beim Grenzübertritt geholfen. Diese Informationen reichten aus, um den tief verwurzelten Glauben der Österreicher an die Feindseligkeit der Serben zu bestätigen und ihren latenten Wunsch wachzurufen, das kleine Königreich für die Störung der Ordnung des Habsburgerreiches zu bestrafen.

Das Slawenproblem war die drückendste der vielen Schwierigkeiten, die das Kaiserreich in der Auseinandersetzung mit seinen Minderheiten hatte. Unter diesen Schwierigkeiten war das Serbenproblem eine akute Gefahr. Das Polenproblem wurde gemildert durch die Aufteilung des alten polnischen Königreichs unter Österreich, Preußen und Russland, das Tschechenproblem durch die starke Germanisierung der tschechischen Städte und das Kroatenproblem durch den kroatischen Katholizismus. Das Serbenproblem aber – so schien es – konnte nur mit Gewalt gelöst werden. Wegen ihres orthodoxen Christentums waren die Serben nicht nur eine nationale, sondern auch eine religiöse Minderheit. Der russische Schutz für alle orthodoxen Christen machte sie überheblich. Ihr langjähriger Partisanenkrieg gegen die Türkenherrschaft hatte sie eigensinnig und selbstbewusst, in österreichischen Augen auch verschlagen und unzuverlässig gemacht; aufgrund ihrer Armut blieben sie kriegerisch. Das kleine Serbien hatte 1813 aus eigener Kraft die Unabhängigkeit von den Türken errungen und in den Balkankriegen von 1912–13 Ruhm und Gebiete erworben. Die nationale Wiedergeburt hatte die Idee eines «Großserbien» erweckt, die innerhalb des Königreichs populär war und den österreichischen Serben in Bosnien und Kroatien als Leitstern diente. Das Habsburgerreich musste diese Idee bekämpfen, denn die Serben waren in diesen beiden Gebieten nur eine Minderheit neben anderen. Nicht nur strategische Gründe verboten es, ihnen eines dieser Gebiete abzutreten, sondern auch das System der k. u. k. Monarchie, das durch die Absage an die Nationalität als ein politisches Leitbild mühsam aufrechterhalten wurde. Zugeständnisse an die eine Nationalität würden bald Zugeständnisse an andere nach sich ziehen, und das führe zur Auflösung der Monarchie – so die Argumentation Österreich-Ungarns.

Die Beweise für eine – offizielle oder inoffizielle – Mitschuld Serbiens an der Ermordung Franz Ferdinands, die durch die Geständnisse der Verschwörer vom 2. Juli zutage kamen, genügten, um viele Mitglieder der österreichisch-ungarischen Regierung davon zu überzeugen, dass jetzt ein Krieg gegen Serbien geführt werden müsse. Der Außenminister, Leopold Graf Berchtold, hatte sich in der Woche vor dem Attentat damit beschäftigt, energische diplomatische Maßnahmen gegen Serbien vorzubereiten. Er wollte Deutschland dafür gewinnen, Österreich bei seinen Bemühungen um ein Bündnis mit Bulgarien und der Türkei, Serbiens Gegnern im zweiten Balkankrieg von 1913, zu unterstützen und die Belgrader Regierung so einzukreisen: im Osten Bulgarien und die Türkei, im Westen und Norden Österreich-Ungarn. Das Attentat verlieh der Diplomatie Berchtolds Dringlichkeit. Anfang Juli schickte er den Grafen Hoyos mit einer Denkschrift nach Berlin. Am 4. Juli, dem Vorabend seiner Abreise, nahm Berchtold in dieser weitgehende Veränderungen vor. Die Denkschrift ersuchte die deutsche Regierung jetzt, «die Unüberbrückbarkeit des Gegensatzes zwischen [Österreich-Ungarn] und Serbien» anzuerkennen, und erklärte, es sei für die Habsburgermonarchie eine «gebieterische ... Notwendigkeit, mit entschlossener Hand die Fäden zu zerreißen, die ihre Gegner zu einem Netz über ihrem Haupte verdichten» wollten. Ein Begleitbrief behauptete, die Sarajevo-Affäre sei «ein wohlorganisiertes Komplott ..., dessen Fäden nach Belgrad reichen ... Serbien, welches gegenwärtig den Angelpunkt der panslawistischen Politik bildet, [müsse] als politischer Machtfaktor am Balkan ausgeschaltet» werden.[6] Berchtold ermächtigte den Grafen Hoyos mündlich, den Deutschen mitzuteilen, Wien werde von Belgrad Garantien für sein zukünftiges Verhalten fordern und im Falle einer Weigerung zu einer militärischen Aktion schreiten. Innerhalb von sechs Tagen nach dem Attentat hatte Österreich also seine Position abgesteckt. Es blieb abzuwarten, ob der deutsche Kaiser und seine Regierung, ohne deren Rückendeckung die Österreicher nicht zu handeln wagten, sie unterstützen würden.

Diese Haltung Österreichs ist verständlich. Im Rückblick ist man versucht, darüber zu spekulieren, was passiert wäre, wenn Österreich seinen dynastischen Zorn und seine gerechte Überzeugung von der Schuld Serbiens hinausposaunt und sofort zugeschlagen hätte. Europa hätte dann möglicherweise die Durchführung konkreter Maßnahmen hingenommen, ohne einzugreifen. Russland, der große slawische Bruder, hegte zwar freundschaftliche

Gefühle für die Serben; aber Gefühle sind etwas anderes als vitale Interessen und gewiss kein Kriegsgrund. Auch die slawischen Bulgaren waren 1913 besiegt und gedemütigt worden, ohne dass Russland ihnen zu Hilfe geeilt war. Serbien war zudem selbst unter den wilden Balkanvölkern ein Außenseiter, in den Augen des zivilisierten Europa noch weit schlimmer. Das «asiatische» Vorgehen serbischer Offiziere 1903 – sie hatten das Königspaar ermordet, die Leichen aus einem Fenster des Königspalastes geworfen und diese mit ihren Säbeln zerstückelt – hatte alle sensiblen Europäer schockiert. Italien, das denselben Küstenstrich der Adria begehrte wie «Großserbien», hätte seinen Dreibundpartner gewiss nicht daran gehindert, Belgrad zu bestrafen. Frankreich hatte den Serben zwar Waffen geliefert, konnte ihnen jedoch keine weitere Hilfe gewähren, selbst wenn es das gewollt hätte. Großbritannien interessierte sich überhaupt nicht für den Balkan. Wäre Österreich sofort gegen Serbien vorgegangen, ohne sich einer deutschen Unterstützung zu versichern, wären die Serben nicht nur möglicherweise, sondern höchstwahrscheinlich strategisch ebenso isoliert gewesen, wie sie anfänglich moralisch isoliert waren. Sie hätten vor einem österreichischen Ultimatum kapitulieren müssen. Österreich aber war nicht bereit, allein vorzugehen. So entwickelte sich aus einem regionalen Konflikt eine allgemeine europäische Krise. Dieses Verhalten Österreichs ist großenteils auf das Sicherheitsdenken zurückzuführen, das sich aufgrund der jahrzehntelangen Kriegsfallplanung bei den europäischen Regierungen entwickelt hatte.

Es gab ein Netz ineinander greifender und widersprüchlicher Vereinbarungen und gegenseitiger Beistandsverträge: Frankreich sollte an Russlands Seite kämpfen und umgekehrt, wenn eines der beiden Länder von Deutschland angegriffen wurde; England und Frankreich sollten sich gegenseitig Beistand leisten, wenn die vitalen Interessen eines der beiden Länder bedroht waren; Deutschland, Österreich-Ungarn und Italien – der Dreibund – sollten gemeinsam kämpfen, wenn eines dieser Länder von zwei anderen Staaten angegriffen wurde. Dieses Netz gilt gemeinhin als der Mechanismus, der 1914 den Konflikt zwischen den «Alliierten» (Frankreich, Russland und England) und den «Mittelmächten» (Deutschland und Österreich-Ungarn) auslöste. Wenn man nur auf Paragraphen und Verträge schaut, ist das nicht zu bestreiten. Als jedoch Österreich nach dem Attentat von Sarajevo Berlin um Hilfe ersuchte, konnte es sich keinesfalls auf eine Vertragsbestimmung berufen. Österreich befürchtete vielmehr militärische Konsequenzen, wenn es allein vorging. Schlimmstenfalls bedrohte Russland Österreich an der gemeinsamen Grenze, um es von einer Aktion gegen Serbien abzuhalten. In diesem Fall erwartete Österreich die Unterstützung Deutschlands. Es bestand jedoch die Gefahr, dass Frankreich – als Gegengewicht zu deutschem Druck auf Russland – in die Krise hineingezogen wurde. Ein gemeinsames Vorgehen von Frankreich und Russland musste den Dreibund aktivieren. Dann waren die Elemente eines allgemeinen europäischen Krieges vorhanden. Kurz, nicht der Dreibund setzte die militärischen Ereignisse in Gang, sondern die Einschätzung möglicher militärischer Reaktionen. Diese veranlasste Österreich, von Anfang an beim Dreibund Beistand zu suchen.

Die möglichen Folgen bedachten auf österreichischer Seite weder der Außenminister Berchtold, ein verbindlicher, durch den serbischen Affront plötzlich ermutigter Zauderer (so ermutigt, dass er zwischen dem serbischen Staat und dem serbischen Nationalismus nicht mehr unterschied), noch der Generalstabschef Conrad von Hötzendorf, der seit langem eisern für einen Krieg gegen Serbien eintrat (und diese Unterscheidung grundsätzlich ablehnte). Zurückhaltend waren der alte Kaiser, Franz Joseph, 1914 in seinem 66. Regierungsjahr, und der ungarische Ministerpräsident, István Graf Tisza. Franz Joseph lehnte einen Krieg aus vielen Gründen ab, vor allem aber weil ein Krieg Veränderungen mit sich brachte, die das anfällige Gebäude seines Reiches gefährden mussten. Auch Tisza vertrat diesen Standpunkt, denn Ungarn teilte die Macht im Reich mit Österreich als gleichrangiger Partner, was durch die Bevölkerungszahl Ungarns nicht gerechtfertigt war. Darum durfte die Reichsstruktur nicht erschüttert werden. Ein erfolgloser Krieg konnte Zugeständnisse an die slawischen Minderheiten zur Folge haben, möglicherweise einen «Trialismus», und damit den bisherigen «Dualismus» Österreich-Ungarns aufheben. Aber auch ein erfolgreicher Krieg mit Beteiligung der slawischen Bevölkerungsgruppen der Donaumonarchie konnte auf einen Trialismus hinauslaufen. An der Position dieser beiden Männer – die des Kaisers war sachlich, die Tiszas parteiisch motiviert – scheiterte das Drängen auf eine sofortige Aktion gegen Serbien. Am 2. Juli bestand der Kaiser darauf, dass Berchtold erst Schritte unternehme, wenn er Tisza konsultiert habe. Tisza erklärte Berchtold am gleichen Tag, der Kaiser benötige Zeit, um über ungarische Einwände nachzudenken. Der Außenminister – gescheitert mit seinem Wunsch, allein und rasch vorzugehen – entschied sich daher für einen verhängnisvollen Schritt: Um die größte Befürchtung Franz Josephs und Tiszas zu zerstreuen, Österreich könnte in einer Krise isoliert dastehen, suchte er sich der deutschen Unterstützung zu vergewissern.

Berchtolds Abgesandter, Alexander Graf Hoyos, traf am 5. Juli in Berlin ein. Noch am gleichen Tag überreichte der österreichische Botschafter dem deutschen Kaiser die Denkschrift Berchtolds vom 24. Juni, die dieser Anfang Juli ergänzt hatte. Während des Mittagessens ermächtigte ihn Wilhelm II., Kaiser Franz Joseph mitzuteilen, dass Österreich «auf die volle Unterstützung Deutschlands rechnen könne».[7] Diese Zusage schien nicht nur für den Plan eines Bündnisses mit Bulgarien, sondern auch für eine Aktion gegen Serbien zu gelten; die Möglichkeit einer russischen Intervention wurde zwar erörtert, aber nicht ernst genommen. Ähnlich verliefen die Gespräche mit den Ministern und den militärischen Beratern des Kaisers, die der Botschafter anschließend aufsuchte. Der Kriegsminister, Generalleutnant Erich von Falkenhayn, fragte beim Kaiser an, ob vorbereitende Maßnahmen ergriffen werden sollten, erhielt aber eine abschlägige Antwort. Der Reichskanzler, Theobald von Bethmann Hollweg, bekam unabhängig davon vom Auswärtigen Amt die Auskunft, England werde sich in einer Balkankrise nicht engagieren, ebenso wenig Russland, wenn es ernst werde. Am nächsten Tag, dem 6. Juli, wiederholte Wilhelm II. vor einigen hohen Militärs seine Einschätzung der Lage, dass keine Vorbereitungen notwendig seien, da Russland wie Frankreich sich nicht einmischen würden. Anschließend trat er, wie jedes Jahr, auf der kaiserlichen Jacht *Hohenzollern* eine dreiwöchige Kreuzfahrt durch die norwegischen Fjorde an. Der Generalstabschef und der Staatssekretär der Marine waren bereits im Urlaub; der Kaiser hinterließ keine Anweisung, sie zurückzurufen.

Wilhelm II. hatte jedoch sowohl gegenüber dem österreichischen Botschafter als auch gegenüber seinen Beratern einen Punkt betont: Österreich müsse eine klare Entscheidung darüber treffen, was es zu tun gedenke. Die sprichwörtliche österreichische Schlamperei – Ausweichen und Aufschieben – bereitete den zupackenden Deutschen ständigen Ärger. Das junge Deutsche Reich, hervorgegangen aus einem dynamischen Nationalismus, hatte wenig Geduld mit dem alten Habsburgerreich, das sich verhielt, als löse die Zeit alle Probleme. Die erste Juliwoche 1914 brachte scheinbar eine seltsame Umkehrung der Positionen: Österreich hatte es dieses eine Mal eilig, Deutschland machte Ferien. Im Grunde aber blieben die Dinge wie gewohnt. Die Entourage des Kaisers an Bord der *Hohenzollern* trainierte, veranstaltete Bootsrennen und hörte Vorträge über Militärgeschichte. Die Österreicher, unter dem Druck, eine Entscheidung treffen zu müssen, zauderten.[8]

Erst am 7. Juli – zehn Tage nach dem Attentat und fünf Tage nach den Geständnissen der Attentäter – trat in Wien der Ministerrat zusammen. Berchtold spürte, wie der Rechtfertigungsgrund und die Zeit gleichermaßen rasch dahinschwanden, und plädierte deshalb für ein militärisches Vorgehen. Österreich hatte in den zurückliegenden Jahren gegen Serbien schon zweimal (1909 und 1912) mobil gemacht, ohne dass Russland darauf reagiert hatte. Durch die deutsche Garantie war Österreich jetzt in einer stärkeren Position. Tisza beharrte auf seinem Standpunkt und erklärte nachdrücklich, vor der Einleitung militärischer Maßnahmen müsse Serbien eine Note mit Forderungen zugestellt werden, die jedoch nicht zu demütigend sein dürften. Erst wenn Serbien diese ablehne, werde er einem Ultimatum zustimmen,

Die Krise im Sommer 1914

das zum Krieg führe. Seine Widersacher – drei Deutschösterreicher, ein Pole und ein Kroate – erhoben Einwände, aber als Ministerpräsident der gleichrangigen und ungarischen Reichshälfte gab Tisza nicht nach. Er setzte durch, dass Berchtold dem Kaiser erst dann Vorschläge unterbreite, wenn er seine eigenen Bedenken schriftlich niedergelegt habe. Das nahm einen weiteren Tag in Anspruch. So konnte vor dem 9. Juli keine Entscheidung getroffen werden.

Franz Joseph stimmte der Forderung Tiszas zu, dass einem Ultimatum die Übermittlung einer Note vorausgehen sollte. Aber davon wollte Berchtold nichts hören. Sein Standpunkt verhärtete sich immer mehr und näherte sich dem des Generalstabchefs Conrad, der von Anfang an einen Krieg befürwortet hatte. Berchtold drängte weiter, sodass Tisza am 12. Juli bereit war, der Übergabe einer Note zuzustimmen, auf die notfalls ein Ultimatum folgen sollte – statt einer Note, die innerhalb einer bestimmten Frist hätte beantwortet werden müssen. Diese Unterscheidung war wichtiger, als die Wortwahl andeutet: Ein Ultimatum legte eine souveräne Macht fest, eine Note nicht. Am 14. Juli, in einer weiteren Besprechung zwischen Tisza und Berchtold, setzte sich der ungarische Ministerpräsident mit seinen Argumenten gegen ein Ultimatum durch, musste jedoch die kürzestmögliche Frist für die Beantwortung der Note zugestehen. Sie betrug 48 Stunden. Die an Serbien zu stellenden Forderungen wurden formuliert und es wurde ein Termin vereinbart, an dem der Ministerrat die Note endgültig billigen sollte.

Dieser Termin war Sonntag, der 19. Juli, 21 Tage nach dem Attentat. Erst eine Woche später sollte die Note offiziell übergeben werden, wie Berchtold Tisza erklärte. Der Grund war, dass der französische Präsident, Raymond Poincaré, am 16. Juli einen Staatsbesuch nach Russland antrat; Poincaré würde, so vermutete man, erst am 25. Juli zurückkreisen. Wenn man die Note während der Zeit überreichte, in der das russische und das französische Staatsoberhaupt – also der Schutzherr der Serben und dessen wichtigster Bundesgenosse – in engem Kontakt miteinander standen, würde das die beiden wahrscheinlich zu diplomatischen und strategischen Geheimgesprächen veranlassen. Die Hoffnungen, den Konflikt lokalisieren und Serbien isolieren zu können, die durch das Zögern bereits fraglich geworden waren, wären dadurch endgültig gefährdet worden. So musste den Deutschen ein abermaliger Aufschub des diplomatischen Schrittes erklärt werden. Berchtold beteuerte, man könne in Berlin «vollkommen sicher sein ..., dass von einem Zögern oder einer Unschlüssigkeit hier [in Wien] keine Rede sei».

Die österreichische Note, auf die man sich am 19. Juli abschließend einigte, kam einigen Bedenken Tiszas entgegen. Er hatte von Anfang an davor gewarnt, den Serben Forderungen zu stellen, die darauf hinausliefen, der Donaumonarchie weitere Slawen einzuverleiben. Deshalb wurde in der Note weder mit einer Annexion noch, entgegen den Wünschen Conrads, mit einer Aufteilung Serbiens gedroht. Wenn Serbien sämtliche Forderungen der Österreicher akzeptierte, sollte das serbische Territorium unversehrt bleiben. Die Note erfüllte aber auch den Wunsch Berchtolds, von Serbien Garantien für sein künftiges Verhalten zu verlangen: Das serbische Regierungsblatt sollte auf der Titelseite eine Erklärung veröffentlichen, die serbische Regierung verurteile alle Propaganda, deren Ziel es sei, «von der österreichisch-ungarischen Monarchie Gebiete loszutrennen»; gleichzeitig sei diese Erklärung durch einen Tagesbefehl des serbischen Königs der Armee mitzuteilen. Dann wurden zehn Forderungen aufgelistet: Fünf führten das Verbot von Propaganda und Subversion genauer aus; die letzte verlangte, dass die österreichische Regierung über die Durchführung der anderen Maßnahmen informiert werde. Diese sechs Punkte verletzten die serbische Souveränität nicht. Anders die Punkte 5 bis 8: Sie forderten, dass serbische Amtspersonen, die in das Attentat verwickelt waren, verhaftet, verhört und bestraft würden und dass Vertreter Österreich-Ungarns dabei mitwirken sollten. Kurz, man traute Serbien nicht zu, das Verbrechen in eigener Verantwortung zu ahnden; Österreich sollte dabei die Aufsicht führen. Die Note sollte am 23. Juli um 18 Uhr überreicht werden. An diesem Tag, so hatte Berchtold inzwischen erfahren, würde der französische Präsident Russland verlassen. Die

Antwort musste binnen 48 Stunden, also bis zum Abend des 25. Juli erfolgen.

Inzwischen waren seit dem Attentat 25 Tage vergangen. Der serbischen Regierung wurde die Note angekündigt. Nikola Pašić, der serbische Ministerpräsident, hatte trotzdem die Hauptstadt verlassen, um aufs Land zu fahren. Selbst als ihm mitgeteilt wurde, dass der österreichische Gesandte das Schriftstück im serbischen Außenministerium übergeben habe, setzte er seine Reise fort. Erst im Laufe der Nacht entschied er sich zur Rückkehr. Am 24. Juli um 10 Uhr vormittags traf er sich endlich mit seinen Ministern, um über eine Antwort zu beraten. Die russische, die deutsche und die britische Regierung hatten um diese Zeit Abschriften des Textes erhalten, ebenso die französische Regierung. Da sich der Staatspräsident und der Ministerpräsident Frankreichs noch auf der Ostsee befanden, wurde in Paris ein Stellvertreter informiert. In Belgrad war der britische Gesandte krank; der russische Gesandte war soeben gestorben und ohne Nachfolger; der Nachfolger des französischen Gesandten, der einen Nervenzusammenbruch erlitten hatte, war eben erst eingetroffen. Das serbische Kabinett musste daher in diesem kritischen Augenblick ohne den Rat erfahrener Diplomaten auskommen. Belgrad war eine kleine, abgelegene Stadt. Die Regierung hatte zwar Erfahrung in der harten Diplomatie der Balkankriege, war jedoch kaum darauf vorbereitet, mit einer Krise fertig zu werden, die wahrscheinlich alle Großmächte erfassen würde. Die serbischen Minister waren überdies erschrocken, als sie in Abwesenheit Pašićs die österreichische Note studierten. Nach seiner Rückkehr fielen zunächst einige markige Worte von Krieg, aber schnell neigte die Stimmung zum Nachgeben. Es gingen Botschaften von dem britischen Außenminister Grey und aus Paris ein; beide empfahlen, möglichst viele Punkte der österreichischen Note zu akzeptieren. Am folgenden Morgen, am 25. Juli, berichteten sowohl die britische als auch die französische Gesandtschaft in Belgrad ihrer Regierung, Serbien werde den österreichischen Forderungen zustimmen, mit Ausnahme des Punktes, dass Vertreter Österreich-Ungarns die Ermittlungen überwachen sollten.

Aber selbst zu diesem kritischen Zeitpunkt hatten die Serben noch keine Entscheidung getroffen. Noch am 27. Tag nach dem Attentat schien es daher möglich, dass Österreich erreichte, was es durch sofortiges Vorgehen gegen Serbien – in Wahrnehmung seiner Souveränität – schon früher hätte erreichen können. Die Interessen keiner anderen Macht waren bedroht, wenn Serbien österreichischen Amtspersonen gestattete, an gerichtlichen Verfahren auf seinem Territorium teilzunehmen. Das wäre allenfalls eine Demütigung für die Serben gewesen und ein Verstoß gegen das Prinzip der Souveränität, nach dem die Staaten Europas miteinander verkehrten. Da Serbien jedoch in der internationalen Gemeinschaft fast den Status eines Schurken hatte, war es unwahrscheinlich, dass andere Nationen darin eine Grundsatzfrage sehen würden. Noch um die Mittagszeit des 25. Juli, sechs Stunden vor Ablauf der Frist, war daher das Verbrechen von Sarajevo nach wie vor eine Angelegenheit zwischen Österreich-Ungarn und Serbien.

Das galt aber nur für die Kategorien des diplomatischen Protokolls. Da jedoch seit dem Mordanschlag von Sarajevo fast vier Wochen verstrichen waren, sah die reale Welt inzwischen anders aus. Es gärten Befürchtungen, Vorahnungen stiegen auf, die Positionen der Kontrahenten zeichneten sich ab. Am Nachmittag des 24. Juli, als das serbische Kabinett zur Kapitulation bereit war, hatte Grey den deutschen und den österreichischen Botschafter in London, Fürst Lichnowsky und Graf Mensdorff, bereits gebeten, für eine Verlängerung der Frist einzutreten – als habe er geahnt, die Serben könnten sich am Ende doch sträuben. Er warf auch die Frage einer Vermittlung auf, obgleich er akzeptierte, dass die Österreicher jede Einmischung in ihre Beziehungen zu Serbien ablehnten. Er schlug vor, Deutschland könnte, gemeinsam mit Frankreich und Italien, als Vermittler zwischen Österreich und Russland auftreten, falls Russland mobil machte, was diplomatische Kreise für möglich hielten. Eine russische Mobilmachung würde die Position aller Länder verhärten, obwohl die Mobilmachung anderer Heere oder gar ein Krieg als ausgeschlossen galt. Trotzdem kehrte Mensdorff am Abend ins Foreign

Office zurück, um den anwesenden Beamten – Grey war über das Wochenende zum Angeln gefahren – zu versichern, die Note sei kein Ultimatum und Österreich werde nicht zwangsläufig den Krieg erklären, wenn bis zum Ablauf der Frist keine befriedigende Antwort eintreffe.

Bis zum Abend des 25. Juli blieb abzuwarten, wie die Serben sich entschieden. Am Vormittag waren sie noch zum Nachgeben bereit, wenn auch schweren Herzens und mit gelegentlichen Anwandlungen von Kampfeslust. Im Laufe des Nachmittags meldete dann der serbische Gesandte aus dem Sommerpalast des Zaren, die Stimmung dort sei äußerst proserbisch. Der Zar sei zwar noch nicht bereit, die Mobilmachung anzuordnen, habe jedoch für 11 Uhr den Beginn der «Vorbereitungsperiode zum Krieg» angesetzt. Diese Nachricht machte hinfällig, was das serbische Kabinett am Vormittag beschlossen hatte: Alle zehn Forderungen der Österreicher nahezu ohne Vorbehalt zu akzeptieren. Jetzt fühlte es sich ermutigt, sechs Forderungen mit Bedingungen zu versehen und die wichtigste ganz abzulehnen, nämlich dass offizielle Vertreter Österreichs die Untersuchung des Attentats überwachen sollten. In den hektischen Stunden, die nun folgten, wurde die Antwort auf die österreichische Note formuliert, neu entworfen, wurden Zeilen gestrichen, Sätze handschriftlich korrigiert. Wie in der japanischen Botschaft in Washington während der Nacht vor Pearl Harbor verlor die Schreibkraft die Nerven. Das fertige Schriftstück war ein undiplomatischer Palimpsest mit Korrekturen und nachträglichen Zusätzen. Eine Viertelstunde vor Ablauf der Frist wurde die Antwort fertig gestellt, in einem Umschlag versiegelt und vom Ministerpräsidenten Nikola Pašić persönlich dem österreichischen Gesandten übergeben. Binnen einer Stunde nach dem Empfang der Antwort hatte das Personal der österreichischen Gesandtschaft mit dem Zug Belgrad verlassen.

Am Sonntag und Montag, dem 26. und 27. Juli, folgte ein merkwürdiges zweitägiges Zwischenspiel: Serbien mobilisierte sein kleines Heer; Russland berief die jüngsten Reservisten zu ihren Einheiten in den westlichen Militärbezirken ein; in Wien kam es zu Szenen allgemeiner Begeisterung, weil die österreichische Regierung die serbische Antwort abgelehnt hatte; in deutschen Städten, darunter Berlin, gab es ähnliche Szenen. Aber am Sonntag war Wilhelm II. immer noch auf See; Poincaré und der französische Ministerpräsident Viviani, an Bord der *France*, erhielten erst in der Nacht von Sonntag auf Montag einen Funkspruch mit der dringenden Aufforderung, sofort zurückzukehren. Unterdessen wurde viel geredet, eher nachdenklich und vorausahnend als entschlossen oder kriegslüstern. Bethmann Hollweg ersuchte die deutschen Botschafter in London und Paris, eine Warnung auszusprechen: Die militärischen Maßnahmen, die Russland ergreife, könnten als Drohung aufgefasst werden. Der deutsche Botschafter in Sankt Petersburg sollte darauf hinweisen, dass ein «weiteres Fortschreiten russischer Mobilisierungsmaßnahmen» die Deutschen zur Mobilmachung zwingen würde und «dass dann [ein] europäischer Krieg kaum noch aufzuhalten sein werde». Von ihm erfuhr Bethmann Hollweg, die Briten und die Franzosen versuchten Russland zurückzuhalten, und Sergei Sasonow, der russische Außenminister, sei im Begriff, von seinem Standpunkt abzurücken. Wilhelm II. und die österreichische Regierung wurden informiert. Das britische Außenministerium, das über eigene Informationen verfügte, hoffte, die Russen würden in eine Vermittlung durch England, Frankreich, Deutschland und Italien einwilligen. Kurz, es schien möglich, die Krise – wie 1909 und 1913 – durch Gespräche beizulegen.

Diese schwache Hoffnung beruhte auf der Unkenntnis der Politiker und Diplomaten. Sie durchschauten nicht, wie der Mechanismus abstrakter Kriegspläne funktionierte, sobald er einmal in Gang gesetzt war. Nur Sir George Buchanan, der britische Botschafter in Sankt Petersburg, und Jules Cambon, der französische Botschafter in Berlin, erkannten den Effekt, den eine Mobilmachungserklärung auf die andere ausübte, und die unerbittliche Automatik des einmal eingeleiteten Aufmarsches.[9] Wie Buchanan dem Foreign Office mitteilte, hatte er die Russen bereits gewarnt: Wenn Russland mobilisiere, werde Deutschland sich nicht mit einer Mobilmachung begnügen, sondern voraussichtlich sofort den Krieg erklären. Cambon war zu der gleichen Schlussfolgerung gekommen. Beide waren jedoch nur Botschafter und in einem Zeitalter förmlicher und indirekter Kommunikation weit von der Heimat entfernt. Deshalb besaßen ihre Stimmen kein Gewicht und – was schlimmer war – sie vermochten die Dringlichkeit ihres Anliegens nicht zu vermitteln. Man hörte auf diejenigen, die sich am Ort der Entscheidungen befanden – in der Umgebung des Zaren und des deutschen Kaisers, in Paris, Wien und London. Obwohl deren Zahl klein war – in jeder Hauptstadt eine Hand voll Minister, Beamte und Militärs –, besaßen sie nicht den gleichen Kenntnisstand, fassten die ihnen mitgeteilten Informationen nicht in gleicher Weise auf, waren sich in der jeweiligen Hauptstadt nicht darüber einig, was wie zu verstehen war. Die Informationen gingen unregelmäßig ein und waren immer unvollständig. Anders als in den heutigen Schaltstellen des Krisenmanagements gab es kein Verfahren, diese Informationen aufeinander zu beziehen und überschaubar darzulegen. Selbst wenn es ein solches Verfahren gegeben hätte, wäre die Krise im Sommer 1914 wahrscheinlich nicht besser bewältigt worden. Moderne Kommunikationssysteme können die Entscheidungsträger mit Informationen überfrachten und somit Zeit beanspruchen, die zum Nachdenken notwendig wäre. Die dürftigen Informationen im Jahr 1914 beanspruchten ebenfalls Zeit, denn die Verantwortlichen zerbrachen sich den Kopf darüber, wie sie die Lücken zwischen den ihnen verfügbaren Fakten ausfüllen sollten. Zeit ist in allen Krisen gewöhnlich derjenige Faktor, der für das Finden einer Lösung nur in geringem Maße vorhanden ist. Zeit gewinnt man am besten, indem man sich auf eine Denkpause einigt.

Um Zeit zu gewinnen, hatte der britische Außenminister Grey am Sonntag, den 26. Juli, eine Viermächtekonferenz der nicht direkt am Konflikt beteiligten Mächte – Großbritannien, Frankreich, Deutschland und Italien – vorgeschlagen und suchte am Montag diese einzuberufen. Es gab jedoch mehrere derartige Initiativen, und das lenkte die Aufmerksamkeit von seinem Vorschlag ab. Am Montag setzten sich die Russen für direkte Gespräche mit den Österreichern ein, um eine Milderung der Forderungen gegenüber den Serben zu erzielen. Ferner regten sie an, dass die Gesandten der Großmächte in Belgrad auf die Serben Druck ausüben sollten, um deren Widerstand abzuschwächen. Zu der Ablenkung gesellte sich bewusste Verwirrung. Der Staatssekretär im deutschen Auswärtigen Amt, Gottlieb von Jagow, versicherte dem britischen und dem französischen Botschafter mündlich, Deutschland wünsche an der Erhaltung des Friedens mitzuwirken, würde jedoch direkte Gespräche zwischen Russland und Österreich einer umfassenderen Vermittlung vorziehen. Unterdessen tat Deutschland nichts, um Österreich zu Gesprächen mit Russland zu bewegen. Deutschland versuchte vielmehr, die russische Mobilmachung zu verzögern und gleichzeitig auf diplomatischem Wege Großbritannien und Frankreich aus dem Konflikt herauszuhalten. Nicht zuletzt gab es Sabotage. Als Berchtold am 27. Juli von Greys Konferenzvorschlag erfuhr, informierte er noch am gleichen Tag den deutschen Botschafter in Wien, man beabsichtige, «morgen, spätestens übermorgen, offizielle Kriegserklärung zu erlassen, hauptsächlich, um jedem Interventionsversuch den Boden zu entziehen».[10]

Am 28. Juli erklärte Österreich-Ungarn schließlich Serbien den Krieg. Jetzt war es nicht Conrad, sondern Berchtold, der es eilig hatte. Es war bereits zu einem einseitigen Schusswechsel zwischen serbischen und österreichischen Truppen gekommen: Eine österreichische Salve wurde auf Serben abgefeuert, die sich versehentlich der ungarischen Grenze genähert hatten, was Berchtold als Kriegshandlung ansah. Jetzt wollte er den Krieg zu den Bedingungen, die er unmittelbar nach dem Attentat hätte haben können: eine direkte Offensive gegen Serbien ohne die Gefahr einer Ausweitung des Konflikts. Das einmonatige Zaudern hatte diese einfache Sachlage gefährdet, doch Berchtold hoffte noch immer, die Diplomatie werde unwiderrufliche Entscheidungen anderer Staaten hinauszögern, während er die alte Rechnung mit Serbien beglich.

Sein Drang zum Handeln wurde verstärkt durch die Erkenntnis, dass die österreichischen Kriegspläne eine rasche Operation erschwerten.[11] Die Dreiteilung der österreichisch-ungarischen

Heeresverbände – eine «minimale» Truppenkonzentration an der Grenze zum Balkan, die Hauptmacht gegen Russland an der Grenze zu Polen und eine flexibel einsetzbare Gruppierung – schloss eine unverzügliche Offensive gegen Serbien aus, sofern nicht sichergestellt war, dass Russland auf eine Mobilmachung verzichtete. Obwohl die serbische Armee mit nur 16 schwachen Divisionen klein war, übertraf sie zahlenmäßig die österreichische «Minimalgruppierung». Aus operativer Sicht war deshalb der Einsatz der flexibel zu verwendenden Gruppierung von Beginn an notwendig, um einen Krieg gegen Serbien rasch beenden zu können. Wenn aber die flexibel einsetzbare Gruppierung nach Süden in Marsch gesetzt würde, wäre die Nordgrenze zu Polen stark gefährdet. Deshalb hing alles davon ab, was Russland als Nächstes tat.

Russland hatte bereits viel getan. Am 25. Juli, als die Nachricht von einer nachdrücklichen Unterstützung Serbiens durch Russland die Belgrader Regierung ermutigt hatte, die österreichische Note abzulehnen, leitete Russland militärische Maßnahmen ein, die so genannte «Vorbereitungsperiode zum Krieg». Das bedeutete im vorliegenden Fall lediglich, dass die Friedensarmee im europäischen Russland in einen operativen Bereitschaftszustand versetzt wurde – eine Vorsichtsmaßnahme, die keineswegs eine andere Macht zur Mobilmachung provozieren sollte. Das deutsche Äquivalent war der «Zustand drohender Kriegsgefahr», das französische «la couverture», Sicherungsoperationen an der Grenze. Die russische Maßnahme konnte durch die Tatsache gerechtfertigt werden, dass Serbien mobil gemacht und Österreich am gleichen Tag eine Teilmobilmachung gegen Serbien verfügt hatte. Frankreich wurde aufgrund der französisch-russischen Militärkonvention über die russische Maßnahme informiert. Der deutsche Militärattaché am Zarenhof meldete nach Berlin, er habe den Eindruck, dass alle Vorbereitungen für eine Mobilmachung gegen Österreich getroffen würden.[12] Tatsächlich war noch viel mehr geschehen. Unter dem Deckmantel der «Vorbereitungsperiode zum Krieg» waren Mobilmachungsbefehle an die Militärbezirke Kiew, Odessa, Moskau und Kasan – die Hälfte des europäischen Russland – ergangen, und am 27. Juli wurden diese auch dem Kaukasus, Turkestan, Omsk und Irkutsk erteilt.

Zu Beginn der letzten Friedenswoche wurde also die Hälfte des russischen Heeres in Kriegsbereitschaft versetzt – allerdings diejenige Hälfte, die nicht in den an Deutschland grenzenden Militärbezirken (Polen, Weißrussland und den baltischen Provinzen) stationiert war. Frankreich hatte dem zugestimmt; Kriegsminister Messimy und Generalstabschef Joffre drängten die Russen sogar, die bestmögliche militärische Einsatzbereitschaft herzustellen.[13] Die russischen Generale mussten dazu kaum gedrängt werden. Wie die Generale in allen anderen Ländern betrachteten sie es im Juli 1914 als ihre Pflicht, sich auf das Schlimmste vorzubereiten. Ihre größte Befürchtung war, dass ihre Vorbereitungsmaßnahmen, die Österreich vom Krieg gegen Serbien abschrecken sollten, Deutschland zu einer Totalmobilmachung provozieren könnten. Das würde geschehen, wenn ihre bereits angelaufene Teilmobilmachung Österreich zu einer Generalmobilmachung veranlasste, die nach ihrer Auffassung auch eine Generalmobilmachung Deutschlands erforderte. Am 28. Juli einigte sich deshalb der russische Generalstabschef Nikolai Januschkewitsch mit seinem Generalquartiermeister, seinem Mobilmachungschef und seinem Transportchef darauf, dass die «Vorbereitungsperiode zum Krieg» jetzt durch die förmliche Verkündung der Mobilmachung abgelöst werden müsse.[14] Insgeheim akzeptierten sie einen allgemeinen Krieg. Dabei hatten sie folgenden Ablauf deutlich vor Augen: Teilmobilmachung gegen Österreich = österreichische Generalmobilmachung = deutsche Generalmobilmachung = Krieg. Sie beschlossen, öffentlich nur eine Teilmobilmachung zu verkünden; zusammen mit der entsprechenden Weisung bereiteten sie jedoch eine zweite für die Generalmobilmachung vor, die beide dem Zaren gleichzeitig zur Unterschrift vorgelegt werden sollten.

Sasonow, der am Vormittag des 28. Juli von der österreichischen Kriegserklärung gegen Serbien erfahren hatte, sprach am Nachmittag mit Maurice Paléologue, dem französischen Botschafter in Sankt Petersburg. Albertini, der große Experte für die

Entstehung des Ersten Weltkriegs, folgert, Paléologue müsse bei diesem Anlass die russische Entscheidung für die Teilmobilmachung gebilligt und die volle Solidarität Frankreichs zugesagt haben. Dann versuchte Sasonow die Befürchtungen, die die russische Teilmobilmachung in Europa hervorrufen musste, zu beschwichtigen, indem er Wien, Paris, London und Rom (jedoch nicht Berlin) telegraphisch darüber informierte und den russischen Geschäftsträger in Berlin beauftragte, dies auch der deutschen Regierung mitzuteilen und dabei «das Fehlen irgendwelcher Angriffsabsichten Russlands gegen Deutschland [zu betonen]».[15] Trotzdem teilte Januschkewitsch noch am gleichen Abend allen Militärbezirken mit: «Der 30. Juli wird zum ersten Tag unserer Generalmobilmachung erklärt werden.» Am 29. Juli suchte er nach Rücksprache mit Sasonow den Zaren auf und erreichte, dass dieser nicht nur die Weisung für die Teilmobilmachung, sondern auch die für die Generalmobilmachung unterzeichnete.[16] Am gleichen Nachmittag erhielt der Mobilmachungschef des Generalstabes die Unterschriften der zuständigen Minister – der Innenminister, ein tief gläubiger orthodoxer Christ, bekreuzigte sich, bevor er unterschrieb –, und am Abend ließ er die Befehle im zentralen Telegraphenamt von Sankt Petersburg tippen und zur Versendung vorbereiten.

Die Entscheidung, die Generalmobilmachung anzuordnen, «war vielleicht die wichtigste ..., die in der Geschichte des zaristischen Russland getroffen wurde. Sie machte praktisch jede Aussicht zunichte, einen großen europäischen Krieg abzuwenden».[17] Sie war außerdem unnötig. Sasonow unterstützte die Militärs anscheinend aufgrund der Meldung, dass österreichische Kanonenboote auf der Donau Belgrad beschossen hatten. Dieser Angriff war ein bloßer Nadelstich: Kalimegdan, die türkische Festung auf den Höhen Belgrads am Zusammenfluss von Donau und Save, kann nur durch schwerste Artillerie erschüttert werden und ist bis zum heutigen Tag unversehrt geblieben. An der eigentlichen Front war die Sicherheit Russlands durch die österreichische Mobilisierung nicht bedroht. Denn ein Krieg gegen Serbien machte es Österreich unmöglich, gleichzeitig anderswo einen größeren

Krieg zu führen. Trotz der relativ geringen Personalstärke des serbischen Heeres erforderte dessen nachgewiesene Kampfkraft, gegen Serbien mehr als die Hälfte der verfügbaren österreichischen Streitkräfte einzusetzen. Die «minimale» Gruppierung und die flexibel einsetzbare Gruppierung umfassten zusammen 26 der österreichischen Divisionen; die restlichen 25 waren zu schwach, um eine Offensive gegen Russisch-Polen zu eröffnen. Außerdem war das Landesinnere Serbiens – gebirgig, kaum durch Straßen erschlossen und stark bewaldet – ein für militärische Aktionen schwieriges Gelände. Das aber bedeutete erhebliche Verzögerungen für einen Angreifer, der eine rasche Entscheidung suchte: Als Deutschland, Österreich und Bulgarien 1915 aus verschiedenen Richtungen über die Serben herfielen, brauchten sie zwei Monate, um den Feldzug zu beenden.[18]

Russland hätte daher – ohne seine Sicherheit aufs Spiel zu setzen, ohne den allgemeinen Frieden zu gefährden und ohne die Serben im Stich zu lassen – am 29. Juli nur eine Teilmobilmachung tief im Landesinneren anzuordnen brauchen. Eine Generalmobilmachung, einschließlich der an Deutschland grenzenden Militärbezirke, bedeutete einen allgemeinen Krieg. Diese schreckliche Aussicht wurde nun in allen europäischen Hauptstädten allmählich erkannt. Diejenigen, welche die militärischen Vorbereitungen anderer fürchteten – Januschkewitsch, Moltke, Conrad und Joffre –, kümmerten sich um ihre jeweiligen Streitkräfte, um nicht ins Hintertreffen zu geraten. Diejenigen, die den Krieg als solchen fürchteten, suchten verzweifelt nach Notlösungen. Zu ihnen gehörte Bethmann Hollweg, der deutsche Reichskanzler. Er instruierte den deutschen Botschafter in Sankt Petersburg, Sasonow darauf hinzuweisen, «dass weiteres Fortschreiten russischer Mobilisierungsmaßnahmen uns zur Mobilmachung zwingen würde, und dass dann [ein] europäischer Krieg kaum noch aufzuhalten sein werde».[19] Wilhelm II. dachte ähnlich. Am Nachmittag des 29. Juli schickte er dem Zaren, seinem Vetter, ein Telegramm in englischer Sprache; darin bat er ihn dringend um Unterstützung bei seinen Bemühungen, «die Schwierigkeiten, die noch entstehen können, zu beseitigen». Nikolaus II. antwortete pathetisch: «Es würde sich empfehlen, das österreichisch-serbische Problem der Haager Konferenz vorzulegen» – die erst 1915 wieder zusammentreten sollte.[20]

Noch am gleichen Abend erreichte den Zaren ein zweites Telegramm Wilhelms II., in dem dieser meinte, «dass es für Russland durchaus möglich sei, bei dem österreichisch-serbischen Konflikt in der Rolle des Zuschauers zu verharren, ohne Europa in den entsetzlichsten Krieg zu verwickeln, den es je gesehen hat». Am Schluss des Telegramms bezeichnete sich der Kaiser erneut als Vermittler. Unmittelbar nach Erhalt dieses Telegramms rief der Zar den Kriegsminister an und befahl ihm, die Generalmobilmachung zu widerrufen; der Befehl sollte jetzt doch nur für die Teilmobilmachung gelten. Der Zar intervenierte gerade noch rechtzeitig, denn am 29. Juli um 21.30 Uhr stand der Mobilmachungschef des russischen Generalstabs im zentralen Telegraphenamt von Sankt Petersburg neben den Schreibkräften, die bereits die ursprüngliche Anordnung auf die Telegraphenformulare tippten.[21]

Der Widerruf sollte die Pause bringen, die für eine Konfliktlösung notwendig war. Zu Beginn des folgenden Tages, des 30. Juli, versuchten die Briten immer noch eine Vermittlung zu arrangieren, ohne erkennen zu lassen, ob sie in einen allgemeinen Krieg eingreifen würden oder nicht; Frankreich hatte noch keine wesentlichen Vorkehrungen getroffen; die mobilisierten österreichischen Truppen waren nur gegen Serbien aufmarschiert; Deutschland hatte überhaupt noch keine Truppen mobilisiert. Die Führungsspitzen des deutschen Heeres waren dennoch äußerst besorgt. Falkenhayn, der Kriegsminister, hielt die Teilmobilmachung Russlands für ebenso gefährlich wie eine Generalmobilmachung; sie gab den Russen einen Vorsprung, der die fein ausgewogene Zeitplanung des Schlieffenplans durcheinander bringen würde. Er wollte, im Gegensatz zu Bethmann Hollweg, sofort mobil machen. Dieser hoffte nach wie vor, Berchtold werde mit den Russen direkt verhandeln und sie dazu bringen können, die Offensive gegen Serbien als einen lokalen Konflikt zu betrachten. Moltke, der Chef des Großen Generalstabes, war an einem

Krieg noch weniger interessiert, wollte jedoch wenigstens, dass der «Zustand drohender Kriegsgefahr» verkündet werde, was den russischen Vorbereitungsmaßnahmen entsprochen hätte. Deshalb legte er Wert darauf, um 13 Uhr an einer Besprechung teilzunehmen, die Bethmann mit Falkenhayn und Admiral Alfred von Tirpitz, dem Marineminister, führte. Moltke konnte sich nicht durchsetzen. Aber was er kurz danach erfuhr, alarmierte ihn so sehr, dass er sofort und mit allen Mitteln die Generalmobilmachung zu erreichen versuchte. Der österreichische Verbindungsoffizier zum deutschen Generalstab informierte ihn über die derzeitige Aufstellung des österreichischen Heeres. Moltke erkannte augenblicklich, dass diese die deutsche Ostgrenze einer extremen Gefahr aussetzte, wenn es zum Krieg kam. «Er brauchte 40 österreichisch-ungarische Divisionen, die [in Österreichisch-Polen] zum Angriff bereit standen. Er bekam 25 Divisionen, die entschlossen waren, sich defensiv zu verhalten.» Moltke verhehlte dem österreichischen Militärattaché nicht, dass er zutiefst beunruhigt war. Noch am gleichen Abend telegraphierte er an den österreichischen Generalstabschef Conrad: «Russische Mobilisierung durchhalten. Österreich-Ungarn muss erhalten bleiben, gleich gegen Russland mobilisieren. Deutschland wird mobilisieren.»[22]

Damit überschritt Moltke, selbst im militaristischen Deutschland, seine Befugnisse gewaltig. Seine Einmischung war umso verwerflicher, weil der Kanzler und der Kaiser Österreich immer noch zu überreden suchten, den Krieg gegen Serbien zu lokalisieren und seine Ziele zu begrenzen. «Halt in Belgrad» lautete das gängige Schlagwort. Als Berchtold am nächsten Vormittag, dem 31. Juli, das Telegramm las, war er begreiflicherweise überrascht und rief aus: «Wer regiert: Moltke oder Bethmann?» Dennoch verstand Berchtold den Wink. Er sagte zu Conrad: «Ich [hatte] den Eindruck, dass Deutschland zurückweicht; nun habe ich aber von maßgebendster militärischer Seite beruhigendste Erklärung.» Dann sorgte er dafür, dass dem Kaiser Franz Joseph noch am gleichen Vormittag die Weisung für die Generalmobilmachung vorgelegt wurde.[23] Kurz nach 12 Uhr wurde sie unterschrieben zurückgereicht und sofort veröffentlicht.

Diese Veröffentlichung hätte die Entscheidung des Zaren vom Abend des 29. Juli, die Generalmobilmachung zu stoppen, zweifellos anders ausfallen lassen. In Wirklichkeit war sie bereits revidiert worden. Während des 30. Juli hatten Sasonow, Suchomlinow und Januschkewitsch – der Außenminister, der Kriegsminister und der Generalstabschef – dem Zaren mit ihren Befürchtungen zugesetzt. Dieser weilte in seiner Sommerresidenz Peterhof an der Ostsee, schwamm, spielte Tennis, sorgte sich wegen einer Blutung seines an Hämophilie leidenden Sohnes, klammerte sich an Friedenshoffnungen und verließ sich darauf, dass sein Vetter Wilhelm II. die besten Absichten hegte. Der Zar, ein guter, aber in geradezu ärgerlicher Weise ausweichender Mensch, entzog sich den ganzen Vormittag den telefonisch vorgebrachten Argumenten seiner Minister. Am Nachmittag fuhr Sasonow mit dem Zug nach Peterhof, um dem Zaren persönlich gegenüberzutreten. Sasonow war hochgradig erregt. Der französische Botschafter Paléologue, mit dem er vorher zusammengetroffen war, hatte nichts unternommen, um ihn vom Schüren der Krise abzuhalten. Dieser radikale französische Patriot glaubte offenbar bereits, dass der Krieg unvermeidlich sei, und wünschte nur die Gewissheit, dass die Russen daran teilnehmen würden.[24] Sasonow hatte nie einen Krieg gewollt, war jedoch ein leicht erregbarer und leicht zu beeinflussender Mensch. Er war beunruhigt, weil die Generale davor gewarnt hatten, Vorteile zu verspielen. Überdies litt er akut unter der verbreiteten Neurose, Russland müsse den Balkan kontrollieren, sowie unter Befürchtungen, eine feindliche Macht könnte den Bosporus – den Zugang Russlands vom Schwarzen Meer über das Mittelmeer zur Welt – beherrschen. Am Nachmittag des 30. Juli trug er dem Zaren abermals seine Sorgen vor. Dieser hörte bleich und angespannt zu und zeigte gelegentlich eine bei ihm ungewöhnliche Reizbarkeit. General Tatistschew, sein Militärbevollmächtigter beim deutschen Kaiser, nahm an dem Gespräch teil und erlaubte sich die Bemerkung: «Ja, es ist schwer zu entscheiden.» Darauf erwiderte der Zar schroff und ungehalten: «Entscheiden werde ich!» Er tat es alsbald. Sasonow verließ den Audienzraum mit der Anweisung, die

Generalmobilmachung zu verkünden, und telefonierte mit Januschkewitsch. «Jetzt können Sie Ihr Telefon zerschlagen», bemerkte er abschließend. Januschkewitsch hatte zuvor angedroht, wenn er ein zweites Mal den Befehl zur Generalmobilmachung erhalte, werde er sein Telefon zerschlagen und unerreichbar sein, bis die Mobilmachung so weit fortgeschritten sei, dass ein abermaliger Widerruf wirkungslos bleibe.[25]

Die Stunde war gekommen. An diesem Abend wurden in allen Städten Russlands Plakate angeschlagen, die die Mobilmachung verkündeten. Am nächsten Tag, dem 31. Juli, meldeten sich die Reservisten an ihren Gestellungsorten. Was jeder Russe wissen musste, erfuhren London und Paris offiziell erst am späten Abend. Warum das so war, ist bis heute nicht wirklich aufgeklärt worden: Der britische Botschafter schob die Absendung eines Telegramms auf; das Telegramm Paléologues verzögerte sich unerklärlicherweise. Die Deutschen waren besser informiert. Sie wussten schon am Vormittag Bescheid. Um 11.40 Uhr erfuhren sie durch ein Telegramm ihres Botschafters in Sankt Petersburg, Friedrich von Pourtalès, dass die Mobilmachung am 31. Juli beginnen sollte.[26] Das wollte Moltke hören. Jetzt erhielt er die Zustimmung zu den militärischen Vorkehrungen, die er für notwendig hielt. Bethmann Hollweg hingegen hatte bis zum Eingang des Telegramms immer noch gehofft, Österreich könne dazu überredet werden, mit Russland direkt zu verhandeln, und Russland könne dazu gebracht werden, den Krieg gegen Serbien als lokal und begrenzt anzusehen. Jetzt musste er das scheinbar Unvermeidliche akzeptieren. Um 12.30 Uhr traf die Nachricht von der Generalmobilmachung Österreichs ein. Eine halbe Stunde später proklamierte Deutschland den «Zustand drohender Kriegsgefahr».

Das war eine interne Maßnahme, die nicht zwangsläufig die Mobilmachung nach sich zog. Da jedoch Österreich und Russland mobil machten, folgerten die Deutschen, dass auch sie mobil machen müssten, falls Russland seine Generalmobilmachung nicht zurückzog. Am Nachmittag des 31. Juli schickten sie ein entsprechendes Ultimatum nach Sankt Petersburg, ein zweites nach Paris. Der entscheidende Satz beider Dokumente lautete: «Die [deutsche] Mobilisierung muss ... folgen, falls nicht Russland jede Kriegsmaßnahme gegen uns und Österreich-Ungarn einstellt.» Das Ultimatum an Russland forderte «hierüber [eine] bestimmte Erklärung» binnen zwölf Stunden; das an Frankreich enthielt die Warnung «Mobilmachung bedeutet unvermeidlich Krieg» und forderte von der französischen Regierung eine Neutralitätserklärung im Falle eines russisch-deutschen Krieges, die Antwort müsse «binnen achtzehn Stunden» erfolgen.[27]

So war am Nachmittag des 31. Juli der Höhepunkt der Krise erreicht, die 34 Tage vorher mit dem Attentat von Sarajevo begonnen hatte. Ihre tatsächliche Dauer war weit kürzer. Vom Attentat am 28. Juni bis zum Abschluss der richterlichen Ermittlungen der Österreicher und zu den Geständnissen der Verschwörer am 2. Juli waren fünf Tage vergangen. In dem unmittelbar folgenden Zeitabschnitt hätte Österreich allein gegen Serbien vorgehen können, ohne ein Eingreifen Russlands, der Schutzmacht der Serben, ernsthaft befürchten zu müssen. Aber Österreich hatte es vorgezogen, zunächst die Zusicherung deutscher Unterstützung zu suchen, und diese am 5. Juli auch erhalten; inzwischen waren seit dem Attentat acht Tage verstrichen. Dann war eine 19-tägige Pause eingetreten, während der die Österreicher warteten, bis der französische Präsident seinen Staatsbesuch in Sankt Petersburg am 23. Juli beendet hatte. Der tatsächliche Beginn der Krise ist daher auf den 23. Juli zu datieren, als den Serben die österreichische «Note mit Fristsetzung» übergeben wurde. Mit Ablauf der 48-stündigen Frist am 25. Juli – 28 Tage nach den Schüssen von Sarajevo – wurde aus der diplomatischen Konfrontation abrupt eine Kriegsgefahr. Diese hatten die Beteiligten nicht erwartet. Österreich hatte Serbien einfach bestrafen wollen, aber nicht den Mut besessen, allein vorzugehen. Deutschland hatte einen diplomatischen Erfolg angestrebt, der das Ansehen seines österreichischen Bundesgenossen in Europa stärken sollte; einen Krieg hatte es nicht gewollt. Die Russen hatten gewiss keinen Krieg gewollt, aber auch nicht damit gerechnet, dass ihre Unterstützung Serbiens die Gefahr eines Krieges heraufbeschwören könnte. Am

30. Juli – 33 Tage nach Sarajevo – befanden sich die Österreicher mit Serbien im Krieg, ohne jedoch Kampfhandlungen zu beginnen; sie hatten die Generalmobilmachung verkündet, ließen ihre Truppen aber nicht gegen Russland aufmarschieren. Russland hatte eine Teilmobilmachung angeordnet, setzte seine Truppen aber nicht in Marsch. In Deutschland glaubten der Kaiser und der Kanzler immer noch, Österreich und Russland könnten durch Gespräche dazu bewegt werden, die Mobilmachung zurückzunehmen, obwohl der Chef des deutschen Generalstabes zu diesem Zeitpunkt eine deutsche Mobilmachung wünschte. Frankreich hatte nicht mobil gemacht, fürchtete jedoch zunehmend, Deutschland werde gegen Frankreich mobil machen. Großbritannien, das die Brisanz der Krise erst am 25. Juli erkannt hatte, hoffte am 30. Juli weiterhin, die Russen würden eine österreichische Strafaktion gegen Serbien hinnehmen; es war jedoch entschlossen, Frankreich nicht im Stich zu lassen.

Die Ereignisse des 31. Juli – die Nachricht von der russischen Generalmobilmachung sowie die deutschen Ultimaten an Russland und Frankreich – ließen erkennen, dass es um Krieg oder Frieden ging. Am nächsten Tag, dem 1. August, würde Deutschland gegen Russland mobil machen und damit «unvermeidlich» den Krieg auslösen – es sei denn, Deutschland zog sein Ultimatum an Russland zurück (was mit seinem Rang als Großmacht kaum zu vereinbaren war) oder Russland akzeptierte das Ultimatum (was mit seinem Status ebenfalls unvereinbar war). Die Bestimmungen der Militärkonvention zwischen Frankreich und Russland von 1892 sahen vor, dass beide Länder im Falle einer deutschen Mobilmachung ebenfalls mobil machten und dass sie bei einem deutschen Angriff auf eines von ihnen gemeinsam gegen Deutschland kämpften.

Während die Stunden des 31. Juli sich hinzogen – die 12 Stunden, die Deutschland den Russen, und die 18 Stunden, die es den Franzosen als Frist gesetzt hatte –, waren die potentiellen Kriegsgegner nur noch um Haaresbreite voneinander entfernt. Es gab immer noch eine Hoffnung. Wenn man die russisch-französische Militärkonvention streng auslegte, dann sah sie vor, dass

Deutschland eines der beiden Länder tatsächlich angreifen musste, bevor sie gemeinsam in den Krieg gegen Deutschland eintreten würden. Eine deutsche Mobilmachung erforderte zunächst nur, dass auch sie mobil machten. Sogar eine deutsche Kriegserklärung ließ den Vertrag erst wirksam werden, wenn ihr eine militärische Aktion Deutschlands folgte. Die deutsche Regierung hatte jedoch die französische darauf hingewiesen, dass ihre Mobilmachung Krieg gegen Russland bedeute.

Den Ausbruch eines Krieges zwischen Großmächten, auf den keine Kämpfe folgten, konnte sich zu Beginn des 20. Jahrhunderts niemand vorstellen. Die zwölf Stunden, die Deutschland den Russen für eine Annahme des Ultimatums zugestanden hatte, waren nach jeder vernünftigen Berechnung die letzten zwölf Stunden für die Erhaltung des Friedens. In Frankreich waren es etwas mehr als zwölf Stunden. Wilhelm Freiherr von Schoen, der deutsche Botschafter in Paris, der dem französischen Außenministerium die Nachricht von dem Ultimatum an Russland am 31. Juli um 18 Uhr übermittelte, drückte sich nicht klar aus, wann die Frist endete – sie lief bis zum Mittag des folgenden Tages –, aber die genaue zeitliche Limitierung war zu diesem Zeitpunkt irrelevant. Der Krieg war noch einen halben Tag entfernt.[28]

Das war am 31. Juli zweifellos die Auffassung der französischen Militärs. Nachrichten von den militärischen Vorkehrungen Deutschlands – mochten sie nun zutreffen oder übertrieben sein – hatten sogar Joffre, «ein Musterbeispiel für Gelassenheit», in Besorgnis versetzt. Die Angst, ins Hintertreffen zu geraten, befiel ihn jetzt ebenso heftig, wie sie Januschkewitsch am 29. Juli und Moltke am 30. Juli befallen hatte. Er sah voraus, dass deutsche Truppen sich heimlich zu ihren Aufmarschpositionen begeben würden, während seine Soldaten noch in den Kasernen lagen; dass deutsche Reservisten an ihren Gestellungsorten ausgerüstet würden, während die seinen noch zu Hause waren. Am Nachmittag des 31. Juli übergab er dem Kriegsminister Messimy eine kurze Notiz, die besser als irgendein anderes Dokument der Julikrise von 1914 den Geisteszustand der damaligen Militärexperten widerspiegelt:

> Es ist absolut notwendig, dass die Regierung begreift: Vom heutigen Abend an wird jeder 24-stündige Aufschub der Einberufung unserer Reservisten und der Anordnung von Sicherungsmaßnahmen dazu führen, dass unsere Aufmarschpositionen pro Tag um 15 bis 25 Kilometer zurückverlegt werden; mit anderen Worten, dass genau so viel von unserem Territorium zunächst preisgegeben wird. Der Oberbefehlshaber muss es ablehnen, dafür die Verantwortung zu übernehmen.[29]

Noch am gleichen Abend ersuchte er den Staatspräsidenten offiziell, sofort die Generalmobilmachung anzuordnen. Am nächsten Tag, dem 1. August, wurde seine Darstellung der Lage im Kabinett erörtert, und um 16 Uhr wurde bekannt gegeben, dass am 2. August die Mobilmachung beginne.

Die Franzosen hatten ihre Mobilmachung erst nach der Proklamation der deutschen Mobilmachung bekannt geben wollen, um jeden Anschein einer Provokation zu vermeiden. Dies gelang, obwohl die französische Anordnung der deutschen um eine Stunde vorausging. Zudem übergab der deutsche Botschafter in Sankt Petersburg zwei Stunden später Sasonow die Kriegserklärung an Russland. Es war der 1. August, kurz nach 19 Uhr (Ortszeit). Die Übergabe erfolgte in einer stark erregten Atmosphäre. Es gab wechselseitige Beschuldigungen, Vorwürfe, Bekundungen des Bedauerns, Umarmungen, Tränen. Der Botschafter verließ das russische Außenministerium «mit schlotternden Knien».[30]

Aber noch schien das Unwiderrufliche nicht eingetreten zu sein. Aufgrund eines Telegramms, in dem Wilhelm II. bat, die deutschen Grenzen nicht zu verletzen, hoffte der Zar immer noch, der Krieg könne abgewendet werden. Beim deutschen Kaiser hatte sich indessen die Auffassung durchgesetzt, die Briten würden neutral bleiben, wenn Frankreich nicht angegriffen werde. Deshalb befahl er Moltke, den Schlieffenplan aufzugeben und das Heer nach Osten umzudirigieren. Moltke war entsetzt und erklärte, der Aufmarsch eines Millionenheeres lasse sich nicht improvisieren. Aber der Kaiser untersagte die Besetzung Luxemburgs – eine notwendige Bedingung für die Durchführung des Schlieffenplanes.[31]

In London verzweifelte an diesem 1. August der französische Botschafter Paul Cambon, weil die Briten sich weigerten, Position zu beziehen. Großbritannien hatte während der ganzen Krise darauf gesetzt, dass – wie so oft zuvor – direkte Gespräche zwischen den beteiligten Parteien die Schwierigkeiten lösen würden. Als eine durch Verträge nicht gebundene Macht hatte es seine Absichten vor allen anderen Mächten – auch vor Frankreich – verheimlicht. Jetzt verlangten die Franzosen, dass die Entente mit den Briten wirksam werde. Würde Großbritannien seine Unterstützung für Frankreich offen erklären und wenn ja, aus welchem Anlass und zu welchem Zeitpunkt? Die Briten wussten es selbst nicht. Den ganzen Samstag und Sonntag (1./2. August) beriet das Kabinett über den einzuschlagenden Kurs. Der Vertrag von 1839, der die belgische Neutralität garantierte, würde Großbritannien zum Handeln zwingen; aber diese Neutralität war noch nicht verletzt worden. Die britische Regierung konnte der französischen keine bestimmte Antwort geben, ebenso wenig der deutschen, die am 29. Juli um Klärung gebeten hatte. Sie hatte Vorsichtsmaßnahmen ergriffen, indem sie die britische Flotte an ihre Kriegsstandorte entsandt hatte. Frankreich wurde sogar insgeheim zugesichert, die *Royal Navy* werde die französische Kanalküste schützen. Weiter wollte das Kabinett jedoch nicht gehen.

Am Abend des 2. August übergab Deutschland das letzte seiner Ultimaten, das an Belgien. Darin forderte es, von belgischem Territorium aus gegen Frankreich operieren zu dürfen; wenn Belgien sich widersetze, werde es als Feind behandelt. Das Ultimatum sollte nach einer Frist von zwölf Stunden, am 3. August um 8 Uhr morgens, ablaufen. Am gleichen Tag entschloss sich Deutschland, Frankreich eine Kriegserklärung mit der Begründung zu übermitteln, französische Flugzeuge hätten deutsches Territorium verletzt. Die Verletzung belgischen Territoriums durch deutsche Truppen – für das britische Kabinett schließlich ein Kriegsgrund – war der unwiderrufliche Wendepunkt: Am 4. August schickte Großbritannien seinerseits ein Ultimatum. Befristet bis Mitternacht, forderte es von der deutschen Regierung die Einstellung aller militärischen Operationen gegen Belgien, die bereits angelaufen waren. Die deutsche Seite bedauerte, diese Zusicherung nicht geben zu können. Deshalb stand Großbritannien, an der Seite Frankreichs und Russlands, seit dem 4. August 24 Uhr im Krieg mit Deutschland.

Der Erste Weltkrieg hatte immer noch nicht wirklich begonnen. Die Österreicher zögerten ihre Kriegserklärung an Russland bis zum 6. August hinaus. In der darauf folgenden Woche befand sich Österreich immer noch nicht im Krieg mit Großbritannien und Frankreich. Diese beiden Länder sahen sich genötigt, anstelle der Österreicher eine Entscheidung zu treffen, indem sie am 12. August Österreich-Ungarn den Krieg erklärten. Italien, Partner Österreich-Ungarns und Deutschlands im Dreibund, bestand auf der strikten Auslegung der Vertragsbestimmungen und erklärte sich für neutral. Die Serben, die ursprünglich die Krise ausgelöst hatten, waren fast in Vergessenheit geraten.

4 Die Grenzschlachten und die Marneschlacht

Die Politiker hatten angesichts des heraufziehenden Krieges böse Vorahnungen, die Bevölkerung aller am Krieg teilnehmenden Staaten aber begrüßte die Kriegserklärung in den Hauptstädten mit ungeheurer Begeisterung. Volksmassen drängten sich auf den Straßen, schrien, jubelten und sangen patriotische Lieder. In Sankt Petersburg begab sich der französische Botschafter, Maurice Paléologue, auf den Platz vor dem Winterpalast,

> wo sich eine ungeheure Menschenmenge mit Fahnen, Bannern, Ikonen, Bildnissen des Zaren zusammengedrängt hat. Der Zar erscheint auf dem Balkon. Augenblicklich knien alle Leute nieder und stimmen die russische Hymne an. In dieser Minute ist der Zar wirklich für diese Tausende von Menschen, die sich im Gebete niedergeworfen haben, der von Gott bezeichnete Gebieter, das militärische, politische und kirchliche Oberhaupt seines Volkes, der unumschränkte Herrscher über Leib und Seele.[1]

Es war der 2. August. Am 1. August hatte sich auf dem Odeonsplatz in München, der Hauptstadt des Königreiches Bayern, ebenfalls eine Volksmasse versammelt, um die Proklamation der Kriegserklärung zu hören. Darunter befand sich Adolf Hitler, der später über diese Versammlung schrieb: «Ich schäme mich auch heute nicht, es zu sagen, dass ich, überwältigt von stürmischer Begeisterung, in die Knie gesunken war und dem Himmel aus übervollem Herzen dankte, dass er mir das Glück geschenkt, in dieser Zeit leben zu dürfen.»[2] In Berlin erschien der Kaiser in feldgrauer Uniform auf dem Balkon seines Schlosses, um zu einer erregten Menschenmenge zu sprechen: «Eine schwere Stunde ist über Deutschland hereingebrochen. Neider überall zwingen uns zu gerechter Verteidigung. Man drückt uns das Schwert in die Hand ... Jetzt geht in die Kirche, kniet nieder vor Gott und bittet ihn um Hilfe für unser braves Heer!»[3] Im Berliner Dom sprach der Hofprediger zusammen mit einer riesigen Gemeinde den 130. Psalm, und in der Synagoge in der Oranienburger Straße betete der Rabbi für den Sieg.

In London sollte es am 5. August zu ähnlichen Szenen kommen. In Paris zog die Abfahrt der in der Stadt mobilisierten Regimenter an der Gare de l'Est und der Gare du Nord die Menschen an. Ein Infanterieoffizier berichtete:

> Um 6 Uhr morgens dampfte der Zug, ohne irgendein Signal, langsam aus dem Bahnhof. In diesem Augenblick stieg ganz spontan – wie ein schwelendes Feuer, das plötzlich in prasselnden Flammen auflodert – ein gewaltiger Schrei auf und tausend Kehlen stimmten die Marseillaise an. Alle Männer standen an den Zugfenstern und winkten mit ihren Käppis. Vom Gleis, von den Bahnsteigen und den Nachbarzügen winkten die Menschenmassen zurück ... Auf jedem Bahnhof, hinter jeder Schranke und an jedem Fenster entlang der Bahnstrecke standen zahllose Menschen. Überall ertönten Rufe «Vive la France! Vive l'armée!»; dabei winkten die Menschen mit ihren Taschentüchern und Hüten. Die Frauen warfen uns Kusshände zu und überhäuften unseren Transport mit Blumen.
>
> Die jungen Männer riefen: «Au revoir! À bientôt!»[4]

Nur allzu bald erhielten die meisten jungen Männer den Einberufungsbefehl. Reservisten, die noch nicht einberufen waren, regelten ihre Angelegenheiten; in vielen Armeen bekamen sie vor dem festgesetzten Einberufungstermin einen freien Tag, damit sie sich von ihrer Familie und von ihrem Arbeitgeber verabschieden konnten. Richard Cobb, der große Kenner der französischen Geschichte, schreibt:

> Man konnte hören, wie wildfremde Menschen auf bizarre Art und Weise miteinander sprachen, als seien alle Pariser plötzlich Gestalten aus *Alice im Wunderland* geworden; sie spielten Karten, Wochentage

oder Daten in einem neuartigen Kalender: «An welchem Tag bist du dran?» Und bevor der andere antworten konnte, fügten sie hinzu: «Ich bin am ersten Tag dran» (als wollten sie damit sagen: «Da kannst du nicht mithalten»). «Ich bin am neunten dran» («Pech gehabt, du wirst den ganzen Spaß versäumen. Bis dahin wird alles vorbei sein»). «Ich bin am dritten dran, werde daher nicht allzu lange warten müssen.» «Ich am elften» («Bei diesem Tempo wirst du es nie bis Berlin schaffen»).[5]

Ein deutscher Reserveoffizier-Anwärter berichtet in prosaischerem Stil, wie der Einzelne von der Mobilmachung mitgerissen wurde. Er weilte geschäftlich in Antwerpen. In seinem Wehrpass stand, er solle sich

> am zweiten Mobilmachungstag beim nächsten Feldartillerieregiment melden ... Als ich am 3. August in Bremen eintraf, waren meine Familienangehörigen außer sich. Sie glaubten, die Belgier hätten mich verhaftet und erschossen ... Am 4. August meldete ich mich als Reservist beim Heer; man sagte mir, ich gehöre jetzt zum Reserve-Feldartillerieregiment Nr. 18, das in Hamburg-Bahrenfeld aufgestellt wurde, etwa 120 km von Bremen entfernt. Verwandte durften sich dem Gebäude, in dem wir antreten mussten, nicht nähern. Sobald ich konnte, gab ich einem kleinen Jungen eine Nachricht für meine Familie ... Verwandte hatten auch zum Bahnsteig keinen Zutritt; hier trafen wir nur auf Angehörige des Roten Kreuzes, die uns kostenlos mit Zigarren, Zigaretten und Süßigkeiten versorgten. Im Zug war ich froh, Freunde zu treffen, die ich aus meinem Ruder- und Tennisclub gut kannte ... Am 6. August erhielt ich meine feldgraue Uniform, die ich nie zuvor getragen hatte. Die Farbe war graugrün mit matten Knöpfen; der Helm war mit grauem Tuch bespannt, damit die Helmzier nicht in der Sonne glitzerte; die hohen Reitstiefel waren braun und sehr schwer ... Alle Soldaten und die meisten Offiziere waren Reservisten, nur der Kommandeur war aktiver Offizier ... Die meisten Unteroffiziere waren Berufssoldaten. Auch die Pferde waren Reservisten. Ihre Besitzer – Reiter, Geschäftsleute, Bauern – mussten sie regelmäßig registrieren lassen, sodass das Heer jederzeit wusste, wo sie standen.[6]

In der ersten Augustwoche wurden in ganz Europa nicht nur Männer, sondern auch Hunderttausende von Pferden gemustert. Sogar das kleine britische Heer berief 165 000 Pferde ein: Reitpferde für die Kavallerie, Zugpferde für die Artillerie und die Transportwagen der Regimenter. Das österreichische Heer mobilisierte 600 000, das deutsche 715 000, das russische – mit seinen 24 Kavalleriedivisionen – über eine Million Pferde.[7] In ihrer Abhängigkeit vom Pferd glichen die Heere von 1914 noch denen der napoleonischen Zeit. Stabsoffiziere setzten das Verhältnis von Pferden zu Männern mit 1 : 3 an. Als in Stuttgart die Mobilmachung verkündet wurde, verlud Walter Bloem, Hauptmann der Reserve beim 12. Brandenburgischen Grenadierregiment, für seine beiden Pferde ebenso viel Gepäck wie für sich selbst: «zwei Kisten mit der Ausrüstung für zwei Pferde ... samt dem Offizierskoffer und dem braunen Wäschesack ... Am Gepäckschalter [wurde] auf alle vier Stücke der rote Zettel geklebt: ‹Kriegsgepäck. Bevorzugt zu befördern›.» Dann wurden sie mit dem Zug nach Metz vorausgeschickt.

Eisenbahnzüge prägten sich in das Gedächtnis aller ein, die 1914 in den Krieg zogen. Die Eisenbahnabteilung des deutschen Großen Generalstabes koordinierte während der Mobilmachung die Bewegung von 11 000 Zügen. Allein zwischen dem 2. und dem 18. August fuhren 2150 Züge mit je 54 Waggons auf der Hohenzollernbrücke in Köln über den Rhein.[8] Die wichtigsten französischen Eisenbahngesellschaften – Nord, Est, Ouest, PLM und POM – besaßen bereits seit Mai 1912 einen Plan für die Mobilmachung, der vorsah, 7000 Züge zuammenzuziehen. Von diesen wurden viele schon vor Kriegsbeginn in die Nähe der Verladezentren gefahren:

> Reisende, die von Melun nach Paris fuhren, berichteten seltsame Geschichten über leere, stehende Züge ohne Lokomotiven; sie waren oft gemischter Herkunft, Wagen verschiedener Gesellschaften zusammengekoppelt, Personenwagen mit offenen Güterwagen, viele mit Kreidezeichen an den Außenwänden ...; auf Nebengleisen warteten sie die ganze Strecke vom *chef-lieu* des Departements Seine-et-Marne

bis zu den Zufahrten der Gare de Lyon. Ebenso bizarr waren die Berichte von Leuten, die zur Gare du Nord fuhren; auf den endlosen Rangiergleisen von Creil sahen sie mehrere Hundert abgestellte Lokomotiven, nicht unter Dampf und nicht in Betrieb.[9]

Sie blieben nicht mehr lange stehen. Bald würden sie sich in Bewegung setzen und mit einer Geschwindigkeit von 15 oder 30 Stundenkilometern und oft mit sehr langen, unerklärlichen Aufenthalten Hunderttausende junger Männer zu ihren Ausladeorten direkt hinter der Grenze fahren. Viele der Grenzstationen – einst verschlafene Dörfer – besaßen nun, von langer Hand vorbereitet, neue Bahnsteige von mehr als einem Kilometer Länge, die zu dem geringen Verkehr in Friedenszeiten überhaupt nicht passten. Bilder von diesen Fahrten gehören zu den eindrucksvollsten, die uns aus den ersten beiden Augustwochen 1914 überliefert sind: Mit Kreide auf die Außenwände der Waggons gekritzelte Sprüche wie «Ausflug nach Paris» oder «à Berlin»; erwartungsvolle junge Gesichter über den offenen Kragen fabrikneuer Uniformen (feldgrau, hechtgrau, olivgrün, dunkelblau), die aus den Zugfenstern schauen. Die Gesichter glühen in der grellen Sonne des Erntemonats; man sieht Lächeln, erhobene Hände, Grimassen stummer Rufe, eine schwer erklärbare Ferienstimmung, Erlösung von der Routine des Alltags. Die Abfahrt war überall ferienmäßig: Ehefrauen und Freundinnen, in langen Röcken und hohem Mieder, gingen Arm in Arm mit den Männern in den Außenreihen zum Bahnhof.

Die Deutschen zogen mit Blumen in den Läufen ihrer Gewehre oder zwischen den Brustknöpfen ihrer Uniformröcke in den Krieg. Die Franzosen marschierten in dicht geschlossenen Reihen; gebeugt unter dem Gewicht riesiger Tornister, kämpften sie sich vorwärts durch Menschenmassen, die auf den Bürgersteigen keinen Platz mehr fanden. Ein Foto aus dem Paris jener ersten Augustwoche zeigt einen Sergeanten, der vor seinen Leuten rückwärts marschiert, während sie auf ihn zugehen; er dirigiert wie ein Kapellmeister den Rhythmus ihrer Schritte auf dem Pflaster, sie drängen sich zum Abmarsch, dem Ruf zu den Waffen folgend.[10] Eine unsichtbare Kapelle scheint «Sambre-et-Meuse» oder «le chant du départ» zu spielen. Russische Soldaten paradierten vor den Ikonen ihrer Regimenter und ließen sich von Militärgeistlichen segnen. Österreichische Soldaten bezeugten lautstark ihre Treue zu Franz Joseph, der für das Dutzend Nationalitäten seines altersschwachen Reiches die Einheit verkörperte. Für jedes Land bedeutete die Mobilmachung eine ungeheure Umwälzung: Aus der bürgerlichen Gesellschaft wurde eine Nation in Waffen. Das britische Heer – ein reines Berufsheer – war als Erstes kriegsbereit; sobald seine Reservisten einberufen waren, konnte es unverzüglich aufmarschieren. Der Musiker H. V. Sawyer von der 1. Rifle Brigade in Colchester schrieb am 5. August: «Wir fanden die Kaserne voller Reservisten – viele noch in Zivilkleidung –, und mit fast jedem Zug strömten weitere herein. Ihre Ausstattung mit Uniformen, Stiefeln und Ausrüstung ging rasch vor sich, war jedoch manchmal nicht einfach. Ich erinnere mich besonders an einen Mann, der 115 kg gewogen haben muss ... Für die Reservisten war es hart, gute Arbeitsplätze und behagliche Wohnungen zu verlassen, um wieder derbe Uniformen und schwere Stiefel anzuziehen.»[11]

Der Musiker packte seine Friedensmontur zusammen und schickte sie per Bahn nach Hause. «Wie sich herausstellte, hätte ich mir keine Sorgen zu machen brauchen. Aber ich wusste nicht, dass ich diese wunderschöne dunkelgrüne Paradeuniform zum letzten Mal in meinem Leben eingepackt hatte.»[12] In Paris legte Leutnant Edward Spears von den 11. Husaren, der sich gerade im Austausch beim französischen Heer befand, seine Khakiuniform an. «‹Sie sehen wirklich komisch aus – als sandfarbener Kanarienvogel verkleidet›, meinte die Concierge, die mich an einem unauffälligen Eingang ins *Ministère de la guerre* einließ. Das war enttäuschend, aber man gewöhnte sich daran, dass die Franzosen lange Zeit meinten, mit Schlips und Kragen in den Krieg zu ziehen [als Kampfanzug trugen britische Offiziere einen Uniformrock mit offenem Kragen] sei ein Ausdruck von Leichtfertigkeit, die zu dem Ernst der Lage nicht passe.»[13] Nach dem Burenkrieg hatten sich die Briten für eine revolutionäre Umgestaltung ihrer Uniform entschieden, zu der die Franzosen nicht bereit gewesen waren. Trotz vieler Experimente und Diskussionen zog das französische Heer in den Krieg mit Uniformen, die sich von denen des Jahres 1870, ja von denen der napoleonischen Zeit kaum unterschieden. Die schwere Kavallerie trug Messinghelme mit einem langen Helmbusch aus Rosshaar, die leichte Kavallerie Jacken mit Schnurbesatz und scharlachrote Hosen; ein Teil der schweren Kavallerie schwitzte unter Brustharnischen, deren Muster sich seit der Schlacht bei Waterloo nicht verändert hatte. Die leichte Kavallerie der *Armée d'Afrique* trug himmelblaue Uniformen, die Spahis flatternde rote Umhänge, die Zuaven rote Pluderhosen und türkische Westen. Am meisten fiel, wegen ihrer großen Zahl, die Infanterie der Hauptstadt-Armee auf. Unter langen, zurückgeschlagenen blauen Mänteln waren ihre Beine in krapprote Hosen gehüllt, die in wadenhohen Stiefeln steckten.[14] Alle Uniformen bestanden aus schweren Wollstoffen; ihr erdrückendes Gewicht erwies sich in den Kämpfen des ungewöhnlich warmen Spätsommers 1914 als zusätzliche Tortur.

Die österreichische Kavallerie zog mit Uniformen in den Krieg, die ebenso altmodisch waren wie die französischen; nur die Infanterie hatte neue feldgraue Uniformen erhalten. Die Russen hingegen waren unerwartet modern. Als Dienstanzug trugen sie eine weite olivgrüne Bluse, die nach der Hemdbluse eines Athleten gestaltete *gymnastirka*. Es gab jedoch exotische Ausnahmen, besonders bei der leichten Kavallerie aus Astrachan. Nur die Deutschen hatten ebenso gründlich Ordnung geschaffen wie die Briten. Ihr Heer war einheitlich feldgrau. Aber aus antiquarischer Achtung vor der Tradition behielt jede Truppengattung Andeutungen ihrer Paradeuniform bei. Die Ulanen trugen zweireihige Uniformröcke, die Husaren feldgraue Röcke mit Schnurverschlüssen; die Kürassiere, Dragoner und Infanteristen behielten ihre Pickelhauben, die durch feldgraue Überzüge getarnt waren. In fast allen Heeren unterschieden kleine farbige Tuchabzeichen, Tressen und Litzen ein Regiment vom anderen. Die Österreicher unterschieden bei den Kragenspiegeln akribisch zwischen zehn Nuancen von Rot (z. B. Krapp-, Kirsch-, Rosa-, Karmin-, Hummer-, Scharlach- und Weinrot), sechs Schattierungen von Grün und drei von Gelb. Die ungarischen Regimenter im Heer Franz Josephs trugen an ihren Hosen geflochtene Schleifen, die Infanterie aus Bosnien-Herzegowina den roten Fez und die Pluderhosen der Balkanvölker. Selbst die Briten – Hauptmann Walter Bloem beschrieb den ersten Engländer, auf den er stieß, als einen Mann «in einem graugrünen Sportanzuge»[15] – nahmen die schottischen Lowlanders und Highlanders vom einheitlichen Khaki aus. Diese durften weiterhin ihre engen Hosen aus kariertem Stoff beziehungsweise ihre plissierten Kilts und ihre beschlagenen Felltaschen tragen.

Wie sie auch gekleidet sein mochten, die Infanteristen aller Heere litten unter dem ungeheuren Gewicht ihrer Ausrüstung. Ein 10 Pfund schweres Gewehr, Bajonett, Schanzwerkzeug, Patronentaschen mit 100 Schuss oder mehr, eine Feldflasche, ein großer Tornister, der ein zweites Paar Socken und Ersatzwäsche enthielt, eine Proviantasche mit eiserner Ration und Verbandszeug – das war die normale Ausrüstung. Die Briten hatten, aufgrund ihrer Erfahrungen bei weiten Märschen durch die Grassteppe während des Burenkrieges, die «wissenschaftliche» Slade-Wallace-Ausrüstung aus Segeltuch eingeführt, die das Gewicht möglichst gleichmäßig über den Körper verteilen sollte; trotzdem belastete sie die Schultern und die Taille. Die Deutschen behielten Leder bei; der Mantel wurde wie ein Reifen um den harten Tornister aus Wasser abstoßendem Fell gelegt. Die Franzosen packten alles in eine gewaltige Pyramide, *le chargement de campagne*, die von dem metallenen Kochgeschirr des Soldaten gekrönt wurde. Da diese blanken Kochgeschirre das Sonnenlicht reflektierten, ermöglichten sie es dem jungen Leutnant Erwin Rommel im August 1914, französische Soldaten in mannshohem Getreide auszumachen und zu töten.[16] Die Russen rollten ihr ganzes Gepäck zu einer großen Wurst zusammen, die sie über die eine Schulter und unter den anderen Arm schlangen. Wie das Marschgepäck eines Infanteristen auch immer angeordnet war, es wog in allen Heeren mindestens 27 kg; und es musste täglich bis zu 32 km vorwärts geschleppt werden, in steifen, plumpen, mit

Nägeln beschlagenen Stiefeln (bei den Briten *dice-boxes*, bei den Franzosen *brodequins*, bei den Deutschen *Blücher*), die höllische Qualen verursachten, bis sie sich dem Fuß angepasst hatten.

Füße waren im August 1914 ebenso wichtig wie Züge – nicht nur die Füße der Menschen, sondern auch die Füße der Pferde. Wenn sie im Aufmarschgebiet aus den Zügen entladen worden waren, stellten sich die Kavallerie und die Infanterie in Marschordnung auf. Das bedeutete für die Deutschen tagelange Märsche nach Westen und Süden – Tage, an denen die Füße der Soldaten bluteten und die Pferde ihre Hufeisen verloren. Das verräterische Klirren eines losen Hufnagels wies den Kavalleristen darauf hin, dass er einen Hufschmied finden musste, wenn er am nächsten Tag mit der Marschkolonne Schritt halten wollte; der gleiche Klang bedeutete für den Führer eines Geschützgespanns, dass die Bewegungsfähigkeit seiner sechs Zugpferde gefährdet war. 1914 führte eine Infanteriedivision 5000, eine Kavalleriedivision weit mehr Pferde mit. Sie mussten immer beschlagen und gesund sein, wenn die vom Zeitplan vorgesehenen 32 km pro Tag zurückgelegt werden sollten. Die Infanterie musste verpflegt, Aufklärungsergebnisse mussten zurückgebracht werden; die Artillerie musste bei Feindberührung das Infanteriegefecht unterstützen. Im Wettlauf um einen schnellen Vormarsch war die Ausdauer der Pferde ebenso wichtig wie die der Infanteristen, denn sie zogen nicht nur die fahrbaren Feldküchen, die während des Marsches kochten, sondern auch die Munitionswagen der Artilleriebrigaden.[17]

Dieser Wettlauf fand auf drei Schauplätzen statt. Die Franzosen marschierten von ihren Entladezentren bei Sedan, Montmédy, Toul, Nancy und Belfort nach Nordosten zu der Grenze von 1870. Die britische Expeditionstruppe (im Folgenden abgekürzt: BEF), die am 14. August in Boulogne gelandet war, marschierte nach Südosten gegen Le Cateau an der französisch-belgischen Grenze. Das waren kurze Märsche. Den Deutschen standen lange Märsche bevor: zunächst nach Westen, dann nach Süden in Richtung Abbéville, Compiègne, Epernay, Châlons und Paris. Auf dem äußersten rechten Flügel sollte die 1. Armee unter

Generaloberst von Kluck von ihren Entladebahnhöfen bei Aachen bis zur französischen Hauptstadt 320 km zurücklegen.

Vor Paris lagen jedoch Lüttich (Liège) und Namur sowie weitere Festungen an den belgischen Flüssen, die einem widerstandslosen Eindringen des deutschen Heeres nach Frankreich im Wege standen. Belgien – ein kleines, aber verhältnismäßig reiches Land – hatte, um seine Neutralität zu schützen, viel Geld für Befestigungswerke ausgegeben. Die Forts bei Lüttich und Namur, die die Übergänge über die Maas sicherten, waren die modernsten Europas. Zwischen 1888 und 1892 nach Entwürfen des Generals Henri Brialmont erbaut, waren sie so konstruiert, dass sie den schwersten Geschützen der damaligen Zeit (Kaliber 21 cm) standzuhalten vermochten. Sie bestanden aus einem Ring selbständiger Forts, die jeweils 7 bis 8 km vom Stadtzentrum entfernt lagen. Sie konnten die Stadt schützen und zugleich sich gegenseitig mit ihren Kanonen decken. Der Festungskomplex von Lüttich besaß 400 Geschütze bis zu einem Kaliber von 15 cm; sie waren auf die 12 Forts verteilt und alle durch Stahlbeton und Panzerplatten geschützt. Die 40 000 Mann starke Garnison stellte die Geschützmannschaften sowie «Intervalltruppen», die bei einer drohenden Invasion zwischen den Forts Gräben ausheben und die feindliche Infanterie in Schach halten sollten, wenn diese durch die Lücken einzudringen versuchte.

Die Stärke der belgischen Forts hatte Schlieffen und seinen Nachfolger beunruhigt. Sie waren in der Tat ungeheuer stark, unterirdisch angelegt und in sich autark, von einem fast 10 Meter tiefen Graben umgeben. Ein gegen sie gerichteter Infanterieangriff war zum Scheitern verurteilt. Ihre dicke Außenhaut musste durch gezieltes Artilleriefeuer aufgebrochen werden, und zwar schnell, denn eine Verzögerung beim Überqueren der Maas würde die reibungslose Abwicklung des Schlieffenplans gefährden.

Als Schlieffen 1905 in den Ruhestand trat, gab es noch kein Geschütz, das dieser Aufgabe gewachsen war. Bis 1909 hatte Krupp jedoch den Prototyp einer 42-cm-Haubitze entwickelt, die den Beton der belgischen Festungen zu durchschlagen vermochte. Die österreichischen Skoda-Werke arbeiteten inzwischen an einem 30,5-cm-Mörser, der 1910 einsatzfähig war. Sein Vorteil lag in der Straßenbeweglichkeit; in Geschützrohr, Rahmen und Lafette zerlegt, wurde er von drei motorisierten Wagen gezogen. Die Krupp-Haubitze musste in ihrer ursprünglichen Form per Bahn transportiert und für den Einsatz am Ende eines speziell gebauten Nebengleises in ein Betonfundament eingelassen werden. Bis ein straßenbewegliches Modell bereit stand, stellten die Österreicher den deutschen mehrere ihrer 30,5-cm-Mörser zur Verfügung. Im August 1914 waren vom kruppschen 42-cm-Geschütz schließlich fünf Eisenbahnmodelle und zwei Straßenmodelle einsatzbereit.[18]

Zunächst musste Lüttich eingenommen werden. Der deutsche Kriegsplan sah für diese als zwingend erachtete Operation die Abkommandierung eines speziellen Kampfverbandes der 2. Armee vor. Dieser sollte unter der Führung des Generals Otto von Emmich zwischen Aachen und Eupen aufmarschieren – nördlich des engen belgischen Korridors zwischen Holland und Luxemburg. Luxemburg sollte trotz seiner Neutralität ein paar Tage nach dem Einsatz von Emmichs Kampfverband im Verlauf des großen deutschen Vormarschs überrannt werden. Für die Einnahme Lüttichs waren 48 Stunden angesetzt. Die Deutschen erwarteten, dass Belgien sich gegen eine Invasion seines neutralen Territoriums nicht wehren oder dass sein Widerstand bald zusammenbrechen werde.

Beide Erwartungen sollten sich als falsch erweisen. Der belgische König war aufgrund seines Throneides für die Verteidigung des nationalen Territoriums verantwortlich und nach Artikel 68 der Verfassung im Krieg Oberbefehlshaber der Streitkräfte. Er war auch Vorsitzender des Ministerrates und damit – für unser heutiges Verständnis von Demokratie ungewöhnlich – Regierungschef mit exekutiven Befugnissen. Albert I., König der Belgier, war ein Mensch, der seine Pflichten ernst nahm. Intelligent, energisch und von hoher Gesinnung, führte er ein vorbildliches Privatleben und gab in der Öffentlichkeit ein Beispiel nobler Führung. Er wusste, dass Wilhelm II. 1904 seinen Onkel, den bejahrten Leopold II., eingeschüchtert hatte: «Sie werden sich entscheiden müssen. Sie werden für uns oder gegen uns sein.» Er selbst war 1913 in Potsdam ebenso behandelt worden: Man hatte seinen Militärattaché gewarnt, der Krieg sei «unvermeidlich» und werde bald kommen, es sei «unumgänglich, dass die Schwachen sich auf die Seite der Starken stellten».[19] Albert war entschlossen, nicht Partei zu ergreifen. Nach seiner durchaus vernünftigen Auffassung bedeutete der Vertrag von 1839, dass aus dem Anspruch auf Neutralität für Belgien die Verpflichtung erwuchs, sich an keine fremde Macht zu binden.[20] Deshalb hatte seine Regierung 1912 ein britisches Angebot, Belgien im Falle einer deutschen Invasion zu unterstützen, entschieden zurückgewiesen; seine Annahme hätte den internationalen Garantien der belgischen Unabhängigkeit geschadet.

Das britische Angebot und die Einsicht, dass nur diplomatischer Takt Frankreich davon abhielt, ebenfalls ein derartiges Angebot zu machen, zwang den belgischen Generalstab, sich den Realitäten einer Verteidigung des Landes zu stellen. Eine Intervention der Briten oder der Franzosen würde man zwar zurückweisen müssen, obgleich sie wohlwollend sein würde. Sie hätte die belgische Unabhängigkeit weder kurzfristig noch langfristig gefährdet. Eine deutsche Intervention hingegen würde nicht nur vorweg belgisches Territorium für eine weiträumigere Aggression in Anspruch nehmen, sondern höchstwahrscheinlich auch belgische Ressourcen für die deutsche Kriegführung beschlagnahmen und Belgien für die Dauer der Feindseligkeiten einer deutschen Militärregierung unterwerfen. Daher hatte

> die politische und militärische Führung Belgiens [seit 1911] eine Neubewertung der belgischen Außenpolitik vorgenommen. Drei Fragen waren es, die Brüssel beunruhigten: Wie musste eine militärische Strategie aussehen, die eine Zerstörung Belgiens begrenzen würde? Wie konnte sichergestellt werden, dass keine Garantiemacht Belgien gegen seinen Willen in einen Krieg hineinzwang? Und wie konnte sichergestellt werden, dass eine Macht, die feierliche Erklärungen abgab, das Land wieder verließ, nachdem man sie eingeladen hatte? Allmählich, nach monatelangen Diskussionen, fand man die Antworten.

Militärisch plante der belgische Generalstab, sich gegen jede Verletzung belgischen Territoriums zu wehren; zugleich hoffte man, alle Kampfhandlungen auf ein kleines Gebiet, eventuell die Provinz Belgisch-Luxemburg, beschränken zu können. Kurz: Belgien würde Widerstand leisten, jedoch bestrebt sein, seine Integrität und seine Neutralität nicht zu verlieren.[21]

Das war leichter gesagt als getan. Belgien hatte die allgemeine Wehrpflicht erst 1912, nach der Revision seiner Strategie, eingeführt, und sie hatte sich bis 1914 kaum ausgewirkt. Das belgische Heer war eines der altmodischsten in Europa. Die Kavallerie trug immer noch die Uniformen des frühen 19. Jahrhunderts: kaminrote Hosen, Bärenfellmützen, polnische Ulanenkappen. Die Infanterie trug dunkelblaue Uniformen, mit Ölleinwand überzogene Tschakos, von Federn gekrönte Kappen oder Bärenfellmützen. Die wenigen Maschinengewehre wurden – wie die oft von Touristen fotografierten flandrischen Milchwagen – von einem Hundegespann gezogen. Die meisten Geschütze waren in die Festungen um Lüttich und Namur sowie in die älteren Verteidigungsanlagen Antwerpens einbezogen. Das Heer war sogar zahlenmäßig schwächer als die *garde civique*, eine mit Zylinderhüten ausstraffierte Bürgerwehr, die auf die Zeit des Dreißigjährigen Krieges zurückging. Die belgischen Soldaten waren Patrioten und sollten sich als bemerkenswert tapfer erweisen; aber das Ziel, den Kampf um ihr Land auf dessen östlichen Zipfel zu beschränken, war eine Illusion.

Zu Beginn machten die Belgier jedoch einen kühnen Versuch, die Strategie ihres Generalstabes in die Tat umzusetzen. Das auf zwölf Stunden befristete deutsche Ultimatum wurde am Abend des 2. August übergeben. Es behauptete fälschlicherweise, Frankreich habe die Absicht, durch belgisches Gebiet gegen Deutschland vorzugehen, und Deutschland müsse seinerseits belgisches Gebiet betreten, um dem zuvorzukommen. Zwei Stunden später tagte der Staatsrat unter dem Vorsitz König Alberts. Man beriet bis in die frühen Morgenstunden. Die Meinungen waren geteilt. Der Generalstabschef, General Antonin de Selliers, wies auf die

Schwäche des Heeres hin und plädierte für einen Rückzug bis zum Fluss Velpe bei Brüssel. Sein Stellvertreter, Oberst de Ryckel, forderte einen vernichtenden Angriff auf Deutschland: «Schickt sie dorthin zurück, wo sie hingehören!» Das war Wunschdenken und wurde genauso zurückgewiesen wie Selliers' Defätismus. Der König trat nachdrücklich dafür ein, Frankreich und Großbritannien nur dann um Hilfe zu ersuchen, wenn sie erneut die Unabhängigkeit Belgiens zusicherten. Schließlich entschied man sich für einen Mittelweg: Belgien wollte die Franzosen oder Briten erst um Hilfe bitten, wenn sein Gebiet tatsächlich verletzt wurde; das deutsche Ultimatum wurde abgelehnt. Die belgische Antwortnote – Albertini bezeichnet sie als «das edelste Dokument, das von der ganzen Krise hervorgebracht wurde» – endete mit den Worten, Belgien sei «fest entschlossen, mit allen ihm zur Verfügung stehenden Mitteln jeden Angriff auf seine Rechte zurückzuweisen».[22]

Die Note wurde der deutschen Botschaft in Brüssel am 3. August um 6 Uhr früh überreicht und traf in Berlin kurz nach 12 Uhr ein. Trotzdem glaubten die Deutschen, die Belgier würden sich nur zum Schein wehren, um ihre Neutralität zu demonstrieren, bevor sie ihnen den Durchmarsch erlaubten. Am Abend des gleichen Tages richtete Wilhelm II. einen persönlichen Appell an König Albert, der als Mitglied des Hauses Hohenzollern-Sigmaringen ein entfernter Verwandter war. Wilhelm beteuerte abermals seine «freundlichsten Absichten Belgien gegenüber» und führte «das Gebot der Stunde» als Rechtfertigung für die bevorstehende Invasion an.[23] Nachdem der belgische König das Telegramm gelesen hatte, ließ er zum ersten Mal seit Beginn der nervenaufreibenden Krise seinem Ärger freien Lauf: «Wofür hält er mich eigentlich?» Unverzüglich gab er Anweisung, die Maasbrücken bei Lüttich sowie die Eisenbahnbrücken und -tunnel an der Grenze zu Luxemburg zu sprengen. Dem Kommandanten der Festung Lüttich, General Gérard Leman, befahl er, mit seiner Division «die Stellung, mit deren Verteidigung er betraut worden war, bis zum Ende zu halten».[24]

Leman, einst militärischer Lehrer des Königs, war ein alter, in der Tradition des 19. Jahrhunderts stehender Berufssoldat. Dreißig Jahre seines Lebens hatte er an der belgischen Kriegsschule unterrichtet. Er war zudem ein Ehrenmann und trotz seiner 63 Jahre von Mut und unbeugsamem Pflichtbewusstsein erfüllt. Die Maas, die er halten sollte, ist ein mächtiger Fluss. «Sambre-et-Meuse» ist ein altes Marschlied des französischen Heeres, denn diese beiden Flüsse bilden eine Barriere, die schon die Revolutionsarmeen 1792 gegen ihre Feinde verteidigt hatten. Bei Lüttich verläuft die Maas in einem 140 m tiefen engen Tal. Sie kann gegen einen entschlossenen Verteidiger nicht überschritten werden, wie Emmich feststellen musste. Seine Stoßtruppen drangen im Morgengrauen des 4. August in Belgien ein. Die Vorreiter verteilten Handzettel, die eine aggressive Absicht dementierten. Bald wurden sie von belgischen Kavalleristen und Radfahrertruppen beschossen, die sich dem Vormarsch der Deutschen mit einer völlig unerwarteten Entschlossenheit entgegenstellten. Als die Deutschen in Richtung Lüttich vordrangen, waren die Brücken oberhalb und unterhalb der Stadt bereits gesprengt, obwohl die Belgier gewarnt worden waren, Zerstörungen würden als «feindselige Handlungen» betrachtet werden. Die Deutschen reagierten so, wie sie es angedroht hatten. Erinnerungen an die irregulären *franc-tireurs*, die sich 1870/71 gegen das Vordringen der Preußen nach Frankreich gewehrt hatten, waren noch lebendig und durch amtliche Verlautbarungen verstärkt worden. Obwohl man die «Freischützen», die 1813/14 in den Befreiungskriegen gegen Napoleon gekämpft hatten, als Helden feierte, verstand das offizielle Deutschland das Völkerrecht dahingehend, dass es einer aktiven Besatzungsmacht das Recht gebe, zivilen Widerstand als Rebellion zu behandeln und Widerstandskämpfer durch summarische Exekutionen und kollektive Vergeltungsmaßnahmen zu bestrafen.[25]

Wie spätere Untersuchungen zeigten, gab es 1914 in Belgien nur wenige oder keine *franc-tireurs*. Die Belgier waren kein militärisches Volk, weder psychisch noch physisch auf einen Krieg vorbereitet. Die standhafte Regierung war zwar entschlossen, sich mit dem verfügbaren unzureichenden Heer rechtmäßig zu verteidigen, warnte jedoch von Anfang an die Bürger vor sinnlosem und gefährlichem Widerstand gegen die deutsche Invasion. Durch Plakate forderte sie die Bevölkerung dringend auf, «keinen Vorwand für Repressalien zu liefern, die zu Blutvergießen, Plünderungen oder Massakern unter der unschuldigen Bevölkerung führen».[26] Außerdem legte die Regierung Zivilpersonen nahe, ihre Handfeuerwaffen bei den Ortsbehörden abzuliefern. In manchen Orten nahm die Bürgerwehr diesen Hinweis so ernst, dass sie sogar die ihr von der Regierung zur Verfügung gestellten Waffen im örtlichen Rathaus deponierte.[27]

Gewaltlosigkeit vermochte die Eindringlinge nicht zu besänftigen. Fast von den ersten Stunden an wurden unschuldige Zivilisten erschossen und Dörfer niedergebrannt – Ausschreitungen, die die Deutschen durchweg wütend bestritten, sobald Zeitungen neutraler Länder darüber berichteten; später wurden die Berichte bestätigt. Die «Vergewaltigung Belgiens» war militärisch völlig sinnlos und schadete den Deutschen ungeheuer – besonders in den Vereinigten Staaten, wo von Anfang an die Berichte über Massaker und Plünderung von Kulturgütern das Ansehen des Kaisers und seiner Regierung beschädigten. Auch der Ruf des deutschen Heeres litt. Am 4. August, dem ersten Tag von Emmichs Vorstoß gegen die Forts an der Maas, wurden bei Warsage sechs Geiseln erschossen und das Dorf Battice völlig niedergebrannt. «Unser Vorgehen in Belgien ist gewiss brutal», schrieb Moltke am 5. August, «es handelt sich aber für uns um Leben und Sterben, und wer sich uns in den Weg stellt, muss die Folgen tragen.»[28] Die Folgen sollten noch schlimmer werden. Innerhalb der ersten drei Wochen gab es schwere Massaker unter Zivilisten in belgischen Kleinstädten wie Andenne, Seilles, Tamines und Dinant. In Andenne wurden 211 Geiseln erschossen, in Tamines 384, in Dinant 612. Zu den Opfern zählten nicht nur Männer, sondern auch Frauen und Kinder, und das Töten wurde planmäßig durchgeführt. In Tamines wurden die Geiseln auf dem Platz zusammengetrieben, von Exekutionskommandos erschossen und Überlebende mit dem Bajonett umgebracht. Die Exekutionskommandos waren nicht speziell rekrutierte Killer, sondern gewöhnliche deutsche Soldaten. Diejenigen, die die Hinrichtungen in Andenne vollzogen, gehörten zu den Reservisten der berühmtesten Regimenter des preußischen Heeres, der Garderegimenter zu Fuß.[29]

Die schlimmste aller Ausschreitungen begann am 25. August in Löwen (Louvain). Diese kleine Universitätsstadt, das «Oxford Belgiens», war ein Schatzhaus voll von Bauwerken, Gemälden, Manuskripten und Büchern der flämischen Gotik und Renaissance. Durch eine missverstandene nächtliche Bewegung ihrer eigenen Truppen angeblich in Panik geraten, riefen die Deutschen, 10000 Mann stark, «Heckenschützen!» und steckten dann die Straßen und Gebäude, wo sie *franc-tireurs* vermuteten, in Brand. Nach drei Tagen der Brandschatzung und Plünderung waren die Bibliothek mit 230000 Büchern ausgebrannt, 1100 weitere Gebäude zerstört, 209 Zivilisten getötet und die 42000 Bewohner der Stadt zwangsevakuiert.[30]

Die weltweite Verurteilung von Deutschlands «Krieg gegen die Kultur» traf die Heimat heftig. Akademiker und Intellektuelle waren die Ersten, die an den Patriotismus appellierten und den Krieg als einen Angriff von Barbaren, Banausen und Dekadenten – das heißt Russen, Briten und Franzosen – auf die hohe deutsche Kultur darstellten. Am 11. August hatte der Kirchenhistoriker Adolf von Harnack, Generaldirektor der Königlichen Bibliothek (der späteren Preußischen Staatsbibliothek) in Berlin gewarnt: «[Die mongolisch-moskowitische Kultur] hat schon das Licht des 18. Jahrhunderts nicht vertragen können, noch weniger das Licht des 19. Jahrhunderts, und nun bricht sie im 20. Jahrhundert aus und bedroht uns.»[31]

«Licht» war eine Lieblingsidee der Deutschen. Die deutsche Aufklärung des 18. Jahrhunderts – Lessing, Kant und Goethe (der auf seinem Sterbebett «mehr Licht» verlangt hatte) – war für Deutschland der Passierschein zum europäischen Geistesleben gewesen. Die Aufklärung hatte die gewaltigen Beiträge Deutschlands zur Philosophie, Altertums- und Geschichtswissenschaft im 19. Jahrhundert inspiriert. Dass Deutsche nun als Bücherverbrenner entlarvt wurden, verletzte das gebildete Deutschland zutiefst. Noch unerträglicher war die Verurteilung aus den großen Zentren der Bildung und Forschung. Nicht nur europäische, sondern auch amerikanische Universitäten prangerten die Gräueltat an; in 25 Ländern wurden Komitees gegründet, um Geld und Bücher für den Wiederaufbau der Bibliothek von Löwen zu sammeln.[32] Deutschlands Dichter und Gelehrte reagierten mit einem Aufruf «An die Kulturwelt», der von so herausragenden Wissenschaftlern wie Max Planck und Wilhelm Röntgen unterzeichnet war. Sie «pflichteten der *franc-tireur*-Hypothese bei, billigten das Recht auf Vergeltungsmaßnahmen und behaupteten, ohne den deutschen Militarismus wäre die deutsche Kultur längst vom Erdboden getilgt».[33]

Dieser Aufruf stieß auf taube Ohren. Der Schaden war bereits angerichtet, paradoxerweise von Nachzüglern der 17. und 18. Reservedivision, die man drei Wochen lang in ihrem heimatlichen Wehrbezirk Schleswig-Holstein zurückbehalten hatte, um gegen die vermeintlich drohende Landung der Briten an der deutschen Nordseeküste gewappnet zu sein.[34] Weit vom Kriegsschauplatz entfernt, lasen diese Divisionen nicht nur viel Zeitungspropaganda über Heckenschützen, sondern auch sachliche Berichte über die völlig unerwartete Hartnäckigkeit des belgischen Heeres bei der Verteidigung der Forts an der Maas. Im Rückblick ist schwer zu beurteilen, was die Deutschen mehr anstachelte. Wahrscheinlich das Letztere: Der Mythos von *franc-tireurs* auf Dächern und hinter Rainhecken hatte allenfalls die Kraft eines beunruhigenden Gerüchts; die Tatsache des realen belgischen Widerstands aber zerstörte nicht nur den illusionären Glauben an die Passivität der Belgier, sondern gefährdete auch den reibungslosen Ablauf des deutschen Vormarsches im Westen an dem entscheidenden Punkt.

Am 4. August überschritt Emmichs Kampfverband die belgische Grenze. Er bestand aus der 11., 14., 24., 28., 38. und 43. Brigade, die von ihren Stammdivisionen abgestellt worden waren, sowie der 2., 4. und 9. Kavalleriedivision und 5 Elitebataillonen leichter Infanterie (so genannte Jäger), die alle zum Friedensheer gehörten, aber für dieses Unternehmen verstärkt worden waren.

Sie drangen direkt gegen Lüttich vor auf einer Linie, die etwa der heutigen Autobahn Aachen–Brüssel entspricht. Die Verbände führten zwei Batterien von 21-cm-Haubitzen mit – die schwersten, die zur Verfügung standen, bevor die Ungeheuer aus den Fabriken von Skoda und Krupp nach vorn gebracht werden konnten. Am Morgen des 5. August erschien Hauptmann Brinckmann, vor kurzem noch deutscher Militärattaché in Brüssel, in Lüttich, um Leman zur Kapitulation aufzufordern.[35] Er wurde davongejagt. Kurz darauf eröffneten die Deutschen das Artilleriefeuer auf die östlichen Forts. Als jedoch die Infanterie und die Kavallerie vorrücken wollten, fanden sie den Weg versperrt. Weil viele Brücken gesprengt waren, musste die 34. Brigade die Maas auf Pontonbrücken überqueren. Die Garnisonen der Forts erwiderten das Feuer unentwegt, und die «Intervalltruppen» der 3. Division leisteten, in eilig ausgehobenen Schützengräben, mannhaft Widerstand, sooft die deutschen Vorhuten ihre Front zu durchbrechen versuchten. Während der Nacht vom 5./6. August erlitten die Deutschen immer höhere Verluste, besonders beim Fort Barchon. Ein belgischer Offizier schrieb später: «[Die Deutschen] rückten Glied um Glied vor, fast Schulter an Schulter, bis wir sie niederschossen; die Gefallenen häuften sich zu einer furchtbaren Barrikade von Toten und Verwundeten auf.»[36] Dieses verworrene und erbitterte Nachtgefecht gab einen gespenstischen Vorgeschmack darauf, was an anderen Orten erfolgen sollte, die der Krieg noch nicht erreicht hatte: Vimy, Verdun, Thiepval.

Aber durch geschickte Führung konnten auch Erfolge erzielt werden, die die Drahtverhaue und fortlaufenden Schützengräben an der Westfront später nicht mehr zuließen. Als im Morgengrauen des 6. August Generalmajor Erich Ludendorff, der Verbindungsoffizier zwischen der 2. Armee und Emmichs Stoßverband, in der Verwirrung nach vorn ritt, stellte er fest, dass der Kommandeur der 14. Brigade gefallen war. Unverzüglich übernahm er das Kommando und ließ eine Feldhaubitze auffahren, die das Angriffsziel unter Feuer nahm. Dann kämpfte sich Ludendorff mit der Brigade vorwärts durch das weitläufige Dorf Queue-du-Bois zu einer Anhöhe. Von dieser überblickte er die

Maas und die beiden nicht gesprengten Stadtbrücken sowie Lüttich. Unbemerkt von den Belgiern und dem deutschen Oberkommando, mit dem Ludendorff den Kontakt verloren hatte, war ein Verband von 6000 Deutschen in das Innere des von Leman befehligten Festungsringes vorgestoßen. Von seinem günstigen Standpunkt aus entsandte Ludendorff einen Unterhändler, um Leman zur Kapitulation zu bewegen; dieser lehnte erneut ab. Ein anschließendes Stoßtruppunternehmen, das Leman entführen oder töten sollte, wurde am Eingang seines Hauptquartiers niedergeschossen.[37] Unmittelbar nach diesem kühnen Handstreich Ludendorffs verließ Leman die Stadt und zog sich in das Fort Loncin auf der Westseite des äußeren Rings zurück. Außerdem entschloss er sich, die Infanterie – die 3. Division und die sie unterstützende 15. Brigade – zurückzunehmen, damit sie sich außerhalb Brüssels dem Feldheer anschließe. Denn er meinte, sie würden in einem Kampf mit fünf deutschen Armeekorps, über die Emmich nach seiner Auffassung verfügte, aufgerieben werden. Diese Beurteilung war falsch: Die deutschen Brigaden waren nur Teile von fünf verschiedenen Korps. Langfristig war seine Entscheidung jedoch richtig, denn sie rettete ein Sechstel des belgischen Heeres für die Verteidigung Antwerpens, das König Albert zum Stützpunkt für Belgiens letztes Gefecht machen wollte.

Es folgte ein kurzer Augenblick des Gleichgewichts. Ludendorff war innerhalb des Rings, besaß jedoch nicht genug Kräfte, um eine Kapitulation erzwingen zu können. Der größte Teil von Emmichs Stoßverband befand sich außerhalb des Rings. Leman war entschlossen, den Widerstand fortzusetzen, solange die Forts intakt waren. Die französische Regierung, an die Albert einen dringenden Hilferuf gerichtet hatte, versprach lediglich, das Kavalleriekorps Sordets zu schicken, allerdings nur zur Lageerkundung. Die Briten schickten nicht, wie erwartet, sechs Divisionen nach Belgien, sondern behielten zwei im Mutterland zurück. Joffre lehnte es ab, die Masse seines Heers nach Norden marschieren zu lassen, da dies der von ihm geplanten Offensive in Richtung Rhein Kräfte entzogen hätte. Er wünschte sogar, dass Albert das belgische Heer von Brüssel und Antwerpen nach Süden führe, um an den linken Flügel der Franzosen aufzuschließen. Die Lageskizze zeigt ein französisches Heer, das gegen Lothringen aufmarschiert war; ein deutsches Heer, dessen Hauptkräfte die Grenze zu Belgien oder Frankreich noch nicht überschritten hatten; eine britische Expeditionstruppe, die sich noch zur Überfahrt bereit machte; ein belgisches Heer, das im Zentrum seiner Heimat konzentriert war; und bei Lüttich einen kleinen deutschen Stoßverband, der von einer Hand voll belgischer Festungstruppen gebunden wurde, die die Maasübergänge schützten, deren Besitz für die weitere Entwicklung des Krieges im Westen entscheidend war.

Dieses Gleichgewicht wurde gestört durch Ludendorff: Körperlich hoch gewachsen und eine große Persönlichkeit, frei von moralischen Bedenken oder physischer Furcht, gleichgültig gegenüber der Meinung seiner Vorgesetzten, unsympathisch und unempfindlich; im Laufe des Krieges sollte er zwei Stiefsöhne verlieren, ohne sich dadurch in der Ausübung seines hohen Amtes irremachen zu lassen. Dieser Offizier entschloss sich am Morgen des 7. August, mit der 14. Brigade in das Zentrum Lüttichs vorzustoßen. Das Risiko, dort auf Widerstand zu treffen, nahm er in Kauf – er fand keinen. Ludendorff fuhr zum Eingang der alten Zitadelle, klopfte mit dem Degenknauf an das Tor und wurde eingelassen.[38] Die Kapitulation der Besatzung brachte die Stadt in seinen Besitz, durch seinen kühnen Handstreich waren zwei Brücken unzerstört in deutsche Hand gefallen. Dann kehrte er auf schnellstem Wege nach Aachen zurück und appellierte nachdrücklich an die 2. Armee, seinen Erfolg zu vollenden.

Während seiner Abwesenheit hatte Emmichs Stoßtruppe den Widerstand der Forts Barchon und Evegnée gebrochen, jedoch mehr durch Glück als durch entschlossenes Niederkämpfen. Letzteres wurde erst durch den Einsatz der Riesenhaubitzen eingeleitet, die Generaloberst Karl von Bülow auf Ludendorffs Drängen am 10. August in Marsch gesetzt hatte.[39] Die erste straßenbewegliche 42-cm-Krupp-Kanone musste wegen zerstörter Tunnel umgeleitet werden. Sie traf schließlich am 12. August in Schussweite zum Fort Pontisse ein. Die Bedienungsmannschaft trug Schutzpolster am Kopf und lag knapp 300 m entfernt flach auf der Erde, während das Geschütz elektrisch abgefeuert wurde. «Bange 60 Sekunden – denn so lange fliegt das Geschoss auf seiner über 4000 m Höhe erreichenden Flugbahn – vergingen, und jeder lauschte auf die durch den Fernsprecher kommende Meldung vom Batteriechef, welcher auf seiner bis auf 1500 m an das zu beschießende Fort vorgetriebenen Beobachtungsstelle das Einschlagen des Geschosses an der mächtigen, hoch gegen den Himmel steigenden Rauch-, Erd- und Feuersäule beobachtete.»[40] Die erste der Granaten – mit verzögerter Zündung, sodass sie erst explodierten, wenn sie den Betonmantel des Forts durchschlagen hatten – fiel zu kurz. Sechs Minuten später wurde die nächste abgefeuert, dann fünf weitere, und jede kam dem Ziel näher, da die Richtweite korrigiert wurde. Der erbarmungslos herannahende Schritt der Detonationen kündigte den gelähmten Verteidigern die bevorstehende Vernichtung an. Die achte Granate traf voll. Während der Nacht schwieg das Geschütz; aber am nächsten Morgen begann die Beschießung von neuem, verstärkt durch weitere Geschütze, die aus Essen herangeschafft worden waren. Man hatte sich jetzt eingeschossen, und die 1000 kg schweren Granaten «beseitigten Panzerplatten und Betonblöcke, zertrümmerten Gewölbebogen und vergifteten die Luft mit schweren braunen Rauchschwaden».[41] Um 12.30 Uhr war das Fort Pontisse ein Trümmerhaufen; die nicht mehr kampffähige Besatzung ergab sich. Dann richtete sich das Feuer auf das Fort Embourg, das um 17.30 Uhr kapitulierte; das Fort Chaudfontaine war um 9 Uhr durch die Explosion seines Munitionsdepots zerstört worden. Am 14. August um 9.40 Uhr war das Fort Liers an der Reihe, um 9.45 Uhr Fléron. Am 15. August bezwangen die Haubitzen (eine stand inzwischen auf dem Hauptplatz von Lüttich) schließlich die Forts Boncelles (7.30 Uhr) und Lantin (12.30 Uhr). Dann richteten sie ihr Feuer auf das Fort Loncin, in das General Leman neun Tage zuvor sein Hauptquartier verlegt hatte. Nach einem 140-minütigen Bombardement wurde das Munitionsdepot getroffen, und die ganze Festung flog in die Luft.

Als deutsche Pioniertruppen eindrangen, waren die meisten

Verteidiger tot. Unter einem Berg geborstenen Betons und verbogener Eisenträger fanden sie General Leman, den sie zunächst für tot hielten. Nach einer ärztlichen Untersuchung kam er wieder zu sich. Als er General von Emmich erkannte, dem er einige Jahre zuvor bei Manövern begegnet war, «hatte Leman, auf einer Bahre liegend, nur einen Wunsch: ‹Ich bitte Sie zu bezeugen, dass ich besinnungslos war, als Sie mich fanden.›»[42]

Die letzten beiden Forts, Hollogne und Flémalle, ergaben sich am 16. August kampflos. Dann wurden die Krupp- und Skodahaubitzen aus ihren Fundamenten gesprengt und zu den Forts von Namur transportiert, wo sie am 21. August eintrafen und am 24. August nach einem dreitägigen Einsatz den Erfolg von Lüttich wiederholten. In diesen beiden «Seeschlachten zu Land» hatten schwerere Geschütze, als irgendein Schlachtschiff sie besaß, gepanzerte Ziele zerschmettert, die nicht manövrierfähig waren. Damit endete das 300 Jahre alte Vertrauen der Militärs in die Tauglichkeit von Festungen, den Vormarsch einer feindlichen Armee ohne den Einsatz unterstützender mobiler Truppen aufzuhalten. Dieses Vertrauen war allerdings stets begrenzt gewesen. Der Fürst von Ligne, einer der führenden Feldherren des 18. Jahrhunderts, hatte geschrieben: «Je mehr ich sehe und je mehr ich lese, desto mehr bin ich davon überzeugt, dass die beste Festung eine Armee ist, und der beste Wall ein Wall von Männern.»[43] Forts – bei Maubeuge, Przemyśl, Lemberg und Verdun – sollten in den Jahren 1914 bis 1916 den Kern erbitterter Kämpfe bilden, aber nur als Fixpunkte beim Aufeinandertreffen beweglicher Truppenmassen und mobiler Waffensysteme in einer Entscheidungsschlacht. Wälle aus Menschen, nicht aus Stahl oder Beton, bildeten tatsächlich die Fronten des Ersten Weltkriegs.

Ein solcher Wall entstand weit südlich der Maasübergänge, während Emmichs Stoßverband Lüttich und Namur durch Beschießung zertrümmerte. War das Emmich-Element des deutschen Kriegsplanes kühn, so war der französische Plan für den Kriegsbeginn in einer anderen Hinsicht noch kühner: eine stürmische Offensive über die Grenze von 1871 gegen das annektierte Elsass-Lothringen. Der Plan XVII hielt fest: «Unabhängig von der Lage ist es die Absicht des Oberbefehlshabers, mit vereinten Kräften den Vormarsch anzutreten, um die deutschen Armeen anzugreifen.»[44] Diese würden, so hofften die Franzosen, wie 1870 an der deutsch-französischen Grenze zwischen Luxemburg und der Schweiz aufmarschieren. Joffres Operationsplan war, seine fünf Armeen in zwei Gruppen nach vorn zu werfen: Links die 5. und die 3., rechts die 2. und die 1. Armee; die 4. Armee sollte in der Tiefe gestaffelt bereitstehen, um die Lücke zwischen den beiden Truppenmassen zu decken; denn dorthin, so kalkulierten die Franzosen, würde ein deutscher Vorstoß durch die topographischen Gegebenheiten und durch die Befestigungsanlagen gelenkt werden.

Hätten die Deutschen sich nicht seit langem auf einen ganz anderen Kriegsplan festgelegt gehabt, der die französischen Vorkehrungen irrelevant, ja gefährlich machte, wäre der Plan XVII realistisch gewesen. Er war an die natürlichen und die von Menschen geschaffenen militärisch-geographischen Gegebenheiten Ostfrankreichs angepasst. Die Annexionen von 1871 hatten Frankreich langer Abschnitte seiner «natürlichen» Grenze beraubt, etwa am Rhein zwischen Straßburg (Strasbourg) und Mülhausen (Mulhouse). Trotz dieser Annexionen blieben starke Positionen in französischer Hand, etwa das Hochland der Côtes de Meuse zwischen Verdun und Toul sowie im Süden die Kämme der Vogesen ostwärts von Nancy und Épinal.[45] Die unbefestigte Lücke dazwischen, die Trouée de Charmes, war die Falle, in die die Franzosen die Deutschen zu locken hofften. Die vorspringenden Stützpfeiler links und rechts – die Höhen an der Maas und die Vogesen – boten jedenfalls feste Ausgangspunkte, die gut mit Straßen und Ausladebahnhöfen versehen und stark befestigt waren. Von hier aus konnten die jeweils zwei Armeen ihren Abstieg in die Täler der Mosel beziehungsweise des Rheins beginnen. Diese beiden Vorstöße – der 5. und 3. beziehungsweise der 2. und 1. Armee – waren der zentrale Bestandteil des Planes XVII.

Bevor die genannten Armeen in Marsch gesetzt wurden, hatte Joffre einen Vorausangriff, ähnlich dem Emmichs gegen Belgien, eingeleitet, um der größeren Offensive, die folgen sollte, den Weg zu bahnen. Am 7. August rückte das in Besançon stationierte VII. Korps des Generals Bonneau vor, um Mülhausen im Elsass einzunehmen und – wie man hoffte – die Bevölkerung gegen die Deutschen aufzuwiegeln. Bonneau hatte Bedenken und zögerte. Er brauchte für die 24 km bis Mülhausen zwei Tage und ließ sich innerhalb von 24 Stunden durch einen Gegenangriff der Deutschen wieder aus der Stadt vertreiben. Dann zog er sich sogar bis Belfort zurück, der einzigen Festung, die während des ganzen Kriegs von 1870/71 den Deutschen standgehalten hatte. Diese konkrete und symbolische Demütigung versetzte Joffre in Rage. Er entließ Bonneau sowie Aubier, den Kommandeur der begleitenden 8. Kavalleriedivision, auf der Stelle. Das deutete auf eine bevorstehende größere Entlassungswelle hin. Bis Ende August entließ er den Oberbefehlshaber einer Armee, 3 von 21 Korpskommandeuren und 31 von 103 Divisionskommandeuren. Im September entließ er weitere 38, im Oktober 11 und im November 12 Divisionskommandeure.[46] Später schrieb Joffre: «In diesem Punkt war ich fest entschlossen. Ich entließ unfähige Generale und löste sie durch jüngere und tatkräftigere ab.» Dabei war das Recht auf seiner Seite. Die französischen Generale waren zu alt: 1903 betrug ihr Durchschnittsalter 61, das der deutschen 54 Jahre; wenn sie jünger waren, waren sie häufig ungeeignet.[47] Joffre selbst war zugegebenermaßen kein Vorbild. Schwer übergewichtig, gab er sich den Tafelfreuden hin und ließ sich, selbst während der Krise des Jahres 1914, durch nichts bei der Mahlzeit stören. Trotz alledem war er schlau, unerschütterlich und ein hervorragender Menschenkenner – Eigenschaften, die dem französischen Heer in dem bevorstehenden Feldzug halfen, als die Krise eskalierte.

Die Grenzschlachten

Der Unruhe der Mobilmachung und der anschließenden Massenbewegung in die Aufmarschgebiete folgte eine seltsame Ruhephase. Sowohl französische als auch deutsche Divisionsgeschichten verzeichnen ein einwöchiges oder gar zehntägiges Zwischenspiel vom Entladen hinter der Grenze bis zum Beginn der Kampfhandlungen. Diese Zeit verbrachten die Soldaten mit Einkäufen, hastig angesetzten Übungen und Fußmärschen zur Front. Manchen hohen Offizieren beider Seiten und denjenigen, die sich in der Kriegsgeschichte auskannten, kamen diese Präliminarien irgendwie bekannt vor. Sie glichen denen der ersten Tage des Krieges von 1870/71, nur dass die Vorbereitungen jetzt reibungsloser abliefen. Ansonsten sah alles so aus wie damals: die Truppenzüge; die langen Kolonnen der Kavallerie, Infanterie und Artillerie; auf französischer Seite die Uniformen, auf beiden Seiten sogar die Waffen; die revolutionäre Kraft schnell feuernder Geschütze und Repetiergewehre war noch nicht ins Bewusstsein gedrungen.

Auch die Schlachtfront, für die sich das französische Oberkommando entschieden hatte, war zu einem großen Teil der von 1870 ähnlich. Gewiss, damals wurde nördlich der Linie, wo Frankreich und Luxemburg aneinander grenzten, nicht operiert. 1914 hingegen reichten die Aufmarschzonen der französischen 3., 4. und 5. Armee von dort bis zur belgischen Grenze. In Lothringen marschierten die Soldaten der 1. Armee auf den gleichen Straßen wie ihre Großväter unter Napoleon III. Die Abmarschlinien lagen weiter westlich, weil Deutschland 1871 als Preis für den Sieg französische Gebiete annektiert hatte. Aber die Vormarschwege wie die Ziele waren die gleichen: die Saar, Saarbrücken und die Gebiete westlich des Rheins. Joffre hatte sie in seiner Allgemeinen Anweisung Nr. 1 vom 8. August festgelegt.[48]

Die Offensive gegen Lothringen begann am 14. August, als Dubails 1. Armee, mit Castelnaus 2. Armee an ihrer linken Flanke gestaffelt, die Grenze überschritt und gegen Saarburg vorrückte. Bonneaus Schlappe bei Mülhausen schien vergessen. Die Franzosen kamen als Befreier und Eroberer, mit klingendem Spiel und wehenden Fahnen. Dass die Deutschen vielleicht eigene Pläne für einen Sieg in dieser Provinz (für sie «Reichsgebiet») haben könnten, scheint im französischen Oberkommando niemand vermutet zu haben. Der französische Nachrichtendienst unterschätzte die Stärke der Deutschen und erwartete, dass sie in der Defensive bleiben würden. In Wirklichkeit umfassten die deutsche 6. Armee unter Kronprinz Rupprecht von Bayern und die 7. Armee unter Generaloberst Josias von Heeringen nicht sechs, sondern acht Armeekorps, und sie trafen Vorbereitungen zu einem gewaltigen Gegenangriff für den Fall, dass die Franzosen sich zu weit vorwagten.

Das geschah bald. Vier Tage lang wichen die Deutschen kämpfend zurück, ohne dem Vormarsch der Franzosen entschieden entgegenzutreten, sodass diese stellenweise 40 km ins Reichsgebiet eindringen konnten. Eine deutsche Regimentsfahne fiel in die Hand des Feindes und wurde als Trophäe nach Vitry-le-François geschickt, wo Joffre sein Großes Hauptquartier (*Grand Quartier Général*, im Folgenden abgekürzt: GQG) aufgeschlagen hatte. Die Franzosen nahmen Château-Salins, dann Dieuze, schließlich am 18. August Saarburg ein – alles Orte, die seit den Kriegen Ludwigs XIV. zu Frankreich gehörten. Dann verlor die Front ihre Durchlässigkeit. Die französische Infanterie bemerkte, dass der Widerstand der Deutschen sich verhärtete. Die kleine Elsass-Armee an der rechten Flanke der 1. Armee rückte zwar ständig vor und gewann am nächsten Tag Mülhausen zurück, aber ihr Erfolg war nicht bedeutend, denn zwischen ihr und den Stellungen Dubails klaffte eine breite Lücke – nicht die einzige. Die 1. Armee besaß keine sichere Verbindung zur 2. Armee; westlich der Saar bestand zwischen Dubail und Castelnau überhaupt kein Kontakt. Dubail erkannte diese Schwäche und wollte ihr abhelfen: Er leitete am 20. August einen Angriff ein, der nicht nur die Verbindung wiederherstellen, sondern es auch dem Kavalleriekorps Conneaus ermöglichen sollte, in den Rücken des Feindes vorzustoßen und seine Flanke aufzurollen. Aber gerade in der Nacht vom 19./20. August, als er seinen Angriff startete, begann die Gegenoffensive der Deutschen.[49]

Die Armeen des Kronprinzen Rupprecht und des Generalobersten von Heeringen waren vorübergehend einem gemeinsamen Stab unterstellt worden, an dessen Spitze Generalmajor Krafft von Dellmensingen stand. Während die französische 1. und 2. Armee ihre Operationen nur so gut koordinierten, wie sporadische Telefongespräche dies erlaubten, kämpften die deutsche 6. und 7. Armee als eine Einheit. Hier wurde eine neue Entwicklung in der operativen Führung vorweggenommen, die so große Truppenverbände schuf, wie die vorhandenen Kommunikationssysteme es zuließen. Der Wert dieses neuen Systems zeigte sich bereits am 20. August. Der Nachtangriff Dubails wurde gestoppt, kaum dass er begonnen hatte. Diesem Rückschlag folgte eine gleichzeitige Offensive der acht deutschen gegen die sechs französischen Armeekorps an der ganzen Front. Das französische VIII. Korps, das bei Saarburg die Saar erreicht hatte, wurde überwältigt; seine Artillerie war den schwereren deutschen Geschützen nicht gewachsen, unter deren Feuerschutz die deutsche Infanterie die französische aus einer Stellung nach der anderen warf.

Noch schlimmeren Schaden fügte die deutsche schwere Artillerie der französischen 2. Armee zu, die im Morgengrauen des 20. August auf ganzer Frontbreite einem konzentrierten Artilleriefeuer ausgesetzt war. Unter den darauf folgenden Infanterieangriffen gaben das XV. und XVI. Korps ihre Stellungen preis. Nur das XX. Korps, am äußersten linken Flügel, hielt stand. Es kämpfte auf vertrautem Terrain und wurde von dem äußerst fähigen und entschlossenen General Ferdinand Foch geführt. Während seine Soldaten sich festklammerten, befahl Castelnau dem Rest der 2. Armee, sich abzusetzen und sich hinter die Meurthe zurückzuziehen, von der aus sie sechs Tage zuvor ihren Vormarsch angetreten hatte. Beinahe wäre sie auf beiden Flanken umfasst worden, was für das ganze französische Heer zu einer nicht wieder gutzumachenden Katastrophe geführt hätte. Sie hatte auch den Kontakt zur 1. Armee völlig verloren, die Dubail daher ebenfalls zurücknehmen musste. Am 23. August standen seine Verbände ebenfalls wieder an der Meurthe und richteten sich dort zur Verteidigung ein; sie konnten sich dabei auf starke Stellungen stützen, die Foch auf dem hohen Gelände des Grand Couronné bei Nancy errichtet hatte. Dort verschanzten sich die beiden Armeen, um weitere Angriffe der Deutschen abzuwarten. Schlieffen hatte gewarnt: Derartige Angriffe müssten unterbleiben, wenn eine französische Offensive in Lothringen erwartungsgemäß mit einem deutschen Sieg ende. Die Versuchung, den Erfolg auszunützen, erwies sich jedoch als unwiderstehlich. Moltke gab den Forderungen des Kronprinzen Rupprecht und seines Stabchefs Dellmensingen nach und billigte die Wiederaufnahme der Offensive. Diese scheiterte dann zwischen dem 25. August und dem 7. September an den starken Verteidigungsstellungen, die die Franzosen wider Erwarten an der Meurthe angelegt hatten.[50]

Erst nach geraumer Zeit zeigte sich, wie bedeutsam es war, dass die Franzosen sich auf dem rechten Flügel ihrer breiten Front wieder gefangen hatten. Anderswo blieb ihre Lage katastrophal. Nördlich der 1. und 2. Armee standen die 3. und 4. Armee, die nach Joffres Weisung duch das Waldgebiet der Ardennen stoßen und gegen die südbelgischen Städte Arlon und Neufchâteau vordringen sollten. Ihre Angriffsfront war 40 km breit, die Wälder der Ardennen waren 13 km tief. Zwei Überlegungen sprachen gegen Joffres Anweisungen: Erstens erschwerte das Gelände der Ardennen – dichte Wälder, steile Hänge, nasse Niederungen – Truppenbewegungen, weil Marschkolonnen nur auf den wenigen Straßen vorrücken konnten; zweitens waren die deutschen Armeen – die 4. unter Herzog Albrecht von Württemberg und die 5. unter dem deutschen Kronprinzen – im Osten zum Angriff bereit, auf Kollisionskurs mit den anrückenden Franzosen, und zwar in genau der gleichen Stärke: acht deutsche gegen acht französische Korps. Diese Konstellation war in Joffres Hauptquartier nicht bekannt. Die wichtigste französische Aufklärungstruppe, das Kavalleriekorps Sordets, war zwischen dem 6. und dem 15. August kreuz und quer durch die Ardennen gestreift, ohne die Anwesenheit des Feindes zu bemerken. Die Kavalleristen hatten die Rücken ihrer Pferde wundgeritten, aber den Feind nicht einmal von weitem gesehen. Infolgedessen hatte das GQG am 22. August den Generalen Fernand de Langle de Cary (4. Armee) und Pierre Ruffey (3. Armee) versichert, ernster Widerstand sei nicht zu befürchten.[51] Berichte französischer Aufklärungspiloten hatten diese völlig falsche Annahme während der ganzen vorhergehenden Woche bestätigt.[52]

Die Deutschen waren besser informiert. Ihre Aufklärungspiloten hatten bedeutsame Bewegungen des Feindes im Frontabschnitt der 4. Armee gemeldet. Obwohl sie in Wirklichkeit den Marsch von Teilen der 5. Armee Lanrezacs zur Maas beobachtet hatten, wies diese falsche Interpretation die Deutschen auf Joffres wahre Absichten hin.[53] Am 20. August war die 5. Armee des deutschen Kronprinzen in ihren Stellungen verblieben, während ihre schwere Artillerie die französischen Grenzfestungen Montmédy und Longwy – beide veraltet und schlecht verteidigt – unter Beschuss genommen hatte. Aber am Morgen des 22. August rückte nicht nur sie, sondern auch die deutsche 4. Armee vor.[54] In verständlicher Sorge vor einer drohenden Umfassung befahl ihr Hauptquartier dem links eingesetzten Korps, unbedingt den Kontakt zur benachbarten Armee des deutschen Kronprinzen aufrechtzuerhalten.[55]

Tatsächlich waren nicht die Deutschen in Gefahr, durcheinander gebracht zu werden, sondern die Franzosen. Ihre Verbände waren gestaffelt aufgestellt, wie eine Treppe, die von Norden nach Süden ostwärts flach abfällt, sodass jedes Armeekorps an seiner linken Flanke gefährdet war. Wenn die Deutschen die oberste Treppenstufe der französischen Front hart bedrängten, drohten die Stufen der französischen Frontlinie der Reihe nach auseinander zu fallen, was zum völligen Zusammenbruch ihrer 4. und 3. Armee führen musste. Genau das geschah am 22. August. Die 3. Armee brach als Erste zusammen. Als sie im Morgengrauen vorrückte, stieß ihre Vorhut auf unerwarteten deutschen Widerstand, und als ein plötzlicher Artillerieschlag ihre unterstützende Artillerie ausschaltete, geriet die Infanterie in Panik und flüchtete. Die restlichen Armeeteile brachen ihr Vorgehen abrupt ab, denn in ihrer Mitte klaffte eine Lücke. Sie mussten schwer kämpfen, um ihre Stellungen zu halten. Die 4. Armee, nunmehr an ihrer Südflanke ungeschützt, hielt ebenfalls inne, mit Ausnahme ihres Mittelabschnitts, wo das Kolonialkorps stand. Dieses war der einzige aus Berufssoldaten bestehende Verband des französischen Heeres – weiße Regimenter, die im Frieden in Nord- und Westafrika oder in Indochina stationiert waren. Es waren abgehärtete, kampferprobte Veteranen. Das sollte ihr Verderben sein. Dieser Verband drängte mit einer solchen Entschlossenheit nach vorn, dass die unerfahrenen Wehrpflichtigen der Hauptstadt-Armee nicht folgen konnten; bald war er von weit überlegenen deutschen Truppen umschlossen. Fünf Bataillone, hintereinander auf einer weniger als 600 Meter breiten Front vorrückend, führten wiederholt Bajonettangriffe in dichtem Gehölz, wurden jedoch durch konzentriertes Gewehr- und Maschinengewehrfeuer zurückgeworfen. Je heftiger sie vorwärts drängten, desto größer wurden ihre Verluste. Am Abend des 22. August waren von der 15 000 Mann starken 3. Kolonialdivision 11 000 gefallen oder verwundet – die schwersten Verluste, die ein französischer Verband jemals in den Grenzschlachten erlitt.[56] Ihre faktische Vernichtung bedeutete das Ende der Bemühungen der 4. Armee, Boden zu gewinnen, so wie weiter südlich der Zusammenbruch des V. Korps die Offensive der 3. Armee gestoppt hatte.

So war der Plan XVII an einem entscheidenden, 120 km langen Frontabschnitt zwischen Givet und Verdun gescheitert. Joffre wollte dieses Ergebnis zunächst nicht wahrhaben. Am Morgen des 23. August teilte er Langle de Cary per Funkspruch mit, er habe nur drei feindliche Korps vor sich; deshalb müsse er seine Offensive so bald wie möglich wieder aufnehmen.[57] Langle de Cary versuchte gehorsam, diesen Befehl auszuführen, aber seine 4. Armee wurde an diesem Tag noch weiter zurückgedrängt. Auch die 3. Armee und die vor kurzem aufgestellte Lothringen-Armee blieben erfolglos. Am 24. August zog sich die 4. Armee hinter die schützende Maas zurück, die 3. Armee folgte ihr bald. Mittlerweile wurde ein Großteil von Maunourys Lothringen-Armee nach Amiens zurückgenommen, wo unter Rückgriff auf Reservedivisionen eine neue Armee, die 6., aufgestellt werden sollte.

Die Schlacht an der Sambre

An zwei Abschnitten der französischen Front, in Elsass-Lothringen und in den Ardennen, hatten die Deutschen bis zum Ende der dritten Kriegswoche bedeutende Siege errungen. Das Kampfgeschehen sollte sich jetzt zum einzigen Frontabschnitt verlagern, an dem es bisher zu keinen größeren Operationen gekommen war, zur französisch-belgischen Grenze. Dort musste der deutsche Angriffsplan gelingen, wenn Schlieffens Traum von einem sechswöchigen Krieg sich erfüllen sollte. Die Einnahme Lüttichs hatte die Grundlage dafür gelegt; der anschließende Rückzug des belgischen Feldheeres in das befestigte Lager bei Antwerpen hatte den Weg frei gemacht. Der Fall von Namur, der am 24. August offenkundig bevorstand, würde den Operationsabschnitt vollends von größeren Hindernissen freimachen. Vor allem: Das französische Oberkommando blieb, obwohl das Eindringen der Deutschen in Ostbelgien eine ernste Warnung darstellte, anscheinend völlig blind gegenüber der drohenden Gefahr. Lanrezac, der Oberbefehlshaber der am nördlichen Ende der Frontlinie eingesetzten 5. Armee, hatte schon vor der Kriegserklärung das GQG gewarnt, er befürchte eine Umfassung seiner linken – nördlichen – Flanke durch einen deutschen Einmarsch in Belgien. Joffre, auf seine Offensive gegen Deutschland fixiert, ging über diese Befürchtungen hinweg. Noch am 14. August trug Lanrezac seine Sorgen im GQG in Vitry-le-François an der Marne vor, von wo aus bald die deutschen Geschütze zu hören waren. Doch Joffre behauptete weiterhin, dass die Deutschen in Belgien nördlich der Maas keinen größeren Truppenverband einsetzen würden.

Im Laufe der folgenden sechs Tage dachte Joffre von neuem nach. Er gab zunächst Befehle, die Lanrezacs 5. Armee in den Winkel zwischen Maas und Sambre lenkten (eine Vorsichtsmaßnahme); dann wies er Lanrezac an, sich mit der *British Expeditionary Force* (BEF) für Operationen gegen den rechten Flügel der Angriffsfront der Deutschen zu vereinigen, deren starkes Auftreten in Belgien nicht mehr bestritten werden konnte.[58] Zu diesem Zeitpunkt begann bereits der Kampf mit den Armeen Klucks,

Bülows und Hausens, den die Franzosen als Schlacht an der Sambre, die Briten als Schlacht bei Mons bezeichnen. In der Anfangsphase war sie nach militärischem Sprachgebrauch ein «Begegnungsgefecht», dessen Wesen durch eigenständiges Handeln der beteiligten Truppen, weniger durch Befehle von oben bestimmt wird. Den Befehlen zufolge sollten Kampfhandlungen sogar vermieden werden. In einer Besprechung am Nachmittag des 21. August wies Lanrezac die Stabschefs der ihm unterstellten Korps an, die 5. Armee solle plangemäß das hoch gelegene Terrain am Südufer der Sambre halten.[59] Er befürchtete, bei einer Verteidigung des dichten Gürtels kleiner Fabrikanlagen und Arbeiterhäuser (le Borinage), die das Ufer zwischen Charleroi und Namur säumen, könnten seine Soldaten in zähe Straßenkämpfe verwickelt werden, die sich seiner Kontrolle entziehen würden. Die Deutschen erhielten – wenn auch aus anderen Gründen – ähnliche Befehle von Bülow, der nicht nur die Bewegungen seiner 2. Armee, sondern auch die der 1. und 3. Armee koordinierte. Moltke hatte Bülow am 20. August darauf hingewiesen, dass vor ihm starke französische Truppenverbände und rechts von ihm, in nicht lokalisierbaren Stellungen, die Briten standen; deshalb solle er nur dann über die Sambre angreifen, wenn die 2. und die 3. Armee eine koordinierte Zangenbewegung durchführen könnten. Daher funkte Bülow am Morgen des 21. August an Max von Hausen, er verschiebe den Vormarsch der 2. Armee. Das bedeutete, dass auch die 3. Armee innehalten musste.

Dann bestimmten die Ereignisse auf einer niedrigeren Ebene die weitere Entwicklung. Schmale Flüsse sind immer schwierig zu verteidigen. Mäander schaffen sackartige Geländeabschnitte, die Truppen aufsaugen und zwischen benachbarten Einheiten zu Missverständnissen hinsichtlich des jeweiligen Verantwortungsbereichs führen. Brücken bilden ein besonderes Problem: Gehört eine Brücke an einer Nahtstelle zu dem einen oder zu dem anderen Bereich? Gebäude und Vegetation erschweren die Probleme, behindern das Blickfeld und die Bewegung entlang dem Fluss, wenn bei einer örtlichen Krise rasch Verstärkungen erforderlich werden. Soldaten wissen aus langer Erfahrung, dass ein Fluss leichter auf dem eigenen als auf dem feindseitigen Ufer zu verteidigen ist; das eigene Ufer wird besser von weiter rückwärts gelegenen Stellungen als direkt an der Uferböschung verteidigt.[60] Alle diese Wahrheiten sollten in der Schlacht bestätigt werden, die sich am 21. August an der Sambre entwickelte.

Lanrezac hatte – ganz konventionell – angeordnet, die Brücken sollten nur von vorgeschobenen Gefechtssicherungen am eigenen Ufer gehalten werden, während die Masse der Armee in höherem Gelände in Bereitstellung lag. Von dort sollte sie erst vorrücken, wenn eine Flussüberquerung der Deutschen abzuwehren sei oder wenn die Brücken für eine eigene Offensive nach Belgien genutzt werden könnten. Die Gefechtssicherungen an den Brücken waren jedoch in einem Dilemma. Bei Auvelais, auf halbem Wege zwischen Namur und Charleroi, konnte ihre Stellung beispielsweise vom feindseitigen Ufer aus eingesehen werden; daher baten sie um die Erlaubnis, entweder den Fluss überqueren oder sich zurückziehen zu dürfen. Ihr Regimentskommandeur, an Lanrezacs Anweisungen gebunden, lehnte das ab, schickte jedoch weitere Truppen zu ihrer Unterstützung. Diese fanden mehr Brücken vor als aufgrund ihrer Befehle zu verteidigen waren. Noch während sie ihre Vorkehrungen trafen, erschienen Patrouillen der deutschen 2. Armee am anderen Ufer, witterten eine günstige Gelegenheit und beantragten beim Hauptquartier ihres Korps, eine Überquerung riskieren zu dürfen. Es war das Hauptquartier der Garde, wo sich gerade Ludendorff aufhielt, als die Anfrage eintraf. Er zeigte die gleiche Entschlossenheit wie zwei Wochen zuvor bei Lüttich und übernahm persönlich die Verantwortung für das riskante Unternehmen. Die 2. Gardedivision griff an, fand eine unverteidigte Brücke – es gab in diesem Abschnitt acht Brücken, die Franzosen hatte jedoch nur eine vermutet – und bildete einen Brückenkopf. Westlich von Auvelais fand eine Patrouille der deutschen 19. Division eine weitere ungesicherte Brücke und überschritt sie, ohne um entsprechende Befehle zu ersuchen. Der Divisionskommandeur ergriff die Chance; er schickte ein ganzes Regiment nach vorn und vertrieb die französischen Verteidiger. So waren am Nachmittag des 21.

August zwei große Mäander der Sambre in deutscher Hand, und in die Front südlich des Flusses war eine 6 km breite Bresche geschlagen worden.

Dieses Ergebnis war charakteristisch für ein Begegnungsgefecht und ein Ruhmesblatt für die deutschen Truppen und ihre Kommandeure. Lanrezac hätte die Situation noch retten können, wenn er an seinem ursprünglichen Plan festgehalten hätte, das hoch gelegene Terrain südlich der Sambre als seine Hauptstellung zu verteidigen. Unerklärlicherweise nahm er es jedoch hin, dass die ihm unterstehenden Kommandeure des III. und des X. Korps einen Gegenangriff führten, um die bereits verlorenen Mäander der Sambre zurückzuerobern. Am Morgen des 22. August mussten ihre Truppen unter schweren Verlusten zurückweichen.

> Die französische Infanterie machte einen heldenhaften Eindruck: Mit wehenden Fahnen rückte sie über die belgischen Rübenfelder vor, während die Hörner das schrille Angriffssignal bliesen. Als ihre Reihen sich den deutschen Linien näherten ..., schlug ihnen von Mauern, kleinen Hügeln und Hausfenstern ein tödliches Schnellfeuer aus Gewehren und Maschinengewehren entgegen. Vor diesem Feuer brach ihr Angriff zusammen. Rennend, stolpernd und kriechend suchten die Franzosen Deckung, so gut sie konnten, und der Angriff endete damit, dass die deutsche Gardedivision das Schlachtfeld eindeutig beherrschte.[61]

In dieser Nacht bezogen die beiden Korps Stellungen in Lanrezacs ursprünglicher Linie auf dem hoch gelegenen Terrain. Jetzt wurde nach ihrem tapferen Einsatz die Dimension ihrer Verluste deutlich. Von den eingesetzten Regimentern (bei Beginn des Kampfes je 2500 Mann stark) hatte das 24. Regiment 800, das 25. (aus Cherbourg) 1200, das 26. (aus Caen) 1000, das 49. (aus Bordeaux) 700, das 74. (aus Rouen) 800 und das 129. (aus Le Havre) 650 Mann verloren.[62] In strategischer Hinsicht war das Ergebnis noch schlimmer. Neun französische Divisionen waren von drei deutschen besiegt worden und hatten sich 11 km zurückziehen müssen; der Kontakt zur 4. Armee an der Maas war unterbrochen, der Kontakt zur BEF bei Mons nicht hergestellt worden, und das Kavalleriekorps Sordets, das bei seinem Auftrag, die Deutschen zu finden, bevor sie die Franzosen an der Sambre überraschend angriffen, völlig versagt hatte, zog sich mit erschöpften Männern und ausgemergelten Pferden durch die Stellungen der 5. Armee zurück. Am 23. August stabilisierte sich die Lage nicht. Obwohl Teile der 5. Armee die Offensive wieder aufzunehmen suchten, gewannen die Deutschen Boden, besonders auf dem rechten Flügel, wo sie das durch den Zusammenfluss von Sambre und Maas gebildete Hindernis in großer Zahl überwinden konnten – und das trotz eines Gegenangriffs von General Charles Mangin, der von nun an als einer der wildesten Krieger des französischen Heeres galt. Eine Stunde vor Mitternacht kam Lanrezac zu dem Schluss, dass er geschlagen sei, und telegraphierte an Joffre: «Da meine rechte Flanke an der Maas vom Feind bedroht ..., Givet gefährdet und Namur gefallen ist, habe ich mich entschlossen, morgen die Armee zurückzunehmen.»[63]

Die Schlacht bei Mons

Die Situation auf seiner linken Flanke erwähnte Lanrezac nicht. Dort waren seine britischen Alliierten während des ganzen 23. August ebenfalls in Kämpfe mit den Deutschen verwickelt gewesen und hatten bei der Verteidigung des Mons-Condé-Kanals beträchtlich besser abgeschnitten als seine eigenen Truppen an der Sambre. Die BEF – eine Kavalleriedivision und vier Infanteriedivisionen – hatte elf Tage zuvor begonnen, in Le Havre, Boulogne und Rouen zu landen, und war am 22. August am Mons-Condé-Kanal angekommen. Am Morgen des 23. August waren sie in einer Frontbreite von 30 km aufgestellt, das II. Korps im Westen, das I. Korps unter General Douglas Haig im Osten. Klucks 1. Armee – 14 Divisionen stark – stieß von Norden her auf sie zu. Feldmarschall Sir John French, der Oberbefehlshaber der BEF, hatte gehofft, auf gleicher Höhe mit Lanrezac nach Belgien vorzurücken. Die Nachricht von Lanrezacs Niederlage an der Sambre schloss das aus; als ihn jedoch am 22. August kurz vor Mitternacht das Hauptquartier der französischen 5. Armee per Funkspruch um Unterstützung bat, erklärte er sich bereit, den Kanal 24 Stunden lang zu verteidigen. Wie schlecht die Franzosen den Charakter der deutschen Offensive erkannten, beweist der Umstand, dass sie French sogar um einen Angriff gegen von Klucks Flanke ersuchten. Diese Flanke reichte bereits über die Stellungen sowohl der französischen 5. Armee als auch der BEF hinaus. Für einen kurzen Augenblick übernahmen die Briten die Rolle, sich dem Konzept und der Substanz des Schlieffenplans – «Macht mir den rechten Flügel stark» waren angeblich Schlieffens letzte Worte gewesen – am entscheidenden Punkt zu widersetzen.

Die BEF war dieser Aufgabe gewachsen. Von allen europäischen Heeren bestand nur das britische ausschließlich aus Berufssoldaten, die durch die kleinen Kriege des britischen Weltreichs an die harten Realitäten des Kampfes gewöhnt waren. Viele von ihnen hatten 15 Jahre zuvor im Burenkrieg gekämpft, gegen erfahrene Scharfschützen, die sich eingruben, um ihre Stellungen zu verteidigen; sie hatten von den Buren gelernt, wie wirksam das Repetiergewehr war, und dass man sich tief eingraben musste, um seiner Wirkung zu entgehen. Russische Soldaten, die 1904/05 gegen die Japaner gekämpft hatten, erinnerten sich an diese Lektion. Die britischen Soldaten waren die einzigen Westeuropas, die sie auswendig kannten. Als sie den Befehl bekamen, den Mons-Condé-Kanal zu halten, hoben sie sofort Schützengräben aus; am Morgen des 23. August waren sie an seiner ganzen Länge fest verschanzt. Der Kanal, im Zentrum eines Bergbaugebietes, bot hervorragende Verteidigungspositionen. Bergwerksgebäude und Arbeiterhäuser dienten als Stützpunkte und die Schlackenhalden als Beobachtungsposten, von denen aus das Feuer der unterstützenden Artillerie gegen die anrückenden feindlichen Kräfte geleitet werden konnte.[64]

Die Deutschen, deren sechs Divisionen den vier britischen überlegen waren, waren nicht auf die Feuersalven gefasst, die ihnen entgegenschlugen. «Der beherrschende Eindruck der Deutschen war, einem unsichtbaren Feind gegenüberzustehen», verborgen hinter frisch aufgeworfener Erde in Schützengräben, die weit tiefer waren als die der unerfahrenen Franzosen oder der belgischen Amateure.[65] An den Flüssen Tugela und Modder, bei Spion Kop, hatten die Buren der britischen Infanterie beigebracht, welchen Preis sie zahlen musste, wenn sie erfahrene, aus tiefen Schützengräben feuernde Scharfschützen angriff. Am 23. August hatten die Briten eine Gelegenheit, selber diese Lektion zu erteilen. Das britische Lee-Enfield-Gewehr mit seinem 10-Patronen-Magazin war dem deutschen Mauser-Gewehr überlegen, darüber hinaus war der britische Soldat ein hervorragender Schütze. «Fünfzehn Schuss pro Minute» ist zu einem Schlagwort geworden. Die meisten britischen Infanteristen erfüllten diese Anforderung, angespornt durch eine Zulage für Treffsicherheit und durch die Ausgabe freier Munition, mit der sie in ihrer Freizeit das Scharfschützenabzeichen erwerben konnten.[66]

Ein deutscher Hauptmann des 12. Brandenburgischen Grenadierregiments war einer der Ersten, die die Wirkung eines weit tragenden, wohl gezielten Gewehrfeuers erlebten. «Gradaus [vor der Stellung meiner Kompanie] dehnte sich eine breithin gelagerte saftige Wiese, zur Rechten von einem Waldstück unterbrochen. Von links her stieß ein Ausläufer des Dorfes mit einigen Gehöften in die Wiese hinein. Gradaus am fernen Wiesensaum, etwa anderthalb Kilometer von uns entfernt, ein paar Gruppen niederer Häuser. Inmitten friedlich weidende Kühe.»[67] Der Frieden dieser idyllischen Szene war trügerisch. Am nächsten Tag sollte Hauptmann Bloem entdecken, dass «die Engländer jedes Haus, jede Mauer zu einer Festung ausgebaut haben! Natürlich – alte Soldknechte, mit der Erfahrung von einem Dutzend Kolonialkriegen.»[68] Am Morgen der Schlacht bei Mons, als seine Kompanie ins freie Gelände vorrückte, wurde die unsichtbare Gefahr plötzlich Wirklichkeit: «Kaum waren wir aus dem Waldsaum herausgetreten, da schwirrte es aus Süden heran, pfiff uns um die Nasen, schlug hinter uns klatschend in die Stämme. Fünf, sechs Schreie klangen hinter mir, fünf, sechs meiner grauen Jungs purzelten ins Gras ... Vorwärts, ran an den Feind, auf bessere Schussweite. Wie auf dem Exerzierplatz geht's vorwärts ... Von drüben ein kurzes, ratterndes Gehämmer, dann Pause, dann neues Gehämmer: Maschinengewehre.»[69]

Die Soldaten, die den Brandenburgischen Grenadieren gegenüberstanden, gehörten zum 1. Bataillon des *Queen's Royal West Kent Regiment*, und es waren ihre Gewehre, weniger die beiden Maschinengewehre des Bataillons, die so schlimme Verluste verursachten. Am Ende des Tages war Bloems stolzes Regiment «zusammengebrochen». Viele Männer hatten während des Kampfes die Verbindung zu ihren Offizieren verloren und kehrten erst am Abend wieder zurück, schamrot und nach Erklärungen suchend; 500 waren gefallen oder verwundet, darunter drei der vier Kompanieführer seines Bataillons. Bloem hatte das Glück, unverletzt geblieben zu sein. In vielen anderen deutschen Einheiten sah es ähnlich aus, denn jedes britische Bataillon hielt seine Stellung, und die unterstützende Artillerie, darunter die 60-Pfünder der 48. und der 108. schweren Batterie, feuerte während des ganzen Gefechts unentwegt. Die britischen Verluste beliefen sich auf insgesamt 1600 Gefallene, Verwundete und Vermisste. Die deutschen Verluste – nie ganz aufgeklärt – müssen nahezu 5000 betragen haben; das 75. Infanterieregiment aus Bremen verlor 381 Mann bei seinem Angriff gegen die *Royal Scots* und das *King's Royal Rifle Corps*, ohne eine Lücke in deren Front zu reißen.

An diesem Abend schliefen die Deutschen der Armee Klucks dort, wo sie vor Müdigkeit umfielen, am Nordufer des Kanals, völlig erschöpft von ihren unablässigen Bemühungen, ihn zu überqueren, um es am Morgen von neuem zu versuchen. Nur einen einzigen Brückenkopf hatten sie erkämpft. Die Briten, ebenfalls erschöpft, zogen sich auf Stellungen südlich des Kanals zurück. Sie empfanden Genugtuung über den Kampf, in dem sie sich hervorragend geschlagen hatten. Das spätere Urteil des amtlichen deutschen Historikers, die Schlacht bei Mons habe mit einer Niederlage für die Engländer geendet, hätten sie als eine Lüge bezeichnet.[70] Am nächsten Tag hofften sie, weiterhin die linke Flanke der Alliierten zu verteidigen. Aber noch während sie begannen, in ihre Nachtstellungen auszuweichen, gingen neue Befehle ein, die den Rückzug anordneten.

Am späten Abend des 23. August erschien der britische Verbindungsoffizier bei der französischen 5. Armee, Leutnant Edward Spears, mit alarmierenden Nachrichten im Hauptquartier von Feldmarschall Sir John French. General Lanrezac hatte Joffre darauf hingewiesen, dass er aufgrund des deutschen Erfolgs an der Sambre der 5. Armee befehlen werde, sich am nächsten Tag nach Süden zurückzuziehen. French, der noch wenige Stunden zuvor angekündigt hatte, er werde auf dem einmal eingenommenen Terrain präsent bleiben und seine Stellungen während der Nacht mit allen möglichen Mitteln verstärken, sah jetzt ein, dass er bei einem Rückzug seiner Verbündeten das Gleiche tun musste.[71] Am Morgen des 24. August leitete die BEF einen allgemeinen Rückzug ein. Um 9.35 Uhr erklärte Joffre in einem Funkspruch an den Kriegsminister, warum die gesamte Front zurückgenommen werden müsse:

> Im Norden scheint unser Heer, das zwischen der Sambre, der Maas und dem britischen Heer operiert, Rückschläge erlitten zu haben, deren volles Ausmaß ich noch nicht kenne, die es aber gezwungen haben, sich zurückzuziehen ... Man muss den Tatsachen ins Auge sehen. Unsere Armeekorps ... haben auf dem Schlachtfeld nicht jene offensiven Qualitäten gezeigt, auf die wir gehofft hatten ... Wir müssen daher auf die Defensive zurückgreifen, indem wir unsere Festungen und großen topographischen Hindernisse nutzen, die es uns ermöglichen, so wenig Terrain wie möglich aufzugeben. Unser Ziel muss sein, auszuharren, den Feind möglichst zu zermürben und die Offensive wieder aufzunehmen, wenn die Zeit kommt.[72]

Der große Rückzug

Der große Rückzug hatte begonnen – ein Rückzug, der die französischen Armeen und die BEF zu ihrer Linken während der nächsten vierzehn Tage bis an die Randgebiete von Paris zurückführte. Das GQG in Vitry-le-François wurde am 21. August aufgegeben; vorübergehend wurde es nach Bar-sur-Aube, am 5. September dann nach Châtillon-sur-Seine verlegt. Joffres Lagebericht muss Kriegsminister Messimy traurig gestimmt haben, bleibt jedoch eines der großen Dokumente des Krieges. In wenigen Sätzen entwarf Joffre einen Plan für die Stabilisierung des Heeres, ja sogar für einen möglichen Endsieg. Die großen Festungen, vor allem Verdun, waren immer noch in französischer Hand. In den Landstrichen, die für Frankreich einen natürlichen Schutz gegen einen deutschen Angriff von Osten bilden (die Berge der Vogesen und das Flusssystem der Seine), war ebenfalls kein Gelände verloren gegangen. Das französische Heer, im Frieden törichterweise auf eine unsinnige Offensive festgelegt, überstand die Niederlagen ungebrochen. Wenn das Heer bei seinem Rückzug auf Paris seinen Zusammenhalt bewahren konnte, blieb ihm die Chance zu einem Gegenschlag. Mit jedem Kilometer, den das deutsche Heer marschierte, wurden die Verbindungen zu seinen Nachschubbasen am Rhein und östlich des Rheins geschwächt, während die des französischen Heeres verkürzt und gestärkt wurden. «Das Ziel zukünftiger Operationen wird sein», schrieb Joffre in seiner Allgemeinen Anweisung Nr. 2 vom 25. August, «auf unserem linken Flügel eine Truppenansammlung neu zu formieren, die imstande ist, die Offensive wieder aufzunehmen. Diese wird bestehen aus unserer 4. und 5. Armee und dem britischen Heer, zusammen mit neuen Kräften, die von der Ostfront herangeführt werden, während die übrigen Armeen den Feind so lange wie möglich binden.»[73]

Den von Joffre angedeuteten Bereitstellungsraum der «neuen Truppenansammlung für die Offensive» (sie umfasste die 6. Armee unter General Maunoury und die 9. unter General Foch) bildete die Linie der Somme bei Amiens, 120 km südwestlich von Mons. Joffre rechnete also mit einem langen Rückzug, bevor seine Umgruppierung der Streitkräfte eine Wiederaufnahme der Offensive erlaubte. Seine Einschätzung der Lage des französischen Heeres war ausgesprochen realistisch. Selbst in Lothringen, wo das französische Heer seine schlimmsten Rückschläge erlitten hatte, hatte es sich höchstens 50 km zurückgezogen. Die Wirklichkeit des bevorstehenden Rückzuges war weit härter, als Joffre voraussah. Die deutsche Infanterie des rechten Flügels war noch immer voll Tatendrang, obwohl sie sich 12 Tage lang durch Belgien gekämpft hatte. Durch bereits errungene Siege ermutigt, durch tagelange Märsche abgehärtet, durch die Erwartung des baldigen Endsieges in Hochstimmung, war sie bereit, ihre wunden Füße zu vergessen, ihre Kinnriemen zu straffen und mit Feuereifer auszuschreiten, um das französische Heer durch Gewaltmärsche zu bezwingen. Am siebten Tag nach der Schlacht bei Mons sagte Bloems Bataillonskommandeur: «Es muss doch wohl, scheint's, unbedingt notwendig sein, dies wahnsinnige Drauflosstürmen ... Halten Sie um jeden Preis und mit Einsatz Ihrer ganzen Persönlichkeit die Stimmung hoch. Machen Sie den Leuten immer wieder klar, dass wir den Feind nicht wieder zur Ruhe kommen lassen dürfen, nachdem wir ihn auf der ganzen Linie geworfen haben – dass Schweiß Blut spart.» Bloems Brandenburgische Grenadiere mussten kaum angefeuert werden. Obwohl ihre Fersen, Fußsohlen und Zehen entzündet und bis auf das rohe Fleisch zerschunden waren, behielten sie unter der sengenden Sonne eines der heißesten Sommer des Jahrhunderts Tag um Tag das Tempo bei.[74] Das 1. Bataillon des Gloucestershire-Regiments, das sich vor ihnen zurückzog, legte beispielsweise in 13 Tagen 390 km zurück.[75] Was die Briten und die Franzosen aushielten, hielten auch die Deutschen aus.

Beide Seiten marschierten nicht nur, sondern mussten auch kämpfen – die Franzosen und Briten, um den deutschen Vormarsch zu verzögern oder um der Gefahr zu entkommen; die Deutschen, um sich durch jeden Widerstand, auf den sie stießen, einen Weg zu bahnen. Das britische I. Korps musste sich am 26. August bei Landrecies und Maroilles zum Kampf stellen. Da es jedoch bei Mons kaum Verluste erlitten hatte, konnte es sich dem Feind leicht entziehen und seinen Rückzug fortsetzen. Das II. Korps, das bei Mons geschlagen worden war, musste am gleichen Tag bei Le Cateau ein noch härteres Rückzugsgefecht durchstehen. General Smith-Dorrien, der Befehlshaber des II. Korps, führte drei Infanteriedivisionen, die von einer Kavalleriedivision unterstützt wurden. Am Morgen des 26. August wurden seine erschöpften Männer von drei deutschen Infanterie- und drei Kavalleriedivisionen angegriffen, die im Laufe des Tages durch zwei weitere Infanteriedivisionen verstärkt wurden. Vier britische standen also gegen acht deutsche Divisionen. Diese klare Überlegenheit bot den Deutschen die Chance, die britische Front beidseits zu überflügeln, was ihnen schließlich auch gelang. Die Front verlief entlang der alten römischen Straße zwischen Le Cateau und Cambrai. Zunächst hielt die britische Infanterie die Front, indem sie, unterstützt von Salven der Feldartillerie, in gewohnter Weise gezieltes Schnellfeuer abgab. Als dann im Laufe des Nachmittags die Deutschen immer zahlreicher wurden, bröckelten allmählich die Flügel der Briten, Einheiten lösten sich auf und Batterien verloren unter dem schweren feindlichen Beschuss ihre Geschützmannschaften. Gegen Abend drohte das II. Korps zusammenzubrechen. Es wurde teilweise durch Fehler der Deutschen gerettet, teilweise durch das Eingreifen von Sordets Kavalleriekorps (das bei Le Cateau seinen guten Ruf zurückgewann, den es bei seiner misslungenen Erkundung des deutschen Einmarschs in Belgien eingebüßt hatte) und durch eine der oft verhöhnten französischen Territorialdivisionen, deren überalterte Reservisten bei Cambrai tapfer kämpften, um das deutsche II. Korps aufzuhalten. Bei Einbruch der Dämmerung hatte das britische II. Korps 8000 Mann verloren – mehr als die Armee Wellingtons bei Waterloo. Es bot seine ganzen Kraftreserven auf, um zu entkommen und den Rückzug fortzusetzen.[76] 38 Geschütze – die Hälfte der Artillerie einer Division – gingen trotz verzweifelter Rettungsversuche verloren. In der Stellung der 122. Batterie der *Royal Artillery* boten die Anstrengungen eines tapferen Offiziers und seiner Mannschaft, ihre Batterie zu retten, «einen außergewöhnlichen Anblick: eine kurze, wilde Szene galoppierender und zusammenbrechender Pferde, vier verlassen dastehende Kanonen, ein paar herumliegende Protzen, ... und überall tote Männer und tote Pferde.»[77]

Am Tag von Le Cateau suchte Joffre Sir John French, den Oberbefehlshaber der BEF, in Saint-Quentin auf, begleitet von Lanrezac und General d'Amade, dem Kommandeur des Territorialverbandes, der auf der linken Flanke der BEF wider Erwarten so gut gekämpft hatte. Das Gespräch stand unter keinem glücklichen Stern. Lanrezac und French waren seit ihrer ersten Begegnung zehn Tage zuvor schlecht aufeinander zu sprechen. Joffre hingegen begann bereits an den Fähigkeiten des Oberbefehlshabers seiner 5. Armee, den er lange protegiert hatte, zu zweifeln. Die Atmosphäre der Begegnung, die in einem verdunkelten Zimmer eines Privathauses stattfand, war ungemütlich. French behauptete, er habe Joffres Allgemeine Anweisung Nr. 2 für eine zukünftige Gegenoffensive nicht erhalten. Er sprach nur von seinen eigenen Schwierigkeiten und – indirekt – von Lanrezacs Versäumnis, ihn zu unterstützen. Lanrezac ließ durchblicken, dass die BEF eher eine Belastung als eine Hilfe sei. Es gab ein sprachliches Problem: Die Franzosen sprachen nicht Englisch, French kaum Französisch; General Henry Wilson, der stellvertretende Generalstabschef, fungierte als Dolmetscher. Dazu stießen unterschiedliche Persönlichkeiten aufeinander: Joffre und Lanrezac, große, schwere Männer in dunkelblauen Uniformen mit goldfarbenen Knöpfen, sahen wie Stationsvorsteher aus, der listige Wilson und der bissige French in ihren Reithosen aus Cordsamt und glänzenden Reitstiefeln wie die Leiter einer Fuchsjagd. Verwirrend für die Franzosen war auch, dass der Oberbefehlshaber der BEF den Titel «Feldmarschall» trug. Im französischen Heer war *Maréchal* kein Offiziersrang, sondern ein Ehrentitel für siegreiche Generale. Die republikanischen Militärs, die nur den Generalsrang besaßen, blickten misstrauisch auf den rangmäßig höher stehenden French, der seine Erfolge gegen südafrikanische Bauern errungen hatte.

Die Begegnung führte zu keiner klaren Entscheidung, und am Schluss lehnte Lanrezac Frenchs Einladung zum Essen ab.[78] Joffre hingegen nahm sie an, und als er ins GQG zurückkehrte, wollte er Lanrezacs Kampfgeist stärken. Er sah ein, dass die Briten eine Atempause brauchten, denn er befürchtete, eine geschlagene BEF werde sich vom Feind absetzen und in den Kanalhäfen Zuflucht suchen. Daher befahl er Lanrezac, am nächsten Tag, dem 27. August, seinen Rückzug zu stoppen und einen Angriff gegen die deutsche 2. Armee zu führen, die ihm dicht auf den

Fersen war. Lanrezac erhob Einwände, gehorchte aber. Er hatte Anweisung, die 5. Armee entlang dem Oberlauf der Oise in Stellung zu bringen. Die Oise mussten Bülows Divisionen überschreiten, wollten sie ihre Ziele erreichen. Das französische III. und X. Korps sollten die Stellung nach Norden verteidigen; das XVIII. Korps sollte nach Westen angreifen, wo die Oise nach Südwesten fließt; das I. Korps, unter dem höchst entschlossenen Franchet d'Espérey, sollte hinter dem rechten Winkel, den die beiden Flügel der 5. Armee bildeten, in Reserve bleiben.

Die Schlacht – die Franzosen nennen sie nach dem Ort Guise, die Deutschen nach Saint-Quentin – begann am Morgen des 29. August bei dichtem Nebel. Das Gardekorps unter Plettenberg und das X. Korps der Deutschen gingen mit Feuereifer vor, denn ihre Kommandeure glaubten, bis zur noch 60 km entfernten Aisne werde man auf keine ernsthafte französische Gegenwehr stoßen. Sie waren überrascht von dem starken Widerstand des französischen III. und X. Korps, die ihnen schwere Verluste zufügten. Plettenberg, der Kommandeur des Gardekorps, verlor in diesem Gefecht seinen Sohn; Prinz Eitel Friedrich, der zweite Sohn des Kaisers, musste sich an die Spitze des 1. Garderegiments zu Fuß stellen und es nach vorn führen, indem er eigenhändig die Trommel schlug.[79]

Im Laufe des Tages kämpften sich die Garde und die Hannoveraner des X. Korps etwa 5 km vorwärts. Als sie gegen Abend das gewonnene Gelände sichern wollten, nahm die Schlacht eine andere Wendung. Franchet d'Espérey hatte kurz nach 12 Uhr den Befehl erhalten, unterstützend in den Kampf einzugreifen. Um 18 Uhr – nachdem er seine Artillerie in eine optimale Stellung gebracht hatte – führte er seine Soldaten persönlich zum Gegenangriff. Zu Pferd setzte er sich an die Spitze seiner Regimenter, die mit wehenden Fahnen und klingendem Spiel vorrückten, während die Artillerie des Korps über ihre Köpfe hinwegdonnerte. Die Wirkung war so mitreißend, dass das III. und das X. Korps sich anschlossen. Bei Einbruch der Dunkelheit waren mehrere Dörfer, die am Morgen verloren gegangen waren, zurückerobert, und die siegreichen Franzosen bezogen Stellungen, von denen

Der große Rückzug

aus sie am nächsten Tag den Gegenangriff fortsetzen wollten. Ihr Erfolg kam umso überraschender, als sie dem Befehl zufolge nur die ursprüngliche Stellung halten sollten, während das von Mas de Latrie geführte XVIII. Korps die Briten durch einen Angriff auf Saint-Quentin entlasten sollte. Mas de Latrie konnte am 29. August keine Erfolge erzielen; er wurde bald seines Kommandos enthoben. Dagegen machte Franchet d'Espérey sich bei Guise einen Namen. «Der tollkühne Franky», wie die Briten diese Kämpfernatur bewundernd nannten, sollte bald Lanrezacs Nachfolger als Oberbefehlshaber der 5. Armee werden. Das gebührte ihm auch, denn sein spektakuläres Eingreifen hatte die Deutschen abrupt zum Stehen gebracht und dem französischen Heer anderthalb Tage Zeitgewinn verschafft, in denen es sich für die Offensive neu formieren konnte, die Joffre nach wie vor führen wollte.

Ob er das konnte, hing jetzt weniger von seinen eigenen Bewegungen als von denen der deutschen Armee ab. Wenn diese weiterhin nach Südwesten marschierten mit dem Ziel, nördlich an Paris vorbeizuziehen, würde Joffres Plan, mit starken Angriffskräften in ihre Flanke hineinzustoßen, möglicherweise an der Entfernung und an logistischen Problemen scheitern. Wenn die Deutschen hingegen nach Südosten vorstießen und Paris rechts liegen ließen, erwiesen sie den Franzosen einen «Liebesdienst» (wie Schlieffen einmal in anderem Zusammenhang gesagt hatte). In seiner Großen Denkschrift hatte Schlieffen befürchtet, dass die Franzosen stets im Vorteil sein würden, welche Entscheidung auch immer die Deutschen trafen. Entschieden diese sich dafür, ostwärts an Paris vorbeizuziehen, dann setzte sich ihr rechter Flügel der Gefahr eines Gegenangriffs aus, den die starke Pariser Garnison von der befestigten Zone aus führen konnte. Ließen die Deutschen Paris links liegen, dann entstand eine Lücke zwischen ihrem äußersten rechten Flügel und ihren übrigen Armeen, mit denen er Verbindung halten musste. Paris würde dann die Flut des deutschen Ansturms wie ein Wellenbrecher teilen, eine Lücke in die Frontlinie reißen und die deutschen Streitkräfte auf der falschen Seite einem alternativen Vorstoß aus Paris aussetzen. Dieses «Problem Paris» hatte Schlieffen davon überzeugt, «dass wir für eine Fortsetzung der Operationen in dieser Richtung zu schwach sind».[80] Der Planungsfehler, den Schlieffen in seinem Arbeitszimmer erkannt hatte, wurde für den deutschen Generalstab jetzt auf dem Schlachtfeld offenkundig.

Wie schwierig die Entscheidung war, hatte sich schon gezeigt, bald nachdem der Kaiser und der Große Generalstab – die Oberste Heeresleitung (OHL) – am 17. August von Berlin nach Koblenz umgezogen waren (ihr nächster Standort lag in Luxemburg, ihr endgültiger Sitz war der kleine Kurort Spa in Belgien). Moltkes Entscheidung, Bülow, dem Oberbefehlshaber der 2. Armee, die Koordinierung der Operationen der 1. und der 3. Armee zu übertragen, war in der Anfangsphase des Feldzuges verständlich, als die Niederwerfung Belgiens Priorität hatte. Diese Entscheidung wirkte sich zunehmend nachteilig aus, seit der Umzug der OHL nach Koblenz abgeschlossen war. Bülows Sorge, die gegenseitige Unterstützung der Armeen des rechten Flügels sicherzustellen, nahm der von Hausen geführten 3. Armee die Möglichkeit, Lanrezac in den Rücken zu fallen, als dieser sich am 24. August von der Sambre absetzte. Während die Front sich auf die Somme zubewegte, sorgte sich Moltke seinerseits um die Lage der 8. Armee, die Ostpreußen gegen die Russen verteidigte. Das lenkte seine Aufmerksamkeit von den umfangreicheren und entscheidenderen Operationen im Westen ab. Da er nach der Einnahme von Namur eine Möglichkeit sah, Streitkräfte einzusparen, entschied er sich, die freigesetzten Truppen durch Deutschland an die Ostfront umzuleiten.[81]

Die 8. Armee wünschte keine Verstärkung durch das Garde-Reservekorps und das XI. Korps, und Ludendorff, ihr neu ernannter Stabschef, teilte dies am 28. August der OHL mit. Trotzdem wurden die Verstärkungen entsandt. Mittlerweile waren die im Westen vorrückenden Armeen weiter geschwächt: Das III. Reservekorps wurde abkommandiert, um die bei Antwerpen verschanzte belgische Armee zu binden; das IV. Reservekorps, um als Besatzung in Brüssel zu bleiben; das VII. Reservekorps, um Maubeuge an der Sambre zu belagern, wo eine starke französische Garnison tapfer im Rücken der deutschen Front ausharrte. Der Abzug von fünf Armeekorps – einem Siebtel des deutschen Heeres im Westen – aus der Kampflinie erleichterte Moltkes logistische Schwierigkeiten, die zunahmen, je mehr die deutschen Armeen sich auf dem überlasteten Straßennetz Paris näherten. Gleichwohl gilt: Eine überlegene Truppenmacht am entscheidenden Punkt ist ein Schlüssel zum Erfolg. Moltkes Truppenaufteilung machte eine deutsche Dominanz jedoch eher unwahrscheinlich. Er verringerte seine Chance, überlegene Kräfte zu konzentrieren, noch mehr, als er am 27. August die Flügelarmeen – Klucks 1. und Bülows 2. Armee – anwies, sich auseinander zu ziehen: Die 1. Armee sollte nördlich und westlich an Paris vorbeistoßen, die 2. direkt gegen die befestigte Stadt vorgehen. Die 3. Armee sollte Paris ostwärts umgehen. Die 4. und 5. Armee, die immer noch mit den französischen Armeen an der Maas kämpften, sollten nach Westen drängen, um sich mit den übrigen deutschen Armeen zu vereinigen. Die 6. und 7. Armee operierten an dem Frontabschnitt, wo die Franzosen zu Beginn des Krieges ihre Offensive begonnen hatten; sie sollten versuchen, den oberen Mosellauf zu erreichen und zu überqueren.

Der Vormarsch westlich von Paris war dasjenige Manöver, für welches das deutsche Heer nach Schlieffens Auffassung «zu schwach» war. Am 28. August, einen Tag nach Moltkes Erlass, entschied Kluck eigenmächtig, seine Marschrichtung zu ändern und – ostwärts von Paris – nach Südosten vorzurücken; er begründete das damit, dass eine Bedrohung seitens der anscheinend kampfunfähigen BEF nicht mehr gegeben sei und dass die französische 5. Armee durch einen Vorstoß in ihre Flanke endgültig ausgeschaltet werden müsse. Moltke nahm diese Entscheidung Klucks hin, obwohl er ihm am 27. August unmissverständlich befohlen hatte, «westlich ... gegen die untere Seine» zu marschieren. Am 2. September ging Moltke noch einen Schritt weiter. In einem Funkspruch aus dem provisorischen Hauptquartier der OHL in Luxemburg teilte er der 1. und 2. Armee mit: «Absicht Oberster Heeresleitung, Franzosen in südöstlicher Richtung *von Paris abzudrängen* [Hervorhebung des Autors]. 1. Armee folgt ge-

Rechts: Hindenburg, in österreichischer Uniform

Unten: Schlieffen

Unten rechts: Ludendorff, mit dem Großkreuz des Eisernen Kreuzes

Oben: Wilhelm II. verleiht das Eiserne Kreuz. Warschau, September 1915

Darunter: Conrad von Hötzendorf

Rechts: Haig und Joffre im Großen Hauptquartier. Chantilly, 23. Dezember 1915

Oben: Pétain, hinter ihm Joffre, Foch, Haig und Pershing

Darunter: Brussilow

Links: Kemal Atatürk (im Kreis) auf Gallipoli

Oben: **Das Garde-Pionierbataillon verlässt Berlin, August 1914**

Darunter: **Ein russischer Reservist nimmt Abschied**

Rechts: **Französische Infanteristen auf dem Weg zur Front**

Oben: Belgische Infanterie erwartet die Invasion der Deutschen. Louvain, 20. August 1914

Rechts: MG-Einheit eines französischen Infanterieregiments

Unten: Französische 7,5-cm-Geschütze im Einsatz. Vareddes, 13. September 1914

Oben: **Deutsche Infanteristen des Regiments Nr. 147 (später Regiment «von Hindenburg») rücken in geöffneter Ordnung vor. Vor der Schlacht bei Tannenberg**

Unten: **Russische Transportkolonne unterwegs nach Przemyśl, September 1915**

Rechts: Soldaten des französischen 87. Regiments auf der Höhe 304 bei Verdun, 1916

Unten: Die *1st Lancashire Fusiliers* in einem Verbindungsgraben bei Beaumont Hamel an der Somme, Ende Juni 1916

Oben: Feldposten der *Grenadier Guards* in einem Schützengraben an der Somme, 1916

Unten: Arbeitskolonne des Manchester-Regiments auf dem Weg zum Stellungsbau. Serre, März 1917

staffelt der 2. Armee und übernimmt weiterhin den Flankenschutz des Heeres.» Moltke nahm den Gang der Ereignisse eher hin als ihn noch selbst zu gestalten. Die 2. Armee hatte angehalten, um sich von den Kämpfen und den langen Märschen zu erholen. Die 1. Armee musste also, wenn sie ihr gestaffelt folgen sollte, ebenfalls pausieren. Inzwischen wich die französische 5. Armee nach Osten aus, minderte so die Gefahr, in ihrer Flanke angegriffen zu werden, und entfernte sich von Paris. Die BEF war nicht kampfunfähig, sondern lediglich untergetaucht, ohne von der deutschen Kavallerie behindert zu werden. Die Aufstellung einer neuen Kampftruppe durch Joffre in und um Paris blieb den Deutschen völlig verborgen.[82]

Inzwischen marschierten die deutschen Armeen in der Hitze eines wolkenlosen Spätsommers täglich 25 bis 35 km. Bloem notierte: «Wir überschritten die letzten Höhen, die uns vom Marnetale trennten. Es war mal wieder ein toller Tag. Vierzig Kilometer bergauf, bergab, bergauf, bergab ... Glühender Sonnenbrand. Zur Linken Bülows Kanonen: Aha: Die lang ersehnte Fühlung – nun wird sie bald kommen.»[83] Gelegentlich flammten Kämpfe auf, Gefechte zwischen einer Vorhut und einer Nachhut. Es waren kurze, erbitterte kleine Schlachten wie etwa am 1. September bei Méry, wo die britische 1. Kavalleriebrigade und eine Batterie der *Royal Horse Artillery* den Vormarsch der deutschen 4. Kavalleriedivision einen Vormittag lang aufhielten. Die Kanoniere dieser Batterie gewannen in diesem ungleichen Treffen mit dem Feind drei Viktoria-Kreuze. Ein deutscher Historiker bemerkt lakonisch, dass die 4. Kavalleriedivision «am 1. September stark gelitten hatte».[84] Viele Brücken wurden gesprengt und notdürftig wieder instand gesetzt, als die Armeen das verzweigte Flusssystem des Pariser Beckens zu überwinden suchten.

Es gab zahlreiche Verzögerungen an umkämpften Hindernissen, Artillerieduelle, kurz aufflammendes Gewehrfeuer, wenn Spähtrupps auf Vorposten stießen oder eine zurückweichende Marschkolonne von Verfolgern eingeholt wurde. Aber für die meisten Soldaten beider Seiten war die letzte August- und die erste Septemberwoche eine Tortur tagelanger Märsche, die bereits vor Sonnenaufgang begannen und erst bei Einbruch der Nacht endeten. Ein Kavallerist der 4. Gardedragoner, Ben Clouting, notierte in seinem Tagebuch, dass sein Regiment am 1. September um 4.30 Uhr, am 2. um 2 Uhr, am 3. und 5. um 4.20 Uhr und am 6. um 5 Uhr geweckt wurde. Er erinnerte sich, dass die Pferde, neben denen die Kavalleristen oft zu Fuß gingen, um sie zu schonen, «bald die Köpfe hängen ließen und sich nicht schüttelten, wie sie es normalerweise taten... Sie schliefen stehend ein, dann gaben ihre Beine nach. Während sie vorwärts stolperten..., verloren sie das Gleichgewicht, fielen nach vorn und schürften sich die Haut an den Vorderbeinen auf.» Für die Männer «war die größte Strapaze..., schlimmer als alle körperlichen Qualen und Hunger, ... die Erschöpfung. Schmerzen konnte man ertragen, Lebensmittel konnte man ‹organisieren›, das Verlangen nach Ruhe aber war unendlich... Mehr als einmal fiel ich vom Pferd, und ich beobachtete, dass anderen das Gleiche passierte. Sie sackten langsam nach vorn und griffen dabei, benommen und instinktiv, nach dem Hals ihres Pferdes. Sobald angehalten wurde, schliefen die Männer augenblicklich ein.»[85]

Die Infanteristen, denen keine Pferde zur Verfügung standen, sanken hinter der Marschkolonne dutzendweise zu Boden. Die Nachzügler «humpelten allein oder zu zweit... in grimmiger Entschlossenheit weiter... Verzweifelt suchten sie Anschluss an ihre Regimenter zu halten... Lebensmittel kamen von den Depots des Heeresversorgungskorps: Schachteln mit Zwieback und Dosen mit gepökeltem Rindfleisch... Manchmal wies eine Kreideaufschrift die Lebensmittel einem bestimmten Regiment zu, aber meist bedienten wir uns einfach und stopften uns alle Taschen voll.»[86] Als Joffre am 30. August zwei französische Armeen besuchte, stieß er auf «zurückgehende Verbände... Die roten Hosen waren zu einem blassen Ziegelrot ausgeblichen, die Röcke zerfetzt und zerrissen, die Schuhe schlammverkrustet, die Augen lagen eingesunken in den Gesichtern, die stumpf waren vor Erschöpfung und dunkel von tagealten Bärten. In zwanzig Tagen Krieg schienen die Soldaten um zwanzig Jahre gealtert.»[87] Die Franzosen und Briten zogen sich bei ihren langen Tagesmärschen wenigstens auf ihre Nachschublinien zurück. Die Deutschen marschierten von den ihrigen weg und waren oft ohne Verpflegung; allerdings brauchten sie, wie die Briten, Ruhe noch dringender als Lebensmittelrationen. Ein französischer Augenzeuge bemerkte am 3. September, als eine Gruppe deutscher Soldaten ihr Nachtquartier bezog: «Sie fielen erschöpft zu Boden und konnten nur noch stammeln: ‹Vierzig Kilometer, vierzig Kilometer!› Weiter brachten sie nichts mehr heraus.»[88]

Am 3. September richtete Kluck sein Hauptquartier im Schloss Ludwigs XV. in Compiègne ein. Dort erhielt er Moltkes Funkspruch vom 2. September, der seine 1. Armee anwies, in südöstlicher Richtung «gestaffelt» der 2. Armee zu folgen, um die Franzosen von Paris abzuschneiden.[89] Kluck fasste diese Anweisung wörtlich auf, als gebe sie ihm die Freiheit, immer noch die 5. Armee Lanrezacs verfolgend, weiter nach Osten zu schwenken, die Marne zu überschreiten und die Entscheidungsschlacht einzuleiten, die nach Moltkes Absicht eigentlich die von der Maas nach Westen vorrückenden Armeen der Mitte schlagen sollten. Die deutsche Strategie war im Begriff zu scheitern, ohne dass Moltke oder Kluck dies erkannten. Ein französischer Historiker schreibt: «Moltke war nie von der Möglichkeit überzeugt, dass Truppenmassen gelenkt werden könnten ... Wie sein Onkel [der ältere Moltke] glaubte er, man müsse dem Oberbefehlshaber jeder Armee große Bewegungsfreiheit lassen.»[90] 1870 hatte eine laxe Kontrolle keine negativen Folgen; damals war die Kampffront schmal und der Spielraum für die Armeen, von der entscheidenden Vormarschachse abzuweichen, entsprechend gering; bei der erheblich breiteren Kampffront von 1914 allerdings führte sie dazu, dass Moltkes Armee auf der äußersten Rechten, von der alles abhing, zunächst nach Süden abwich, obwohl sie nach Südwesten hätte marschieren sollen, und sich dann nach Südosten wandte – im rechten Winkel zu der Richtung, die sie nach dem Feldzugsplan hätte einschlagen müssen, um den Sieg zu erringen.

Kritiker wiesen später darauf hin, Schlieffen selbst habe nicht zu entscheiden vermocht, welchen Weg der rechte Flügel einschlagen sollte; Klucks Verteidiger argumentieren, er habe richtig gehandelt, als er Lanrezac auf den Fersen blieb. Tatsächlich ließ Kluck sich an der Nase herumführen. Sobald er die Oise überschritten hatte und auf die Marne zusteuerte, nützte jeder bei der Verfolgung Lanrezacs zurückgelegte Kilometer den Absichten Joffres. Die Front, an der Joffre kämpfen wollte, mag sich von Ende August bis Anfang September nach Süden verschoben haben – von der Somme zur Oise und zur Marne, je nachdem die Lage sich veränderte. Dabei stieg seine Chance, den vernichtenden Schlag zu führen. Denn je weiter Kluck zu seiner Rechten die Lücke zwischen seiner Armee und Paris öffnete, ohne die entscheidende Überflügelung zu erreichen, um Lanrezac von Westen her zu umfassen, desto mehr Raum erhielt Joffre für die Aufstellung seiner «Manövriermasse» gegen die deutsche Flanke. Diese Kräftekonzentration drohte zusammen mit der Pariser Garnison einen schweren Schlag gegen Kluck zu führen.

Die Aufstellung dieser «Manövriermasse» hatte Joffre in seiner Allgemeinen Anweisung Nr. 2 vom 25. August angedeutet. Damals hatte er gesagt, sie solle aus dem VII. Korps, 4 Reservedivisionen und möglicherweise einem weiteren aktiven Korps bestehen, die mit der Eisenbahn nach Westen transportiert werden sollten. Am 1. September bestand die «Manövriermasse» aus dem VII. und dem IV. Korps, die der 1. beziehungsweise der 3. Armee entzogen wurden, sowie aus der 55., 56., 61. und 62. Reservedivision; das Ganze war die 6. Armee, geführt von General Maunoury. Diese wurde mit der Garnison von Paris zusammengefasst, zu der die 45. Infanteriedivision aus Algerien, 5 Territorialdivisionen, eine Brigade Spahis und eine Brigade Marinefüsiliere gehörten.[91] Insgesamt bildeten sie die Armeen von Paris, unter dem Oberbefehl von General Galliéni. Galliéni, ein Veteran der französischen Kolonialkriege, war damals 65 Jahre alt, Maunoury 67. Selbst in einem Krieg alter Generale – Moltke war 66, Joffre 62 – hätte man meinen können, sie seien zu alt, um genug Energie für die Planung eines Gegenschlags gegen das größte Heer aufzubringen, das bis dahin jemals ins Feld geschickt worden war. Maunoury und insbesondere Galliéni waren jedoch vitale

Männer. Am 25. August aus dem Ruhestand zurückgerufen, um den gescheiterten General Michel als Militärgouverneur von Paris abzulösen, hatte Galliéni sofort den Kriegsminister Messimy gewarnt: In zwölf Tagen werde der Feind vor den Toren stehen und Paris belagern, die Hauptstadt sei darauf nicht eingerichtet. Er forderte Verstärkungen, die nur von Joffre kommen konnten. Dieser war jedoch nicht bereit, Truppen freizugeben, und als Oberkommandierender mit Kriegsvollmachten konnte er auch vom Kabinett und vom Staatspräsidenten nicht überstimmt werden. Die Forderungen Galliénis riefen eine Regierungskrise hervor. Als man Messimy für die Gefahren verantwortlich machte, vor denen Galliéni jetzt warnte, bat dieser um seine Entlassung. Das führte zum Rücktritt des gesamten Kabinetts. Messimy wurde durch den harten, schweigsamen Millerand ersetzt und ging als Major der Reserve an die Front.[92]

Diese politische Krise erschütterte Joffre ebenso wenig wie militärische Rückschläge. Er gönnte sich weiterhin lange Mittagessen, kräftige Abendessen und regelmäßige Nachtruhe. Gleichwohl besuchte Joffre – im Gegensatz zu Moltke, der zurückgezogen in seinem Luxemburger Hauptquartier lebte – fast täglich die ihm unterstehenden Kommandeure und Truppen. Am 26. August und am 3. September sprach er außerdem mit Sir John French. Die Briten bereiteten ihm Sorgen. French war von den heftigen Kämpfen bei Mons und Le Cateau erschüttert. Er meinte, seine Truppe brauche einige Ruhetage, bevor sie an die Front zurückkehren könne. Als der Rückzug andauerte, erwogen er und seine Stabsoffiziere, sich auf die Operationsbasis zurückzuziehen, Frankreich ganz zu verlassen und erst zurückzukehren, wenn die Truppen sich in England erholt hätten. French war zu der Überzeugung gelangt, dass die Franzosen links und rechts von ihm sich ohne Vorankündigung zurückzogen und ihn so den Angriffen der vorrückenden Deutschen aussetzten. Als Nächstes verkündete er seine Absicht, sich in acht leichten Tagesmärschen hinter die Seine zurückzuziehen und seine Versorgungsbasen von Rouen und Le Havre am Ärmelkanal nach Saint-Nazaire oder La Rochelle am Atlantik zu verlegen. Kitchener, der britische

Kriegsminister, verlangte in einer Reihe von Telegrammen Aufklärung. Als diese ausblieb, fuhr er auf einem Zerstörer nach Frankreich, bestellte French in die Britische Botschaft in Paris und wies ihn unmissverständlich auf seine Aufgabe hin, mit Joffre zusammenzuarbeiten, auch wenn das für die britische Truppe extrem gefährlich sei.[93]

Das bedeutete, dass die Briten ihren Platz in der «Manövriermasse» einnehmen mussten, die sich am 3. September nordwestlich und westlich von Paris versammelte: Die neue 6. Armee, die Pariser Garnison, die BEF, die 5. Armee und auf deren rechter Flanke die ebenfalls neu aufgestellte 9. Armee unter General Ferdinand Foch. Foch, der bisher das XX. Korps geführt hatte, war ein aufsteigender Stern. Lanrezacs Stern fiel am 3. September; Joffre fuhr an diesem Tag in dessen Hauptquartier in Sézanne, um ihm mitzuteilen, dass er durch Franchet d'Espérey abgelöst werde. Es war ein peinliches Gespräch. Sie waren miteinander befreundet, und Lanrezac war von Joffre jahrelang protegiert worden. Jetzt war Lanrezac durch den von Belgien aus geführten deutschen Angriff völlig erschöpft, den er fast als Einziger vorausgesehen hatte. Die beiden Generale gingen über den Spielplatz der Schule, die der 5. Armee als Hauptquartier diente. Dabei erklärte Joffre, nach seiner Auffassung habe Lanrezac die Entschlusskraft verloren. Dann reiste Lanrezac, nur von einem Unteroffizier begleitet, ab und wurde nie wieder in Uniform gesehen.[94]

Galliéni, ebenfalls ein aufsteigender Stern, bedrängte inzwischen die Pariser Stadtverwaltung mit seinen Befehlen, die Stadt in Verteidigungszustand zu versetzen. Am 2. September verlegte die französische Regierung, wie 1870, ihren Sitz nach Bordeaux. Am 31. August hatte Joffre die Hauptstadt in den Operationsbereich der Armeen einbezogen, wo er absolute Machtbefugnisse besaß. Es verstieß daher nicht gegen die Verfassung, wenn der Militärgouverneur Anweisungen erließ, die Zerstörung des Eiffelturms vorzubereiten (er war die Sendestation für Funkmitteilungen des Generalstabes); unter den Seinebrücken Sprengladungen anzubringen; alles rollende Material, das dem Feind nützlich sein konnte, aus dem Pariser Eisenbahnsystem abzutransportieren; die 2924 Geschütze der Befestigungen mit einem Munitionsvorrat zu versehen; im Schussfeld der Artillerie Bäume und Häuser zu beseitigen und zur Erledigung dieser Arbeit zivile Arbeitskräfte zu verpflichten. Paris war 1914 immer noch eine befestigte Stadt, von Mauern und einem Festungsgürtel umgeben. Unter Galliénis Oberbefehl wurde Paris darüber hinaus zu einer Festung ausgebaut, mit improvisierten Verteidigungsanlagen, die sich in das umgebende Land erstreckten, um das «Hindernis Paris» ... zu verstärken, das Schlieffen in den langen Jahren, während er seinen Plan ausarbeitete, so viel Kummer bereitet hatte.

Paris hatte seinen Zweck bereits erfüllt. Am 3. September war Klucks 1. Armee – Schlieffens «starker rechter Flügel» – 60 km ostwärts an Paris vorbeigezogen und hatte sich nach Süden gewandt. Die französische 6. Armee und die Pariser Garnison standen in ihrem Rücken, die BEF auf ihrer rechten Flanke, die 5. Armee vor ihr. Fochs 9. Armee gefährdete ihre linke Flanke und drohte in die Lücke einzubrechen, die sich zwischen der 1. Armee Klucks und der 2. Armee Bülows aufgetan hatte. Diese Konstellation war auf die Existenz von Paris und auf das hinhaltende Manövrieren Lanrezacs zurückzuführen.

Inzwischen beförderte das französische Eisenbahnsystem die Streitkräfte, mit denen Joffre seinen Gegenschlag führen wollte, eilig an die Front. Da das Schienennetz auf Paris ausgerichtet war, konnte es Truppen von dem zunehmend stabilisierten östlichen Frontabschnitt schnell an die entscheidenden Punkte transportieren. Am 5. September umfasste die 6. Armee neben dem Kavalleriekorps Sordets und der 45. (Algerischen) Division das VII. Korps, das aus dem Elsass, und die 55. und 56. Reservedivision, die aus Lothringen herangeführt worden waren. Das von der 3. Armee abgestellte IV. Korps befand sich auf dem Marsch. Die 9. Armee – ursprünglich als «Sonderkommando Foch» aufgestellt – umfasste das IX. und XI. Korps sowie die 52. und 60. Reservedivision und die 9. Kavalleriedivision von der 4. Armee, die 42. Division von der 3. Armee und die 18. Division von der 2. Armee. Zwischen der Festung Paris und der Marne verfügte Joffre am Beginn der großen Schlacht, die nach diesem Fluss benannt wurde, also über insgesamt 36 Divisionen – einschließlich der durch vier frische Brigaden aus England verstärkten BEF. Dagegen umfasste die deutsche 1., 2., 3., 4. und 5. Armee insgesamt nur knapp 30 Divisionen. Schlieffens «starker rechter Flügel» war jetzt zahlenmäßig unterlegen. Das war im Wesentlichen darauf zurückzuführen, dass Moltke die Oberbefehlshaber seiner Armeen nicht unter Kontrolle hatte und dass Joffre trotz anfänglicher Rückschläge einen kühlen Kopf bewahrte. Zu dem ungleichen Kräfteverhältnis hatte noch vieles andere beigetragen, vor allem die logistischen Probleme der Deutschen, je länger ihre Nachschublinien wurden, und zugleich die Erleichterung der Verstärkungs- und Nachschubprobleme der Franzosen, je mehr sie sich auf das Zentrum ihres Landes zurückzogen. Dennoch offenbarte der Beginn der Marneschlacht ein Versagen der deutschen Führungskunst. Es blieb abzuwarten, ob es der französischen Führungskunst gelingen würde, die anfänglichen Niederlagen noch in einen Sieg zu verwandeln.

Die Marneschlacht

«Wir haben heute den 35. Mobilmachungstag», sagte der Kaiser stolz zu einer Ministerdelegation aus Berlin, die ihn am 4. September in seinem Luxemburger Hauptquartier besuchte. «Reims ist von unseren Truppen besetzt. Unsere Kavalleriespitzen stehen fünfzig Kilometer vor Paris.»[95] Der 35. Tag war für den deutschen Generalstab von 1914 von entscheidender Bedeutung. Er lag in der Mitte zwischen dem 31. Tag nach der Mobilmachung, an dem nach einer von Schlieffen selbst gezeichneten Karte die deutschen Armeen an der Somme stehen und ihren Angriff auf Paris beginnen sollten, und dem 40. Tag, an dem nach seinen Berechnungen eine Entscheidungsschlacht stattgefunden haben musste.[96] Nach den Berechnungen Schlieffens wie seines Nachfolgers würden die Armeen des Zaren aufgrund des schlechten russischen Bahnnetzes erst am 40. Tag nach der Mobilmachung in ausreichender Stärke aufmarschiert sein, um im Osten eine Offensive eröffnen zu können. Deshalb musste sich der Ausgang des Krieges zwischen dem 35. und dem 40. Tag nach der Mobilmachung entscheiden.

Am 4. und 5. September ergingen an die deutschen Armeen die Weisungen, die das Unternehmen in Gang setzen sollten. In seiner Weisung vom 5. September räumte Moltke ein: «Der Gegner hat sich dem umfassend angesetzten Angriff der 1. und 2. Armee entzogen und mit Teilen den Anschluss an Paris erreicht.»[97] Die 1. und 2. Armee sollten daher östlich von Paris verbleiben, um Angriffe aus Paris abzuwehren; die 3. Armee sollte gegen die obere Seine vorrücken; die 4. und 5. Armee sollten in südöstlicher Richtung unentwegt angreifen, mit dem Ziel, der 6. und 7. Armee den Übergang über die obere Mosel zu ermöglichen und die Umfassung des Feindes abzuschließen. Das war das Gegenteil von dem, was Schlieffen angestrebt hatte: Nach seinem Plan sollten die 1. und 2. Armee den Gegner dem linken deutschen Flügel in die Arme treiben. Am 4. September hatte Joffre die Allgemeine Anweisung Nr. 5 herausgegeben, die die prekäre Lage der Deutschen, die Moltke noch gar nicht erkannt hatte, erfasste und zu nutzen suchte: «Es ist zweckmäßig, aus der exponierten Stellung der 1. deutschen Armee Nutzen zu ziehen und alle Anstrengungen des ... linken Flügels der Alliierten gegen sie zu konzentrieren.»[98] Daher sollte die 6. Armee, auf dem äußersten linken Flügel der französischen Front, den Ourcq, einen rechten Nebenfluss der Marne, überschreiten und die Deutschen in der Flanke umgehen; die BEF, die 5. Armee und Fochs 9. Armee sollten kämpfend nach Norden vorgehen. Als Termin für die Offensive war der 6. September vorgesehen. Nicht das französische, sondern das deutsche Heer war jetzt das Objekt einer Umfassung.

Die Durchführung dieser Anweisung wurde durch mehrere zu überwindende Flüsse erschwert – nicht durch die Marne selbst, sondern durch ihre Nebenflüsse: den Ourcq, der von Norden nach Süden fließt, quer zur Stoßrichtung von Maunourys 6. Armee, sowie den Grand Morin und den Petit Morin, die von Osten nach Westen fließen und damit quer zur Stoßrichtung der BEF

Der deutsche Vormarsch, 1914

wie der 5. und 9. Armee; der Manövrierraum der Letzteren wurde außerdem durch die Sümpfe von Saint-Gond eingeengt, in denen der Petit Morin entspringt. Keiner dieser Wasserwege war ein ernstes Hindernis. Sie bestimmten trotzdem die Linien des Angriffsablaufs und erforderten wohl durchdachte Vorbereitungen. Es zeigte sich, dass diese geographischen Zwänge eher den Deutschen als den Franzosen zugute kamen. Sie besaßen im entscheidenden Augenblick an Ort und Stelle einen Kommandeur, der zu raschen taktischen Entscheidungen fähig war: Hans von Gronau, General der Artillerie, Kommandierender General des IV. Reservekorps. Dieses hatte bisher in dem Feldzug kaum eine Rolle gespielt; es war stark geschwächt, weil einige seiner Verbände zum Flankenschutz der Hauptmasse der 1. Armee abgestellt worden waren. Trotzdem erfüllte Gronau seine Aufgaben gewissenhaft. Sein Korps stand am äußersten rechten Flügel des Sensenschwungs der deutschen Invasion. Deshalb war es in einer exponierten Position und sicherte auf der rechten Flanke den gesamten offensiven Aufmarsch. Am Morgen des 5. September, als Maunourys 6. Armee im Vorfeld sondierte, welche Angriffspositionen sie am nächsten Tag einnehmen könnte, wurde Gronau durch Meldungen der ihm unterstellten Kavalleriedivision aufgestört. Deren Patrouillen hatten entdeckt, dass französische Truppen in breiter Front vorrückten. Da das IV. Reservekorps im rechten Winkel zu Klucks 1. Armee und in deren Rücken stand, deutete dies auf den Plan des Feindes hin, die 1. Armee in der Flanke anzugreifen und aufzurollen. Gronau reagierte prompt und mutig: Er entschloss sich zum Angriff.

Als Maunourys Vorauskräfte, die 55. und 56. Reservedivision sowie die marokkanische Brigade, am 5. September um die Mittagszeit auf den Ourcq vorrückten, wurden sie plötzlich aus dem Hinterhalt von deutschen Gewehren, Maschinengewehren und Geschützen beschossen. Die Franzosen gingen in Deckung, und es begann ein erbitterter Kampf, der bis zum Abend andauerte. Bei Einbruch der Dunkelheit traf Gronau die kluge Entscheidung, sich vom Feind abzusetzen, um die 1. Armee vor einem Überraschungsangriff zu bewahren. Seine Truppen wichen auf die Linie aus, die die Franzosen am 6. September hatten angreifen wollen. Die Franzosen folgten im hellen Mondlicht und führten Angriffe gegen Stellungen, die die Deutschen bereits wieder verlassen hatten.

Die Marneschlacht begann also einen Tag früher als von Joffre geplant, und unter Bedingungen, die die Deutschen diktierten. Durch sein selbständiges Vorgehen hatte Gronau die verlockende offene Flanke Klucks, die die Gelegenheit zu einer Umfassung bot, gedeckt und Kluck gewarnt. So konnte dieser rasch Verstärkungen vom Zentrum auf seine rechte Flanke verlagern, bevor die Gefahr noch größer wurde. Kluck reagierte mit Energie und Entschlossenheit, die man bei ihm vermisst hatte, als er seine Armee auf den Spuren des geschlagenen Lanrezac ohne Initiative nach Osten driften ließ. Bis zum Morgen des 6. September hatte er sein II. Armeekorps vom Südufer der Marne auf das Westufer des Ourcq verlegt, sodass es nördlich der Stellung Gronaus eine Frontlinie bildete. Am 7. September verlegte er das IV., am 8. September das III. und am 9. September das IX. Armeekorps nach Norden. Jetzt profitierte Kluck davon, was Strategen «die innere Linie» nennen. In der letzten August- und ersten Septemberwoche hatte Joffre davon profitiert, als er Elemente seiner 6. und 9. Armee von den im Elsass und in Lothringen stehenden Armeen hinter die Kampflinie nach Westen verlegt hatte.

Es gab jedoch einen entscheidenden Unterschied: Joffres Truppenverschiebungen hatten die strategische Situation im Südteil der Ostfront nicht verändert; diese hatte sich stabilisiert, sobald die Franzosen ihre Offensive aufgaben und hinter der Maas und der Mosel starke Verteidigungsstellungen fanden. Klucks Umgruppierungen hingegen schwächten seine Hauptfront an eben der Stelle, wo er einen kriegsentscheidenden Schlag führen sollte, und das zu einem Zeitpunkt, da die Franzosen auf demselben Gelände eine Gegenoffensive vorbereiteten. Am 9. September – dem 40. Tag nach der Mobilmachung, an dem der deutsche Sieg errungen sein sollte – stand die deutsche 1. Armee, das Instrument und die Hoffnung von Schlieffens Vision, überhaupt nicht an der Marne, sondern hatte sich vollständig an den Ourcq zurückgezogen. Dort stand sie weder in Front zu Paris (nach der gängigen Vorstellung das Ziel des ganzen Feldzuges) noch gegen das Gros des französischen Heeres (ihr strategisches Ziel), sondern gegen die Truppen Maunourys, die zu einem taktischen Manöver abgestellt waren. Zwischen der deutschen 1. und 2. Armee hatte sich eine gewaltige, über 40 km breite Lücke aufgetan. Die Deutschen konnten sie nur ignorieren, weil sie meinten, der Gegner, die BEF, sei für einen Vorstoß zu schwach und habe sich auch schon früher zurückgehalten.[99]

Das Oberkommando der BEF – nicht die tapfere Truppe – hatte Moltke, Kluck und Bülow Grund zu dieser Meinung gegeben. French – «der kleine Feldmarschall», untersetzt, rüstig, reizbar – hatte sich in den kleinen Kriegen der britischen Armee als schneidiger Kavalleriekommandeur bewährt. Aber als Oberbefehlshaber des einzigen Feldheeres seines Landes im größten Krieg, an dem es bis dahin teilnahm, neigte er zunehmend zu panischen Reaktionen. Die Verluste bei Mons hatten ihn erschüttert, die weit schwereren Verluste bei Le Cateau hatten seine Entschlusskraft völlig gelähmt. Er befürchtete, die BEF werde aufgerieben, wenn man ihr keine Ruhepause gönne und Auffrischung verschaffe. Seine Befürchtungen wurden verstärkt durch seine feste Überzeugung, Lanrezac habe ihn im Stich gelassen, als er sich ohne Vorankündigung von der Sambre zurückzog und der BEF die Deckung seines Rückzugs überließ. Bereits vor Ende August hasste er Lanrezac und misstraute den Franzosen schlechthin. Joffre brachte er persönlichen Respekt entgegen, doch am 30. August schrieb er an Kitchener: «Mein Vertrauen in die Fähigkeit der Führer des französischen Heeres, diesen Feldzug erfolgreich abzuschließen, schwindet rapide dahin.»[100] Während der folgenden Tage sprach er davon, seine Basis von den Kanalhäfen in die Bretagne zu verlegen; er könne unmöglich seine Zustimmung geben, dass die BEF «für wenigstens zehn Tage eine Stellung in der Frontlinie einnehmen solle»; und er erwog einen Rückzug hinter die Seine, «um einen beträchtlichen Abstand zum Feind zu gewinnen».[101]

Kitchener musste am 2. September nach Paris reisen, um diesen Defätismus einzudämmen. Aber French war weiterhin nicht bereit, den Kampf wieder aufzunehmen. Auch nachdem man ihm am 5. September klargemacht hatte, dass die Teilnahme der BEF an der von Joffre angeordneten Gegenoffensive für deren Erfolg notwendig sei, lenkte er nicht ein. Erst als Joffre sich die Zeit nahm, French in seinem Hauptquartier aufzusuchen, und persönlich an ihn appellierte, riss er sich zusammen. French war ein Gefühlsmensch. Als Joffre seine Hände ergriff und ihn im Namen Frankreichs anflehte, liefen ihm Tränen über das Gesicht. Er versuchte französisch zu antworten, brachte jedoch kein Wort mehr heraus. Schließlich herrschte er einen Stabsoffizier, der besser Französisch sprach, an: «Verdammt, ich kann es nicht ausdrücken. Sagen Sie ihm, dass unsere Männer alles Menschenmögliche tun werden.»[102]

Doch es gab immer noch Probleme. Die BEF war so weit zurückgefallen, dass sie nicht sofort mit der 5. und 6. Armee die umfassende Offensive führen konnte. Der «tollkühne Franky», der von allen seinen britischen Kollegen bewunderte neue Oberbefehlshaber der 5. Armee, war wütend über die scheinbar fehlende Kooperation seines Verbündeten. Die 6. Armee Maunourys, die gestaffelt aufmarschierte, um ihr Vordringen im Rücken der Deutschen abzusichern, stieß zunehmend auf den Widerstand der gesamten Armee Klucks und geriet durch ständige Gegenangriffe in Bedrängnis. Das war zu erwarten. Da sie eine improvisierte Truppe war, fehlte ihren einzelnen Truppenteilen – vier Reservedivisionen, zwei aktive Divisionen sowie zusammengewürfelte Kavallerie und aktive nordafrikanische Verbände – nicht nur die Qualität, sondern auch die zahlenmäßige Stärke, um es mit Klucks 1. Armee aufnehmen zu können, die neben Reserve- und Kavallerieverbänden acht aktive Divisionen umfasste. Die Entfernungen waren für die heranrückenden deutschen Divisionen vergleichsweise kurz. Das deutsche IX. Armeekorps, das am Morgen des 9. September an Maunourys linker Flanke auftauchte, hatte mit rund 60 km den weitesten Marsch hinter sich. Die Armeekorps, die schon früher eingetroffen waren, hatten alle Bemühungen Maunourys, Boden zu gewinnen, durch ständige Gegenangriffe vereitelt. Eine für die Franzosen kritische Situation war nur bereinigt worden durch das kühne Eingreifen der Artillerie der 45. Division unter Oberst Nivelle, dem späteren Oberbefehlshaber des französischen Heeres; eine weitere durch das Eintreffen eines Teils der Pariser Garnison in beschlagnahmten Taxis – eine Episode, um die sich später viele Legenden rankten. Insgesamt verlief die Schlacht am Ourcq zwischen dem 5. und dem 8. September für Kluck erfolgreich. Am Abend des 8. September war er so zuversichtlich, dass er an seine Divisionskommandeure funken ließ, am nächsten Tag solle «die Entscheidung durch einen umfassenden Angriff... herbeigeführt werden».[103] Vielleicht war der Schlieffenplan doch noch durchführbar.

Infolge der geographischen Gegebenheiten nahmen die Ereignisse einen anderen Verlauf. Der Angriffsgeist, den Klucks Armee gegen die Maunourys gezeigt hatte, trug in Wirklichkeit dazu bei, die Lücke, die jetzt zwischen ihr und der 2. Armee klaffte, zu vergrößern. Diese Lücke war so breit, dass die 2. und die 9. Kavalleriedivision – die einzigen deutschen Truppen, die nicht anderweitig in Kämpfe verwickelt waren – sie nicht zu schließen vermochten. Sie waren außerdem zu schwach, um den Kräften standzuhalten, die heranmarschierten, um die Lücke auszunutzen. Seine nur widerwillig gegebene Zusage erfüllend schickte French am 6. September die gesamte BEF nach vorn. Die 16 km, die sie aufholen musste, um den von Joffre festgelegten Ausgangspunkt zu erreichen, legte sie rasch zurück, gemeinsam mit einem neuen, dritten Korps, das am 21. August in Frankreich aufgestellt worden war. Das Eingreifen der Briten, die bei Rozoy ein heftiges Gefecht lieferten, beunruhigte Kluck.

Noch mehr beunruhigt war Bülow. Seine 2. Armee war den ganzen Tag in schwere Kämpfe gegen die französische 5. Armee verwickelt, die durch ihren neuen Oberbefehlshaber Franchet d'Espérey angetrieben wurde. Am 7. September ließ Bülow die OHL per Funkspruch wissen, dass er die Truppen östlich der Lücke, in die jetzt die BEF eindringe, vorsorglich hinter den Petit Morin zurücknehme – ein Ausweichen von mindestens 15 km. Noch schlimmer: Als er im Laufe des Tages unter Druck geriet, musste sein rechter Flügel nach Norden schwenken. Dadurch vergrößerte er die Lücke zwischen seiner und Klucks Armee noch mehr und ermöglichte den Alliierten ein Vorrücken bis zur Marne auf der ganzen Linie.

Der rechte Flügel des deutschen Heeres zerfiel jetzt praktisch in drei Teile: In die 1. Armee Klucks nördlich der Marne; in den rechten Flügel der 2. Armee Bülows südlich der Marne, jedoch über den Grand Morin und den Petit Morin auf diese zurückweichend; und in den linken Flügel Bülows, kaum in Fühlung mit der 3. Armee Hausens, unmittelbar am Petit Morin, im Sumpfgebiet von Saint-Gond. Am 6. September hatten sich der linke Flügel Bülows und der rechte Flügel der 3. Armee Hausens am Nordrand der Sümpfe festgesetzt. Fochs neue 9. Armee stand auf der Südseite. Er hatte von Joffre den Auftrag erhalten, die rechte Flanke der französischen 5. Armee zu decken, die versuchte, Bülow hinter die Marne zurückzudrängen. Es war bezeichnend für Foch, dass er diesen Auftrag offensiv interpretierte. Während sein Zentrum und sein rechter Flügel die Stellung hielten, ließ er die 42. Division seines linken Flügels, unterstützt von der marokkanischen Division und Teilen des IX. Korps, vorrücken. Diese kämpften am 6. und 7. September tapfer und schoben sich am westlichen Rand der Sümpfe nach vorn. Der Rest der 9. Armee lieferte sich mit den Deutschen Artillerieduelle über die Sümpfe hinweg.

Die Schlacht um die Sümpfe drohte – wie die Grenzschlacht in Lothringen – mit einem Patt zu enden. Die unerwartete Kühnheit Hausens führte jedoch zu einem Umschwung. Man hat behauptet, dieser sächsische General habe den Wünschen der Preußen Kluck und Bülow rechts von ihm so sehr nachgegeben und vor dem deutschen Kronprinzen, der links von ihm eine Armee führte, so großen Respekt gehabt, dass er als Führer seiner eigenen Armee keine freien Entscheidungen zu treffen wagte. Dies wird widerlegt durch die Selbständigkeit, die Hausen am 7. September bewies. Da er überzeugt war, die erbitterten Kämpfe der beiden vorhergehenden Tage hätten die Wachsamkeit des Feindes abgestumpft, entschloss er sich zu einem überraschenden Nachtangriff. In den mondhellen frühen Morgenstunden des 8. September stießen die sächsische 23. und 32. Reservedivision sowie die 1. und 2. Gardedivision durch die Sümpfe und über das trockene Terrain östlich davon vor, griffen die Franzosen mit dem Bajonett an und warfen sie 5 km zurück. Dieser örtliche Sieg erschütterte das Selbstvertrauen der 9. Armee Fochs, die während des Tages auf ihrem rechten Flügel weiter Boden verlor und sich auf ihrem linken Flügel lediglich behaupten konnte.

Die Ereignisse des 8. September veranlassten Foch, den später legendären Funkspruch zu verfassen: «Mein Zentrum gibt nach, mein rechter Flügel ist auf dem Rückzug. Lage hervorragend. Ich greife an.»[104] Wahrscheinlich wurde dieser Funkspruch nie gesendet. Die Aktionen Fochs bewiesen jedoch den Geist, der aus diesen Worten spricht. Im Laufe des 9. September konnte er – unter Einsatz von Verstärkungen, die ihm Franchet d'Espérey schickte, und in Erwartung des herbeieilenden XXI. Korps aus Lothringen – alle Lücken schließen, die Hausens ununterbrochene Attacken in der Front aufrissen. Am Ende des Tages gelang es ihm sogar, an seinem äußersten rechten Flügel einen Gegenangriff zu organisieren. Allein durch das Halten seiner Front errang Foch sozusagen einen Sieg.

Am Ourcq war der 9. September ebenfalls ein entscheidender Tag. Die 1. Armee Klucks kämpfte jetzt als selbständiger Großverband, von der 2. Armee Bülows durch eine mehr als 50 km breite Lücke getrennt, durch die die BEF fast ungehindert nach Norden gegen die Marne vorstieß. Aber Klucks Armee war nach wie vor enorm stark und auf Angriff ausgerichtet. Mit ihren vier Armeekorps an der Front war sie der 6. Armee Maunourys immer noch überlegen, und da sie nördlich und südlich über die Flügel der französischen Front hinausreichte, hatte sie weiterhin die Chance, eine Umfassungsschlacht zu gewinnen und dadurch die zunehmend gefährliche Lage auf dem entscheidenden rechten Flügel der Deutschen umzukehren. Der Schwerpunkt ihrer Aufstellung lag im Norden. Dort war das IX. Armeekorps (Ferdinand von Quast), unterstützt vom IV. Armeekorps (Sixt von Arnim) aufmarschiert. Sie waren bereit, die französische 61. Reservedivision anzugreifen, ihre Flanke aufzurollen und den Verteidigern von Paris in den Rücken zu fallen. Am Morgen des 9. September eröffnete Quast seinen Angriff, dem zunächst nur die schwache Artillerie der französischen 1. und 3. Kavalleriedivision Widerstand leistete. Als seine Truppen gegen die Stellungen der 61. Reservedivision anrückten, schlugen sie die französische Infanterie in die Flucht, sodass sie am frühen Nachmittag in der Lage waren, in unverteidigtes Terrain vorzupreschen. Das Gleichgewicht an der Marne schien sich noch einmal zugunsten der Deutschen zu neigen.

Die Entsendung des Oberstleutnants Hentsch

Das war die örtliche Realität. Quast spürte an seiner Front keinen Widerstand. Seine Soldaten waren durch den Erfolg in Hochstimmung. Nur 50 km entfernt winkte Paris. Der Weg zur französischen Hauptstadt schien frei und der Sieg deshalb zum Greifen nahe. Da, um 2 Uhr nachmittags, erhielt Quast einen Telefonanruf aus Klucks Hauptquartier. Die Offensive sollte abgebrochen werden. Ein Rückzugsbefehl war eingetroffen. Die 1. Armee sollte sich, wie offenbar der ganze rechte Flügel, nach Norden auf die Marne zurückziehen. Die örtliche Realität musste einer übergeordneten Realität weichen. Der großartige Vormarsch, der Vorstoß durch Belgien und Nordfrankreich, der Meisterstreich, der den Krieg vor dem 40. Tag beenden sollte, war gescheitert. Die Vision Schlieffens hatte sich in der Hitze der Schlacht aufgelöst.

Es war nicht nur die Hitze der Schlacht. Ein Militärexperte war nach kühler Überlegung zu dem Schluss gekommen, dass die Stellung der deutschen 1., 2. und 3. Armee unhaltbar sei. Der Experte war Oberstleutnant Richard Hentsch, im Frieden Chef der III. Abteilung des Großen Generalstabes, seit der Mobilmachung Chef der nachrichtendienstlichen Abteilung im Großen Hauptquartier. Nach dem Krieg waren Historiker der Westmächte überrascht, dass ein Offizier mittleren Ranges die Vollmacht erhielt, Schlieffens großen Plan umzustoßen. Die OHL selbst leitete 1917 auf Antrag Hentschs eine offizielle Untersuchung ein, um sein Eingreifen zu überprüfen. Noch heute erscheinen die ihm übertragenen Befugnisse ungewöhnlich weit gehend, zumal Hentsch – in einem von Preußen beherrschten Heer – aus Sachsen, nicht aus Preußen stammte. Außerdem war er nicht für den operativen Bereich, sondern für den Nachrichtendienst zuständig in einem Generalstab, dessen Operationsabteilung die nachrichtendienstliche Abteilung als Dienstmagd behandelte. Trotzdem war Hentsch eine bedeutende Figur. Er hatte auf der Kriegsakademie glänzende Leistungen gezeigt, die Wertschätzung seiner Altersgenossen und Vorgesetzten gewonnen und besaß das Vertrauen Moltkes wie Bülows.[105] Es lag daher nahe, dass er als Mittelsmann zwischen der OHL und dem rechten Flügel ausgewählt wurde, zu einem Zeitpunkt, als die Entfernung zwischen beiden auf 250 km angewachsen war. Moltke fühlte sich außerstande, eine so zeitraubende Reise selbst zu unternehmen. Funkverbindungen waren nach seiner Auffassung unbefriedigend und unsicher. Sein gut informierter Nachrichtenchef war der ideale Mann, um diese Kluft zu überbrücken. Bedauerlich war, dass Moltke nicht schriftlich festlegte, welche Machtbefugnisse er Hentsch übertrug, sondern ihm nur mündliche Weisungen gab.[106]

Am 8. September um 11 Uhr vormittags fuhr Hentsch in einem Auto los, begleitet von den Hauptleuten Köppen und Koenig. Er suchte nacheinander die Hauptquartiere der 5., 4. und 3. Armee auf. Dort erörterte er die jeweilige Lage und gelangte zu der Auffassung, dass ein Zurücknehmen der Front nicht notwendig sei, vielleicht mit Ausnahme des rechten Flügels der 3. Armee. Dennoch funkte er an die OHL in Luxemburg: «Lage und Auffassung bei der 3. Armee durchaus günstig.»[107]

Als Hentsch am Abend im Hauptquartier der 2. Armee eintraf, befand sich Bülow gerade auf einer Frontbesichtigung. Nach seiner Rückkehr besprachen Bülow und seine beiden höchsten Stabsoffiziere mit Hentsch (in Anwesenheit von dessen beiden Begleitern) eingehend die Lage. Diese Besprechung sollte für das Ergebnis des Feldzugs im Westen entscheidend sein. Bülow beherrschte das Gespräch. Der Feind habe zwei Möglichkeiten, die

Zwangslage der deutschen Armeen auszunutzen: «Entweder er wendet sich gegen den linken Flügel der 1. oder [gegen] den rechten Flügel der 2. Armee.» Da die Lücke zwischen beiden Armeen von Franzosen und Briten kontrolliert werde, hätten sie Handlungsfreiheit, und das könne «zu einer Katastrophe führen». Bülow schlug vor, «durch ein freiwilliges, konzentrisches Zurückgehen der 1. und 2. Armee die Gefahr zu bannen.»[108] Das bedeutete einen Rückzug aus den Positionen, von denen aus die deutsche Offensive Paris bedrohte, auf sicherere, aber defensive Linien hinter der Marne. Mit diesen Überlegungen endete die Besprechung gegen Mitternacht.

Am nächsten Morgen, dem 9. September, konferierte Hentsch erneut mit Bülows Stabsoffizieren, jedoch nicht mehr mit dem Generaloberst selbst. In diesem Gespräch kündigte er an, er werde jetzt Kluck aufsuchen und ihm einen Rückzug empfehlen, der die bedrohliche Lücke schließe. Während Hentsch zum 80 km entfernten Hauptquartier der 1. Armee fuhr, entschloss sich Bülow, die Schlussfolgerungen seiner Stabsoffiziere in die Tat umzusetzen. Er funkte an Kluck und Hausen: «Flieger melden Vorgehen von vier langen Kolonnen über die Marne [der Flieger war Leutnant Berthold, die Kolonnen die der BEF] ... 2. Armee einleitet Rückmarsch.»[109]

Der folgende Rückzug war geordnet, aber überstürzt. Sobald die 2. Armee sich bewegte, mussten die 1. und 3. – wie Teile eines Uhrwerks – das Gleiche tun. Automatisch schlossen sich die 4., 5. und 6. Armee der Rückwärtsbewegung an. Auf einer fast 400 km langen Front machte die deutsche Infanterie kehrt und begann über das Gelände zurückzumarschieren, das sie während der vergangenen zwei Wochen in erbitterten Kämpfen eingenommen hatte. Die Anweisungen zum Rückzug des linken Flügels gab Moltke höchstpersönlich. Am 10. September um 14 Uhr kehrte Hentsch ins Große Hauptquartier zurück, berichtete ausführlich über die Lage und erläuterte die wenigen knappen Funksprüche, die Moltke an den beiden vorhergehenden Tagen von ihm und Bülow empfangen hatte. Nun kam der Generalstabschef zu der Erkenntnis, dass er die ihm unterstellten Armeeführer persönlich aufsuchen müsse. Am Morgen des 11. September fuhr er im Auto von Luxemburg zunächst zum Hauptquartier der 5. Armee, wo er den deutschen Kronprinzen traf, dann zur 3. Armee, wo er feststellte, dass Hausen an einer schlimmen Ruhr litt, schließlich zur 4. Armee. Hier erreichte ihn die Nachricht Bülows, der 3. Armee drohe eine neue Gefahr durch einen Angriff frischer französischer Truppen. Da entschied Moltke, die 4. und 5. Armee müssten sich wie die 3., 2. und 1. Armee zurückziehen. Die Stellungen, zu denen er sie dirigierte, lagen am Flusssystem nördlich der Marne, an der Aisne und ihren Nebenflüssen. «Die erreichten Linien», forderte Moltke, «sind auszubauen und zu halten.»[110]

Das waren die letzten allgemeinen Weisungen, die Moltke den deutschen Armeen gab. Am 14. September wurde er seines Postens enthoben und durch Generalleutnant Erich von Falkenhayn, den Kriegsminister, abgelöst. Es waren die schwerwiegendsten Weisungen seit der allgemeinen Mobilmachung. Denn die befestigte Verteidigungslinie an der Aisne, die die deutsche 1. und 2. Armee am 14. September erreichten, leitete den Stellungskrieg ein. Die Fähigkeit des deutschen Heeres, flexibel und weiträumig vom Ausladebahnhof zu manövrieren, mochte 1914 durch technische Faktoren eingeschränkt sein: das Fehlen motorisierter Transportmittel, die Starrheit des an Telefon- und Telegrafenleitungen gebundenen Fernmeldewesens. Aber diese technischen Faktoren beeinträchtigten nicht die Fähigkeit des deutschen Heeres, sich einzugraben. Es war besser als irgendein anderes Heer Europas mit Pioniereinheiten ausgestattet – es besaß 36 Pionierbataillone, die Franzosen nur 26 – und in der Technik der raschen Verschanzung besser ausgebildet.[111] 1914 gehörte in jeder Armee der Spaten zur Ausrüstung des Infanteristen. Während jedoch die britischen Kavalleristen stolz darauf waren, von Schanzübungen befreit zu sein, und die Franzosen «die höchst anstrengenden Erfordernisse der Deckung» ignorierten, musste der deutsche Soldat spätestens seit 1904 beim Manöver den Spaten benutzen. «Seit 1906 fiel ausländischen Beobachtern [deutscher Manöver] auf, dass deutsche Verteidigungsstellungen häufig aus mehreren aufeinander folgenden Linien von Schützengräben bestanden.

Die Westfront, 1914–1918

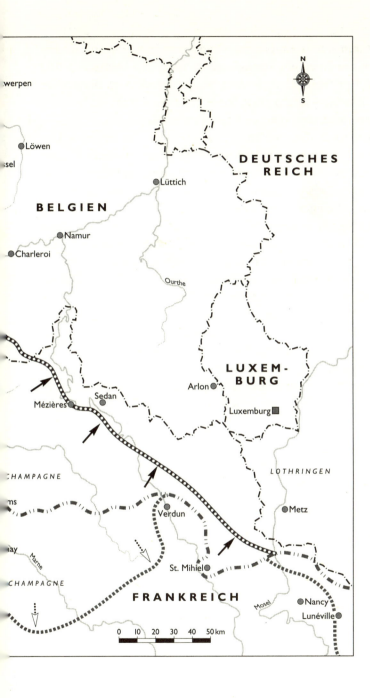

Diese waren durch Sappen miteinander verbunden, und oft befand sich vor ihnen ein Stacheldrahtverhau.» Die Deutschen hatten nicht nur erkannt, wie wichtig Schützengräben im Burenkrieg und im Russisch-Japanischen Krieg gewesen waren; sie hatten – im Unterschied zu anderen – ihre Lektion gelernt.[112]

Als am Ende der zweiten Septemberwoche die französischen und britischen Truppen in Verfolgung des Gegners die Stellungen erreichten, an denen die Deutschen Halt gemacht hatten, wurde ihre Gegenoffensive durch eine ununterbrochene Linie von Schützengräben gestoppt, die am Rand der Hochebene hinter der Aisne und Vesle, zwischen Noyon und Reims, verliefen. Die Linie ging noch weiter; sie wandte sich bei Verdun nach Südosten, folgte der Maas und der Meurthe und zog sich durch die steilen Vogesen, bis sie bei Basel die Schweizer Grenze erreichte. Südlich von Reims waren die einander gegenüberstehenden Armeen – die deutsche 5. und 6. gegen die französische 1. und 2. Armee – durch Kämpfe und Truppenabstellungen zur Verstärkung des entscheidenden westlichen Frontabschnitts so stark geschwächt, dass aktive Kampfhandlungen nachgelassen hatten. Die entscheidende Front war jetzt an der Aisne. Dort führten zwischen dem 13. und 27. September beide Seiten mehrere Angriffe – die Westmächte hofften ihre Verfolgung fortzusetzen, die Deutschen versuchten ihre Linie zu halten oder sogar wieder zur Offensive überzugehen. Die Westmächte waren optimistisch. Wilson, der stellvertretende Stabschef der BEF, hatte während des Vormarsches an die Aisne mit seinem französischen Kollegen Berthelot erörtert, wann ihre Armeen die belgisch-deutsche Grenze erreicht haben würden. Er setzte dafür einen Monat an, Berthelot drei Wochen. Sie sollten bald erkennen, dass die Zeit der «beweglichen Kriegführung» vorbei war.[113]

Die Aisne ist ein tiefer und breiter Fluss, der nur mittels Brücken zu überqueren ist. Zu Beginn der Schlacht waren nicht alle Brücken zerstört, andere wurden behelfsmäßig errichtet; keine war sicher, wenn sie im Bereich der deutschen Artillerie lag. Am nördlichen Ufer der Aisne erhebt sich über dem Tal ein etwa 150 m hohes und 40 km langes, stellenweise dicht bewaldetes

Massiv mit tiefen Einschnitten am Steilufer. Dieser Bergrücken bietet ausgezeichnete Beobachtungspunkte und beherrschende Feuerstellungen. Die das Massiv durchziehende Straße, der Chemin-des-Dames (für die Töchter Ludwigs XV. angelegt), stellt eine gute Ost-West-Verbindung dar.[114] Die 11. Infanteriebrigade war der erste britische Verband, der einen Angriff versuchte. Bei Venizel fand sie eine unbeschädigte Brücke vor; so gelang es ihr am 12. September, sich auf dem feindseitigen Steilufer festzusetzen, nachdem sie fast 50 km bei strömendem Regen zurückgelegt hatte.[115] Dann nahmen die Schwierigkeiten zu. Am 13. September versuchte die französische 6. Armee die Kammlinie des Chemin-des-Dames bei Compiègne zu umgehen, stieß jedoch an ihrer gesamten Front auf deutschen Widerstand. Am gleichen Tag wurde die BEF südlich des mittleren Abschnittes des Chemindes-Dames ebenfalls aufgehalten. Den einzigen Erfolg errang die rechts eingesetzte französische 5. Armee. Sie stieß auf die Lücke, die immer noch zwischen der Armee Klucks und der Armee Bülows bestand, und gelangte bis Berry-au-Bac am Nordufer der Aisne.

Die Lücke wurde jedoch rasch durch deutsche Truppen geschlossen, die von Maubeuge, wo die tapfere französische Garnison am 8. September schließlich hatte kapitulieren müssen, herbeigeeilt waren, sowie durch Einheiten, die aus Elsass-Lothringen nach Westen verlegt worden waren. So formierte sich zwischen der deutschen 1. und 2. Armee eine neue, die 7. Armee. Außerdem gruben sich die Deutschen auch hier tief ein, und ihre Frontlinie verdichtete sich fast von Stunde zu Stunde.[116] Für die Franzosen war es schwieriger, Reserven zu bilden. Denn sie mussten Reims halten, das sie am 12. September zurückerobert hatten, das jedoch in den darauf folgenden Tagen einem verheerenden Artilleriebeschuss ausgesetzt war. Die Beschädigung der berühmten Kathedrale sollte die Deutschen ebenso in Verruf bringen wie ihre Plünderung Löwens im August. Aus den verfügbaren Truppen bildete Joffre an seinem linken Flügel eine neue 2. Armee, geführt von dem temperamentvollen General Noël de Castelnau. Sie bestand anfänglich aus Korps, die man von der 6., der 1. und der früheren 2. Armee abzog; die meisten dieser Korps wurden an der Front in Elsass-Lothringen, die sich stabilisiert hatte, nicht mehr benötigt.

Joffres noch nicht endgültig formuliertes Ziel war, im Rücken der sich am Chemin-des-Dames verdichtenden deutschen Front aufzumarschieren und die an Landwirtschaft und Industrie reichen nördlichen Departements zurückzuerobern, die Frankreich im Laufe des August verloren hatte. Während French seit dem 14. September seinen Truppen befahl, sich an oder nördlich der Aisne zu verschanzen, suchte Joffre nach Mitteln, diesen neuen Schachzug durchzuführen. Am 17. September wies er seine Armeen an, «den Feind ständig durch Angriffe zu binden und ihn so daran zu hindern, sich abzusetzen und Teile seiner Truppen von einem Punkt zum anderen zu verschieben».[117] Drei Tage zuvor hatte Falkenhayn, der neue deutsche Generalstabschef, ebenfalls an der gesamten Front Gegenangriffe mit einem ähnlichen Ziel angeordnet. Beide obersten Befehlshaber hatten erkannt, dass die Chance im Westfeldzug jetzt nördlich des aktiven Kampfgeschehens lag, in dem 160 km breiten, von Truppen freien Landstreifen zwischen Aisne und Nordsee. Wer eine Armee zur Verfügung hatte, um dort zu operieren, ohne seinen Zugriff auf die verschanzte Zone abzuschwächen, konnte vielleicht immer noch den Gegner umfassen und triumphieren.

In diesem Gebiet gab es eine Armee: die belgische, die erbittert an dem «nationalen Bollwerk», der Festung Antwerpen, festhielt, auf die sie sich in der dritten Augustwoche zurückgezogen hatte. Ihr Oberbefehlshaber, König Albert, wusste genau, dass er der strategischen Position der Deutschen durch Operationen in ihrem Rücken schaden konnte. Deshalb hatte er am 24. August einen groß angelegten Ausfall aus Antwerpen gegen Malines (Mechelen) unternommen. Die bunt zusammengewürfelte Truppe (das III. Reservekorps und die Marinedivision), die die OHL zur Niederhaltung Belgiens zurückgelassen hatte, war gerade stark genug, um den Vorstoß der Belgier aufzuhalten und sie am dritten Tag zurückzuwerfen. Am 9. September versuchte es Albert erneut; dieses Mal gelangten seine Männer bis Vilvoorde,

20 km vom äußeren Festungsring Antwerpens entfernt.[118] Am 27. September kam es zu einem dritten, ebenso vergeblichen Angriffsversuch. Am gleichen Tag fanden an der Aisne die letzten aktiven Operationen zwischen den Westmächten und den Deutschen statt. Jetzt konnten die inzwischen verstärkten Belagerer Antwerpens beginnen, die Festung entschlossen niederzukämpfen. Der Feldzug zwischen Aisne und Nordsee dagegen gestaltete sich zu einem hektischen Suchen nach der «offenen Flanke» des Gegners, zunächst vonseiten der Westmächte, dann der Deutschen.

Diese Auseinandersetzung ist als «Wettlauf zum Meer» in die Geschichte eingegangen. Es war ein Wettlauf; das Ziel war jedoch nicht das Meer, sondern eine Lücke zwischen dem Meer und der Aisne-Stellung zu finden, bevor sie durch die andere Seite ausgenützt wurde. Da die gesamte Frontlinie durch die zunehmenden Schützengräben stabilisiert wurde, konnten beide Seiten Kräfte einsparen und Verbände nach Norden schicken. Den stärksten Verband stellten die Franzosen mit ihrer neuen 10. Armee, bestehend aus dem X. und XVI. Korps, unter General de Maud'huy. Sie marschierte seit dem 25. September nördlich der Somme in der breiten, offenen Kreideebene auf, die sich an die steilere Landschaft der Aisne anschließt. Die Armee traf im richtigen Augenblick ein, denn die einzigen französischen Truppen in dieser Region waren vereinzelte Territorial- und Kavallerieverbände. Als sie jedoch versuchte, südostwärts hinter die deutsche Front vorzustoßen, rückte ein entsprechender deutscher Truppenverband vor, um sich ihr entgegenzustellen. Er bestand aus drei Armeekorps: dem IV. Armeekorps, dem Gardekorps und dem I. Bayerischen Reservekorps, die zusammen die neue 6. Armee bilden sollten. Sie waren teils querfeldein von der Aisne anmarschiert, teils per Bahn nach Belgien transportiert worden.[119] Falkenhayns mit Bülow abgestimmter Plan war, mit der 6. Armee westwärts eine Offensive bis zur Kanalküste zu eröffnen, während acht der elf deutschen Kavalleriedivisionen durch die Küstengebiete Flanderns reiten und die Belagerungstruppen vor Antwerpen den belgischen Widerstand endgültig brechen sollten. Daraus entwickelte sich ein neuer Vorstoß durch Nordfrankreich. Die Deutschen sollten in den Besitz des gesamten Gebietes nördlich der Somme gelangen und somit in die Lage versetzt werden, unter Umgehung der französischen Abwehrzone zwischen der Aisne und der Schweizer Grenze gegen Paris vorzudringen.

Ein Teil von Falkenhayns Operationsplan wurde verwirklicht. Bei Antwerpen hatte General Hans von Beseler, ein Offizier der Pioniertruppe, bis zum 27. September eine wirkungsvolle Methode gefunden, um die drei Verteidigungslinien der Festung aufzubrechen. Ein Eingreifen der Briten verhinderte vorübergehend den Fall Antwerpens. Am 4. Oktober traf eine Vorhut der *Royal Naval Division*, die am 19. September bei Dünkirchen gelandet war, mit der Bahn in Antwerpen ein.[120] Ihr folgte der Erste Lord der Admiralität, Winston Churchill, nach Taten und Ruhm dürstend. Die britischen Marineinfanteristen und Matrosen, die die Division bildeten, hielten den Vormarsch der Deutschen vorübergehend auf. In der Nacht vom 5./6. Oktober gelang es den Männern Beselers jedoch, den zweiten Festungsring an einem unbewachten Punkt zu durchbrechen und bis zum ersten vorzudringen, der noch aus dem Jahr 1859 stammte. Rasch begann die deutsche Artillerie das alte Mauerwerk zu zertrümmern. Damit zwang sie die *Royal Naval Division* und die Überreste des belgischen Feldheeres, sich in die westlichste Ecke Belgiens, an den Fluss Yser, zurückzuziehen. Am 10. Oktober übergab der belgische General Deguise, der heroische Kommandant von Antwerpen, einem deutschen Oberst seinen Degen. Er wurde von einem Sergeanten und einem einfachen Soldaten begleitet – mehr war von der ihm unterstehenden Garnison nicht übrig geblieben.[121]

Die beiden anderen Teile von Falkenhayns Plan scheiterten. Zwischen dem 1. und dem 6. Oktober wurde die Offensive der neuen deutschen 6. Armee, die den «erlahmenden Widerstand des Feindes» zwischen der Somme und Flandern brechen sollte, durch die französische 10. Armee gestoppt. Damals erließ Foch, der an dieser entscheidenden Front als Joffres Stellvertreter fungierte, die berühmte Weisung: «Kein Rückzug. Jeder Mann in die Schlacht.»[122] Schließlich wurde der große Vorstoß der acht deutschen Kavalleriedivisionen – der größten berittenen Truppe, die jemals in Westeuropa auftrat – rasch aufgehalten, als westlich von Lille das französische XXI. Korps mit seiner unterstützenden Kavallerie erschien.

Die erste Ypernschlacht

Die Lücke in der Westfront, durch die von der einen oder der anderen Seite ein entscheidender Stoß geführt werden konnte, war bis zum Ende der zweiten Oktoberwoche auf einen engen Korridor in Belgisch-Flandern zusammengeschrumpft. Dort liegt eine der trübseligsten Landschaften Westeuropas, eine durchweichte Ebene ausgedehnter, nicht eingezäunter Weide- und Ackerflächen mit hohem Grundwasserspiegel, auf den man schon nach wenigen Spatentiefen stößt. Zwischen den Dörfern, allein stehenden Bauernhöfen und einigen kleinen Anhöhen, die in der Ferne hinter der alten, von Mauern umgebenen Stadt Ypern auftauchen, befinden sich vereinzelte Gehölze. Die grenzenlose Sicht wird nur gelegentlich von einem Kirchturm unterbrochen und führt in allen Richtungen zu fernen, dunstigen Horizonten, die nur starke und häufige Niederschläge verheißen.

Hier kam zwischen dem 8. und 19. Oktober die jetzt auf fünf Korps angewachsene BEF an, um die Verteidigung der Westmächte zu verstärken. Nördlich der BEF waren die Reste des belgischen Heeres, denen der Ausbruch aus Antwerpen gelungen war, entlang der Küste nach Nieuwpoort (Nieuport) marschiert, wo die Yser in die Nordsee mündet. Die meisten Marineinfanteristen und Matrosen der *Royal Naval Division* standen unterdessen in Ostende, wo die schon früher gelandete britische 3. Division einen Brückenkopf hielt, bis sie sich am 14. Oktober bei Ypern dem Gros der BEF anschloss.[123] An der Yser, einem schmalen, eingedeichten Fluss, der in der wasserreichen Küstenzone ein größeres militärisches Hindernis bildet, errichteten die Belgier rasch Sperren und bereiteten eine Überflutung des Gebietes vor, falls der Feind die Küstenfront durchbrechen sollte. Obwohl die Belgier Antwerpen als Verlierer verlassen hatten, erholten sie sich schnell. Ihr Widerstand an der Yser sollte ihnen die Bewunderung ihrer Verbündeten und den Respekt der Deutschen eintragen. Ihre sechs Divisionen waren auf 60 000 Mann zusammengeschrumpft; dennoch gelang es ihnen, 15 km eines völlig flachen und gestaltlosen Terrains zu besetzen und die meisten ihrer Stellungen zu halten, bis König Albert nach dem Verlust weiterer 20 000 Mann sich am 27. Oktober entschloss, die Schleusen an der Ysermündung zu öffnen und das Gebiet zu überfluten. Diese Überflutung schuf zwischen Nieuwpoort und Diksmuide (Dixmude) eine 15 km breite unpassierbare Zone.[124]

Südlich von Diksmuide wurde die Linie des Yser-Ypern-Kanals von einer Brigade französischer Marinefüsiliere, bis Langemarck (bei Ypern) von französischen Territorial- und Kavallerieverbänden gehalten. Südlich von Langemarck hatten die ankommenden Briten eine vorgeschobene Linie besetzt, die in einem Halbkreis um Ypern herum zu den flachen Bergrücken bei Passchendaele und dann wieder südwärts über die Lys zum La-Bassée-Kanal führte. Diese Linie war über 55 km lang. Um sie zu halten, standen French 6 Infanteriedivisionen und 3 Kavalleriedivisionen zur Verfügung, wobei Kavallerie wegen der schwachen Bestückung mit Artillerie und Maschinengewehren für defensive Aufgaben im Grunde nicht geeignet war. Die einzigen Verstärkungen, mit denen French rechnen konnte, waren eine weitere Infanteriedivision, einige zusätzliche Verbände regulärer Kavallerie und berittener Miliz sowie die Vorausverbände von 4 Infanterie- und 2 Kavalleriedivisionen der indischen Armee. Diese – aus britischen und indischen Einheiten im Verhältnis 1 : 3 zusammengesetzt – hatten zwar einen hohen Anteil von abgehärteten Gurkhas, waren jedoch für einen Krieg im europäischen Winterklima kaum geeignet.[125] Da sie nur wenig Artillerie und keine Erfahrung mit intensiven Operationen besaßen, versprach ihr Eintreffen keine Erhöhung der Offensivfähigkeit der BEF.

Zu Beginn der Auseinandersetzung, die sich später zur ersten Ypernschlacht entwickelte (in der indische Verbände sowohl bei der Verteidigung als auch beim Angriff tapfer und erfolgreich kämpften), hegte French noch Hoffnungen, eine Offensive in

Gang zu setzen, die – zusammen mit den französischen Armeen – die Westmächte in das große Industriezentrum Lille und von dort nach Brüssel führen sollte.[126] Diese Hoffnung teilte Foch, der jetzt den Nordflügel der französischen Armeen befehligte und überzeugt war, dass der Gegner nicht stark genug sei, um die vermeintlich offene Front in der Küstenebene zu halten. Beide täuschten sich. Falkenhayn verfügte nicht nur über die umgruppierte 6. Armee mit 11 regulären Divisionen und über Beselers III. Reservekorps, das Antwerpen erobert hatte, sondern über 6 weitere Divisionen, die im Laufe des Krieges aufgestellt worden waren.

Diese gehörten zu einer Gruppe von sieben Reservekorps mit den Nummern XXII–XXVIII; sie bestanden aus Kriegsfreiwilligen, die noch keine militärische Ausbildung erhalten hatten. Weil Deutschland für den Bestand seines Friedensheeres nur 50 Prozent jedes wehrfähigen Jahrgangs einberufen hatte (Frankreich berief 86 Prozent ein), besaß Deutschland für den Kriegsdienst ein Reservoir von 5 Millionen Ungedienten zwischen 20 und 45 Jahren.[127] Die besten unter ihnen waren Studenten, die während ihres Studiums vom Wehrdienst befreit waren. Sie hatten sich bei Kriegsausbruch in Massen freiwillig gemeldet, ebenso Gymnasiasten und andere junge Männer, die für die Einberufung zum Wehrdienst nicht infrage kamen. Der später berühmte Ernst Jünger, der gerade seine Reifeprüfung abgelegt hatte, gehörte zur zweiten Kategorie; Adolf Hitler, ein in München lebender österreichischer Staatsangehöriger, zur dritten. Nachdem Jünger drei Tage lang in einem Rekrutierungsbüro gewartet hatte, fand er einen Platz in der 44. Reservedivision.[128] Hitler, der eine persönliche Eingabe an den König von Bayern gerichtet hatte, wurde schließlich dem 16. Bayerischen Reserve-Infanterieregiment zugeteilt.[129] Bevor die Rekruten an die Front geschickt wurden, erhielten sie eine zweimonatige Ausbildung; ihre Ausbilder waren meist Schulmeister, die man wieder zu den Fahnen gerufen hatte.[130] Von den 13 neuen Divisionen wurden zwei an die russische Front, eine an die Front in Lothringen, zehn nach Flandern geschickt. Sie sollten in der dritten Oktoberwoche zwischen Langemarck und Ypern den Angriff auf die BEF eröffnen.

Die Ypernschlacht tobte fast ununterbrochen von Anfang Oktober, als die Briten und Franzosen noch die vermeintliche deutsche Flanke zu umgehen suchten, bis Ende November, als beide Seiten den Einbruch des Winters und ihre eigene Erschöpfung hinnehmen mussten. Geographisch wurde die Schlacht an vier Abschnitten ausgetragen: 1. An der Küste führte Beselers Korps eine erneute Offensive gegen die Belgier, die an der Überflutung scheiterte; 2. nördlich von Ypern versuchten die Franzosen unter Foch, über Gent tief nach Belgien hinein vorzustoßen – ein allzu optimistisches Vorhaben, das durch die Offensive der Deutschen vereitelt wurde; 3. bei Ypern wurde die eigentliche Schlacht zwischen der BEF und den deutschen Freiwilligen ausgetragen; 4. im Süden führte der rechte Flügel der BEF eine Abwehrschlacht gegen die regulären Divisionen der deutschen 6. Armee. Das Ringen an den drei letztgenannten Abschnitten verschmolz praktisch zu einer einzigen Schlacht, so chaotisch waren die Kämpfe und so unnachgiebig die Anstrengungen der Deutschen. Überlebende britische Soldaten begnügten sich mit der Feststellung, sie hätten an der ersten Ypernschlacht teilgenommen – eine Auszeichnung, die auf einen entscheidenden Erfolg und zugleich auf die Vernichtung des alten britischen Berufsheeres hinwies.

Die BEF, deren II. Korps am 10. Oktober, deren III. am 13. Oktober von der Aisne eintraf, drängte ostwärts von Ypern auf die Hügelkette zu, die sich 8 km weiter erhebt. Die Namen dieser kleinen Anhöhen – Passchendaele, Broodseinde, Gheluveld, Messines – sollten in den nächsten vier Jahren immer wieder auftauchen und einen bedrohlichen Klang annehmen. Als die Briten erschienen, stießen sie auf frische deutsche Armeekorps: am 15. Oktober auf das XIV., dann auf das VII. und XIX., am 19. Oktober auf das XIII. Armeekorps. Unter Druck mussten die Briten zurückweichen. Das britische IV. Korps wurde bis vor die alten Wälle von Ypern zurückgeschlagen. Durch das Eingreifen des I. Korps unter General Haig am 20. Oktober konnte Ypern gehalten werden. Das führte jedoch zu einer Ausdünnung der verfügbaren Heeresstärke; Verstärkungen aus dem Empire waren in Aussicht gestellt, aber noch nicht eingetroffen. Am 20. Oktober begann eine allgemeine deutsche Offensive gegen die gesamte Front vom La-Bassée-Kanal im Süden bis zur Ysermündung im Norden: 24 Divisionen der Deutschen gegen 19 der Westmächte, wobei zu den Letzteren auch die 6 stark geschwächten belgischen Divisionen zählten. Das wirkliche Ringen fand zwischen 14 deutschen und 7 britischen Infanteriedivisionen statt; dabei kämpften 3 britische Kavalleriedivisionen als Infanterie. Bunt zusammengewürfelte französische Marine-, Territorial- und Kavallerieverbände hielten die Flusslinie zwischen den Briten und den Belgiern an der Nordsee.

Dass die Front standhielt, war dem Schnellfeuer der Briten zu verdanken. Die britischen Schützen – der Infanterie wie der Kavallerie – waren darin geübt, 15 Schuss pro Minute abzufeuern. Sie waren dem Gegenfeuer der angreifenden Deutschen überlegen, die in dicht geschlossenen Schützenlinien vorrückten und daher ein nicht zu verfehlendes Ziel boten.[131] In den Kämpfen bei Ypern fielen im Oktober und November 24 000 Briten und 50 000 Deutsche. Der prasselnde Regen britischer Gewehrkugeln, den die Deutschen oft für Maschinengewehrfeuer hielten, ließ deren Angriffe zusammenbrechen und zwang die überlebenden Angreifer, sich auf den Boden zu werfen oder zu ihren Ausgangsstellungen zurückzukriechen. In der offiziellen deutschen Darstellung der Ypernschlacht heißt es: «Von rechts und links und vorn peitschten aus Heckenrändern und Erdlöchern die Gewehrschüsse und streckten einen nach dem anderen ... mit unsichtbarer Hand ins Gras.»[132]

Ende Oktober war die deutsche Offensive gescheitert – unter enormen Verlusten, besonders für die deutschen Freiwilligenkorps. Auf dem Soldatenfriedhof von Langemarck liegen hinter einem mit den Insignien jeder deutschen Universität geschmückten Torbogen 25 000 gefallene Studenten in einem Massengrab. Andere liegen zu dritt oder viert unter Grabsteinen mit einer Aufschrift wie «Freiwilliger Schmidt» oder «Musketier Braun». Ein Werk der Bildhauerin Käthe Kollwitz, die 1914 selbst einen Sohn im Krieg verlor, zeigt einen Vater und eine Mutter, die um ihren gefallenen Sohn trauern.[133] Sie stehen für Zehntausende bürger-

Die erste Ypernschlacht

licher Deutscher, die durch diese Phase der Schlacht – den «Kindermord bei Ypern» – den Glauben verloren, der Krieg würde kurz, leicht zu gewinnen und ruhmreich sein, und stattdessen die Realität von Zermürbung, Massensterben und schwindender Siegeshoffnung zur Kenntnis nehmen mussten.

Diese brutale Desillusionierung war das Werk der Tommys, Berufssoldaten aus der Arbeiterklasse, die lange gedient hatten, Söldner von dürftiger Schulbildung. Sie teilten nicht den mystischen Patriotismus ihrer deutschen Gegner, über die Ernst Jünger schrieb: «Wir hatten Hörsäle, Schulbänke und Werktische verlassen und waren ... zu einem großen, begeisterten Körper zusammengeschmolzen ... Wir alle [fühlten] die Sehnsucht nach dem Ungewöhnlichen, nach der großen Gefahr. [Uns] hatte der Krieg gepackt wie ein Rausch.»[134]

Der Patriotismus der Tommys galt der kleinen Heimat ihres Regiments, ihre erste Loyalität den Stubenkameraden aus der Kaserne. Der Unteroffizier William Holbrook von den *Royal Fusiliers*, der im Verlauf eines unübersichtlichen Gefechts von seinem Zug getrennt worden war, erinnert sich: «Nach einer Weile stieß ich auf einige unserer Leute und einen Offizier, [denen das Gleiche passiert war] ... Als wir uns zusammengeschlossen hatten und überlegten, was wir tun sollten, kroch aus den Büschen ein sterbender deutscher Offizier und sagte in perfektem Englisch: ‹I am wounded.› Da sagte [unser Offizier] zu ihm: ‹Ihr solltet nicht diese verdammten Angriffe machen, dann würdet ihr nicht verwundet werden.› Wir mussten lachen! Trotzdem verbanden wir ihn, blieben dort noch eine Weile, und kurz darauf wurde [unser Offizier] von einer verirrten Kugel getötet. Nun hatten wir also keine Offiziere mehr. Das Einzige, was man hören konnte, war, dass irgendwo weiter gefeuert wurde; aber ich wusste nicht, wo zum Teufel ich wirklich war.» Holbrook stieß auf einen Kameraden «namens Cainici, Italiener aus London, ein echter Cockney, wirklich. Ich mochte ihn.» Holbrook suchte mit ihm Deckung vor dem Artilleriefeuer. Als sein Kamerad getroffen wurde, holte er einen Granatsplitter aus dessen Knie, begleitete ihn nach hinten und kroch dann davon, um «einen besseren Platz» zu suchen. Er fand einen tödlich verwundeten Deutschen, kümmerte sich um ihn, sah ihn sterben und «bedeckte ihn mit Blättern und Zweigen, mit allem, was ich eben dort zusammenraffen konnte», bis er schließlich «hören konnte, wo gefeuert wurde, und sicher war, in welche Richtung [er] gehen musste»; dann kroch er zurück, um sich wieder seiner Einheit anzuschließen.[135] Die Nüchternheit des Cockneys Holbrook – die *Royal Fusiliers* waren ein Londoner Regiment – steht für den Geist der alten BEF, deren Soldaten bei Ypern zu Tausenden starben – nicht für ein Ideal der Selbstaufopferung, sondern weil es von ihnen erwartet wurde und sie keine andere Wahl hatten.

Am 31. Oktober erneuerte Falkenhayn die Offensive an einem schmaleren Frontabschnitt, über die Straße, die von Menin auf dem von den Deutschen besetzten höheren Gelände nach Ypern führt. Den Angriff führte die speziell zusammengestellte Kampfgruppe Fabeck, die nach ihrem Kommandeur benannt war. Sie bestand aus einer Mischung regulärer und freiwilliger Korps, insgesamt 6 Divisionen. Sie stießen in das tief liegende Gelände vor, durch einen Vegetationsgürtel, den die Briten weiterhin als Wald (*woods*) bezeichneten (*Polygon Wood, Shrewsbury Wood, Nuns' Wood*), obwohl es dort längst keine Bäume mehr gab. Überall gewannen die Deutschen Gelände, und auf dem Höhepunkt ihres Angriffs brachen sie bei Gheluveld durch. Ihr Vorstoß wurde abgewehrt durch eilig zusammengeraffte Restteile zerschlagener und erschöpfter Regimenter, etwa aus Worcester, Gloucestershire, Wales, Sussex, Northamptonshire, Gordon Highlanders, leichte Infanterie aus Oxfordshire und Buckinghamshire und einigen zu Fuß kämpfenden Dragonern. Der deutsche Historiker Werner Beumelburg schreibt, die feindlichen Reserven seien zu stark gewesen und die Engländer hätten «zwei neue Divisionen eingeschoben».[136] In Wirklichkeit füllten kleine Haufen übermüdeter Männer die Lücken in der Frontlinie, schoben neue Magazine in ihre Lee-Enfield-Gewehre und feuerten pausenlos auf die anstürmenden feldgrauen Reihen. Das Eingreifen einiger französischer Einheiten, die French von Foch erbeten hatte, stärkte die

Abwehr, doch der entscheidende Abschnitt wurde durch britisches Gewehrfeuer gehalten.

Am 11. November wiederholten die Deutschen ihren Angriff. Nach ihrer Zählung war es der 22. Tag der Schlacht. Inzwischen «war [ihnen] der Tod ein vertrauter Genosse geworden».[137] Der kritische Punkt lag bei Nonnenboschen, nördlich der Straße nach Menin, nur 6 km von Ypern entfernt. Schon fielen die großartigen gotischen Bauwerke der alten Tuchstadt – die Tuchhalle, die Kathedrale, die Häuser der Tuchhändler – unter dem schweren deutschen Artilleriefeuer in Schutt und Asche. Dörfer und Bauernhöfe wurden von Granaten zerstört; die kleinen Schlösser des flämischen Adels waren bereits ohne Dächer. Am 31. Oktober erhielt das Schloss Hooge, 3 km außerhalb Yperns, einen Volltreffer, der viele Stabsoffiziere der britischen 1. und 2. Division tötete.[138] Am 11. November war Hooge das Ziel eines konzentrierten Angriffs der preußischen Garde und der 4. Division. Die erste Angriffswelle des 1. Garderegiments zu Fuß – des vornehmsten Regiments im deutschen Heer – wurde von Köchen und Offiziersburschen der 5. Feldkompanie der *Royal Engineers* abgewehrt. Später führten Teile des 2. Bataillons aus Oxfordshire und der leichten Infanterie aus Buckinghamshire, nur wenige Dutzend Mann stark, einen Gegenstoß und warfen das 1. und 3. Garderegiment auf ihre Ausgangsstellungen zurück.

Bis zum 22. November – dem Tag, auf den die amtlichen Historiker das Ende der ersten Ypernschlacht datieren – flackerten die Kämpfe um Ypern immer wieder auf. Die britischen Überlebenden, weniger als die Hälfte der 160 000 Männer der BEF, gruben inzwischen unerschütterlich Schützengräben und errichteten Erdwälle, um ihre Stellungen auszubauen, die durch ihren verzweifelten Widerstand während der vorhergehenden fünf Wochen im Angesicht des Feindes entstanden waren. Auch die Franzosen gruben sich ein, um das Gelände abzusichern, das sie nördlich und südlich der Stadt erkämpft hatten. Die Frontlinie verlief 8 km östlich von Ypern; anderswo war sie weit näher. Die Deutschen hielten überall die Anhöhen besetzt; von dort beherrschten sie den flachen Halbmond von Schützengräben, den die Briten, die ihn während des kommenden Stellungskrieges verteidigen sollten, als «Salient» (Frontvorsprung) bezeichneten. Seine Eroberung hatte zahllose französische und britische Menschenleben gekostet. Die Deutschen hatten noch schwerere Verluste erlitten. «In Flanderns blutigen Gefilden sang sterbend und kämpfend die Schar der Söhne Deutschlands [als] letztes Bekenntnis ihres Willens zum Leben: ‹Deutschland, Deutschland über alles ...›»[139] Bei Ypern fielen mindestens 41 000 deutsche Kriegsfreiwillige, die «unschuldigen Kinder von Ypern».

Sie waren nur ein Bruchteil derjenigen, die insgesamt in den Grenzschlachten, beim großen Rückzug, an der Marne, an der Aisne, beim «Wettlauf zum Meer» und in der ersten Ypernschlacht selbst gefallen waren. Das französische Heer, das nach der Mobilmachung 2 Millionen zählte, hatte weitaus am schlimmsten gelitten. Seine Verluste – Gefallene, Verwundete, Vermisste und Gefangene – betrugen im September über 200 000, im Oktober 80 000 und im November 70 000; die Verluste im August, offiziell nie bekannt gegeben, dürften über 160 000 betragen haben. Gefallen waren 306 000: eine Zunahme der normalen Sterblichkeitsrate unter den 20- bis 30-Jährigen um das Zehnfache. Von denen unter 20 Jahren waren 45 000, von den 20- bis 24-Jährigen 92 000, von den 24- bis 29-Jährigen 70 000 gefallen.[140] Bei den 30- bis 40-Jährigen betrug die Zahl der Gefallenen 80 000. Die gesamte männliche Bevölkerung Frankreichs umfasste 20 Millionen, die Zahl der Wehrfähigen 10 Millionen. Deutschland hatte von seiner 32 Millionen starken männlichen Gesamtbevölkerung 241 000 an Gefallenen (darunter 99 000 in der Altersgruppe der 20- bis 24-Jährigen) verloren.[141] Belgien hatte bei 1,8 Millionen Männern im wehrfähigen Alter 30 000 Gefallene zu beklagen – eine Zahl, die in jedem folgenden Kriegsjahr mit grauenhafter Gleichmäßigkeit wiederkehren sollte.[142] Die Zahl der britischen Gefallenen war ebenso hoch, mit einem Unterschied: Die britischen Gefallenen gehörten fast alle zum Berufsheer und seiner Reserve von Freiwilligen, die aus dem Ruhestand zurückgekommen waren; von den anderen – Bürgersoldaten der wenigen Territorialregimenter (z. B. des Schottischen

Regiments aus London) und Sepoys der Divisionen aus Lahore und Meerut – fielen nur wenige.[143] Ihre Verluste sollten bald stark ansteigen, denn im ganzen Winter 1914/15 hielten die Inder lange Frontabschnitte. Dabei erlitten sie in manchen Bataillonen noch vor dem Jahresende 1915 Verluste von 100 Prozent. Nur das Eintreffen zahlreicher Territorialverbände im Jahr 1915 erlaubte es dem britischen Heer, seine Pflichten als Verbündeter Frankreichs zu erfüllen und sich an den Offensiven Joffres zu beteiligen.[144]

Die Aussicht auf eine Offensive – der Westmächte oder der Deutschen – schien Ende 1914 in weite Ferne gerückt. Eine 750 km lange, ununterbrochene Linie von Schützengräben zog sich von der Nordsee bis zur Gebirgsgrenze der neutralen Schweiz. Die Gegner – durch personelle Verluste gleichermaßen erschöpft, unter den gleichen Versorgungsschwierigkeiten leidend und daher nicht imstande, den Friedensvorrat an Munition zu ersetzen, den sie in den heftigen und kostspieligen Kämpfen der letzten vier Monate verbraucht hatten – lagen hinter dieser Linie einander gegenüber, zwischen ihnen nur die schmale, leere Zone des Niemandslandes. Ein Manövrierraum, den jede Seite gesucht hatte, um gegen die exponierte Flanke des Gegners den entscheidenden Schlag zu führen, stand nicht mehr zur Verfügung. Infolge des Grabensystems und der Überflutung existierten keine Flanken mehr. Die Hoffnungen auf einen Erfolg durch einen Frontalangriff waren ebenfalls geschwunden. Die Erfahrungen der Franzosen im August in Elsass-Lothringen, der Briten im September an der Aisne, der Deutschen im Oktober und November in Flandern hatten selbst die angriffslustigsten Kommandeure davon überzeugt, dass Offensiven ohne die Unterstützung überlegener Artillerie zum Scheitern verurteilt waren, und mittlerweile fehlte es der Artillerie aller Armeen an Geschützen, vor allem aber an Munition. Gegen Ende der ersten Ypernschlacht durften britische Batterien pro Geschütz nicht mehr als 6 Granaten täglich abfeuern; das reichte kaum für ein Störfeuer gegen die feindlichen Schützengräben und war völlig unzureichend, um die Infanterie beim Vorgehen gegen feindliche Maschinengewehre zu unterstützen.[145] So herrschte eine Art Frieden.

Der Kreis hatte sich geschlossen. In den vier Monaten zwischen der Mobilmachung und der Erstarrung der Front hatte sich der Krieg von Feindschaft ohne Kampfhandlungen über eine Phase intensiver Angriffe zu Feindschaft mit Kampfruhe entwickelt. Im Rückblick lässt sich eine starke Ähnlichkeit zwischen den Feldzügen von 1914 und 1870 erkennen. Beide begannen mit französischen Angriffen auf den Rhein in Lothringen. Beide entwickelten sich als deutsche Gegenoffensiven, die zu schweren französischen Niederlagen führten. Im weiteren Verlauf beider Feldzüge gelang den Deutschen ein Vormarsch fast bis Paris, der jedoch wegen des wieder auflebenden französischen Widerstandes nicht zum Sieg führte. Beide Feldzüge gipfelten darin, dass jede Seite verschanzte Stellungen aufbaute, die zu stark waren, um durch einen Überraschungsangriff eingenommen zu werden, und dass der Angreifer sich dafür entschied, abzuwarten, bis die Kräfte des Verteidigers durch den Druck der Ereignisse aufgezehrt waren. An diesem Punkt endet der Vergleich. 1870 gelang es den Deutschen, die französische Hauptstadt einzuschließen und die französischen Feldheere im Landesinneren auf planlose, unkoordinierte örtliche Operationen einzuengen. 1914 hatte das französische Heer Niederlagen im Feld gut überstanden, seinen Zusammenhalt bewahrt, den Eindringling aus der Umgebung der Hauptstadt vertrieben, in der Defensive einen sensationellen Sieg errungen und durchgesetzt, dass der Stellungskrieg nicht im Herzen des Landes, sondern an der Peripherie des französischen Territoriums ausgefochten wurde. 1870 durchstreiften deutsche Armeen Nord-, Zentral- und Westfrankreich nach Belieben. Ende 1914 kontrollierte das französische Heer noch immer 77 der 90 Departements der Republik, blieb im Geist unerschüttert, in materieller Hinsicht potenziell stark. Zudem wurde es von einer großen See- und Weltmacht unterstützt, die entschlossen war, die Tortur eines Koalitionskrieges durchzuhalten, bis der Eindringling besiegt war. Diese Konstellation garantierte, dass Deutschland den schnellen und leichten Sieg, den es 43 Jahre zuvor errungen hatte, nicht wiederholen konnte.

5 Sieg und Niederlage im Osten

Bei militärischen Operationen kommt alles auf die Zeit an», schrieb Wellington im Jahr 1800. Seine Siege bei Salamanca und Waterloo beispielsweise verdankte er seinem unfehlbaren Gespür für den richtigen Zeitpunkt.[1] Auch für Schlieffen war der Faktor Zeit entscheidend: Zeit für die Mobilmachung, für die Truppenkonzentration, für den Aufmarsch und für den Vormarsch zum Angriffsziel. Aufgrund seiner zeitlichen Berechnungen, die seine Nachfolger übernahmen, sollten fast die gesamten Streitkräfte, über die Deutschland verfügte, zunächst im Westen und erst nach dem Sieg über Frankreich im Osten eingesetzt werden. Russlands offensichtliche Schwächen hatten Schlieffen und seinen Nachfolger Moltke davon überzeugt, die Armeen des Zaren würden 40 Tage brauchen, um in voller Stärke an der deutschen Ostgrenze aufzumarschieren. Sie hatten deshalb darauf vertraut, im Wettlauf mit der Zeit einen Sieg erringen zu können.

Aber die Zeit ist nicht die einzige Dimension, in der Krieg geführt wird. Auch der Raum ist eine strategische Dimension. Er war den Russen vor allem 1812 zugute gekommen, als Napoleon seine «Große Armee» nach Moskau geführt hatte. Aber Schlieffen und die Offiziere des Großen Generalstabes hatten sich zu Beginn des 20. Jahrhunderts eingeredet, dass der Raum im Osten jetzt zu ihren Gunsten arbeite. Die ungeheuren Entfernungen innerhalb des russischen Reiches – besonders zwischen den Bevölkerungszentren, wo die Reservisten eingezogen wurden – und die relativ wenigen Eisenbahnverbindungen zwischen diesen Zentren und der Front ließen die Militärtechnokraten Deutschlands und Österreich-Ungarns glauben, ihre russischen Kontrahenten würden für die Mobilmachung Wochen benötigen.[2]

Alles schien dafür zu sprechen, dass auch westlich der russischen Grenze der Raum zugunsten Deutschlands genutzt werden könnte. Die Aufteilung Polens zwischen Deutschland, Österreich und Russland – eine Folge der polnischen Teilungen am Ende des 18. Jahrhunderts – konnte, oberflächlich betrachtet, Russland in einem Krieg begünstigen: Russisch-Polen, mit Warschau als Mittelpunkt, bildete eine große Ausbuchtung zwischen den österreichischen Karpaten im Süden und Ostpreußen im Norden; es bedrohte Schlesien, das durch keine Wasserbarriere geschützt wurde, wie etwa Russlands Herzstück durch die Weichsel oder die Pripjetsümpfe. Russisch-Polen bot allerdings nicht nur die Chance zu einem offensiven Vorgehen; es konnte ebenso gut als strategisch gefährdet gelten, da es sowohl auf seiner südlichen wie auf seiner nördlichen Flanke von schwierigem Terrain umgeben war. Die Karpaten bildeten nicht nur einen Verteidigungswall, sondern auch eine Kette von Ausfallstoren gegen Nordosten. Und Ostpreußen war zwar insgesamt flach, aber voller Seen und Wälder, die einem einfallenden Heer die Aufrechterhaltung der Ordnung und die Kommunikation zwischen Truppenverbänden erschwerten. Die Masurische Seenplatte war ein Gebiet mit kleinen, weitgehend isolierten Siedlungen, die mit der Außenwelt lediglich durch Sandwege verbunden waren, auf denen eine Armee nur im Schneckentempo vorrücken konnte. Außerdem lag hinter den Masurischen Seen eine Kette deutscher Festungen, die die dichter bevölkerten Regionen Ost- und Westpreußens schützten: Thorn und Graudenz an der Weichsel sowie die Marienburg an der Nogat; sie waren das Pendant zu den österreichischen Festungen Krakau, Przemyśl und Lemberg (Lwow) am Nordhang der Karpaten.[3] Das russische Oberkommando hatte seit langem den ambivalenten strategischen Charakter Russisch-Polens erkannt: Wer von hier eine kühne Offensive gegen Berlin führte, lief Gefahr, im Rücken vom Feind in die Zange genommen zu werden. Deshalb hatten die Russen in diesem Gebiet nur wenige Eisenbahnlinien und Straßen gebaut, um einer feindlichen Gegenoffensive nicht in die Hände zu spielen. Darüber hinaus hatten sie für den Westen vorsorglich zwei Strategien geplant: den

«Plan A» (= Austria), nach dem eine starke Truppenmacht an die Front geworfen werden sollte, und einen «Plan G» (= Germania), der eine starke Truppenmacht als Reserve vorsah.

Unter französischem Druck – und um den französischen Verbündeten gegen den gemeinsamen deutschen Feind zu unterstützen – legte sich das russische Oberkommando 1914 auf Plan A fest. Zwei Fünftel des russischen Friedensheeres waren ohnehin im Umkreis des großen militärischen Zentrums Warschau stationiert; von hier aus konnten sie mühelos gegen Ostpreußen und die Karpaten aufmarschieren, und hierher konnten zu ihrer Verstärkung zügig Reserven aus dem Landesinneren herangeführt werden.[4] Sowohl der gesunde Menschenverstand wie auch nachrichtendienstliche Erkenntnisse geboten, das Gros der im Westen stehenden russischen Streitkräfte nach Süden, in Richtung Karpaten, zu schicken, denn anders als Deutschland musste Österreich-Ungarn nur mit einem Einfrontenkrieg rechnen – die serbische Armee erschien zunächst irrelevant – und konnte daher seine Hauptmacht gegen Russisch-Polen werfen. Da die Russen jedoch Deutschlands Schwäche im Osten ahnten, blieben ihnen nach ihren Berechnungen noch genügend Streitkräfte für eine Offensive gegen Ostpreußen, die für Berlin eine Bedrohung seines «Hinterhofes» bedeuten würde. Diesem Hinterhof entstammte traditionell ein bedeutsamer Teil des preußischen Offizierskorps, das seinerseits das Offizierskorps des kaiserlichen Heeres dominierte. Ein Angriff durch Masuren gegen Königsberg und die anderen Festungen der einstigen Deutschordensritter, in deren Nachfolge sich viele der dort beheimateten deutschen Offiziere sahen, musste in der deutschen OHL extreme materielle und psychologische Befürchtungen auslösen.

Aufgrund des starken Aufmarsches im Westen standen Deutschland tatsächlich nur wenige Truppen zur Verfügung, um Ostpreußen zu halten. Der deutsche Kriegsplan sah für die Ostfront nur eine der acht Armeen vor: die 8. Armee unter Generaloberst Max von Prittwitz und Gaffron, einem Preußen par excellence. Sie bestand aus dem I., XVII. und XX. Armeekorps, dem I. Reservekorps und der 1. Kavalleriedivision. Diese Verbände waren alle in Ost- oder Westpreußen stationiert: das I. Armeekorps und das I. Reservekorps in Königsberg (ehemals Sitz des Hochmeisters des Deutschen Ordens), das XVII. Armeekorps in Danzig, das XX. in Allenstein, die 1. Kavalleriedivision in Königsberg, Insterburg und Deutsch-Eylau. Bei der Mobilmachung wurden der 8. Armee verschiedene Reserve-, Ersatz- und Landwehrverbände zugewiesen, deren Stärke zusammen etwa ein Armeekorps ausmachte. Man konnte darauf zählen, dass die Soldaten dieser Armee, großenteils Rekruten oder Reservisten aus dem bedrohten Gebiet, ihre Heimat gegen eine Invasion zäh verteidigen würden.

Zahlenmäßig waren sie den Streitkräften unterlegen, die nach den Plänen des russischen Oberkommandos die Operation in Ostpreußen eröffnen sollten: die 1. und 2. Armee der Nordwestfront. Diese konnten den vier Armeekorps von Prittwitz insgesamt neun entgegenstellen und seiner einzigen Kavalleriedivision insgesamt sieben, darunter die Garde des Zaren. Paul von Rennenkampff, der die 1. Armee, und Alexander Samsonow, der die 2. Armee befehligte, hatten beide als Divisionskommandeure am Russisch-Japanischen Krieg teilgenommen, während Prittwitz überhaupt keine Kriegserfahrung besaß. Ihre Verbände waren sehr stark – die russischen Divisionen hatten 16 (statt der üblichen 12) Bataillone –, und sie verfügten über Massen von (freilich oft unausgebildeten) Männern, um Verluste zu ersetzen.[5] Obwohl sie weniger Artillerie, vor allem weniger schwere Artillerie besaßen als die Deutschen, stand ihnen fast ebenso viel Munition zur Verfügung; mit 700 bis 800 Granaten pro Geschütz waren die Russen annähernd gleich gut ausgerüstet wie die Franzosen in der Marneschlacht.[6] Außerdem reagierte die russische Munitionsindustrie auf die Anforderungen des Krieges mit beachtlichem Erfolg.

Gleichwohl litten die russischen Streitkräfte unter gravierenden Schwächen. Der hohe Anteil von Kavallerie, der weit höher war als in jedem anderen Heer, belastete das schwache russische Eisenbahnnetz mit dem Transport gewaltiger Mengen Pferdefutter, ohne dass der militärische Wert berittener Truppen dies gerechtfertigt hätte. Für den Transport und die Versorgung der 4000 Mann einer Kavalleriedivision benötigte man 40 Eisenbahnzüge – ebenso viele wie für die 16 000 Mann einer Infanteriedivision.[7]

Es gab auch Schwächen im menschlichen Bereich. Die Offiziere der russischen Regimenter hatten nie Geld und häufig nur eine dürftige Schulbildung. Wer unter den jungen Offizieren ehrgeizig war und vermögende Eltern hatte, besuchte die Generalstabsakademie und ging so dem Regimentsdienst verloren, ohne dadurch unbedingt ein tüchtiger Stabsoffizier zu werden. Das russische Offizierskorps zerfiel – Tolstoi hat es in seiner Schilderung der Schlacht bei Borodino (1812) eindrücklich dargestellt – in zwei Klassen, die einander kaum kannten: eine breite Masse von Kompanieführern und Bataillonskommandeuren, die von einer dünnen Oberschicht adliger Pöstcheninhaber Befehle empfing.[8] Die Tugenden des bäuerlichen Soldaten – Tapferkeit, Loyalität und Gehorsam – hatten bisher die Schwächen und Versäumnisse seiner Vorgesetzten immer wettgemacht. Aber konfrontiert mit den Armeen von Ländern, in denen es – anders als in Russland – keine Analphabeten mehr gab, war der russische Infanterist zunehmend im Nachteil. Er ließ sich durch Rückschläge, vor allem bei überlegener feindlicher Artillerie, leicht entmutigen und ergab sich en masse, wenn er sich im Stich gelassen oder verraten fühlte.[9] Die Dreieinigkeit von Zar, Kirche und Vaterland vermochte zwar immer noch bedingungslose Einsatzbereitschaft hervorzurufen, aber eine Niederlage oder der Alkohol konnten die Treue zu den Regimentsfahnen und -ikonen rasch zersetzen.

Trotzdem waren es prächtige Regimenter, die Mitte August ausmarschierten und ausritten, um in Ostpreußen einzufallen: Die zur 16. Infanteriedivision gehörenden Regimenter aus Wladimir, Susdal, Uglitsch und Kasan, die litauischen, wolhynischen und Grenadierregimenter der 3. Gardedivision, die leichte Kavallerie und die Husaren der Garde sowie die Schwarzmeerkosaken; an der Spitze marschierten jeweils die Sänger der Regimenter, am Schluss rollten die Feldküchen.[10] Bei Kriegsausbruch hatte es einen tränenreichen Abschied von der Familie gegeben. Nur wenige der ausrückenden Männer begriffen, warum sie nach Westen marschierten. Aber das Regiment war eine Art Dorf und der Offizier eine Art Gutsherr. Solange es regelmäßige Mahlzeiten und sonntags einen Gottesdienst, gelegentlich ein Gläschen Wodka und ein Stelldichein mit einem Dorfmädchen gab – Solschenizyns *August vierzehn* hat die Stimmung der russischen Mobilmachung unvergesslich eingefangen –, marschierten die Soldaten des Zaren bereitwillig den Gefahren des Geschützfeuers entgegen.[11]

Sie hatten durchaus Grund, zuversichtlich zu sein. Das enorme Übergewicht der russischen Heeresmacht – von den mobilisierten 98 Infanterie- und 37 Kavalleriedivisionen marschierten $29\,^1/_2$ Infanterie- und $9\,^1/_2$ Kavalleriedivisionen gegen Ostpreußen – hätte der *Stavka*, dem russischen Oberkommando, eine überwältigende Mehrheit gegenüber der deutschen 8. Armee gesichert,[12] wenn Rennenkampff und Samsonow es fertig gebracht hätten, gemeinsam zu operieren und Fühlung miteinander zu halten. Die äußeren Flügel ihrer Armeen, die westlich auf Königsberg beziehungsweise nördlich auf Graudenz ausgerichtet waren, hätten bei richtiger Führung geschickt an diesen beiden Festungen vorbeiziehen und in einer Zangenbewegung die 8. Armee einschließen können. Das hätte entweder zu deren Vernichtung oder zu deren überstürzter Flucht nach Westen geführt; Westpreußen und Schlesien wären damit einem weiteren russischen Vormarsch preisgegeben gewesen.

Der Beginn der kombinierten Offensive der Russen wurde durch die geographischen Gegebenheiten räumlich, durch Zaghaftigkeit und Unfähigkeit zeitlich durcheinander gebracht. Die Russen wiederholten den Fehler, den andere zahlenmäßig eindeutig überlegene Heere vor ihnen gemacht hatten: Sie erlaubten einem schwächeren Gegner, sich zuerst auf den einen, dann auf den anderen Teil ihres Heeres zu konzentrieren und so beide zu schlagen. Wie die geographischen Gegebenheiten den Erfolg der Deutschen im Einzelnen begünstigten, lässt sich leicht erklären. Der östliche Teil Ostpreußens bietet einem von Russland kommenden Angreifer einen relativ ebenen Vormarschweg. Nur die Seenplatte, der der Fluss Angerapp entspringt, stellt ein entschei-

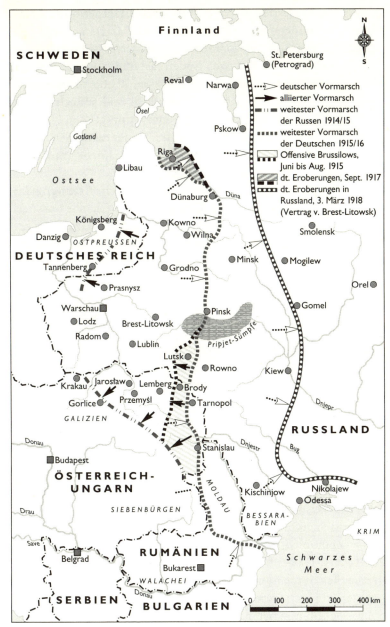

Die Ostfront, 1914–1918

dendes Hindernis dar. Es gibt Wege, dieses Hindernis zu überwinden, besonders bei Lötzen; aber dieser Ort war 1914 befestigt. Daher stand den inneren Flügeln der russischen 1. und 2. Armee ein von Norden nach Süden fast 80 km langes Wasserhindernis im Weg und drohte sie zu spalten. Unter strategischen Gesichtspunkten war es einfacher, nördlich und südlich an der Angerapp-Stellung vorbeizuziehen, statt frontal den Durchmarsch zu erzwingen. Der Oberbefehlshaber der russischen Nordwestfront, General Jakow Schilinski, wies Rennenkampff und Samsonow an, die einfachere Lösung zu wählen.[13]

Er war sich darüber im Klaren, dass eine solche Trennung der beiden russischen Armeen den Deutschen eine Chance bot, und achtete deshalb auf die gebotene Flankensicherung. Die dazu getroffenen Maßnahmen erhöhten jedoch die Gefahr: Schilinski erlaubte Rennenkampff, seine nicht gefährdete rechte Flanke (an der Ostsee) zu verstärken, und Samsonow, Truppen zur Sicherung seiner Verbindungslinien nach Warschau, die ebenso wenig gefährdet waren, abzustellen; gleichzeitig gab er Anweisung, ein Korps der 2. Armee solle in der Lücke, die diese von der 1. Armee trennte, Stellung beziehen. Diese Anordnungen führten dazu, dass die russischen Kräfte sich verzettelten und beide Armeen beträchtlich geschwächt wurden.[14] Zu Beginn waren Rennenkampff und Samsonow mit insgesamt 19 Divisionen gegen 9 deutsche Divisionen aufmarschiert; jetzt schritten sie mit zusammen 16 Infanteriedivisionen zum Angriff.

Schlimmer war, dass beide Armeen ihre Ausgangspositionen in einem Abstand von fünf Tagen erreichten. Die 1. Armee überschritt die ostpreußische Grenze am 15. August (eine recht beachtliche Leistung, wenn man bedenkt, dass die Franzosen und die Deutschen ihren Aufmarsch im Westen zu diesem Zeitpunkt immer noch nicht abgeschlossen hatten), die 2. Armee erst am 20. August. Da beide Armeen räumlich durch 80 km Seengebiet und zeitlich durch mindestens drei Tagesmärsche getrennt waren, konnten sie sich gegenseitig keine Hilfe leisten, wenn sie in Schwierigkeiten gerieten. Genau das sollte passieren, ohne dass Rennenkampff oder Samsonow es ahnten.

Ausschlaggebend war die Überlegenheit des deutschen Nachrichtendienstes über den russischen. Obwohl die Russen wussten, dass sie die Deutschen zahlenmäßig übertrafen, besaßen sie nur unzulängliche Mittel, um den Standort des Feindes auszumachen. Die russische Kavallerie versuchte trotz ihrer großen Zahl nicht, tief in die Positionen des Feindes einzudringen. Sie zog es vor, abzusitzen und eine Frontlinie zu bilden, wenn sie auf den Feind stieß. Die Fliegerabteilung des russischen Heeres war mit 244 Flugzeugen die zweitstärkste Europas; dennoch war ihre Luftaufklärung nicht imstande, Truppenbewegungen der Deutschen zu entdecken.[15] Das deutsche 2. Fliegerbataillon und die beiden in Posen und Königsberg stationierten Luftschiffe berichteten bereits seit dem 9. August über die Stärke und die Marschrichtung der russischen Kolonnen – eine Woche bevor diese die Grenze überschritten.[16] Flugzeuge und Luftschiffe sollten während des ganzen Feldzuges wichtige Informationen liefern.[17]

Die frühzeitige Aufklärung war ganz entscheidend. Weil Prittwitz wusste, dass Rennenkampff Samsonow mehrere Tage voraus war (der zeitliche Abstand sollte sich vergrößern, da Samsonows Marsch durch die Getreidefelder des Landes und über die vielen kleinen Nebenflüsse der Weichsel sich verzögerte), konnte er das Gros seiner 8. Armee ohne größere Befürchtungen nördlich der Masurischen Seen aufmarschieren lassen. Rennenkampffs 1. Armee eröffnete die Offensive am 17. August mit einem sondierenden Vorstoß auf Stallupönen, wurde jedoch zurückgeschlagen. Als ihr Gros drei Tage später Gumbinnen erreichte, rückte das deutsche I. Armeekorps vor, um sie im Schutze der Nacht anzugreifen. Sein Kommandierender General, Hermann von François, einer der vielen deutschen Offiziere hugenottischer Abstammung, war so aggressiv, wie er aussah, und feuerte seine Truppen an. Unter ihnen waren einige der berühmtesten preußischen Regimenter: das 1., 3. und 4. Grenadierregiment sowie das 33. Füsilierregiment. Ungestüm fielen sie über die ihnen gegenüberstehenden Russen her. Diese hatten jedoch während der Nacht Schützengräben angelegt sowie Bauernhäuser und Scheunen befestigt. Je verbissener die Deutschen vorwärts stürmten, desto höher stiegen ihre Verluste. Die russische Artillerie – die am besten ausgebildete Waffengattung des zaristischen Heeres – war gut postiert und feuerte aus nächster Nähe. Das Blutbad wurde noch schlimmer, als die Batterien der deutschen 2. Division versehentlich, aber wirksam auf die eigene Infanterie feuerten. Viele suchten in einem überstürzten Rückzug zu entkommen, und obwohl sie sich schließlich wieder sammelten, waren sie zu sehr mitgenommen, um noch einmal ins Feuer geschickt werden zu können.

Das dem I. Armeekorps benachbarte XVII. Armeekorps, geführt von dem berühmten Husarengeneral August von Mackensen, fiel inzwischen in nordöstlicher Richtung den Russen in die Flanke. Da es keine Aufklärungsergebnisse eingeholt hatte, wusste es nicht, dass die Russen sich verschanzt hatten. Von ihren Stellungen aus deckten sie die vorrückende Infanterie Mackensens mit mörderischem Abwehrfeuer ein. Als diese versehentlich auch noch von der eigenen Artillerie beschossen wurde, löste sie sich auf und strömte zurück.

Am Spätnachmittag war die Situation an der Front des XVII. Korps noch schlimmer als an der des I. Korps, und die Schlacht von Gumbinnen drohte zu einer strategischen Katastrophe zu werden. Rechts vom XVII. Korps unternahm das I. Reservekorps unter Generalleutnant Otto von Below einen Gegenangriff, um Mackensens Flanke zu schützen. Aber selbst die Nachricht von dieser erfolgreichen Operation konnte im Hauptquartier der 8. Armee panikartige Reaktionen nicht verhindern. Prittwitz gelangte zu der Überzeugung, er müsse Ostpreußen aufgeben und seine ganze Armee hinter die Weichsel zurückziehen.

Moltke war entsetzt über die Berichte von der plötzlichen Notlage der 8. Armee. Sie untergruben den Glauben, die Entscheidung im Osten aufschieben zu können, bis im Westen der Sieg errungen war. Erst 20 von den alles entscheidenden 40 Tagen nach der Mobilmachung waren verstrichen, und Schlieffens Zeitplan drohte vor den Augen der OHL in sich zusammenzufallen. Außerdem löste die scheinbare Katastrophe in Ostpreußen auch persönliche Ängste aus, soweit der innere Führungskreis des Heeres dort begütert war. Auch wenn nicht die ganze Nation dem

Feind ausgeliefert war, weil Prittwitz die Nerven verloren hatte, so waren doch die Frauen, Kinder und alten Diener von Offizieren der Willkür des Feindes ausgeliefert. Max Hoffmann und Georg von Waldersee, Prittwitz' Stabsoffiziere, konnten ihren Vorgesetzten am 21. August etwas beruhigen. Moltke hatte jedoch das Vertrauen zu Prittwitz verloren. Zunächst entschied er, unverzüglich einen erstklassigen Stabschef nach Osten zu schicken. Generalmajor Ludendorff, der zwei Krisen in Belgien so glänzend bewältigt hatte, schien ihm dafür geeignet. Dann entschloss sich Moltke, Prittwitz abzulösen, da er dessen – später revidierte – Absicht, sich hinter die Weichsel zurückzuziehen, als Willensschwäche deutete. Er löste ihn ab durch Paul von Hindenburg, einen pensionierten General der Infanterie, der weniger für seine Intelligenz als für seine Charakterfestigkeit bekannt war. Als Leutnant beim 3. Garderegiment zu Fuß war Hindenburg bei Königgrätz 1866 verwundet worden, hatte am Deutsch-Französischen Krieg 1870/71 teilgenommen, im Großen Generalstab gedient und schließlich ein Armeekorps kommandiert. 1911, im Alter von 64 Jahren, hatte er seinen Abschied genommen, sich jedoch bei Kriegsausbruch um eine Wiederverwendung beworben. Als ihn Moltkes Ruf erreichte, war er schon so lange pensioniert gewesen, dass er sich in seiner alten blauen Uniform (die vor der feldgrauen üblich gewesen war) zum Dienst melden musste. Hindenburg und Ludendorff waren völlig verschieden – der eine ein rückwärts gewandter Adliger, der andere ein Technokrat aus dem Bürgertum. Dennoch arbeiteten sie von Anfang an wie in einer «guten Ehe» (so Hindenburg) zusammen.[18] Hindenburgs natürliche Autorität und Ludendorffs messerscharfer Intellekt ergänzten einander vollkommen und sollten ihr Verhältnis zu einer der erfolgreichsten Partnerschaften in der Kriegsgeschichte machen.

Hindenburg erwartete jedoch von Ludendorff eine Initiative, als sie am 23. August bei der 8. Armee eintrafen. Deren Hauptquartier war tags zuvor von der Marienburg, dem alten Sitz des Hochmeisters des Deutschen Ordens, nach Rastenburg, dem späteren Standort von Hitlers «Wolfsschanze», verlegt worden. Am 24. August sprachen Hindenburg und Ludendorff mit Friedrich von Scholtz, dem Kommandierenden General des XX. Armeekorps, das nach einem langen Flankenmarsch Samsonows 2. Armee gegenüberstand, aber noch keine Feindberührung gehabt hatte. Scholtz war nervös. Er rechnete mit einer starken Offensive Samsonows, hatte jedoch Zweifel, ob seine Truppen dieser standhalten könnten. Deshalb wollte er den Rückzug antreten. Aber Ludendorff bestand darauf, dass Scholtz seine Stellung hielt. Er werde Unterstützung erhalten, aber nur wenn er sich nicht zurückziehe; er müsse stehen bleiben und kämpfen.

Die Unterstützung kam nicht von Hindenburg oder Ludendorff, sondern von dem abgelösten Prittwitz. Nachdem dieser sich von dem Schock der Schlacht bei Gumbinnen erholt hatte, erkannte er, dass François trotz seiner Verluste von 8000 Mann Rennenkampff gestoppt hatte und dadurch deutsche Truppen für eine anderweitige Verwendung frei geworden waren. Prittwitz' Offiziersgeneration hatte in Kriegsspielen (teilweise noch unter Schlieffen selbst) die richtige Strategie für die Verteidigung Ostpreußens gelernt: eine russische Armee auf der einen Seite der Seen zu schlagen, dann die Truppen per Eisenbahn hinter den Seen auf die andere Seite zu verschieben und dort den Vorgang zu wiederholen. Mit bemerkenswertem moralischem Mut und von seinem Stabschef Max Hoffmann klug beraten, vertrat Prittwitz die Auffassung, Rennenkampff sei geschlagen oder zumindest gestoppt. Noch vor Hindenburgs Ankunft hatte er das I. und XVII. Armeekorps nach Südwesten gegen Samsonow in Marsch gesetzt. Ludendorff brauchte daher keinen Plan zu entwickeln (er war längst zu den gleichen Schlussfolgerungen gekommen wie Prittwitz), sondern nur einen bereits in Gang gesetzten Plan zu unterstützen.

Auf der russischen Seite erkannte Rennenkampff richtig, dass die ihm gegenüberstehenden deutschen Kräfte ausgedünnt wurden, und vermutete, François und Mackensen würden sich auf die Festung Königsberg zurückziehen. Er ahnte nicht, dass sie ihre Truppen eilends in Eisenbahnwaggons verladen und nur einige Kavallerie- und lokale Landwehrverbände als Deckungskräfte zurückgelassen hatten, um François' frühere Stellungen zu halten. Rennenkampff glaubte, Königsberg belagern zu müssen und dazu viel Infanterie und eine Verstärkung seiner schweren Artillerie zu benötigen. Das alles bereitzustellen, erfordere Zeit. Für Sofortmaßnahmen, zu diesem Schluss waren er und Schilinski im Hauptquartier der Nordwestfront gekommen, sei Samsonow zuständig. Dieser rückte jetzt südlich des Seengebietes vor, um die Deutschen daran zu hindern, über die untere Weichsel auszuweichen. Um die Einkreisung zu garantieren, erhielt er die Anweisung, mit seinem linken Flügel noch weiter von Rennenkampff abzuschwenken, der mit seiner Kavallerie langsam vorwärts sondierte und über Funk Befehle für die geplante Belagerung Königsbergs erteilte.[19]

Der ungesicherte russische Funkverkehr hat zu der Legende von Tannenberg beigetragen. Angeblich hatten die Funkabteilungen in Rennenkampffs und Samsonows Hauptquartieren Meldungen über die Bewegungen und Absichten der beiden Armeen unverschlüsselt durchgegeben, die Deutschen diese Funksprüche aufgefangen und mit tödlichen Folgen ausgewertet. Die Wahrheit ist nicht ganz so simpel. Tatsächlich wurden viele russische Funksprüche unverschlüsselt gesendet; aber auch die Deutschen begingen diesen Fehler. Der Grund auf russischer Seite war nicht oblomowsche Faulheit, sondern Probleme bei der Verteilung von Chiffrierbüchern; auf deutscher Seite war es Zeitmangel. Deutsche Funker gaben in der Eile häufig Meldungen unverschlüsselt durch und hofften, diese würden dem russischen Abhördienst entgehen, so wie dem eigenen Abhördienst zahllose russische Funksprüche entgingen. «Es waren weder Funkgeräte noch Funker übrig, um den leeren Äther abzusuchen», und es fehlte auch an Übersetzern.[20]

Am Morgen des 25. August hatte Hindenburg Glück. Kurz bevor er das Hauptquartier der 8. Armee verließ, hatte man einen vollständigen Befehl an die russische 1. Armee abgefangen: Sie sollte zur Belagerung Königsbergs vorrücken. Dem Funkspruch war zu entnehmen, dass die 1. Armee am 26. August vor der Stadt in einer Position Halt machen würde, von der aus sie der 2. Armee, die Hindenburg angreifen wollte, nicht zu Hilfe kommen konnte.[21] Auf der Grundlage dieser sicheren Informationen sprach Hindenburg in zuversichtlicher Stimmung mit François, dessen Armeekorps gerade Samsonows Flanke erreichte. Der Raum, der Samsonows Armee von der Rennenkampffs trennte, arbeitete für Hindenburg ebenso wie die Zeit: die Verzögerung, die Rennenkampff sich selbst auferlegt hatte. Hätte dieser seinen Vormarsch beschleunigt, wäre es ihm durchaus möglich gewesen, die 1. Armee westlich der Seenplatte in Positionen zu bringen, von wo aus sie nach Süden hätte marschieren können, um Samsonow zu unterstützen.

François, dessen sture Aggressivität zuweilen eigensinnig und unkooperativ sein konnte, verzögerte die reibungslose Umsetzung eines Planes, nach dem zunächst sein I. Armeekorps, dann das XVII. und XX. gegen Samsonows Flanken eingesetzt werden sollten. Mit der Ausrede, die Ankunft seiner Artillerie per Eisenbahn abwarten zu müssen, setzte er die Offensive weder am 25. August noch am nächsten Tag in Gang. Ludendorff erschien, um mit Nachdruck die Offensive doch noch in Schwung zu bringen; aber François' Zaudern hatte mittlerweile zu einem erwünschten, wenn auch unbeabsichtigten Ergebnis geführt. Ohne auf starken Widerstand zu treffen, war Samsonow mit dem Zentrum seiner Front in Richtung Weichsel vorgestoßen, gegen die er die Deutschen zu drücken hoffte. Auf diese Weise bot er dem jetzt südlich von ihm stehenden François und dem von Nordosten heranmarschierenden XVII. Korps (Mackensen) und XX. Korps (Scholtz) immer breitere Flanken.

Am 27. August fand François wieder zu seinem Biss zurück und trieb seine Männer an. Auch Samsonow drängte vorwärts, ohne sich um die Gefahr in seinem Rücken zu kümmern. Am 28. August setzten seine Spitzenverbände verschiedenen deutschen Kräften, die ihnen im Wege waren, schwer zu und stießen weit nach Westen vor. Da verlor Ludendorff die Nerven, was zu seinem gleichmütigen Auftreten nicht passte. Er befahl François, zur Verstärkung der zerschlagenen Verbände eine Division abzustellen. François gehorchte nicht, sondern trieb jedes Bataillon, das ihm zur Verfügung stand, mit größter Eile nach Osten. Da das

Gros von Samsonows Armee auf verschiedenen Routen nach Westen marschierte, stieß François nur auf wenig Widerstand. Am Morgen des 29. August erreichte seine Infanterie Willenberg (fast an der Südgrenze Ostpreußens zu Russland) und traf dort auf deutsche Truppen, die aus der entgegengesetzten Richtung kamen. Sie gehörten zu Mackensens XVII. Korps, hatten drei Tage zuvor im Masurischen Seengebiet erfolgreich gegen die Russen gekämpft und griffen seit dem Vortag südwärts an. Dieses Aufeinandertreffen der beiden Zangenenden – des ermländischen 151. Infanterieregiments vom I. Korps und der 5. Blücher-Husaren vom XVII. Korps – war der Beginn von Samsonows Einkreisung.[22]

«Kesselschlachten» sollten sich im Zweiten Weltkrieg, besonders im Osten, wiederholen, wo die deutsche Wehrmacht 1941 immer wieder Hunderttausende von Russen einschloss. Im Ersten Weltkrieg gab es fast keine Umfassungssiege. Hierin bestand die Einzigartigkeit von «Tannenberg» – wie Hindenburg die Schlacht als Vergeltung für die schwere Niederlage bezeichnete, die die Deutschordensritter 1410 durch die Slawen auf demselben Schlachtfeld erlitten hatten. Die Deutschen zählten 92 000 russische Gefangene sowie 50 000 russische Gefallene und Verwundete. Die Zahl der Gefallenen und Verwundeten – im Westen bereits weit übertroffen – war, gemessen an späteren Feldzügen des Ersten Weltkriegs, nicht bemerkenswert. Die Zahl der Gefangenen aber wurde im Verlauf des Krieges kaum übertroffen.

Tannenberg wurde für die Deutschen ein ganz besonderer Sieg. Er hatte Ostpreußen vor der Besetzung durch einen Feind bewahrt, den die deutsche Propaganda zunehmend als «barbarisch» schilderte – zu Unrecht, denn die russischen Kommandeure (einige von ihnen waren Baltendeutsche und hatten Familienbeziehungen zu Ostpreußen) hatten sehr auf die Disziplin ihrer Soldaten geachtet. Der Sieg von Tannenberg hatte aber auch die Gefahr abgewendet, dass die Russen nach Schlesien oder gar bis nach Berlin vorstießen.[23] Tannenberg war ein Befreiungsschlag und wurde als ein solcher gefeiert. Nach dem Krieg wurden die Fahnen der Regimenter, die hier gekämpft hatten, in einem monumentalen, Stonehenge nachahmenden Tannenberg-Nationaldenkmal zur Schau gestellt und Hindenburg im August 1934 hier beigesetzt. Als die Russen 1945 wieder in Ostpreußen eindrangen, gruben deutsche Truppen den Sarg Hindenburgs aus und sprengten das Denkmal. Der Sarg Hindenburgs wurde auf die Burg Hohenzollern gebracht, den Stammsitz der kaiserlichen Dynastie; die Fahnen einiger Tannenberg-Regimenter hängen heute in der Führungsakademie der Bundeswehr in Hamburg.[24]

Tannenberg hatte nicht nur eine symbolische, sondern eine noch größere militärische Bedeutung. Es stellte den Zeitplan der deutschen Kriegsplanung völlig auf den Kopf. Vor Tannenberg rechnete man mit einem Sieg im Westen, während im Osten die Front bestenfalls gehalten werden sollte. Nach Tannenberg drohte im Osten keine Katastrophe mehr, aber der Sieg im Westen schien den Deutschen immer mehr zu entgleiten. Die Russen ließen sich von Tannenberg eine Zeit lang entmutigen. Samsonow, von der Katastrophe überwältigt, war kaum mit dem Leben davongekommen. Als er mit seinen Offizieren davonritt, fragte er immer wieder verzweifelt: «Der Zar hat mir vertraut. Wie kann ich ihm wieder vor die Augen treten?»[25] Als er ein paar Augenblicke allein war, erschoss er sich. Sein Leichnam wurde später auf dem Landgut seiner Familie bestattet. Er fand ein besseres Ende als viele seiner Soldaten, die irgendwo im Unterholz ostpreußischer Wälder starben und deren namenlose Leichname nie gefunden wurden. Tannenberg war der Anfang der langen Agonie der zaristischen Armeen, die mit ihrem Zusammenbruch 1917 endete.

Aber trotz der Unfähigkeit ihrer Kommandeure und trotz der Unzulänglichkeit ihrer Mittel waren die Russen nicht unterzukriegen. Das sollten sie in den Feldzügen von 1915 und 1916 immer wieder beweisen, und das zeigte sich auch 1914. Trotz der Niederlage Samsonows gab sich Rennenkampff nach der Schlacht bei Tannenberg nicht geschlagen. Als Hindenburg das ganze Gewicht seiner 8. Armee – inzwischen verstärkt durch das IX. Armeekorps und das Garde-Reservekorps aus dem Westen – gegen ihn einsetzte, führte Rennenkampff seine Truppen überaus geschickt. Jetzt waren die Russen zahlenmäßig unterlegen, obwohl die 10. Armee aus dem Hinterland nachrückte. Die 1. Armee, das Ziel Hindenburgs, umfasste weiterhin nur 9 Divisionen, während die Deutschen jetzt 18 Divisionen einsetzen konnten. Aber in der Schlacht an den Masurischen Seen, die am 7. September (fast gleichzeitig mit der Marneschlacht) begann, gelang es Hindenburg nicht, Rennenkampffs 1. Armee einzukreisen. François konnte in der ersten Phase einige russische Verbände bei Lötzen im Kern der Seenplatte abschneiden. Danach wich Rennenkampff kämpfend zurück und konnte sich mit seiner ganzen Armee nach Osten absetzen. Am 13. September kehrte er, die Deutschen auf Distanz haltend, auf russisches Territorium zurück. Mit hinhaltenden Kampfhandlungen verschaffte er sich bis zum 25. September Raum und Zeit, um seine eigene und die 10. Armee auf eine Gegenoffensive vorzubereiten, die er an diesem Tag eröffnete. Dabei warf er die Deutschen aus ihren Stellungen, eroberte verloren gegangenes Terrain zurück und gelangte stellenweise sogar wieder bis zu den Angerapp-Linien, die er bei der Invasion im August erreicht hatte.

Galizien und Serbien

Diese Gegenoffensive an den Masurischen Seen führte zu einem taktischen Erfolg, der mit nur einem Bruchteil der russischen Streitkräfte erzielt wurde. Der größere Teil war an der Südflanke Russisch-Polens aufmarschiert und versuchte, die Österreicher, deren Hauptverteidigungslinie entlang der Karpatenkämme verlief, durch die ungarische Tiefebene gegen die Donau und das österreichische Kernland zu drücken. Die 500 km lange Front reichte von Czernowitz, wo die Grenzen Österreichs, Russlands und Rumäniens aufeinander stießen, bis Krakau in Österreichisch-Polen; sie war durch starke Festungen gesichert, von denen Lemberg und Przemyśl in jüngster Zeit modernisiert worden waren. Der russische Kriegsplan sah für diesen Frontabschnitt nach der Mobilmachung vier russische Armeen vor: die 3., 4., 5.

und 8. Armee. Sie bildeten die Südwestfront unter General Nikolai Iwanow und sollten unmittelbar nach ihrem Aufmarsch angreifen.

Auch die Österreicher wollten angreifen, sobald die Mobilmachung abgeschlossen war. Unklar war jedoch, ob die galizische oder die serbische Front Priorität haben sollte. Daher benötigten die Österreicher für die Konzentration ihrer Truppen gegen Russland ungebührlich viel Zeit. Die Russen waren erstaunlicherweise schneller kriegsbereit. Die Generalstäbe der deutschen und der österreichischen Streitkräfte hatten nicht einkalkuliert, dass zwei Fünftel des russischen Friedensheeres in Russisch-Polen stationiert waren und dass das russische Oberkommando diese vor Abschluss der allgemeinen Mobilmachung in Marsch setzen könnte. Sie, deren letzter Krieg mehr als vier Jahrzehnte zurücklag, konnten sich den Beginn groß angelegter Operationen erst nach Abschluss aller in ihren Kriegsplänen festgelegten Maßnahmen vorstellen. Die Russen hingegen, deren Krieg gegen Japan erst zehn Jahre zurücklag und die bei Grenzkämpfen in Mittelasien Erfahrungen gesammelt hatten, waren eher bereit zu improvisieren. Infolgedessen hatten sie Ende August 53 Infanterie- und 18 Kavalleriedivisionen an der Grenze zu Österreich-Ungarn stehen, während die Österreicher ihnen nur 37 Infanterie- und 10 Kavalleriedivisionen entgegenstellen konnten. Außerdem waren die russischen Verbände größer als die österreichischen. Russland wurde von Frankreich zu Operationen gedrängt, die eine Verlegung deutscher Truppen von der Westfront nach Osten erzwingen sollten. Österreich stand unter noch stärkerem Druck, die von den zahlenmäßig überlegenen Russen in Ostpreußen angegriffene deutsche 8. Armee zu entlasten.

Das vorrangige emotionale, wenn nicht sogar rationale Ziel Österreichs blieb jedoch die Bestrafung Serbiens, das durch seine Verwicklung in das Attentat von Sarajevo die Julikrise ausgelöst hatte. Es wäre vernünftig gewesen, wenn Österreich seine gesamten Streitkräfte nördlich der Karpaten gegen Russland, den Beschützer und großen Bruder der Serben, eingesetzt hätte. Aber die Empörung und die jahrzehntelange Provokation erforderten die «Züchtigung» der Belgrader Regierung und der Karageorgevic-Parvenus.

Conrad von Hötzendorf, der Chef des österreichischen Generalstabes, besaß seit langem einen ausgearbeiteten Plan für einen Alleingang gegen Serbien: den «Kriegsfall B» (= Balkan). Seit 1912/13 wurde jedoch zunehmend einkalkuliert, dass ein Konflikt mit Serbien einen Krieg mit Russland auslösen könnte. Der Plan «Kriegsfall R» (= Russland) sah vor, die Balkanarmee zu verkleinern und die Streitkräfte in Galizien zu verstärken.[26] Der österreichische Generalstab plante den Aufmarsch dreier Gruppierungen: Die A-Staffel sollte im Falle eines Krieges mit Russland in Galizien aufmarschieren, die Balkan-Gruppe Serbien angreifen und die B-Staffel, je nach dem Tempo der russischen Mobilmachung, in Galizien oder Serbien unterstützend eingreifen. Auf dieser Grundlage arbeitete die Eisenbahnabteilung des Generalstabes entsprechende Zeitpläne aus.

Im Endeffekt pfuschten die Österreicher. Conrad, der die Serben fast krankhaft hasste, behauptete zu Beginn der Mobilmachung, die militärischen Absichten Russlands seien unklar, deshalb könne man die B-Staffel getrost zur Unterstützung der Balkan-Gruppe nach Süden schicken. Und das tat er dann auch. Als erkennbar wurde, dass Russland eine Offensive in Galizien plante, entschied er notgedrungen, die B-Staffel nach Norden zu verlegen (was nicht nur österreichische Strategie, sondern auch eine feierliche Verpflichtung gegenüber Deutschland war). Da sie jedoch bereits nach Süden unterwegs war und eine Umstellung der Fahrpläne problematisch gewesen wäre, ließ er die B-Staffel am 1. August schließlich doch nach Süden weiterfahren und am Angriff gegen Serbien teilnehmen, bevor sie an die galizische Front umgeleitet wurde. Sie sollte einen «Scheinangriff» führen, um serbische Truppen von der Hauptachse der österreichischen Invasion abzulenken.

Die Strategie eines «Scheinangriffs» offenbarte, wie wenig die Österreicher die militärischen Qualitäten der Serben kannten. In Wien galten die Serben als rückständige Halbbarbaren. Die Beteiligung serbischer Offiziere an der Ermordung und Verstümmelung des Obrenović-Königspaares 1903 sowie die von allen Zeitungen gemeldete Verstümmelung von Gefallenen während der Balkankriege hatte das österreichische Heer zu der Annahme verleitet, ein Balkanfeldzug werde kaum schwieriger sein als die Kolonialfeldzüge der Briten oder Franzosen in Afrika oder Asien. Obwohl die Österreicher die Unwegsamkeit des serbischen Territoriums kannten (hohe, bewaldete, von tiefen Flusstälern durchschnittene Berge, wenige Straßen und Eisenbahnlinien), erwarteten sie einen leichten Sieg.

Die Serben waren in ihrer Kriegführung zwar von barbarischer Grausamkeit, aber militärisch keineswegs rückständig. Über ihr Einberufungssystem mobilisierten sie mit unbürokratischen Mitteln einen höheren Anteil der männlichen Bevölkerung als irgendein anderes europäisches Land. Die serbischen Soldaten, von den Knaben bis zu den Greisen, waren nicht nur von Natur kriegerisch, sondern auch leidenschaftliche Patrioten, außerdem genügsam und abgehärtet. Auch wenn ihre Bewaffnung unterschiedlich war, besaß jeder eine Waffe. Die Verbände der ersten Linie verfügten über modernes Gerät, mit dem sie während der Balkankriege ausgerüstet worden waren. Eine Reserve der dritten Linie aus 40- bis 45-jährigen Männern und «tüchtigen Soldaten im Alter von 60 und 70 Jahren, die man liebevoll als ‹Onkel› bezeichnete», ergänzte die Verbände der ersten und zweiten Linie. Insgesamt konnte Serbien 400 000 Mann ins Feld schicken und war somit zahlenmäßig fast ebenso stark wie die 2., 5. und 6. Armee der österreichischen Balkanstreitkräfte.[27]

Die Österreicher waren zunächst im Vorteil. Der serbische Oberkommandierende, der *Woiwode* Radomir Putnik, erwartete eine Offensive gegen Belgrad von Norden, also von Ungarn aus über die Donau. Doch Conrad hatte eine Offensive von Westen geplant; er wollte Serbien von Bosnien aus, zwischen der Save im Norden und der Drina im Westen angreifen. Das war vernünftig, denn dieses Gebiet ist einer der wenigen ebenen Landstriche Serbiens. Zunächst verlief der am 12. August begonnene Vormarsch gut. Die Österreicher konnten konzentrisch – nach Süden über die Save und nach Osten über die Drina – angreifen. Hätte Putnik seine Truppen nach vorn geworfen, wären sie wahrscheinlich in eine Falle geraten und umzingelt worden. Der schlaue *Woiwode* – ein Ehrentitel, der nur erfolgreichen Generalen verliehen wird, und Putnik hatte gegen die Türken einen spektakulären Erfolg errungen – ging dieses Risiko nicht ein. Stattdessen organisierte er seine Hauptverteidigungslinie hinter der Ebene, am Fluss Wardar und auf den dahinter liegenden Anhöhen. Die Verteidiger trafen erst in der Nacht des 14. August, nach einem 48-stündigen Gewaltmarsch von fast 100 km, ein. Aber sobald sie Stellung bezogen hatten, nahmen sie die Angreifer aus nächster Nähe mit verheerender Wirkung unter Feuer. Potiorek, der Oberbefehlshaber der österreichischen Balkanstreitkräfte, bat Conrad per Funkspruch um Unterstützung durch die 2. Armee, die zu der alternativ einzusetzenden Gruppierung gehörte. Conrad lehnte ab, obwohl ihm Potiorek «fürchterlich hitzige» Gefechte meldete.[28] Am 16. August, als die Kämpfe erbitterter wurden, appellierte Potiorek wiederum an den Generalstabschef, am 17. August ein drittes Mal. Jetzt wurde seine Forderung unter der Bedingung erfüllt, dass die Verlegung des alternativ einzusetzenden Verbandes nach Galizien nicht verzögert werde.

In der Schlacht zwischen Drina und Save kämpften die 5. und 6. sowie ein Teil der 2. Armee der Österreicher gegen das gesamte serbische Heer. Dieses wurde durch schweres österreichisches Artilleriefeuer zurückgeworfen, trat jedoch immer wieder zum Angriff an und gewann durch seine Hartnäckigkeit schließlich die Oberhand. Am 19. August zog sich der Kommandeur der österreichischen 5. Armee über die Save zurück. Die 2. Armee versuchte am 20. August einen letzten, aber erfolglosen Vorstoß. Daraufhin zog sie ab, um sich der A-Staffel in Galizien anzuschließen. Die 6. Armee, die nie richtig eingegriffen hatte, schloss sich dem allgemeinen Rückzug an. Am 24. August hatten die Serben den Feind zunächst einmal abgewehrt.

Damit waren die Kämpfe in Serbien für das Jahr 1914 jedoch nicht beendet. Überheblich geworden, marschierten die Serben am 6. September in Ungarn ein – ein unkluger Schritt, der sie fast 5000 Mann kostete, als sie sich über die Save zurückziehen mussten. Aber schon wenige Tage später fanden die Serben einen schwachen Punkt in Potioreks Verteidigungsstellungen an der Drina, fielen in Bosnien ein und stießen auf Sarajevo vor. Die dortige Gefängnisleitung geriet in Panik und verlegte Gavrilo Princip und seine Komplizen in die Festung Theresienstadt in Böhmen. Dort sollte der Mörder des Erzherzogspaares im April 1918 an Tuberkulose sterben.

Die Besetzung Ostbosniens durch die Serben dauerte nur 40 Tage. Am 6. November eröffnete Potiorek mit verstärkten Streitkräften eine Offensive. Durch einen konzentrischen Angriff warf er die Serben von einer Stellungslinie zur anderen ins nordöstliche Serbien bis zur Morawa, 130 km hinter die bosnische Grenze zurück. Als der einsetzende Winter die Berge mit 90 cm Schnee bedeckte, befahl Putnik zweimal ein allgemeines Absetzen vom Feind und einen Rückzug. Am 2. Dezember fiel die Hauptstadt Belgrad, und König Peter entband seine Soldaten von ihrem Eid.[29] Gleichzeitig erklärte er, er wolle den Kampf fortsetzen, nahm ein Gewehr und begab sich an die Kampffront. Damit wurde eine Wende eingeleitet. Putnik glaubte, die Österreicher hätten sich übernommen, und eröffnete bereits am 3. Dezember eine neue Offensive, die die österreichische Frontlinie durchbrach und den Gegner innerhalb von zwölf Tagen aus Serbien vertrieb. Von den 200000 Österreichern, die Anfang November gegen Serbien angetreten waren, kehrten über 40000 nicht mehr zurück. Die *Schwaba*, wie die Serben die Österreicher und Deutschen verächtlich nannten, versuchten erst im Herbst 1915 erneut, das kleine Königreich zu erobern. Dann sollte das serbische Epos eine schlimmere Wendung nehmen.

Die Schlachten um Lemberg

Der serbische Feldzug war nur eine Episode, verglichen mit Österreichs großem Kampf an seiner Nordgrenze zu Russisch-Polen. Dort begannen die Operationen mit einem Zusammenprall der Kräfte. Sowohl die Österreicher als auch die Russen hatten geplant, sofort nach dem Aufmarsch anzugreifen. Beide unternahmen eine Offensive, jedoch mit unterschiedlichem Erfolg. Conrad hatte vor, mit seinem verstärkten linken Flügel in der großen polnischen Ebene südlich von Warschau eine Umfassung der russischen Flanke zu versuchen; dagegen wollte er auf seinem rechten Flügel, im östlichen Galizien, unter Ausnutzung der großen Festungen Lemberg und Przemyśl eine «aktive Verteidigung» durchführen. Der russische Plan sah im westlichen Galizien ebenfalls eine Umfassung, im Osten jedoch weit mehr als eine aktive Verteidigung vor. Die russische Strategie war allerdings umstritten: Alexejew, der Stabschef der Südwestfront, befürwortete ein Unternehmen im Westen, Danilow, der führende Mann der *Stavka*, im Osten. Man einigte sich auf einen Kompromiss: eine «doppelte Umfassung». Aber die Russen besaßen, obwohl sie stärker waren als die Österreicher, nicht die Kraft, an beiden Frontabschnitten gleichen Druck auszuüben. Infolgedessen war die Eröffnungsphase der Kämpfe in Galizien ziemlich verworren.

Die äußeren Umstände begünstigten die Russen. Die Geländeverhältnisse waren für ihre großen, disziplinierten Infanterie- und Kavallerieverbände günstig; ebenso die geographischen Gegebenheiten, die das Operationsgebiet begrenzten. Die österreichischen Positionen in den Ausläufern der Karpaten bildeten eine Ausbuchtung zwischen der Weichsel und ihrem Nebenfluss San im Westen sowie dem Dnjestr im Osten. Die nach Norden fließende Weichsel engte die Österreicher im Westen ein; der nach Südosten fließende Dnjestr kam den Russen bei einem eventuellen Vorstoß von Osten gegen die Karpaten sehr zustatten. So zwang die Geographie die Österreicher, in eine Stellung vorzurücken, die die Russen von zwei Seiten zu beherrschen drohten.

Ein weiterer großer Nachteil für Österreich war die Unzuverlässigkeit von Teilen seiner Armee. Das ist eine viel diskutierte und strittige Frage. Während des Krieges betonten Publizisten der Entente die Unzuverlässigkeit der slawischen Soldaten Franz Josephs und ihre brüderlichen Gefühle für die gegnerischen Russen. Sie berichteten ausführlich über die Neigung einiger slawischer – besonders tschechischer und austroserbischer – Truppenverbände, sich zu ergeben. Der Zusammenbruch der k.u.k. Armee Ende 1918 galt als Bestätigung der Propagandathese der Entente, das Habsburgerreich sei seinem Wesen nach instabil. Nach dem Krieg wurde diese Auffassung revidiert. Man behauptete mit Recht, Überläufer seien die Ausnahme und die Armee insgesamt bemerkenswert kaisertreu gewesen – keine Niederlage der Österreicher lässt sich auf weit verbreitete Illoyalität zurückführen. Die heutige Auffassung scheint sich in der Mitte zu bewegen. Von den neun Sprachgruppen der Armee – 44 Prozent Slawen (Tschechen, Slowaken, Kroaten, Serben, Slowenen, Ruthenen [Ukrainer], Polen und moslemische Bosnier), 28 Prozent Deutsche, 18 Prozent Ungarn, 8 Prozent Rumänen und 2 Prozent Italiener – waren die Deutschen stets zuverlässig; die Ungarn, Nichtslawen und privilegierte Gleichgestellte, blieben zuverlässig, bis sie am Schluss mit der Niederlage konfrontiert wurden; die katholischen Kroaten hatten eine lange Tradition der Treue zum Habsburgerreich, die viele von ihnen bewahrten; die Polen, voll Hass gegen die Russen, voll Misstrauen gegen die Deutschen und im Habsburgerreich politisch und gesellschaftlich privilegiert, waren kaisertreu; die moslemischen Bosnier, die man in gesonderten, sepoy-ähnlichen Regimentern erfasste, waren zuverlässig; die übrigen Slawen, besonders Tschechen und Serben, verloren rasch die Begeisterung, die sie während der Mobilmachung gezeigt hatten.[30] Sobald der Krieg kein kurzes Abenteuer mehr war, wurde die Armee für sie zu einem «Gefängnis der Nationen», in dem die allgegenwärtigen deutschen Vorgesetzten die Gefängniswärter waren.

Das waren schlechte Aussichten für eine Armee, die während der Regierungszeit Franz Josephs zumeist eine erfolgreiche und sogar populäre multi-ethnische Einrichtung gewesen war. Die Soldaten erhielten die Befehle in ihrer Muttersprache, die brutale Disziplin des deutschen Heeres blieb ihnen erspart, sie trugen prächtige Uniformen, bekamen eine ordentliche Verpflegung und waren mit Traditionen und Ehren ausgezeichnet, die bis auf die Belagerung Wiens durch die Türken 1683 und noch weiter zurückgingen. So waren die Regimenter der k.u.k. Armee – etwa die

Tiroler Schützen, die ungarischen Husaren, die dalmatinische leichte Kavallerie – ein Kaleidoskop der vielfältigen Habsburgermonarchie. Die dreijährige Dienstzeit befreite die Rekruten von der Alltagsroutine der Werkstatt oder des Bauernhofes. Die jährlichen Manöver waren wie ein vergnüglicher Sommerurlaub.[31] Die Jahrestage des Regiments wurden fröhlich gefeiert: Die Musikkapelle spielte, der Wein floss in Strömen, und der Ehrenoberst – ein Fürst, der Erzherzog, vielleicht sogar der Kaiser persönlich – kam zu Besuch. Nach Ablauf der Dienstzeit feierten die Heimgekehrten zu Hause, und die Erwachsenen brachten ihnen Respekt entgegen. Die Wirklichkeit des Krieges lag in weiter Ferne.

An der Karpatenfront brach die Wirklichkeit im August 1914 rasch und grausam herein. Die Österreicher ließen 37 Infanteriedivisionen aufmarschieren. An einer 400 km langen Front standen von Westen nach Osten die 1., 4. und 3. Armee, mit Detachements an beiden Flanken und 10 Kavalleriedivisionen zur Sicherung im Vorfeld. Die Russen rückten gegen die österreichischen Armeen in einem Bogen vor; sie ließen ihre 4., 5., 3. und 8. Armee aufmarschieren, zusammen 53 Infanterie- und 18 Kavalleriedivisionen. Trotz der zahlenmäßigen Überlegenheit der Russen war Conrads erster Vorstoß erfolgreich. Sein linker Flügel traf am 23. August bei Krasnik – 30 km ostwärts des San, hinter der russischen Grenze – auf den rechten Flügel des Gegners und griff an.[32] Auf österreichischer Seite lag die Hauptlast zunächst bei der 1. Armee, die größtenteils Slowaken aus Pressburg (Bratislava) und Polen aus Krakau umfasste. Beide Gruppen waren katholisch, die Slowaken noch nicht politisiert, die Polen antirussisch. Sie kämpften verbissen für ihren katholischen Kaiser in einer dreitägigen Schlacht gegen die russische 4. Armee, die nicht auf Verstärkungen gewartet hatte.[33] Der russische Generalstab notierte, dass zu Beginn der Schlacht «die 18. Division unter heftiges feindliches Feuer geriet, das die Regimenter aus Rjasan und Rybinsk zum Rückzug zwang ..., während die 5. leichte Infanterie nahezu eingeschlossen wurde».[34] Die Lage verschlechterte sich immer mehr. Am 26. August hatten sich die Russen über 30 km in Richtung Lublin (wo Stalin 1944 seine polnische Marionettenregierung etablieren sollte) zurückgezogen. Am gleichen Tag stieß die österreichische 4. Armee bei Komarow, kurz vor dem Bug, auf die russische 3. Armee. Wieder standen die Russen einer Armee gegenüber, deren landsmannschaftliche Zusammensetzung für sie höchst nachteilig war: Das österreichische II. Korps bestand aus Wiener Regimentern, darunter das Hoch- und Deutschmeister-Regiment, dessen Ehrenoberst immer der Kaiser war (zu Ehren der alten Verbundenheit der Dynastie mit dem Hochmeister des Deutschen Ordens); das IX. Korps setzte sich aus Sudetendeutschen und das XVI. aus Ungarn zusammen. Man hätte keine kaisertreueren Verbände für einen österreichischen Sieg versammeln können, der nach einwöchigem Kampf errungen wurde. Am Schluss waren die Russen fast umzingelt.

Dann begannen die geographischen Schwachpunkte der österreichischen Stellung sich auszuwirken. Ostwärts von Komarow machte die österreichisch-russische Grenze eine scharfe Biegung nach Südosten bis zur Grenze zu dem neutralen Rumänien. Oberflächlich betrachtet, war diese Flanke leicht zu verteidigen, da hinter ihr in einem Abstand von 30 bis 50 km mehrere Flusslinien – der Bug, der Dnjestr und dessen Nebenflüsse Zlota Lipa, Gnila Lipa und Wereszyca – verliefen; der Oberlauf des Bug war überdies durch die große Festung Lemberg und durch die noch stärkere Festung Przemyśl geschützt. Hier hätte die österreichische 3. Armee den Russen ohne weiteres nachhaltigen Widerstand entgegensetzen können, denn ihr wurden wieder diejenigen Divisionen zur Verfügung gestellt, die vorübergehend der Balkan-Gruppe zugewiesen worden waren; und das Herzstück der Armee bildete das berühmte XIV. Korps aus Innsbruck, darunter die vier Regimenter der Tiroler Kaiserjäger und die Kaiserschützen. Diese mit Adlerfedern geschmückten Scharfschützen aus den Alpen waren dem Kaiser, der in allen vier Regimentern Ehrenoberst war, besonders ergeben.

Die 3. Armee war jedoch nur für nachgeordnete Operationen vorgesehen: Conrad hatte ihr eine «aktive defensive» Rolle zugewiesen, während die 1. und 4. Armee in Westgalizien die russische Flanke umfassen sollten. Infolgedessen lag sie etwa 100 km hinter der österreichisch-russischen Grenze an der Gnila Lipa in Stellung. Dort war sie sicher. Als jedoch ihr Kommandeur, Rudolf von Brudermann, erfuhr, dass «fünf oder sechs russische Divisionen» westlich von Tarnopol vorrückten, entschied er sich für ein offensives Vorgehen und verließ seine sichere Position.[35] Aber noch am gleichen Tag musste er das XIV. Korps an die nördlich von ihm stehende 2. Armee abgeben. Da die Aufstellung und die Zuteilung der einzelnen Truppenverbände geändert wurden, bestand seine 3. Armee jetzt überwiegend aus Rumänen (XII. Korps), Slowenen und Italienern (III. Korps) sowie Ruthenisch sprechenden Ukrainern (XI. Korps), die den Russen näher standen als irgendeine andere Nationalität des Habsburgerreiches.[36] Diese ethnische Mischung war die am wenigsten kaisertreue im Heer Franz Josephs. Außerdem war die 3. Armee der russischen 3. Armee, die gegen sie vorrückte, gewaltig unterlegen. Als es zum Gefecht kam, stießen weniger als 100 österreichische Infanteriebataillone mit 300 Geschützen frontal auf fast 200 russische Bataillone mit 685 Geschützen.[37] Nach dreitägigem Kampf in dem zerklüfteten Gebiet zwischen Gnila Lipa und Zlota Lipa erlitten die Österreicher bei Zlotchow, 40 km westlich von Tarnopol, ihre erste schwere Niederlage; sie flohen verwirrt und in Panik – teilweise sogar bis Lemberg.

Die Russen hätten den ganzen schwachen rechten Flügel der Österreicher überwältigen können. Russki, der verantwortliche General, verzichtete darauf, und Brudermanns 3. Armee war gerettet. Eine solche Situation hat es in Kriegen immer wieder gegeben: Jede Seite schätzte die eigenen Leistungen falsch ein. Russki glaubte, er habe lediglich «einen schönen Abwehrerfolg» errungen, und hielt an, um seine Streitkräfte neu zu gruppieren.[38] Conrad glaubte, auf der linken Seite seines Operationsgebietes einen großen Sieg errungen zu haben, und meinte, die Niederlage der 3. Armee sei lokal und vorübergehend; wenn er Brudermann Verstärkung zuweise, sei die doppelte Umfassung des Gegners, die sein Kriegsplan vorsah, doch noch möglich. Am 30. August hatte er die Stärke der österreichischen Verbände, die Russki gegenüberstanden, auf 150 Bataillone mit 828 Geschützen erhöht, hauptsächlich durch die Zusammenführung der Balkan-Gruppe und der 2. Armee. Da Russki nicht vorrückte, eröffnete Conrad abermals die Offensive – vor allem mit der auf der rechten Flanke der 3. Armee kämpfenden 2. Armee. Beide bildeten eine Heeresgruppe unter dem erfolgreichen Oberbefehlshaber der 2. Armee, Eduard von Böhm-Ermolli. Auf Anweisung Conrads griff die 2. Armee am 29./30. August zwischen Gnila Lipa und Zlota Lipa die Russen wieder an – mit noch katastrophaleren Folgen als beim ersten Mal. Die Russen verfügten nun über 350 Bataillone, unterstützt von 1304 Geschützen. Im Laufe dieser Schlacht wurden 20 000 Österreicher gefangen genommen, weitere Tausende fielen oder wurden verwundet.

Dennoch glaubte Conrad immer noch, er sei im Begriff zu gewinnen. Seine kleinen Erfolge auf dem linken Flügel und das zögernde Vorgehen der Russen auf dem rechten Flügel ließen ihn glauben, er könne einen tiefen Rückzug der 2. und 3. Armee bis hinter Lemberg zulassen. Gegen die wahrscheinlich nachdrängenden Russen wollte er von Norden die 4. Armee heranführen, um den Feind in der Flanke zu packen. Die Hauptverteidigungslinie sollte an der Wereszyca liegen, einem zwischen Lemberg und Przemyśl nach Süden fließenden Nebenfluss des Dnjestr. Zu diesem verhängnisvollen Unternehmen wurde Conrad teils durch das Verlangen, den Erfolg Hindenburgs und Ludendorffs in Ostpreußen zu wiederholen, teils durch die scheinbaren Erfolge der deutschen Armeen im Westen verleitet. Ein weiteres Motiv für Conrad war der wachsende Unwille seiner Verbündeten darüber, dass seine Armeen sich zu wenig einsetzten. Anfang September sagte Kaiser Wilhelm zum Vertreter Österreichs bei der OHL ungehalten: «Unsere kleine Armee in Ostpreußen hat zwölf feindliche Korps auf sich gezogen und teils vernichtet, teils geschlagen ... Mehr als sie geleistet hat, kann man von ihr nicht verlangen.» Der Kaiser übertrieb; aber da Conrad höchstens 15 Korps gegenüberstanden, schmerzte ihn dieser Hohn. Er war entschlossen, seine erschöpften und stark angeschlagenen Armeen zum Sieg zu treiben.[39]

Sein Plan wäre fast erfolgreich gewesen. Die Russen ließen

sich Zeit, die Preisgabe von Lemberg auszunützen. Sie zogen dort erst am 3. September ein und erlaubten der durch Verluste stark geschwächten österreichischen 4. Armee, quer durch die Front der russischen 3. Armee auf Lemberg vorzurücken. Die 2. und 3. Armee der Österreicher errangen sogar einige Erfolge an der Wereszyca-Stellung und konnten dadurch die Umfassung des österreichischen Zentrums durch die Russen um einige Tage verzögern. Am 5. September funkte Alexejew an Danilow: «Der starke österreichische Versuch, unsere Aufstellung [nördlich von Lemberg] zu durchbrechen, darf als gescheitert angesehen werden. Der Augenblick, unsere Gegenoffensive anzukündigen, ist gekommen.»[40] Conrad ignorierte die Gefahr weiterhin. Die 4. Armee setzte ihren Vormarsch fort, bis sie am 6. September bei Rawa Russka, 50 km nördlich von Lemberg, von einer Massierung der russischen 3. Armee in schwere Kämpfe verwickelt und gestoppt wurde.

Conrads Versuche, mit einer schwächeren eine stärkere Streitkraft zu umfassen, die zugleich ihn zu umfassen versuchte, drohte katastrophal zu enden. Zwischen seiner 1. Armee, die weiter nördlich gegen die Russen kämpfte, und seinen drei anderen Armeen, die hinter Lemberg in Kämpfe verstrickt waren, klaffte eine riesige Lücke. Er besaß keine eigenen Reserven mehr. Ein zu seiner Unterstützung abkommandiertes deutsches Landwehrkorps (aus Schlesien) wurde schlimm zugerichtet. Die Russen führten täglich Verstärkungen heran, darunter die 9. Armee, die bei Warschau aufmarschiert war. Sie standen bereit, um die 4., 3. und 2. Armee der Österreicher in die Zange zu nehmen. 16 russische kämpften jetzt gegen 11 österreichische Korps, die zum größten Teil in einem Gebiet eingezwängt waren, das der Feind von zwei Seiten beherrschte. Zudem war die 1. Armee starkem Feinddruck ausgesetzt, dem sie in ihrer isolierten Stellung im Nordwesten nicht gewachsen war – trotz der Anstrengungen der Gebirgstruppen des XIV. Korps, das als verbindende Formation zwischen den beiden Hälften der österreichischen Front kämpfte. Als Conrad die Deutschen um Hilfe bat, erwiderte der Kaiser, man könne von der 8. Armee nicht mehr verlangen, als sie bereits geleistet habe.⁴¹ Conrad zwang seine 2. und 3. Armee erneut zu einer Offensive an der Wereszyca. Als diese scheiterte und russische Kavallerie durch die Lücken seiner Verteidigungslinie in den Rücken der Österreicher vorstieß, musste er einen allgemeinen Rückzug anordnen – zunächst bis zum San, dann bis zum Dunajec, einem Nebenfluss der Weichsel 60 km ostwärts von Krakau, der Hauptstadt von Österreichisch-Polen. Die gewaltige Festung Przemyśl, die die Karpatenkette absicherte, hatte man preisgegeben. Ihre 150 000 Mann starke Garnison blieb hinter den russischen Linien eingeschlossen. Insgesamt hatten die Österreicher Territorium bis zu einer Tiefe von 240 km aufgeben müssen. Von den 1 800 000 Mann, die Österreich mobilisiert hatte, verlor es 400 000, darunter 300 000 Gefangene.⁴² Die schwersten Verluste hatte das 50 000 Mann starke XIV. Korps aus Innsbruck erlitten: Die vier von Franz Joseph hoch geschätzten Kaiserjäger-Regimenter, ihre Kaiserschützen-Reservisten, das 6. reitende Schützenregiment und das Gebirgsartillerie-Regiment des Korps.⁴³ Die Verluste dieses Korps betrugen 40 000 Mann; das österreichische Heer hatte damit seine besten und tapfersten Truppen verloren – ein unersetzlicher Verlust.⁴⁴

Kriegführung im Osten

Wie der Einzelne die gigantischen Schlachten an der Ostfront erlebte, lässt sich nur schwer darstellen. Das russische Heer, das zu 80 Prozent aus Bauern bestand, die mehrheitlich Analphabeten waren, hinterließ keine Literatur, die sich mit derjenigen über die Westfront vergleichen ließe. «Persönliche Erinnerungen sind sehr selten. Niemand sammelte sie.» Ohne Schreibgehilfen konnte die Stimme des russischen Soldaten vom Land die Nachwelt nicht erreichen.⁴⁵ Auch die österreichischen Soldaten, deren Schulbildung besser war, haben nur wenige Kriegserinnerungen verfasst. Wahrscheinlich überlagerte der Zusammenbruch des Habsburgerreiches die individuelle Erfahrung des katastrophalen Krieges. Intellektuelle und Künstler – Ludwig Wittgenstein, Rainer Maria

Rilke, Oskar Kokoschka – haben der Nachwelt Briefe und Tagebücher hinterlassen sowie zumindest einen herausragenden Roman, Jaroslav Hašeks *Die Abenteuer des braven Soldaten Schwejk im Weltkriege* (1921), der jedoch für die Haltung der habsburgischen Soldaten nicht repräsentativ ist. Eine Vorstellung von dem Martyrium der k.u.k. Armee vermitteln die dunklen Regimentstafeln in Wiener Kirchen, die noch heute an den Jahrestagen der Regimenter mit Schleifen und Kränzen geschmückt werden. Größtenteils sind jedoch die Erfahrungen, die die Armeen des russischen Zaren und des österreichischen Kaisers in den gewaltigen Bewegungsfeldzügen des Jahres 1914 machen mussten, aus der Erinnerung geschwunden. Lassen sie sich rekonstruieren?

Fotos sind hilfreich, selbst wenn sie nur Vorkriegsmanöver darstellen; Fotos aus der Kriegszeit sind wertvoller, aber seltener.[46] Sie zeigen Männer, dicht gedrängt, oft Schulter an Schulter, möglicherweise «Tuchfühlung» suchend, um für den Kugelhagel Mut zu finden. Lange Bajonette sind auf Gewehren aufgepflanzt, Taschen und Ausrüstungsgegenstände behindern die Bewegungsfreiheit der Männer, dicke Kleidung bläht ihre Körper auf, bietet jedoch gegen Kugeln keinen Schutz. Innerhalb weniger Monate übernahmen die meisten Heere den Stahlhelm und kehrten damit zur Panzerung zurück, die seit dem 17. Jahrhundert verschwunden war. Mit Beginn des Ersten Weltkriegs wurden 200 Jahre alte Prinzipien des Infanteriekampfes obsolet – nämlich Drill und Disziplin als Schutz gegen stark verbesserte Schusswaffen. Fotos zeigen, dass taktische Vorschriften weitgehend missachtet wurden, was in allen Heeren zu deren Lockerung führte. Für das russische Heer legten die Vorschriften von 1912 fest, dass die kleinste Einheit, der 50 Mann starke Zug, sich 100 Schritte ausdehnen sollte; die einzelnen Soldaten hielten also einen Zwischenraum von einer Schrittbreite ein.[47] Für ein Bataillon wurde eine Angriffsfront von 500 m vorgeschrieben; das bedeutete, dass der Kommandeur es in 4 Linien zu je 4 Zügen aufstellen musste. Da die Vorderen dann dem Feuer der Hinteren im Wege standen, ist es verständlich, dass man sich über solche Vorschriften hinwegsetzte und das Gros des Bataillons in der Frontlinie massiert aufstellte. Diese Praxis befolgte zwar nicht den Buchstaben, aber doch den Geist der Vorschriften: dass angreifende Infanterie mit einer vorgeschobenen Schützenkette eine «Feuerüberlegenheit» aufbaute und dass dann die Verstärkungen aus einer Entfernung von etwa 100 m auf den Feind losstürmten.

Die österreichische Armee folgte einer ähnlichen Doktrin.[48] Die Vorschriften von 1911 gingen davon aus, dass die Schützen der Infanterie, selbst bei zahlenmäßiger Unterlegenheit, auch ohne Unterstützung durch andere Waffengattungen den Sieg erringen könnten, wenn sie zäh und tapfer kämpften. Diese Auffassung war in den europäischen Heeren allgemein verbreitet. Ihr lag nicht nur die Bejahung einer Ideologie, sondern auch eine Analyse moderner Gefechte zugrunde. Dass ein hohes Maß an Feuerkraft zu hohen Verlusten führte, wurde in Kauf genommen. Noch immer glaubte man, die Entschlossenheit, schwere Verluste hinzunehmen, werde den Sieg bringen.[49]

Wir müssen uns daher vorstellen, dass die angreifende Infanterie bei Tannenberg und Lemberg dicht gedrängt gegen die feindlichen Stellungen anstürmte, die von einer ebenfalls dicht gruppierten Infanterie verteidigt wurden. Die Feldartillerie, unmittelbar hinter der Stellungslinie ungeschützt aufgestellt, unterstützte die Infanterie mit Salvenfeuer. Keine Armee besaß eine Technik, um die Zieleinstellung der Geschütze zu korrigieren. Das Artilleriefeuer wurde häufig nach der Sichtlinie des menschlichen Auges geleitet, und die Kommunikation erfolgte durch Flaggensignale, Handzeichen oder Schreien.[50]

Die Schlachten um Warschau

Der Zusammenbruch der österreichischen Karpatenfront löste eine der ersten großen strategischen Krisen des Krieges aus. Nicht nur die ungarische Hälfte der k.u.k. Monarchie südlich der Bergkette war von einer russischen Invasion bedroht (die russischen Generale diskutierten bereits unbekümmert über die Einnahme Budapests), sondern auch deutsches Kernland durch einen russischen Vorstoß nach Schlesien. Ostpreußen war immer noch gefährdet, während am südlichsten Flügel der Front Brussilow, der beste russische General, die Karpatenpässe bedrohte. Obwohl Moltke durch das offenkundige Scheitern des Schlieffenplans niedergeschlagen war, kümmerte er sich auch um die Ostfront. Bevor er am 15. September durch Falkenhayn als Chef des Generalstabs abgelöst wurde, wies er Ludendorff telefonisch an, südlich von Ostpreußen eine neue «Südarmee» aufzustellen, die die Lücke zwischen der siegreichen 8. Armee und der in Auflösung begriffenen österreichischen Front schließen sollte. Ludendorff, über die Verschlechterung der Lage ebenso beunruhigt wie Moltke, regte an, in die neue Armee die meisten Truppen der 8. Armee einzugliedern; aber dazu konnte Moltke sich nicht entschließen. Sein Nachfolger hatte in dieser Hinsicht keine Bedenken. Falkenhayn – eine imposante Erscheinung und von scharfsinnigem Verstand – kündigte am 16. September an, das Gros der 8. Armee werde Ostpreußen verlassen, um sich der neuen 9. Armee anzuschließen; Hindenburg werde ihr Oberbefehlshaber, Ludendorff ihr Stabschef und Hoffmann, wie schon bei Tannenberg, ihr erster Generalstabsoffizier sein. Am 18. September fuhr Ludendorff zu Conrad, um sich mit ihm darüber abzustimmen, wie man die Gefahr von der österreichisch-deutschen Front abwenden könnte. Die 9. Armee sollte eine russische Offensive gegen Schlesien nicht abwarten, sondern über die obere Weichsel angreifen und auf Warschau, das Zentrum der russischen Operationen an der polnischen Front, vorstoßen.[51]

Die Russen hatten jedoch eigene, während des Monats September sogar zu viele Pläne: Das Oberkommando (die *Stavka*), die Nordwestfront und die Südwestfront hatten jeweils einen eigenen Plan ausgearbeitet. Die Aufzeichnungen des russischen Generalstabes sprechen von «Meinungsverschiedenheiten, die zu unterschiedlichen Anweisungen führten».[52] Die Nordwestfront, inzwischen von Russki geführt, war nach eigener Einschätzung aufgrund der deutschen Erfolge in Ostpreußen großen Gefahren ausgesetzt und musste weit zurückgenommen werden, möglicherweise bis zum Njemen, 160 km ostwärts der Masurischen

Seen; notfalls sollte sogar Warschau aufgegeben werden. Die Südwestfront hingegen wollte ihre siegreiche Verfolgung der Österreicher westwärts bis Krakau fortsetzen. Die *Stavka* plädierte für eine radikale Alternative: Das Gros der russischen Streitkräfte an der Ostfront sollte sich vom Gegner lösen, sich bei Warschau und der großen Festung Iwangorod, weichselaufwärts, konzentrieren und dann eine gemeinsame Offensive gegen Schlesien eröffnen mit dem Ziel, den Krieg direkt nach Deutschland hineinzutragen.

Diese Pläne, insbesondere diejenigen Russkis und der *Stavka*, offenbaren einen typisch russischen Stil der Kriegführung: Das strategische Mittel war eher der Raum als die Gewalt. Kein französischer General hätte vorgeschlagen, den geliebten Boden des Vaterlandes um eines militärischen Vorteils willen aufzugeben; die deutschen Generale hielten die Verteidigung der ostpreußischen Grenze für eine heilige Pflicht. Für die Russen dagegen, Bewohner eines Reiches, das sich mehr als 9000 km vom Ackerland Westpolens bis zum Eis der Bering-Straße erstreckt, waren 100 km hier oder dort ein kleines taktisches Manöver. In ihren Kriegen gegen die Türken, die Schweden und besonders gegen Napoleon hatten die Russen ganze Provinzen preisgegeben. 1914 wurde Boden mit der taktischen Absicht aufgegeben, ihn später wieder einzunehmen, und zwar zum Schaden des Feindes. Bis zum 23. September hatte die *Stavka* eindeutige Hinweise darauf, dass die deutsche 9. Armee in Schlesien aufmarschiert war und gegen Warschau vorrückte. Der Großfürst Nikolai Nikolajewitsch, der nun die Führung der *Stavka* übernommen hatte, entschied daher, dass seine Streitkräfte größtenteils einer Feindberührung ausweichen und den Vormarsch der Deutschen abwarten sollten. Mittlerweile blieb es Brussilow überlassen, die Ostkarpaten zu bedrohen. Die 10. Armee erhielt den Auftrag, eine neue Offensive gegen Ostpreußen zu eröffnen. Wenn die 9. Armee unter Hindenburg und Ludendorff den Mittelabschnitt der Front erreichte, sollten die russische 4. und 9. Armee ihr aus Warschau entgegenrücken, während die 2., 5. und 1. Armee die Deutschen in der Flanke angreifen sollten.

Die Russen, durch Verbände aus entfernten sibirischen Militärbezirken verstärkt, verlegten die meisten ihrer in den Karpaten eingesetzten Verbände Ende September in die Gegend von Warschau. Daraufhin drängten die Österreicher nach, was aber schließlich zu ihrem Nachteil sein sollte. Das Einzige, was sie dadurch gewannen, war die Chance, am 9. Oktober die Garnison von Przemyśl freizukämpfen; diese wurde jedoch bald wieder eingeschlossen, als die Österreicher sich an Ludendorffs schlecht geplanter Offensive gegen Warschau beteiligten. Die *Stavka* beobachtete ferner mit Genugtuung, dass ihre 10. Armee den Kampf an der ostpreußischen Grenze wieder aufnahm. Obwohl ihr Angriff in der Schlacht bei Augustow (29. September – 5. Oktober) von den Deutschen abgewehrt wurde, waren Hindenburg und Ludendorff ziemlich beunruhigt. Die 8. Armee, nach dem glorreichen Sieg bei Tannenberg allzu selbstsicher, hatte ihre Stellungen nicht befestigt, sodass die Russen mühelos einige taktische Erfolge erringen konnten, bevor sie gestoppt wurden.

Anfang Oktober gab es im Osten vier Fronten: An der Ostgrenze Ostpreußens standen Deutsche gegen Russen, an der Weichsel Deutsche und Österreicher gegen die Russen, am San die Russen gegen die Österreicher und in den östlichen Karpaten ebenfalls die Russen gegen die Österreicher. Diese Front, von der Ostsee bis zur rumänischen Grenze reichend, war fast 800 km lang. Im Norden, zwischen Warschau und Ostpreußen, war eine Lücke, die von Kavallerie nur schwach abgeschirmt wurde. Das Drama eines echten Bewegungskrieges – des größten in Europa seit Napoleons Feldzug bei Austerlitz – entfaltete sich jedoch im Zentrum, an der Weichsel zwischen Iwangorod und Warschau. Dort waren zwei wechselseitige Umfassungsoffensiven im Gang: Die deutsche 9. Armee marschierte am Westufer der Weichsel flussaufwärts, weil Hindenburg und Ludendorff meinten, die russischen Streitkräfte bei Warschau seien schwach und könnten von Norden umfasst werden; die Russen planten, nördlich von Iwangorod die Weichsel zu überqueren, auf dem Westufer bis nördlich von Warschau vorzurücken und dort ihrerseits eine Umfassungsbewegung gegen Hindenburg und Ludendorff einzuleiten.

Kriegführung im Osten

Wenn die Deutschen bessere Mittel der Fortbewegung gehabt hätten als die Füße ihrer Soldaten und ihre Pferde, wäre ein solches Manöver vielleicht gelungen. 25 Jahre später wären die Umstände Hitlers Feldmarschällen im Osten als ideal erschienen für eine Umfassungsbewegung mit Panzern; aber den Generalen des Kaisers stand solches Gerät nicht zur Verfügung. Außerdem waren die Russen zahlenmäßig überlegen: Von Warschau bis Przemyśl setzten sie 55 Infanteriedivisionen gegen 31 österreichische und 13 deutsche ein.[53] Als Ludendorff am 18. Oktober erkannte, dass der 9. Armee größte Gefahr drohte, wenn er sie gegen Warschau vorrücken ließ, nahm er sie zurück. Conrad, der den Russen auf ihrem überlegten Rückzug von Przemyśl zum San gefolgt war, verhielt sich weniger klug. Er versuchte am 22. Oktober südlich von Iwangorod anzugreifen, wurde geschlagen und musste sich am 26. Oktober zurückziehen. Przemyśl und die 150 000 Mann starke Garnison wurden ein zweites Mal eingeschlossen. Schließlich standen die Österreicher wieder bei Krakau, wohin sie im August nach ihren Niederlagen in Galizien zurückgedrängt worden waren; die Deutschen standen nur 80 km vor Breslau, nahe dem Ausgangspunkt für ihren Marsch auf Warschau.

Winterschlachten in Galizien und in den Karpaten

Die Schlacht um Warschau war zweifellos ein russischer Erfolg. Obwohl den Russen keine Umfassung gelungen war, hatten sie ihre Überlegenheit in der beweglichen Kriegführung und in der Strategie der Täuschung bewiesen. Trotz der abgehörten Funksprüche war Ludendorff von der schnell und heimlich durchgeführten russischen Truppenverschiebung entlang der Weichsel von Iwangorod nach Warschau überrascht worden. Den Russen stellte sich die Frage, was sie als Nächstes tun sollten. Die *Stavka* wollte die geplante, durch den Vorstoß der deutschen 9. Armee gegen Warschau jedoch verzögerte Offensive wieder aufnehmen und erließ am 2. November eine entsprechende Anweisung.[54] Die ununterbrochen eintreffenden Verstärkungen aus den Militärbezirken Sibiriens, Zentralasiens und des Kaukasus lieferten die dafür notwendigen Truppen. Die Hauptmasse im Mittelabschnitt – die 2. und 5. Armee – sollte über Breslau und Posen gegen Berlin vordringen. Gleichzeitig sollten auch die Armeen im Süden zwischen Krakau und Przemyśl zur Offensive übergehen mit dem Ziel, die Vernichtung der österreichischen Streitkräfte in Galizien und in den Karpaten zu «vollenden».[55]

Diesem Plan standen, vor allem hinsichtlich der Offensive am zentralen Frontabschnitt, zwei Hindernisse entgegen. Das erste war die zweifelhafte Fähigkeit der Russen, ihre Truppen in dem erforderlichen Tempo dorthin zu bringen, wo sie auf den Gegner treffen sollten. Bei der geschickten Verschiebung starker russischer Kräfte nach Warschau und Iwangorod im Oktober hatten die Russen das relativ gut ausgebaute Eisenbahnnetz Zentralpolens nützen können. In Westpolen hatten sie jedoch aus defensiven Gründen nur wenige Bahnlinien gebaut: vier Ost-West-Linien und zwei Eisenbahnbrücken über die Weichsel.[56] Außerdem hatten die Deutschen bei ihrem Rückzug von Warschau einen Monat zuvor das Schienennetz auf einer Länge von 160 km zerstört. Das zweite Hindernis war, dass Hindenburg seinerseits eine Wiederaufnahme der Offensive plante, ausgehend von weiter zurückliegenden Operationsbasen als im Oktober, aber mit dem gleichen Ziel: die Russen in der westpolnischen Ebene in der Flanke zu packen und sie von ihrer Operationsbasis Warschau abzuschneiden. Die nicht zerstörte Bahnverbindung zwischen Schlesien und Thorn, der alten Festungsstadt an der Weichsel, nützend, verlegte er bis zum 10. November die ganze 9. Armee dorthin. Sie bestand aus 11 Divisionen, einschließlich der Verstärkungen, die auf Verlangen Hindenburgs (seit dem 1. November «Oberbefehlshaber Ost») eilig von der Westfront herangeführt worden waren.[57]

Am 11. November griff die 9. Armee an und deckte das V. Sibirische Korps in seinen weitläufigen und unbefestigten Stellungen mit schwerem Artilleriefeuer ein. Rasch riss sie eine 50 km breite Lücke zwischen den Sibiriern und der übrigen 2. Armee auf, die sich bereits der deutschen Grenze genähert hatte.[58] Obwohl die Deutschen den Russen an diesem Frontabschnitt zahlenmäßig unterlegen waren (15 gegen 24 Divisionen), waren sie im Vorteil und drängten vorwärts. Erst am vierten Tag ihrer Offensive – manche sprechen von der zweiten Schlacht bei Warschau – erkannte die *Stavka* die Krise und ordnete ein Absetzen vom Feind an. In einem zweitägigen Gewaltmarsch wich die russische 2. Armee bis zur großen Industriestadt Lodz zurück, einem mit Vorräten reichlich versorgten Eisenbahnknotenpunkt.

Die Schlacht bei Lodz endete am 23. November weder mit einer Niederlage der Russen noch mit einem Sieg der Deutschen. Doch Ludendorff gelang es, sie als einen Sieg darzustellen und bei Falkenhayn die Verlegung von vier deutschen Armeekorps von der West- an die Ostfront durchzusetzen: des II. und XII. Korps sowie des III. und XXI. Reservekorps. Ludendorff wollte sie als 10. Armee im nördlichen Abschnitt des Operationsgebietes einsetzen. Ein weiteres Korps aus Frankreich, das XXIV. Reservekorps, wurde den Österreichern im südlichen Frontabschnitt zugeordnet. Die in den Norden entsandten Verstärkungen wurden falsch verwendet. Man setzte sie im Laufe des Dezember bei einer Reihe von Frontalangriffen ein, die zwar am 6. Dezember zum Fall von Lodz führten, dann aber 50 km weiter an der Wkra und der Bzura, kleinen Nebenflüssen der Weichsel südwestlich von Warschau, verebbten. Das dortige Terrain, eine weite Ackerlandschaft, eignet sich hervorragend für offensive Operationen. 1939 führte hier die polnische Armee ihren einzigen erfolgreichen Gegenangriff gegen Hitlers Blitzkrieg.[59] Das Gelände eignet sich auch gut zur Verteidigung, wenn Truppen sich eingraben – und darin waren die Russen Meister. Angesichts ihrer Schützengräben gruben sich auch die Deutschen ein, sodass bei Wintereinbruch der Mittelabschnitt der Ostfront völlig in sich erstarrt war. Er sollte bis zum Sommer 1915 militärisch wie physisch eingefroren bleiben.

Im Süden führte das Eintreffen der deutschen Verstärkungen, besonders der 47. Reservedivision des XXIV. Armeekorps, zu ganz anderen Ergebnissen. Im Laufe des November hatten sich die Österreicher trotz ihrer früheren Rückschläge und schrecklichen Verluste wieder erholt und bei Krakau eine Reihe von Gegenangriffen geführt. Zusammen mit dem rechten Flügel der deutschen 9. Armee, jetzt unter dem Oberbefehl Mackensens, und verstärkt durch Böhm-Ermollis 2. Armee aus den Karpaten, gelang es den Österreichern, in unübersichtlichen Gefechten und unter schweren Verlusten nördlich der Weichsel, zwischen Krakau und Tschenstochau, Fuß zu fassen. Die Armeen der russischen Südwestfront – die 2., 5., 4., 9., 3. und 11. – waren jedoch stärker präsent und konnten Verstärkungen heranführen. Nach zehntägigem Kampf, der am 16. November begonnen hatte, musste Conrad die Niederlage eingestehen und seine Truppen auf eine Linie zurückziehen, die der deutschen Grenze näher war als seine Ausgangsstellungen.

Südlich von Krakau nahmen die Ereignisse einen noch schlechteren Verlauf. Weil Österreich für die Offensive bei Krakau-Tschenstochau Truppen von der Karpatenfront abgezogen hatte, waren die fünf wichtigsten Karpatenpässe der Gefahr eines russischen Vormarsches ausgesetzt. Am 20. November nahm Brussilow den Lupkow-Pass ein, und am 29. November musste Boroevic, der diesen Frontabschnitt verteidigte, mit einer russischen Offensive gegen Budapest rechnen.

Dann nahm die Entwicklung für die Österreicher ganz unerwartet eine Wendung zum Besseren. Einer gut überlegten österreichischen Initiative kamen materielle Engpässe der Russen und die Unentschlossenheit des russischen Oberkommandos zugute. Am 29. November berief der Großfürst Nikolai die beiden Frontkommandeure Russki und Iwanow in das Hauptquartier der *Stavka* nach Siedlec (heute Siedlce), um zukünftige Operationen zu erörtern. Es gab, wie schon oft zuvor, verschiedene Auffassungen. Russki wollte die Nordwestfront wegen der hohen Verluste bei Lodz bis Warschau zurücknehmen. Iwanow dagegen witterte in den Schlappen, die er den Österreichern an der Krakau-Tschenstochau-Linie zugefügt hatte, eine Chance, wollte seine Streitkräfte umgruppieren und die Offensive wieder aufnehmen. Sein Argument war, «dass der Weg nach Berlin über Österreich-Ungarn führe».[60] Er setzte sich durch; aber seine Handlungsfreiheit hing nicht von der Erlaubnis des Großfürsten ab, sondern davon, ob Nachschub und Verstärkungen verfügbar waren. An Verstärkungen fehlte es nicht, da Russland im Oktober und November 1,4 Millionen Rekruten einberufen hatte; sie waren jedoch nicht ausgebildet, und viele besaßen nicht einmal Waffen. Vor allem mangelte es an Munition. Die russischen Munitionsfabriken hatten noch nicht die hohen Produktionsziffern von 1915 erreicht, und da das Weiße Meer durch Eis, die Ostsee und das Schwarze Meer durch gegnerische Flotten versperrt waren, konnte keine Munition eingeführt werden. So durfte die Artillerie je Geschütz nicht mehr als 10 Schuss pro Tag abfeuern.

In dieser Situation schlug Conrad zu. Zwischen der russischen 3. Armee südlich von Krakau und Brussilows 8. Armee in den Karpaten hatte er eine Schwachstelle ausgemacht: Zwischen den Städten Limanowa und Lapanow klaffte eine 30 km breite Lücke. Dort zog er die besten Truppen zusammen, über die er verfügte: die deutsche 43. Division und das österreichische XIV. Korps. Dieser österreichische Kampfverband hatte das Überraschungsmoment auf seiner Seite, als er am 3. Dezember angriff. In vier Tagen drängte er die Russen mehr als 60 km zurück. Dann trafen russische Verstärkungen ein, und am 10. Dezember wurde Conrads Vorstoß gestoppt. Dieser hatte es jedoch Boroevic ermöglicht, in den Karpaten zur Offensive überzugehen und sich auf deren nördlichen Ausläufern neue und stärkere Stellungen zu sichern. So vereitelte die Schlacht bei Limanowa-Lapanow nicht nur Iwanows Plan, an Krakau vorbei auf Deutschland vorzustoßen, sondern ließ auch den russischen Traum von einem Vormarsch auf Budapest platzen. Daher war diese Schlacht in ihren Auswirkungen ein doppelter Sieg: Sowohl die Strategie eines direkten Einmarsches in Deutschland als auch die Strategie eines indirekten Sieges über Deutschland durch die Niederwerfung Österreich-Ungarns waren gescheitert.

Limanowa-Lapanow war zwar ein Sieg, zugleich aber auch ein letztes Aufbäumen. Nie wieder sollte die k.u.k. Armee einseitig eine entscheidende Operation einleiten oder einen Erfolg erzielen, den ein österreichischer Armeeführer für sich beanspruchen konnte. Danach errang Österreich seine Siege – etwa Gorlice oder Caporetto – nur mit deutscher Hilfe oder unter deutscher Aufsicht. Im Grunde war auch der Sieg der Österreicher bei Limanowa zu einem beträchtlichen Teil deutschen Leihtruppen zu verdanken. Von jetzt an kämpfte die k.u.k. Armee stets als der immer öfter versagende Juniorpartner des deutschen Heeres. Das war großenteils darauf zurückzuführen, dass sie in den Krieg eingetreten war mit Streitkräften, die für einen Massenkrieg nicht ausreichten, und dass sie dann unverhältnismäßig hohe Verluste erlitt. Alle kämpfenden Heere mussten bis Dezember 1914 Verluste hinnehmen, die sich im Juli niemand hatte vorstellen können. Das russische Feldheer, bei der Mobilmachung 3,5 Millionen Mann stark, war auf 2 Millionen zusammengeschmolzen; doch Russland besaß möglicherweise 10 Millionen Männer, die es noch zu den Fahnen rufen konnte.[61] Österreich-Ungarn dagegen hatte von 3 350 000 Soldaten 1 268 000 verloren, und die offizielle Statistik gab die Zahl der noch Wehrfähigen mit 1 916 000 an.[62] Außerdem dienten viele dem Habsburgerreich immer widerwilliger, je länger der Krieg dauerte. Die tapferen Gebirgsbewohner aus Tirol und Vorarlberg hatten vor Ende 1914 fast alles gegeben, was sie besaßen; die Deutschösterreicher und die kriegerischen Magyaren des Königreichs Ungarn hatten ebenfalls schwere Verluste erlitten; die Slawen des Reiches erwiesen sich als zunehmend unzuverlässig. Den anfänglichen Rückschlag in Serbien hatte man auf die Halbherzigkeit des VIII. Korps zurückgeführt, besonders auf dessen weitgehend aus Tschechen bestehende 21. Division. Während der Kämpfe mit den Russen wurden die Tschechen des IX. Korps verdächtigt, in großer Zahl zum Feind überzulaufen. Die Standhaftigkeit der k.u.k. Armee war außerdem gefährdet durch die anfangs überaus schweren Verluste unter ihren aktiven Offizieren und lange dienenden Unteroffizieren. Sie war auf dem Weg zu «einer Landsturm- und Milizarmee», wie es die offizielle österreichische Kriegsdarstellung ausdrückt.[63]

Was das für die Zukunft bedeutete, zeigte sich, als Conrad einen Monat nach Limanowa-Lapanow den Erfolg in den Ostkarpaten zu wiederholen suchte. Dabei handelte er im Einvernehmen mit den Deutschen, die gleichzeitig eine eigene Offensive in Masuren vorbereiteten, um der Bedrohung Ostpreußens ein für alle Mal ein Ende zu machen. Conrad erhielt für sein Unternehmen drei deutsche Divisionen: die 3. Garde-, die 48. Reserve- und die 5. Kavalleriedivision. Der Plan sah einen Angriff in den Beskiden (Westkarpaten) vor, wo die deutschen Verbände durchbrechen und dann, von österreichischen Divisionen auf den Flügeln unterstützt, nach rechts und links schwenken sollten. Die Bedingungen waren dafür nicht günstig. Die Beskiden, stellenweise bis 2000 m hoch, sind im Winter von tiefem Schnee bedeckt und hatten damals nur wenige Straßen. Außerdem waren die Deutschen für Operationen im Gebirge schlecht ausgerüstet. So war es nicht überraschend, dass die am 23. Januar beginnende Offensive nur langsam vorankam. Überraschend war der Anfangserfolg der Österreicher, die in der Schlacht bei Kolomea die Russen von den östlichen Karpatenhängen vertrieben und Czernowitz, am Schnittpunkt der Grenzen Österreichs, Russlands und Rumäniens, erreichten. Diese Geländegewinne waren jedoch belanglos, und eine Wiederaufnahme der Offensive am 27. Februar wurde von den Russen schnell zum Stehen gebracht. Die Österreicher verloren dabei 90 000 Mann, ohne den hartnäckigen russischen Widerstand gebrochen zu haben.[64] Im Laufe des März führten die Russen, wo immer sich eine Chance bot, Gegenangriffe gegen einen durch die Unbilden der Natur und durch die Erfolglosigkeit seiner Anstrengungen zermürbten Feind. Der damalige Stabschef des österreichischen X. Korps, von Kralowetz, berichtete später, dass der Feind «auf bereits dezimierte, entkräftete, erstarrte und wehrlose Truppen traf». Und Oberst Veith schrieb: «Täglich erfrieren Hunderte; jeder, der sich nicht fortschleppen kann, ist unweigerlich dem Tode verfallen ... Die stumpfe Apathie und Gleichgültigkeit, die die Front immer mehr ergreift, ist nicht zu bannen.»[65]

Mit dem Scheitern dieser Winteroffensive der Österreicher in den Karpaten brach die Moral der großen österreichischen Festungsbesatzung in Przemyśl, die seit Oktober zum zweiten Mal eingeschlossen war, zusammen. Sie zu entsetzen war ein Hauptziel der Januaroffensive gewesen. Als diese und ihre Wiederaufnahme im Februar gescheitert waren, versuchte der Festungskommandant einen Ausfall, der von einem britischen Verbindungsoffizier beim russischen Heer als «Burleske» bezeichnet wurde. Schließlich zerstörte der Kommandant die Befestigungsanlagen, soweit sie die russische Beschießung überstanden hatten, sprengte Geschütze und Munition in die Luft, verbrannte die Vorräte und kapitulierte am 22. März.[66] 2500 Offiziere und 117 000 Soldaten gingen in russische Gefangenschaft.[67] Die Offiziere, die auf den britischen Beobachter «einen blühenden und wohlgenährten Eindruck» machten, litten darunter zunächst kaum. Ein Zeichner der *Illustrated London News* schilderte, wie sie die Cafés der Stadt mit den Eroberern teilten, zwar an getrennten Tischen saßen, aber beim Betreten und Verlassen des Lokals die Feinde militärisch grüßten, worauf diese ebenfalls salutierten, ganz nach der Etikette der Kriegführung im 18. Jahrhundert.[68]

In Masuren waren weder die Russen noch die Deutschen in der Stimmung, Höflichkeiten miteinander auszutauschen. Dort hielt die russische 10. Armee immer noch den Streifen Ostpreußens besetzt, den sie Ende September in der Schlacht bei Augustow eingenommen hatte, und die Deutschen waren entschlossen, ihn zurückzuerobern. Sie planten jedoch mehr als einen nur örtlichen Erfolg: die Umfassung der russischen 10. Armee zwischen Masuren und dem Wald von Augustow und darüber hinaus, im Zusammenwirken mit der österreichischen Offensive in den Karpaten, eine weiträumige Umfassung der gesamten russischen Stellungen in Polen. Falkenhayn hatte keine dieser Operationen gewünscht, da beide Verstärkungen erforderten, die er lieber für seine ununterbrochene Anstrengung im Westen aufsparen wollte. Er wurde jedoch von Hindenburg überrumpelt, der – obwohl ihm unterstellt – seit seinem Triumph bei Tannenberg unmittelbaren Zugang zum Kaiser hatte. Die Truppen ließen sich auftreiben, hauptsächlich weil das deutsche Heer besser als jedes andere imstande war, im Rahmen seiner bestehenden Strukturen neue Verbände zu schaffen. Während die Russen und die Österreicher Verluste häufig nur durch unausgebildete Rekruten ersetzen konnten, teilten die Deutschen Divisionen der ersten Linie, werteten Verbände der 2. Linie auf und bildeten aus Reserven und frischen Rekrutenjahrgängen neue Divisionen. So schufen sie im November 1914 aus Ersatzbataillonen der Wehrbezirke acht neue Divisionen mit den Nummern 75–82. Obwohl diese jeweils nur 9 (anstelle der üblichen 12) Infanteriebataillone umfassten, besaßen sie ebenso viel Artillerie wie die alten. Damit nahmen sie praktisch die 9-Bataillone-Gliederung vorweg, die im weiteren Verlauf des Krieges für das ganze Heer die Norm wurde.[69]

Die «Winterschlacht in Masuren», mit der 75., 76., 77., 78., 79. und 80. Division als Spitze, begann am 7. Februar 1915. Zwei Armeen – die alte 8., die Tannenberg gewonnen hatte, und die neue 10. – griffen südlich beziehungsweise nördlich des Seengürtels an, erzielten bei schrecklichen Wetterverhältnissen – Schnee, Nebel und Eiseskälte – einen Durchbruch und bedrohten die Russen mit einer Umfassung. Die russische Infanterie, schlecht verschanzt und wie gewöhnlich von der Artillerie nur unzulänglich unterstützt (deren Kommandeuren lag mehr daran, ihre Geschütze zu retten, als dem «Rindvieh» an der Front beizustehen), wehrte sich, wurde jedoch nach und nach eingeschlossen.[70] Das russische Oberkommando, das der isolierten 10. Armee keine Reserven zugewiesen hatte, versicherte ihrem Oberbefehlshaber Sievers selbstgefällig, die (weit südlich stehende) 12. Armee werde aushelfen. Bevor der Sturm losbrach, hatte Sievers seine Vorgesetzten gewarnt, seine Armee werde unvermeidlich «dem gleichen Schicksal ausgesetzt sein wie die [Rennenkampffs] im September».[71] Da diese von solchen Befürchtungen nichts wissen wollten, drohte am 16. Februar tatsächlich ein zweites Tannenberg. Bulgakows XX. Korps wurde in einem immer engeren Abschnitt des Waldes von Augustow zusammengedrängt. Den erbitterten Angriffen der Deutschen fielen nicht nur zahllose Russen zum Opfer, sondern auch fast alle dort lebenden Auerochsen, die letzte wilde Büffelart Europas.[72] Am 21. Februar schloss sich die deutsche Zange, und Bulgakow kapitulierte mit 12 000 Überlebenden. Die Deutschen sprachen von mehr als 90 000 Gefangenen; die Mehrzahl der Soldaten der 10. Armee war jedoch, soweit sie nicht gefallen oder verwundet waren, durch das Waldgelände entkommen. Es hatte kein neues Tannenberg gegeben, aber Ostpreußen war von der Gefahr einer russischen Invasion endgültig befreit – wenigstens in diesem Krieg.

Die Winterschlacht in den Karpaten versprach kein so klares Ergebnis. Dort hatten – in Fortsetzung ihrer Anstrengungen bei Limanowa vom Dezember und in den Beskiden vom Januar – die Österreicher und ihre deutschen Leihtruppen ihren Angriff im Februar wieder aufgenommen. Sie mussten jedoch feststellen, dass die Russen mit ungewohnter Energie reagierten. Der österreichische Generalstabschef Conrad begann die Offensive mit dem doppelten Ziel, die eingeschlossene Besatzung von Przemyśl freizukämpfen und einen Erfolg zu erringen, der das durch österreichische Niederlagen immer kühner gewordene Italien davon abhalten sollte, auf der Seite der Ententemächte in den Krieg einzutreten. Die österreichischen Soldaten litten schrecklich unter dem Gelände und dem Wetter in den Karparten; sie erfroren und verhungerten in den tiefen Tälern und Wäldern. Die russischen Verbände – darunter ein Korps aus Finnland, das wahrscheinlich die abgehärtetsten Soldaten Europas stellte – litten weniger. Sie beantworteten den Offensivversuch Conrads Ende März mit einer Gegenoffensive, die vorankam, obwohl drei deutsche Divisionen zur Unterstützung der Österreicher eingriffen. Anfang April beherrschten die Russen die Karpatenfront. Ihre Gesamtverluste seit Kriegsbeginn beliefen sich zwar auf fast 2 Millionen Mann; trotzdem erwogen sie, bei besserem Wetter abermals einen Durchbruch durch die Karpaten in die ungarische Tiefebene zu versuchen – mit Folgen, die für den ganzen Krieg im Osten entscheidend sein sollten. Die Österreicher verloren in den ersten drei Monaten des Jahres 1915 800 000 Mann, zusätzlich zu den 1,2 Millionen des Jahres 1914; sie waren am Ende.[73] Ohne massive deutsche Hilfe, auch wenn diese mit politischer Abhängigkeit und nationalem Prestigeverlust erkauft werden musste, stand das Habsburgerreich vor einer sich zuspitzenden Krise.

6 Patt im Stellungskrieg

Die Erschöpfung der Offensivkraft aller kämpfenden Heere während des Winters 1914/15, im Osten nur wenig später als im Westen, ließ bis zum Frühjahr 1915 in Europa eine neue Grenze entstehen. Sie hatte einen ganz anderen Charakter als die alten, verträumten, durchlässigen Grenzen der Vorkriegszeit, die man an den spärlichen Zollstationen ohne Pass und anderswo ohne Formalitäten überschreiten konnte. Die neue Grenze glich dem Limes der römischen Legionen, einer befestigten Grenze, die ein riesiges, sich auf ein Heer stützendes Reich von der Außenwelt trennte. Seit dem Römischen Reich hatte man in Europa nichts Derartiges mehr gesehen – weder unter Karl dem Großen, noch unter Ludwig XIV., noch unter Napoleon – und man sollte erst nach dem Ausbruch des Kalten Krieges drei Jahrzehnte später wieder mit einer solchen Grenze konfrontiert werden.

Anders als der Eiserne Vorhang markierte diese neue Grenze weder eine soziale noch eine ideologische Abgrenzung. Sie war ganz einfach eine Befestigungslinie mit zugleich defensivem und offensivem Charakter, die Krieg führende Staaten voneinander trennte. Solche Befestigungen waren schon früher angelegt worden: im 17. und 18. Jahrhundert von den Zaren in der Steppe (die Cherta-Linien), im ersten Jahrzehnt des 19. Jahrhunderts von Wellington in Portugal, während des amerikanischen Sezessionskrieges in Virginia und Maryland, während der Balkankriege bei Chatalja in der Nähe Konstantinopels. Keine dieser Befestigungen reichte hinsichtlich Länge, Tiefe oder kunstvoller Ausführung an Europas neue Grenze von 1915 heran. Von Memel an der Ostsee bis Czernowitz in den Karpaten und von Nieuwpoort in

Belgien bis zur Schweizer Grenze südöstlich von Belfort erreichte diese Befestigungslinie eine Länge von nahezu 2000 km. Man begann Stacheldraht zu verwenden, den amerikanische Viehzüchter seit etwa 1870 benutzten, und verflocht ihn bis zum Frühjahr zu Drahtverhauen zwischen den feindlichen Schützengräben. Man schuf auch unterirdische Schutzräume (die Briten nannten sie *dug-outs*) sowie Bereitschafts- und Reservestellungen hinter der Front.

Im Wesentlichen war die neue Grenze jedoch ein Graben: So tief, dass er einem Mann Schutz bot; so schmal, dass er für Steilfeuer der feindlichen Artillerie ein schwer zu treffendes Ziel war; und in gewissen Abständen mit Knicken und Quergängen versehen, um die Wirkung von Detonationen, Granatsplittern und Schrapnellen abzuschwächen und um zu verhindern, dass in einen Graben eingedrungene Angreifer mit ihrem Gewehrfeuer einen größeren Abschnitt beherrschten. In nassem oder steinigem Boden waren die Gräben weniger tief, hatten aber zur Feindseite hin eine höhere Brustwehr aus in Sandsäcke abgefüllter Erde. Je trockener und leichter der Boden zu bearbeiten war, desto weniger waren an den inneren Grabenwänden stützende Verkleidungen aus Brettern oder Flechtwerk nötig und desto tiefer lagen die Unterstände. Letztere begannen als Aushöhlungen in der dem Feind zugewandten Seite des Schützengrabens, so ausgehoben, dass ihr Eingang vor feindlichen Granaten geschützt war. Bald entwickelten sie sich zu tiefen Schutzräumen, in die Treppen hinunterführten. Die bis zu 10 m tiefen Stollen, die die Deutschen schließlich in den Kreideböden des Artois und der Somme gruben, erwiesen sich selbst bei schwerstem Artilleriefeuer als sicher.

Es gab jedoch kein einheitliches Schützengrabensystem. Das Muster wechselte von Ort zu Ort, von einem Frontabschnitt zum anderen. Es war abhängig von den Gegebenheiten des Geländes, vom Kräfte-Raum-Verhältnis (das im Westen hoch, im Osten niedrig war), von der taktischen Doktrin und vom Kampfverlauf, der zu der jeweiligen Linie geführt hatte. An weiten Abschnitten der Ostfront konnte im Frühjahr 1915 das Niemandsland – der Raum zwischen den Frontlinien – 3 bis 4 km breit sein. Zwischen

Gorlice und Tarnów (ostwärts von Krakau), wo im Mai 1915 der große Durchbruch der Österreicher und Deutschen erfolgen sollte, «gab es lediglich einen dürftigen, schlecht angelegten Schützengraben, vor dem ein paar Knäuel Stacheldraht lagen, und die Verbindungen zum Hinterland verliefen häufig über offenes Gelände ... Es gab auch fast keine rückwärtige Stellung.»[1]

Im Westen war das Niemandsland nur 200 bis 300 m, stellenweise nicht einmal 25 m tief. Intensive Grabenkämpfe konnten sogar zu einem «internationalen» Drahtverhau führen, an dem von beiden Seiten geflickt wurde. Die Drahtverhaue – anfänglich an hölzernen Pfosten befestigt, später an Pflöcken festgeschraubt, um lautes Hämmern zu vermeiden – waren allerdings noch ziemlich schmal. Die dichten, bis zu 50 m tiefen Verhaue waren eine Entwicklung späterer Jahre. Die Briten legten in der Regel etwa 200 m hinter der Frontlinie eine «Bereitschaftslinie» und knapp 400 m weiter rückwärts eine einfacher gestaltete «rückwärtige Linie» an. Diese Linien waren durch «Verbindungsgräben» (ebenfalls mit Knicken und Quergängen) verbunden, über die Ablösungs- und Verpflegungstrupps von hinten die Front unter Deckung erreichen konnten. In einer schematischen Darstellung wäre diese Anordnung einem Belagerungsspezialisten des 18. Jahrhunderts sehr vertraut erschienen: Parallelen (Quergräben), die durch Sappen (Laufgräben) miteinander verbunden waren.[2] Jedes regelmäßige Schema wurde unkenntlich, sobald die Schützengräben aufgegeben wurden, weil der Feind sie unter Wasser setzte, einsehen konnte oder im Nahkampf eroberte. Ständig wurden neue Schützengräben ausgehoben, um die Stellung zu verbessern oder im Kampf verlorene Abschnitte zu ersetzen; aus alten Bereitstellungs- oder Verbindungsgräben wurden neue Frontstellungen. Aufgrund eines erfolgreichen Vorstoßes wurden ganze Grabensysteme zurückgelassen; vielleicht wurden sie wieder benutzt, wenn das Pendel des örtlichen Vorteils nach der anderen Seite ausschlug. Wie die ersten Luftaufnahmen bald erkennen ließen, wurde die Westfront schnell zu einem Labyrinth von Knicken und Sackgassen, in denen Soldaten, manchmal ganze Einheiten sich leicht verirrten. Führer, die sich in den Grabensystemen auskannten, waren unerlässliche Begleiter, wenn am Ende eines Stellungseinsatzes Bataillone einander ablösten. Ebenso notwendig waren Schilder, die auf die länger benutzten Schützengräben sowie die zerschossenen Überreste menschlicher Behausungen hinwiesen. Im Frontvorsprung bei Ypern gab es im Winter 1914/15 immer noch Spuren der Gebäude, die von den Tommys benannt worden waren: Tram Car Cottage, Battersea Farm, Beggar's Rest, Apple Villa, White Horse Cellars, Kansas Cross, Doll's House.[3]

Die Briten, die im Oktober 1914 nach Ypern geeilt waren, um die offene Lücke in der Westfront zu schließen, hatten sich überall eingegraben, so gut sie konnten. Erdlöcher von 0,6 Kubikmeter, die ein Mann in einer halben Stunde aushob und die ihm Deckung boten, wurden später miteinander zu Schützengräben verbunden.[4] Noch öfter war der erste Unterschlupf ein vorhandener Straßen- oder Entwässerungsgraben. Wenn es regnete oder wenn man diese vorgefundenen Zufluchtsorte vertiefte, füllten sie sich mit Wasser und waren nur unter großen Mühen oder überhaupt nicht bewohnbar, wie das 2. Bataillon der *Royal Welsh Fusiliers* im Oktober 1914 südlich von Ypern erkennen musste: «Die Straßen und viele Felder sind von tiefen Gräben gesäumt ... Der Boden besteht meist aus Lehm oder Sand ... Hinter Sicherungstruppen [die feindwärts in Stellung lagen] befahlen die Kompanieführer ihren Leuten zu graben ... Die 3. und 4. Kompanie gruben vorschriftsmäßig und abschnittsweise seitwärts verlaufende Gräben ... Die 1. Kompanie grub zugweise ... Die 2. Kompanie grub einen Bereitschaftsgraben ... und ließ einen Zug als Besatzung zurück. Die übrigen drei Züge gingen zu einem von Weiden gesäumten trockenen Graben hinter der Keller-Farm ... und verbesserten ihn mit ihren Spaten.»[5] Im Dezember übernahm das Bataillon einen ähnlichen Frontabschnitt in der Nähe. «Innerhalb von 24 Stunden gab es Regen, Regen, Regen. Die Winterüberschwemmung hatte eingesetzt, und der Graben entpuppte sich als starker Wasserlauf, der sich in den Fluss ergoss; es war einer der Hauptentwässerungsgräben in diesem stark drainierten Tiefland. Die Brustwehr stürzte auf beiden Seiten ein. Der als Schützengraben benutzte Wassergraben verwandelte sich in einen reißenden Strom und musste bei Tag verlassen werden.» Mithilfe der *Royal Engineers* und Bohlen aus einem örtlichen Sägewerk wurde der Graben schließlich verkleidet und über dem Wasserspiegel aufgebaut. «[Die Bohlen] mussten in eine sich bewegende Schlammschicht hineingetrieben werden ... von Männern, die in Hörweite zum Feind 60 cm tief im Wasser standen ... In zwei Wochen harter Arbeit entstand ein trockener Schützengraben, dessen Boden über dem normalen Flutwasserspiegel lag ... 1917 war es immer noch der trockenste Schützengraben des ganzen Frontabschnitts.»[6]

Die lange Lebensdauer dieses Schützengrabens war ungewöhnlich. Obwohl die Westfront erstarrte, bewahrten nur wenige Abschnitte von 1914 bis 1917 ihren ursprünglichen Zustand. Warum das so war, zeigt ein Erlebnis der Füsiliere im Januar 1915 in einer Stellung am Fluss Lys, südlich von Ypern:

> Die Lys stieg immer noch an. Deshalb wurde beschlossen, die Schützengräben aufzugeben und eine Brustwehr zu bauen. Die Arbeit begann heute [25. Januar] ... Auf einem Gelände, wo der Grundwasserspiegel so hoch lag, war es oft schwierig, feste Erde zum Füllen von Sandsäcken zu finden. So mühte sich das Bataillon während der folgenden Wochen ab, aus glitschigem Schlamm eine Brustwehr zu bauen. Abschnittweise wurden von den Pionieren die Holzgerüste für die Brustwehr hergestellt. Diese Bauteile – große Reisiggeflechte, Wellblechplatten und zahllose Sandsäcke – wurden nachts von Trägertrupps transportiert ... Links vom Frontabschnitt des Bataillons fand sich ein Spalt, durch den ein großer Schützengraben entwässert werden konnte, sodass es möglich war, ihn zu besetzen. Während die Brustwehr und der Schützengraben entstanden, arbeiteten die Verdrahtungsabteilungen der Kompanie um die Wette ... Rechtzeitig erstreckten sich mehrere Meter tiefe, an Pflöcken befestigte Drahtverhaue über die ganze Front. Bis zur Fertigstellung der Linie, was Wochen dauerte, blieb diese unzusammenhängend. Um eine Kompanie nach vorn zu bringen, mussten manche Strecken gebückt oder im Laufschritt zurückgelegt werden: ein Spießrutenlaufen vor deutschen Scharfschützen, auf deren Konto die meisten Verluste während der ersten Monate des Jahres gingen.[7]

Stück für Stück verwandelten Bataillone wie das 2. der *Royal Welsh Fusiliers* den britischen Frontabschnitt in eine Linie, die verteidigt und einigermaßen bewohnt werden konnte. Die Deutschen hatten bessere Stellungen. Aufgrund ihrer Entscheidung, sich von der Marne zurückzuziehen, konnten sie die nassen, tief liegenden, leicht einsehbaren Sektoren meiden und diese dem Gegner überlassen. Sie hatten sich bewusst für die Strategie des Stellungskrieges entschieden, wie die Kommandeure der nachsetzenden französischen Verbände berichteten, die bei ihrem Vormarsch von der Marne der Reihe nach gestoppt wurden. Am 13. September funkte Franchet d'Espérey in seinem abendlichen Bericht an Joffre ins GQG, die 5. Armee sei auf ein neues Phänomen gestoßen: ein ausgebautes Schützengrabensystem auf beiden Seiten der Stadt Reims, das seine Voraustruppen weder umgehen noch durchstoßen könnten. An den darauf folgenden Tagen gaben die übrigen Armeeführer ähnliche Meldungen durch. Am 15. September berichtete Foch (9. Armee), er sei durch eine Linie von Schützengräben aufgehalten worden, die sich ostwärts von der Flanke der 5. Armee erstrecke. Am 16. September funkte Sarrail (3. Armee), er stehe in ununterbrochener Fühlung mit den Deutschen, die «Verdun mit einem Netz von Schützengräben umgeben» hätten, das er durch einen Infanterieangriff nicht einnehmen könne. Der mit seiner 6. Armee rechts von ihm stehende Castelnau entdeckte am gleichen Tag, dass er einer ununterbrochenen Linie von Schützengräben gegenüberstand, die er nicht umgehen konnte. Und am 17. September berichtete Dubail (1. Armee), vor seiner Front verlaufe ein durchgehendes Schützengrabensystem, errichtet von Arbeitern der örtlichen Bevölkerung, die von den Deutschen zwangsverpflichtet worden seien.[8]

Von Reims bis zur Schweizer Grenze hatten die Deutschen also Moltkes Anweisung vom 10. September, die nach dem Rückzug von der Marne erreichten Stellungen «auszubauen und zu halten», erfolgreich durchgeführt. Von der Aisne nordwärts bis zum Ärmelkanal wurde Stück für Stück eine Stellungslinie gegraben, an der die kleinräumigen Umfassungsbewegungen der Franzosen nacheinander scheiterten. Die Letzte dieser Etappen des

«Wettlaufs zum Meer» endete im Vertiefen, Aushöhlen, Scharren und Auspumpen von Gräben und in grober Zimmermannsarbeit auf dem Schlachtfeld, wie es die Offiziere des 2. Bataillons der *Royal Welsh Fusiliers* beschrieben. Das alles geschah unter dem Feuer eines Gegners, der sich in das höher liegende, trockenere Gelände ostwärts von Ypern eingegraben hatte und von dort aus die Stadt und ihr Umland einsehen konnte.

Die Briten, die 15 Jahre zuvor von den Buren gelernt hatten, wie wertvoll ein ausgefeiltes System von Schützengräben war, glichen die Nachteile ihrer vom Gegner einsehbaren Stellungen in Flandern aus, indem sie sich doppelt und dreifach eingruben – eine Absicherung sowohl gegen plötzliche Infanterieangriffe als auch gegen Artilleriefeuer. Die Deutschen, die zum letzten Mal 1871 bei Paris Befestigungen gegraben hatten und ihre Kenntnisse über den Stellungskrieg sonst nur aus Untersuchungen über den Russisch-Japanischen Krieg bezogen, folgten einer anderen Lehre. Am 7. und 25. Januar 1915 ordnete Falkenhayn an, die deutschen Armeen im Westen sollten die Front so stark befestigen, dass Angriffe überlegener Streitkräfte von relativ wenigen Truppen abgewehrt werden könnten.[9] Falkenhayn trug damit der zwingenden Notwendigkeit Rechnung, aus Frankreich und Belgien Truppen für den Osten abzuziehen. Denn die Kämpfe in Masuren und an der Weichsel sowie die Unterstützung der Österreicher in Galizien beanspruchten seine Ressourcen immer stärker. Er hatte bereits 13 Divisionen an die Ostfront geschickt und benötigte dort – neben Landwehrverbänden – sieben weitere. Das war mehr als ein Zehntel des Feldheeres im Westen und ein Drittel seiner preußischen Verbände, auf die man sich wegen ihrer Angriffsqualitäten am meisten verließ. Die Armeen im Osten entwickelten sich somit zu einer gewaltigen Streitmacht.

Die im Westen verbleibenden Armeen enthielten zwar weiterhin eine Elite, umfassten aber nun zu viele nichtpreußische Verbände (Bayern, Sachsen und Hessen), schwächere Reservedivisionen und schlecht ausgebildete, erst während des Krieges zusammengestellte Divisionen. So überrascht es nicht, dass die von Falkenhayn festgelegte Verteidigungsdoktrin äußerst rigoros war. Die stark ausgebaute Frontlinie sollte die Hauptkampflinie sein, die um jeden Preis gehalten und im Falle eines Einbruchs durch sofortige Gegenangriffe zurückerobert werden musste. Rückwärtige Stellungen waren nur als vorbeugende Maßnahme anzulegen. Manche deutschen Generale, darunter Kronprinz Rupprecht von Bayern, der in Flandern die 6. Armee gegen die Briten führte, sprachen sich gegen das Graben einer rückwärtigen Linie aus; er meinte, die Fronttruppen würden weniger standhaft sein, wenn sie hinter sich eine Ausweichstellung wüssten.

Erst am 6. Mai 1915 erließ die OHL eine bindende Anweisung, dass die ganze deutsche Front in einem Abstand von 2 bis 3 km zur vordersten Linie durch eine rückwärtige zweite Linie von Schützengräben zu verstärken sei.[10] Nunmehr wurde die Hauptkampflinie zu einer gewaltigen Befestigungsanlage. In den Kreideböden des Artois und der Somme, auf den Höhenzügen an der Aisne und der Maas grub sich die deutsche Infanterie tief ein, um beschusssichere Unterstände zu erhalten. Hinter den Schützengräben befanden sich einbetonierte Maschinengewehrnester, die mit starken Bohlen und Eisenplatten verkleidet waren. Die Brustwehren waren kompakt und hoch, die Sohlen der Schützengräben mit Brettern ausgelegt. In militärischer Hinsicht wurde die deutsche Front von Woche zu Woche stärker. Im Inneren wurde sie sogar komfortabel. In den tiefen Unterständen gab es elektrisches Licht, feste Bettgestelle, Bretterfußböden, getäfelte Wände, Teppiche und Bilder. Von den unterirdischen Kommandoposten liefen Telefonleitungen zu den weiter zurückliegenden Artilleriebatterien. Die Deutschen richteten sich auf einen langen Aufenthalt ein.

Die Franzosen erlaubten sich einen solchen Komfort nicht. Die besetzten Gebiete Frankreichs – die Departements Nord, Pas-de-Calais, Somme, Oise, Aisne, Marne, Ardennes, Meuse, Meurthe-et-Moselle und Vosges wurden seit Oktober 1914 teilweise oder ganz vom Feind beherrscht – sollten so bald wie möglich zurückerobert werden. Denn die Besetzung bedeutete mehr als nur eine Verletzung des französischen Territoriums. Sie beeinträchtigte nachhaltig das französische Wirtschaftsleben. Die

80 vom Krieg nicht direkt betroffenen Departements waren weitgehend agrarisch; die zehn von den Deutschen besetzten Departements enthielten einen Großteil der französischen Fertigungsindustrien und die meisten Kohle- und Eisenerzvorkommen des Landes. Ihre Rückeroberung war dringend notwendig, wenn Frankreich den Krieg weiterführen wollte. Deshalb lehnte Joffre den Ausbau einer undurchdringlichen Stellungsfront nach deutschem Muster ab. Er wollte von seinen Stellungen aus entscheidende Offensiven über das Niemandsland hinweg führen. Die Notwendigkeit, seine Streitkräfte sparsam einzusetzen, verband Joffre in einem gewissen Sinne mit Falkenhayn. Aber während sein deutscher Gegenspieler die ganze Westfront zu einem passiven Frontabschnitt machen wollte, um Truppen für den Osten zu gewinnen, wollte Joffre die Westfront in passive und aktive Frontabschnitte aufteilen; dabei sollten aus den Ersteren Angriffstruppen für die Letzteren freigestellt werden. Diese Aufteilung ergab sich aus den geographischen Gegebenheiten. Die nassen und hügeligen Frontabschnitte – Flandern im Norden, die Höhen an der Maas und die Vogesen im Süden – sollten passiv bleiben. Die dazwischen liegenden Frontabschnitte – besonders diejenigen, die an den großen deutschen Frontvorsprung an der Somme bei Arras und in der Champagne bei Reims grenzten – sollten aktiv sein.

Zwei im Dezember geführte Offensiven an diesen Frontabschnitten erwiesen sich als voreilig. Die erste Schlacht im Artois vom 14.–24. Dezember endete ergebnislos. Die Winterschlacht in der Champagne, die am 20. Dezember begann, zog sich mit langen Unterbrechungen bis zum 17. März 1915 hin und kostete die Franzosen 90 000 Mann, ohne ihnen den geringsten Geländegewinn zu bringen. Lokale und völlig ergebnislose Kämpfe gab es auch weiter südlich, in den Argonnen, bei Verdun, im Frontvorsprung von Saint-Mihiel und beim Hartmannsweilerkopf in den Vogesen, einem strategisch wichtigen Berg, auf den beide Seiten ihre Gebirgstruppen ansetzten. Deutsche «Jäger» und französische *Chasseurs alpins* verwickelten sich gegenseitig in ergebnislose Gefechte; der Vieil Armand, wie die Franzosen den Berg nennen, sollte für viele ihrer besten Soldaten zum Grab werden.

Joffre musste erkennen, dass das französische Heer noch zu schlecht ausgerüstet und das deutsche Schützengrabensystem zu stark war, als dass er einen entscheidenden Erfolg hätte erringen können; deshalb änderte er seine Pläne. Im Januar gab er zwei Anweisungen, die den Aufbau der Front festlegten. In der ersten ordnete er an, die aktiven Frontabschnitte sollten aus Stützpunkten bestehen, die so platziert waren, dass sie das Gelände nach vorn und seitwärts durch ihr Feuer beherrschen konnten. Die dazwischen liegenden passiven Frontabschnitte sollten nur mit Beobachtungsposten besetzt und mit dichten Drahtverhauen versehen sein, aber durch Feuer aus den aktiven Zonen verteidigt werden. An der ganzen Front, der aktiven wie der passiven, sollten zwei Drahtverhaue angelegt werden, und zwar in einem Abstand von etwa 20 m und jeweils etwa 10 m tief, mit Gassen für Patrouillen. Hinter der Stützpunktlinie sollten rückwärtige Stellungen mit beschusssicheren Unterständen für Kompanien liegen, die sich für Gegenangriffe bereithielten.[11] Eine Besichtigung der Front ergab, dass die meisten der von Joffre angeordneten Maßnahmen bereits durchgeführt waren. In seiner zweiten Januar-Anweisung forderte er daher den Ausbau eines etwa 3 km weiter rückwärts liegenden zweiten Stellungssystems – eine Vorsichtsmaßnahme gegen örtliche Einbrüche. In den Frontabschnitten bei Verdun und Reims war diese Arbeit bereits abgeschlossen. Darüber hinaus erließ Joffre die allgemeine Anweisung, die vorderste Linie mit so wenig Mann wie möglich zu besetzen, um die Kampfkraft zu schonen und Verluste zu vermeiden; die örtlichen Kommandeure sollten Vorposten nicht zu nahe an die feindlichen Stellungen vorschieben.

Das war genau das Gegenteil der von den Briten entwickelten Taktik, «das Niemandsland zu beherrschen», indem man neue Schützengräben zum Feind grub und häufig feindliche Schützengräben überfiel. Der erste derartige Überfall wurde in der Nacht vom 9./10. November 1914 bei Ypern vom 39. Garwhal-Schützenregiment des Indischen Korps ausgeführt.[12] Wilde Einbrüche in feindliche Stellungen im Schutz der Dunkelheit gehörten zum Stil indischer Grenzkämpfe; diese mörderische kleine Aktion bedeutete vielleicht die Einführung militärischer Stammespraktiken in die «zivilisierte» Kriegführung westlicher Armeen. Aus diesem Präzedenzfall machten die Briten eine Gewohnheit, die dann die Deutschen übernahmen. Die Franzosen entwickelten trotz ihrer langen Erfahrungen mit Stammeskriegen in Nordafrika nie eine ähnliche Begeisterung für diese barbarischen Vorstöße mit Aufschlitzen und Niederstechen des Gegners. Da ihre Reservekorps über weit mehr Feldgeschütze verfügten als die Briten oder die Deutschen, zogen sie es vor, ihre Abwehrfronten aus der Entfernung mit Artilleriefeuer zu verteidigen. Dafür waren sie ausreichend bevorratet, nachdem sie ihren Munitionsengpass vom Winter 1914/15 überwunden hatten.

Diese drei verschiedenartigen Methoden, die Westfront entlang der im November 1914 verlaufenden Kampflinie zu stabilisieren, wären im Frühjahr 1915 einem Beobachter aus der Luft schwerlich aufgefallen. Vom Flugzeug aus sah die Front trist und einförmig aus: Ein etwa 6 km breiter Gürtel, in dem die Erde von Granaten zerpflügt, die Vegetation verwüstet und die Gebäude zerstört waren. Später, als die Feuerkraft der Artillerie zunahm und im Infanteriekampf bald die eine, bald die andere Seite im Vorteil war, weitete sich die Zone der Zerstörung aus. Die Länge und der geographische Verlauf der Front änderten sich während der folgenden 27 Monate kaum. Daran vermochten die Anstrengungen der Armeen beider Seiten offenbar nichts zu ändern, bis im März 1917 die Deutschen ihren zentralen Frontabschnitt an der Somme zwischen Arras und Soissons freiwillig aufgaben und in eine verkürzte, stärkere, sorgfältig vorbereitete Stellungslinie 30 km rückwärts auswichen. Bis dahin blieb die 760 km lange Westfront Monat für Monat fast bis auf den Meter unverändert, in einer umgekehrten S-Form von der Nordsee bis zur Schweizer Grenze. Sie begann beim belgischen Nieuwpoort, wo die fast 30 m breite Yser zwischen hohen Betondeichen träge dem Meer zufließt. Das Ostufer wurde von den Deutschen gehalten, das Westufer von den Franzosen – Joffre brachte es nicht über sich, diesen kritischen Punkt den Belgiern anzuvertrauen, die hier ihr eigenes Land verteidigt hätten. Südlich der Schleusen von

Nieuwpoort und hinter der hohen Gebäudeflucht strandnaher Ferienhotels, in die 1914 durch die gegenseitigen Artillerieduelle bald Lücken geschlagen waren, folgte die Front der Yser südwärts durch eine völlig flache Landschaft mit Rübenfeldern und Bewässerungskanälen bis Diksmuide, wo ein leicht ansteigender Ausläufer der flämischen Hügelkette sich zur Nordsee erstreckt. Seit November 1914 stand dieses Gebiet größenteils unter Wasser. Diese Geländeüberflutungen waren eine unüberwindbare Barriere für die deutschen Marinetruppen, die auf der Ostseite in den mit Brustwehren versehenen Schützengräben lagen.

Südlich von Diksmuide verlief die Linie knapp über dem Meeresspiegel bis Ypern. Sie umging diese Stadt in einer flachen Schleife, dem «Frontvorsprung» (*Salient*), den von November 1914 bis Oktober 1918 die höher gelegenen deutschen Stellungen bei Passchendaele (Passendale) und Gheluveld beherrschten. Der mittelalterliche Tuchhandel hatte Reichtum nach Ypern gebracht, der in einer schönen Kathedrale und einer prächtigen Tuchhalle zur Schau gestellt wurde. Im Frühjahr 1915 lagen beide Bauwerke weitgehend in Trümmern, ebenso die Wälle aus dem 17. Jahrhundert und die Kasernen aus dem 19. Jahrhundert westlich der Stadt. Südlich und westlich von Ypern steigt das Gelände zur «flämischen Schweiz» an: Cassel, Mont Kemmel und Mont des Cats, wo britische Generale ihr Hauptquartier hatten. Truppen, die vom Dienst in den vordersten Stellungen abgelöst wurden, fanden Erholung in den Kleinstädten Poperinge («Pop») und Bailleul. «Pop» wurde für die BEF zu einem Ort unterschiedlicher Attraktionen: das berühmte Talbot House, «Toc H», geleitet von Reverend Tubby Clayton, für Idealisten und kirchlich Gesinnte, die bereit waren – darauf bestand er –, den Dienstgrad abzulegen, wenn sie sein Haus betraten; das verrufene «Skindles» für Offiziere, die ein gutes Essen und die Gesellschaft leichter Mädchen wünschten. Skindles ist heute kaum noch aufzufinden, aber Toc House steht immer noch; seine Kapelle im Dachgeschoss atmet die anglikanische Frömmigkeit der Kriegsfreiwilligen aus den Vorstädten, die Hals über Kopf in die Hölle des Ersten Weltkriegs geworfen wurden. Die halbdunkle, schmucklose

Kapelle unter dem Dach bleibt für jeden, der an die Westfront pilgert, eine tief bewegende Station.

Südlich von Ypern kamen die geographischen Gegebenheiten den Deutschen zugute: in den Hügelketten von Aubers und Messines, häufigen Zielen britischer Angriffe, und im Kohlenrevier von Lens, wo Schlackenhalden und Fördergerüste gute Beobachtungspunkte boten, solange sie nicht durch Artilleriebeschuss zerstört wurden. Ab La Bassée verlief die Front auf französischem Gebiet und stieg allmählich zu den Kreidehügeln des Artois an. Hier hatten einst Wasseringenieure, auf der Suche nach wasserführenden Schichten tief unter der Erdoberfläche, erstmals den artesischen Brunnen – den Brunnen des Artois – entwickelt, und hier bot der Boden den Deutschen die besten Bedingungen für Abwehrstellungen an der Westfront. Der Kalkgürtel erstreckt sich südwärts über die Somme bis zur Champagne. Doch nirgends beherrschten die Deutschen ihre Gegner besser als bei Vimy, wo die Hügelkette plötzlich und abrupt nach Osten zur Ebene von Douai abfällt, die sich bis zur großen strategischen Nord-Süd-Eisenbahnlinie Lille-Metz, der «ligne de rocade», erstreckt. Weil die Trennlinie zwischen Hochland und Ebene bei Vimy so extrem ist, mussten die Deutschen diesen Geländeabschnitt halten, was ihnen gegen wiederholte Angriffe der Westmächte gelang, bis er 1917 von Kanadiern in einer heroischen Attacke erobert wurde.

Südlich von Vimy verlief die Frontlinie ostwärts von Arras – einem weiteren Juwel mittelalterlicher Architektur, das während des Krieges dem Erdboden gleichgemacht wurde – zum Tiefland der Somme. Die Somme ist ein unansehnlicher, trüber und sich in Windungen dahinschlängelnder Fluss, die umgebende Landschaft aber kommt einem englischen Auge sehr vertraut vor: Die sanft ansteigenden und abfallenden Geländewellen erinnern an die Ebene von Salisbury oder die Sussex Downs. Die Briten sollten diese Landschaft gut kennen lernen; denn ihr Frontabschnitt wurde, als ihre Truppenstärke zunahm, immer weiter südwärts ausgedehnt. 1916 reichte er fast bis zum Tal der Somme bei Péronne, das bis zum Ende des Krieges die neue Operationsgrenze zwischen den Briten und den Franzosen bilden sollte.

Selbst nachdem Frontteile nördlich der Somme den Briten zugewiesen worden waren, blieb der französische Frontabschnitt der längere. Unmittelbar südlich der Somme verlief die Front durch eine geschlossenere, stärker bewaldete Landschaft bis Noyon an der Oise. Hier näherte sie sich Paris bis auf 90 km; fast während des ganzen Krieges enthielt das Impressum der von dem großen radikalen Politiker Georges Clemenceau herausgegebenen Zeitung den Satz: «Les allemands sont à Noyon.» Bei Noyon bog die Front scharf ostwärts, dem Höhenzug zwischen der Aisne und der Ailette folgend. Hier hatten sich die Deutschen nach der Marneschlacht zuerst eingegraben und so den ersten Teilabschnitt der Westfront geschaffen. Der Höhenzug hieß Chemin-des-Dames, nach dem Vergnügungsweg, der auf dem Kamm einst für die Töchter Ludwigs XV. angelegt worden war.

Ostwärts vom Chemin-des-Dames folgte der Frontverlauf den Höhen oberhalb von Reims, das fast während des ganzen Krieges im Wirkungsbereich der deutschen Artillerie lag. Weiter östlich überquerten die Schützengräben das trockene, steinige Plateau der Champagne pouilleuse, paradoxerweise einer der größten Truppenübungsplätze des französischen Heeres in Friedenszeiten. Hier gab es keine Hecken und Bäume, was günstig war für die Bewegungen großer Truppenverbände und für Übungsschießen der Artillerie bei der Erprobung beweglicher Kriegführung, die dann durch das Entstehen der Westfront gänzlich vereitelt wurde.

Am Ostrand der Champagne, bei Sainte-Menehould, durchschnitt die Front die Argonnen, ein Gewirr von Wäldern, Bächen und kleinen Hügeln, in dem keine der beiden Seiten größere Operationen in Gang setzen konnte, wo es jedoch ständig zu Reibereien kam. Östlich der Argonnen erheben sich die Anhöhen an der Maas, gekrönt von den Festungswerken um Verdun und im Osten umfasst von deutschen Schützengräben; dann fällt das Gelände in die Ebene der Woëvre ab. Die Woëvre war für die Deutschen von entscheidender Bedeutung, denn sie bot einen leichten Zugang zu ihrer eigenen großen Festung Metz, und in den ersten Schlachten des Jahres 1914 hatten sie schwer darum gerungen, sie nicht zu verlieren. Ende September hatten sie sich sogar bei Saint-Mihiel einen Stützpunkt westlich der Maas erkämpft. Mit diesem Frontvorsprung hatten sie einen Brückenkopf jenseits des wichtigsten Flusshindernisses an der Westfront inne, der den Franzosen unaufhörlich Schwierigkeiten bereitete. Er blieb in deutscher Hand, bis er im September 1918 von den Amerikanern zurückerobert wurde.

Südlich von Saint-Mihiel lag der Vorteil bei den Franzosen. Während der Grenzschlachten war es ihnen gelungen, nicht nur die Stadt Nancy zu halten, sondern auch hoch gelegene Punkte wie den Ballon d'Alsace, der eine weite Sicht nach allen Himmelsrichtungen bietet. Die Kontrolle der Vogesenkämme und des Verlaufes der hier durchfließenden Meurthe gab den Franzosen am östlichen Ende der Westfront Sicherheit.[13] Auf den letzten 80 km verlief die Front weitgehend auf deutschem Gebiet – das allerdings bis 1871 französisch gewesen war – über die Hochvogesen und durch die Burgundische Pforte, bis sie bei dem Dorf Bonfol die Schweizer Grenze erreichte. Dort überwachte schweizerische Miliz, vollständig für den Krieg mobilisiert, von neutralem Boden aus die Endpunkte der einander gegenüberliegenden Stellungen.[14]

Die Strategie an der Westfront

Die geographischen Gegebenheiten an der Westfront sind in ihrer strategischen Bedeutung heute wie damals leicht zu verstehen. Sie diktierten weitgehend die Pläne beider Seiten zu Beginn des Stellungskrieges und in den folgenden Jahren. Weite Strecken der Front waren nicht günstig für die von beiden Seiten beabsichtigten Operationen, bei denen starkes Artilleriefeuer umfangreichen Infanterieangriffen vorausgehen sollte. Die Vogesenfront beispielsweise war dafür nicht geeignet, was sowohl die Franzosen als auch die Deutschen erkannten. Deshalb standen hier nur zweitklassige Divisionen, jeweils verstärkt durch Gebirgsjäger, die gelegentlich um den Besitz von Berggipfeln rangen. Auch südlich von Verdun unternahm zwischen September 1914 und September 1918 keine Seite eine größere Anstrengung; so war dieser 250 km lange Frontabschnitt «inaktiv». Anderswo erwiesen sich die Argonnen sowie – wenn auch aus anderen Gründen – die flandrische Küstenzone als ungeeignet für Offensiven. Die Argonnen waren zu zerklüftet, zu stark von Wasserläufen durchschnitten und zu dicht bewaldet, die flandrische Küstenzone zu nass für Infanterieangriffe, die auf feste Vormarschwege ohne Hindernisse angewiesen waren, wenn sie erfolgreich sein sollten. Artilleriefeuer verwandelte den Wald der Argonnen in einen Dschungel verwüsteter Vegetation, den Boden der Marschen Flanderns in Morast. Im Mittelabschnitt der Front, auf den Höhenzügen an der Aisne und der Maas, kam es zu großen Schlachten, die jedoch den Verteidiger so sehr begünstigten, dass eine Offensive keine Vorteile brachte. Nur auf dem trockenen Kreideboden an der Somme und in der Champagne versprachen Angriffe einen durchschlagenden Erfolg. Die Somme lag südlich vom nassen Flandern, die Champagne westlich der Waldzone von Meurthe und Mosel. Sie waren voneinander getrennt durch die Höhenzüge an der Aisne und der Maas, die gewissermaßen die «Schultern» einer Frontausbuchtung bildeten. Nach militärischer Logik musste an diesen Schultern ein Angreifer seine größten Anstrengungen unternehmen und ein Verteidiger die stärksten Abwehrvorbereitungen treffen.

Wer würde angreifen und wer verteidigen? Im August 1914 hatten die Deutschen angegriffen; Schlieffens Landkarten zeigen, dass die «Linie des 31. Tages» sich in geradezu unheimlicher Genauigkeit mit dem westlichsten Verlauf der Front deckte. Im September unternahmen die Franzosen Gegenangriffe; die Gefechte während des «Wettlaufs zum Meer» folgten der erstarrten Front im Artois, in der Picardie und in Flandern mit gleicher Präzision. Das Eisenbahnnetz lässt erkennen, wie diese Situation zustande kam. Zu Beginn des Krieges nahmen die Deutschen die Bahnlinie Metz–Lille in Besitz, die in dem von ihnen besetzten Gebiet von Norden nach Süden verlief. Die Franzosen dagegen behielten die Kontrolle über die weiter westlich verlaufende Bahnlinie Nancy–

Paris–Arras. Diese Linie war der Kampffront näher als die andere, und das erklärt, warum die Franzosen ihre Reserven rechtzeitig zum entscheidenden Frontabschnitt bringen und so eine Schlacht nach der anderen gewinnen konnten.

Den «Wettlauf zum Meer» versteht man daher am besten als eine Reihe von ergebnislosen Zusammenstößen auf den aufeinander folgenden Sprossen einer Leiter, deren senkrechte Stützen jene wichtigen parallel verlaufenden Eisenbahnlinien bildeten. Amiens, Arras und Lille, in deren Umgebung die wichtigsten Gefechte des «Wettlaufs zum Meer» stattfanden, liegen – wie ein Blick auf die Landkarte zeigt – alle an Querverbindungen zwischen den beiden großen Nord-Süd-Eisenbahnlinien. Da die physische und menschliche Geographie durch den Kampfverlauf nicht verändert wurde, lag der strategische Vorteil bei den Franzosen, der taktische Vorteil jedoch bei den Deutschen, die sich das beste Terrain an den Endpunkten der Querverbindungen ausgesucht hatten.[15]

Da geographische Faktoren bei strategischen Entscheidungen eine wichtige Größe sind, lag für die Franzosen aufgrund des geographischen Vorteils eine Offensivstrategie nahe. Die geographischen Faktoren lieferten jedoch nicht das einzige Argument für ihre Entscheidung beziehungsweise für die Entscheidung der Deutschen, an der Westfront den Angriff des Gegners abzuwarten. Die wirklichen Gründe waren ganz andere. Frankreich, im August 1914 das Opfer einer deutschen Offensive und im bisherigen Kriegsverlauf territorial der Hauptverlierer, musste angreifen; das verlangten sowohl der Nationalstolz als auch wirtschaftliche Notwendigkeiten. Im Gegensatz dazu musste Deutschland sich defensiv verhalten, denn die Rückschläge, die es in seinem Zweifrontenkrieg im Osten erlitten hatte, erforderten Truppenverlegungen von Frankreich nach Polen, wo eine Offensive geplant war. Nicht nur die Sicherheit des Deutschen Reiches stand auf dem Spiel, sondern auch das Überleben des österreichischen Verbündeten. In den Schlachten in Galizien und in den Karpaten hatte die k. u. k. Armee schwere Verluste erlitten; ihr ethnisches Gleichgewicht war gestört, ihre personellen und materiellen Reserven nahezu erschöpft. Eine erneute russische Offensive konnte sie in die Katastrophe stürzen. Das eigentliche Ergebnis des Jahres 1914 war nicht das Scheitern des Schlieffenplanes, sondern die Gefahr, dass die Stellung der Mittelmächte in Osteuropa zusammenbrach.

Dieser Situation war bereits in der letzten Augustwoche Rechnung getragen worden, als wegen der Tannenberg-Krise die 3. Gardedivision und die 28. Infanteriedivision von Namur nach Ostpreußen verlegt wurden. Zwischen September und Dezember wurden zehn weitere Divisionen von der West- an die Ostfront geschickt. Moltke hatte sie nicht gehen lassen wollen. Sein Nachfolger Falkenhayn ärgerte sich über die Verlegung jeder Einzelnen dieser Divisionen. Er glaubte, der Krieg müsse im Westen gewonnen werden. Das französische Heer erholte sich von seinen Verlusten (es entstanden 33 neue Divisionen), und die französische Industrie stellte sich auf eine Materialschlacht ein. Die Briten schufen eine neue Freiwilligenarmee und bildeten ihre Bürgermiliz, die Territorialtruppen, für den aktiven Feldeinsatz aus, was insgesamt fast 60 zusätzliche Divisionen ergab; darüber hinaus stellten Kanada und Australien den Briten weitere Divisionen zur Verfügung. Über diese Zahlen war Falkenhayn nicht genau informiert, aber sein Eindruck, dass an der Westfront gewaltige Verstärkungen aufmarschierten, war durchaus richtig. Binnen kurzem würden sich dort die den Deutschen gegenüberstehenden Streitkräfte verdoppeln, während die Deutschen bereits die Grenzen erreichten, die ihnen ihre Bevölkerungszahl setzte. Sie konnten die Zahl ihrer Divisionen nur erhöhen, indem sie deren Infanteriestärke reduzierten und die dadurch verminderte Feuerkraft durch Artillerie und Maschinengewehre ausglichen – eine Maßnahme, die schon eingeleitet war. Trotzdem war die absolute Grenze an verfügbaren Truppen bereits abzusehen.

Vor diesem Hintergrund meinte Falkenhayn, 1915 müsse im Westen angegriffen und im Osten verteidigt werden, und zwar im Rahmen der umfassenderen Strategie, Russland zum Abschluss eines Separatfriedens zu bringen. Falkenhayn konnte sich jedoch nicht durchsetzen. Obwohl der Kaiser als oberster Kriegsherr ihn im Januar 1915 als Chef des Generalstabes bestätigte und ihn nur als Kriegsminister ablöste, wusste Falkenhayn genau: Die wirkliche Entscheidungsbefugnis lag bei Hindenburg, dem Sieger von Tannenberg, und Ludendorff, dem Stabschef des Oberkommandos Ost (OberOst). Was sie nicht wollten, konnte er nicht fordern, und was sie wollten, musste er immer öfter zugestehen. Außerdem führte Ludendorff eine regelrechte Kampagne gegen Falkenhayns Vorrangstellung, die im deutschen Regierungssystem ohnehin nicht eindeutig definiert war. Während Joffre in der «Zone der Armeen» exekutive Befugnisse ausübte und der britische Kriegsminister Kitchener praktisch auch als Oberbefehlshaber fungierte, war Falkenhayn weder oberster Befehlshaber (denn diese Würde kam dem Kaiser zu) noch war er dem Kaiser direkt unterstellt (denn zwischen ihm und Wilhelm II. stand das Militärkabinett, ein Gremium ohne exekutive Befugnisse, aber mit weit reichendem Einfluss).[16] Ludendorff begann seine Intrige über das Militärkabinett. Dabei wurde er unterstützt vom Reichskanzler Bethmann Hollweg, der wie das ganze deutsche Volk Hindenburg bewunderte.

Im Januar 1915 wandte sich der Kanzler an das Militärkabinett mit dem Vorschlag, Falkenhayn durch Hindenburg zu ersetzen, damit im Osten eine große Offensive eröffnet werden könne. Als ranghohe Offiziere des Militärkabinetts darauf hinwiesen, dass der Kaiser seinem Jugendfreund Falkenhayn voll vertraue und eine Abneigung gegen Ludendorff habe, der ihm zu ehrgeizig sei, zog der Kanzler seinen Vorschlag zurück. Bald darauf sprach er jedoch mit dem Vertreter Ludendorffs im Großen Hauptquartier, Major von Haeften. Dieser riet ihm, sich direkt an den Kaiser zu wenden. Bethmann Hollweg tat nicht nur das, sondern warb mithilfe der Kaiserin und des Kronprinzen für die Oststrategie Hindenburgs und Ludendorffs. Falkenhayn wehrte sich. Zuerst forderte er Hindenburg auf, von seinem Posten zurückzutreten, was angesichts der öffentlichen Meinung in Deutschland undenkbar war; dann sorgte er dafür, dass Ludendorff vom Hauptquartier OberOst zum Hauptquartier der österreichisch-deutschen Armee in Galizien versetzt wurde.

Als Hindenburg den Kaiser beschwor, diese Versetzung rückgängig zu machen, musste er feststellen, dass er zu weit gegangen war. Wilhelm II. meinte, damit stelle der Held des Tages die Autorität der OHL infrage. Er war jedoch nicht willensstark genug, ein Machtwort zu sprechen. Gegen die Bemühungen seiner Gemahlin, seines Sohnes, des Kanzlers und sogar des abgelösten Moltke hielt er an Falkenhayn fest; gleichwohl wusste er, dass er auch Hindenburg halten und dessen Wünsche großenteils erfüllen musste. Das Ergebnis war ein Kompromiss: Falkenhayn war zwar beleidigt, machte jedoch die Vereitelung seiner Strategie nicht zu einem Rücktrittsgrund, verständigte sich auf persönlicher Ebene mit Hindenburg und war mit der Rückkehr Ludendorffs ins Hauptquartier OberOst einverstanden. Hindenburg sah ein, dass er Falkenhayn nicht verdrängen konnte, und begnügte sich mit der bereits erfolgten symbolischen West-Ost-Verlegung von Truppen und mit der ihm dadurch gewährten Möglichkeit, weitere Siege über die Russen zu erringen. Er hoffte, mehr Truppen zu erhalten, wenn er überzeugend für eine Offensive plädierte, die das russische Heer zermürben und die immer noch im Fluss befindliche Ostfront stabilisieren würde. Diese Überlegungen lagen dem Plan zugrunde, den Kampf ostwärts von Krakau wieder aufzunehmen, der im Mai 1915 zu dem großen Durchbruch bei Gorlice-Tarnów führen sollte. Mittlerweile ging die Debatte zwischen den Vertretern einer Weststrategie und denen einer Oststrategie in Deutschland unentschieden weiter.[17]

Zwischen den Ententemächten gab es derartige Meinungsverschiedenheiten noch nicht. Man besaß zwar keine supranationale Kommandostruktur, vergleichbar dem *Combined Chief of Staffs Committee*, das im Zweiten Weltkrieg die anglo-amerikanische Strategie so erfolgreich koordinierte; trotzdem funktionierte die inoffizielle Verständigung zwischen dem britischen und dem französischen Generalstab gut. Den Standpunkt der Russen vertraten ihre Verbindungsoffiziere im französischen und im britischen Hauptquartier. Feldmarschall French war sich mit General Joffre einig, den nur ein einziger Gedanke beschäftigte: die Eindringlinge von französischem Boden zu vertreiben. French dachte ebenso, jedoch weniger aus leidenschaftlichem Patriotismus, sondern aufgrund nüchterner strategischer Überlegungen. Seltsamerweise glaubte er wie Hindenburg, der Krieg werde an der Ostfront entschieden werden. Trotzdem hielt er es, «bis die Russen die Sache zu Ende bringen [würden]», für die richtige Strategie, dass die Briten alle verfügbaren Truppen an der Westfront einsetzten.[18] Deren Zahl wuchs rasch. Anfang 1915 war die BEF so umfangreich, dass sie in eine 1. und eine 2. Armee aufgeteilt werden konnte. Zahlreiche Verbände der Territorialtruppen wurden nach Frankreich verlegt, außerdem die ersten Freiwilligendivisionen der «Neuen Armeen» Kitcheners. Bald würden die Briten stark genug sein, um von den Franzosen Frontabschnitte zu übernehmen und eine Eingreiftruppe zu bilden, die eigenständige Angriffe führen konnte.

Die Frage war: Wo? Ein früher Plan, an der belgischen Küste anzugreifen, wobei die britische Flotte eine britisch-belgische Armee unterstützen sollte, scheiterte an den Bedenken der Admiralität: Ihre leichten Schiffe könnten den deutschen Küstenbatterien nicht standhalten, und ihre Schlachtschiffe dürften in so engen Gewässern nicht aufs Spiel gesetzt werden.[19] Pläne, Truppen gegen die Österreicher einzusetzen, erwiesen sich als ebenso unrealistisch. Österreich-Ungarn war, trotz seiner militärischen Schwäche, aufgrund seiner geographischen Lage für eine Seemacht unangreifbar. Die Adria war österreichisches Hoheitsgebiet; österreichische Unterseeboote und Großkampfschiffe verwehrten der britischen und französischen Flotte die Einfahrt. Das tapfere Serbien konnte nur unterstützt werden, wenn man das feindselige Bulgarien oder das wohl überlegt an seiner Neutralität festhaltende Griechenland durchquerte. Falls Italien auf der Seite der Entente in den Krieg eintrat (was immer wahrscheinlicher wurde), würde das den Druck auf Österreich erhöhen, aber weder Serbien unmittelbar helfen noch die Adria öffnen, denn die Stützpunkte der italienischen Großkampfschiffe lagen an der Westküste Italiens. Das zu den Westmächten tendierende Rumänien konnte den Eintritt in den Krieg erst dann riskieren, wenn Russland an der Ostfront die Oberhand gewann. Von der Westfront abgesehen, konnte Großbritannien seine wachsenden Streitkräfte nur gegen die Türkei, die am 31. Oktober 1914 auf der Seite der Mittelmächte in den Krieg eingetreten war, selbständig einsetzen. In aktive Kampfhandlungen war die Türkei jedoch lediglich an der russischen Kaukasusfront verwickelt, und diese war von jedem britischen Machtzentrum so weit entfernt, dass ein Eingreifen dort nicht in Betracht gezogen wurde. Außerdem war die britische Regierung noch nicht willens, Truppen aus Frankreich abzuziehen. Sie war jedoch, solange dadurch die Vorherrschaft in der Nordsee nicht gefährdet wurde, bereit, Marinestreitkräfte zur Verfügung zu stellen, falls sie irgendwo sinnvoll eingesetzt werden konnten. Im Januar 1915 erwog der britische Kriegsrat die Vorbereitung eines Flottenvorstoßes zu den türkischen Dardanellen mit dem Ziel, die russischen Schwarzmeerhäfen zugänglich zu machen. Doch Großbritanniens Engagement für Frankreich hatte in jeder Hinsicht absoluten Vorrang.[20]

Die Westfront warf nicht nur militärisch, sondern auch geographisch eine Fülle strategischer Fragen auf. Da war zunächst das Problem, wie man das Schützengrabensystem aufbrechen könnte. Des Weiteren mussten Vormarschlinien festgelegt werden, die die Deutschen zu einem umfangreichen Rückzug zwingen würden. Im Januar 1915 begann der Operationsstab im französischen GQG, jetzt in Chantilly bei Paris untergebracht, sich mit diesen Fragen auseinander zu setzen. Im Mittelpunkt standen die Eisenbahnstrecken, über die der Nachschub für die deutschen Armeen an die Front rollte. Es gab drei Linien, die von Deutschland nach Westen führten. Die südlichste war leicht zu verteidigen. Infrage kamen also die beiden Nachschublinien der deutschen Truppen, die den großen Frontvorsprung zwischen Flandern und Verdun hielten. Wenn man eine dieser Bahnlinien – oder noch besser beide – unterbrechen konnte, würden sich die Deutschen aus dem Frontvorsprung zurückziehen müssen. Vielleicht ließen sich dadurch noch einmal jene Voraussetzungen für eine «bewegliche Kriegführung» schaffen, die allein – so glaubte man – einen entscheidenden Sieg ermöglichte. Die Franzosen in Chantilly und die Briten in ihrem Hauptquartier in Saint-Omer kamen daher im Januar überein, die richtige Strategie für 1915 seien Offensiven an den «Schultern» des Frontvorsprungs: im Norden gegen die Höhenzüge von Aubers und Vimy, die zwischen den Verbündeten und den deutschen Eisenbahnlinien in der Ebene von Douai verliefen; im Süden gegen die Anhöhen der Champagne, in deren Schutz die Bahnlinie Mezières-Hirson verlief. Die beiden Offensiven sollten theoretisch dem gleichen Ziel dienen: die Deutschen in dem Frontvorsprung zwischen Flandern und Verdun sowohl mit einer Unterbrechung ihrer Nachschublinien als auch mit einer Einkreisung zu bedrohen.

In Flandern und im Artois wollten Briten und Franzosen gemeinsam eine Frühjahrsoffensive durchführen, in der Champagne gedachten die Franzosen alleine vorzugehen.[21] Diese erste Übereinkunft war Vorbild für viele alliierte Kriegsanstrengungen späterer Jahre an der Westfront. Das Muster wiederholte sich im Herbst 1915, während des Jahres 1917 und, schließlich mit Erfolg, 1918. Nur 1916 versuchten die Alliierten etwas anderes: eine Offensive gegen das Zentrum des großen deutschen Frontvorsprungs zwischen Flandern und Verdun, die als Schlacht an der Somme bekannt wurde.

Aber damit nehmen wir bereits das Scheitern der Frühjahrsoffensive 1915 vorweg. Sie scheiterte aus Gründen, die bei jeder neuen Anstrengung der Briten und Franzosen sich tragischerweise immer wieder zeigten. Es gab sogar einen Hinweis auf das Scheitern der Frühjahrsoffensive noch bevor sie begann: das Fehlschlagen eines kleinen vorbereitenden Angriffs der Briten im März bei Neuve-Chapelle. Hier spielten bereits alle Faktoren – funktionelle und strukturelle – eine Rolle, an denen die meisten späteren Offensiven gegen Stellungen scheiterten. Die funktionellen Faktoren wurden im Laufe der Zeit ausgeräumt; die strukturellen blieben, selbst nach der Entwicklung und dem massierten Einsatz des Panzers im Jahr 1917. Zu den funktionellen Faktoren gehörten unzureichende Artillerieunterstützung, starres Planen, falsch aufgestellte Reserven und unzureichendes Delegieren von Befehlsgewalt. Zu den strukturellen Faktoren zählten die relative Unbeweglichkeit und totale Verwundbarkeit vorrücken-

Die Strategie an der Westfront

der Infanterie durch feindliches Feuer sowie das Fehlen rascher Kommunikation zwischen der Front und den rückwärtigen Stellungen, zwischen Infanterie und Artillerie und zwischen benachbarten Einheiten. Der Verlauf des Unternehmens bei Neuve-Chapelle zeigt das Wirken aller dieser Faktoren wie in einem militärischen Versuchslabor.

Die Schlachten an der Westfront 1915

Für das Unternehmen gegen Neuve-Chapelle gibt es unterschiedliche Erklärungen. Zum einen konnte Sir John French die Bitte Joffres nicht erfüllen, die BEF solle als Vorbereitung für die bevorstehende Offensive im Artois einen größeren Abschnitt der französischen Front übernehmen. Zum anderen war French allem Anschein nach – obwohl das nie ausgesprochen wurde – darauf bedacht, den Ruf seiner Armee wiederherzustellen, der nach seiner Auffassung gelitten hatte, weil ihr bei den Kämpfen im Dezember keine Bodengewinne gelungen waren.

Der jetzige Plan war einfach. Neuve-Chapelle, ein zerstörtes Dorf 30 km südlich von Ypern im Artois, das seit dem Eintreffen frischer Truppen in Frankreich zum britischen Frontabschnitt gehörte, sollte am 10. März von zwei britischen und zwei Divisionen des Indischen Korps angegriffen werden. Die Angriffsfront war über 7 km breit; hinter dieser waren 500 Geschütze zusammengezogen, aus denen 200 000 Granaten, hauptsächlich leichten Kalibers, gegen die Schützengräben, den Stacheldrahtverhau und rückwärtige Stützpunkte der Deutschen abgefeuert werden sollten.[22] Mit Angriffsbeginn sollte parallel zur Angriffsfront «Sperrfeuer» bis hinter die deutschen Schützengräben geschossen werden, um nachrückende Truppen aufzuhalten. Die vorrückenden Briten und Inder sollten durch Reserven unterstützt werden. Diese sollten weiter gehende Operationen durchführen, aber erst dann, wenn sie aus dem Hauptquartier der 1. Armee von General Haig über die nachgeordneten Korps-, Divisions-, Brigade- und Bataillonsstäbe Befehl dazu erhielten.

Das um 7 Uhr morgens einsetzende Trommelfeuer traf die Deutschen völlig überraschend. Der 1. Armee war es gelungen, nur wenige hundert Meter von den feindlichen Linien entfernt unbemerkt die führenden Angriffswellen einer Truppe von 60 000 Mann zusammenzuziehen. Die Verteidiger – sie gehörten zu zwei Infanterieregimentern und einem Jägerbataillon – waren nur ein Siebtel so stark wie die Angreifer und wurden überrannt. Ihr Drahtverhau war an vielen Stellen zerfetzt, ihr vorderster Schützengraben zerstört. Als britische Infanterie kurz nach 8 Uhr angriff, stieß sie auf keinen Widerstand mehr und schlug innerhalb von 20 Minuten eine anderthalb Kilometer breite Bresche in die deutsche Front. Die Bedingungen für einen lokalen, aber bedeutsamen Sieg waren gegeben.

Doch dann begannen sich die funktionellen Faktoren auszuwirken, die schließlich zum Scheitern führten. Der britische Plan sah vor, dass die Infanteristen, nachdem sie ihr erstes Ziel 200 m hinter dem deutschen Stacheldraht erreicht hatten, eine Viertelstunde innehalten sollten, während ihre Artillerie die Ruinen von Neuve-Chapelle beschoss, um eventuell dort ausharrende deutsche Verteidiger außer Gefecht zu setzen. In Wirklichkeit war Neuve-Chapelle bereits menschenleer. Diejenigen Deutschen, die das vorbereitende Trommelfeuer überlebt hatten, liefen zu den Stützpunkten zurück, die errichtet worden waren, um einen Einbruch wie den von den Briten soeben erzielten zu stoppen. Nach diesem zweiten Feuerschlag rückten die Briten, einen Triumph witternd, rasch weiter vor in das offene Gelände jenseits der beschossenen Zone. Jetzt sollten sie laut Befehl aber nochmals warten. Ein Bataillonskommandeur ließ bei der Brigade anfragen, ob er diesen Befehl ignorieren und den Vorstoß fortsetzen dürfe. Dies wurde untersagt – und damit verkehrte sich die günstige Lage in ihr Gegenteil.

Es war jetzt 9.30 Uhr, und die Deutschen fingen sich wieder. Falkenhayn hatte in einer taktischen Anweisung vom 25. Januar festgelegt, im Falle eines feindlichen Einbruchs die Flanken der Lücke zu halten und sofort zu verstärken, während Reserven nach vorne gehen und die Lücke schließen sollten. Und das geschah nun. Dem linken britischen Flügel gegenüber, wo trotz des Trommelfeuers die deutschen Linien einigermaßen intakt geblieben waren, brachte das 11. Jägerbataillon zwei Maschinengewehre in Stellung, die Hunderte von britischen Soldaten niedermähten; am rechten Flügel hatten sich die Angreifer verirrt (was im zerschossenen Schützengrabensystem häufig vorkam) und angehalten, um sich zu orientieren. Während dieser Verschnaufpause organisierten die Deutschen hier schnell ihre Verteidigung. Mittlerweile drängten frische britische Bataillone planmäßig in die von den vorderen Angriffswellen geschlagene Lücke. Um 10 Uhr «waren in dem engen Raum zwischen Neuve-Chapelle und der ursprünglichen britischen Stellung etwa 9000 Mann [eingequetscht]; dort lagen, saßen oder standen sie nutzlos im Schlamm herum, zusammengedrückt wie Lachse an der Salmon Weir Bridge in Galway, die geduldig warten, bis sie weiterziehen können». Zum Glück verfügten die deutschen Artilleriebatterien in entsprechender Schussweite nur über wenig Munition.[23]

Die britische Artillerie, die reichliche Munitionsvorräte besaß, konnte nicht rechtzeitig über die sich verschlechternde Lage informiert werden – einer der Strukturmängel, die zum Scheitern beitrugen. Ohne Funk hing die Kommunikation von Flaggensignalen oder Meldegängern ab; Erstere waren in der Regel unklar, Letztere langsam und gefährdet. Um 11.30 Uhr wurden die Maschinengewehrstellungen des 11. Jägerbataillons unter Artilleriebeschuss genommen; ein Offizier und 63 Mann ergaben sich, nachdem sie etwa 1000 britische Soldaten getötet hatten. Gezieltes und rechtzeitiges Feuer gegen derartige Stützpunkte war ohne entsprechende Lageinformationen an die Kanoniere unmöglich. Währenddessen warfen die örtlichen deutschen Kommandeure – junge, entschlossene und gut ausgebildete Offiziere – Reserven per Fahrrad oder zu Fuß an die Flanken. Im Gegensatz dazu – und hier zeigt sich die funktionelle Komponente des Scheiterns – meldeten die jungen britischen Offiziere die Bewegungen in ihrem Frontabschnitt planmäßig ihren jeweiligen Vorgesetzten, die sie dann vielleicht ermächtigten, von dem alles bestimmenden Plan abzuweichen. Hinter der Kampfzone erleichterten zwar Telefonverbindungen die Kommunikation, aber sie war immer noch von einer quälenden, ja tödlichen Langsamkeit. «In einem Raum acht oder mehr Kilometer hinter der Front musste der Korpskommandeur aufgrund von höchst dürftigen und oft falschen Informationen eine Entscheidung treffen. Anschließend liefen die notwendigen Befehle auf demselben Befehlsstrang zurück. Dabei wurden sie auf jeder Ebene (Divisionsstab, Brigadestab, Bataillonsstab) diskutiert und ausführlich formuliert, bis sie dann schließlich die Kompanien in der vordersten Linie erreichten.»[24] All das bedeutete für den tatsächlichen, nicht den geplanten, Zeitablauf: Zwischen 9 Uhr morgens, als die deutsche Front durchbrochen wurde und der Weg nach vorn offen war, und dem Formulieren genauer Befehle zur Ausnutzung des Erfolgs um 14.50 Uhr verstrichen fast sechs Stunden; bis zur Übermittlung der schriftlichen Befehle über Telefon und Meldegänger an die Endempfänger vergingen weitere drei Stunden. Erst zwischen 17.30 und 18 Uhr nahmen die Infanteristen ihren Vormarsch wieder auf.[25]

Die Nacht brach herein, und mit ihr die deutschen Reserven. Schon vor 12 Uhr hatten die Deutschen die Flanken des Einbruchs gesichert. Als es dunkel wurde, schlossen frische deutsche Truppen, von rückwärts stationierten Bataillonen nach vorne geworfen, die offene Lücke und schwenkten mit ihren Flügeln nach außen, um zu den Randstellungen aufzuschließen, die nie verloren gegangen waren. Am nächsten Morgen erneuerten die Briten ihre Offensive; aber wegen dichten Nebels konnte ihre Artillerie keine Ziele anpeilen und der Angriff versickerte bald. Jetzt mussten die Deutschen erkennen, dass strukturelle Mängel die Durchführung eines wohl durchdachten Planes behindern konnten. Am Tag der ersten Angriffsoperation, am 10. März, war eine frische Division, die 6. Bayerische Reservedivision (in der Hitler als Meldegänger eines Bataillons diente), nach vorne geschickt worden, um am frühen Morgen des 11. März einen Gegenangriff zu führen. Nachts querfeldein marschierend, gelang es den Truppen jedoch nicht, die ihnen zugewiesenen Ausgangspositionen rechtzeitig zu erreichen. Der Angriff wurde um einen Tag verschoben, nachdem Kronprinz Rupprecht, der Oberbefehlshaber der 6. Armee, in deren Frontabschnitt Neuve-Chapelle lag, die Lage persönlich in Augenschein genommen hatte. Als der Angriff am Morgen des 12. März erfolgte, wurde er nach schweren deutschen Verlusten sofort abgebrochen. Die britischen Frontkommandeure hatten die durch den Nebel des Vortages erzwungene Unterbrechung dazu genutzt, ihren Stützpunkt auszubauen und 20 Maschinengewehre an beherrschenden Positionen in Stellung zu bringen.

Infolgedessen war das «Wechselverhältnis» an Verlusten, wie man nun sagte, bei Neuve-Chapelle schließlich fast ausgeglichen: 11 652 britische Gefallene, Verwundete, Vermisste oder Gefangene gegenüber etwa 8600 deutschen.[26] Das sollte bis 1918 ein vertrautes Ergebnis großer und kleiner Offensiven im Stellungskrieg bleiben, sooft auf einen Angriff der einen Seite ein Gegenangriff der anderen Seite folgte. Im Rückblick sind die Gründe leicht zu erkennen. Zunächst lag der Vorteil bei den Angreifern, solange sie ihr Vorhaben einigermaßen geheim halten konnten – was immer weniger gelang, je länger der Krieg dauerte und die Verteidiger begriffen, wie sehr ihr Überleben von Überwachung und Wachsamkeit abhing. Sobald jedoch die Angreifer in die Stellungen des Gegners eindrangen, neigte sich der Vorteil gewöhnlich den Verteidigern zu. Im Unterschied zu den Angreifern kannten sie das Gelände, hatten Ausweichstellungen vorbereitet und zogen sich auf ihre Artilleriestellungen zurück – wenn sie Glück hatten, mit intakten Telefonleitungen.

Die Angreifer befanden sich in genau umgekehrter Lage. Sie stießen in eine unbekannte und verwirrende Umgebung vor und entfernten sich, je weiter sie vorstießen, von ihrer unterstützenden Artillerie; sie verloren die Verbindung zu ihr, da die Telefonleitungen entweder unterbrochen oder außer Reichweite waren. Wenn dann die Verteidiger einen Gegenangriff unternahmen, kehrte sich der Vorteil abermals um. Die ursprünglichen Angreifer hatten sich mit dem eroberten Gelände vertraut gemacht, ihre Abwehr organisiert und die Telefonverbindung zu ihrer Artillerie wieder hergestellt. In diesem ständigen Hin und Her benachteiligten funktionelle und strukturelle Defizite bald die eine, bald die andere Seite, sodass schließlich jede Anstrengung, in offenes Gelände durchzubrechen oder sich zur ursprünglichen Verteidigungslinie zurückzuziehen, scheiterte. Das greifbare Ergebnis von Offensive und Gegenoffensive war ein immer dichteres und verworreneres Schützengrabensystem, vergleichbar einem immer wieder gereizten Narbengewebe nach einem missglückten chirurgischen Eingriff.

Trotzdem glaubten die Briten, bei Neuve-Chapelle einen Teilerfolg errungen zu haben, wenn auch nur deshalb, weil die britische Armee Kampfgeist bewiesen hatte, was sie in den Augen der Franzosen rehabilitierte. Es war unfair, dass dieser Kampfgeist angezweifelt wurde. Strittig war nicht die Kampfbereitschaft des britischen Soldaten, sondern die immer noch kolonialistische Auffassung der Kommandeure, die bei relativ geringem Kraftaufwand entscheidende Resultate erwarteten und vor Verlusten zurückschreckten. Französische Generale, in einer anderen Tradition erzogen, rechneten mit hohen Verlusten, und ihre Soldaten schienen dennoch bereit, diese mit patriotischem Fatalismus hinzunehmen. Der britische Soldat – nicht nur der Berufssoldat, sondern auch der Milizangehörige und der Kriegsfreiwillige – lernte eine ähnliche Selbstverleugnung. Die britischen Kommandeure begriffen erst allmählich, dass Operationen unter den Bedingungen des Stellungskrieges nur Aussicht auf Erfolg hatten, wenn sie systematisch vorbereitet wurden. Elan und Improvisation – Eigenschaften, die in Gebirgs- und Wüstenkämpfen hundert Jahre lang zum Sieg geführt hatten – genügten in Frankreich nicht. Die Einzigen, die sich gegen diese neuen, härteren Bedingungen wehrten, waren die Inder, für die Neuve-Chapelle ihr Schwanengesang an der Westfront war. Sie warfen sich in den kommenden Schlachten bei Festubert und Loos wieder in den Kampf, aber nicht mehr als schlagkräftige Truppe. Die Verluste hatten viele Bataillone geschwächt, und die Sepoys, die eine andere Tradition von Soldatenehre hatten als die Europäer, konnten nicht verstehen, dass ein Soldat trotz einer Verwundung wieder in den Schützengraben zurückkehren musste. «Wir sind wie Getreidekörner, die ein zweites Mal in den Ofen geworfen werden; und es kommt kein Leben heraus», schrieb ein Sikh-Soldat eine Woche nach Neuve-Chapelle an seinen Vater. Ein wenig früher hatte ein verwundeter Radschput nach Hause geschrieben: «Das ist kein Krieg, es ist der Weltuntergang.»[27] Bis Jahresende wurden die beiden indischen Divisionen von Frankreich nach Mesopotamien verlegt, wo sie gegen die Türken wieder in einem vertrauteren Stil Krieg führten.

Das Gefecht bei Neuve-Chapelle war auch insofern bedeutsam, als es en miniature den Charakter und den Verlauf der Frühjahrsoffensive im Artois sowie der Herbstoffensive im Artois und in der Champagne vorwegnahm. Bei Neuve-Chapelle hatten die Angriffswellen der britischen und indischen Truppen für einen Augenblick den Weg zum Kamm des Höhenzugs bei Aubers, der bei der Offensive im Artois ihr Ziel sein sollte, offen vor sich gesehen. Vor dem Beginn dieses Unternehmens hatten die Briten jedoch in Flandern eine Offensive der Gegenseite durchzustehen, die als zweite Schlacht bei Ypern bekannt ist. Die erste Ypernschlacht, bei der Ende 1914 der Frontvorsprung (*Salient*) gesichert worden war, hatte sich im Dezember in verworrenen und erfolglosen Kämpfen, hauptsächlich der Franzosen, totgelaufen. Anfang April hatte sich Falkenhayn jedoch entschlossen, den Druck auf den Frontvorsprung von Ypern zu erneuern – teils um die Truppenverschiebung an die Ostfront für die bevorstehende Offensive bei Gorlice-Tarnów zu verschleiern, teils um die neue Gaswaffe zu erproben. Dieser Angriff konnte nur eine begrenzte Offensive sein. Falkenhayn musste seine Hoffnungen auf eine Entscheidung im Westen zurückstellen, solange Hindenburg und Ludendorff durchsetzen konnten, dass strategische Reserven zur Ostfront verlegt wurden. Trotzdem hoffte er, an der Kanalküste Boden zu gewinnen und eine beherrschendere Position einzunehmen.

Gas hatten die Deutschen bereits an der Ostfront eingesetzt – am 3. Januar 1915, als sie westlich von Warschau Gasgranaten gegen die russischen Stellungen am Fluss Wkra verschossen hatten. Der chemische Kampfstoff, den die Deutschen als «T-Stoff» bezeichneten, verursachte Tränenfluss, wirkte jedoch nicht tödlich. Er scheint den Russen überhaupt nichts ausgemacht zu haben; die Temperatur war so niedrig, dass die Chemikalie gefror statt zu verdunsten.[28] Im April verfügten die Deutschen über den tödlich wirkenden Kampfstoff Chlorgas. Dieser zerstörte das Zellgewebe und führte durch Überproduktion von Lungenflüssigkeit zum Tod. Er war ein Nebenprodukt der deutschen Farbstoffwerke IG Farben, die auf diesem Gebiet praktisch ein Weltmonopol besaßen. Carl Duisberg, Direktor der IG Farben, hatte bereits den gravierenden Munitionsmangel der Deutschen behoben, indem er die synthetische Herstellung von Nitraten vorantrieb. Dieser wichtige Bestandteil hochexplosiver Sprengstoffe konnte organisch nur aus Rohstoffen gewonnen werden, deren Quellen von den Alliierten kontrolliert wurden. Gleichzeitig arbeitete Duisberg mit dem führenden Industriechemiker Deutschlands, Fritz Haber, dem Leiter des Berliner Kaiser-Wilhelm-Instituts, zusammen, um ein Verfahren zu entwickeln, mit dem Chlorgas in großen Mengen gegen feindliche Schützengräben freigesetzt werden konnte. Experimente mit gasgefüllten Granaten waren zunächst gescheitert (erst später konnten Gasgranaten mit einer anderen Füllung in großem Umfang eingesetzt werden). Die direkte Freisetzung des Giftgases aus Stahlflaschen unter Überdruck versprach, bei günstigem Wind, bessere Resultate. Am 22. April 1915 hatten die Deutschen 6000 Stahlflaschen mit insgesamt 180 m^3 Gas nördlich von Ypern in Stellung gebracht. Die gegnerische Stellung wurde von der französischen 87. Territorial- und der 45. Infanteriedivision gehalten; Letztere bestand aus weißen Zuavenregimentern aus Algerien, afrikanischer leichter Infanterie (weißen Strafbataillonen) und eingeborenen algerischen Schützen. Neben ihnen stand die Kanadische Division, die erste der Divisionen aus dem Commonwealth an der Westfront; die übrigen Abschnitte des Frontvorsprungs von Ypern hielten drei reguläre britische Divisionen.

Der Nachmittag des 22. April war sonnig, es wehte ein leichter Ostwind. Um 17 Uhr trieb, nach schwerem Artilleriefeuer, eine gelbgrüne Wolke von den deutschen auf die französischen

Stellungen zu, und bald strömten Tausende von Zuaven und Algeriern zurück – taumelnd, sich an die Kehlen fassend, hustend und blau im Gesicht. Binnen einer Stunde waren die französischen Stellungen verlassen und in der Ypernfront hatte sich eine 7 km breite Lücke geöffnet. Ein Teil des Gases trieb auf die Stellungen der Kanadier zu, die jedoch standhielten. Mithilfe von Verstärkungen konnte der Einbruch der deutschen Infanterie, die sich an vielen Stellen eingrub anstatt vorzudringen, aufgefangen werden. Am nächsten Tag improvisierten die Alliierten hastig. Das Gas wurde rasch identifiziert, und da Chlorverbindungen wasserlöslich sind, schlug Oberstleutnant Ferguson von der 28. Division vor, zum Schutz nasse Tücher vor den Mund zu binden. Am 24. April griffen die Deutschen die Kanadier erneut mit Gas an. Die Wirkung war jedoch geringer als am ersten Tag, und es standen mehr Verstärkungen bereit. Sowohl die Briten als auch die Franzosen versuchten Gegenangriffe. Am 1. Mai erfolgte ein weiterer Gasangriff in dem zerklüfteten Gelände südlich von Ypern – die Briten sprachen von «Hügel 60» (*Hill 60*), «Abfallhaufen» (*Dump*) und «Raupe» (*Caterpillar*). Den Narben und künstlichen Erhebungen dieser kleinen Kampfzone haftet noch heute der Atem des Todes an, schauerlicher als an anderen Stellen der Westfront. Am 1. Mai klammerten sich die Soldaten des 1. Bataillons des Dorset-Regiments an die Feuerstellungen in ihren Schützengräben, während das Gas ihre Schleimhäute angriff und die deutsche Infanterie über das Niemandsland gegen sie vorstürmte – eine Szenerie, die der Hölle geglichen haben muss. Die Situation rettete ein junger Offizier, Leutnant Kestell-Cornish. Er griff sich ein Gewehr und feuerte mit den 4 Männern, die von seinem 40 Mann starken Zug noch übrig waren, in die Gaswolke hinein, um die Deutschen in Schach zu halten.[29] Ein anderer Offizier, der sich um die vom Gas Vergifteten kümmerte, berichtete: «200 Mann gingen durch meine Hände ... Manche starben bei mir, andere auf dem Weg zum Verbandsplatz ... Bei vielen von ihnen war ich mir nicht sicher, ob sie tot waren oder noch lebten. [Tatsächlich] starben 90 Mann in den Schützengräben an Gasvergiftung; von den 207, die zu den nächsten Verbandsplätzen gebracht wurden, starben 46 fast unmittelbar danach und 12 nach langem Leiden.»[30] Dass die Front trotzdem hielt, war nur dem fast übermenschlichen Pflichtbewusstsein der Männer des Dorset-Regiments zu verdanken. Obwohl die Deutschen sich Ypern bis auf 3 km näherten, wurde der Frontvorsprung danach nie wieder eingedrückt.

Gas – etwa das Erstickung hervorrufende Phosgen und das ätzende Senfgas – wurde während des ganzen Krieges eingesetzt. Bei den deutschen Offensiven westlich von Warschau im Mai 1915 sollte Chlorgas Tausende russischer Soldaten töten. Doch Gas war als Waffe nur beschränkt einsatzfähig, vor allem wegen seiner Abhängigkeit von der Windrichtung und wegen der schnellen Entwicklung wirksamer Gasmasken. Eine Schlacht entschied es nie, was bei der zweiten Ypernschlacht vielleicht der Fall gewesen wäre, wenn die Deutschen taktische Reserven zur Verfügung gehabt hätten, um den anfänglichen Überraschungserfolg auszunutzen.

Die Ententemächte hatten keine technische Überraschung zur Hand, mit der sie ihre beiden Offensiven des Jahres 1915 an der Westfront hätten einleiten können. Beide scheiterten unter hohen Verlusten, fast ohne den geringsten Bodengewinn. Im Mai griffen die Briten und Franzosen die beherrschenden Stellungen der Deutschen im Artois an: die Briten am 9. Mai den Höhenzug bei Aubers, die Franzosen eine Woche später den Höhenzug bei Vimy. Obwohl die Franzosen im Gegensatz zu den Briten über reichlich Artillerie und Munition (1200 Geschütze, 200 000 Granaten) verfügten, führten beide Offensiven zu einem nahezu gleichen Ergebnis. Haigs 1. Armee wurde abrupt zum Stehen gebracht. Die Franzosen, an ihrer Spitze das XXXIII. Korps Petains, gelangten bis zum Kamm des Höhenzugs von Vimy, sodass sie die Ebene von Douai einsehen konnten, wo die entscheidende Eisenbahnlinie im Besitz der Deutschen verlief. Da führten die Deutschen mit ihren taktischen Reserven einen entschlossenen Gegenangriff und besetzten den Kamm, bevor die 10 km rückwärts bereitgestellten Reserven der Franzosen eingreifen konnten – ein weiteres Beispiel dafür, dass die für den Stellungskrieg nachteiligen strukturellen Faktoren tatsächlich zum Misserfolg führten.[31]

Als die Offensive im September wieder aufgenommen wurde, diesmal sowohl in der Champagne als auch im Artois, wurden kaum andere Ergebnisse als im Frühjahr erzielt, obwohl Briten wie Franzosen nun beträchtlich mehr Divisionen einsetzten. Die Franzosen hatten die Zahl ihrer Divisionen durch eine Reorganisation, die Briten durch die Verschiffung weiterer Territorialdivisionen nach Frankreich und durch zahlreiche Freiwilligen-Divisionen der «Neuen Armee» Kitcheners erhöht. Am 4. Juni hatte Joffre seinen Offensivplan Sir John French vorgelegt. Ihm zufolge sollten die Briten im Rahmen einer vorbereitenden Maßnahme einen größeren Abschnitt der französischen Front übernehmen, um die französische 2. Armee, nunmehr unter dem Oberbefehl Pétains, für die Offensive in der Champagne freizusetzen. Haig hatte bereits im Mai einen Teil des französischen Frontabschnitts in Flandern übernommen. Jetzt marschierte, dem Ersuchen Joffres entsprechend, die neu gebildete britische 3. Armee südwärts zur Somme, um Pétains Armee abzulösen. Die Briten hielten nun fast die ganze Front von Ypern bis zur Somme, mit Ausnahme eines kleinen Abschnitts bei Vimy, von dem aus die französische 10. Armee vorstoßen sollte, sobald die Vorbereitungen für Joffres Plan abgeschlossen waren.

Das brauchte Zeit. Der Wille war vorhanden: Auf der ersten interalliierten Konferenz in Chantilly verpflichteten sich am 7. Juli Franzosen, Briten, Belgier, Serben, Russen und die im Mai der Allianz beigetretenen Italiener zu gemeinsamem Handeln. Aber es fehlte an den nötigen Mitteln: Als Ende Juni der britische und der französische Munitionsminister zusammengetroffen waren, hatte Lloyd George seinem Kollegen Albert Thomas erklärt, für ein größeres Unternehmen besitze die BEF nicht genug Geschütze und Munition. Deshalb wollte er die gemeinsame Offensive bis zum Frühjahr 1916 verschieben. Joffre widersprach; er wollte eine sofortige Aktion, um die Deutschen ständig unter Druck zu halten und die Verlegung deutscher Truppen auf andere Kriegsschauplätze zu verhindern. Die britische Regierung, seit dem 26. Mai eine Koalition aus Konservativen und Liberalen, sah ein, dass die Herbstoffensive ein Prüfstein der Zuversicht war, und gab ihren Widerstand auf. Trotzdem gab es weiterhin praktische Schwierigkeiten. Die Übernahme des Frontabschnitts an der Somme durch die Briten brauchte Zeit, ebenso die Vorbereitung der Schlacht in der Champagne. Beide Alliierten lernten allmählich, dass ein Angriff großen Stils auf Schützengräben Vorbereitungen erforderte; es mussten Straßen gebaut, Vorratslager angelegt und Batteriestellungen ausgehoben werden. Der Angriffstermin der so genannten zweiten Schlacht in der Champagne wurde zunächst von Ende August auf den 8. September und schließlich, weil Pétain Zeit für ein langes Trommelfeuer der Artillerie forderte, auf den 25. September verschoben.

Dieser Aufschub nützte den Deutschen. Die nicht zu verheimlichenden Anzeichen für eine bevorstehende Offensive ermöglichten ihnen die Verstärkung derjenigen Frontabschnitte, gegen die ein Angriff vorbereitet wurde. Falkenhayn hatte im Januar Anweisungen gegeben, hinter der vordersten Stellung eine zweite zu errichten und dazwischen Maschinengewehrnester einzubetonieren. Obwohl das eine ungeheure Arbeit bedeutete, war das System bis zum Herbst fertig: eine 2 bis 3 km tiefe Verteidigungszone.[32] In der Vergangenheit hatte sich gezeigt, dass ein Vorrücken um 5 km im feindlichen Feuer einen Infanteristen in Gefechtsausrüstung bis an die Grenzen seiner physischen und moralischen Kraft belastete. Die deutschen Stellungen an der Westfront wurden allmählich so ausgebaut, dass sie uneinnehmbar waren, jedenfalls für eine Offensive, die am ersten Tag den Durchbruch erzwingen wollte. Noch schlimmer für die Angreifer war: Der deutschen Abwehrdoktrin zufolge sollte die zweite Stellung am rückwärtigen Hang eines besetzten Höhenzuges angelegt werden (die Deutschen hatten bei ihrem Rückzug im September 1914 mit Bedacht Höhenzüge besetzt), sodass diese Stellung vor dem feindlichen Artilleriefeuer relativ geschützt war. Die deutsche Artillerie dagegen sollte keine Schützengräben, sondern die feindlichen Infanteristen in ihren Bereitstellungsräumen unter Beschuss nehmen, und sobald diese dann vorrückten, ihr Sperrfeuer auf das Niemandsland konzentrieren. Diejenigen, die durch dieses Sperrfeuer durchkamen, sollten den MG-Schützen überlassen werden, die – wie die Erfahrung zeigte – einen Angriff auf Entfernungen bis zu 200 m stoppen konnten.[33]

Die deutschen Abwehrmaßnahmen bekamen die Gegner am 25. September 1915 schmerzlich zu spüren: im Artois bei Loos, wo die BEF angriff, bei Souchez, wo die Franzosen ihren Vorstoß gegen den Höhenzug von Vimy wiederholten, und in der fernen Champagne, wo die Franzosen allein angriffen. An beiden Frontabschnitten setzten die Alliierten zur Angriffsvorbereitung Chlorgas frei. Bei Loos hing das Gas über dem Niemandsland oder trieb in die britischen Schützengräben zurück, behinderte also eher den Angriff. Jedenfalls wurden die sechs eingesetzten britischen Divisionen – drei reguläre, zwei Reservedivisionen der «Neuen Armee» sowie eine Territorialdivision – alsbald durch Maschinengewehrfeuer gestoppt. Als zwei weitere Reservedivisionen der «Neuen Armee» (die 21. und die 24.) zur Unterstützung nach vorn geschickt wurden, geschah das aus einem so weit rückwärts gelegenen Raum, dass sie die ursprüngliche britische Stellungslinie erst bei Einbruch der Dunkelheit erreichten. Weiter vorrücken sollten sie dann am nächsten Morgen; diesen verbrachten sie jedoch damit, sich zum Angriff aufzustellen. Am frühen Nachmittag gingen sie in zehn Kolonnen vor, «in Stärke von etwa je 1000 Mann. Einige Offiziere befanden sich zu Pferde». Die deutschen Verteidiger waren verblüfft, dass «das ganze Schussfeld von Kolonnen bedeckt war». Sie standen aufrecht, manche sogar auf der Brustwehr des Schützengrabens, und feuerten triumphierend in die Masse, die über die offene Grünfläche vorrückte. Die MG-Schützen eröffneten das Feuer, sobald der Feind sich auf etwa 1500 m genähert hatte. «Die Richtschützen an den Maschinengewehren leisten die sauberste Arbeit, die sie je geleistet haben. Die Schlösser schwimmen in Öl. Die Gewehre arbeiten tadellos ... Von links nach rechts, von rechts nach links!» Die Wirkung war verheerend. Man konnte sehen, wie die Gegner buchstäblich zu Hunderten niedergemäht wurden, aber sie rückten weiter in guter Ordnung und ohne Unterbrechung vor, bis sie den intakten Drahtverhau der zweiten Stellung der Deutschen erreichten: «Da machten die Überlebenden kehrt und fluteten ... zurück.»

Wenig mehr als die Hälfte der Angreifer überlebten. Von den 15 000 Infanteristen der 21. und 24. Division waren über 8000 gefallen oder verwundet. Ihre deutschen Gegner waren schließlich von dem Schauspiel des «Leichenfeldes von Loos» angeekelt. Als vereinzelte Briten zurückhumpelten, «fiel von [deutscher] Seite kein Schuss mehr. Deutsche Barmherzigkeit und Großmut, deutsches Siegergefühl».[34] Loos war ein deutscher Sieg. Obwohl die Briten ihre Angriffe noch drei Wochen lang fortsetzten, gewannen sie nur einen schmalen Frontvorsprung von 3 km Tiefe; dabei waren 16 000 Briten gefallen und fast 25 000 verwundet worden. Für die Soldaten der «Neuen Armee» war diese Schlacht eine schreckliche und ernüchternde Feuertaufe; aber vor allem die Schotten der 9. und 15. Division gingen offenbar über Verluste achselzuckend hinweg und fassten Rückschläge nur als Ansporn zu erneutem Angriff auf. Major John Stewart schrieb nach der Schlacht an seine Frau: «Die Hauptsache ist, möglichst viele Hunnen mit möglichst geringen Verlusten zu töten. Es ist ein großartiges Spiel, und unsere Verbündeten spielen es erstklassig.»[35] Das war keine vereinzelte Stimme. Die neuen britischen Freiwilligendivisionen brannten darauf, ihre soldatischen Qualitäten zu beweisen, und der Patriotismus der Franzosen war bislang ungebrochen. Es sollte noch über ein Jahr dauern, bis die Begeisterung beider Heere in der Sintflut sinnloser Verluste unterging.

Strategisch gesehen machte die Schlacht bei Loos jedoch ebenso wenig Sinn wie die Offensive von Pétains 2. Armee und de Langles 4. Armee in der Champagne, die am gleichen Tag begann. Dort griffen auf einer Frontbreite von 30 km 20 Divisionen nebeneinander an, unterstützt von 1000 schweren Geschützen und – ähnlich wie bei Loos – hinter einer Gaswolke. Die Ergebnisse waren ebenso bedeutungslos. Einige Regimenter gingen mit wehenden Fahnen vor, während ihre Kapellen im vordersten Schützengraben spielten. Andere Regimenter wurden, wenn der

Angriff stockte, durch höhere Offiziere vorwärts gerissen. Einer von ihnen, der berühmte Kolonialgeneral Charles Mangin, erhielt, als er einen Angriff in Schwung brachte, einen Brustschuss, kehrte jedoch bereits zehn Tage später an die Front zurück. Obwohl Offiziere seines Schlages sich voll einsetzten, obwohl die Tapferkeit des einfachen französischen Soldaten nie nachließ, konnten in der Champagne nirgends Bodengewinne von mehr als 3 km erzielt werden. Die rückwärtige Stellung der Deutschen wurde nicht durchbrochen, und als der Kampf am 31. Oktober endete, waren die Stellungen der Deutschen immer noch intakt – die Franzosen hatten fast 144 000 Mann geopfert.[36]

1915 war für die Alliierten an der Westfront ein trauriges Jahr. Für geringen Bodengewinn war viel Blut vergossen worden, und die Hoffnung auf Erfolge musste auf das Jahr 1916 verschoben werden. Die Deutschen hatten bewiesen, dass sie viel gelernt hatten, was die Verteidigung befestigter Stellungen betraf; die Alliierten dagegen hatten nicht gelernt, wie man einen Durchbruch erzielte. Das war eine bittere Lektion für die Franzosen, umso mehr als in einem sich ausweitenden Krieg ihre Verbündeten offenbar darauf aus waren, anderswo Lösungen zu suchen, während die Hauptmacht des Feindes wie verwurzelt auf französischem Territorium blieb. Aber die Niederwerfung Deutschlands durch Erfolge außerhalb Frankreichs schien ebenso aussichtslos zu sein wie ein Durchbruch zum Rhein. In Russland, wo das Eingreifen der Deutschen Österreich vor dem Zusammenbruch gerettet hatte, in Italien, wo seit Mai eine neue Front eröffnet worden war, auf dem Balkan, auf den türkischen Schlachtfeldern – überall verliefen die Ereignisse zugunsten Deutschlands. Nur auf den Meeren und in den fernen deutschen Kolonien waren die Alliierten im Vorteil; sie wussten jedoch, dass Erfolge auf diesen beiden Kriegsschauplätzen ihnen nicht den Sieg bringen konnten.

7 Der Krieg an den anderen Fronten

Ende 1915 führte keine der beteiligten Nationen den Krieg, den sie beabsichtigt oder erwartet hatte. Die Hoffnungen auf einen raschen Sieg waren zunichte gemacht, neue Feinde aufgetaucht, neue Fronten eröffnet. Frankreich hatte den Krieg, der noch am ehesten den zu Friedenszeiten gehegten Vorstellungen seines Generalstabes entsprach: einen Krieg gegen Deutschland an seiner Nordostgrenze. Aber Zeitplan und Kosten waren in katastrophaler Weise aus dem Ruder gelaufen, und infolge des überraschenden Kriegseintritts der Türkei im November 1914 fand sich Frankreich plötzlich in Unterstützungsfeldzüge auf dem Balkan und im östlichen Mittelmeerraum verwickelt. Der Kriegseintritt der Türkei hatte auch Russlands Kalkül durchkreuzt, sich nur mit den Deutschen und Österreichern befassen zu müssen; jetzt führte es zusätzlich einen erbitterten und schwierigen Feldzug im Kaukasus. Deutschland hatte mit einem Einfrontenkrieg in zwei Phasen gerechnet: Zuerst sollte, während eine symbolische Streitmacht seine Ostgrenze hielt, Frankreich niedergekämpft, anschließend Russland besiegt werden. Stattdessen wurde Deutschland sowohl an der West- als auch an der Ostfront in schwere Kämpfe verwickelt. Im Osten musste es sogar zahlreiche Truppen auf österreichischem Gebiet einsetzen, um seinen habsburgischen Verbündeten zu unterstützen. Österreich, das geglaubt hatte, den Krieg auf eine Strafexpedition gegen Serbien begrenzen zu können, musste seine Torheit büßen und befand sich jetzt nicht nur mit Russland, sondern auch mit Italien im Krieg. Serbien musste seine Unnachgiebigkeit büßen und wurde als Staat ausgelöscht. Großbritannien, das sich anfänglich nur dazu verpflichtet hatte, ein Expeditionskorps zur Erweiterung des linken Flügels der Franzosen in Flandern zu stellen, musste die Verantwortung für immer breitere Abschnitte der Westfront übernehmen. Gleichzeitig hatte es bei Gallipoli, in Ägypten und in Mesopotamien gegen die Türken zu kämpfen, die Serben zu unterstützen und die Schutztruppen in den afrikanischen Kolonien Deutschlands niederzuwerfen. Des Weiteren musste es die Besatzungen der Schiffe verstärken, die der deutschen Hochseeflotte den Zugang zur Nordsee verwehrten, das Mittelmeer beherrschten, deutsche Kaperschiffe jagten und zerstörten sowie britische Handelsschiffe gegen deutsche U-Boote schützten. Der Krieg, den die Menschen bereits den «Großen Krieg» zu nennen begannen, entwickelte sich zu einem Weltkrieg und dehnte sich mit jedem Monat weiter aus.

Der Krieg in den deutschen Kolonien

Erst nachdem Deutschland zu einem Reich – dem Zweiten Reich, ausgerufen im Januar 1871 im Spiegelsaal von Versailles – geworden war, konnte es wie die anderen europäischen Großmächte nach einem Weltreich streben. Deren umfangreiche Eroberungen ließen dem neuen Staat nur geringe Beute übrig. Nordafrika war zu diesem Zeitpunkt französisch, Mittelasien und Sibirien russisch, Indien britisch. Heinrich von Treitschke, der Ideologe des deutschen Nationalismus, verkündete, Kolonisation sei eine Frage von Leben und Tod.[1] Dennoch war die Begeisterung für den Erwerb von Kolonien in der Bevölkerung kaum verbreitet, vielleicht weil die einzigen noch verfügbaren Gebiete in den weniger begehrten Teilen Afrikas lagen. Den Anstoß, auf diesem Kontinent Fuß zu fassen, hatten deutsche Kaufleute gegeben. Sie hatten zwischen 1884 und 1914 an der Westküste in Kamerun, Togo und Südwestafrika (heute Namibia) und an der Ostküste im heutigen Tansania Handelsenklaven gegründet, die die deutsche Reichsregierung dann konsolidiert hatte. Darüber hinaus hatte sie durch Kauf und vorsichtigen weltweiten Krafteinsatz Papua-Neuguinea, Samoa sowie die Karolinen-, Marshall-, Salomon-,

Marianen- und Bismarck-Inseln im Pazifik erworben. 1898 war den Chinesen durch einen Pachtvertrag die Küstenregion von Kiautschou mit dem Hafen Tsingtau abgerungen worden.

Bei Kriegsausbruch versuchten die Briten und Franzosen sofort, die Schutztruppen der deutschen Kolonien auszuschalten. Die Japaner gingen gegen Tsingtau und gegen die deutschen Inselgruppen im Mittelpazifik vor. Sie waren am 23. August 1914 in den Krieg eingetreten, angeblich weil sie – nach ihrer Auslegung des britisch-japanischen Vertrags von 1911 – dazu verpflichtet waren, in Wirklichkeit jedoch, um ihre strategische Position im Pazifik auf Kosten Deutschlands zu verbessern. Im Laufe des Oktober besetzte Japan die Marianen-, die Marshall- und die Karolinen-Inseln. Diese Inselgruppen, die nach 1918 japanische Mandatsgebiete wurden, sollten im Zweiten Weltkrieg die äußere Peripherie des japanischen Inselbollwerks gegen die Vereinigten Staaten bilden. Samoa wurde am 29. August von neuseeländischen Truppen eingenommen, Deutsch-Neuguinea ergab sich am 17. September bedingungslos einer australischen Expeditionstruppe, ebenso die Salomon-Inseln und der Bismarck-Archipel. Die Niederwerfung von Tsingtau dauerte etwas länger. Stark befestigt und von über 3000 deutschen Marinesoldaten verteidigt, war Tsingtau für jeden Angreifer ein gewaltiges militärisches Hindernis. Die Japaner gingen kein Risiko ein, landeten mit 50 000 Mann und begannen eine regelrechte Belagerung. Später schlossen sich ihnen die *2nd South Wales Borderers* und die *36th Sikhs* aus dem britischen Vertragsgebiet von Tientsin an.[2] Vor ihnen lagen drei Verteidigungsstellungen. Die ersten beiden wurden von den Deutschen kampflos aufgegeben; vor der dritten zogen die Japaner Quergräben – nach den Dienstvorschriften für einen Belagerungskrieg – und eröffneten das Feuer mit 28-cm-Haubitzen, ähnlich denjenigen, mit denen sie zehn Jahre zuvor die russischen Verteidigungsstellungen bei Port Arthur bezwungen hatten. In der Nacht vom 6. zum 7. November griff die japanische Infanterie über ein Niemandsland an, das auf weniger als 300 m zusammengeschrumpft war, und am nächsten Morgen kapitulierte Kapitän zur See Alfred Meyer-Waldeck, der Gouverneur von Kiautschou.

Von seinen Marinesoldaten waren 200, von den japanischen Angreifern 1455 gefallen. Es war ein tapferer, wenn auch nur symbolischer Widerstand gewesen.

In Afrika wurde die winzige Kolonie Togo – zwischen der britischen Goldküste (heute Ghana) und dem französischen Dahomey (heute Benin) – am 27. August 1914 von den *West African Rifles* und den *Tirailleurs sénégalais* rasch überrannt. Kamerun, so groß wie Deutschland und Frankreich zusammen, war schwieriger zu bezwingen. Die deutsche Schutztruppe bestand aus etwa 1000 Europäern und 3000 Afrikanern. Die alliierte Streitmacht umfasste Truppen aus Nigeria, der Goldküste und Sierra Leone unter britischem Kommando, französische afrikanische Infanterie und ein belgisches Kontingent aus dem Kongo. Zusammen mit Zehntausenden von Trägern – eine unerlässliche Unterstützung bei jedem Feldzug durch den Urwald oder das Buschland Afrikas – wuchs sie schließlich auf 25 000 Mann an und war den deutschen Schutztruppen zahlenmäßig weit überlegen. Ihre ersten Unternehmen wurden jedoch durch die Entfernungen, das Klima und die geographischen Gegebenheiten beeinträchtigt. Ende August passierten die britischen Marschkolonnen, jeweils durch 400 km unwegsames Gelände voneinander getrennt, die nigeriasnische Grenze. In der Nähe des Tschadsees rückte, auf der alten zentralafrikanischen Sklavenhändlerroute, eine erste Kolonne gegen Mora vor; die zweite näherte sich dem 800 km von der Küste entfernten Garoua; die dritte, der Küste am nächsten, wandte sich gegen Nsanakang. Alle drei Kolonnen stießen auf starken Widerstand und mussten unter schweren Verlusten umkehren.

Die Franzosen hatten etwas mehr Erfolg; sie eroberten einen Brückenkopf an der Küste und gewannen ein Gefecht bei Kousseri, südlich des Tschadsees. Nachdem Verstärkungen eingetroffen waren, gewannen die Briten die Oberhand. Mithilfe von vier britischen und französischen Kreuzern und einer Flotte kleinerer Schiffe nahmen sie die Küste ein, eroberten am 27. September Douala, die Hauptstadt der Kolonie, und zogen entlang den Flüssen und den beiden kurzen Eisenbahnlinien ins Landesinnere. Ihr Ziel war die mehr als 200 km landeinwärts liegende Stadt

Yaoundé, wo die Deutschen ein Waffendepot hatten. Geschickter Widerstand der deutschen Schutztruppe, der auch während der sintflutartigen Regenzeit aufrechterhalten wurde, verhinderte die Wiederaufnahme des Vormarsches bis zum Oktober 1915. In der Zwischenzeit legten die afrikanischen Soldaten Gärten an, um ihre zeitweilig ausbleibenden Verpflegungsrationen zu ergänzen.[3] Im November, zu Beginn der Trockenzeit, stießen die Alliierten endlich in die zentrale Bergregion vor und zwangen die meisten Deutschen, in die neutrale Enklave Spanisch-Guinea auszuweichen und sich dort internieren zu lassen. Mora, der letzte deutsche Stützpunkt im äußersten Norden, wo der Feldzug anderthalb Jahre zuvor begonnen hatte, kapitulierte erst im Februar 1916.[4]

Das Kriegsgeschehen in Kamerun unterschied sich kaum von den Kolonialkriegen, in denen die Briten und Franzosen einst die Kriegerstämme unterworfen hatten. Der im September 1914 begonnene Feldzug in Deutsch-Südwestafrika hatte eine ganz andere Qualität. «Deutsch-Südwest» (heute Namibia) ist ein riesiges Gebiet, sechsmal so groß wie England, trocken und unfruchtbar, und war damals von nur 80 000 Afrikanern bewohnt. Sie gehörten überwiegend zum Stamm der Herero, deren Aufstand 1904 von dem damaligen Gouverneur (dem Vater des späteren Reichsmarschalls Hermann Göring) rücksichtslos niedergeworfen worden war. Jetzt wurden sie von der 3000 Mann starken deutschen Schutztruppe und den 7000 männlichen Siedlern scharf im Auge behalten. Die deutsche Reichsregierung hatte gehofft, in «Südwest», wie in ihren anderen afrikanischen «Schutzgebieten», einen Konflikt vermeiden zu können. Sie vertraute auf eine vage gegenseitige Verpflichtung zur Neutralität in Afrika, auf die sich die Kolonialmächte 1885 geeinigt hatten. Die Briten wollten davon jedoch nichts mehr wissen und begannen sofort eine Expedition zu Wasser und zu Land gegen die deutsche Kolonie, obwohl sie bei Kriegsausbruch ihre Garnison aus der benachbarten Südafrikanischen Union abgezogen hatten und sich auf die *Defence Force* verlassen mussten, die zu einem großen Teil aus Buren (ihren Gegnern im Krieg von 1899–1902) bestand. Sie

Deutsche Kolonien in Afrika

verfügten über rund 60 000 Mann. Ein Teil, etwa die *African Permanent Force*, waren reguläre Truppen, Großbritannien (aus dem viele stammten) treu ergeben. Die *Citizen Force* war gespalten. Einige ihrer Verbände, etwa die *Durban Light Infantry* oder die *Imperial Light Horse*, waren Südafrikaner englischer Herkunft und der Krone gegenüber loyal; ebenso die aus Ostafrika zu Hilfe eilenden Kontingente weißer Rhodesier (darunter der spätere Luftmarschall «Bomber» Harris). Bei anderen war die Sache schwieriger. Von den jetzt in britischen Diensten stehenden ehemaligen Burenführern hatte General Louis Botha ein für alle Mal seinen Frieden mit den Briten gemacht. Er fühlte sich Jan Smuts, einem der verwegensten Generale des Burenkrieges, der inzwischen Ministerpräsident der Südafrikanischen Union war, persönlich verpflichtet. Christiaan de Wet, ein Held des Burenkriegs, und Christiaan Beyers, Kommandeur der *Defence Force*, rebellierten offen, ebenso General Jan Kemp, der seinen Abschied nahm, und Oberst Salomon Maritz, der den Gehorsam verweigerte. Deshalb fand sich Großbritannien gleich zu Beginn nicht nur in einen Kolonialfeldzug gegen die Deutschen, sondern auch in eine Burenrebellion verwickelt.[5]

Zum Glück für die Briten eskalierte die Rebellion nicht. Zwar schlossen sich ihr etwa 11 000 Afrikaander an. Ihnen standen jedoch 30 000 Loyalisten – Buren und Briten – gegenüber, die bis Januar 1915 fast alle Rebellen zur Unterwerfung zwingen konnten; einige wenige begaben sich auf deutsches Gebiet. Jetzt begann ernsthaft der Krieg gegen die Deutschen. Die Armee wurde in vier Marschkolonnen eingeteilt. Die meisten Soldaten waren beritten, viele von ihnen burische «Burgher», die teilweise 1881 bei Majuba gegen die Briten gekämpft hatten. Sie näherten sich den deutschen Widerstandszentren aus verschiedenen Richtungen: von der Küste, vom Oranje-Fluss und von Betschuanaland, dem riesigen Protektorat (heute Botswana) nördlich der Union. Ihr Ziel war Windhuk, die Hauptstadt der deutschen Kolonie, auf die sich die Deutschen kämpfend zurückzogen. Nach der Einnahme der Stadt am 12. Mai 1915 ging der Widerstand weiter, allerdings unter Austausch von Höflichkeiten zwischen den beiden

Seiten. Die Lage der Deutschen war hoffnungslos. Gegen eine vielfache Übermacht kämpfend, noch dazu in einer der ödesten Regionen der Welt, und ohne jede Aussicht auf Nachschub von außen, ergaben sie sich schließlich am 9. Juli 1915 bedingungslos. Die deutschen Offiziere durften ihre Degen behalten; die deutschen Siedler, die als Reservisten gekämpft hatten, durften auf ihre Farmen zurückkehren – mit Waffen und Munition, damit sie sich, ihre Familien und ihr Eigentum schützen konnten.[6] Bis heute ist Windhuk die einzige unverwechselbar deutsche Stadt in der südlichen Hemisphäre.

1916 war Deutsch-Ostafrika, das heutige Tansania, das letzte Zentrum deutschen Widerstandes gegen britische und französische Truppen in den Kolonien. Der Krieg hatte hier am 8. August 1914 begonnen, als der britische Kreuzer *Astraea* den Hafen Daressalam beschoss. Dann legten sich die Feindseligkeiten. Als sie wieder ausbrachen, sollten sie den im November 1918 geschlossenen Waffenstillstand in Europa überdauern, ein Beweis für die außergewöhnliche Zähigkeit und kühne Führung des Generalmajors Paul von Lettow-Vorbeck, der die Schutztruppen der Kolonie kommandierte. Er war mit seinen 44 Jahren bei Kriegsausbruch bereits ein erfahrener Kolonialkrieger: 1900 hatte er im deutschen Kontingent den Boxeraufstand in China, später aufständische Hereros und Hottentotten in Deutsch-Südwestafrika bekämpft. Seine Ernennung zum Kommandeur der Schutztruppe in Deutsch-Ostafrika war bezeichnend für sein Ansehen. Die dänische Baronin Karen Blixen, die Autorin des Buches *Out of Africa*, die auf demselben Schiff wie Lettow-Vorbeck ausreiste, schrieb in ihren Erinnerungen, kein anderer Deutscher habe ihr einen so starken Eindruck vom kaiserlichen Deutschland vermittelt.[7] Deutsch-Ostafrika war das Juwel unter den überseeischen Besitzungen des Deutschen Reiches. Togo war eine Bagatelle, Kamerun ein fast unbevölkertes, von Malaria geplagtes Land, «Deutsch-Südwest» eine schöne, aber öde Wüste. Deutsch-Ostafrika – im Norden vom britischen Kenia und Uganda, im Westen von Belgisch-Kongo und vom britischen Protektorat Njassaland beziehungsweise Rhodesien, im Süden von Portugiesisch-Moçambique begrenzt – erstreckte sich über den landschaftlich schönsten und potenziell produktivsten Teil des Kontinents. An seinen Grenzen lagen der Viktoriasee, der Tanganjikasee und der Njassasee, und auf seinem Gebiet erhob sich der Kilimandscharo.

Zunächst sah es so aus, als gelte die Vereinbarung der Kolonialmächte aus dem Jahr 1885, Schwarzafrika aus den Feindseligkeiten herauszuhalten. Der deutsche Gouverneur Schnee verbot offensive Operationen. Der Gouverneur von Britisch-Kenia erklärte, seine Kolonie sei «am gegenwärtigen Krieg nicht interessiert». Außerdem verfügte keiner der beiden Gouverneure über nennenswerte Streitkräfte. Sie rechneten nicht mit der Aggressivität ihrer jungen Männer. Lettow-Vorbeck ignorierte einfach die Anweisungen Schnees und begann seine spärlichen Truppen zu sammeln: etwa 2500 Askaris und 200 weiße Offiziere. Gleichzeitig füllte sich Nairobi, die Hauptstadt Kenias, mit kriegerischen jungen Siedlern und weißen Jägern, die alle Waffen trugen und Uniformen und einen Auftrag verlangten. Wie die konföderierten «bloods and dandies» im April 1861 bildeten sie eigene militärische Verbände mit exotischen Namen und marschierten los, um Lettow-Vorbeck zurückzuschlagen, sobald er sich rührte. Im September begann, unabhängig von den Wünschen der beiden Gouverneure, der Krieg.

Auch die Regierungen in der Heimat wollten Krieg. Als er ausbrach, operierte der deutsche Kreuzer *Königsberg* vor der Küste Ostafrikas und eröffnete die Feindseligkeiten, indem er das britische Kriegsschiff *Pegasus* versenkte. Dieser Verlust veranlasste den Admiral der südafrikanischen Flottenstation, seine ganze Streitmacht – bestehend aus drei Kreuzern – gegen die *Königsberg* einzusetzen. Bald wurde diese in das sumpfige Rufiji-Delta getrieben, wo ihr Kapitän ein brillantes Ausweichmanöver durchführte, das 255 Tage andauerte. Erst nachdem die Admiralität zwei für seichte Gewässer geeignete Kriegsschiffe, die *Severn* und die *Mersey*, aus Großbritannien entsandt hatte, um die *Königsberg* in ihrem Versteck zu stellen, konnte sie außer Gefecht gesetzt werden. Aber selbst noch als Wrack leistete sie ihren Beitrag zum

Krieg. Ein großer Teil ihrer Mannschaft ging an Land, um in die ostafrikanische Schutztruppe einzutreten. Vorher baute sie einige Schiffsgeschütze aus, die sie dann als Feldartillerie verwendete. Die Angriffslust Lettow-Vorbecks hatte inzwischen Großbritannien veranlasst, eine militärische Expedition großen Stils gegen ihn vorzubereiten. Er fiel nicht nur in Uganda und Kenia ein, wo er auf britischem Territorium unterhalb des Kilimandscharo die deutsche Flagge hisste, sondern eröffnete auch Marine-Operationen auf den Großen Seen. Schließlich wurden Kanonenboote aus Großbritannien geschickt, um diese Binnengewässer zurückzuerobern. Die wichtigste Verstärkung waren jedoch zwei Brigaden britischer und indischer Truppen aus Indien. Die indischen Regimenter waren zweitklassig, was die britischen Berufssoldaten ausgleichen sollten. Doch das taten sie nicht. Die Landung der Expeditionstruppen am 2. November 1914 bei Tanga führte zu einer demütigenden Niederlage. Die Inder liefen davon, die Briten verirrten sich. Die Deutschen warfen den achtfach überlegenen Gegner an den Strand zurück, wo er sich am 5. November wieder einschiffte – dabei ließ er 16 Maschinengewehre, Hunderte von Gewehren und 600 000 Schuss Munition zurück.

Dieses Beutegut ermöglichte es Lettow-Vorbeck, die trägen Kämpfe des Jahres 1915 durchzustehen, in dem die Briten ihre Kräfte verstärkten und er selbst die Grundregeln für den Krieg erlernte, den er später führte. Gegen neu eingetroffene, bessere britische Truppen errang er zwar bei Jassin einen kleinen Sieg. Aber die hohen deutschen Verluste und der hohe Munitionsverbrauch – seine Askaris hatten 200 000 Schuss abgefeuert – lehrten Lettow-Vorbeck, dass er mit seinen Kräften sparsam umgehen musste, wenn er einen langen Krieg durchhalten wollte. So beschränkte er sich notgedrungen auf einen Guerilakrieg. Das war von Stund an seine Strategie.[8]

Im März 1916 führte Jan Smuts die Truppen der *Defence Force* nach Norden, die nach der Eroberung Deutsch-Südwestafrikas frei geworden waren. Er plante eine konzentrische Offensive aus Kenia, Njassaland, Belgisch-Kongo und Portugiesisch-Moçambique, um Lettow-Vorbecks kleine Armee im Landesinneren aufzureiben. Aber dieser hatte nicht vor, sich fangen zu lassen. Er leistete erbitterten Widerstand so gut er konnte und überfiel die Briten immer wieder aus dem Hinterhalt, wenn sie vorrückten. Bevor deren zahlenmäßige Überlegenheit ins Gewicht fiel, entwischte er und zerstörte bei seinem Rückzug alles, was für sie hätte wertvoll sein können. Da seine Soldaten sich aus dem Land ernährten und sich Munition durch Überfälle auf den Feind beschafften, hatte er in den riesigen Weiten des Buschlandes fast unbegrenzte Möglichkeiten, sich der Niederlage zu entziehen, wie er bis zum November 1918 bewies.

Der Kreuzerkrieg

Vor Lettow-Vorbecks ungewöhnlichem Unternehmen in dem weiten afrikanischen Binnenland, während seiner ersten Grenzscharmützel, hatten die Überseegeschwader der deutschen Reichsmarine in den Weiten des Atlantik und des Pazifik ein anderes Unternehmen eingeleitet, das zwar kürzer, aber ebenso dramatisch war. Die deutsche Hochseeflotte, die bei einer eventuellen Konfrontation ein «Risiko» für die britische Seeherrschaft darstellen sollte, blieb bewusst in den deutschen Nordseehäfen konzentriert. Von dort aus konnte sie die *Royal Navy* eventuell durch einen Vorstoß auf die hohe See und durch ein überraschendes Gefecht bedrohen, in dem die zahlenmäßige Überlegenheit der Briten vielleicht durch die Unberechenbarkeiten des Wetters oder des Zufalls ausgeglichen wurde. Deutschland unterhielt darüber hinaus kleine Flottenkräfte im Pazifik. Im August standen die Kreuzer *Scharnhorst* und *Gneisenau* bei den Karolinen, *Emden* in Tsingtau, *Dresden* und *Karlsruhe* in der Karibik, die *Leipzig* vor der Pazifikküste Mexikos und die *Nürnberg* war auf dem Wege, sie abzulösen; die *Königsberg* befand sich, wie bereits erwähnt, auf einer einsamen Mission vor der Küste Ostafrikas. Diese acht Schiffe stellten trotz ihrer geringen Anzahl eine beträchtliche Gefahr für den Schiffsverkehr der Alliierten dar (besonders für Geleitzüge, die australische und neuseeländische Truppen nach Europa brachten), denn sie waren erst wenige Jahre zuvor gebaut, schnell, gut bewaffnet und wurden von fähigen Offizieren geführt, z. B. von Admiral Maximilian von Spee, Chef des Kreuzergeschwaders in Ostasien. Eine beträchtliche Schwäche der britischen Marineplanung lag darin, dass ihre Kreuzerflotte entweder aus alten, so genannten «gepanzerten» Schiffen bestand, die aufgrund ihrer geringen Geschwindigkeit, ihrer schwachen Panzerung und ihrer unzureichenden Bewaffnung geschickt geführten deutschen Kreuzern nicht gewachsen waren, oder aus leichten Kreuzern, die ebenso schnell wie die deutschen Kreuzer, ihnen jedoch an Feuerkraft unterlegen waren. Dieses Ungleichgewicht sollte ausgeglichen werden durch die neuerdings in Mode kommenden Schlachtkreuzer: schnelle, leicht gepanzerte Dreadnoughts. Da ihre Baukosten hoch waren, konnten sich die Briten nur wenige dieser Schiffe leisten. Diese verschlangen die Gelder, die zur Modernisierung der konventionellen Kreuzerflotte hätten verwendet werden können. Infolgedessen erlitt die *Royal Navy* in den ersten Kriegsmonaten schwere Verluste an Mannschaften und Schiffsraum, was ihrem Prestige gewaltig schadete.

Die britische Flotte war überdies nicht darauf vorbereitet, einen aggressiven deutschen Kreuzerkrieg abzuwehren. Da die Briten über ein dichtes Netz von Bunkerstationen verfügten, unterließen sie es, den Kohlennachschub für eine Verfolgungsjagd über die Ozeane hinweg zu organisieren. Die Deutschen hatten nicht nur einen ganzen Zug von Kohlendampfern, sondern kaperten auch gegnerische Schiffe – und füllten damit ihre Vorräte an Kohle, Nahrung und Wasser auf. Sie schickten auch Proviantschiffe aus heimatlichen Gewässern zu den Kaperschiffen und wiesen sie an, notfalls selbständig als bewaffnete Handelskreuzer vorzugehen. Wenn die deutschen Vorkehrungen einen Schwachpunkt aufwiesen, dann allenfalls den, dass die Treffpunkte per Funk vereinbart werden mussten – in einem Code, den die Briten rasch entschlüsselten.

Zwei der deutschen Kaperschiffe wurden bald ausgeschaltet. Die *Königsberg* zählte nicht mehr, nachdem sie ins Rufiji-Delta abgedrängt worden war. Die *Emden,* unter dem energischen Korvettenkapitän Karl von Müller, versenkte im Pazifischen und Indischen Ozean mehr als zwei Dutzend Schiffe, obwohl sie zeitweise nicht nur von britischen, sondern auch von französischen, russischen und japanischen Schiffen verfolgt wurde. Schließlich wurde sie am 9. November von dem australischen Kreuzer *Sydney* bei den Kokos-Inseln abgefangen und versenkt. Der örtlichen Funkstation war es noch gelungen, eine Meldung durchzugeben, bevor ein deutsches Landungskommando den Sender zerstörte. Daraufhin war die *Sydney* von einem der großen Geleitzüge, die australische Truppen in den Mittelmeerraum brachten, abkommandiert worden. Damit war die bemerkenswerte Kreuzfahrt der *Emden* aber noch nicht ganz zu Ende. Das Landungskommando konnte den Australiern entkommen, kaperte ein im Hafen liegendes japanisches Segelschiff und segelte nach Niederländisch-Ostindien. Von dort fuhren sie auf einem deutschen Frachtdampfer in den Jemen. Angriffe feindlicher Beduinen abwehrend, erreichten sie die Hedschas-Bahn, die erbaut worden war, um Pilger nach Mekka zu bringen. Im Juni 1915 kamen sie schließlich in Konstantinopel an, wo sie mit Recht überschwänglich gefeiert wurden.[9]

Die *Karlsruhe* wurde, nachdem sie 16 Handelsschiffe versenkt hatte, am 4. November bei Barbados durch eine nie aufgeklärte Explosion auseinander gerissen. Die *Leipzig* und die *Dresden* trafen sich, nach vielfältigen Abenteuern, im Oktober in südamerikanischen Gewässern mit Admiral von Spee, dem sich die *Nürnberg* schon früher angeschlossen hatte. Diese fünf Schiffe bildeten nun die stärkste Bedrohung der alliierten Seeherrschaft außerhalb der Nordsee. Spee nützte seinen Vorteil aus. Die große japanische Flotte, die in den ersten Kriegsmonaten weiträumig und angriffslustig umherkreuzte und dabei viele der deutschen Inseln im Pazifik besetzte, hielt ihn davon ab, im nördlichen Pazifik zu operieren. Deshalb wandte er sich gegen die französischen Besitzungen auf Tahiti und den Marquesas im Südpazifik, stieß dort jedoch auf Widerstand. Er traf daher die strategisch kühne Entscheidung, vom Pazifik in den südlichen Atlantik überzuwechseln; der *Dresden,* der *Leipzig* und seinen Kohlendampfern funkte er, ihn bei der Osterinsel zu treffen, dem entlegensten bewohnten Ort auf dem Erdball.[10]

Spees ungesicherte Funksignale wurden vom britischen Abhördienst aufgefangen. Admiral Christopher Cradock, der Kommandeur der südamerikanischen Flottenstation, durchschaute die Absichten Spees, passierte die Magellanstraße und führte sein Geschwader in chilenische Gewässer. Der leichte Kreuzer *Glasgow* fuhr voraus; Cradock folgte mit den Kreuzern *Monmouth* und *Good Hope* und dem Schlachtschiff *Canopus*, das so alt und so langsam war, dass es als Begleitschutz für die nachfolgenden Kohledampfer zurückgelassen wurde. Die *Monmouth* und die *Good Hope* waren fast ebenso alt, nicht viel schneller und schlecht bewaffnet. Sie sollten sich der *Glasgow* anschließen, die in den kleinen chilenischen Hafen Coronel eingelaufen war. Aufgrund einer abgefangenen Nachricht war jetzt Spee im Vorteil. Als er hörte, dass die *Glasgow* im Hafen von Coronel lag, wartete er in der Nähe auf die alten Kreuzer. Als sie am Abend des 1. November erschienen, hielt er sich bis zum Einbruch der Dämmerung außer Schussweite; im Abendlicht eröffnete er dann das Feuer. Die *Monmouth* und die *Good Hope* wurden rasch versenkt, von ihren 1600 Seeleuten überlebte kein Einziger. Die *Glasgow* entwich, um die *Canopus* zu warnen und sie vor einem ähnlichen Schicksal zu bewahren.

Coronel war die erste britische Niederlage zur See seit hundert Jahren. Die dadurch hervorgerufene Empörung war weit größer als die nach dem Verlust dreier alter Kreuzer (*Hogue*, *Cressy* und *Aboukir*), die das deutsche Unterseeboot *U 9* am 22. September vor der holländischen Küste versenkt hatte. Admiral Sir John Fisher, seit dem 31. Oktober 1914 Erster Seelord, ordnete sofort eine Umgruppierung der Seestreitkräfte auf allen Meeren an, um Spee abzufangen, wo auch immer er sich bewegen mochte. Die britischen Flottenstationen am Kap, in Westafrika und Südamerika wurden verstärkt, und auch die japanische Marine gruppierte Verbände um, sodass Spees Aktionsfreiheit im Indischen, Atlantischen und Pazifischen Ozean bedroht war.[11] Am gefährlichsten für Spee war Fishers Entscheidung, zwei seiner wertvollen Schlachtkreuzer, die *Invincible* und die *Inflexible*, von der Nordsee in den Südatlantik zu entsenden. Spee hätte – sich in den weiten Räumen der südlichen Ozeane versteckend und sich aus erbeuteten Handelsschiffen und entlegenen neutralen Häfen mit Kohle versorgend – vielleicht noch lange herumkreuzen können, wenn er sich nicht entschlossen hätte, die Falklandinseln anzugreifen. Nach der Seeschlacht bei Coronel verließ er den Pazifik und kam am 8. Dezember vor Port Stanley an. Es wurde den Deutschen zum Verhängnis, dass Admiral Sturdee, der Kommandeur des britischen Schlachtkreuzergeschwaders, sich ebenfalls entschlossen hatte, Port Stanley anzulaufen. Sein Geschwader war gerade dabei, Kohle zu übernehmen, als die Deutschen sich näherten. Eilig ließ Sturdee die Maschinen unter Dampf setzen und verließ den Hafen, um die fünf deutschen Schiffe zur Strecke zu bringen. Keines war Sturdees Schlachtkreuzern ebenbürtig, denn diese waren nicht nur schneller als die *Scharnhorst* und die *Gneisenau*, die stärksten Schiffe Spees; sie hatten auch großkalibrigere und weiter reichende Geschütze. Spee stellte sich mit seinen beiden Schlachtschiffen zum Kampf, um das Entkommen der anderen zu decken, wurde jedoch versenkt, desgleichen zwei seiner leichten Kreuzer. Nur die *Dresden* entkam. Sie konnte sich drei Monate lang in den schmalen Buchten bei Kap Hoorn verstecken, bis sie am 14. März 1915 von einem britischen Geschwader, dem die bei Coronel entkommene *Glasgow* angehörte, gestellt und zur Selbstversenkung gezwungen wurde.

Mit der Niederlage bei den Falklandinseln beendete die deutsche Flotte ihre Hochseeoperationen. Einigen bewaffneten Handelsschiffen gelang es zwar noch, durch die Nordsee auf die Weltmeere zu schlüpfen und einen Kaperkrieg zu führen, aber die regulären Einheiten der Flotte wurden für so riskante Unternehmen nicht mehr eingesetzt. Nach den Falklandinseln gehörten die Ozeane den Alliierten, und bis zu der großen Konfrontation am Skagerrak wurden ständige Kämpfe – von U-Boot-Angriffen abgesehen – nur auf landumschlossenen Gewässern geführt: Im Schwarzen Meer, in der Ostsee und in der Adria.

Der Mittelmeerraum wurde ausschließlich von der britischen und französischen Flotte (nach Italiens Kriegseintritt von der italienischen Flotte unterstützt) kontrolliert. Ihre Herrschaft wurde erst im Oktober 1915 von deutschen U-Booten gestört. In der Adria, die südlich, in der Straße von Otranto, durch einen italienischen Minengürtel abgeriegelt war, führten die Österreicher mit den Italienern einen Krieg der wechselseitigen Nadelstiche, dessen einziger strategischer Sinn darin bestand, den Alliierten den direkten amphibischen Zugang zur Kriegszone auf dem Balkan von Westen her zu verwehren.

Einen ähnlichen Krieg führten in der Ostsee die leichten Seestreitkräfte und alten Schlachtschiffe Deutschlands gegen die baltische Flotte Russlands. Die zahlreich verlegten Minen hielten die Russen davon ab, sich mit ihren großen Schlachtschiffen weit von den finnischen Häfen zu entfernen; gelegentlich wurden die Küsten beschossen, und schließlich gab es einige kühne Operationen britischer Unterseeboote. Der 1906 in Großbritannien gebaute russische Panzerkreuzer *Rurik* wurde häufig und wirksam eingesetzt, bis er im November 1916 durch eine Mine schwer beschädigt wurde.[12]

Das hervorstechendste Merkmal des Krieges in der Ostsee waren aus Marinesicht die dort nicht durchgeführten Operationen. Fisher, der ebenso viele schlechte wie gute Ideen hatte, war schon 1908 für einen groß angelegten Flottenvorstoß in die Ostsee eingetreten. 1914 gewann er Churchill dafür, der ebenso unkritisch war, wenn es um großartige strategische Projekte ging. Fisher gelang es sogar, für den Bau dreier riesiger Schlachtkreuzer mit geringem Tiefgang, die für ein solches Unternehmen geeignet waren, Geldmittel bewilligt zu bekommen. Glücklicherweise siegte die Vernunft. Die Ungeheuer, die schneller waren als Zerstörer, wurden nicht eingesetzt und entgingen daher der fast unvermeidlichen Vernichtung in den engen Gewässern der Ostsee. In der Nachkriegszeit wurden sie als Flugzeugträger genutzt.[13]

Im Schwarzen Meer, wo Russland die zweite seiner drei Flotten unterhielt (die dritte, im Pazifik, spielte nur eine geringe Rolle), war die russische Herrschaft unumstritten. Die Türken besaßen nach ihrem Kriegseintritt im November 1914 keine ausreichende Zahl guter Schiffe, um diese Herrschaft gefährden zu können. Die Russen verminten – wenn auch sporadisch und ungeschickt – türkische Gewässer und griffen türkische Häfen und Schiffe nach Belieben an. Solche Operationen waren jedoch peripher. Die Türkei war bei ihrer Kriegführung nicht auf Nachschublinien zur See angewiesen. Und Russland konnte aus seiner Flotte keinen operativen Nutzen ziehen: Ein Projekt, das V. Kaukasische Korps 1916 bei Konstantinopel anzulanden, wurde aufgegeben, als die Schwierigkeiten deutlich wurden.[14]

Trotzdem sollte sich die türkische Flotte, wenn auch nur indirekt, als eines der bedeutendsten Werkzeuge bei der Ausweitung der Weltkrise erweisen. Die nationalistischen «Jungtürken», die seit 1908 die osmanische Regierung kontrollierten, waren seit ihrer Machtergreifung um eine Modernisierung des Reiches bemüht. Modernisierungsversuche in den ersten Jahren des 19. Jahrhunderts hatten mit der Ermordung des Sultans geendet; ein zweiter, scheinbar erfolgreicher Versuch im Jahr 1826 war an der zutiefst konservativen Einstellung der Höflinge und der religiösen Führer gescheitert. Alle Europäer, die mit den Türken zu tun hatten – die Deutschen, darunter der ältere Moltke, waren dabei führend –, sprachen enttäuscht und verächtlich von der anscheinend unheilbaren Trägheit der Osmanen. Trotzdem gaben die Deutschen nicht auf und waren schließlich erfolgreich. Die Jungtürken, darunter eine Reihe von Moslems aus den Balkanländern, schienen anders zu sein als die früheren Herrscher. Ihnen waren Militärberater und Investoren aus Deutschland willkommen. Das türkische Eisenbahnsystem wurde mit deutschen Krediten gebaut, das osmanische Heer mit Mauser-Gewehren und Krupp-Geschützen neu ausgerüstet. Für die Flottenrüstung wandten sich die Jungtürken – wie alle aufstrebenden Mächte jener Epoche – an Großbritannien. 1914 waren sie gerade im Begriff, von britischen Werften zwei großartige Dreadnoughts zu übernehmen: die *Reshadieh* und die *Sultan Osman*, das am stärksten bewaffnete Schiff der Welt, mit 14 Geschützen vom Kaliber 30,5 cm. Bei Kriegsausbruch «erwarb» Großbritannien kurzerhand beide Schiffe. Zwei Tage zuvor, am 2. August, hatte die Türkei mit Deutschland und Österreich-Ungarn ein Bündnis gegen Russland geschlossen, die Schutzmacht türkischer Untertanenvölker außerhalb des Balkans und Eroberer großer Teile einst osmanischer Gebiete.[15] Deutschland entsandte sofort sein Mittelmeergeschwader, den Schlachtkreuzer *Goeben* und den leichten Kreuzer *Breslau*, in türkische Gewässer. Nach ihrem Eintreffen in Konstantinopel hissten sie die türkische Flagge und änderten ihre Namen in *Sultan Selim* und *Midillu*: Souchon, der Kommandeur des Geschwaders, wurde türkischer Admiral. Britische Proteste wurden mit dem schlagfertigen Argument zurückgewiesen, man habe diese Schiffe «erworben» als notwendigen Ersatz für die beiden von Großbritannien beschlagnahmten Dreadnoughts, die jetzt als *Erin* und *Agincourt* zur *Grand Fleet* gehörten.

Während der folgenden drei Monate blieben die *Goeben* und die *Breslau* friedlich vor Anker. Die Bedingungen für den Kriegseintritt der Türkei waren jedoch bereits festgelegt, denn der Bündnisvertrag verpflichtete die Türkei, Deutschland beizustehen, falls dieses Österreich-Ungarn gegen Russland unterstützen müsse – eine diplomatische Situation, die bei Unterzeichnung des Vertrags bereits eingetreten war. Enver Pascha, türkischer Kriegsminister und führender Jungtürke, schloss mittlerweile seine militärischen Vorbereitungen ab. Der deutsche General Liman von Sanders, sein militärischer Berater, glaubte, er werde die Feindseligkeiten mit einer Expedition in die weiten Ebenen der russischen Ukraine eröffnen. Stattdessen entschied sich Enver Pascha dafür, in den zerklüfteten Bergen des Kaukasus anzugreifen, wo – wie er meinte – das Terrain und der moslemische Glaube der Bevölkerung der Türkei zugute kommen würden. Um ein öffentliches Signal für den baldigen Kriegsausbruch zu setzen, wies er Souchon an, mit der *Goeben*, der *Breslau* und einigen bunt zusammengewürfelten türkischen Kriegsschiffen die russische Flotte anzugreifen, «wo immer er sie finde».[16] Souchon legte diese Anweisung großzügig aus, teilte seine Flotte und griff am 29. Oktober die russischen Häfen Odessa, Sewastopol, Noworossisk und Feodosia an. Drei Tage später erklärte Russland der Türkei den Krieg, und am 5. November befand sich die Türkei auch mit Frankreich und Großbritannien im Kriegszustand.

Der Krieg im Süden und im Osten

Der Kriegseintritt der Türkei bedeutete nicht einfach einen weiteren Verbündeten für die Mittelmächte oder einen weiteren Feind für die Alliierten. Er schuf – tatsächlich und potenziell – einen ganz neuen Kriegsschauplatz, der mehrere Dimensionen hatte: nicht nur rein militärische, sondern auch religiöse und revolutionäre. Die Türkei war Sitz des moslemischen Kalifats, und als Nachfolger Mohammeds rief Sultan Mohammed V. am 11. November den «heiligen Krieg» aus und forderte alle Moslems in britischen, französischen und russischen Gebieten zum Aufstand auf. Die Wirkung war gering. Die Briten waren beunruhigt, doch es gab in ihrer indischen Armee nur wenige moslemische Soldaten, die sich beeinflussen ließen: hauptsächlich Afghanen von der Nordwestgrenze, geborene Rebellen, die «ein oder zwei Jahre nach ihrer Entlassung, zu ihrem Stamm zurückgekehrt, gewöhnlich aus dem Hinterhalt auf britische Truppen schossen ...; [sie] schuldeten niemand Ergebenheit und lebten in einem anarchistischen Paradies, in dem die Kugel und die Blutfehde herrschten».[17] Afghanen waren die Kavalleristen der *15th Lancers*, die im Februar 1915 in Basra, sowie die Sepoys der *130th Baluchis*, die im Januar in Rangun meuterten. Beide Vorfälle waren aus der verbreiteten Abneigung gegen den Dienst außerhalb Indiens zu erklären. Die Meuterei des 5. Regiments der leichten Infanterie in Singapur am 15. Februar 1915 war gravierender, denn es waren nicht Afghanen, sondern Moslems aus dem Pandschab, das Rückgrat der indischen Armee. Sie verweigerten nicht einfach den Gehorsam, sondern ermordeten 32 Europäer, befreiten einige internierte Deutsche aus dem Gefängnis und begrüßten sie als Mitkämpfer im heiligen Krieg.[18] Die meisten dieser Deutschen fühlten sich aber der weißen Rasse mehr verpflichtet als dem Nationalismus und lehnten ihre Befreiung ab; die Rebellion wurde rasch niedergeworfen. Doch selbst den loyalen Teil des Regiments hielt man für so unzuverlässig, dass man sie nicht auf einem regulären Kriegsschauplatz einsetzte, sondern nach Kamerun schickte.[19] In vier weiteren Fällen wollten es die Briten nicht riskieren, überwiegend aus Moslems bestehende Bataillone gegen die Türken einzusetzen. Aber viele Moslems kämpften durchaus willig gegen die Soldaten des Sultans. Die zahlreichen moslemischen Regimenter des französischen Heeres kämpften gegen die Deutschen, ohne dem Aufruf des Sultans zum heiligen Krieg die geringste Beachtung zu schenken.

Der heilige Krieg Mohammeds V. erwies sich somit als Fehlschlag. Der Kriegseintritt seines Reiches war dagegen ein strategisches Ereignis von größter Bedeutung. Die Türkei war mit vielen ihrer Gegner direkt benachbart und sorgte, wo immer das der Fall war, für die Eröffnung neuer Fronten. Am Persischen Golf traf das zwar offiziell nicht zu, faktisch aber doch, weil Großbritannien den Golf und seine Küstenstriche als britisches Hoheitsgebiet betrachtete. Die durch Waffenstillstandsverträge gebundenen Scheiche der arabischen Küste waren seit 1853 verpflichtet, Streitigkeiten untereinander dem indischen Vizekönig zur Entscheidung vorzulegen. Dieser hatte Vollmacht, den Frieden in dieser Region aufrechtzuerhalten und Friedensbrecher zu bestrafen. Die politischen Beamten des Vizekönigs fungierten an den Höfen der Scheiche als seine Vertreter, praktisch als Aufseher, und in Persien als Konsuln mit umfassenden exekutiven Befugnissen.

Persien war seit 1907 in eine nördliche russische und eine südwestliche britische Einflusssphäre aufgeteilt – eine Vereinbarung, gegen die sich die schwache persische Regierung nicht zu wehren vermochte.[20] Die Entdeckung von Erdöl hatte das Interesse Großbritanniens am Golf noch verstärkt, und die Raffinerie der *Anglo-Persian Oil Company* bei Abadan war 1914 praktisch, wenn auch nicht dem Namen nach, ein Vorposten des Britischen Empire. Als Hauptlieferant für die jüngste Generation der mit Öl betriebenen Dreadnoughts (der *Royal-Sovereign*- und der *Queen-Elizabeth*-Klasse) galt die Ölgesellschaft als lebenswichtiger strategischer Aktivposten. Daher hatte Großbritannien 1913 auf Betreiben Winston Churchills einen bedeutenden Anteil an ihren Aktien erworben.[21]

Die unverhüllte Hinwendung der Türkei zu Deutschland seit

Der Krieg im Nahen Osten

August 1914 veranlaßte Großbritannien, seine auf türkischem Gebiet liegenden Positionen nördlich des Persischen Golfs durch eine militärische Besetzung abzusichern. Es lag nahe, Truppen für diese Operation aus Indien zu holen. Im September wurde ein Teil der 6. indischen Division nach Bahrain verschifft, das damals das wichtigste Scheichtum am Golf war. Unmittelbar nach dem Kriegseintritt der Türkei anerkannte Großbritannien Kuwait als autonomes Gebiet unter britischem Schutz. Gleichzeitig fuhr der Konvoi mit der Division weiter zur Mündung des Schatt el-Arab, des gemeinsamen Mündungsstromes von Euphrat und Tigris im türkischen Mesopotamien, beschoß den Hafen und landete die

Truppen am 7. November. Diese marschierten dann landeinwärts, besetzten am 9. November Basra, die wichtigste Stadt in Südmesopotamien, und rückten bis Al Qurnah vor, wo sich die beiden Ströme vereinigen. Dort hielten sie an und warteten auf Entscheidungen für ihren weiteren Einsatz. Diese sollten zu den verhängnisvollsten Fehlentscheidungen des ganzen Krieges gehören.

Inzwischen hatten die Türken in einem anderen Teil ihres gewaltigen Reiches die Initiative ergriffen. Ägypten gehörte völkerrechtlich zu diesem Reich, wurde jedoch seit 1882 von einem britischen Generalkonsul mit exekutiven Befugnissen verwaltet. Die höheren Finanzbeamten, ebenso die höheren Offiziere der Polizei und des Heeres waren Briten; Kitchener, der britische Kriegsminister, hatte sich zum ersten Mal als Oberbefehlshaber der ägyptischen Armee einen Namen gemacht. Eines der wenigen positiven Resultate von Mohammeds V. Aufruf zum heiligen Krieg war, dass sein nomineller Vizekönig von Ägypten, der Khedive, seine Loyalität bekräftigte.[22] Daraufhin schafften die Briten sein Amt sofort ab und erklärten Ägypten zum Protektorat. Die ägyptischen Oberschichten sträubten sich dagegen; aber in einem Land, in dem alle Macht von dem neuen Protektor ausgeübt wurde und fast das gesamte wirtschaftliche Leben in den Händen von Ausländern – Briten, aber auch Franzosen, Italienern und Griechen – lag, waren ihre Einwände völlig wirkungslos. Außerdem standen in Ägypten immer mehr Truppen: Territorialtruppen, die aus Großbritannien geschickt wurden, und zwar als Ablösung für die britische Besatzung am Suezkanal, die man nach Frankreich verlegte; ferner Inder, Australier und Neuseeländer, die auf dem Weg nach Europa hier durchgeschleust wurden. Im Januar 1915 war die Zahl britischer Truppen in Ägypten auf 70 000 angestiegen.

Diesen Zeitpunkt wählten die Türken – auf Anregung der Deutschen – für einen Angriff auf den Suezkanal, den Großbritannien bei Kriegsausbruch rechtswidrig für feindliche Schiffe gesperrt hatte. Der türkische Plan war gut, denn der Kanal bildete die wichtigste strategische Verbindungslinie in der Kriegszone der

Alliierten; hier liefen nicht nur große Mengen wichtiger Versorgungsgüter durch, sondern auch die Geleitzüge, die Kontingente aus Indien und Australien nach Europa brachten. Problematisch war die Durchführung des Planes: Um den Suezkanal zu erreichen, mussten die Türken Hunderte von Kilometern durch die wasserlose Wüste Sinai marschieren. Sie hatten dafür jedoch sorgfältige Vorbereitungen getroffen. In Deutschland wurden Pontonbrücken für eine Überquerung des Kanals vorgefertigt, durch das deutschfreundliche Bulgarien in die Türkei geschmuggelt und dann per Bahn über Syrien nach Palästina transportiert. Im November wurde bei Damaskus die osmanische 4. Armee unter dem Oberbefehl des Generals Achmed Kemal konzentriert; sein Stabschef war ein deutscher Offizier, Oberst Franz Kress von Kressenstein. Beide hofften, sobald der Angriff eröffnet sei, werde es in Ägypten zu einem Aufstand gegen die Briten kommen. Sie erwarteten sogar, dass «sich ihnen 70 000 arabische Nomaden anschließen würden».[23] Der gewählte Anmarsch – direkt durch die Sandwüste, nicht auf der traditionellen Küstenroute – begann gut. Aber selbst in jenem frühen Stadium der Luftaufklärung durfte eine große Armee nicht hoffen, mehrere Tage lang unbemerkt durch völlig offenes Gelände marschieren zu können. Tatsächlich wurde sie von einem französischen Flugzeug entdeckt, bevor sie am 3. Februar 1915 bei Ismailia, nördlich des Großen Bittersees, den Suezkanal erreichte. Die Briten waren gut vorbereitet, und obwohl die Kämpfe eine ganze Woche dauerten, gelang es nur einem einzigen türkischen Zug, seinen Ponton in den Kanal zu bringen. Frustriert durch den Widerstand der Briten und das Ausbleiben von Hilfstruppen arabischer Stämme – Hussein, der Scherif von Mekka, rebellierte bereits gegen die Türken – zog sich Kemal mit seinen Truppen zurück.

Das einzige Ergebnis des Feldzugs war die Bindung einer stärkeren britischen Besatzung in Ägypten, die 1915 eigentlich nicht notwendig gewesen wäre. Kress blieb jedoch und bereitete den Briten später Schwierigkeiten. Und es regte sich arabischer Widerstand: In Libyen, das die Italiener 1911 den Türken entrissen hatten, begann die fundamentalistische Sekte der Senussi einen kleinen heiligen Krieg gegen die Westgrenze Ägyptens, die italienische Besatzungsmacht, Französich-Nordafrika und den angloägyptischen Sudan. Einige Krieger der Tuareg schlossen sich ihnen an, und der Führer der Senussi, Sidi Achmad, fand einen sicheren Stützpunkt in der Oase Siwa, dem Sitz jenes alten Orakels, das Alexander der Große 331 v. Chr. besuchte, bevor er zur Eroberung des persischen Reiches aufbrach. Sidi Achmad war offenbar beseelt von der Hoffnung, aufgrund seiner Loyalität werde der Kalif ihm, und nicht dem Rebellen Hussein, den Schutz Mekkas übertragen. Schließlich wechselte sein türkischer Verbindungsoffizier, Jaafar Pascha, zu den Alliierten über und kommandierte in den späteren Phasen der arabischen Revolte gegen die Osmanenherrschaft 1916-18 Husseins Nordarmee.

Die dritte durch den Kriegseintritt der Türkei eröffnete Front, die im Kaukasus, war weitaus die wichtigste – sowohl hinsichtlich der Kämpfe als auch wegen deren Folgen. Der Vorstoß der Türken in das russische Kaukasusgebiet beunruhigte das zaristische Oberkommando so sehr, dass es Großbritannien und Frankreich bat, ein Ablenkungsmanöver einzuleiten; das führte zum Unternehmen gegen Gallipoli – eine der schrecklichsten Schlachten des Großen Krieges, zugleich sein einziges Heldenepos.

Enver Pascha, dessen Idee der Kaukasusfeldzug war, wählte diesen Kriegsschauplatz aus verschiedenen Gründen. Er lag abseits der hauptsächlichen Aufmarschgebiete des russischen Heeres in Polen, und hier befanden sich nur noch wenige Truppen, weil sie gegen die Deutschen und Österreicher gebraucht wurden. Dieser Kriegsschauplatz hatte für die Türken auch eine emotionale Bedeutung als Heimat moslemischer Glaubensbrüder, deren Stammessprachen mit ihrer eigenen verwandt waren. Enver glaubte, hier liege ein potentielles Zentrum für einen Aufstand gegen die russische Herrschaft, die den Kaukasusbewohnern in der ersten Hälfte des 19. Jahrhunderts durch brutales militärisches Vorgehen aufgezwungen worden war. Für die Russen waren die Kriege im Kaukasus eine romantische Epoche, gefeiert in den Schriften Puschkins, Lermontows und des jungen Tolstoi. Hier hatten russische Helden jener Zeit ritterlich gegen edle Stammeshäuptlinge gekämpft. Schamil, der berühmteste von ihnen, war sogar von seinen Feinden bewundert worden.[24] Für die Kaukasusbewohner selbst war die Eroberung die schlimmste, durch Massaker und Deportationen gekennzeichnete Unterdrückung gewesen. Ein Zeitgenosse schrieb: «Bis 1864 waren 450 000 Bewohner des Kaukasus zur Umsiedlung gezwungen worden ... Ganze Stämme wurden dezimiert und verpflanzt, um die Herrschaft der Russen über Schlüsselgebiete, Verkehrswege und Küstenstriche zu sichern.»[25] Enver rechnete damit, dass die Erinnerung an diese Gräuel die «Auslandstürken» (so nannten türkische Nationalisten alle Moslems, die ehemals und vielleicht auch zukünftig wieder auf osmanischem Hoheitsgebiet wohnten) auf die Seite der Türkei führen werde. Seine Pläne gingen sogar noch weiter. Er träumte von einer Offensive mit zwei Stoßkeilen: der eine sollte sich gegen den Suezkanal, der andere gegen den Kaukasus richten. Diese Operationen sollten einen Aufstand der Moslems in Ägypten, Libyen und im Sudan sowie in Persien, Afghanistan und Mittelasien auslösen.

Envers großartiger Plan wies zwei Schwächen auf. Die erste war, dass die nicht-türkischen Völker des Osmanischen Reiches, die die Mehrheit der Untertanen des Sultans bildeten, gerade ihren eigenen Nationalismus entdeckten: nicht nur die Araber, die zahlenmäßig stärker waren als die Türken, sondern auch eine so wichtige Minderheit wie die moslemischen Kurden.[26] Im Zuge der Vorbereitungen für den Vorstoß auf den Suezkanal hatte sich Enver Pascha noch die Zeit genommen, in Syrien eine Reihe arabischer Nationalisten hinrichten zu lassen – die ersten Märtyrer der arabischen Renaissance. Gleichzeitig nutzten viele Kurden, durch die osmanische Beamtenschaft seit Jahren unterdrückt, den Krieg als günstige Gelegenheit, alsbald nach ihrer Einberufung voll bewaffnet zu den Russen überzulaufen.[27] Unter diesen Umständen war es unwahrscheinlich, dass «Auslandstürken», wie auch immer ihre historischen Beziehungen zum osmanischen Kalifat sein mochten, dem Aufruf zum heiligen Krieg folgen würden. Der zweite Fehler in Envers Plan war noch gravierender. «Der Kaukasus», hatte der russische General Veliaminow 1825 geschrieben, «ist einer mächtigen, von Natur aus unglaublich starken Festung vergleichbar ... Nur ein unbesonnener Mensch würde versuchen, ein solches Bollwerk zu erstürmen.»

Enver war mehr als unbesonnen. Seine Entscheidung, im Kaukasus bei Einbruch des Winters anzugreifen, wo die Temperatur selbst in den niedrigeren Pässen bis auf 20 Grad minus absinkt und wo sechs Monate lang Schnee liegt, war tollkühn. Er war zwar zahlenmäßig überlegen (seine 3. Armee umfasste 150 000 Mann, die russische nur 100 000), aber er hatte Probleme mit dem Nachschub, denn seine Truppen waren – abgesehen von einer einzigen Eisenbahnlinie – auf die wenigen Straßen angewiesen, die überdies verschneit waren. Er wollte die Russen zum Vormarsch verleiten, dann zuschlagen und sie von ihren Nachschubbasen abschneiden. Die erste Phase dieses Planes war erfolgreich, denn die Russen taten ihm den Gefallen, im November bis zu der großen Festung Erzurum und zum Vansee vorzurücken. Auf diesem Gelände hatten die seldschukischen Vorfahren der Osmanen 1071 bei Manzikert den Sieg gegen die Byzantiner errungen, mit dem deren Niedergang begann, der 1453 mit dem Fall Konstantinopels endete. Damals waren die Türken frei umherschweifende Nomaden zu Pferd gewesen, ohne lästiges Gerät. Die osmanische 3. Armee führte 271 Geschütze mit und kam nur mühsam voran. Auch die Witterung verlangsamte ihren Vormarsch und verursachte viele Leiden und Todesfälle; eine einzige Division verlor von ihren 8000 Mann binnen vier Tagen 4000 durch Erfrieren. Am 29. Dezember 1914 unternahm der russische General Mischlaewski bei Sarikamis einen erfolgreichen Gegenangriff auf die Eisenbahnlinie Kars-Erzurum. Das türkische IX. Korps ergab sich ihm am 2. Januar. Zwei Wochen später lebten von den 95 000 Türken, die den Feldzug mitgemacht hatten, nur noch 18 000. 30 000 sollen erfroren sein – durchaus glaubhaft bei einem Winterfeldzug in einer Höhe von durchschnittlich 2000 m über dem Meer. Dieser Sieg war großenteils das Verdienst des Stabschefs Mischlaewskis, General Nikolai Judenitsch, der später selbst erfolgreich im Kaukasus kommandierte.

Der Sieg sollte jedoch eine höchst bedauerliche lokale Nachwirkung haben. Die Russen hatten unter anderem eine Division christlicher Armenier eingesetzt, viele von ihnen unzufriedene türkische Untertanen, die unter russischer Schirmherrschaft auf türkischem Territorium Massaker begingen. Dass Armenier auf russischer Seite kämpften und im April 1915 auf russisch besetztem Territorium eine provisorische armenische Regierung ausriefen, veranlasste die osmanische Regierung zu einem verdeckten Ausrottungsfeldzug gegen ihre armenischen Untertanen, der zwischen Juni 1915 und Ende 1917 zum Tod von fast 700 000 Männern, Frauen und Kindern führte; sie wurden in die Wüste getrieben, wo sie verhungerten und verdursteten.

Trotz ihres anfänglichen Misserfolgs im Kaukasus, den die osmanische Regierung in der Heimat sorgfältig zu verheimlichen suchte, beeinflusste die Türkei den Krieg weiterhin auf vielfältige Weise. Der lange Niedergang der Türkei hatte 1699 mit dem Frieden von Karlowitz begonnen und zog sich bis zum Ende des zweiten Balkankriegs 1913 hin. Dennoch blieb die Türkei in der Erinnerung ihrer Nachbarn, vor allem ihrer europäischen Nachbarn, eine beängstigende Militärmacht. Während der vorausgehenden sechs Jahrhunderte, seit die osmanischen Türken 1354 auf der Halbinsel Gallipoli zum ersten Mal europäischen Boden betreten hatten, waren sie immer wieder gegen das christliche Europa vorgegangen und hatten sich seit langem auf dem Balkan als Oberherren festgesetzt. Erst 1830 hatte Griechenland als erstes christliches Land auf dem Balkan seine volle Unabhängigkeit vom Sultan erkämpft. Serbien, Bulgarien, Rumänien und Albanien konnten ihre Eigenständigkeit erst viel später erreichen, und die Tatsache, dass auf ihrem Staatsgebiet moslemische Minderheiten lebten, erinnerte sie ständig an die einstige osmanische Oberherrschaft. Auch den Italienern hatte sich die Macht der Osmanen unauslöschlich eingeprägt. Venedig hatte jahrhundertelang gegen die Türkei Krieg geführt; dass sie das venezianische Inselreich in der Ägäis an die Türken verloren hatten, schmerzte die Italiener fast ebenso sehr wie der Verlust der ostadriatischen Häfen, die jetzt österreichisch waren. Die Türkei blieb, obwohl sie geschwächt war, die einzige Großmacht im östlichen Mittelmeerraum. Ihre Erneuerung unter den Jungtürken hatte in Südeuropa alte Ängste geweckt, die durch die türkische Niederlage in den Balkankriegen keineswegs beschwichtigt worden waren. Das Bündnis der Türkei mit Deutschland und Österreich und ihr Kriegseintritt hatten diese Ängste wieder aufleben lassen. Außerdem galt der Türke immer noch als geborener Krieger. Er mochte vom reitenden Nomaden zum sesshaften Bauern geworden sein, aber die Robustheit des anatolischen Bauern, der Kälte, Hitze, Entbehrungen und anscheinend auch Gefahren gleichmütig auf sich nahm, war all seinen Nachbarn bekannt. Die osmanischen Streitkräfte waren unter den Jungtürken modernisiert worden und konnten – in vier Armeen gegliedert, die in Konstantinopel, Bagdad, Damaskus und Erzincan stationiert waren – 36 Divisionen ins Feld stellen. Die Divisionen des türkischen Heeres besaßen zwar nur wenig Artillerie, aber diese war modern, und es gab 64 Maschinengewehrkompanien.[28] Die Versorgung und die Verwaltung des Heeres blieben trotz der Bemühungen der deutschen Militärmission unter General Liman von Sanders schwerfällig. Ausgleichend wirkte die Fähigkeit der Türken, mit ganz wenig Nahrung auszukommen und klaglos große Strecken zu marschieren. Und hinter Feldschanzen, wie 1877 bei Plewna, kämpfte der türkische Soldat ausdauernd und zäh.

Dass die Türkei Russland im Kaukasus angriff, einen Feldzug gegen Ägypten unternahm und auch noch Truppen zur Abwehr der britischen Expedition zum Euphrat und Tigris bereitstellen musste, schien im östlichen Mittelmeer ein militärisches Vakuum zu schaffen, das jene ausnützen konnten, die nach türkischem Territorium trachteten. Griechenland hatte solche Ambitionen und neigte unter seinem großen nationalistischen Führer Eleftherios Venizelos dazu, sich den Alliierten anzuschließen. Aber seine militärische Schwäche und seine gemeinsame Grenze mit dem deutschfreundlichen Bulgarien hielten es schließlich davon ab. Das territoriale Interesse Italiens richtete sich zunächst auf die Italienisch sprechenden Teile Tirols und Sloweniens, die es von Österreich «erlösen» wollte, aber auch auf die türkische Inselgruppe des Dodekanes, die es seit 1912 besetzt hielt, sowie auf einen Teil Syriens. Diplomatisch war Italien noch dem Dreibund von 1882 verpflichtet. das heißt an Deutschland und Österreich gebunden, hatte sich jedoch bei Kriegsausbruch durch eine enge Interpretation der Vertragsbestimmungen seiner Verpflichtung entzogen. Es fühlte sich zu schwach, um gegen Frankreich zu Land oder gegen Großbritannien und Frankreich zur See zu kämpfen. Deren Mittelmeerflotten war die italienische Flotte, obwohl sie in jüngster Zeit modernisiert worden war, an Feuerkraft weiter unterlegen.[29] Dazu kam: Während Österreich nicht bereit war, Italien territoriale Zugeständnisse zu machen und es dadurch auf seiner Seite zu halten, hatte Russland großzügig österreichische Gebiete in Aussicht gestellt, falls Italien sich den Alliierten anschließe; und Russlands Bereitschaft, im Falle eines alliierten Sieges Grenzen zu verändern, weckte bei den Italienern Hoffnungen, auch die anderen Alliierten könnten dazu bereit sein. Im März 1915 nahm der italienische Botschafter in London mit dem britischen Außenminister Grey Verhandlungen darüber auf, was Italien erwarten könne, wenn es zu den Alliierten übergehe; die Gespräche zogen sich bis in den April hin.[30] Da Deutschland in Frankreich und Russland in schwere Kämpfe verwickelt war, Österreich sich mitten in einer militärischen Krise befand und die Türkei an den asiatischen Grenzen ihres Reiches mehr als genug zu tun hatte, erschien die Aufkündigung des Dreibundes nicht nur risikolos, sondern möglicherweise höchst lohnend.

Außerdem operierte Großbritannien bereits im östlichen Mittelmeer, was sicherstellte, dass Italien auf diesem Kriegsschauplatz nicht allein kämpfen würde. Russlands Bitte um Unterstützung gegen die Türkei nach dem Angriff im Kaukasus war nicht ohne Wirkung geblieben. Am 16. Februar 1915 fuhr ein Teil der britischen Mittelmeerflotte zu den Dardanellen, dem Zugang vom Mittelmeer zum Schwarzen Meer, und beschoss die türkischen Festungen. So hatten es auch die Italiener in ihrem Krieg gegen die Türkei 1911/12 gemacht; ihre leichten Seestreitkräfte waren bis zur engsten Stelle der Meerenge vorgedrungen, dann jedoch zurückgedrängt worden. Italien hatte damals das Ziel verfolgt, die Türkei auch von Russland her unter Druck zu setzen, denn die russischen Provinzen am Schwarzen Meer waren wirtschaftlich darauf angewiesen, dass ihnen über die Dardanellen das Mittelmeer und der Atlantik zugänglich waren. Das Ziel Großbritanniens 1915 war viel weiter gesteckt: durch die Dardanellen eine Nachschubroute nach Russland zu eröffnen und gleichzeitig durch eine Beschießung Konstantinopels «die Türkei kampfunfähig zu machen». Das britische Flottenunternehmen gegen den europäischen Teil der Türkei verfolgte aber auch indirekte Ziele: die Entschlossenheit Italiens zu stützen, Bulgarien vom Eintritt in den Krieg abzuhalten und schließlich große Mengen Kriegsmaterial nach Russland zu bringen, um dessen Millionen zu bewaffnen und dadurch die Pattsituation an der Ostfront zu wenden.

Die Gier nach neuen Gebieten und strategische Überlegungen trieben Italien während des ganzen März und April zum Kriegseintritt. Fürst Bernhard von Bülow, der deutsche Botschafter in Rom, bemühte sich, diesen Impuls zurückzudrängen. Dabei bot er Italien sogar österreichische Gebiete an, deren Abtretung Wien vorher abgelehnt hatte. Die Mehrheit der Italiener – nicht nur in der Bevölkerung, sondern auch im Parlament – konnte sich für das gefährliche Abenteuer nicht begeistern. Die treibenden Kräfte waren Ministerpräsident Antonio Salandra, Außenminister Giorgio Sonnino, König Viktor Emmanuel III. sowie eine Reihe politischer und kultureller Revolutionäre, darunter Benito Mussolini, damals noch Sozialist, der Dichter Gabriele D'Annunzio und der Schriftsteller Emilio Marinetti, der Begründer des Futurismus.[31] Vor allem Letzterer sah im Krieg ein Mittel, um ein rückständiges Italien an die Gegenwart heranzuführen und es notfalls gegen seinen Willen zu modernisieren. Die letzten Phasen der Kriegsvorbereitungen betrieben Salandra, Sonnino und der König praktisch wie Verschwörer. Am 26. April unterzeichnete Italien in London einen Geheimvertrag mit Großbritannien, Frankreich und Russland, der Italien verpflichtete, binnen eines Monats in den Krieg einzutreten; als Gegenleistung wurden Italien die meisten österreichischen Gebiete versprochen, die es be-

ben: Von einem Knüppeldamm abgerutschter Wasserwagen. St. Eloi, 11. August 1917

ten: Australier auf einem Laufsteg im «Schlosswald» (Chateau Wood) bei Ypern, . Oktober 1917

Links: Der serbische Führungsstab beim Überqueren der Sizir-Brücke. Albanien, Oktober 1915

Unten links: Österreichische Gebirgsartillerie mit einer 7-cm-M8-Haubitze

Unten rechts: MG-Einheit der österreichischen Gebirgsjäger, Italien 1917

Oben: Französisches 7,5-cm-Feldgeschütz mit Protze und Pferdegespann

Rechts: Österreichische 30,5-cm-Haubitze bei Siemakowce, Galizien 1915

Oben: Britische Soldaten mit einem Vickers-MG

Mitte: Lichtsignalposten der *Royal Engineers* in der Schlacht bei Arras, April 1917

Unten: Deutsche Infanterie beim Üben mit einem A7V-Panzer, April 1918

Oben links: Deutsche Infanterie in einem Verbindungsgraben an der Westfront, Mai 1918

Links: Nachrückende britische Infanterie, 29. September 1918

Oben rechts: Britische Mark-IV-Panzer beim Vorrücken auf die Hindenburg-Linie, 29. September 1918

Darunter: Amerikanische Infanterie geht vor, Herbst 1918

Oben: Türkische Kanoniere mit einem 7,7-cm-Geschütz von Krupp

Mitte: Australier und die Königliche Marineinfanterie teilen einen Schützengraben

Unten: Verwundete ANZAC-Soldaten kommen herunter, Verstärkungen warten auf ihren Einsatz

gehrte, außerdem die Inselgruppe des Dodekanes im östlichen Mittelmeer. Am 23. Mai 1915 erklärte Italien Österreich-Ungarn den Krieg, allerdings noch nicht Deutschland.

Von Anfang an liefen die Dinge schlecht. Das hätte Italien von vornherein wissen können, wenn es den Zustand seines Heeres und das Terrain, auf dem die Operationen geführt werden mussten, realistisch eingeschätzt hätte. Die ganze italienische Grenze zu Österreich verlief von Tirol im Westen bis zu den Julischen Alpen im Osten entlang dem höchsten europäischen Gebirge; sie bildete einen 600 km langen Halbkreis von oft steilen Felswänden, in dessen Verlauf der Feind überall die Gebirgskämme besetzt hielt. Am westlichen Ende der Front, im Trentino, war das Gebirge über neun Routen zugänglich; am östlichen Ende, wo der Isonzo das Gebirge durchschneidet, gab es nur eine Vormarschstraße. Das Trentino war jedoch ein abseits gelegener Teil des österreichischen Territoriums und daher kein lohnendes Ziel. Jenseits des Isonzotals steigt das Gelände an und bildet zwei öde Hochebenen, Bainsizza und Carso, «ungeheure natürliche Festungen, die 600 m oder höher über dem tiefer liegenden Umland aufragen». Die Erstere ist durch eine Kette steiler Grate zerklüftet, die Letztere ist als eine «riesige Wüste aus messerscharfen Steinen» beschrieben worden.[32]

Die Geländeverhältnisse würden das Können der besten Gebirgstruppen auf eine harte Probe stellen. Italien besaß solche Soldaten, rekrutiert aus den Alpenbezirken, aber es waren nicht viele: zwei Brigaden mit spezieller Gebirgsartillerie.[33] Der Großteil des Heeres bestand aus Städtern und Bauern, ein Viertel aus Süditalienern und Sizilianern. Die Süditaliener, erst seit weniger als 50 Jahren Untertanen des Königreichs Italien, hatten einen schlechten militärischen Ruf, und wenn sie ihre armen Dörfer und erschöpften Felder verließen, wanderten sie eher nach Amerika aus als in das kalte und ferne Norditalien. Das Heer insgesamt war schlecht ausgebildet. Anders als die Heere Frankreichs oder Deutschlands hatte es keine ausgewiesenen Truppenübungsplätze, es besaß kaum moderne Artillerie und nur 120 schwere Geschütze. Generell hatte es die Verluste an Ausrüstung aller Art, die es 1911/12 im Krieg gegen die Türken in Libyen erlitten hatte, noch nicht ersetzt. Italien konnte zwar bei Kriegseintritt 25 Infanteriedivisionen ins Feld schicken, blieb jedoch während des ganzen Krieges unter den größeren Krieg führenden Nationen die schwächste.

Seine Hauptstärke war das Offizierskorps, das aus dem Königreich Savoyen stammte, dessen Heer 1870 entscheidend zur Einigung Italiens beigetragen hatte. Patriotisch, professionell und gut ausgebildet, verstanden die Offiziere aus dem Norden ihr Geschäft und sahen ihre Aufgabe darin, es den anderen beizubringen. Der Generalstabschef, Graf Luigi Cadorna, war ein strenger Zuchtmeister. Er bestand nicht nur auf seinen verfassungsmäßigen Rechten – etwa im Kriegsfall, unabhängig vom König und vom Ministerpräsidenten, eigenverantwortlich die oberste Befehlsgewalt über das Heer auszuüben; er nutzte diese Machtbefugnisse auch mit einer Brutalität, wie sie kein anderer Militär des Ersten Weltkriegs an den Tag legte. So entließ er 217 Generale, und in der Krise des Jahres 1917 ordnete er mit unbarmherziger Härte die summarische Erschießung von Offizieren zurückweichender Verbände an.[34] Diese Handhabung der Befehlsgewalt – das Gegenteil von Führung – erzielte zunächst die gewünschte Wirkung: Das italienische Heer erneuerte aussichtslose Angriffe und nahm schwere Verluste mit einer Opferbereitschaft hin, die ebenso bemerkenswert war wie diejenige der Briten an der Somme oder der Franzosen bei Verdun. Der Preis dafür wurde später gezahlt – im moralischen Zusammenbruch des italienischen Heeres bei Caporetto im Oktober 1917.

Cadorna wollte den Krieg mit einem raschen Durchbruch eröffnen und so Verluste möglichst vermeiden. Er wählte den Isonzo als Angriffsfront und plante, sobald die Gebirgsbarriere überwunden war, einen Vorstoß durch die von der Drau und der Save ermöglichten Zugänge nach Klagenfurt und Agram (Zagreb) und von dort in das Kernland des Habsburgerreiches. Seine Hoffnungen glichen denen der Russen, die Anfang 1915 geglaubt hatten, nach der Eroberung der Karpatenkämme siegreich in die ungarische Tiefebene hineinstoßen und Budapest einnehmen zu können. Cadornas Hoffnungen waren noch aussichtsloser. Das Land jenseits des Isonzo ist keine richtige Ebene, und die Julischen Alpen sind weit schwieriger zu überwinden als die Karpaten. Als die italienische Armee am 23. Juni 1915 die erste Isonzoschlacht eröffnete (es sollte insgesamt zwölf Schlachten geben, was die Beteiligten noch nicht ahnen konnten), nahmen ihre Vorausabteilungen lediglich Fühlung mit der gegnerischen Frontlinie auf. Diese bestand aus einer einzigen, schwach besetzten Verschanzung. Die österreichische Armee, die bereits einen Zweifrontenkrieg – gegen Russisch-Polen und gegen Serbien – führte, hatte vor Ausbruch der Feindseligkeiten die Grenze gegen Italien mit Bataillonen der örtlichen Miliz gehalten. Im Februar waren einige von ihnen in zwei Divisionen organisiert, Anfang Mai war eine weitere Division aus Serbien abgestellt worden, und noch im gleichen Monat wurden drei weitere aus Polen zugeführt.[35] Bis zum 23. Mai, dem Tag des Kriegseintritts der Italiener, hatte General Boroevic, der österreichische Kommandeur im Isonzoabschnitt, insgesamt sieben Divisionen zusammengekratzt, aus denen die 5. Armee gebildet wurde, war aber zahlenmäßig stark unterlegen. Hätten die Österreicher nicht vorsichtshalber Unterstände in die Felsen von Carso und Bainsizza gesprengt und hätten die Italiener über mehr als 212 Geschütze verfügt, wäre Cadorna ein Durchbruch vielleicht gelungen. So wie die Dinge lagen, wurde die italienische Infanterie, die mit großer Tapferkeit, aber wenig taktischem Können vorging, im Niemandsland gestoppt. Fast 2000 Mann waren gefallen und 12 000 verwundet. Die ungewöhnlich hohe Zahl Verwundeter war ein durchgängiges Merkmal der Kämpfe in den Alpen, denn durch explodierende Granaten zersplitterte Felsen wirkten als zusätzliche Geschosse und verursachten häufig Verletzungen, besonders an Kopf und Augen.

1915 gab es noch drei weitere Isonzoschlachten: im Juli, Oktober und November. Bei diesen wurde zwar kaum ein Geländegewinn erzielt, aber jede Schlacht forderte einen schwereren Tribut an Gefallenen und Verletzten. Das Artilleriefeuer hatte auf die Verteidiger in ihren in den Fels gesprengten Schützengräben die gleiche Wirkung wie auf die Angreifer im freien Gelände. Deshalb erlitten auch die Österreicher schwere Verluste; sie betrugen bis zum Ende der 4. Isonzoschlacht 120 000 Gefallene, Verwundete und Vermisste.[36] Dennoch war es ihnen gelungen, ihre Stellungen zu halten. Verstärkungen entlasteten allmählich die überanstrengten Grabenbesatzungen, die in den ersten Monaten die volle Wucht der italienischen Angriffe ertragen hatten. Bis Ende 1915 hatte sich die Isonzofront stabilisiert und war für die strategischen Planungen der Mittelmächte keine größere Gefahr mehr.

Die Entscheidung Italiens, in den Krieg einzutreten, war zur falschen Zeit getroffen worden. Zu einem früheren Zeitpunkt, während der verzweifelten Schlachten um Lemberg, die den Österreichern so schwer zusetzten, oder zu einem späteren Zeitpunkt, als die Briten ihre volle Kampfkraft entwickelt und die Russen wieder zu ihrer militärischen Schlagkraft zurückgefunden hatten, hätte eine Initiative der Italiener im deutschen und österreichischen Generalstab vielleicht eine schwere Krise ausgelöst. So wie die Ereignisse abliefen, gab es unmittelbar vor der ersten Isonzoschlacht einen eindeutigen deutsch-österreichischen Sieg, den Durchbruch bei Gorlice-Tarnów, der die russische Position an der Ostfront erschütterte, das österreichische Heer vor dem drohenden Zusammenbruch rettete und dem Deutschen Reich in seinem Zweifrontenkrieg die Atempause verschaffte, die es ihm erlaubte, 1916 bei Verdun eine Offensive gegen Frankreich zu beginnen.

Gorlice-Tarnów sollte ein zweites Limanowa-Lapanow sein, jene Schlacht, die Österreich-Ungarn im Dezember 1914 vor der Katastrophe bewahrt hatte, jedoch in größerem Maßstab und mit weit einschneidenderen Folgen. Die Schlacht bei Gorlice wurde wie die bei Limanowa an einem schmalen Frontabschnitt eröffnet, zwischen der Weichsel und den Karpaten. Aber anders als Limanowa sollte Gorlice eher ein Sieg der Deutschen als der Österreicher sein. Conrad von Hötzendorf stellte zwar beträchtliche Teile der Angriffskräfte, aber die Umfassungsverbände und die Führungsstäbe waren deutsch. Allerdings war der Operationsplan in seiner Konzeption österreichisch. Conrad erkannte, dass das russische Heer trotz seiner zahlenmäßigen Überlegenheit in ernsten materiellen Schwierigkeiten steckte. Zwischen Januar und April 1915 erhielten die russischen Divisionen an der Ostfront (wenn man die im Kaukasus kämpfenden außer Betracht lässt) von den Munitionsfabriken nur zwei Millionen Granaten – in einer Zeit, als vorbereitendes Trommelfeuer mit mehreren hunderttausend Granaten die Regel wurde. Noch schlimmer: Die Produktion der russischen Rüstungsbetriebe reichte nicht aus, um jeden Soldaten mit einer eigenen Waffe zu versorgen.[37] Für die Ausrüstung neu eingezogener Rekruten waren monatlich 200 000 Gewehre nötig, aber nur 50 000 wurden produziert. Die Berichte russischer Infanteristen, sie hätten ohne Waffe warten müssen, bis sie von einem gefallenen oder verwundeten Kameraden dessen Gewehr übernehmen konnten, waren keine Lügengeschichten, sondern die reine Wahrheit.[38] Dass es zu wenig Granaten gab, war eine Erfahrung, die 1914/15 alle Heere machten. Sie hatten den Bedarf an Granaten bei intensiven Kämpfen unterschätzt, obwohl sich im Russisch-Japanischen Krieg gezeigt hatte, dass die täglichen Bedarfsraten ständig höher lagen als die Produktion der Munitionsfabriken, die oft um das Zehnfache oder mehr hinter der verschossenen Menge zurückblieb. Im April 1915 erhielt beispielsweise die Feldartillerie der BEF täglich pro Geschütz nur zehn 8-kg-Granaten; diese ließen sich mühelos in einer Minute verschießen.[39] Großbritannien konnte seine Produktion von Granaten für die Feldartillerie von anfänglich 3000 Stück pro Monat bis April 1915 auf 225 000 Stück steigern und erwarb zusätzliche Mengen in den USA. Nach wie vor aber musste der Verbrauch dem Angebot angepasst werden, indem nur eine bestimmte Anzahl von Schüssen pro Tag erlaubt wurde. Bei den Franzosen und den Deutschen sah es ähnlich aus, obwohl die Industrie ihre Produktion im Laufe des Jahres 1915 beträchtlich steigerte.[40] Auch Russland konnte bis 1916 eine ausreichende, wenn auch nicht gerade reichliche Versorgung mit Granaten sicherstellen, größtenteils aus britischen und amerikanischen Quellen. Aber 1915 war die Munitionsknappheit bei den Russen gravierend, und sie wurde durch eine ineffiziente Verteilung noch verschlimmert. Für die Offensive bei Gorlice-Tarnów stellten die Deutschen eine Million Granaten bereit, eine Menge, die den Russen nur in wenigen Festungsabschnitten, etwa Nowogeorgiewsk (nordwestlich von Warschau) und Kowno (heute Kaunas), zur Verfügung stand; dort waren Granaten in einer Menge gehortet, die die Festungskommandanten dem Generalstab verschwiegen.[41]

Die heimliche Konzentration von Truppen, Granaten und Geschützen im Abschnitt Gorlice-Tarnów während des April 1915 machte daher einen Sieg der Mittelmächte wahrscheinlich. Die Front war kurz, nur 50 km. Auf russischer Seite wurde sie von 14 Infanterie- und 5 Kavalleriedivisionen der 3. Armee unter General Radko-Dimitriew verteidigt; im Angriffsabschnitt, zwischen Gorlice und Tarnów, standen nur zwei russische Divisionen, die 9. und die 31. Diesen hatten die Deutschen einige ihrer besten Truppen gegenübergestellt, darunter die 1. und 2. Gardedivision sowie die 19. und 20. Infanteriedivision aus Hannover. An der gesamten Angriffsfront besaßen die Deutschen und Österreicher eine Überlegenheit von 3 zu 2 an Truppen und eine noch stärkere Überlegenheit an Geschützen, die reichlich mit Munition versehen waren; die Gesamtstärke ihrer Artillerie betrug 2228 leichte und schwere Geschütze. Die russischen Verschanzungen waren unzureichend, und das Niemandsland war breit. In den Tagen vor der Offensive gelang es den Deutschen und Österreichern, ihre Vorposten unentdeckt vorzuverlegen und dicht vor dem russischen Drahtverhau neue Stellungen zu graben.

Falkenhayn hatte sich schließlich den Offensivplan seines österreichischen Kollegen Conrad zu Eigen gemacht; die Ausführung übertrug er Mackensen, dem Sieger in den ostpreußischen Schlachten von 1914. Statt eines Durchbruchs im Zentrum hätten Ludendorff und Hindenburg eine Umfassung der Russen von der Ostsee und von den Karpaten aus vorgezogen. Wie Schlieffen hielten sie nicht viel von «ordinären Siegen», die nur dazu führten, dass die Russen sich auf Linien weiter im Osten zurückzogen; daher plädierten sie dafür, den Gegner durch ein Umfassungsmanöver von den weiten Räumen des Zarenreiches abzuschneiden. Doch obwohl Hindenburg und Ludendorff im Osten Befehlsgewalt hatten, unterstanden sie Falkenhayn, der befürchtete, ihre Umfassungspläne würden einen so starken Truppenabzug von der Westfront erfordern, dass die deutsche Front dort gefährlich geschwächt würde. Deshalb wies er ihren Vorschlag zurück. Der Ludendorff-Hindenburg-Plan setzte zudem auf eine starke Beteiligung Österreichs, was nach Falkenhayns Auffassung unrealistisch war, da die Kampfkraft der habsburgischen Truppen immer mehr nachließ.[42]

Mackensens «grundlegende Direktiven» für die Offensive betonten die Notwendigkeit eines raschen und tiefen Durchbruchs, um zu verhindern, dass die Russen Reserven nach vorn warfen: «Der Angriff der 11. Armee muss, wenn er seinen Auftrag erfüllen soll, schnell vorwärts getragen werden ... Nur in der Schnelligkeit des Angriffs [liegt] die Gewähr, den Feind an erneutem Widerstand in hinteren Stellungen und am planmäßigen Einsatz stärkerer Reserven zu hindern. Es ist daher ... anzustreben, das Vorgehen ... in dauerndem Fluss zu halten. Hierzu dienen zwei Mittel: Tiefengliederung der Infanterie und schnelles Folgen der Artilleriewirkung.»[43] Diese Anweisungen nahmen die Taktik vorweg, die 1918 erfolgreich gegen die Briten und Franzosen angewandt werden sollte. 1915 waren die Deutschen noch zu unerfahren, um sie wirksam gegen die tief gestaffelten Stellungssysteme im Westen einzusetzen. Gegen die Russen in Polen, wo sie nur dünnen Stacheldrahthindernissen und schwach ausgebauten Stellungen gegenüberstanden und wo es der feindlichen Artillerie an Munition fehlte, sollte sich diese Taktik als entscheidend erweisen. Das vorbereitende Trommelfeuer, das am Abend des 1. Mai einsetzte, zerschlug die russische Stellungslinie. Als am Morgen des 2. Mai die deutsche Infanterie vorwärts stürmte, stieß sie kaum auf Widerstand. Bald warfen die russischen Infanteristen Waffen und Ausrüstung weg, wichen zurück und gaben nicht nur ihre erste, sondern auch ihre zweite und dritte Linie preis. Bis zum 4. Mai war die deutsche 11. Armee in offenes Gelände vorgestoßen und drängte weiter vorwärts, während 140 000 russische Gefangene in langen Kolonnen nach Westen marschierten. Der

Durchbruch wurde immer breiter und tiefer. Bis zum 13. Mai hatten die deutsch-österreichischen Angriffsspitzen die Umgebung von Przemyśl und Lodz erreicht. Am 4. August rückten die Deutschen in Warschau ein, und zwischen dem 17. August und dem 4. September kapitulierten die vier historischen Grenzfestungen der Russen: Kowno, Nowogeorgiewsk, Brest-Litowsk und Grodno. Die Zahl der russischen Gefangenen war auf 325 000 angestiegen; außerdem hatten die Russen 3000 Geschütze verloren.

Dieser deutsch-österreichische Sieg ermutigte Ludendorff, im Juni Falkenhayn und dem Kaiser seinen Umfassungsplan erneut zu unterbreiten. In einer Besprechung unter Vorsitz des Kaisers am 3. Juni in Pless, zu der auch Falkenhayn, Mackensen und Conrad eingeladen worden waren, bat Ludendorff um Verstärkungen; mit diesen wollte er eine weite Umfassungsbewegung von der Ostsee südwärts durchführen, den nach Osten zurückweichenden russischen Armeen den Weg abschneiden und dadurch den Krieg im Osten beenden. Falkenhayn – wie immer um die Sicherheit der Westfront besorgt – war anderer Meinung und forderte letztlich eine Verlegung von Divisionen aus Polen nach Frankreich. Conrad, der über den Kriegseintritt Italiens empört war, wollte Truppen an die Isonzofront verlegen. Mackensen plädierte für eine Fortsetzung seiner nachweislich erfolgreichen Offensive in der Mitte und konnte sich, von Falkenhayn unterstützt, durchsetzen.[44] Als der Vormarsch wieder aufgenommen wurde, kam Ludendorff noch einmal auf sein Anliegen zurück. Bei einem weiteren Gespräch mit dem Kaiser und Falkenhayn am 30. Juni in Posen entwarf er einen noch ehrgeizigeren Plan: Die Deutschen sollten von der Mündung der Memel (russisch Njemen) im Norden bis zu den Pripjetsümpfen im Mittelabschnitt der Ostfront vordringen, die russischen Truppen von ihrem Kernland abschneiden und eine Kapitulation erzwingen. Abermals wurde er überstimmt. Man erlaubte ihm zwar, an der Ostsee eine Offensive zu eröffnen, aber diese sollte frontal geführt werden und lediglich Mackensens weiteren Vorstoß nach Osten unterstützen.

Falkenhayn interpretierte die strategische Lage zutreffender als Ludendorff, der über die vermeintlich ängstliche Weigerung der OHL, die große Lösung zu akzeptieren, enttäuscht war. Die Russen waren bei Gorlice-Tarnów schwer geschlagen worden und hatten mehr Gelände aufgeben müssen als sie eigentlich wollten. Ende Juni hatten sie jedoch erkannt, dass der Zustand ihres Heeres und die andauernde Knappheit von Waffen und Munition ihnen keine andere Wahl ließ, als den Rückzug anzutreten. Die Deutschen hatten den Eindruck, gegen eine unverteidigte Front vorzugehen. Aber die Russen zogen sich bewusst und überlegt zurück: Durch die Räumung des großen Frontvorsprungs in Mittelpolen verkürzten sie ihre Frontlinie und verlängerten gleichzeitig die Nachschubwege der nachdrängenden Deutschen. Auf den holperigen Feldwegen brachen die schweren Fahrzeuge der deutschen Nachschubkolonnen auseinander, und Truppenverbände kamen nur vorwärts, indem sie die klapprigen Panjewagen der Landbevölkerung beschlagnahmten. «Die Russen zogen sich täglich etwa 5 km zurück, errichteten eine neue Stellung und warteten, bis die Deutschen auf diese stießen ... Schließlich gerieten die Deutschen in Urwald ... und in die weiten Pripjetsümpfe. Die Eisenbahnlinien endeten an der Weichsel [im rückwärtigen Gebiet der Deutschen]; selbst Feldeisenbahnen gab es nur bis ... zum Narew, und die nächsten 60 oder 80 km musste der Nachschub nach vorn geschleppt werden.»[45]

Bis September hatten die Russen durch die Räumung des polnischen Frontvorsprungs ihre Frontlinie von 1600 auf 1000 km verkürzt. Damit wurden Reserven frei, die dem Vormarsch der Deutschen im Baltikum und im Mittelabschnitt entgegentraten und im Süden gegen die Österreicher bei Lutsk sogar einen Gegenangriff unternahmen. Im September errang Ludendorff schließlich einen eigenen Erfolg: Er eroberte – allerdings unter schweren Verlusten – Wilna, die Hauptstadt von Russisch-Litauen. Als mit dem Herbstregen die Schlammperiode einsetzte, kam der deutsche Vormarsch zum Erliegen an einer Linie, die fast genau in nordsüdlicher Richtung vom Rigaischen Meerbusen bis nach Czernowitz in den Karpaten verlief. Die Deutschen hatten den Großteil von Russisch-Polen erobert, aber das Gebiet des historischen Russland blieb unangetastet und die Substanz des zaristischen Heeres erhalten. Dieses hatte allerdings schwere Verluste erlitten: fast eine Million Gefallene, Verwundete und Vermisste sowie 750 000 Gefangene. Die Russen hatten Ende August die Festung Nowogeorgiewsk ungeschickt verteidigt, sodass die Deutschen riesige Mengen Kriegsmaterial erbeuten konnten; sie hatten ferner die Festungen Iwangorod an der Weichsel, Brest-Litowsk am Bug sowie Grodno und Kowno am Njemen verloren (diese schützten Flussübergänge, die in der sonst bedeutungslosen polnischen Ebene Widerstandslinien bildeten). Russische Generale wurden in großer Zahl entlassen, manche wegen Feigheit vor dem Feind inhaftiert.[46] Im September traf Zar Nikolaus II. eine schwer wiegende Entscheidung: Er übernahm das Oberkommando selbst – mit Alexejew als Generalstabschef – und versetzte den Großfürsten Nikolai Nikolajewitsch in den Kaukasus. Diese aus dem deutschen Vormarsch und dem russischen Rückzug resultierenden Vorgänge verschlechterten die militärische Lage Russlands oder drohten sie zu verschlechtern. Trotzdem blieb das russische Heer unbesiegt. Die Produktion von Granaten konnte erhöht werden – im September auf 220 000 monatlich – und die Personalreserve für das russische Heer betrug immer noch viele Millionen. 1916/17 wurden 4 Millionen Mann einberufen; 11 Millionen dienten bereits als Soldaten oder waren gefallen, verwundet oder in Gefangenschaft geraten. Die Zahl der einberufungsfähigen Männer betrug etwa 18 Millionen (schätzungsweise 10 Prozent der Bevölkerung).[47] Russland konnte den Kampf fortsetzen.

Notwendig war jedoch eine Atempause, in der die Armeen neu organisiert und neu ausgerüstet wurden. Der Kriegseintritt Italiens hatte nicht zum Abzug einer nennenswerten Zahl österreichischer Divisionen aus Galizien und den Karpaten geführt, und trotz sinkender Kampfkraft hielt das k. u. k. Heer, mit deutscher Hilfe, im Feld stand. Serbien, dessen unerwartet erfolgreicher Widerstand 1914 die österreichische Mobilmachung aufgehalten hatte, konnte nicht länger helfen. Französische und britische Pläne für eine große Offensive an der Westfront konnten erst 1916 verwirklicht werden. Während der Rückschläge des Jahres 1915 hofften die Russen daher auf einen strategischen Umschwung, der die Türkei von weiteren Offensiven abschrecken und sie vielleicht außer Gefecht setzen würde, sowie auf das Unternehmen gegen die Dardanellen, wo im April Großbritannien und Frankreich eine amphibische Operation eröffnet hatten, die nach Konstantinopel durchbrechen und den direkten Zugang zu den russischen Schwarzmeerhäfen ermöglichen sollte.

Gallipoli

Die Dardanellen, die Europa von Asien trennen, sind eine 60 km lange, an ihrer schmalsten Stelle nur etwas mehr als 1 km breite Wasserstraße, die vom Mittelmeer in das Marmarameer führt. An dessen Nordostküste beherrscht Konstantinopel (ehemals die Hauptstadt des Oströmischen Reiches, 1915 die des Osmanischen Reiches; heute Istanbul) den Eingang zu der engen Wasserstraße des Bosporus, die zum Schwarzen Meer führt. Die europäische Küste der Dardanellen, des Marmarameeres und des Bosporus war 1915 türkisches Gebiet. Auf der kleinasiatischen Küste erstreckte sich das Osmanische Reich nach Norden, Osten und Süden bis zum Kaukasus, zum Persischen Golf und zum Roten Meer. Die strategische Bedeutung der Dardanellen hatte im Laufe der Geschichte immer wieder Heere und Flotten angezogen. Im Hinterland, bei Adrianopel (heute Edirne), sind 15 Schlachten historisch verbürgt; in der ersten, 378 n. Chr., wurde Kaiser Valens von den Goten getötet – eine Katastrophe, die zum Zusammenbruch des Weströmischen Reiches führte; in der jüngsten Schlacht, im Jahr 1913, hatten die Türken einen Angriff der Bulgaren auf Konstantinopel abgewehrt.

Seit langem strebten die russischen Zaren danach, ihre jahrhundertelange Gegenoffensive gegen die Osmanen mit der Eroberung Konstantinopels abzuschließen, dadurch den einstigen Sitz des orthodoxen Christentums vom Islam zurückzuerobern und im Süden einen ständigen Zugang zu eisfreien Gewässern zu gewinnen. Das war auch im Ersten Weltkrieg ein wichtiges

Kriegsziel Russlands. Die Franzosen und vor allem die Briten waren nicht bereit, einen so weit gehenden Ausbau der russischen Macht in Südosteuropa zuzulassen. Trotzdem erwogen sie in der Krise von 1914/15, dort eine neue Front zu eröffnen, um ihren Verbündeten zu entlasten und zugleich die Stagnation an der Westfront zu überwinden. Ein Angriff auf die Dardanellen – mit der Flotte oder mit Landstreitkräften, eventuell mit beiden – fand im Frühjahr 1915 zusehends Zustimmung.

Einen ersten Vorschlag machte Frankreich. Im November 1914 regte der französische Justizminister Aristide Briand an, eine 400 000 Mann starke britisch-französische Streitmacht in den griechischen Hafen Saloniki zu entsenden mit dem Ziel, Serbien zu unterstützen, Rumänien und Bulgarien – alte Feinde der Türkei – zum Anschluss an die Alliierten zu bewegen sowie Österreich-Ungarn über den Balkan anzugreifen. Joffre jedoch lehnte jeden Plan ab, der sein Bemühen, den Krieg an der Westfront zu gewinnen, gefährdete. Dennoch nahm sich der ihm unterstehende General Franchet d'Espérey die Freiheit, Briands Plan dem Präsidenten Poincaré zu unterbreiten, der ihn, zusammen mit Briand und Ministerpräsident Viviani, bei einem Gespräch im Elysée-Palast am 7. Januar 1915 Joffre abermals vorlegte.[48]

Joffre blieb eisern bei seiner Ablehnung. Unterdessen fand die Idee in Großbritannien Beachtung. Am 2. Januar hatte der russische Oberbefehlshaber, Großfürst Nikolai Nikolajewitsch, London ersucht, ihn gegen die türkische Offensive im Kaukasus durch ein Ablenkungsmanöver an anderer Stelle zu unterstützen. Winston Churchill, Erster Lord der Admiralität, sprach darüber mit Kitchener, dem Kriegsminister. Noch am gleichen Tag schrieb dieser an Churchill: «Wir haben keine Truppen, um irgendwo zu landen ... Der einzige Ort, wo ein Ablenkungsmanöver einige Wirkung haben könnte, wären die Dardanellen.»[49] Das kam Churchill bekannt vor. Am 3. November 1914 hatte er, als Antwort auf die Kriegserklärung der Türkei, das britische Geschwader in der Ägäis angewiesen, die Festungen am Eingang der Dardanellen zu beschießen. Ein Pulvermagazin war explodiert und hatte die meisten schweren Geschütze auf der europäischen

Gallipoli

Seite außer Gefecht gesetzt.[50] Obwohl die Schiffe sofort abgedreht hatten, glaubte Churchill aufgrund dieses «Erfolgs», Seestreitkräfte könnten gegen die Dardanellen nicht nur taktisch, sondern auch strategisch eingesetzt werden.

Bei der ersten Sitzung des neuen Kriegsrats, eines militärischen Unterausschusses des Kabinetts, am 25. November 1914 trug Churchill seine Idee vor; sie wurde zwar abgelehnt, geriet aber nicht in Vergessenheit. Die Versteifung der Stellungslinie in Frankreich und Belgien, die keine «Flanken» mehr aufwies, durch deren Umgehen herkömmlicherweise entscheidende Erfolge erzielt werden konnten, hatte nicht nur Churchill, sondern auch den Schatzkanzler, Lloyd George, und den Sekretär des Ausschusses für Reichsverteidigung, Sir Maurice Hankey, davon überzeugt, dass man Flanken außerhalb der Westfront finden müsse. Sie wurden unterstützt von Kitchener, der die von Joffre und French favorisierten Frontalangriffe ebenfalls ablehnte. Bald konnten sie den Ersten Seelord, Admiral Fisher, für sich gewinnen, der am 3. Januar für einen gemeinsamen Angriff von Heer und Flotte gegen die Türkei eintrat unter der Bedingung, dass er sofort stattfinde und dass dabei nur alte Schlachtschiffe eingesetzt würden.

Da die Türken die Verteidigungsstellungen an den Dardanellen nur langsam reparierten und verstärkten, wäre der Fisher-Plan aussichtsreich gewesen, wenn der Kriegsrat sofort gehandelt hätte, wie Fisher es forderte. Stattdessen begann er über alternative Strategien nachzudenken. Mittlerweile verfolgte Churchill eigene Ziele. Er erreichte Fishers Zustimmung, sich in praktischen Fragen an Admiral Carden, den Kommandeur der britischen Mittelmeerflotte, wenden zu dürfen. Diesem rang er das Zugeständnis ab, es sei zwar unmöglich, «die Dardanellen im Sturm zu nehmen ... [aber] vielleicht könnten sie durch ausgedehnte Operationen mit einer großen Zahl von Schiffen erobert werden».[51] Diese Ermutigung genügte Churchill. Als romantischer Stratege und Befürworter militärischer Abenteuer machte er sich daran, aus alten Schlachtschiffen, die Fisher freigab, eine Flotte zu organisieren und erneut gegen die Dardanellen vorzugehen mit dem Ziel, die türkischen Forts durch britische Schiffsgeschütze auszuschalten.

Die von Churchill erzwungene Entscheidung nahm Fisher mit «widerwilliger Verantwortung» und als ein «Experiment» hin. Fishers Herz schlug, wenn er sich schon auf Abenteuer einließ, für einen Vorstoß in die Ostsee; sein Verstand war gegen jedes Unternehmen, das die Aufmerksamkeit von der Konfrontation in der Nordsee ablenkte.[52] Trotzdem hatte er Churchill den Spielraum verschafft, den dieser für die Weiterführung seines Dardanellen-Projekts brauchte. Es sollte nicht nur eine aus alten Schlachtschiffen bestehende britisch-französische Flotte aufgestellt werden. Auch die nagelneue *Queen Elizabeth*, der Prototyp der Superdreadnought-Klasse, sollte zur Mittelmeerflotte abkommandiert werden, und ihre 38,1-cm-Geschütze auf die Dardanellenforts richten. Auf der griechischen Insel Lemnos sollte eine Operationsbasis für eine Landungstruppe eingerichtet werden, falls man sich für eine Truppenanlandung entschied. Kitchener stellte die 29. Division, bestehend aus regulären Überseetruppen des Empire, zur Verfügung. Außerdem konnte Churchill über die Marineinfanterie sowie über das *Australian and New Zealand Army Corps* (ANZAC) verfügen, das in Ägypten auf seinen Weitertransport nach Frankreich wartete.

Voraussetzung für den Einsatz dieser Truppen war eine erfolgreiche Beschießung der Dardanellen durch die Schiffsartillerie. Zunächst rechnete man damit, dass die Schiffe die Oberhand behalten würden. Die türkischen Verteidigungsanlagen waren veraltet; die Anlagen bei Kap Helles auf der europäischen Seite, bei Kumkale an der kleinasiatischen Küste und bei Gallipoli bestanden schon im Mittelalter. Es war bekannt, dass es Batterien mobiler Haubitzen gab und dass die Türken in der Dardanellen-Enge Minenfelder gelegt hatten. Trotzdem vertraute man darauf, mit einem systematischen Vorgehen der Schlachtschiffe, denen vorausfahrende Minensuchboote eine Gasse freiräumen würden, die türkischen Geschütze ausschalten und den Weg zum Marmarameer und bis Konstantinopel freikämpfen zu können.

Die Flottenoperation am 19. Februar hatte zunächst eine sensationelle politische, wenn nicht sogar militärische Wirkung: Griechenland bot für diese Operation Truppen an; die Bulgaren brachen die Verhandlungen mit Deutschland ab; die Russen signalisierten, sie wollten Konstaninopel über den Bosporus angreifen; die Italiener, zu diesem Zeitpunkt noch neutral, schienen plötzlich eher bereit, sich der alliierten Seite anzuschließen. Alle, die glaubten, ein Unternehmen gegen die Türkei werde die Lage in Südosteuropa zum Vorteil der Alliierten verändern, schienen Recht zu behalten.

In Wirklichkeit richtete die Beschießung nur geringe Schäden an, und die Landung britischer Marineinfanterie Ende Februar war gleichermaßen wirkungslos. Am 25. Februar wiederholte Admiral Carden die Beschießung, kam jedoch nicht weiter als bis zur Dardanellen-Einfahrt. Am 4. März, als ein Kommando der britischen Marineinfanterie beim Angriff auf das alte Fort Kumkale schwere Verluste erlitt, zeigte sich, dass der anfängliche Optimismus auf einer Fehleinschätzung beruhte. Die türkische Besatzung kämpfte entschlossener, als man angenommen hatte. Ihre teils gut geschützten, teils sehr beweglichen Kanonen waren nicht leicht auszuschalten, und die Minenfelder waren so dicht, dass sie durch die planlosen Bemühungen der hastig zusammengezogenen Fischdampfer nicht geräumt werden konnten. Die «Eroberung der Meerenge» erforderte ein sorgfältig koordiniertes Vorgehen aller verfügbaren Schiffe. Die Fischdampfer mussten beim Minenräumen durch die Geschütze großer Schiffe abgeschirmt werden, die in ständigem Nachrücken die türkischen Küstenbatterien niederhalten sollten.

Dieses große Unternehmen begann am 18. März 1915 mit 16 Schlachtschiffen, 12 britischen und 4 französischen. Sie stammten meist aus der Vor-Dreadnought-Ära, aber auch der Schlachtkreuzer *Inflexible* und der fast unersetzliche Superdreadnought *Queen Elizabeth* waren dabei. Sie fuhren in drei Linien Bug an Bug in die Dardanellen ein, begleitet von einer Flottille von Kreuzern und Zerstörern, ihnen voraus ein Schwarm von Minenräumbooten. Die Dardanellen hatten in ihrer langen Geschichte noch nie eine so gewaltige Armada gesehen. Zunächst rückte diese scheinbar unwiderstehlich vor. Zwischen 11.30 Uhr und 14 Uhr legte sie etwa 1,5 km zurück und schaltete dabei sämtliche festen und beweglichen Küstenbatterien aus, die sie passierte. In dem Bericht des türkischen Generalstabs heißt es: «Um 2 Uhr nachmittags war die Lage sehr kritisch geworden. Alle Telefonleitungen waren zerstört ... Einige Geschütze waren ausgeschaltet, andere verschüttet ... Daher hatte das Feuer der Verteidiger beträchtlich nachgelassen.»[53]

Dann aber veränderte sich die Lage grundlegend. Als das alte französische Schlachtschiff *Bouvet* etwas zurückfiel, um den Minenräumbooten Platz zu machen, explodierte es plötzlich und ging mit der ganzen Besatzung unter. Der besorgte Oberbefehlshaber der Flotte, Admiral John de Robeck, vermutete, aus einem an der Küste fest installierten Rohr sei ein Torpedo abgefeuert worden.[54] Später stellte sich heraus, dass ein kleiner türkischer Dampfer in der Nacht vom 7./8. März parallel zur Küste einen Minengürtel gelegt hatte, der unentdeckt geblieben war. Die mit Zivilisten bemannten und von der Explosion irritierten Minenräumboote zogen sich mitten durch die Flotte zurück. Als das alte Schlachtschiff *Irresistible* ein Ausweichmanöver machte, wurde es ebenfalls beschädigt und kehrte um. De Robeck musste schließlich feststellen, dass ein Drittel seiner Schlachtflotte außer Gefecht gesetzt war, und bei Einbruch der Dunkelheit zog er seine gesamte Flotte zurück. Die zehn Minenreihen quer über die Meerenge, insgesamt 373 Minen, waren nicht geräumt, und die meisten Küstenbatterien hatten zwar ihre gesamte schwere Munition verschossen, aber ihre Geschütze gerettet.[55]

Am 22. März traf sich Admiral de Robeck an Bord der *Queen Elizabeth* mit General Sir Ian Hamilton, dem nominierten Befehlshaber der bereitgestellten Truppen, um einen erneuten Vorstoß der Flotte gegen die Meerenge zu erörtern. Man verständigte sich rasch darüber, dass dies nur mit Unterstützung starker Landungstruppen möglich sei. Die verankerten Minen zusammen mit dem schweren Feuer der Küstenbatterien wirkten tödlich. Die fest installierten türkischen Geschütze konnten ins Visier genommen werden; aber die mobilen Batterien bezogen, sobald sie ausgemacht worden waren, neue Stellungen und eröffneten von dort erneut das Feuer auf die ungeschützten Minenräumschiffe. So wurde die Räumung der Minenreihen zwischen der europäischen und der kleinasiatischen Küste verhindert und den Schlachtschiffen weiterhin der Weg versperrt. Das Problem war nur zu lösen, wenn man Truppen landete, die die mobilen Batterien angriffen und ausschalteten, sodass die Minenräumboote mit ihrer Arbeit fortfahren und die Schlachtschiffe in den geräumten Fahrrinnen folgen konnten.

Waghalsige Köpfe wie der Kommandeur der Minenräumer, Kommodore Roger Keyes, wollten das Unternehmen ohne Rücksicht auf Verluste vorantreiben. Keyes glaubte, die Türken seien demoralisiert und hätten keine Munition mehr. Die vorsichtigeren Offiziere meinten, das Eingehen weiterer Risiken müsse zu weiteren Verlusten führen; die Informationen, die später ans Licht kamen, bestätigten diese Einschätzung. Bis Ende März hatten de Robeck und Hamilton – unabhängig vom Kabinett – sich für Landungen entschieden; noch nicht geklärt war, wo und in welcher Stärke sie durchgeführt werden sollten. Stoßtruppunternehmen britischer Marineinfanterie würden nicht ausreichen. Der Nachrichtendienst der *Mediterranean Expeditionary Force* (MEF), wie Hamiltons Kommando jetzt hieß, schätzte die Stärke der Türken auf 170 000 Mann. Diese Schätzung war übertrieben. Liman von Sanders, der deutsche Oberbefehlshaber der türkischen 5. Armee, hatte sechs schwache Divisionen mit zusammen 84 000 Mann, die eine 240 km lange Küstenlinie verteidigen mussten. Da die MEF jedoch nur fünf alliierte Divisionen umfasste (die 29., die Königliche Marineinfanterie, die 1. australische und die australisch-neuseeländische Division sowie das von den Franzosen in Divisionsstärke bereitgestellte *Corps expéditionnaire d'Orient*), wäre es auf jeden einzelnen Mann angekommen, um Landeköpfe zu sichern, selbst wenn die Türken noch schwächer gewesen wären. In der Tat wurde anfangs die Entscheidung getroffen, alle fünf Divisionen einzusetzen. Von einer eilig errichteten Operationsbasis in der Mudros-Bucht der nahe gelegenen griechischen Insel Lemnos sollten sie so bald wie möglich eingeschifft und an Land abgesetzt werden. In dem Monat zwischen dem Gespräch de Robecks mit Hamilton am 22. März und dem festgelegten Landungstermin am 25. April wurde weiterhin nur improvisiert. Man füllte Mudros mit Depots, stellte eine Flotte von Truppentransportern bereit und zog ein Sammelsurium provisorischer Landungsboote zusammen, die die Truppen an die Strände bringen sollten.

Da keine zuverlässigen Erkenntnisse über die türkischen Abwehrmaßnahmen vorlagen, konnte nur vermutet werden, wo Landungen auf den geringsten Widerstand stoßen und den größten Erfolg haben würden. Die kleinasiatische Küste bot sich wegen des flachen Strandes an (in der Nähe führt Trojas «windreiche Ebene» landeinwärts), aber Kitchener hatte Hamilton ausdrücklich untersagt, dort zu landen, mit dem überzeugenden Argument, eine so kleine Truppe wie die seine würde sich in der Weite des türkischen Hinterlandes verlieren. Kitcheners Vorgaben entsprechend musste die Wahl auf die europäische Halbinsel fallen, die nach der kleinen Stadt an der Meerenge Gallipoli (heute Gelibolu) heißt. Die Geländeverhältnisse dort waren schwierig. An der engsten Stelle der Halbinsel, bei Bulair (70 km von Kap Helles entfernt), war der Strand auf der Seite der Ägäis flach und es schien möglich, alle weiter südlich stehenden türkischen Truppen abzuschneiden. Die Türken hatten jedoch das Küstenvorland bei Bulair mit Stacheldraht abgesichert, der unüberwindbar schien. Die übrige Westküste der Halbinsel bestand großenteils aus Steilküste. Nur an einer Stelle gab es einen brauchbaren Strand, der dem ANZAC zugeteilt wurde. Weitere Landemöglichkeiten bot Kap Helles, wo schmale Strände in zumutbaren Steigungen den Zugang zur Landspitze ermöglichten. Da das Kap rundum durch die Geschütze der vor der Küste liegenden Schlachtschiffe unter Feuer genommen werden konnte, sollte Kap Helles von der 29. Division angegriffen werden. Die britische Marineinfanterie sollte nicht sofort landen, sondern zunächst bei Bulair ein Scheinmanöver durchführen, um türkische Kräfte von Kap Helles wegzulocken. Das Gleiche sollten die Franzosen an der kleinasiatischen Küste – bei Kumkale in der Nähe Trojas – tun, bevor sie dann neben der 29. Division landeten. Bei Kap Helles wählte man fünf Strandabschnitte aus, die man mit den Buchstaben S, V, W, X und Y bezeichnete. Y lag 5 km vom Kap entfernt an der Ägäis, S innerhalb der Dardanellen, V, W und X direkt unterhalb der Landspitze.

Im Rückblick ist leicht zu erkennen, dass der Plan Hamiltons mit den ihm zugestandenen Streitkräften nicht gelingen konnte. Selbst wenn sie die Südspitze der Halbinsel, südlich der Minenfelder, erobert hätten, wären sie immer noch dem Feuer der türkischen Artillerie ausgesetzt gewesen. Eine Landung in Kleinasien hätte sich als ebenso wirkungslos erwiesen. Selbst bei einer erfolgreichen Landung in der Bucht von Suvla, 25 km nördlich von Kap Helles, wären die türkischen Truppen zwischen dieser Bucht und Helles nicht nur intakt geblieben, sondern hätten auch mühelos über die Meerenge versorgt und verstärkt werden können. Erfolgreich wäre nur der Einsatz einer Streitmacht gewesen, die stark genug war, gleichzeitig bei Bulair, bei Kap Helles und an der kleinasiatischen Küste zu landen und diese Landeköpfe zu halten. Eine so starke Streitmacht stand nicht zur Verfügung und hätte auch nicht kurzfristig zusammengezogen werden können. Ein umfangreicher Truppeneinsatz widersprach auch dem Grundgedanken des Unternehmens, das weit reichende Resultate erbringen sollte, ohne dafür die an der Westfront eingesetzten Truppen in Anspruch zu nehmen. Hamiltons einzige Hoffnung, seinen vorwiegend als Ablenkung gedachten Auftrag erfolgreich auszuführen, war daher, dass die Türken auf die Landungen falsch reagieren würden. Überraschen konnte man sie nicht mehr. Der Angriff der Flotte hatte das Interesse der Alliierten an Gallipoli offenbart, und die Türken hatten die seither verstrichene Zeit genutzt, um oberhalb aller bedrohten Strände Schützengräben anzulegen. Nur wenn die Türken auf sofortige Gegenangriffe verzichteten, konnten die Alliierten gesicherte Ausgangspositionen errichten, um die Türken von der Halbinsel Gallipoli zu vertreiben.

Die Soldaten der britischen 29. Division hatten wenig Ähnlichkeiten mit denen des ANZAC, aber beide rechneten mit einem

Erfolg. Die 29. Division bestand aus Berufssoldaten des Vorkriegsheeres, sonnengebräunten Tommys, wie Kipling sie beschrieb; man hatte sie für den Einsatz in Frankreich aus ihren Überseegarnisonen geholt, dann aber nach Ägypten gebracht, falls Truppen auf Gallipoli benötigt würden. Das ANZAC, über Ägypten auf dem Weg nach Europa, bestand aus Bürgersoldaten, rekrutiert von dem umfassendsten Milizsystem der Welt: Jeder männliche Einwohner wurde von der frühen Schulzeit an für den Militärdienst ausgebildet und jeder Taugliche in ein lokales Regiment aufgenommen. Diese in Australien akzeptierte Militärpflicht wurde von der kleinen Siedlergemeinschaft Neuseelands, der strategisch am wenigsten gefährdeten Region der Erde, mit tiefem Ernst übernommen. «Wenn man 1914 Neuseeländer war, wurde einem beigebracht: ‹Das Empire erwartet von dir, dass du in Notzeiten bereit bist, für es zu denken, zu arbeiten und Entbehrungen zu ertragen.›»[56] Als der Ruf erfolgte, «leerten sich die Hörsäle der Universitäten... Sportveranstaltungen wurden abgesagt. Zurückzubleiben war unvorstellbar. Wenn dein Freund ging, musstest auch du weggehen.»[57] Bei einer männlichen Bevölkerung von einer halben Million konnte Neuseeland 50000 ausgebildete Soldaten unter 25 Jahren stellen. Australien lieferte ein vergleichbares Kontingent. Unter den Australiern waren weniger Landbewohner als unter den Neuseeländern, die als Siedler geschickt mit Gewehr und Spaten umgehen konnten, was ihnen den Ruf einbrachte, die besten Soldaten des 20. Jahrhunderts zu sein. Aber der Elan und Individualismus der Australier, verbunden mit einem starken Kameradschaftsgeist, ergaben Einheiten von gewaltiger Offensivkraft, was die Türken bald spüren sollten und die Deutschen später anerkennen mussten.

Am 25. April 1915 vor Sonnenaufgang lagen 200 Handelsschiffe aller Art, unterstützt von dem Großteil der am 18. März zurückgeschlagenen Beschießungsflotte, vor der «ANZAC-Bucht», wie der Landungsplatz der Australier und Neuseeländer bald genannt wurde, und vor Kap Helles. Flaggschiff und Hauptquartier war die *Queen Elizabeth*. Sie beteiligte sich mit ihren 38,1-cm-Geschützen aber auch an dem einleitenden Trommelfeuer der älteren Schlachtschiffe, die zugleich Truppen transportierten. Von ihnen und von anderen Kriegsschiffen aus sollten sich die Landungstruppen in Schleppzügen – Reihen von Ruderbooten, die von Motorpinassen gezogen wurden – auf die Strände zu bewegen (diese Pinassen wurden von jungen Offizieren befehligt; zwei von ihnen waren dreizehnjährige Kadetten aus dem ersten Jahrgang des *Royal Naval College*). Im flachen Wasser sollten die Schlepptaue abgeworfen und die Boote von Matrosen zum Strand gerudert werden. Zu der Flotte gehörte nur ein einziges Schiff, das für eine Landung speziell hergerichtet worden war, der Kohlendampfer *River Clyde*. Er sollte vor dem Strand V, längsseits der alten byzantinischen Festung Sedd el-Bahr, auf Grund gesetzt werden. In die Bordwand hatte man oberhalb der Wasserlinie Tore eingebaut, durch die die Soldaten der *Royal Munster Fusiliers* und des Hampshire-Regiments über Laufstege zu Lastkähnen rennen sollten, die zwischen dem Schiff und dem Ufer lagen, und dann weiter zum Strand – gedeckt durch das Feuer von Maschinengewehren, die hinter Sandsäcken auf dem Vorderdeck postiert waren.

Das Trommelfeuer begann um 5 Uhr in der Morgendämmerung, und bald bewegten sich die Schleppzüge für alle Strandabschnitte auf die Küste zu. Was vor ihnen lag, war weitgehend unbekannt, denn der MEF fehlte es nicht nur an Informationen über die Stärke und die Stellungsräume der Türken, sie besaß nicht einmal Landkarten des anzugreifenden Gebietes. Man glaubte zum Beispiel, das Gelände hinter dem Kap Helles bilde «einen ... gleichmäßig ansteigenden Hang ohne Hindernisse»,[58] während es in Wirklichkeit durch zahlreiche Wasserrinnen zerklüftet war. Man wusste, dass das Terrain hinter der ANZAC-Bucht von Bergketten beherrscht wurde. Der gewählte Landeplatz lag allerdings südlich davon; von hier führten Pfade zu einem zentralen Bergkamm, wo sich Beobachtungsposten hätten einrichten können, um das Feuer der Schiffsgeschütze gegen die türkischen Küstenbatterien zu leiten.

Es muss offen bleiben, ob diese Möglichkeit tatsächlich bestand. Aus Gründen, die nie ausreichend geklärt wurden – vielleicht menschliches Versagen, vielleicht eine unzureichend weitergegebene Änderung des Planes in letzter Minute –, landeten die 48 Boote der ANZAC-Schleppzüge schließlich 1,5 km nördlich des ursprünglich vorgesehenen Strandabschnitts, unter steilen Hängen; diese führen zu einer Reihe von Höhenzügen, die sich in drei ungleichmäßigen Terrassen über der Bucht erheben. Nördlich und südlich der Bucht fällt das Gelände zum Meer ab, sodass die ANZAC-Bucht ein kleines, auf drei Seiten von Höhen beherrschtes Amphitheater bildet. Falls es den Australiern und Neuseeländern nicht gelang, diese Höhenzüge vor dem Gegner einzunehmen, konnten ihre Stellungen und der gesamte Strand eingesehen werden, mit katastrophalen Folgen für die weiteren Operationen.

Die ANZAC-Soldaten erkannten das. Nachdem sie fast ohne Widerstand gelandet waren, begannen sie sofort und so schnell wie möglich die vor ihnen liegenden Höhenzüge zu ersteigen. Es gab dort nur wenige Gegner, weil die Türken eine Landung an einem so wenig einladenden Ort für völlig unwahrscheinlich gehalten hatten. Aber die Landungstruppen bemerkten bald, dass das Terrain ebenso feindselig war wie kämpfende Truppen. Nach jedem Kamm folgte ein noch höherer, Wasserrinnen endeten in Sackgassen, und der Weg zum höchsten Punkt wurde immer wieder verfehlt, weil es so schwierig war, eine gangbare Route zu finden. In dem dichten Gestrüpp und den steilen Schluchten, die die Gruppen von einander trennten und einen koordinierten Vorstoß zum Gipfel behinderten, löste sich die Ordnung auf. Wenn es auch nur ein paar Soldaten der 12000 Mann starken Landungstruppe gelungen wäre, die Höhe der Hügelkette von Sari Bair – 4 km oberhalb der ANZAC-Bucht – zu erreichen, hätten sie auf die Meerenge hinunterblicken können, und ein Sieg wäre zum Greifen nahe gewesen.[59] Aber bis zum frühen Nachmittag waren sie bestenfalls 2,5 km vorangekommen, und in diesem kritischen Augenblick begann der Gegenangriff zusammengefasster türkischer Verteidigungstruppen. Als nach einem heißen Nachmittag grauer Sprühregen einsetzte, begann für die ANZAC-Soldaten, die sich verloren und führerlos an die Abhänge klammerten, ein wahres Martyrium.

20 km weiter südlich, bei Kap Helles, hatte der Tag ebenfalls mit dem Donnern schwerer Schiffsgeschütze begonnen, unter deren Feuer die 96 Boote der Schleppzüge und die voll besetzte *River Clyde* sich der Küste näherten. Auf den Flanken, an den Stränden X und Y (an der Ägäis) und am Strand S (innerhalb der Dardanellen) stießen die Angreifer ebenfalls auf wenig oder gar keinen Widerstand und setzten sich bald an der Küste fest. An der kleinasiatischen Küste der Meerenge, bei Kumkale, konnten auch die Franzosen ohne Widerstand anlanden und besetzten, nach anfänglichen Verzögerungen, die alte byzantinische Festung, das Dorf unterhalb ihrer Mauern und den Friedhof. Die Türken in der Umgebung waren desorganisiert und schlecht geführt. An den Stränden Y, X und S auf Gallipoli machten die Briten ähnliche Erfahrungen: Entweder war kein Gegner vorhanden oder er war durch die einschlagenden 30,5-cm-Granaten gelähmt. Die Landungstruppen sonnten sich, kochten Tee, schleppten Vorräte von der Küste herauf und genossen die schöne Landschaft, als sei der Krieg meilenweit entfernt. An den Stränden V und W aber, ganz in der Nähe, kämpften die *Lancashire Fusiliers* und die Regimenter aus Dublin, Munster und Hampshire um ihr Leben und fielen zu Hunderten. Die beiden Strände sind durch die Landzunge von Kap Helles voneinander getrennt. Am Strand W – seither als «Lancashire-Landungsplatz» bekannt – gerieten die *Lancashire Fusiliers* bereits 100 m vor der Küste in einen Geschosshagel aus Gewehren und Maschinengewehren. Trotzdem landeten die meisten Boote. Aber am Ufer stießen die Briten auf einen Drahtverhau, hinter dem Türken in Schützengräben lagen und auf jeden Mann schossen, der sich aus dem Wasser erhob. Major Shaw von den *Lancashire Fusiliers* erinnerte sich später: «Das Meer hinter uns war völlig rot, und durch das Rattern des Gewehrfeuers hindurch konnte man das Stöhnen der Verwundeten hören. Einige feuerten noch. Ich gab ihnen das Zeichen zum Vorrücken ... Da sah ich, dass alle getroffen waren.» Inmitten dieser entsetzlichen Szenerie gelang es einigen wenigen Füsilieren, sich durch den Drahtverhau zu kämpfen, sich neu zu formieren und vorzurücken. Von den 950 Männern, die gelandet waren, wurden über

500 getötet oder verwundet; aber die Überlebenden stießen landeinwärts vor, trieben die Türken vor sich her und hatten bis zum Abend einen sicheren Brückenkopf gebildet.

Auf der anderen Seite der Landzunge, am Strand V, sah es noch schlimmer aus. Die *Dublin Fusiliers* glaubten zunächst, auf keine Verteidiger zu stoßen. Sobald jedoch die Boote auf Grund liefen, gerieten sie in einen Kugelhagel. Als die *River Clyde* auflief und die Soldaten aus Hampshire und Munster sich aus den Luken auf die Laufstege drängten, über die sie die Küste erreichen sollten, eröffneten vier türkische Maschinengewehre das Feuer. Diese hatten bereits die zuerst gelandeten Lastkähne beharkt. Die Soldaten, auf den Laufstegen wie Vieh im Schlachthof zusammengedrängt, fielen reihenweise um und stürzten blutend ins Meer, wo sie sofort ertranken oder sich ins flache Wasser schleppten, um dort zu sterben. Einige kamen jedoch durch, fanden Schutz unter einer überhängenden Uferstelle, nahmen ihre ganze Kraft zusammen und warfen die Türken aus ihren Schützengräben.

An den Stränden V und W wurden an jenem Morgen viele Viktoriakreuze (die höchste britische Tapferkeitsauszeichnung) gewonnen: sechs von *Lancashire Fusiliers*, zwei von Seeleuten, die sich im Meer abgemüht hatten, die Lastkähne stabil zu halten, die die Lücke zwischen der *River Clyde* und dem Ufer überbrückten. Es gab zahlreiche weitere mutige Taten, die nicht verzeichnet wurden und die einem späteren furchtsameren Zeitalter eher unverständlich sind. Bis zum Abend war – oberhalb der mit Gefallenen übersäten Strände und einer immer noch von Blut geröteten Uferlinie – der Strandabschnitt W («Lancashire-Landungsplatz») mit dem Strandabschnitt X vereinigt, und V, Y und S waren gesichert. Die Verluste des ANZAC betrugen 2000, die bei Kap Helles, wo 30000 Mann gelandet waren, mindestens 2000, und die Zahl stieg stündlich, als die Türken sich zum Gegenangriff sammelten. Die Frage war, ob die unter so hohen Verlusten erkämpften Landeköpfe gehalten werden konnten.

Die britischen Kommandeure – Hamilton von der MEF, Hunter-Weston von der 29. Division und Birdwood vom ANZAC

– hätten beunruhigt darüber sein müssen, dass ihre tapferen und entschlossenen Soldaten durch so wenige Gegner so hohe Verluste erlitten hatten. Die von der MEF geschätzte Zahl der bei der Verteidigung der Dardanellen eingesetzten Türken war ungeheuer übertrieben gewesen. Liman von Sanders setzte auf der Halbinsel Gallipoli nur einen Bruchteil seiner Streitkräfte ein; die Übrigen waren zwischen Bulair und Kumkale, zwischen Asien und Europa, verstreut. Das angegriffene Gebiet wurde von einer einzigen türkischen Division, der 9., gehalten, deren Infanterie entlang der ganzen Küste verteilt war. An manchen Stellen lagen Züge mit nur 50 Mann, an anderen noch weniger: am Strand Y niemand, am Strand X 12 Mann, am Strand S ein einziger Zug. Die ANZAC-Bucht wurde von einer einzigen Kompanie mit 200 Mann verteidigt, die Strände V und W nur von einzelnen Zügen.[60] Das Blutbad unter den Füsilierregimentern aus Lancashire, Dublin und Munster sowie dem Hampshire-Regiment hatten weniger als 100 tollkühne türkische Soldaten angerichtet, die das Trommelfeuer der Schiffsgeschütze überlebt hatten und dann töteten, um nicht selbst getötet zu werden.

Einige Türken waren jedoch weggelaufen; bei Kumkale ergaben sich Hunderte den Franzosen, bevor diese sich am 26. April zurückzogen. Vielleicht hätten auf Gallipoli noch mehr Türken die Flucht ergriffen, wenn nicht ganz in der Nähe Reserven gewesen wären, und zwar unter dem Kommando eines äußerst fähigen und entschlossenen Offiziers. Mustafa Kemal gehörte zu den ersten Jungtürken, aber seine Karriere war anders verlaufen als die der Führer. Im April 1915 war er, mit 34 Jahren, Divisionskommandeur. Es war eine Fügung des Schicksals, dass seine 19. Division im kritischen Augenblick am entscheidenden Platz stand: auf der Halbinsel Gallipoli direkt oberhalb der schmalsten Stelle der Dardanellen, nur 6 km vom Landungsplatz des ANZAC entfernt. Obwohl durch einen Bergrücken vom ANZAC getrennt, konnte sie nach einem Gewaltmarsch gegen die Landungen vorgehen, während diese noch im Gange waren. Kemal reagierte unverzüglich auf das Donnern der Schiffsgeschütze und beschleunigte das Marschtempo, indem er selbst an der Spitze marschierte. Als er den Bergkamm von Sari Bair, den vom ANZAC angestrebten beherrschenden Geländeabschnitt, erreicht hatte, «bot sich uns eine höchst interessante Szene. Nach meiner Auffassung war es der entscheidende Augenblick [des Feldzugs]». Vor der Küste erblickte er Kriegsschiffe und im Vordergrund eine Anzahl von Türken der 9. Division, die auf ihn zuliefen. Sie berichteten ihm, sie hätten keine Munition mehr. Da befahl er ihnen, in Deckung zu gehen und die Bajonette aufzupflanzen. «Gleichzeitig schickte ich [meinen] Ordonnanzoffizier ... nach hinten, um diejenigen Männer [des 57. Regiments], die [hinter mir] marschierten, im Schnellschritt zu meinem Standort zu bringen ... Als die Männer ihre Bajonette aufpflanzten und in Deckung gingen ..., ging auch der Gegner in Deckung ... Es war etwa 10 Uhr, als das 57. Regiment seinen Angriff eröffnete.»

Die Australier hatten Kemal auf dem Bergkamm gesehen und auf ihn geschossen, ohne zu treffen. Dass sie ihn verfehlten und dass sie in diesen Minuten nicht bis zum Gipfel vorstießen, darf man tatsächlich als den «entscheidenden Augenblick des Feldzugs» bezeichnen. Denn sobald seine Truppen eingetroffen waren, begann Kemal eine Reihe von Gegenstößen gegen den ANZAC-Landekopf, die bis zum Einbruch der Nacht andauerten. Die Australier verloren mehrere Anhöhen, die sie eingenommen hatten, und nur an wenigen Punkten beherrschten ihre Stellungen die der Türken. Fast überall konnten die australischen Positionen von den Türken eingesehen werden. Der anhaltende türkische Kugelhagel führte dazu, dass ununterbrochen Verwundete zu dem schmalen Strand hinunterhumpelten oder getragen wurden, während ihnen Verstärkungen entgegenkamen, um ihren Platz einzunehmen. Dieses Bild – absteigende Verwundete, aufsteigende frische Truppen – sollte sich bis zum Ende des Feldzugs täglich wiederholen und blieb in der Erinnerung jedes ANZAC-Soldaten für immer mit diesen Steilhängen verbunden.

Bis zum 4. Mai waren beide Seiten an der ANZAC-Bucht erschöpft. Die Türken hatten 14 000, das ANZAC nahezu 10 000 Mann verloren. Nach einem letzten Angriff am 4. Mai erkannte Kemal, dass er einen so hartnäckigen Gegner nicht ins Meer zurückwerfen konnte, und befahl seinen Männern, sich einzugraben. Die türkischen Stellungen umschlossen ein fast 1000 m tiefes Gebiet mit einem Umfang von 2,5 km; es stieg, wo nicht fast senkrechte Felswände waren, in einem Winkel von 45 Grad nach oben an. Den höchsten Chiffrieroffizier des ANZAC erinnerte dieser Anblick «an die Höhlenbehausungen eines Stammes von glücklichen Wilden, die an den extrem abschüssigen Hängen einer zerklüfteten, sandigen, von Gestrüpp überwucherten Steilküste leben».

Auf dem niedrigeren Gelände bei Kap Helles wurde an den Tagen nach der Landung ebenfalls heftig gekämpft. Die 29. Division und die Franzosen, die sich aus Kumkale zurückgezogen hatten, bemühten sich, die Brückenköpfe miteinander zu verbinden und die Front landeinwärts vorzuschieben. Am 26. April wurden Burg und Dorf Sedd el-Bahr eingenommen, und am darauf folgenden Nachmittag kam es zu einem allgemeinen Vormarsch, da die Türken sich erschöpft vom örtlichen Kampfplatz zurückgezogen hatten. Das Ziel war das Dorf Krithia, 6 km landeinwärts. Am 28. April erfolgte ein Angriff, der als erste Schlacht bei Krithia bekannt ist, und am 6. Mai ein weiterer. Doch das Dorf wurde nicht eingenommen, obwohl eine indische Brigade aus Ägypten und Teile der britischen Marineinfanterie eingriffen. Am 8. Mai saßen die Briten unmittelbar vor Krithia fest; die Linie verlief vom Strandabschnitt Y bis nördlich vom Strandabschnitt S, 5 km von Kap Helles entfernt.

Das blieb die Kampffront während des unerträglichen heißen Sommers, des milden Herbstes und des eisig kalten frühen Winters. Der britische Kriegsrat entsandte, trotz Einwänden der Franzosen und aus den eigenen Reihen, weitere Truppen nach Ägypten und zur Operationsbasis auf Lemnos: vier Territorialdivisionen, ferner drei Kitchener-Divisionen. Auch die Franzosen verstärkten, freilich nur widerstrebend, ihr Expeditionskorps, und im August wurden die 2. Australische Division und die 2. berittene Division nach Lemnos verlegt. Um die Pattsituation aufzubrechen, entschied sich General Hamilton für einen neuen amphibischen Angriff nördlich des ANZAC in der Bucht von

Suvla. Dieser erfolgte am 7. August und führte rasch zur Einnahme eines Brückenkopfes. Bald rückte jedoch Mustafa Kemal an, nunmehr Oberbefehlshaber aller türkischen Truppen im Nordabschnitt, und warf eilig Verstärkungen auf die Anhöhen. Wie drei Monate zuvor an der ANZAC-Bucht war er fest entschlossen, die Alliierten in Küstennähe zu binden. Bis zum 9. August war ihm das gelungen. Angreifer und Verteidiger gruben sich ein, und die Bucht von Suvla wurde zur dritten schmalen Enklave der Alliierten auf der Halbinsel Gallipoli. Beide Seiten standen sich jetzt mit jeweils 14 Divisionen gegenüber, doch die Alliierten konnten – wie sich immer deutlicher zeigte – trotz hohen Einsatzes keine Erfolge erzielen. Schon früher war im Dardanellenausschuss des britischen Kriegsrates der Rückzug gefordert worden. Im November wurde diese Forderung immer nachdrücklicher erhoben. Als Kitchener zu einer persönlichen Erkundung eintraf, überzeugte ihn General Sir Charles Monro, der den vom Misserfolg gezeichneten Hamilton abgelöst hatte, dass die Räumung der Stellungen unvermeidlich sei. Ein außergewöhnliches Unwetter, das die Soldaten in ihren Schützengräben überschwemmte und viele Anlagen am Strand zerstörte, leitete das Ende der Auseinandersetzungen ein. Zwischen dem 28. Dezember und dem 8. Januar 1916 zog die Landungstruppe ab, kaum gestört von den Türken, die nicht bemerkten, dass eine vollständige Evakuierung im Gange war. Bis zum 9. Januar waren ANZAC-Bucht, Suvla und Kap Helles geräumt. Das große Abenteuer war vorbei.

Die Türken, die sich nicht die Mühe machten, ihre Gefallenen zu begraben oder zu zählen, hatten wahrscheinlich 300 000 Mann verloren – Gefallene, Verwundete und Vermisste.[61] Die Verluste der Alliierten betrugen 265 000 Mann. Die 29. Division hatte zweimal hintereinander ihre Truppenstärke verloren; die Neuseeländer, von denen 8566 auf der Halbinsel kämpften, verzeichneten 14 720 Verluste, einschließlich der zwei- oder dreimal wieder ins Gefecht geschickten Verwundeten.[62]

Von allen Kontingenten, die auf Gallipoli kämpften, wurden die Australier am stärksten von dieser Erfahrung gezeichnet; sie erinnern sich daran bis zum heutigen Tag am intensivsten. Bürger eines erst wenige Jahre zuvor gebildeten Bundesstaates, zogen sie 1915 als Streitkräfte von sechs Einzelstaaten in den Krieg. Sie kehrten als Nation geeint zurück. Schon im folgenden Jahr begann die Heimat der Feuerprobe des ANZAC zu gedenken. Heute ist die Zeremonie im Morgengrauen des 25. April für alle Australier, junge wie alte, ein feierliches Ereignis, und die ANZAC-Bucht ist zu einem Heiligtum geworden. Auf der Halbinsel Gallipoli – heute ein türkischer Nationalpark – errichtete Mustafa Kemal Atatürk, der Staatspräsident der nachosmanischen Türkei, ein Denkmal, das großmütig an die Leiden beider Seiten erinnert. Der Landstrich hat seine Natürlichkeit zurückgewonnen, ein schöner Platz, der verlassen und einsam an der Küste der Ägäis liegt. Aber Australier sind dort allgegenwärtig. Die wenigen Briten, die dorthin reisen und den Weg zu den kleinen und schrecklichen Schlachtfeldern des ANZAC – Lone Pine, Russel's Top, Steele's Post – finden, sind beeindruckt vom dem Auftreten junger Australier, die durch Europa gereist sind, um zu sehen, wo ihre Großväter und Urgroßväter kämpften und oft auch starben. Zwei Drittel der Australier, die in den Großen Krieg zogen, fielen oder wurden verwundet, und die ersten Kriegshelden der Nation gewannen ihre Auszeichnungen auf den fünf Quadratkilometern oberhalb der ANZAC-Bucht. Wenn ihre Enkel und Urenkel nach Gallipoli beziehungsweise Gelibolu pilgern, tragen sie diese Auszeichnungen oft mit sich, als wollten sie diese Zeichen des ANZAC-Geistes – zugleich ein Symbol für den Geist der australischen Nation – auf geheiligtem Boden noch einmal weihen.

Alles auf Gallipoli muss diejenigen rühren, die von den Soldaten irgendeiner Nation abstammen, die dort kämpfte. Das Dorf Kumkale, unterhalb der mittelalterlichen Festung, ist verschwunden; geblieben ist nur der überwucherte Friedhof mit moslemischen Grabsteinen, der die äußerste Grenze des französischen Vorstoßes vom 25. April bezeichnet. Auf dem Soldatenfriedhof oberhalb des Strandabschnittes W liegen die am «Lancashire-Landungsplatz» Gefallenen. Bei Sedd el-Bahr ruhen die Füsiliere aus Dublin und Munster nur wenige Meter von der Uferlinie entfernt, wo sie für einen Staat starben, gegen den viele ihrer Landsleute am Ostermontag 1916 rebellierten. Das ergreifendste Denkmal auf Gallipoli ist vielleicht jene weiße Marmorsäule auf der Landspitze von Kap Helles, die an einem klaren Aprilmorgen von den Mauern Trojas über die Meerenge hinweg zu sehen ist. Troja und Gallipoli liefern den Stoff für zwei verschiedene und doch miteinander verbundene Epen. Viele der humanistisch gebildeten Kriegsfreiwilligen, die als Offiziere in der MEF dienten, erkannten das und hielten es fest: Patrick Shaw-Stewart, Arthur Asquith, der Sohn des Premierministers, und der Dichter Rupert Brooke, der vor der Landung an Blutvergiftung starb. Es ist schwer zu entscheiden, welches der beiden Epen Homer für das heroischere gehalten hätte.

Serbien und Saloniki

Gallipoli war als militärisches Unternehmen gescheitert, auch wenn dadurch schließlich 14 der 36 türkischen Divisionen der ersten Linie von einem potenziellen Einsatz an der mesopotamischen, ägyptischen oder kaukasischen Front fern gehalten wurden. Den Alliierten war es nicht gelungen, eine Nachschubroute zu den südrussischen Häfen durch das Schwarze Meer zu eröffnen. Auch das nachgeordnete Ziel war nicht erreicht worden: die Entlastung Serbiens. Das Überleben dieses belagerten Landes, das stets davon abhing, dass seine Gegner anderswo kämpfen mussten, war durch die Landungen an den Dardanellen und durch den dadurch beschleunigten Kriegseintritt Italiens verlängert worden. Aber in dem Maße, wie die Gallipoli-Vision verblasste, waren auch die Hoffnungen auf die davon erhofften Nebenwirkungen geschwunden, etwa Griechenland zum Anschluss an die Alliierten zu ermutigen und Bulgarien vom Anschluss an die Mittelmächte abzuhalten. Dass die Türken die Landungen an der Suvla-Bucht im August stoppen konnten, trug entscheidend zu einem Meinungsumschwung in den neutralen Ländern Bulgarien und Griechenland bei.

Bulgarien war geneigt, sich auf die Seite Deutschlands zu stellen. Es hatte mazedonisches Gebiet nach kurzer Besetzung am Ende des zweiten Balkankrieges 1913 an Griechenland und Serbien abtreten müssen. Die Bulgaren wussten, dass die Alliierten, die diese beiden Länder umwarben beziehungsweise beschützten, ihnen bei der Wiedergewinnung dieses Gebietes nicht beistehen würden. Die Deutschen hingegen konnten das. Überdies beeindruckte die Bulgaren der große deutsche Sieg bei Gorlice-Tarnów vom Mai. Einen Monat später nahmen sie Verhandlungen auf.[63] Da vergaßen die Alliierten plötzlich ihre Verpflichtung gegenüber Serbien und boten Bulgarien am 3. August schließlich doch den begehrten Anteil an Mazedonien an. Das Angebot kam jedoch zu spät. Das doppelte Patt an den Fronten in Italien und Gallipoli überzeugte den König und die politische Führung Bulgariens, dass ein Bündnis mit den Mittelmächten ihren Interessen am besten diente (obwohl Russland in der Vergangenheit Bulgarien eifrig gefördert hatte).

Am 6. September 1915 wurden vier Verträge unterzeichnet. In diesen wurden nicht nur finanzielle Unterstützung und künftige Gebietserweiterungen auf Kosten Serbiens vereinbart; entscheidender war, dass Bulgarien versprach, innerhalb eines Monats in den Krieg gegen Serbien einzutreten. Das Ziel dieses gemeinsam mit Deutschland und Österreich zu führenden Feldzugs war, «die serbische Armee entscheidend zu schlagen und Verbindungslinien über Belgrad [die Hauptstadt Serbiens] und Sofia [die Hauptstadt Bulgariens] nach Konstantinopel zu eröffnen». Falkenhayn übertrug diese Aufgabe sofort Mackensen, dem Sieger von Gorlice-Tarnów, der nun ein Heer zusammenzog. Am 22. September verkündete Serbien die Generalmobilmachung. Die Mittelmächte unternahmen den erfolglosen Versuch, Rumänien in den Krieg hineinzuziehen, aber dieses sympathisierte mit den Alliierten. Oberst Hentsch, dessen Bericht über die Situation an der Marne ein Jahr zuvor zum Stellungskrieg an der Westfront geführt hatte, fertigte unterdessen als Vorstufe für Invasionspläne ein Gutachten über den serbischen Kriegsschauplatz an.

Nach dem Scheitern der zweiten österreichischen Offensive

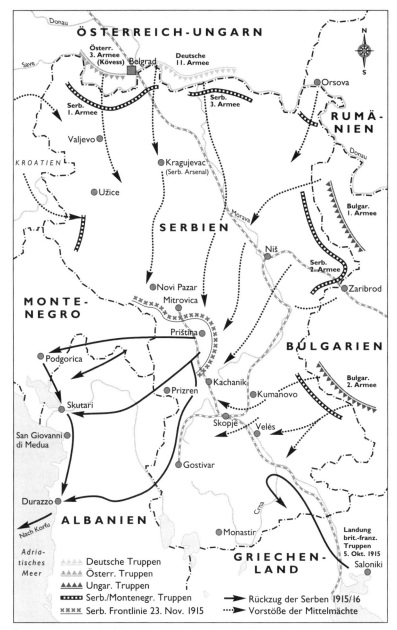

Der Feldzug in Serbien, 1915

im Dezember 1914 war das serbische Heer an der Nord- und Ostgrenze verblieben. Mackensen plante, die Angriffsfront weit nach Süden auszudehnen, wo Bulgarien die Serben zwingen konnte, ihre Truppen bei der Verteidigung Mazedoniens zu verzetteln. Die Serben besaßen nur 11 schwache Divisionen, ohne nennenswerte Artillerie. Gegen diese konnten die Bulgaren 6, die Österreicher 7 und die Deutschen 10 – insgesamt also 23 – Divisionen einsetzen. Die deutschen Divisionen waren mit einer einzigen Ausnahme reguläre Verbände der 11. Armee, die beim Durchbruch von Gorlice-Tarnów die Speerspitze gebildet hatten. Sie sollten, jetzt unter dem Oberbefehl des Generals Max von Gallwitz, an die Donau verlegt werden.[64]

Die Serben hatten gegen diese Übermacht keine Chance, obwohl sie auf dem Terrain ihres eigenen Landes kämpften und obwohl sie durch breite, brückenlose Grenzflüsse – die Save und die anderthalb Kilometer breite Donau – geschützt waren. Der Woiwode Putnik verfügte über 200 000 Mann von sehr unterschiedlichem Kampfwert und 300 Geschütze, Mackensen über 330 000 Mann und 1200 Geschütze. Serbiens einzige Hoffnung war, dass die Alliierten über den griechischen Hafen Saloniki dem Balkan Truppen zuführten. Dieses Projekt hatten die Franzosen bereits im November 1914 befürwortet und bei den interalliierten Gesprächen zur Diskussion gestellt, die dann zu der Entscheidung führten, auf Gallipoli zu landen.[65] Die Serben appellierten an die Alliierten, ihre Entscheidung für Gallipoli noch einmal zu überdenken, in der Hoffnung, bei einem sofortigen Eingreifen der Alliierten die Bulgaren im Süden besiegen zu können, bevor die Deutschen und Österreicher im Norden ihre Offensive einleiteten. Die Briten lehnten das ab. Sie hofften immer noch, die Bulgaren neutral halten zu können, und drängten deshalb Serbien, das umstrittene mazedonische Gebiet abzutreten. Diesen Preis wollten die Serben nicht zahlen, obwohl ihnen die Katastrophe deutlich vor Augen stand. Vorangetrieben wurde das Saloniki-Projekt jetzt aus einer unerwarteten Richtung. Am Tag der bulgarischen Mobilmachung teilte der griechische Ministerpräsident Venizelos der britischen und französischen Regierung mit, wenn sie 150 000 Mann nach Saloniki entsenden würden, sei er zuversichtlich, sein Land – aufgrund des serbisch-griechischen Bündnisvertrages vom Jahr 1913 – zum Kriegseintritt auf alliierter Seite bewegen zu können. Venizelos, der «Löwe von Kreta», der 1905 für seine Insel die Unabhängigkeit von der Türkei errungen hatte, dominierte die Politik des kleinen griechischen Königreiches. Er war der Vorkämpfer der «Großen Idee», der nationalen Wiedervereinigung aller Griechisch sprechenden Gemeinden an der Ägäis und in deren Hinterland auf Kosten der Türkei. Zugleich glaubte er, dass zur Verwirklichung dieser Idee die Hilfe der Alliierten notwendig sei und dass diese den Krieg voraussichtlich gewinnen würden. Deshalb hielt er es für notwendig und für realistisch, Unterstützung für Serbien zu organisieren. Von seiner Überzeugungskraft beeindruckt, willigten Großbritannien und Frankreich ein, Truppen nach Saloniki zu entsenden, zunächst eine symbolische Streitmacht, später die 150 000 Mann, die es nach Venizelos' Auslegung des serbisch-griechischen Bündnisvertrags rechtfertigten, dass Griechenland seine Neutralität aufgab. Venizelos hatte jedoch die Stärke seiner Position im eigenen Land überschätzt. König Konstantin war nicht nur ein Schwager des deutschen Kaisers, sondern auch davon überzeugt, dass die Wahrung der Neutralität den Interessen seines Königreichs am besten diene. Am 5. Oktober 1915 entließ er Venizelos. Ein Jahr später sollte Venizelos in die Politik zurückkehren, in Saloniki eine Regierung bilden, die Großbritannien als rechtmäßig anerkannte, und nach Konstantins Abdankung im Juni 1917 mit Unterstützung des Volkes erneut Ministerpräsident werden. Im Herbst 1915 konnte das freilich niemand vorhersehen. Unterdessen nahmen die Alliierten die Dinge selbst in die Hand. Griechenland, ein ohnmächtiger neutraler Staat, musste sich damit abfinden, dass eine französisch-britische (später auch noch eine russische) Expeditionstruppe eintraf, dass Saloniki zu einer riesigen alliierten Truppenbasis ausgebaut wurde und dass im Oktober alliierte Voraustruppen über griechisches Staatsgebiet in das serbische Mazedonien einmarschierten.

Diese Truppen kamen zu spät, um den Serben noch helfen zu können. Am 5. Oktober begannen die Deutschen und Österreicher, über die Save und die Donau hinweg Belgrad zu beschießen, am 7. Oktober überquerten sie die beiden Flüsse. Stürmisches Wetter und serbisches Feuer zerstörten einige Pontons, aber dennoch konnten die österreichische 3. und die deutsche 11. Armee Brückenköpfe bilden. Am 9. Oktober erstürmten sie Belgrad. Der Plan Mackensens war, die Serben nach Festigung des eingenommenen Raumes zu umfassen, indem er sie südwärts, in die Mitte ihres Landes abdrängte. Am 11. Oktober überschritten die Bulgaren, wie einen Monat zuvor vereinbart, die serbische Grenze von Osten. Gleichzeitig schickten sie Truppen nach Süden, um den Briten und Franzosen in Mazedonien entgegenzutreten, während die Deutschen und Österreicher von Belgrad nach Süden vorstießen. So vernünftig der Plan auf dem Papier erschien, er berücksichtigte zu wenig die Geländeverhältnisse, den einbrechenden Balkanwinter und die Leidensfähigkeit der urwüchsigen Serben. Die Bewohner des Balkangebirges, der damals rückständigsten Region Europas, waren an jahreszeitliche Entbehrungen, unzugängliche Wohngebiete und extreme Temperaturen gewöhnt. Infolge des jahrhundertelangen Widerstandes gegen die Türken und der immer noch fortlebenden Blutfehde hielten sie grimmig zusammen und fürchteten den Tod nicht. Obwohl die Deutschen und Österreicher nach der Eroberung Belgrads ihre Verfolgung energisch fortsetzten, brachten sie es nicht fertig, die Serben in die Enge zu treiben. Dreimal schien es ihnen fast gelungen zu sein, insbesondere im Kosovo, dem Schlachtfeld, auf dem die Türken 1389 der Unabhängigkeit der Serben ein Ende gemacht hatten. Obwohl die Serben durch Zehntausende von Flüchtlingen behindert waren und sie eine nur symbolische Artillerie mitschleppten, konnten sie sich vom Gegner lösen und in das ebenfalls slawische Königreich Montenegro, nach Albanien und an die Adria entkommen. Ihr alter König Peter marschierte im Zentrum der Kolonnen, die sich zur Küste durchkämpften. Der geschwächte Woiwode Putnik wurde von seinen ihm ergebenen Soldaten in einer geschlossenen Sänfte auf verschneiten Pfaden über die Gebirgspässe getragen. Nur ein Heer aus urwüchsigen Gebirgsbewohnern konnte den Marsch durch Montenegro überstehen; gleichwohl blieben viele wegen Krankheit, Hunger oder Kälte sterbend am Wegesrand zurück. Von den 200 000 Mann, die den Rückzug angetreten hatten, überlebten immerhin 140 000. Diese überquerten Anfang Dezember die Grenze zu Albanien, das seit 1913 unabhängig und noch neutral war, und zogen dann in das mildere Klima der albanischen Adriahäfen hinunter. Von dort wurden sie auf Schiffen – zusammen mit Tausenden von unglücklichen österreichischen Kriegsgefangenen, die die Serben beim Rückzug hatten begleiten müssen – auf die Insel Korfu gebracht. Die österreichische 3. Armee besetzte Montenegro, während die Bulgaren, die an der Adria den Deutschen wie den Österreichern unerwünscht waren, an der Grenze kehrtmachten, um sich an der Gegenoffensive gegen die alliierte Invasion in Mazedonien zu beteiligen.

Andere bulgarische Truppen hatten bereits den Versuch der Briten und Franzosen, die Serben in Mazedonien zu entlasten, abgewehrt, und am 12. Dezember waren die beiden alliierten Divisionen, die – aus Gallipoli verlegt – im Oktober die serbische Grenze überschritten hatten, wieder in Griechenland. Die britische Regierung beurteilte nun das Saloniki-Projekt zu Recht als nicht mehr sinnvoll und drängte daher die Franzosen, einem völligen Rückzug der alliierten Truppen zuzustimmen. Die Franzosen, von einer innenpolitischen Krise geschüttelt, erhoben Einwände. Briand, der im Oktober Viviani als Ministerpräsident abgelöst hatte, war von Anfang an für Saloniki eingetreten und erklärte dieses Projekt zu einer Frage der Loyalität. Im Parlament wurde er von den Radikalsozialisten unterstützt, deren Lieblingsgeneral, Sarrail, die Saloniki-Armee führte. Im Falle eines Rückzugs aus Saloniki hätte Sarrail seinen Posten verloren und wahrscheinlich keinen neuen bekommen, da Joffre ihn fürchtete und hasste. Briand griff daher seine ursprünglichen Argumente für die Expedition wieder auf: Sie halte Griechenland und Rumänien neutral und stelle für die österreichische Flanke auf dem Balkan eine Bedrohung dar, die später eventuell verstärkt werden könne.

Und er brachte ein weiteres Argument vor: Das serbische Heer sei keineswegs vernichtend geschlagen und könne nach einer Erholungsphase an der Balkanfront eingesetzt werden. Um Joffre zu ködern, beförderte er ihn zum Oberbefehlshaber aller französischen Armeen, nicht nur der auf französischem Boden stehenden. Um die Radikalsozialisten zu gewinnen, wies er darauf hin, dass Joffre jetzt Sarrail unterstützen müsse, weil dieser nun nicht mehr sein Rivale, sondern sein Untergebener sei. In der ersten Dezemberwoche trafen die politischen und militärischen Führer Großbritanniens und Frankreichs in Calais, im GQG in Chantilly und in London in rascher Folge Entscheidungen für und gegen Saloniki. Die Briten konnten sich beinahe durchsetzen. Doch aus Furcht, einen Sturz der Regierung Briand auszulösen, und wegen der dringenden Bitte der Russen, auf dem östlichen Kriegsschauplatz weiterhin präsent zu bleiben, ließen sie sich schließlich dazu überreden, ihre Truppen in Saloniki zu belassen.[66]

Das war sowohl politisch als auch strategisch ein merkwürdiges Ergebnis. Die Briten und Franzosen, die im griechischen Freiheitskampf entscheidend dazu beigetragen hatten, dass die Griechen 1830 ihre Unabhängigkeit von den Türken errangen, und die in allen späteren internationalen Krisen das unabhängige Griechenland unterstützt hatten, verhielten sich jetzt, als sei dessen Souveränität völlig nebensächlich. Sie hatten bereits das griechische Lemnos, die größte Insel in der nördlichen Ägäis, als Basis für den Dardanellenfeldzug requiriert. Sie waren in Saloniki, der zweitgrößten Stadt Griechenlands, gelandet, ohne auch nur zu fragen. Sobald sich die Alliierten dafür entschieden hatten, in Griechenland zu bleiben, bauten sie ihre Basis in Saloniki zu einem extraterritorialen Militärlager aus. König Konstantin protestierte einmal hilflos: «Ich lasse mich nicht wie ein Eingeborenenhäuptling behandeln», aber die Alliierten scherten sich darum nicht.[67] Die griechische Armee war nominell am Rande des Lagers präsent. Im Inneren, auf einer Fläche von 500 Quadratkilometern, stationierten die Franzosen drei und die Briten fünf Divisionen, und sie lagerten dort gemeinsam gewaltige Mengen an Proviant und Kriegsmaterial. Von ihrer Anwesenheit ließen sich weder die Bulgaren noch die Deutschen beeindrucken, die an der Grenze eine bunt zusammengewürfelte Streitmacht unterhielten. Die alliierten Divisionen in Saloniki führten nicht dazu, dass Truppen der Mittelmächte von der Westfront abgezogen und die Russen entlastet wurden; für die Türken stellten sie keine Gefahr dar. Dennoch erlitten sie Verluste. Die in Nordgriechenland verbreitete Malaria verursachte zehnmal so viele Verluste wie der Gegner. Deutsche Journalisten nannten Saloniki 1915 verächtlich «das größte Internierungslager der Welt». Es war schlimmer. Je mehr Soldaten kamen, umso stärker wütete die Malaria; so wurde Saloniki zu einem großen Lazarett, in dem die Verluste durch Krankheit manchmal über 100 Prozent der Stärke hier stationierter Truppenteile betrugen.[68]

So endete das Jahr 1915 ohne ein endgültiges Ergebnis. Auf den außereuropäischen Kriegsschauplätzen hatten die Westmächte die Oberhand behalten. Deutschlands Kolonien waren besetzt, seine kolonialen Schutztruppen weitgehend besiegt und seine Kreuzergeschwader vernichtet. Sein türkischer Bundesgenosse hatte in Gallipoli einen großen, wenn auch nur lokalen Sieg errungen. Aber die Versuche der Türkei, im britischen Ägypten oder im russischen Kaukasus Ablenkungsfronten zu eröffnen, waren gescheitert; durch den britischen Vorstoß nach Mesopotamien war die Türkei selbst bedroht. In Südeuropa hatten die Mittelmächte Serbien niedergeworfen und Bulgarien als Verbündeten gewonnen, aber die Alliierten hatten Griechenland zwangsweise zu einer britisch-französischen Truppenbasis ausgebaut und Italien dazu überredet, am Isonzo eine Front gegen Österreich zu eröffnen. An den beiden großen Fronten, der West- und der Ostfront, schienen die Mittelmächte Erfolge verbuchen zu können. In Frankreich hatten die Deutschen jeden Versuch der Briten und Franzosen, die Schützengrabenlinie zu durchbrechen, abgewehrt und ihren Gegnern dabei schwere Verluste zugefügt. An der Ostfront, bei Gorlice-Tarnów, hatten sie einen spektakulären Sieg errungen: Sie hatten die Armeen des Zaren zurückgeworfen und waren stellenweise sogar in altrussisches Gebiet eingedrungen. Sie hatten Polen und das Baltikum besetzt, und die

Gefahr einer russischen Invasion Österreich-Ungarns über die Karpatenkämme war scheinbar für immer abgewendet. Andererseits war die Kampfkraft des russischen Heeres nicht gebrochen, hatte das französische Heer seinen Kampfgeist bewahrt, und entwickelte sich das britische Heer von einer unbedeutenden maritimen Expeditionstruppe zu einem starken Instrument der Offensive auf dem Kontinent.

Deutschland war in den 17 Monaten seit Kriegsbeginn erfolgreich gewesen: Es hatte das Scheitern seines Planes, an zwei Fronten schnell zu siegen, überlebt; seinen schwachen österreichischen Verbündeten gerettet, der infolge der langen Kriegsdauer zusammenzubrechen drohte; auf dem Balkan und im Nahen Osten sekundäre Verbündete gewonnen; eine zentrale strategische Position, reich an industriellen Ressourcen und Rohstoffen, aufgebaut, die sich von der Aisne im Westen bis zur Drina, zum Pripjet und zum Dnjestr im Osten erstreckte. Es war Deutschland jedoch nicht gelungen, einen seiner Hauptgegner zu Land zu besiegen, die Offensivkraft der französisch-britischen oder russischen Armeen zu vernichten oder den maritimen Blockadering zu durchbrechen, der sich immer enger um seine binnenländische Operationsbasis legte. Das kommende Jahr 1916 würde, das war allen Kriegführenden klar, kritische Situationen zu Land – im Osten und im Westen – und auch zu Wasser bringen. Es sollte ein Jahr großer Schlachten zwischen Heeren und zwischen Flotten werden.

8 Das Jahr der Schlachten

Der Krieg zur See

Die Heere Europas waren für den Krieg von 1914 nicht so recht vorbereitet, die großen Flotten hingegen wohl. Wie die ersten Kriegswochen bewiesen, verfügten die Heere über die technische Ausrüstung, um einfache Probleme zu lösen, etwa, die Verteidigungsanlagen moderner Festungen zu überwinden, große Truppenmassen aus der Heimat an die Fronten zu befördern und durch Gewehre und Artilleriefeuer ein unpassierbares Inferno zu erzeugen, wenn diese Massen aufeinander stießen. Sie waren überhaupt nicht gerüstet für neuartige, viel schwierigere Probleme: Wie konnten die Soldaten vor einem solchen Inferno geschützt, wie auf dem Schlachtfeld einigermaßen gedeckt werden? Gab es nach dem Verlassen der Ausladebahnhöfe Alternativen zum Fußmarsch? Wie konnten schnell und zuverlässig Nachrichten übermittelt werden – zwischen Hauptquartier und Truppenverbänden, zwischen einzelnen Verbänden, zwischen Infanterie und Artillerie, zwischen Bodentruppen und dem Flugzeug, mit dem die Heere sich neuerdings ausgerüstet hatten?

Dass die Heeresgenerale von 1914 scheiterten, ging weitgehend auf Versäumnisse in der Vorkriegszeit zurück. Sie bedienten sich zwar der vorhandenen modernen technischen Mittel, besonders des ausgedehnten europäischen Eisenbahnnetzes. Aber sie erkannten nicht, welche Möglichkeiten in der Entwicklung neuer Technologien lagen, etwa des Verbrennungsmotors oder der drahtlosen Telegraphie, wie der Funkverkehr damals genannt wurde. Ihnen waren nicht einmal die Probleme bewusst, die mithilfe dieser neuen Technologien hätten gelöst werden können.

Gegenüber den Admiralen der Vorkriegszeit war dieser Vorwurf unangebracht. Sie ahnten die Bedeutung der sich entwickelnden Technologien, soweit sie ihre Waffengattung betrafen, und führten sie bei der Marine ein. Admirale gelten herkömmlicherweise als alte Seebären, die kaum über die Reling ihrer Schiffe hinauszublicken vermögen und an Veränderungen auf ihren Schiffen wenig interessiert sind. Die Admirale des 19. Jahrhunderts, so wird gemeinhin angenommen, wehrten sich gegen den Übergang vom Segel- zum Dampfschiff ebenso hartnäckig wie die Generale gegen die Abschaffung der scharlachroten Uniformröcke. Diese Annahme ist meilenweit von der Wahrheit entfernt. Sobald die Admirale der britischen Flotte davon überzeugt waren, dass Segelschiffe der Vergangenheit angehörten, gaben sie ihre Bewunderung für die Schönheit der Pyramiden aus Segeltuch abrupt auf. Nach dem Krimkrieg, in dem mit Dampfkraft betriebene Kanonenboote ihre «hölzernen Mauern» vernichtet hatten, schafften sie die Flotte der Segelschiffe fast über Nacht ab. Die *Warrior*, 1861 das erste mit Dampfkraft betriebene Panzerschiff der britischen Flotte, war kein Experiment, sondern ein revolutionäres Schiff, mit dem mehrere Stufen der Schiffskonstruktion übersprungen wurden.[1] Als Palmerston sie in Portsmouth neben den alten Kriegsschiffen vor Anker liegen sah, bezeichnete er sie als «Schlange unter Kaninchen». Zwischen 1860 und 1914 veränderte sich die Schiffskonstruktion erstaunlich schnell – bei den Geschützen von der Breitseite über die Zentralbatterie zur Anordnung in Türmen, bei der Armierung von der völligen Panzerung über gepanzerte Mittelaufbauten zum Panzerdeck, bei der Qualität der Armierung vom Schmiedeeisen über gehärtetes Eisen zum Verbundmetall, beim Antrieb von der Kolbendampfmaschine zur Turbine, beim Brennstoff von der Kohle zum Öl.

Die Veränderungen erfolgten immer rascher, denn die Admirale erkannten die Bedeutung der neuen, von der Industrie entwickelten Technologien, und sie zogen Bilanz, wenn diese in außereuropäischen Gewässern aufeinander prallten: 1898 im Spanisch-Amerikanischen Krieg, 1904/05 im Russisch-Japanischen Krieg. 1896 baute die britische Flotte – immer noch die führende der Welt – Schlachtschiffe mit einer Wasserverdrängung von 13 000 Bruttoregistertonnen, die mit vier 30,5-cm-Geschützen ausgerüstet waren und mit ihren kohlenbefeuerten Kolbendampfmaschinen eine Geschwindigkeit von 18 Knoten (33 km/h) erreichten. 1913 hatten ihre modernsten Schlachtschiffe der *Queen-Elizabeth*-Klasse eine Wasserverdrängung von 26 000 Bruttoregistertonnen, waren mit acht 38,1-cm-Geschützen bestückt und erreichten mit ihren ölbetriebenen Turbinenmotoren eine Geschwindigkeit von 25 Knoten (46 km/h).[2] Die wichtigste Zwischenstufe zwischen diesen beiden Konstruktionen war die *Dreadnought* von 1906, später vielfach als synonym für jede Art von Großkampfschiffen verwendet, die auf den früheren Wirrwarr kleinkalibriger Geschütze verzichteten und deren Panzerung sich auf die schweren Geschütze, die Munitionskammern und die Turbinen konzentrierte. Die *Dreadnought*, eine Erfindung von Admiral Sir John Fisher, war ebenso revolutionär wie einst die *Warrior*, die Entscheidung für ihren Bau ebenso kühn. Wie die *Warrior* ließ die *Dreadnought* alle zeitgenössischen Schlachtschiffe, auch die der eigenen Flotte, veraltet erscheinen. Nur eine Nation, die so reich, finanziell so gut ausgestattet und so stark auf die Erhaltung ihrer Seeherrschaft festgelegt war wie Großbritannien, konnte ein solches Risiko eingehen, und nur eine Flotte, die technisch so anpassungsfähig war wie die britische, konnte das als notwendig ansehen.

Die Konzeption des Großkampfschiffes war von italienischen Schiffsbaumeistern entwickelt worden. Sie brachten jedoch nicht den Mut auf, ihre Konzeption zu verwirklichen. Die *Dreadnought* und ihre weiterentwickelten Schwesterschiffe zwangen alle modernen Flotten – die französische, italienische, österreichische, russische, amerikanische, japanische und die deutsche – nachzuziehen. Zwischen 1906 und 1914 bauten die Werften der Welt Dreadnoughts in stetig wachsender Zahl für jedes größere Land und für diejenigen Länder, die bis dahin keinen maritimen Ehrgeiz gezeigt hatten. So bestellte die Türkei Dreadnoughts in Großbritannien; in Südamerika begann ein Flottenwettrüsten zwischen Argentinien, Brasilien und Chile. Da diese Länder Großkampfschiffe nicht selbst bauen konnten, beauftragten sie amerikanische und britische Werften. Damals wurde der Dreadnought zu einem Symbol der internationalen Stellung eines Staates – unabhängig davon, ob er einem objektiven nationalen Ziel diente oder nicht. Da britische wie amerikanische Werften weltweit agierten und ihre Schiffe auch ins Ausland verkauften, herrschte ein erbitterter Wettbewerb. Dieser garantierte, dass die Konstruktionen dem modernsten Stand der Technik entsprachen. Die Schiffe, die 1914 in Großbritannien für ausländische Flotten gebaut wurden – die *Almirante Latorre* für Argentinien, die *Reshadieh* für die Türkei und die *Rio de Janeiro* für Brasilien –, gehörten zur modernsten Klasse. Die Admiralität hatte keine Bedenken, im August 1914 alle drei für Großbritannien zu beschlagnahmen und sofort in die *Grand Fleet* zu übernehmen. Eines von ihnen hieß jetzt *Agincourt* und war mit zwölf 35,5-cm-Geschützen das am stärksten bewaffnete Schiff Europas. Deutsche Großkampfschiffe waren besser geschützt als die britischen; sie besaßen eine stärkere Panzerung und eine besser durchdachte innere Aufteilung in kleine, voneinander abgeschottete Räume, die die Gefahr einer Versenkung verringerten. Dagegen waren sie mit Geschützen geringeren Kalibers ausgerüstet. Die modernsten Großkampfschiffe der neutralen USA, die *Oklahoma* und die *Nevada*, erreichten einen bemerkenswerten Kompromiss zwischen Geschwindigkeit, Feuerkraft und Panzerung, während die beiden britischen Exemplare der *Queen-Elizabeth*-Klasse (drei weitere befanden sich im Bau) eindeutig eine neuere Generation noch schnellerer, besser bewaffneter und besser gepanzerter Schlachtschiffe repräsentierten.

Minimale Unterschiede in der Konstruktion der Großkampfschiffe erwiesen sich in der Schlacht – oft in erschreckender Weise – als bedeutsam; ein Riss in der Panzerung etwa konnte tödlich sein. Die moderne Seekriegführung verzieh keinen Fehler. Stählerne Schiffe konnten, im Gegensatz zu «hölzernen Mauern», während des Kampfes nicht repariert werden (außer wenn der Schaden geringfügig war). Die gewaltigen Mengen hochbrisanter Munition, die in ihren Magazinen lagerten, drohten die Schiffe bei einem schweren Treffer in die Luft zu sprengen. Charakteristisch für die Großkampfschiffe war, dass sie einander sehr ähnlich und auf dem neuesten Stand der Technik waren. Die Schiffsbaumeister wurden von den Admiralen unterstützt, wenn sie sich bemühten, die Schiffe mit der modernsten Technik auszustatten – von Instrumenten zur Entfernungsmessung (hier war die deutsche Hochseeflotte wegen der hoch entwickelten optischen Industrie Deutschlands eindeutig im Vorteil) bis zu mechanischen Computern zur Berechnung des Richtwinkels und der Richthöhe für die Geschütze.[3] Die Heere waren 1914 wahrscheinlich keine sehr effektiven Organisationen; die Dreadnought-Flotten hingegen waren so effektiv, wie sie beim damaligen Stand der Technik überhaupt nur sein konnten.

Rückständig war lediglich ihre Signaltechnik.[4] Die Marine aller Länder hatte den drahtlosen Funkverkehr begeistert aufgegriffen. Seine Einführung hatte die Nachrichtenübermittlung im strategischen wie im taktischen Bereich enorm verbessert. Der Funkverkehr ermöglichte es, die Aufstellung von Flotten über große Entfernungen hinweg zu steuern und die Position feindlicher Schiffe, wenn sie die Funkstille durchbrachen, durch Funkpeilung äußerst genau festzustellen. Er revolutionierte auch die Erkundung und Aufklärung durch kleinere, eine Schlachtflotte begleitende Kriegsschiffe. Vor Einführung des drahtlosen Funkverkehrs war die Signalübermittlung zwischen einzelnen Aufklärungsschiffen sowie zwischen Aufklärungsschiffen und Flotte begrenzt durch die Masthöhe und durch die Sichtverhältnisse innerhalb des so definierten Aktionsbereichs – in der Praxis höchstens 30 km. Nach Einführung des drahtlosen Funkverkehrs konnten Aufklärungsschiffe über Hunderte, ja Tausende von Kilometern hinweg Nachrichten übermitteln und Flaggschiffe unmittelbar Verbindung zum kleinsten Aufklärungsschiff aufnehmen und umgekehrt. Der leichte Kreuzer *Glasgow*, der als einziges britisches Schiff der Katastrophe von Coronel entkommen war, setzte mit Hilfe seiner Funksignale die Jagd auf das Geschwader des Grafen Spee in Gang, die mit dessen Vernichtung bei den Falklandinseln endete.

Der drahtlose Funkverkehr der Flotten hatte 1914 jedoch

einen entscheidenden Nachteil. Er übertrug nicht Stimmen, sondern nur das Morsealphabet. Daher dauerte es «geraume Zeit, bis die Nachricht niedergeschrieben, dem Funkraum übermittelt, verschlüsselt, gefunkt, an Bord des empfangenden Schiffes entschlüsselt, niedergeschrieben und an die Kommandobrücke weitergereicht war». Admiral Sir John Jellicoe, der Oberbefehlshaber der *Grand Fleet*, schätzte diese Zeit auf «zehn Minuten bis eine Viertelstunde».[5] Bei der Übermittlung strategischer Signale war dieses Verstreichen «realer Zeit» unerheblich. In einer Seeschlacht, wenn dicht formierte Flottenverbände auf Befehl des Admirals gleichzeitig manövrieren mussten, war Zeit ein entscheidender Faktor. Funken galt deshalb als ungeeignet für das Übermitteln taktischer Anweisungen; diese wurden weiterhin, wie zur Zeit Nelsons, durch eine Flagge gegeben. Wollte ein Admiral seine Flotte an den Gegner heranführen oder sie von ihm abziehen, wies er den Flaggleutnant an, die entsprechende Flagge zu hissen. Die Signaloffiziere auf den Brücken der unterstellten Schiffe mussten das Signal mit dem bloßen Auge oder mit dem Fernglas identifizieren und an den Kapitän weitergeben. Dieses System hatte sich bei Trafalgar großartig bewährt, als sich die britischen Schiffe mit einer Geschwindigkeit von 5 Knoten (9 km/h) der französisch-spanischen Flotte näherten und die Entfernung zwischen dem vordersten und dem hintersten Schiff einer Formation höchstens drei Kilometer betrug. Dreadnought-Flotten, die mit einer Geschwindigkeit von 20 Knoten in 8 km langen Formationen manövrierten, konnten durch das Hissen einer Flagge nur unter großen Schwierigkeiten gelenkt werden; denn die Signaloffiziere mussten winzige Rechtecke aus farbigem Tuch, die oft durch den Rauch der Schornsteine und der Geschütze verdeckt waren, aus Entfernungen von 1000 m oder mehr erkennen.

Im Rückblick scheint es, dass sich das Verfahren des drahtlosen Funkbetriebes hätte vereinfachen lassen: Man hätte auf die Verschlüsselung verzichten und auf der Brücke ein Empfangsgerät für taktische Befehle aufstellen können; hierbei wären die aus dem Abhören erwachsenen Gefahren, da sie in der Realzeit hätten eintreten müssen, kaum ins Gewicht gefallen. Vielleicht unterließ man das, weil die Flotten von der «Kultur» der Signalflagge besessen waren – ein Rückfall in jene «Rückständigketi», die für die Heere von 1914 so bezeichnend war. In dieser Beziehung unterschieden sich die Flotten nicht voneinander. Die *Royal Navy* war jedoch insofern im Nachteil, als die deutsche Hochseeflotte die Schwierigkeiten der Signalgebung durch eine Vereinfachung ihres Manövriersystems kompensierte; es ermöglichte ihr weitgehende Veränderungen der Richtung oder der Aufstellung durch weniger Flaggensignale. Das sollte ihr in der Schlacht am Skagerrak sehr nützen.

Ansonsten war die bemerkenswert moderne Technik der Seestreitkräfte nur in einem einzigen Punkt unausgereift, der beide Flotten – die britische wie die deutsche – betraf. Sie besaßen keine ausreichenden Aufklärungsmittel. Bislang war den Schlachtschiffen und den leichteren Begleiteinheiten ein Schirm mittelgroßer Schiffe vorausgefahren, die schnell genug waren, um den Gegner aufzuspüren, und stark genug, um sich von ihm zu lösen, bevor sie schwer beschädigt wurden. Sie hatten in den Jahrzehnten vor dem Ersten Weltkrieg die Bezeichnung «Kreuzer» erhalten. Admiral Fisher, der Befürworter des Dreadnought-Konzeptes, meinte, der Kreuzer müsse von einem Schiffstyp abgelöst werden, der so groß und so gut bewaffnet wie ein Schlachtschiff, aber schneller sei, wobei die höhere Geschwindigkeit großenteils durch den Verzicht auf starke Panzerung erreicht werden sollte. Bis 1916 besaß die *Grand Fleet* neun dieser «Schlachtkreuzer», die deutsche Hochseeflotte, die dem britischen Beispiel folgte, fünf. Traditionelle Kreuzer gab es in beiden Flotten nur noch wenige; sie waren alt, langsam, nur mit kleinkalibrigen Geschützen ausgerüstet und schwach gepanzert. Das wäre belanglos gewesen, wenn die Admirale ihren Einsatz auf die ihnen ursprünglich zugewiesene Aufklärungsrolle beschränkt und die Kommandeure der Schlachtkreuzergeschwader davon abgehalten hätten, ihre Schiffe Feuerschlägen auszusetzen, denen sie aufgrund ihrer leichten Bauweise nicht standhalten konnten. Leider setzte sich in beiden Flotten die Vorstellung durch, Schlachtkreuzer sollten – über ihre Aufklärungsfunktion hinaus – gegnerische Schlachtschiffe, auf die sie stießen, in ein Gefecht verwickeln und «fesseln», bis die eigenen Schlachtschiffe zur Stelle waren; zugleich sollten sie versuchen, durch ihre überlegene Geschwindigkeit einer Beschädigung zu entgehen. «Geschwindigkeit ist Schutz», hatte Fisher argumentiert. Seine Schlachtkreuzer waren tatsächlich bis zu 10 Knoten schneller als alle damaligen Schlachtschiffe – der britische Schlachtkreuzer *Queen Mary* lief 33 Knoten, das deutsche Großkampfschiff *Kaiser* 23,6 Knoten. Die Seeschlacht bewies jedoch, dass Geschwindigkeit keinen Schutz gegen moderne Schiffsgeschütze bot, deren 30,5-cm-Geschütze eine Reichweite von bis zu 15 km besaßen. Aufgrund dieser Illusion hatten Flotten das Geld, mit dem sie Dutzende kleinerer, aber brauchbarer Kreuzer hätten kaufen können, für ein paar Schlachtkreuzer ausgegeben, die deren Aufgabe nicht besser erfüllten und nicht einmal für die Einleitung einer Seeschlacht gegen Großkampfschiffe geeignet waren. Die britische Flotte ging 1916 in die Schlacht am Skagerrak mit einer Hand voll traditioneller Kreuzer, die ihrer Aufgabe keineswegs gewachsen waren, mit zahlreichen leichten Kreuzern, die so schwach waren, dass sie den schwereren Schiffen des Gegners eigentlich gar nicht hätten begegnen dürfen, und mit einer Garde moderner Schlachtkreuzer, die bereits vor der eigentlichen Schlacht schreckliche und sinnlose Verluste erlitt.

Der Zusammenstoß der beiden Schlachtflotten am Skagerrak erfolgte am 31. Mai 1916 und in der darauf folgenden Nacht. Schon im August 1914 hatte es bei Helgoland und im Januar 1915 nahe der Doggerbank zwei Gefechte gegeben, aber in keinem von beiden hatten die ganzen Schlachtflotten gegeneinander gekämpft. Die Schlacht in der Helgoländer Bucht, unmittelbar vor den deutschen Marinestützpunkten an der Nordsee, wurde von den Zerstörer- und Unterseeboot-Kommandeuren in Harwich – dem britischen Hafen, der den deutschen Stützpunkten am nächsten lag – provoziert: Sie waren entschlossen, die gegnerischen Küstenpatrouillen abzufangen und ihnen Schaden zuzufügen. Admiral Sir Reginald Tyrwhitt, der die so genannte «Harwich Force» befehligte, und Kommodore Roger Keyes, der Führer der 8. Unterseebootflottille, waren unternehmungslustige

Offiziere. Mit ihrem Tatendrang gewannen sie die Unterstützung Churchills, des Ersten Lords der Admiralität. Er sagte ihnen zu, dass drei Schlachtkreuzer von Vizeadmiral Sir David Beatty eingreifen würden, falls sich die Aussicht auf einen Erfolg biete. In einem unübersichtlichen Gefecht am 28. August, einem nebligen Tag in der Helgoländer Bucht, versenkten die Briten zunächst nur einen deutschen Zerstörer. Als jedoch deutsche Verstärkungen auftauchten, griffen Beattys Schlachtkreuzer ein und versenkten, bevor sie sich absetzten, drei deutsche Kreuzer.[6]

Dieser kleine Sieg ermutigte die Briten. Die Deutschen veranlasste er, die Verteidigung der Helgoländer Bucht durch Minenfelder und ständige Patrouillen schwerer und leichter Kriegsschiffe, darunter Unterseeboote, zu verstärken; er schreckte sie jedoch von weiteren Kampfhandlungen nicht ab. Sie wollten den Briten Gleiches mit Gleichem vergelten und entsandten schnelle Schiffe, um am 3. November 1914 den englischen Nordseehafen Yarmouth und am 16. Dezember Scarborough, Whitby und Hartlepool zu beschießen. Bei diesem zweiten Überfall folgten ihnen die meisten Großkampfschiffe der deutschen Hochseeflotte. Die *Grand Fleet* entsandte ein Geschwader, um sie abzufangen; aber weil der Nachrichtendienst versagte, hatte es keine Feindberührung – zu seinem Glück, denn es wäre zahlenmäßig unterlegen gewesen. Bei dem zweiten der frühen Seegefechte des Krieges, auf der Doggerbank, arbeitete der britische Nachrichtendienst besser. Seine Abhör- und Dechiffrierabteilung war den Deutschen weit überlegen, da sie bei Kriegsbeginn von drei glücklichen Zufällen profitiert hatte: Im August strandete der leichte deutsche Kreuzer *Magdeburg* in russischen Gewässern; seine Signalbücher mit dem aktuellen Schlüssel wurden geborgen und nach England gebracht. Im Oktober gelangte das Signalbuch der deutschen Handelsmarine – es stammte von einem in Australien internierten deutschen Dampfer – ebenfalls nach London. Noch im gleichen Monat fiel ein drittes Signalbuch der Deutschen in britische Hand; es war von einem höheren Offizier, als sein Zerstörer vor der dänischen Küste versenkt wurde, über Bord geworfen worden, zufällig in die Schleppnetze eines britischen Fischerbootes geraten und an die Admiralität weitergegeben worden.[7] Diese drei Dokumente ermöglichten es dem britischen Dechiffrierdienst, die meisten Funksignale der deutschen Marine zu entschlüsseln und gegnerische Nachrichten in Realzeit, das heißt ebenso schnell, wie sie von den eigentlichen Adressaten entschlüsselt wurden, zu lesen. Der deutsche Admiralstab erkannte bald, dass die Bewegungen seiner Schiffe dem Feind bekannt wurden, führte diesen Erfolg des feindlichen Nachrichtendienstes jedoch auf Spionage zurück. Er verdächtigte holländische Fischerboote, die in den seichten Gewässern der Doggerbank ihre Schleppnetze auswarfen: Es mussten von Briten bemannte Boote sein, die unter falscher Flagge fuhren und ihre Beobachtungen an die Admiralität funkten.

In der Meinung, er könne solche Meldungen zu seinem Vorteil nutzen und sich gleichzeitig für die Schlappe bei Helgoland rächen, beschloss der deutsche Admiralstab, die Schlachtkreuzer der Hochseeflotte am 23. Januar 1915 zur Doggerbank zu schicken und die Briten in eine Falle zu locken. Aber die Schlachtkreuzergeschwader Beattys, vom britischen Dechiffrierdienst alarmiert, lagen auf der Lauer, und als am nächsten Morgen das 1. und 2. deutsche Aufklärungsgeschwader, an Geschützen und Schiffen unterlegen, eintrafen, wurden sie von panzerbrechenden Salven empfangen. Der alte Panzerkreuzer *Blücher* wurde zusammengeschossen und kenterte. Als der Geschützturm der *Seydlitz* einen Volltreffer erhielt, drohte das ganze Schiff zu explodieren, wurde jedoch durch das Fluten der Munitionskammern gerettet. Die beiden Aufklärungsgeschwader machten kehrt und entkamen nur mit knapper Not. Nachdem die *Seydlitz* sich in ihren Heimathafen geschleppt hatte, ergab eine Schadensprüfung, dass in den Ladekammern unter dem Turm viel zu viele hochexplosive Treibladungen aus ihren entflammungssicheren Behältern herausgenommen worden waren. Diese offenen Treibladungen waren detoniert, und in nächster Nähe der Munitionskammern war ein Brand ausgebrochen. Dadurch gewarnt, erließ die Reichsmarine weit strengere Vorschriften für den Umgang mit Treibladungen, die ohnehin sicherer waren als die britischen. Die Schlachtkreuzerflotte Beattys stapelte weiterhin große Mengen offener Treibladungen zwischen den Munitionsmagazinen und dem Geschützturm – mit verhängnisvollen Folgen, wie sich in der Schlacht am Skagerrak zeigen sollte.[8]

Nach dem Gefecht auf der Doggerbank blieb die deutsche Hochseeflotte 16 Monate lang überwiegend in der Nähe ihrer Heimathäfen und dachte über ihre Strategie nach. U-Boot-Operationen und das Auslegen von Minen galten als viel versprechend. Die Versenkung des nagelneuen Dreadnoughts *Audacious* durch eine von einem bewaffneten Handelskreuzer gelegte Mine im Oktober 1914 schmerzte die britische Admiralität mehr als die Versenkung der alten Kreuzer *Aboukir, Hogue* und *Cressy* durch die Torpedos von *U 9* vor der holländischen Küste im September. U-Boot-Angriffe nach den Regeln des Kaperkrieges – der Angreifer musste das Handelsschiff warnen, bevor er es versenkte, und Vorkehrungen für die Rettung von Mannschaft und Passagieren treffen – konnten den Handel kaum unterbinden, setzten die U-Boote jedoch einer raschen Vernichtung aus. Der «uneingeschränkte» U-Boot-Krieg hingegen, in dem die U-Boote Schiffe torpedierten, ohne aufzutauchen, riskierte diplomatische Zwischenfälle, wenn Neutrale versenkt wurden, oder gar eine diplomatische Katastrophe – etwa im Mai 1915, als *U 20* die *Lusitania* versenkte. Der Verlust dieses riesigen britischen Liniendampfers und der Tod von 1201 Passagieren, darunter 128 Amerikanern, veranlasste die Vereinigten Staaten beinahe, die Beziehungen zu Deutschland abzubrechen. Verhandlungen konnten die Rückwirkungen dieser Gräueltat dämpfen, aber danach setzte der deutsche Admiralstab den Operationen der U-Boote strenge Grenzen. Die britische Handelsflotte verlor während des Jahres 1915 weiterhin monatlich 50 bis 100 Schiffe durch U-Boot-Angriffe, konnte die Versorgung der Heimat jedoch trotzdem aufrechterhalten.[9] Unterdessen errichtete die *Grand Fleet* mit ihren Kreuzern, Zerstörern und Unterseebooten eine Blockade, die Deutschland von jedem Handel mit der außereuropäischen Welt abschnitt. Da die britische, französische und italienische Flotte das Mittelmeer beherrschten, konnten sie diese Blockade auf Österreich und die Türkei ausdehnen. Die «zentrale Lage» der Mittelmächte – nach Auffassung von Militärtheoretikern eine äußerst starke strategische Position – war durch die umfassende, einschnürende Blockade zu einer nahezu lähmenden Schwäche geworden. Während des Jahres 1915 versuchte die Reichsmarine verzweifelt, einen Ausweg zu finden.

Sie hatte sich in diese missliche Lage selbst hineinmanövriert, angestiftet und unterstützt von politischen und dynastischen Führern, die es hätten besser wissen müssen. Die geographische Lage der Deutsch sprechenden Länder versagt den Deutschen den Status einer Seemacht. Die Grenzen des Deutschen Reiches von 1914 ermöglichten einen Zugang zum offenen Meer nur an der Nordseeküste zwischen Dänemark und den Niederlanden. Von dort führte der Weg zum nächsten Ozean, dem Atlantik, durch Gewässer, die ein Gegner leicht sperren konnte. Im Westen war der an seiner schmalsten Stelle nur 30 km breite Ärmelkanal seit langem der Gefahr ausgesetzt, von der britischen Marine abgeriegelt zu werden. Nordwärts hatte die deutsche Hochseeflotte von den Mündungen der Ems, Jade, Weser und Elbe freien Zugang zur Nordsee aus Häfen, die gegen eine britische Nahblockade leicht zu schützen waren. Um in den Atlantik zu gelangen, musste die Flotte jedoch 800 km weiter nördlich zwischen Schottland und Norwegen durchfahren und dann die Lücke zwischen den Färöerinseln, Island und Grönland passieren, die von den Briten mit Geschwadern leichter Kreuzer mühelos überwacht werden konnten. Schon zu Beginn des Jahrhunderts hatte nämlich die *Royal Navy* für den Kriegsfall geplant, ihre Schlachtschiffe unmittelbar nach der Mobilmachung von den englischen in die schottischen Häfen zu verlegen – nach Rosyth bei Edinburgh und in die Bucht von Scapa Flow bei den Orkney-Inseln – und es ihren leichten Verbänden von Kreuzern, Zerstörern und Unterseebooten zu überlassen, vor der Deutschen Bucht eine indirekte Blockade aufrechtzuerhalten und einen deutschen Flottenvorstoß frühzeitig zu melden. Vom Auslaufen der deutschen Hochseeflotte benachrichtigt, sollte die *Grand Fleet* schleunigst südwärts fahren und möglichst eine größere Seeschlacht eröffnen, lange bevor der Gegner sich den Gewässern näherte, von denen aus er in den Atlantik durchbrechen konnte. Diese missliche Lage der Deutschen charakterisierte Admiral Fisher in knappen Worten, als er frohlockend zu König Georg V. sagte: «Wir haben den großen Hafen von Scapa Flow im Norden und die Meerenge von Dover im Süden. Deshalb sind wir ohne Zweifel Gottes auserwähltes Volk.»[10]

Die Deutschen hatten die geographischen Nachteile ihrer Lage und die Vorteile der britischen nie verkannt. Sie hatten, um ihren Zugang zur Nordsee zu erweitern, mit dem unrealistischen Gedanken gespielt, ihre niederländischen, dänischen und norwegischen Nachbarn zur Abtretung von Flottenstützpunkten zu überreden oder zu zwingen. Selbst nach Kriegsbeginn dachten sie noch darüber nach. Während des Jahres 1915 trat ein Offizier des deutschen Admiralstabes, Korvettenkapitän Wolfgang Wegener, in einer Reihe von Denkschriften dafür ein, Dänemark zu besetzen, ein Protektorat über Norwegen zu errichten und, zu einem späteren Zeitpunkt, Häfen in Frankreich und Portugal zu erwerben.[11]

Durch die erfolgreichen Operationen der kleinen U-Boot-Streitmacht gegen Kriegs- und Handelsschiffe gewann das Unterseeboot als Träger von Minen oder Torpedos seit Kriegsausbruch an Bedeutung. Im Wesentlichen hatte sich der deutsche Admiralstab jedoch schon früh ein Bild von der Flotte gemacht, die er bauen wollte, um seine maritimen Ziele zu erreichen, und an dieser langfristigen Strategie hielt er fest. Sie lässt sich einfach formulieren. Wegen der Aufrechterhaltung eines starken Heeres und der dadurch gesetzten finanziellen Grenzen konnte Deutschland nicht mehr Schlachtschiffe bauen als Großbritannien. Daher musste es sich darauf beschränken, die britische Kriegsflotte einem «Risiko» auszusetzen: Deren Übermacht sollte durch kleine Gefechte, durch Minen und Unterseeboote zermürbt werden; und man setzte darauf, dass die *Grand Fleet*, unter unvorhersehbaren Umständen, bei einem der offensiven Vorstöße der deutschen Hochseeflotte sich einmal im Nachteil befinden könnte. Nach langen Erörterungen dieser «Risikostrategie» ergingen schließlich am 28. November 1912 die vom Kaiser gebilligten Operationsbefehle an die Reichsmarine für den Kriegsfall: «Hauptaufgabe ... soll sein: Die feindlichen Blockadestreitkräfte durch häufige energische Offensivvorstöße bei Tag und bei Nacht so viel wie nur irgend möglich zu schädigen und *unter günstigen Bedingungen* eine Schlacht zu schlagen, bei der alle zur Verfügung stehenden Streitkräfte voll einzusetzen sind.»[12]

Die Reichsmarine hatte sich bei ihren Operationen in den Heimatgewässern während der Jahre 1914 und 1915 strikt an diese Anweisung gehalten und einige ihrer Ziele erreicht. Die Gefechte bei Helgoland und der Doggerbank hatten zwar mit Niederlagen geendet, aber die Blockademacht geschwächt; die *Tiger* und die *Lion* waren auf der Doggerbank schwer beschädigt, die *Audacious* durch eine einzige Mine versenkt worden. Der Wert des U-Bootes zeigte sich erneut, als am 1. Januar 1915 *U 24* das Schlachtschiff *Formidable* versenkte. Anfang 1915 war Jellicoe, der Oberbefehlshaber der *Grand Fleet*, ernstlich darüber besorgt, dass die Erfolge des deutschen Kleinkrieges und die Verzettelung von Verbänden der *Grand Fleet* auf sekundären Kriegsschauplätzen deren Überlegenheit schwächten. Im November fiel die Relation der britischen zu den deutschen Schlachtschiffen auf 17 zu 15 (im August hatte sie noch 20 zu 13 betragen); bei den Schlachtkreuzern lag die Relation bei 5 zu 4.[13] Überdies setzte Deutschland den Neubau von Schlachtschiffen fort. Großbritannien tat das zwar auch, aber es musste, besonders im Mittelmeer, Aufgaben erfüllen, die Deutschland erspart blieben.

Bis zum Frühjahr 1916 hatte sich die Lage wieder zugunsten Großbritanniens entwickelt. Die Situation in den fernen Gewässern erforderte keine weitere Bereitstellung von Schiffen: Die deutschen Kaperkreuzer waren zerstört, die Gallipoli-Expedition war beendet, und zur französisch-britischen Flotte im Mittelmeer war die italienische hinzugekommen. Neue Dreadnought-Typen waren in Dienst gestellt worden, vor allem Schiffe der schnellen *Queen-Elizabeth*-Klasse. Obwohl Deutschland seine Hochseeflotte ebenfalls ausbaute, hatte die *Grand Fleet* ihre klare Überlegenheit zurückgewonnen. Im April 1916 umfasste sie 31 Dreadnoughts und 10 Schlachtkreuzer, die deutsche Hochseeflotte nur 19 den Dreadnoughts vergleichbare Großkampfschiffe und 5 Schlachtkreuzer. Auch bei den leichten Kreuzern und Zerstörern waren die Briten zahlenmäßig weit überlegen (113 zu 72). Der *Grand Fleet* fehlten zwar nach wie vor geeignete schwere Kreuzer, aber dafür besaß sie, anders als die Reichsmarine, keine Schlachtschiffe aus der Vor-Dreadnought-Ära mehr.[14]

Deshalb war die Umsetzung der deutschen «Risikostrategie» mit großen Gefahren verbunden. Die Klugheit gebot, sich passiv zu verhalten und zur traditionellen «fleet in being»-Politik zurückzukehren: Das heißt, eine Kriegsflotte rechtfertigte ihre Existenz allein dadurch, dass sie den Gegner zwang, seine Häfen zu bewachen. Doch der Stolz der Deutschen auf ihre Marine verbot passives Verhalten. Die Marine war in Deutschland die jüngere, nicht wie in Großbritannien die ältere Waffengattung. Viele Marineoffiziere glaubten, sie müssten auch gegen eine große Übermacht kämpfen, wenn sie die Achtung des deutschen Volkes behalten wollten – zumal in einer Zeit, da das deutsche Heer sein Blut für die Nation vergoss. Im Januar 1916 hatte ein neuer Admiral voll Tatendrang, Reinhard Scheer, den Oberbefehl über die Hochseeflotte übernommen. Die Denkschrift, die einer seiner Stabsoffiziere, Adolf von Trotha, verfasste, verkörpert den Geist der offensiven Schule, der beide angehörten: «An eine Flotte, die durch den Krieg heil hindurchgebracht ist, glaube ich nicht ... Wir stehen jetzt im Kampf um unsere Existenz ... Ich kann es nicht begreifen, wie man in einem solchen Ringen auf Leben und Tod eine Waffe in der Scheide rosten lassen kann, die dem Gegner schaden könnte.»[15]

Scheer kehrte bald zur Strategie der Flottenvorstöße zurück. Im Februar und März 1916 lief die Flotte zweimal, im April und Mai viermal aus. Bei dem Vorstoß im April gelang es Scheer, bis zur englischen Ostküste vorzudringen und – in Wiederholung der Überfälle von 1914 – Lowestoft zu beschießen. Der Zeitpunkt dieser Flottendemonstration war so gewählt, dass sie mit dem Osteraufstand der irischen Nationalisten zusammenfiel, von dem die Deutschen vorher wussten. Der deutsche Vorstoß rief in Großbritannien Bestürzung hervor, machte jedoch ein weiteres Mal deutlich, dass die deutsche Hochseeflotte, solange die *Grand Fleet* bei Scapa Flow die Nordsee abriegelte, ihre Operationen auf Blitzüberfälle gegen Ziele beschränken musste, die der Heimat so nahe waren, dass sie sich zurückzuziehen vermochte, bevor die schweren Verbände der *Grand Fleet* nach Süden dampfen und eingreifen konnten. Selbst die in Rosyth bei Edinburgh stationierte Schlachtkreuzerflotte lag zu weit nördlich, als dass sie solche Überfälle ohne rechtzeitige Vorwarnung hätte verhindern können.

Ende Mai waren jedoch die Verbände in Scapa Flow und Rosyth über die deutschen Pläne informiert. Scheer hatte schon seit einiger Zeit einen weiteren raffinierten Vorstoß geplant, der die Schlachtkreuzer Beattys überraschen sollte, falls sie weit genug nach Süden kamen. Ein Treffen mit den britischen Dreadnoughts plante er allerdings nicht. Da Scheers Signale aufgefangen und in London dechiffriert worden waren, wusste Jellicoe von seinen Bewegungen. Noch bevor Scheer die Helgoländer Bucht verließ, waren nicht nur Beattys Schlachtkreuzer von Rosyth, sondern auch die Schlachtschiffe aus Scapa Flow nach Süden unterwegs. Am Morgen des 31. Mai dampften mehr als 250 britische und deutsche Kriegsschiffe auf konvergierenden Kursen, ohne dass die Deutschen dies ahnten, zu einer Begegnung vor der Küste Jütlands. Auf beiden Seiten bestand die Streitmacht im Wesentlichen aus leichten Kreuzern, Zerstörern und Unterseebooten, doch die Beteiligung der großen Schiffe versprach einen Entscheidungskampf. Jellicoe hatte seine vier neuesten Schlachtschiffe der schnellen *Queen-Elizabeth*-Klasse zu den sechs Schlachtkreuzern Beattys abkommandiert, die als Vorhut den Dreadnoughts der *Grand Fleet* vorausfuhren; sie hatten Befehl, die Deutschen zum Kampf zu stellen. Scheers Flotte fuhr 80 km hinter seinem aus fünf Schlachtkreuzern bestehenden 1. Aufklärungsgeschwader; zu ihr gehörten auch sechs ältere Schlachtschiffe der *Deutschland*-Klasse, die er offenbar mehr aus sentimentalen als aus militärischen Gründen mitnahm.[16] Da sie fünf Knoten langsamer waren als seine Schlachtschiffe der *Kaiser*-Klasse, stellten sie eine Belastung dar.

Die Entscheidung Scheers, mit der gesamten Hochseeflotte in die Nordsee auszulaufen (was keiner seiner Vorgänger gewagt hatte), beruhte auf der Annahme, die Briten würden von seinen Operationen keine vorherige Kenntnis haben. Das Mitlesen seiner Funksignale durch den britischen Dechiffrierdienst bildete daher die Grundlage für einen großen britischen Sieg. Denn das Gefecht, zu dem die Schiffe Jellicoes und Beattys vorrückten, würde wahrscheinlich so weit von Scheers Heimathafen entfernt stattfinden, dass er nicht mehr bei Tageslicht entkommen konnte; er lief also Gefahr, durch überlegene Kräfte besiegt oder von seiner Rückzugslinie abgeschnitten zu werden. Jellicoes anfänglicher Vorteil wurde jedoch in einer frühen Phase durch einen Verfahrensfehler in der Londoner Admiralität gefährdet. Der verantwortliche Stabsoffizier misstraute der Kompetenz der Dechiffrierabteilung, Urteile über Operationen abzugeben, und stellte daher nur eine indirekte Frage. Aus der Antwort schloss er, Scheers Schlachtschiffe seien noch im Hafen. Diese falsche Information leitete er an Jellicoe weiter, der daher, und um Treibstoff zu sparen, mit verringerter Geschwindigkeit südwärts fuhr; Beatty und den Schlachtkreuzern erlaubte er, weiter vorzustoßen. Die Dechiffrierabteilung hatte dem Admiralstab eine korrekte Auskunft gegeben, nämlich dass Scheers Funksignal immer noch in seinem Heimathafen lokalisiert werden könne. Weil die Dechiffrieroffiziere nicht danach gefragt worden waren, verschwiegen sie, dass Scheer beim Auslaufen sein Hafensignal zurückgelassen und ein neues übernommen hatte. In der kritischen Anfangsphase dieser Seeschlacht fuhr Jellicoe daher nicht mit Höchstgeschwindigkeit dem Gegner entgegen. Seine aus Schlachtkreuzern bestehende Aufklärungsflotte jedoch stürzte sich in ein frühes und möglicherweise verhängnisvolles Gefecht mit überlegenen gegnerischen Kräften.

«Jütland» – so nannten die Briten die bevorstehende Schlacht, während die Deutschen später vom «Sieg am Skagerrak» sprachen – sollte nicht nur die größte Seeschlacht des Ersten Weltkrieges, sondern der bisherigen Geschichte überhaupt werden. Kein Meer hatte jemals zuvor eine Konzentration so großer, so

Der Seekrieg in der Nordsee

schneller und so schwer bewaffneter Schiffe gesehen. Die deutsche Hochseeflotte, die im Morgengrauen des 31. Mai 1916 aus der Helgoländer Bucht ausgefahren war, bestand aus 16 Großkampfschiffen, 6 Schlachtschiffen der Vor-Dreadnought-Ära, 5 Schlachtkreuzern, 11 leichten Kreuzern und 61 Zerstörern. Die *Grand Fleet* und die Schlachtkreuzerflotte, die am Abend des 30. Mai Scapa Flow beziehungsweise Rosyth verlassen hatten, umfassten zusammen 28 Dreadnoughts, 9 Schlachtkreuzer, 8 Panzerkreuzer, 26 leichte Kreuzer, 78 Zerstörer, 1 Trägerschiff für Wasserflugzeuge und 1 Minenräumboot.[17] Beide Seiten hatten auch Unterseeboote auslaufen lassen, in der Hoffnung, der Gegner werde Gelegenheit zu einem erfolgreichen Schuss bieten. Scheers Plan baute geradezu auf die Möglichkeit, die Briten in eine U-Boot-Falle zu locken, indem er mit seinen Schlachtkreuzern vor Jütland auffuhr. Diese Chance bot sich freilich nicht, und auch die die beiden Flotten begleitenden Flugzeuge beziehungsweise Luftschiffe spielten keine Rolle.[18] Die Schlacht am Skagerrak sollte daher nicht nur zur größten, sondern auch zur letzten Seeschlacht der Geschichte werden, in der ausschließlich Überwasserschiffe großer Kriegsflotten gegeneinander kämpften. Das Schauspiel, das sie boten, konnten die Beteiligten nie vergessen: die dicht aufgereihten grauen Schlachtschiffe auf dem grauen Wasser und unter dem grauen Himmel der Nordsee, die von den kohlenbefeuerten Heizkesseln ausgestoßenen grauschwarzen Rauchwolken, die weiße Gischt am Bug der als Geleitschutz mitfahrenden schnelleren leichten Kreuzer und Zerstörer. Die Zahl der vorwärts dampfenden Schiffe war so groß, dass die entfernteren Verbände am Horizont verschwammen oder in dem Spiel von Wolken und Regenböen aus dem Blickfeld entschwanden.

Über keine Seeschlacht haben Wissenschaftler so viel geschrieben und so viel diskutiert wie über die am Skagerrak. Jede Phase, fast jede Minute des Kampfes zwischen den beiden Flotten haben offizielle und inoffizielle Historiker dargestellt und analysiert, ohne Übereinstimmung zu erzielen – über den genauen Verlauf, über die Hintergründe oder auch nur darüber, ob es ein britischer oder ein deutscher Sieg war. Heute wird nicht mehr bestritten, dass es so etwas wie ein britischer Sieg war. Dass es keineswegs ein entscheidender Sieg war, steht ebenfalls fest. Die Diskrepanz zwischen den britischen Siegeserwartungen und dem tatsächlichen Erfolg führte zu einer detaillierten Analyse des Schlachtverlaufes und zu einem bis heute andauernden Streit. Die britische Flotte, seit Trafalgar in keiner größeren Seeschlacht besiegt, fuhr zum Skagerrak in der festen Überzeugung, es werde bei einem Aufeinandertreffen der beiden Schlachtflotten zu einem zweiten Trafalgar kommen. Es schmerzt die britische Flotte bis heute, dass die Schlacht zu keinem eindeutigen Ergebnis führte.

Indessen ist die Schlacht am Skagerrak in ihren groben Umrissen überhaupt nicht kompliziert. Sie zerfällt in fünf Phasen: 1. Beattys Schlachtkreuzerflotte lief nach Süden und stieß dabei auf die schwächere deutsche Schlachtkreuzerflotte von Vizeadmiral Hipper. 2. Als Beattys Flotte auf die deutschen Großkampfschiffe stieß, machte sie nach Norden kehrt, um diese vor Jellicoes *Grand Fleet* zu locken. 3. und 4. Die Großkampfschiffe beider Flotten lieferten sich zwei Gefechte, unterbrochen von einem Abdrehen der Deutschen, als die stärkere Feuerkraft der Briten sich auswirkte. 5. Während die deutschen Großkampfschiffe der Vernichtung zu entkommen suchten, lieferten sich die leichteren Streitkräfte beider Seiten ein Nachtgefecht mit Torpedoangriffen.[19]

In der ersten Phase passierte Beattys Schlachtkreuzerflotte die U-Boot-Patrouillen Scheers ohne Verluste und näherte sich unbemerkt dem 1. Aufklärungsgeschwader Hippers bis auf 80 km. Der Zufall führte dann die beiden Flottenverbände gegeneinander. Ihre leichten Kräfte wichen vom Kurs ab, um ein neutrales Handelsschiff zu kontrollieren, stießen dabei aufeinander und brachten so die beiden Schlachtkreuzerverbände in Berührung. Beide eröffneten das Geschützfeuer, aber infolge der schlechten britischen Signaltechnik richtete das deutsche Feuer größere Schäden an. Es traf Schiffe, deren Panzerschutz unzulänglich war und deren Besatzung die Munition unvorsichtig lagerte. Die *Indefatigable* und die *Queen Mary* wurden schwer getroffen. Ihre Ladekammern, in denen sich zu viele leicht entflammbare Treibladungen befanden, gerieten in Brand. Beide Schlachtkreuzer explodierten und sanken. So wurde die zahlenmäßige Überlegenheit Beattys plötzlich von 7 auf 5 reduziert.

Als die Beatty unterstützenden schnellen Schlachtschiffe erschienen, kehrte sich das Ungleichgewicht zwar um, doch schließlich mussten die Briten erkennen, dass sie auf das Gros der deutschen Großkampfschiffe gestoßen waren. Als sie umkehrten, um sich Jellicoes *Grand Fleet* anzuschließen, begann die «Fahrt nach Norden». Dabei fügten die 38,1-cm-Geschütze der britischen Schlachtschiffe den nachfolgenden Deutschen schweren Schaden zu – die bereits auf der Doggerbank schwer beschädigte *Seydlitz* wurde abermals getroffen –, sodass Scheers Gefechtslinie in Auflösung begriffen war, als seine Großkampfschiffe kurz nach 18 Uhr versehentlich in den Schussbereich der Dreadnoughts Jellicoes gerieten. Scheers Verband vernichtete zwar einen weiteren britischen Schlachtkreuzer, die *Invincible*, die aus den gleichen Gründen explodierte wie die *Indefatigable* und die *Queen Mary*. Aber dann erwies sich das überlegene Geschossgewicht der britischen Breitseiten als so verheerend, dass Scheer unverzüglich den Rückzug befahl und in die zunehmende Düsterkeit eines nebligen Nordseeabends entschwand.

Hier hätte eine bereits unbefriedigende Begegnung ergebnislos enden können. Doch Scheer entschloss sich zur Umkehr, vielleicht um dem beschädigten leichten Kreuzer *Wiesbaden*, der zurückgelassen worden war, zu helfen, vielleicht weil er glaubte, Jellicoes Flotte, die ihre Fahrt zur Helgoländer Bucht fortsetzte, im Rücken passieren und durch das Skagerrak in die Ostsee entkommen zu können. Jellicoe reduzierte jedoch abermals seine Geschwindigkeit. Das führte dazu, dass die südostwärts fahrenden britischen Dreadnoughts auf die nordostwärts fahrende deutsche Flotte stießen und ihr die Rückfahrtslinie abschnitten. In langer Kiellinie näherte sich die deutsche Flotte der britischen Kiellinie derart, dass sie diese beinahe im rechten Winkel durchschneiden musste. Die Briten befanden sich also in der äußerst günstigen Position, die in der Fachsprache «crossing the T» (den Strich über das T ziehen) heißt. Jellicoe konnte die Breitseitgeschütze seiner ganzen Kiellinie einsetzen, während die hintereinander fahrenden deutschen Schiffe nur mit ihren Buggeschützen feuern konnten und außerdem ein leichteres Ziel boten. Das zehnminütige Geschützfeuer, in dem die Deutschen von 27 großkalibrigen Granaten (die Briten von nur 2) getroffen wurden, veranlasste Scheer, sich durch eine «Gefechtskehrtwendung» erneut vom Gegner zu lösen; er überließ es seinen Schlachtkreuzern und leichteren Schiffen, seinen Rückzug abzusichern. Von ihren Torpedos bedroht, entschloss sich auch Jellicoe abzudrehen, wofür er bis heute kritisiert wird. Als er dann umkehrte, um Scheer zu verfolgen, hatte dieser einen Vorsprung von 16 km.

Zahlreiche deutsche Schiffe blieben zurück, um den Rückzug Scheers zu decken, darunter sein Geschwader älterer Schlachtschiffe. In einer Reihe von Nachtoperationen erlitten sie ebenso Verluste wie die britischen Kreuzer und Zerstörer, die Fühlung zum Gegner hielten. Als Scheer am Morgen des 1. Juni mit seiner Flotte heimkehrte, hatte er 1 Schlachtkreuzer, 1 älteres Schlachtschiff, 4 leichte Kreuzer und 5 Zerstörer verloren. Jellicoe hatte, obwohl er die Nordsee nach wie vor beherrschte, 3 Schlachtkreuzer, 4 Panzerkreuzer und 8 Zerstörer eingebüßt. Auf britischer Seite hatten 6094, auf deutscher Seite 2551 Seeleute den Tod gefunden.

Diese ungleichen Verluste veranlassten den Kaiser, von einem deutschen Sieg zu sprechen. Scheer, seine Seeleute und seine Schiffe hatten sich zweifellos gut gehalten, während die britischen Schiffe schwere Mängel in der Konstruktion und Fehler im taktischen Verhalten gezeigt hatten, insbesondere bei der Nachrichtenübermittlung von Schiff zu Schiff und von Geschwader zu Geschwader. In der Begegnungsphase hatte Beatty es versäumt, pünktlich und exakt Meldung zu erstatten; beim Aufeinandertreffen der beiden Schlachtflotten war die britische Schiffsartillerie nicht effektiv geleitet worden.[20] Dennoch war die Schlacht am Skagerrak kein deutscher Sieg. Die Hochseeflotte hatte zwar weniger Schiffe verloren als die *Grand Fleet*, aber ihre zurückkehrenden Schiffe waren so stark beschädigt, dass nach der Schlacht ihre relative Stärke an schweren Schiffen im Vergleich zur britischen Flotte von 16 zu 28 auf 10 zu 24 zurückgegangen war. Unter diesen Umständen konnte die deutsche Hochseeflotte es mehrere Monate lang nicht mehr riskieren, die *Grand Fleet* herauszufordern, und als sie ihre Vorstöße aus den heimischen Stützpunkten wieder aufnahm, wagte sie sich nicht mehr über die Küstengewässer hinaus.[21]

Entgegen der gängigen Meinung war Skagerrak weder der letzte Vorstoß noch das letzte Unternehmen der deutschen Hochseeflotte. Am 17. November 1917 lieferten sich deutsche Großkampfschiffe und britische Schlachtkreuzer ein Gefecht vor Helgoland, am 24. April 1918 stieß die deutsche Hochseeflotte bis nach Südnorwegen vor. Dennoch hatte sie das Urteil über die Schlacht am Skagerrak akzeptiert, das ein deutscher Journalist auf die prägnante Formel brachte, die Schlacht sei ein Angriff auf die Gefängniswärter gewesen, gefolgt von einer Rückkehr ins Gefängnis.[22] Untätigkeit und Unzufriedenheit der Besatzung von Scheers Hochseeflotte lösten schließlich ernste Unruhen aus, die im August 1917 begannen und im November 1918 in einer regelrechten Meuterei gipfelten. Nach dem 1. Juni 1916 versuchte Deutschland, eine Entscheidung auf den Meeren ausschließlich mit U-Booten herbeizuführen.

Offensiven an drei Fronten

Im Frühsommer 1916 sah Deutschland noch keine Notwendigkeit, die Einschränkung des U-Boot-Krieges, die es aus außenpolitischen Gründen ein Jahr zuvor verfügt hatte, zu widerrufen. Ebenso wenig erkannten die Alliierten die tödliche Gefahr, die ein solcher Widerruf für sie bedeuten würde. Sie konzentrierten sich auf die großen Offensiven, die sie gemeinsam im Westen und im Osten führen wollten – Offensiven, die ihnen nach anderthalb Jahren des Patts in Frankreich und Belgien, nach einem Jahr der Niederlagen in Polen und nach sechs enttäuschenden Monaten in Italien entscheidende Siege bringen sollten. Am 6. Dezember 1915 trafen sich Vertreter der Alliierten im französischen Hauptquartier in Chantilly, um ihre Pläne miteinander abzustimmen.

Joffre führte den Vorsitz, es gelang ihm jedoch nicht, eine einheitliche Strategie durchzusetzen; er konnte lediglich die Koordinierung fördern. Das tat er mit Erfolg. Man konnte sich mühelos darauf einigen, die Nebenfronten in Saloniki, Ägypten und Mesopotamien (obwohl dort die Lage sich plötzlich verschlimmern sollte) nicht zu verstärken. Dagegen verpflichteten sich die Russen, die Italiener, die Briten und die Franzosen, an den Hauptfronten Offensiven mit allen verfügbaren Truppen zu führen. Diese sollten zeitlich so aufeinander abgestimmt sein, dass die Mittelmächte keine Reserven von einem Kriegsschauplatz zum anderen verlegen konnten.

Die alliierten Streitkräfte hatten seit dem Beginn des Stellungskrieges beträchtlich zugenommen. Italien, der an Industrie und Bevölkerungszahl schwächste unter den größeren Alliierten, hatte bis Anfang 1916 die Zahl seiner Infanteriebataillone von 560 auf 693 und die seiner Feldgeschütze von 1788 auf 2068 erhöht; die Truppen im Kampfgebiet waren seit 1915 von einer Million auf anderthalb Millionen angewachsen.[23] Russland hatte, trotz der schrecklichen Verluste in den Schlachten von 1914 und 1915, die Lücken durch neue Rekruten schließen können; sein Feldheer zählte im Frühjahr 1916 zwei Millionen Mann. Überdies waren dank einer erstaunlichen Produktionssteigerung der russischen Industrie fast alle Soldaten ordentlich ausgerüstet. Zwischen 1913 und 1916 wurde die Produktion der Maschinenfabriken vervierfacht, die der Sprengstoffe liefernden chemischen Industrie verdoppelt. Dadurch wuchs die Herstellung von Granaten um 2000 Prozent, die von Geschützen um 1000 Prozent, die von Gewehren um 1100 Prozent. Die Produktion von Granaten für Feldgeschütze war von Januar bis November 1915 von monatlich 358 000 auf 1 512 000 gestiegen. Von nun an hatten die russischen Armeen für Angriffe 1000 Granaten pro Geschütz zur Verfügung (eine Zahl, die der im deutschen und französischen Heer üblichen entsprach), und ihre Truppenverbände erhielten nach und nach auch reichliche Mengen von Lastkraftwagen, Telefonen und Flugzeugen.[24]

In der französischen Kriegsindustrie hatten ebenfalls revolutionäre Veränderungen stattgefunden. Teilweise durch die Mobilisierung von Frauen für Fabrikarbeit – ihre Zahl in der Metallindustrie stieg von 17 731 im Jahr 1914 auf 104 641 im Juli 1916 – erreichte die Granatenproduktion im Herbst 1915 100 000 Stück pro Tag. Zwischen August und Dezember 1915 stieg die monatliche Produktion von Feldgeschützen von 300 auf 600, die tägliche Produktion von Gewehren auf 1500; die Sprengstoffherstellung war seit Kriegsbeginn auf das Sechsfache angewachsen.[25] Die Kampfkraft hatte aber nicht entsprechend zugenommen. Weil Frankreich eine im Vergleich zu Deutschland kleine demographische Basis besaß und schon in Friedenszeiten einen hohen Anteil der männlichen Bevölkerung (über 80 Prozent der Wehrfähigen) einzog und als Reservekräfte hielt, konnte es sein Feldheer nicht in gleichem Maß aufstocken wie Deutschland oder Russland, wo vor dem Krieg weniger als die Hälfte eines Altersjahrgangs zum Wehrdienst eingezogen wurde. Dennoch gelang es Frankreich zwischen Februar 1915 und Frühjahr 1916, durch geschickte Reorganisation und durch Versetzungen von Soldaten aus rückwärtigen Diensten an die Front, 25 neue Infanteriedivisionen zu bilden. So war das französische Heer 1916 um 25 Prozent stärker als 1914.[26]

Der größte Zuwachs alliierter Kampfkraft war jedoch Großbritannien zu verdanken. Am 7. August 1914 hatte Lord Kitchener, der neue Kriegsminister, an hunderttausend Männer appelliert, für drei Jahre beziehungsweise für die Dauer des Krieges freiwillig Soldat zu werden. Weitere Appelle an «Hunderttausende» folgten und stießen auf überwältigende Begeisterung, teilweise deshalb, weil man versprach, diejenigen, die sich zusammen freiwillig meldeten, würden auch zusammen dienen. So meldeten sich Männer vom gleichen Ort, von der gleichen Firma oder vom gleichen Beruf gruppenweise bei den Rekrutierungsbüros, wurden in der gleichen Einheit ausgebildet und zogen schließlich gemeinsam in den Krieg.[27] Viele bezeichneten sich als Bataillone von «Chums» (Kameraden) oder «Pals» (Kumpel). Die größte Gruppe bildeten die vier Bataillone der *Liverpool Pals*, die sich weitgehend aus den Hafenbetrieben und Maklerfirmen der Stadt rekrutierten. Kleinere Städte stellten einzelne Bataillone, etwa die *Accrington Pals*, die *Grimsby Chums* und die *Oldham Comrades*. Manche, etwa das *Glasgow Tramway Bataillon*, wurden nach ihrem Beruf zusammengestellt, andere nach ihrer Nationalität: Die englische Industriestadt Newcastle upon Tyne stellte je vier Bataillone von Tyneside-Schotten und Tyneside-Iren. Zum «ersten Hunderttausend» hatten viele Arbeitslose gehört. Spätere «Hunderttausende» – insgesamt sollten es fünf werden – bestanden aus echten Freiwilligen, darunter bis Januar 1915 10000 gelernte Mechaniker sowie jeweils über 100000 aus dem Kohlenbergbau und dem Baugewerbe. Aus diesem großartigen Menschenreservoir konnte Kitchener schließlich 6 «Neue» oder «Kitchener-Armeen» mit je 5 Divisionen bilden, die den 11 regulären Divisionen des Heeres und den 28 Infanteriedivisionen der freiwilligen Territorialstreitkräfte zugeführt wurden. Bis zum Frühjahr 1916 hatte Großbritannien 70 Divisionen unter Waffen; 24 von ihnen waren Divisionen der «Neuen Armee», die an der Westfront standen oder auf ihren Einsatz dort warteten.[28]

Diese enorme Verstärkung ihrer Truppenkonzentration in Frankreich und Belgien erlaubte es den Franzosen und den Briten, in Chantilly ihren Alliierten für 1916 eine Fortsetzung der gemeinsamen offensiven Anstrengungen zu versprechen. Im Zentrum der Westfront sollte – darauf einigten sich Joffre und Haig, der neue Oberbefehlshaber der BEF, am 29. Dezember – eine kombinierte Offensive eröffnet werden. Joffre plädierte anfangs dafür, in Fortsetzung seiner Zermürbungstaktik eine Reihe vorbereitender Angriffe zu führen. Da Haig befürchtete, dabei würden Truppen verschlissen, machte er einen Gegenvorschlag: einen Angriff der Briten in Flandern und eine entsprechende französische Offensive weiter südlich, wie man es bereits 1915 versucht hatte. Joffre konnte Haig schließlich dazu bewegen, einem Angriff an der Somme zuzustimmen, bis zu der die Briten ihre Frontlinie ausdehnen sollten. Da diese Verschiebung es den französischen Verbänden nördlich der Somme ermöglichen würde, sich südlich des Flusses wieder dem Gros der Armeen Joffres anzuschließen, würde zwischen den beiden Heeren eine klare Grenze bestehen.

Diese, so argumentierte Joffre, würde im nächsten Jahr die Achse ihrer großen Offensive bilden. Haig bezweifelte den militärischen Sinn einer Operation, die nach seiner Einschätzung den riesigen deutschen Frontvorsprung bestenfalls ein wenig zurückdrücken würde, und erhob daher Einwände. Aber im Interesse der britisch-französischen Harmonie stimmte er schließlich zu.

Planungen, die die möglichen Absichten des Gegners nicht einkalkulieren, schlagen leicht fehl. Das sollte sich 1916 erweisen. Während Joffre und Haig ihre Anordnungen für die Somme-Offensive trafen, die Italiener sich auf einen weiteren Kampf um die Höhen über dem Isonzo vorbereiteten und die Russen eine Vergeltung für den Verlust Polens erwogen, schuf Conrad von Hötzendorf die Voraussetzungen für eine überraschende österreichische «Strafexpedition» vom Trentino gegen die verhassten Italiener und plante Falkenhayn – in der falschen Annahme, die Russen würden nach ihren zahlreichen Niederlagen Ruhe geben – einen gewaltigen Vergeltungsschlag gegen die Franzosen bei Verdun.

Falkenhayn formulierte seine Überlegungen in einer Denkschrift an den Kaiser vom Dezember 1915. Deutschland müsse versuchen, so erklärte er, England zu entmutigen, auf dessen industrieller und maritimer Macht die Allianz beruhe. Deshalb plädierte er für die Wiederaufnahme des uneingeschränkten U-Boot-Krieges. Gleichzeitig müssten die Verbündeten Englands auf dem Kontinent vernichtet werden. Italien sei so unwichtig, dass es kein größeres Unternehmen verdiene. Russland hingegen binde deutsche Truppen, die anderswo besser eingesetzt werden könnten; es bestehe jedoch keine Chance, ihm einen kriegsentscheidenden Schlag zu versetzen. Falkenhayn urteilte: «Wenn auch vielleicht eine Revolution in großem Stil nicht erwartet werden darf, so kann man doch vertrauen, dass Russland durch seine inneren Nöte in verhältnismäßig kurzer Frist gezwungen sein wird, einzulenken. Hierbei wird angenommen, dass es ihm inzwischen nicht gelingen wird, seine militärische Reputation aufzufrischen.» Selbst ein geschwächtes Russland sei schwer zu schlagen, weil ein strategisches Ziel fehle: Die Einnahme von Sankt

Petersburg wäre nur ein symbolischer Erfolg; ein Vorstoß gegen Moskau führe in die unermessliche Weite des Landesinneren; die Ukraine wäre zwar eine wertvolle Beute, Voraussetzung dafür wäre jedoch der Anschluss Rumäniens, dessen Neutralität zu verletzen nicht ratsam sei. In Ägypten, Mesopotamien und Saloniki einzugreifen, lehnte er als bedeutungslos ab, und der von den Briten gehaltene Abschnitt der Westfront erschien ihm als zu stark. So gelangte er zu dem Schluss, dass eine Offensive gegen Frankreich geführt werden müsse. «Frankreich [ist] in seinen Leistungen bis nahe an die Grenze des noch Erträglichen gelangt – übrigens in bewundernswerter Aufopferung. Gelingt es, seinem Volk klar vor Augen zu führen, dass es militärisch nichts mehr zu hoffen hat, dann wird die Grenze überschritten, England sein bestes Schwert aus der Hand geschlagen werden.» Als operative Lösung ergab sich aus seiner Analyse eine begrenzte Offensive an einem entscheidenden Punkt, für dessen Behauptung «die französische Führung gezwungen ist, den letzten Mann einzusetzen. Tut sie es, so werden sich Frankreichs Kräfte verbluten ...»[29]

Der «entscheidende Punkt» stand für ihn bereits fest: die Festung Verdun, in einer Schleife der Maas gelegen, von den deutschen Truppen 1914 umgangen, von drei Seiten her angreifbar, mit schlechten Verbindungslinien zum französischen Hinterland, aber nur 20 km von einem größeren Endbahnhof entfernt, der in deutscher Hand war. Schnell gewann Falkenhayn für seine «Operation Gericht» die Zustimmung des Kaisers. Während Conrad seine Offensive gegen die Italiener vorbereitete, begann Falkenhayn die Divisionen zusammenzuziehen, die die «bewundernswerte Aufopferung» der Franzosen bis an ihre Grenze prüfen sollten.

Die Offensive bei Verdun

Verdun war seit römischer Zeit eine Festung. Die Verteidigungsanlagen waren oft erneuert worden, im 17. Jahrhundert durch Vauban, im 19. Jahrhundert durch Napoleon III. und zum letzten Mal 1885, als der Ring separater Forts durch einen zweiten, 8 km vom Stadtzentrum entfernten verdoppelt wurde. Die neuen Forts hatte man später durch Beton und Panzerung verstärkt, aber nachdem im August 1914 Lüttich und Namur von der schweren Artillerie der Deutschen zusammengeschossen worden waren, hatten die Franzosen den Glauben an Befestigungsanlagen verloren und die Festungsgeschütze Verduns abmontiert, um sie als Feldgeschütze einzusetzen. 1914 war noch um Verdun gekämpft worden, anschließend aber geriet sein Wert als Angelpunkt in Vergessenheit. Verdun wurde zu einem «ruhigen Frontabschnitt», die Besatzung stark verringert; im Februar 1916 umfasste sie nur noch drei Divisionen des XX. Korps: die 72., eine lokale Reservedivision; die 51. aus Lille, ebenfalls eine Reservedivision; und die 14., eine reguläre Division aus Besançon; die 37. Division, aus Algerien, lag in Reserve. Unter den Einheiten der Besatzung sind das 56. und 59. Bataillon der *Chasseurs à pied* besonders erwähnenswert. Sie hatten 1914 den Bois des Caures von Deutschen gesäubert und standen seitdem dort. Ihr Kommandeur war Oberstleutnant Émile Driant, Abgeordneter eines Wahlkreises bei Verdun, ein von Natur aus aufsässiger Soldat und Verfasser zahlreicher Aufsehen erregender Bücher über die zukünftige Kriegführung. Das bekannteste, *Der Krieg von Morgen*, prophezeite Frankreich einen großen Sieg über Deutschland und hatte einen Preis der Académie française erhalten. Im Bois des Caures kommandierte Driant den vordersten Abschnitt der Verteidigungsanlagen Verduns auf dem östlichen Maasufer.[30]

Gegenüber Verdun hatte Falkenhayn im Laufe des Januar und Februar 1916 die 5. Armee, die vom deutschen Kronprinzen geführt wurde, um 10 Divisionen, darunter 6 reguläre, verstärkt. Sie wurden von einem gewaltigen Aufgebot an Artillerie unterstützt. Unter den 542 schweren Geschützen waren dreizehn 42-cm-Mörser und siebzehn 30,5-cm-Mörser, die im August 1914 die belgischen Festungen zertrümmert hatten. Um die insgesamt 1200 Geschütze mit Munition versorgen zu können, hatte man in ihrer Nähe 2 500 000 Granaten gelagert. Die knapp 13 km breite französische Verteidigungsfront – auf 1 km kamen also fast 100 Geschütze – sollte mit vorbereitendem Trommelfeuer eingedeckt werden: «Keine Stellung darf unbeschossen, keine Nachschubmöglichkeit ungestört bleiben, nirgends darf der Feind sich sicher fühlen.»[31] Falkenhayns Plan war brutal einfach. Die Franzosen, an einem entscheidenden, aber eng begrenzten Abschnitt der Westfront zum Kampf gezwungen, sollten genötigt sein, laufend Verstärkungen in eine Zermürbungsschlacht zu werfen, deren äußere Umstände die Deutschen so sehr begünstigten, dass eine französische Niederlage unvermeidlich war: Gaben die Franzosen den Kampf auf, verloren sie Verdun; hielten sie durch, verloren sie ihr Heer.

Die «Operation Gericht» sollte am 10. Februar beginnen. Wegen schlechten Wetters musste sie Tag um Tag aufgeschoben werden. Immer mehr Nachrichten über eine bevorstehende deutsche Offensive führten dazu, dass die Verteidiger allmählich besser vorbereitet waren; da sie jedoch kaum durch Geschütze und Truppen verstärkt wurden, reichten ihre Vorbereitungen für einen erfolgreichen Widerstand nicht aus. Am 19. Februar hörten die Regenfälle auf, am nächsten Tag trocknete warmer Sonnen-

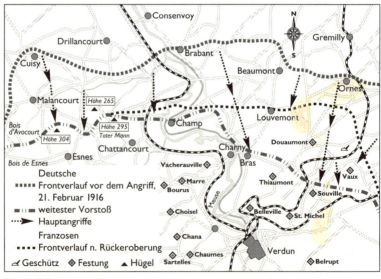

Die Schlacht um Verdun

schein die Erde, und im Morgengrauen des 21. Februar begann das Trommelfeuer. Es dauerte ohne Unterbrechung bis zum Nachmittag. Im Bois des Caures fielen nach einer späteren Schätzung auf einem halben Quadratkilometer 80 000 Granaten, ehe die deutsche Infanterie auftauchte. Nur dank der von Driant sorgfältig vorbereiteten Stellung überlebte ein Teil seiner Leute, die dann kämpften.

Hätten die Deutschen in voller Stärke angegriffen, so hätten sie die verwüsteten Stellungen des Gegners an der 13 km breiten Front überrennen können, aber das taten sie nicht. Ihrem Unternehmen lag die Vorstellung zugrunde, dass die Artillerie die französischen Verteidigungsstellungen zerstören sollte, die anschließend von der Infanterie im Nachstoß besetzt werden sollten. Driant und die Hälfte seiner Männer überlebten nur bis zum nächsten Tag, dann wurden sie von stärkeren Wellen deutscher Infanterie aufgerieben. Die äußeren Schützengräben der Franzosen bröckelten, und die Verteidiger wichen, dem Artilleriefeuer und der Übermacht nicht gewachsen, auf die alten Forts Vaux und Douaumont zurück. Am 23. Februar meldete ein überlebender Leutnant der 72. Division an die Brigade: «Kommandeur und sämtliche Kompaniechefs gefallen. Mein Bataillon hat noch ungefähr 180 Mann [von 600]. Ich habe weder Munition noch Verpflegung. Was soll ich tun?»[32] Da Verstärkungen ausblieben, konnte wenig getan werden. Am 24. Februar überrannten die Deutschen die ganze äußere Grabenzone. Viele Verteidiger verließen ihre Stellungen in panischem Schrecken und flohen nach hinten. Nur die Forts Vaux und Douaumont auf den Anhöhen östlich der Maas hielten stand. Wenn diese fielen, konnten deutsche Artilleriebeobachter das Geschützfeuer direkt auf Verdun und auf die Maasbrücken lenken, über die die Verteidiger versorgt wurden.

Am 25. Februar wurde Douaumont fast im Alleingang von einem Feldwebel des 24. Brandenburgischen Infanterieregiments eingenommen. Vom Luftdruck eines nahen Einschlags in den Achtmetergraben des Forts hinuntergeworfen, entschloss er sich, das Innere zu erkunden. Er stellte fest, dass das Fort nur von einer

Hand voll französischer Truppen besetzt war, die er durch sein forsches Auftreten dazu brachte, sich zu ergeben. Die Nachricht von der Einnahme des Forts versetzte die Truppen in Verdun und die gerade eintreffenden Verstärkungen in Panik. Als bekannt wurde, dass die Maasbrücken für die Sprengung vorbereitet waren, wurden die Lebensmitteldepots geplündert und es drohte der Rückzug. Der Fall Verduns schien unmittelbar bevorzustehen.

Dieser wäre für die französische Kriegführung vielleicht sogar vorteilhaft gewesen, denn Verdun war tatsächlich eine Todesfalle. Die Verteidigung des zerklüfteten, bewaldeten Hinterlandes hätte die Franzosen weit weniger Menschenleben gekostet als die Verteidigung der Festung während der kommenden Monate. Am Morgen des 25. Februar traf jedoch Castelnau, der Stellvertreter Joffres, in Verdun ein, schätzte die Lage ab und entschied, die vorgeschobenen Stellungen müssten gehalten werden. Dieser «kämpferische General» – ein Romantiker, frommer Katholik und Nachfahre einer alten französischen Offiziersfamilie – betrachtete den Kampf um Verdun als einen Prüfstein für die Fähigkeit Frankreichs, sein Territorium weiterhin zu verteidigen und weiter auf den Endsieg zu hoffen. Falkenhayn hatte wohl auf französischer Seite mit einer Entscheidung gerechnet, wie Castelnau sie am 25. Februar traf. Der mit der Durchführung beauftragte Offizier, Philippe Pétain, war ganz nach dem Geschmack Falkenhayns: ein Mann, der nie aufgab. Pétain war schweigsam und besaß keine Austrahlung. Sein Misstrauen gegenüber der Offensivdoktrin hatte seiner Karriere im Vorkriegsheer geschadet. Nach Kriegsausbruch hatte er sich jedoch durch Verluste nicht abschrecken lassen und war deshalb rasch befördert worden: Vom Oberst des 33. Regiments, in dem Charles de Gaulle Kompanieführer war, stieg er bis 1916 zum Oberbefehlshaber der 2. Armee auf. Unmittelbar nach seiner Ankunft in Verdun teilte er dem Kommandeur des XX. Korps, das soeben zur Verstärkung eingetroffen war, telefonisch mit: «Ich habe den Befehl übernommen. Sagen Sie das Ihren Soldaten. Halten Sie durch!»

Pétain erkannte sofort, dass für die Verteidigung zwei Dinge notwendig waren: der koordinierte Einsatz der Artillerie, die er persönlich leitete, und die Einrichtung einer Nachschublinie. Von jetzt ab waren es die Deutschen, auf die pausenlos Granaten niedergingen, während sie sich an die eingenommenen Stellungen klammerten oder sich durch die engen Täler östlich der Maas vorwärts kämpften. Die einzige Straße, die von Verdun zu dem 80 km entfernten Bar-le-Duc führte, wurde zur Nachschubroute erklärt, auf der nur Lastkraftwagen fahren durften. 3500 Lastwagen transportierten die 2000 Tonnen, die die bei Verdun eingesetzten Kräfte pro Tag benötigten. Die Truppen mussten neben der Straße auf den Feldern marschieren. Wenn ein Lastwagen liegen blieb, wurde er sofort in den Straßengraben geschoben, damit der Tag und Nacht fließende Verkehr nicht stockte. Eine Landwehr-Division hielt die Straße instand, und ganz Frankreich wurde nach zusätzlichen Fahrzeugen durchkämmt. Schließlich waren 12 000 Lastkraftwagen auf dieser Straße eingesetzt, die als *voie sacrée* bekannt wurde.

Falkenhayn hatte gehofft, Frankreich werde Verdun als eine «heilige Schlacht» ansehen. Er hatte nicht damit gerechnet, dass die Franzosen so leidenschaftlich kämpfen würden. Die offizielle deutsche Darstellung des Ersten Weltkriegs bezeichnete schon den 27. Februar als den ersten Tag der Schlacht, der «nirgends Erfolg» gebracht habe.[33] Die Elitesoldaten des in die Front eingerückten «eisernen» XX. Korps der Franzosen opferten sich in einer verzweifelten Anstrengung dafür, keinen Fußbreit Boden aufzugeben. Unter denen, die an diesem Tag schwer verwundet in Gefangenschaft gerieten, war Hauptmann Charles de Gaulle. Die Deutschen suchten den Widerstand der französischen Infanterie zu brechen, indem sie ihre Artillerie immer näher an die Front vorschoben. Da der Boden von Granaten zerpflügt und in einen Sumpf verwandelt war, wurden immer stärkere Pferdegespanne benötigt, um ein einziges Geschütz bewegen zu können. Deshalb erlitten die Geschützgespanne erschreckend hohe Verluste (an einem einzigen Tag sollen 7000 Pferde umgekommen sein). Doch trotz des immer schwereren Geschützfeuers gab die französische Frontlinie nicht nach. Am 27. Februar hatten sich die Deutschen

6 km vorwärts gekämpft und waren bis auf 6 km an die Stadt herangekommen, aber kein noch so starker offensiver Einsatz brachte sie weiter.

Am letzten Februartag einigten sich Falkenhayn und der Kronprinz auf eine neue Strategie. Da der Angriff an der begrenzten Front östlich der Maas nicht zum Erfolg geführt hatte, musste die Offensive auf das westliche Ufer ausgedehnt werden. Hier, hinter der Kuppe des «Toten Mannes» (*Mort Homme*) und der Höhe 304, stand die Artillerie der Franzosen und hämmerte auf die deutsche Infanterie ein, die um Stellungen kämpfte, von denen aus sie auf Verdun hinunterschauen konnte. Das Gelände westlich der Maas war anders beschaffen als das östlich des Flusses: nicht von Schluchten durchschnitten und mit Wald bedeckt, sondern offenes Hügelland. Man hatte Falkenhayn empfohlen, dieses Gelände in seinen ursprünglichen Angriffsplan einzubeziehen, weil dort leichter Fortschritte zu erzielen seien. Das geschah am ersten Tag der neuen Offensive – am 6. März brach die französische 67. Division zusammen. Die Deutschen mussten jedoch einem raschen Gegenstoß weichen und das gewonnene Gelände wieder aufgeben. Abermals blieb die Front stecken. Gleichzeitige Angriffe östlich der Maas gegen das Fort Vaux blieben ebenfalls erfolglos. Während der Kämpfe im März wechselten die Ruinen des Dorfes Vaux dreizehn Mal den Besitzer. Dennoch lag das Fort uneinnehmbar außerhalb der Reichweite der Deutschen, denn es verteidigte sich entschlossen. Die Deutschen wie die Franzosen erkannten allmählich, dass die Lehren von Lüttich und Namur nicht so eindeutig waren, wie es ausgesehen hatte. Selbst ziemlich veraltete Befestigungsanlagen vermochten einem intensiven, anhaltenden Artilleriebeschuss zu widerstehen und Grabenlinien zu unterstützen, falls dort Truppen lagen, die bereit waren, schweres Geschützfeuer bis zum Ende auszuhalten und den Angriff ungeschützter Infanterie abzuwarten. 1914 hatten die Belgier, die später von den Deutschen als zähe Verteidiger respektiert wurden, aus Unerfahrenheit nachgegeben. 1916 war den Franzosen klar geworden, dass Artilleriefeuer sich oft schlimmer anhörte als es tatsächlich war; sie hatten sich moralisch darauf eingestellt, es auszuhalten und die nachfolgenden Infanterieangriffe mit mörderischem Gewehrfeuer zu beantworten.

Anfang April gab Falkenhayn allmählich die Hoffnung auf, einen Zermürbungssieg erringen zu können, ohne sein eigenes Heer vergleichbaren Verlusten auszusetzen. Die erste Offensive an der begrenzten Front östlich der Maas war an der äußeren Befestigungslinie abgewehrt worden. Die zweite Offensive, westlich der Maas, war unter dem Feuer von den Höhen des Toten Mannes und der Höhe 304 zusammengebrochen. Anfang April entschied man sich dafür, die Strategie der begrenzten Offensive aufzugeben und an der gesamten, inzwischen 30 km breiten Front anzugreifen. Diese Operation begann am 9. April und dauerte vier Tage, bis strömender Regen jede Aktivität für den Rest des Monats unterbrach. Am ersten Tag meinten die Deutschen den Kamm des Toten Mannes erreicht zu haben, mussten jedoch feststellen, dass der wirkliche Gipfel für sie unerreichbar war. Der Kampf um diesen Höhenzug entwickelte sich zu einem Artillerieduell. Hauptmann Augustin Cochin vom französischen 146. Regiment saß vom 9. bis zum 14. April in den Stellungen am Toten Mann, ohne auch nur einmal einen Deutschen zu sehen, «die letzten zwei Tage in eisigem Schlamm, unter furchtbarem Artilleriefeuer, mit keiner anderen Deckung als der Enge des Grabens ... Natürlich hat der *boche* nicht angegriffen, das wäre auch zu dumm gewesen ... Ergebnis: Ich bin hier mit 175 Mann angekommen und mit 34 zurückgekehrt, von denen einige halb verrückt geworden sind ... Sie antworteten nicht mehr, wenn ich sie ansprach.»[34]

Während des Mai, als das schlechte Wetter nachließ, zehrte der Tote Mann an den Kräften der Deutschen. Am 8. Mai verloren die Franzosen den eigentlichen Kamm, klammerten sich jedoch an die benachbarten Hänge, gegen die sich die Deutschen im weiteren Verlauf des Monats Schritt für Schritt vorwärts kämpften. Schließlich durchbrachen sie die letzte Widerstandslinie, die Pétain bei seiner Kommandoübernahme festgelegt hatte. Aber sie kamen zu langsam voran, als dass sie die Gesamtheit der Verdun-Stellung gefährdet hätten. Inzwischen hatten sie über 100 000 Gefallene und Verwundete verloren. Die Franzosen erlitten zwar vergleichbare Verluste, aber auf deutscher Seite waren immer wieder die gleichen Verbände betroffen. Während die bei Verdun kämpfenden französischen Divisionen rotierten, lösten die Deutschen ihre Frontdivisionen nicht ab, sondern glichen deren Verluste durch Personalzuführung aus. Ende April waren bereits 42 französische, aber erst 30 deutsche Divisionen am Frontabschnitt Verdun eingesetzt worden, und diese Diskrepanz blieb konstant.[35] Die deutsche 5. Division, die am ersten Tag angegriffen hatte, stand bis Ende Februar, vom 8. bis 15. März und noch einmal vom 22. April bis Ende Mai in der Frontlinie. Die 25. Division war vom 27. Februar bis 16. März, vom 10. bis 25. April und dann wieder bis zum 19. Mai im Einsatz. Zwischen März und Mai betrugen die Verluste ihrer Infanterieregimenter 8549 Mann – über 100 Prozent ihrer Mannschaftsstärke.

Die Verluste beider Seiten resultierten zu einem wesentlichen Teil aus der französischen Taktik der «aktiven Verteidigung»: Man führte bei jeder sich bietenden Gelegenheit einen Gegenangriff. So etwa, als am 8. Mai in dem von den Deutschen eingenommenen Fort Douaumont durch Unvorsichtigkeit ein Munitionslager detonierte. Nach der verheerenden Explosion entschlossen sich die Franzosen, am 22. Mai eine Rückeroberung zu versuchen. Ihren Sturmabteilungen gelang es, die Außenwerke des Forts einzunehmen und die Außenmauern zu ersteigen, sie wurden jedoch schon am nächsten Tag zurückgeworfen. Die Initiative blieb bei den Deutschen, die weiterhin angriffen, wo sie konnten, und Anfang Juni Truppen für ein entscheidendes Unternehmen zusammenzogen. Die Divisionen des I. Bayerischen Armeekorps, des X. Reservekorps und des XV. Armeekorps griffen, von 600 Geschützen unterstützt, an einer 5 km breiten Front Seite an Seite an. Das Ziel war das Fort Vaux. Zwischen dem 1. und 7. Juni schlossen die Deutschen es zunächst ein, schnitten die Verteidiger von ihrem rückwärtigen Gebiet ab, trieben Minengänge vor und eroberten dann unter Einsatz von Flammenwerfern Abschnitt für Abschnitt. Schließlich musste der Kommandant des Forts Major Raynal kapitulieren, weil er kein Wasser mehr hatte. Die Deutschen erwiesen ihm militärische Ehren. Der deutsche Kronprinz empfing den tapferen Verteidiger, um ihm seinen Respekt zu bekunden. Als er bemerkte, dass Raynal keinen Degen mehr besaß, überreichte er ihm als Zeichen seiner Anerkennung einen anderen.[36]

Im April wurde Pétain, dessen Gleichgültigkeit gegenüber Verlusten selbst Joffre beunruhigte, vom Kommando über den Frontabschnitt Verdun abgelöst. An seine Stelle trat General Robert Nivelle, ein Artillerieexperte mit gewandten Manieren, der seit Kriegsbeginn rasch Karriere gemacht hatte, weil er fließend Englisch sprach und Politiker für sich zu gewinnen wusste. Er übernahm persönlich die Befehlsgewalt über die französische Artillerie, die allmählich die Oberhand über die deutsche gewann. Inzwischen setzten die Deutschen jedoch ihre Offensive fort, eroberten östlich der Maas Boden und stießen gegen die noch von den Franzosen gehaltenen Forts Souville und Tavannes vor. «Von Souville fiel das Gelände bis nach Verdun ab, das kaum 4 km entfernt lag. War das Fort erst einmal in Feindeshand, war es nur noch eine Frage der Zeit, wann die Stadt selbst unhaltbar werden würde.»[37] Nach der Einnahme von Vaux hielten die Deutschen ihren Druck unerbittlich aufrecht. Am 22. Juni begannen sie einen neuen Angriff, bei dem sie «Grünkreuzgas»-Granaten gegen die französischen Artilleriestellungen einsetzten, in denen 600 der 1800 französischen Geschütze bei Verdun standen. Vorübergehend ohne jegliche Artillerieunterstützung, wankten die französischen Verteidiger, als sie vom deutschen Alpenkorps, einer Elitedivision des Bayerischen Leibregiments und einem preußischen Jägerregiment angegriffen wurden. Zu dem Letzteren gehörte Oberleutnant Friedrich Paulus, der spätere Oberbefehlshaber der 6. Armee in Stalingrad.[38] Ein bayerischer Unteroffizier berichtete, er habe im Laufe des erfolgreichen Vorstoßes von den Höhen des Forts Souville die Dächer Verduns gesehen. Aber wahrscheinlich täuschte er sich. Am Nachmittag lief sich der deutsche Vorstoß in dem zerklüfteten Gelände um das Fort tot, und in den vordersten Stellungen litten die Angreifer bei der sommerlichen Gluthitze fürchterlich unter Durst. Da von hinten kein Wasser herangeschafft werden konnte, musste das Alpenkorps bei Einbruch der Dunkelheit seinen Vorstoß abbrechen.

Dieser Tag, der 23. Juni, markierte den Höhepunkt und die Krise der Schlacht um Verdun. Seit dem 21. Februar waren in der Kampfzone rund 20 Millionen Granaten niedergegangen; die Landschaft hatte sich für immer verändert: Die Bäume der Wälder waren völlig zersplittert, Dörfer waren verschwunden, die Erde war durch Explosionen so umgepflügt, dass ein Granattrichter den anderen überschnitt. Weit schlimmer war die Vernichtung menschlichen Lebens. Bis Ende Juni waren auf beiden Seiten jeweils mehr als 200 000 Mann gefallen oder verwundet worden. Die Verluste trafen die Franzosen schwerer, da sie den Krieg mit einem Drittel weniger Soldaten als die Deutschen begonnen hatten. Verdun war für beide Heere zu einem Ort des Schreckens und des Todes geworden, der keinen Sieg bringen konnte. Am 11. Juli unternahmen die Deutschen eine letzte Anstrengung und stießen bis zum Fort Souville vor, wurden jedoch zurückgeworfen. Danach gaben sie den Versuch auf, das französische Heer bei Verdun zu vernichten, und kehrten zur Defensivstrategie zurück. Vorübergehend wurde Verdun zu einem ruhigen Frontabschnitt, bis im Oktober die Franzosen sich anschickten, das verlorene Terrain zurückzuerobern. Am 24. Oktober nahmen sie das Fort Douaumont wieder ein. Am 15. Dezember gewannen sie durch eine umfassendere Offensive das Gelände östlich der Maas, das sie seit dem Beginn der Schlacht verloren hatten, großenteils zurück. Inzwischen hatte sich durch eine völlig andere Schlacht, die seit dem 1. Juli tobte, der entscheidende Punkt der Westfront von Verdun zur Somme verlagert.

Die Offensive an der Somme

Falkenhayn hatte Verdun als eine Operation geplant, in der das französische Heer «verbluten» und den Engländern ihr «bestes Schwert» aus der Hand geschlagen werden sollte. Im Juni, als die Schlacht noch ein halbes Jahr dauern sollte, hatte Falkenhayn beide Ziele verfehlt und als Generalstabschef an Glaubwürdigkeit verloren. Er war persönlich und intellektuell eine dominierende Erscheinung, gut aussehend und von offenem Wesen, selbstbewusst bis zur Arroganz; seine Fähigkeiten als Generalstabsoffizier und Kriegsminister waren unbestritten. Dennoch litt er darunter, dass die Volksmeinung ihn eher mit Niederlagen als mit Siegen in Verbindung brachte.[39] Obgleich für das Scheitern des Schlieffenplanes und für den Stellungskrieg im Westen eigentlich Moltke verantwortlich war, machte man Falkenhayn dafür verantwortlich. Die Siege an der Ostfront, bei Tannenberg und sogar bei Gorlice-Tarnów, galten als Leistungen Hindenburgs und seines Alter Ego, Ludendorff. Weil Falkenhayn in enger Verbindung zum österreichischen Generalstabschef Conrad von Hötzendorf stand, wurden ihm zum Teil auch die schwachen Leistungen der k. u. k. Armee gegen die Serben und die Russen in die Schuhe geschoben, desgleichen der Kriegseintritt Italiens. Die einzige Initiative, die unzweifelhaft von ihm selbst ausging und für die er im Falle eines Erfolgs den Ruhm hätte beanspruchen können, war Verdun. Hier waren bis zum Sommer jedoch offensichtlich nur schreckliche Misserfolge zu verzeichnen. Noch vor dem großen Trommelfeuer, das die englisch-französische Offensive an der Somme einleitete, entglitt Falkenhayn allmählich der Zugriff auf die OHL. Sein Stern verblasste, in den Vordergrund rückte Hindenburg, der Titan des Ostens, der ihn schließlich Ende August ablösen sollte.

Die Schlacht an der Somme war das Unternehmen eines anderen aufsteigenden Generals, Douglas Haig. French, «der kleine Feldmarschall», der die BEF nach Frankreich geführt hatte, war zermürbt durch den Verschleiß seines geliebten Berufsheeres, der alten Haudegen aus seinen ruhmreichen Zeiten im Burenkrieg, der begeisterten jungen Kavalleristen, bei denen er sich hochgedient hatte, der eifrigen Subalternoffiziere aus Sandhurst, der vielen braven, pflichtbewussten Majore und Obristen, die in der Steppe Südafrikas und bei der Jagd seine Gefährten gewesen waren.[40] Dass so viele von ihnen nicht mehr lebten, schmerzte ihn – die ersten sieben Infanteriedivisionen hatten bis November 1914

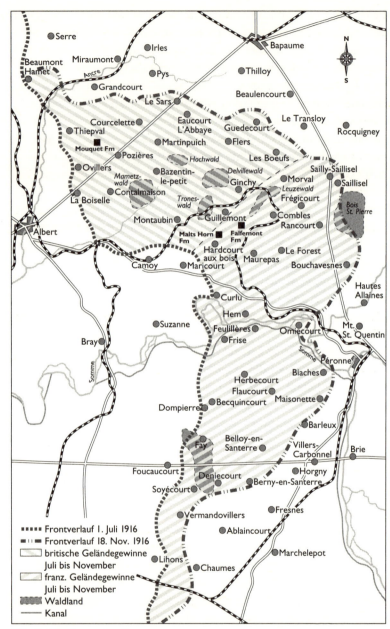

Die Schlacht an der Somme

90000 Mann verloren, mehr als 100 Prozent ihrer Mobilmachungsstärke. Und er nährte diesen Schmerz durch sein anscheinend zwanghaftes Bedürfnis, Lazarette zu inspizieren und mit den Verwundeten zu sprechen. «Es ist furchtbar traurig und sehr erschütternd, wie artig, heiter und geduldig die lieben Burschen sind... Wie ich diesen ganzen Krieg hasse!... Eine so traurige und deprimierte Stimmung.»[41] French war weder für den modernen Krieg noch für die Politik eines nationalen Konfliktes geschaffen. Er konnte für die Bürgersoldaten, die sich zu Hunderttausenden freiwillig meldeten, nicht das empfinden, was er instinktiv für den aussterbenden Stand der Berufssoldaten empfand, die er als junger Offizier gekannt hatte. Er eignete sich auch nicht für das Spiel mit der Verwaltung, das Leute seines Ranges im Kriegsministerium und jüngere Offiziere hervorragend beherrschten.

Douglas Haig, der Oberbefehlshaber der 1. Armee der BEF, war geschmeidig im Umgang mit den Großen, insbesondere bei Hof. Nach kurzer Bekanntschaft hatte er überstürzt eine Hofdame geheiratet, und bald nachdem die Westfront im Stellungskrieg erstarrt war, hatte er die Einladung angenommen, privat mit König Georg V. Briefe zu wechseln. Bis Ende 1915 gelangten im Offizierskorps der BEF noch einige andere zu der Überzeugung, French sei inzwischen nicht mehr fähig, weiter den Oberbefehl zu führen. Ihre Ansichten wurden der Regierung zur Kenntnis gebracht. Es war jedoch Haig, der seinem Vorgesetzten den Dolch in den Rücken stieß. Als der König Ende Oktober Frankreich besuchte, sagte ihm Haig unverblümt, French sei «eine Quelle großer Schwäche für das Heer und keiner habe noch Vertrauen zu ihm». Das traf durchaus zu. Aber Haig hätte besser dagestanden, wenn er nicht hinzugefügt hätte, er sei bereit, in jeder Position seine Pflicht zu tun. «In jeder Position» bedeutete unmissverständlich: als Frenchs Nachfolger. Und das wurde Haig, nach weiteren Beratungen zwischen dem König, dem Premierminister und Kitchener, am 16. Dezember 1915.[42]

Haig, der unter seinen Zeitgenossen als schwer durchschaubar galt, ist für uns Heutige zu einem Rätsel geworden. Die erfolgreichen Generale des Ersten Weltkrieges – diejenigen, die nicht völlig versagten oder allmählich in Pessimismus verfielen – waren harte Typen. Angesichts der Verlustzahlen, die sich auf ihren Schreibtischen häuften, mussten sie das auch sein. Dennoch brachten es einige fertig, Härte mit einer auffallenden menschlichen Eigenschaft zu verbinden: Bei Joffre war es Unerschütterlichkeit, bei Hindenburg Würde, bei Foch Leidenschaftlichkeit, bei Kemal Sicherheit. Haig, in dessen öffentlichem Auftreten und privaten Tagebüchern keinerlei Teilnahme an menschlichem Leiden sichtbar wurde oder wird, kompensierte seine Reserviertheit nicht durch den geringsten menschlichen Zug. Er schien sich durch die Schrecken des Ersten Weltkrieges zu bewegen, als leite ihn eine innere Stimme, die von einem höheren Zweck und einer persönlichen Bestimmung sprach. Heute wissen wir, dass das nicht nur Schein war. Haig bekannte sich zu spiritistischen Praktiken und zu einer fundamentalistischen Religion.[43] Als junger Offizier hatte er an spiritistischen Sitzungen teilgenommen, bei denen ihm Napoleon erschienen war. Als Oberbefehlshaber geriet er unter den Einfluss eines presbyterianischen Militärgeistlichen, dessen Predigten ihn in seinem Glauben bestärkten, er stehe in direkter Verbindung zu Gott und habe in einem göttlichen Weltplan eine wichtige Rolle zu spielen. Er war überzeugt, seine eigene schlichte Religion werde von seinen Soldaten geteilt und sie würden dadurch inspiriert, Gefahren und Leiden als ihr Los in dem von ihm geleiteten Krieg auf sich zu nehmen.[44]

Trotz seines seltsamen Wesens war Haig ein tüchtiger Soldat, der French in jedem Bereich moderner militärischer Praxis überlegen war. Seine Fähigkeiten bewies er nirgends besser als bei den Vorbereitungen für die Somme-Offensive. Auf diesem Schlachtfeld war seit den ersten Kriegswochen nicht mehr gekämpft worden. Auf der Gegenseite hatten die Deutschen die friedliche Ruhe, die sie seit Ende 1914 genossen, dazu genutzt, um die stärksten Stellungen an der Westfront zu errichten. In dem festen, trockenen Kreideboden hatten sie ihre Unterstände bis zu 10 m unter die Erdoberfläche getrieben; sie hielten dem Artilleriebeschuss stand, waren für den Fall einer Belagerung mit Proviant versorgt und mit den rückwärtigen Linien durch unterirdische Telefonkabel und Verbindungsgräben verbunden. Oberirdisch hatten die Deutschen ein System von Maschinengewehrnestern errichtet, die jeden Zugangswinkel der baumlosen Ebene mit Feuer belegten, und vor den Schützengräben dichte Drahtverhaue angelegt. Dazu war reichlich Zeit. Von den sechs Divisionen, die den Frontabschnitt an der Somme hielten, standen dort die 52. seit April 1915, die 12. seit Oktober 1914, die 26. und 28. Reservedivision sogar seit September 1914. Sie hatten sich bestens abgesichert.[45]

Auf der anderen Seite des Niemandslandes war seit 1914 wenig geschehen. Die Franzosen, die diesen Gefechtsstreifen bis zur Ausweitung des britischen Frontabschnittes nach Süden im August 1915 gehalten hatten, betrachteten ihn als «ruhige Front», die sie mit Artillerie und wenig Infanterie in vorderster Linie verteidigten. Die Briten hatten dann eine aggressivere Haltung eingenommen. Als Haig das Oberkommando übernahm, war noch keine Infrastruktur aufgebaut, um eine große Offensive führen zu können. Unter seiner Leitung wurde das Gebiet hinter der Somme, von dem Marktstädtchen Albert bis zu der 40 km entfernten Departementhauptstadt Amiens, zu einem gewaltigen Militärlager. Es wurde von neuen Straßen durchschnitten, die zur Front führten, und war bedeckt von Munitionsdepots, Geschützstellungen und Zeltstädten für die Armee, die den Angriff führen sollte. Als Militärfachmann war Haig ohne Fehl und Tadel. Seine Talente als Taktiker musste er noch beweisen.

Die 20 Divisionen, die an der Somme antraten, vertrauten auf ihr Oberkommando und auf sich selbst. Sie gehörten im Wesentlichen der neuen 4. Armee von General Henry Rawlinson an. Für die Mehrheit der Divisionen war dies der erste Einsatz. Die wenigen alten regulären Verbände, die 4., 7., 8. und 29. Division, hatten sich seit ihren Feuerproben in der ursprünglichen BEF und auf Gallipoli alle stark verändert. Die vier Territorialdivisionen, die 46., 56., 48. und 49., standen seit dem Frühjahr 1915 in Frankreich. Die übrigen Divisionen waren Kitchener-Verbände aus Freiwilligen. Von diesen zehn Kitchener-Divisionen war die älteste, die 9. Schottische, im Mai 1915 in Frankreich eingetroffen, die 34. erst im Januar 1916.[46] Die außergewöhnlichste war vielleicht die 36. Division aus Ulster. Sie verkörperte *en masse* die freiwilligen Streitkräfte der Protestanten Nordirlands, die sich gegen den Gedanken der irischen Selbstverwaltung wehrten; bei Kriegsausbruch hatten sie sich geschlossen freiwillig gemeldet. Von ihren Kameraden in den übrigen Kitchener-Verbänden unterschieden sich die Männer aus Ulster nur dadurch, dass sie schon in der Vorkriegszeit militärischen Drill kennen gelernt hatten. Mit der Realität des Krieges waren sie ebenso wenig vertraut wie die Übrigen. Ihre Infanteriebataillone waren völlig unerfahren, desgleichen ihre Batterien unterstützender Artillerie – und das war gefährlicher, denn der Erfolg der bevorstehenden Offensive hing davon ab, dass die Artillerie präzise schoss und immer wieder neue Ziele anpeilte.

Haigs Plan für die Somme-Offensive war einfach. Er glich im Prinzip dem Verdun-Plan Falkenhayns, mit dem Unterschied, dass Haig den Gegner nicht in einem Zermürbungskampf zur Verteidigung der Front zwingen wollte, sondern hoffte, die gegnerische Frontlinie durchbrechen zu können. Ein gewaltiges Trommelfeuer, mit einer Million Granaten binnen einer Woche, sollte den Angriff einleiten. In der Erwartung, der Gegner werde durch das Trommelfeuer völlig gelähmt, sollten am Tag X, dem 1. Juli, 19 britische und – südlich der Somme – 3 französische Divisionen (mehr waren während des Kampfes um Verdun nicht zu entbehren) über das Niemandsland vorgehen, die zerstörten Drahtverhaue passieren, die Schützengräben besetzen und dann weiter in das dahinter liegende offene Gelände vorstoßen. Haig und seine Kommandeure waren von der vernichtenden Wirkung der Artillerie so überzeugt, dass sie der unerfahrenen Infanterie nicht erlaubten, nach der altbewährten Taktik «Feuer und Bewegung» vorzugehen, bei der sich einige auf den Boden warfen, um mit Gewehrsalven das Vorgehen der Übrigen zu decken; die Infanterie sollte vielmehr aufrecht und in geraden Linien vorrücken. In der Schlacht bei Loos war der britische Generalstab von dem Gedanken beherrscht gewesen, «die Truppen in der Hand zu behalten»; infolgedessen hatte man die Reserven zu weit hinter den Linien aufgestellt, und als man sie zu spät nach vorn schickte, waren sie in dichten Massen aufmarschiert.[47] Vor der Somme-Offensive befürchtete die Führung, die Truppen könnten in Deckung gehen und dann den Angriff nicht wieder aufnehmen. Die taktische Dienstvorschrift für das Gefecht, «Ausbildung von Divisionen für den Angriff» (SS 109), und die damit zusammenhängende Anweisung der 4. Armee, «Taktische Bemerkungen», befahlen den Truppen, in aufeinander folgenden Wellen oder Linien vorzurücken und ständig in Bewegung zu bleiben: «Die angreifenden Truppen müssen in gleich bleibendem Tempo in aufeinander folgenden Linien vorstoßen, sodass jede Linie der vorausgehenden Linie neuen Schwung verleiht.»[48]

Haig, der Oberbefehlshaber, und Rawlinson, der die Angriffstruppen führte, waren sich zwar über die Taktik, nicht aber über die Ziele der Offensive einig. Haig erwartete einen Durchbruch bis Bapaume, dem Marktstädtchen auf dem Plateau östlich der Somme, 11 km von der Ausgangsstellung entfernt. Rawlinson rechnete mit einem begrenzteren Ergebnis, einem Einbruch in das deutsche Stellungssystem, auf den weitere Einbrüche und größere Geländegewinne folgen sollten. Rawlinson war, wie sich zeigen sollte, realistischer als Haig. Beide Generale täuschten sich jedoch gleichermaßen hinsichtlich der Wirkung des einleitenden Trommelfeuers. In Frontnähe wurden fast 3 Millionen Granaten gelagert und 1000 Feldgeschütze, 180 schwere Geschütze und 245 schwere Mörser bereitgestellt; auf 20 Frontmeter kam also ein Feldgeschütz, auf 50 Frontmeter ein schweres Geschütz oder ein Mörser.[49] Die Feldgeschütze sollten sich darauf konzentrieren, noch vor der Schlacht die Drahtverhaue des Gegners zu zerstören; die schweren Geschütze sollten die Artillerie des Gegners im Artillerieduell zerschlagen sowie dessen Stellungen und Widerstandsnester ausschalten. Im Augenblick des Angriffs, wenn die britische Infanterie ihre Stellungen verließ, um über das Niemandsland vorzurücken, sollte die Feldartillerie vor die erste Angriffswelle eine «Feuerwalze» legen. Diese sollte die deutschen Verteidiger daran hindern, ihre Brustwehren zu besetzen, sodass theoretisch die deutschen Stellungen beim Eintreffen der Briten leer sein mussten.

Nahezu alles, was Haig und Rawlinson von dem gewaltigen Trommelfeuer erwarteten, traf nicht ein. Die deutschen Stellungen waren weit stärker, als der britische Nachrichtendienst sie eingeschätzt hatte. Die bis zu 10 m unter der Erdoberfläche errichteten Unterstände, in denen die deutschen Fronttruppen lagen, konnten von keiner britischen Granate durchschlagen werden und blieben bis zur Offensive intakt. Ein Stoßtruppunternehmen gegen die deutschen Stellungen in der Nacht vom 26./27. Juni ergab beispielsweise: «Die Unterstände sind noch gut. Die [Deutschen] bleiben offenbar die ganze Zeit in diesen Unterständen und sind dort völlig geschützt.»[50] Das sollte sich am Angriffstag bestätigen. Noch verhängnisvoller war, dass die deutschen Drahtverhaue intakt blieben. In einer späteren Phase des Krieges wurde ein sensibler Aufschlagzünder verwendet, der eine Granate bereits bei der Berührung eines dünnen Drahtes explodieren ließ. 1916 detonierten Granaten erst, wenn sie auf dem Boden aufschlugen. Die Beschießung von Drahtverhauen führte lediglich dazu, dass diese in der Luft herumgewirbelt und zu einem noch dichteren Hindernis wurden. Der Kommandierende General des britischen VII. Korps, Hunter-Weston, der in Gallipoli dabei gewesen war und deshalb hätte wissen müssen, wie zäh Drahtverhaue sein konnten, berichtete vor dem 1. Juli, an seinem Frontabschnitt sei der gegnerische Drahtverhau zerstört und «die Truppen könnten hineinmarschieren», während einer seiner Offiziere «einen durchaus kompakten Drahtverhau» sah.[51] Diese blasierte Fehleinschätzung durch den Stab war im wahrsten Sinne des Wortes tödlich.

Schließlich war das in die Feuerwalze der Artillerie gesetzte Vertrauen nicht gerechtfertigt. Das ständige Vorverlegen des Artilleriefeuers unmittelbar vor die Linie der vorrückenden Infanterie, im Idealfall 50 m oder weniger, war ein neues Verfahren, das von den Geschützbedienungen hohes Können verlangte. Ohne Nachrichtenverbindung zwischen den Infanteriebataillonen und den Artilleriebatterien musste die Artillerie nach einem Zeitplan feuern, der auf dem angenommenen Angriffstempo der Infanterie – etwa 50 m pro Minute – basierte. Die Geschütze belegten eine erkannte Stellungslinie mit Sperrfeuer, und wenn die Infanterie vermutlich dort angekommen war, verlegten sie das Feuer weiter nach vorn. Da die Artillerie jedoch befürchtete, die eigene Infanterie zu treffen, wurden in der Praxis die räumlichen Abstände vergrößert, die zeitlichen verringert. Das führte dazu, dass das Sperrfeuer sich oft vor den Angriffswellen her wälzte, jenseits der noch von starken feindlichen Truppen gehaltenen Stellungen; in einer solchen Situation hatten die Angriffswellen keinerlei Möglichkeit, das Sperrfeuer zurückzurufen. Der von einigen Korps unternommene Versuch, das Sperrfeuer zurück- und dann wieder vorzuverlegen, half ebenso wenig: Die Rücknahme erschreckte die Infanterie so sehr, dass sie vor dem eigenen Artilleriefeuer in Deckung ging; wenn das Sperrfeuer dann ohne Warnung wieder nach vorn sprang, war sie abermals schutzlos. Am verheerendsten war es, wenn die Artillerie das Sperrfeuer auf die feindlichen Kampfstellungen vorverlegte, solange die angreifende Infanterie sich noch im Niemandsland und vor den oft kompakten Drahtverhauen befand. Am 1. Juli entfernte sich das unterstützende Artilleriefeuer an der Front der 4. Armee fast überall vorzeitig von der angreifenden Infanterie, die dann durch einen kaum oder überhaupt nicht beseitigten Drahtverhau gegen die Deutschen vorrücken musste, die in ihren Stellungen um ihr Leben kämpften.

Es gibt eine umfangreiche, großenteils ganz neue Literatur darüber, wie die Infanterie sich unter diesen Umständen hätte verhalten sollen. Die neue Generation junger Militärhistoriker hat begonnen, die Schlachten der BEF noch einmal zu schlagen, und das mit einer Leidenschaft, die bei Überlebenden des katastrophalen Stellungskriegs begreiflicher wäre als bei nachgeborenen akademischen Analytikern.[52] Dem Verfasser dieses Buches erscheint das als eine sinnlose Kraftverschwendung. Die schlichte Wahrheit des Stellungskrieges von 1914–18 ist: Die Konfrontation einer großen Anzahl von Soldaten, die nur durch Uniformen aus Tuch geschützt waren, mit einer großen Masse anderer Soldaten, die durch Grabensysteme und Stacheldraht geschützt und mit Schnellfeuerwaffen ausgerüstet waren, musste bei den Angreifern zu sehr hohen Verlusten führen. Das bewies der Verlauf der Ereignisse, obwohl man versuchte, Taktik und Ausrüstung zu variieren. Und es gab zahlreiche Varianten – vom Beginn an der Aisne 1914 bis zum Ende an Sambre und Maas 1918. Durch die Artillerie wurde das Gemetzel verschlimmert, ebenso durch Bajonette und Handgranaten, wenn es im Labyrinth der Schützengräben zum Nahkampf kam. Dennoch bleibt als grundlegende Tatsache: Die Bedingungen der Kriegführung zwischen 1914 und 1918 machten ein Gemetzel nahezu unvermeidlich, und nur eine völlig andere Technik, die freilich erst eine Generation später zur Verfügung stand, hätte ein solches Resultat vermeiden können.

Der erste Tag der Schlacht an der Somme, der 1. Juli 1916, sollte diese Wahrheit auf schreckliche Weise demonstrieren. Seine Wirklichkeit bleibt bis heute für jeden sichtbar, der das Zentrum des Schlachtfeldes bei Thiepval, beim Denkmal für die 36. Ulster-Division, besucht und von dort nach Norden und Süden auf die alte Frontlinie schaut. Der Blick nach Norden ist besonders ergreifend. In Abständen von wenigen hundert Metern liegen die schönen Gartenfriedhöfe der Kriegsgräberkommission des Commonwealth. Hier stehen um den Jahrestag der Schlacht Rosen und Glyzinien in voller Blüte; die Grabsteine und Gedenkkreuze aus weißem Portlandstein leuchten in der Sonne. Auf dem entferntesten Friedhof, auf dem Höhenrücken bei Beaumont Hamel, liegen die Berufssoldaten der 4. Division; auf dem räumlich nächsten, im Tal der Ancre (eines kleinen Nebenflusses der Somme), die Freiwilligen der 32. Kitchener-Division. Einige wenige Friedhöfe, etwa die der Ulster-Division, liegen etwas weiter östlich als die übrigen und markieren die Grenze des weitesten Vordringens. Die meisten liegen an der Frontlinie oder im Niemandsland direkt vor dem deutschen Stacheldraht. Die toten Soldaten wurden später dort bestattet, wo sie gefallen waren. So ergeben die Friedhöfe eine Karte der Schlacht. Diese Karte erzählt eine einfache und schreckliche Geschichte. Die Männer der 4. Armee – meist Freiwillige, die zum ersten Mal in eine Schlacht gingen – kletterten in der Stunde X aus ihren Schützengräben, rückten in regelmäßigem Verband vor, wurden fast überall von intaktem Drahtverhau aufgehalten und niedergeschossen. Von den 17 angreifenden Divisionen kämpften sich 5 bis zu den deutschen Stellungen vor. Die Infanterie der Übrigen blieb im Niemandsland stecken.

Es gibt zahllose Darstellungen der Stunde X. Sie schildern die langen Linien junger Männer, die fast Schulter an Schulter vorwärts stapften, unter der Last ihrer 27 kg schweren Ausrüstung, die als unerlässlich galt, um einen langen Kampf innerhalb der deutschen Stellungen durchhalten zu können; ihre fröhliche Stimmung und ihre Siegesgewissheit; einzelne Beispiele demonstrativer Tapferkeit, etwa bei den Bataillonen, die einen Fußball vor sich her kickten; die durch den dünnen Morgennebel brechende helle Sonne; die Illusion eines leeren Schlachtfeldes, von Gegnern gesäubert durch das schwere Trommelfeuer und durch die im Augenblick des Angriffs explodierenden 21 Minengänge, die in mühsamer Arbeit bis unter die deutschen Frontlinien vorgetrieben worden waren. Es gibt ebenso zahlreiche Beschreibungen dessen, was auf die Stunde X folgte: die Entdeckung intakter Drahtverhaue; das Auftauchen der deutschen Verteidiger, die sofort, nachdem die britische Feuerwalze über sie hinweggegangen war, an die Brustwehr traten, um wie in Ekstase auf die in Reihen anrückenden Angreifer zu feuern; die Lücken, die in die Angriffswellen gerissen wurden; das Blutbad in den Drahtverhauen; das Stocken des Angriffs, der sich am Ende buchstäblich tot lief.

Die Deutschen hatten viele hundert Mal geübt, ihre Maschinengewehre rasch über die Stufen ihrer tiefen Unterstände nach oben zu bringen. F. L. Cassell, ein überlebender deutscher Soldat, erinnert sich an «den Ruf des Wachpostens: ‹Sie kommen!› ... Helm, Koppel und Gewehr, und die Stufen hinauf ... Im Schützengraben ein Leichnam ohne Kopf. Der Wachposten war von einer letzten Granate getroffen worden... Dort kommen sie, die Khakigelben, keine 20 m vor unserem Graben ... Sie rücken in voller Ausrüstung langsam vor ... Maschinengewehrfeuer reißt Lücken in ihre Reihen.»[53] Das Feuer der Maschinengewehre erreichte stellenweise sogar die britische Frontlinie und mähte dort Truppen nieder, die noch nicht einmal das Niemandsland betreten hatten. Ein Feldwebel des 3. Bataillons der Tyneside-Iren schrieb später: «Links und rechts von mir sah ich lange Reihen von Soldaten. Dann hörte ich in der Ferne das Tacken von Maschinengewehren. Als ich 10 m weiter gegangen war, schienen um mich herum nur noch wenige Männer übrig zu sein. Als ich 20 m gegangen war, kam es mir vor, als sei ich allein. Dann wurde ich selbst getroffen.»[54] Die ganze Brigade der Tyneside-Iren – vier Bataillone, fast 3000 Mann – wurde noch innerhalb der britischen Linien gestoppt und erlitt fürchterliche Verluste. Eines der Bataillone verlor 500, ein anderes 600 Gefallene und Verwundete. In offensiver Hinsicht hatte der Vorstoß nichts erreicht. Die meisten Briten fielen auf eigenem Gelände.

Der erste Tag der Somme-Offensive endete an der gesamten Angriffsfront mit entsetzlichen Verlusten. Von den 100 000 Briten, die das Niemandsland betreten hatten, waren 20 000 nicht zurückgekehrt und weitere 40 000 verwundet zurückgebracht worden. Insgesamt war ein Fünftel der angreifenden Streitkräfte gefallen, und manche Bataillone, etwa das 1. Neufundland-Regiment, existierten nicht mehr. Es dauerte einige Zeit, bis das Ausmaß der Katastrophe – die höchsten Verluste in der britischen Kriegsgeschichte – begriffen wurde. Als Haig am Tag nach der Eröffnung des Angriffs im Hauptquartier der 4. Armee mit Rawlinson und dessen Stab sprach, kannte er die Höhe der Verluste offenbar noch nicht und erörterte ernsthaft, wie die Offensive weitergeführt werden könne, als sei dies am nächsten oder übernächsten Tag möglich. Er meinte, der Gegner sei zweifellos schwer erschüttert worden und habe nur wenige Reserven zur Verfügung.[55] Dabei hatten die Deutschen im Laufe des Tages mehrere Reservedivisionen herangeführt, obgleich die Verluste ihrer Fronttruppen – insgesamt etwa 6000 – nur ein Zehntel der britischen Verluste ausmachten. So verlor etwa das deutsche 180. Regiment am 1. Juli lediglich 180 von 3000 Mann; die angreifende britische 4. Division verlor 5121 von 12 000 Mann. Wenn die Deutschen erschüttert waren, dann durch das erstaunliche

Schauspiel beispiellosen Mutes und hartnäckiger Entschlossenheit. Das Gemetzel, das sie anrichteten, ekelte sie schließlich an. Als sie erkannten, dass ihr Leben nicht mehr in Gefahr war, stellten sie vielfach das Feuer ein, damit die nur leicht verwundeten Briten zu ihren eigenen Linien zurückhumpeln oder -kriechen konnten. Für die schwerer Verwundeten gab es keine baldige Rettung. Manche wurden erst am 4. Juli zurückgeholt, andere nie. Als ein junger britischer Offizier, Gerald Brenan, später zurückgewonnenes Gelände in der vierten Juliwoche überquerte, stieß er auf die Leichen von Soldaten, die am 1. Juli verwundet worden waren: «Sie waren in Granattrichter gekrochen, hatten sich in ihre wasserdichten Decken gehüllt, ihre Bibeln hervorgeholt und waren so gestorben.» Sie gehörten zu den Tausenden, die an jenem ersten Tag oder danach, von Kugeln durchsiebt, starben, weil die Krankenträger nicht an sie herankamen oder sie in der Wüste des Niemandslandes einfach nicht fanden. Selbst von denen, die gefunden und zurückgebracht wurden, starben viele, während sie vor den völlig überlasteten Feldlazaretten auf ärztliche Versorgung warteten.

Im Gegensatz zu den Fronttruppen war die deutsche OHL über das Ausmaß der britischen Offensive zutiefst beunruhigt, insbesondere weil an einem quer über die Somme verlaufenden Frontabschnitt Boden verloren gegangen war. Auf diesen Geländeverlust reagierte Falkenhayn prompt, indem er den Stabschef der dort stehenden 2. Armee ablöste durch den Chef seiner eigenen Operationsabteilung, Oberst Fritz von Lossberg, den Hauptarchitekten der deutschen Abwehrtaktik an der Westfront.[56] Bevor Lossberg sein neues Amt antrat, stellte er die Bedingung, dass die Angriffe bei Verdun sofort eingestellt werden müssten. Aber Falkenhayn hielt sich nicht an seine Zusage; die Verdun-Offensive wurde fortgeführt, bis er selbst Ende August abgelöst wurde. Lossbergs Ankunft war dennoch bedeutsam, denn er reorganisierte die Somme-Front. Dadurch konnten die am Ende des ersten Tages erreichten Ergebnisse, die auf den übersteigerten Optimismus der Briten und die überragende Abwehrkraft der Deutschen zurückzuführen waren, in den späteren Phasen der

Schlacht aufrechterhalten werden – auch wenn der weitere Verlauf unerbittlich an der deutschen Kampfkraft zehrte und den Briten einen Realismus beibrachte, der ihren unerfahrenen Soldaten anfangs fehlte. Lossberg erreichte, dass die Deutschen die Praxis aufgaben, sich auf die Verteidigung der Frontlinie zu konzentrieren; sie gingen jetzt zu einer «Verteidigung in der Tiefe» über, die nicht auf Schützengräben, sondern auf Linien von Granattrichtern basierte, die durch das britische Artilleriefeuer entstanden waren. Die vordere Zone sollte nur dünn besetzt sein, um die Verluste möglichst gering zu halten, aber das verlorene Gelände sollte durch entschlossene Gegenstöße der weiter hinten stehenden Eingreif-Reserven rasch zurückgewonnen werden.[57]

Diese Abwehrtaktik trotzte allen Bemühungen Haigs, den bescheidenen Erfolg vom 1. Juli auszunutzen. Erst am 14. Juli erzielten die Briten, unterstützt von den erfahreneren Franzosen, in dem quer über die Somme verlaufenden Frontabschnitt einen weiteren Geländegewinn. Den Kommandeuren Haigs gelang es, ihren Oberbefehlshaber von seiner Abneigung gegen Nachtangriffe abzubringen. In einem Angriff vor Tagesanbruch gingen vier britische Divisionen vor, um den Höhenrücken von Bazentin, den Wald von Mametz und Contalmaison einzunehmen. Auf der Landkarte erscheint dieser Vorstoß eindrucksvoll, an Ort und Stelle jedoch weniger, denn der Besucher legt die Entfernung im Auto in wenigen Minuten zurück; allerdings haftet den kleinen Tälern und Engen bis heute eine bedrückende und bedrohliche Atmosphäre an. Einige Kavallerieverbände der BEF, die Haig immer noch als entscheidend ansah, wurden im Laufe des Tages nach vorn geworfen, mussten sich aber nach einem Scharmützel bei «High Wood», einem der beherrschenden Punkte des Schlachtfeldes, wieder zurückziehen. Truppen aus dem Empire, die 1. und 2. Australische Division, Veteranen von Gallipoli und die Südafrikanische Brigade, wiederholten in der zweiten Monatshälfte den Vorstoß, wobei sie Pozières und das Gehölz von Delville einnahmen. Für einen Einsatz der Kavallerie ergab sich keine Gelegenheit mehr. Wie Verdun wurde die Somme allmählich zu einem Kampfplatz der Zermürbung. In monotoner Folge trafen dort immer wieder frische Divisionen ein – im Juli und August 42 deutsche –, nur um ihre Kräfte in blutigen Kämpfen um winzige Stücke Boden bei Guillemont, Ginchy, Morval, Flers, Martinpuich zu vergeuden. Bis zum 31. Juli hatten die Deutschen an der Somme 160 000, die Briten und Franzosen über 200 000 Mann verloren, doch die Frontlinie hatte sich seit dem 1. Juli kaum um 5 km nach Osten verschoben. Nördlich der Ancre hatte sie sich fast überhaupt nicht verändert.

Die Offensive an der Somme wäre vielleicht allmählich zu einem Herbst der Frustration und einem Winter des Patts geworden, wäre nicht Mitte September eine neue Waffe aufgetaucht: der Panzer. Bereits im Dezember 1914 hatte ein einfallsreicher junger Offizier der britischen Pioniere, Ernest Swinton, erkannt, dass nur ein revolutionäres Mittel das Patt des Stellungskrieges an der Westfront aufbrechen konnte. Er hatte den Bau eines kugelsicheren Querfeldein-Fahrzeugs vorgeschlagen, das Feuerkraft unmittelbar bis zum Angriffspunkt bringen konnte. Dieser Gedanke war nicht völlig neu – er tauchte beispielsweise schon in der 1903 von H. G. Wells veröffentlichten Kurzgeschichte *The Land Ironclads* («Panzerkreuzer zu Lande») auf, außerdem in vager Form bei Leonardo da Vinci. Auch die Technik war nicht neu: 1899 hatte man ein für jedes Gelände geeignetes Fahrzeug gebaut, das auf «Rädern mit Krallen» fuhr; um 1905 wurden in der Landwirtschaft Raupenschlepper verwendet.[58] Die Krise des Krieges brachte die Vision und die Technik zusammen. Unterstützt von dem begeisterten Winston Churchill, dessen gepanzerte Automobile der *Royal Naval Division* 1914 in Belgien eine Rolle gespielt hatten, baute Swinton mit seinen Mitarbeitern Albert Stern und Murray Sueter im Dezember 1915 den Prototyp des Panzers, *Little Willie*. Bis Januar 1916 hatte man eine größere, mit einem Geschütz ausgerüstete Version, die *Mother*, entwickelt. Im September waren in Frankreich 49 ähnliche *Mark I* «Tanks» (so wurden sie aus Tarnungsgründen bezeichnet) einsatzbereit.[59]

Die Panzer wurden der Schweren Abteilung des Maschinengewehr-Korps zugeteilt. Nach den Zermürbungsschlachten im August sollte eine neue Anstrengung die Front an der Somme aufbrechen. An der alten Römerstraße, die von Albert nach Bapaume führt, sollten die Panzer, teils mit Maschinengewehren, teils mit einer Sechs-Pfünder-Kanone bestückt, zwischen den Dörfern Flers und Courcelette vorstoßen. Das Auftauchen der Tanks erschreckte die deutschen Verteidiger. Die gepanzerten Ungetüme führten die britische Infanterie mehr als 3 km nach vorn. Aber dann blieben einige mit Fahrzeugschäden liegen, andere fuhren sich im Schlamm oder in Granattrichtern fest, und der Vorstoß kam zum Stehen; schließlich wurden noch einige Panzer durch deutsches Artilleriefeuer ausgeschaltet. Das war einer der mühelosesten und spektakulärsten lokalen Siege an der Westfront im bisherigen Kriegsverlauf. Allerdings hatte er nicht lange Bestand, weil die 36 eingesetzten Tanks fast alle ausgefallen waren. Die britische Infanterie bemühte sich zwar, die von den Tanks erzielten Geländegewinne zu halten, aber die Deutschen, die mit gewohnter Hartnäckigkeit Granattrichter und Reservestellungen besetzten, riegelten einen potenziellen Vorstoß ab und stellten das Patt wieder her.

Die Monate Oktober und November brachten keine Veränderungen. Bei zunehmend nasser Witterung, die den Kreideboden des Schlachtfeldes in klebrigen Schlamm verwandelte, griffen Briten und Franzosen immer wieder an – bei Thiepval, bei Le Transloy und in dem durchweichten Tal der Ancre. Als die alliierte Offensive am 19. November offiziell abgebrochen wurde, lag die Linie des weitesten Vorstoßes, bei Les Boeufs, nur 11 km hinter der Front, an der die Kämpfe am 1. Juli eröffnet worden waren. Die Deutschen verloren bei der Verteidigung ihrer Stellungen an der Somme wahrscheinlich 600 000 Gefallene und Verwundete. Die Alliierten verloren mit Sicherheit mehr – nach offiziellen Angaben beliefen sich die Verluste der Franzosen auf 194 451, die der Briten auf 419 654. Für die Franzosen verschmolz das Inferno an der Somme mit dem von Verdun. Für die Briten bedeutete die Somme-Schlacht ihre größte militärische Tragödie im 20. Jahrhundert, ja in ihrer Geschichte überhaupt. Eine Nation, die Krieg führt, muss bei den jungen Männern, die sie ins Feld schickt, mit Verlusten rechnen. Vor und während der Somme-Schlacht gab es eine Opferbereitschaft, die deren Grauenhaftigkeit wenigstens zum Teil erklärt. Diese Opferbereitschaft vermag jedoch das Ergebnis nicht zu mildern. Die Freiwilligenregimenter, die an der Somme ihre Feuertaufe erhielten, sind als ein Heer unschuldiger Kinder bezeichnet worden. Das traf zweifellos auf ihre Bereitschaft zu, ihr Leben unter Bedingungen einzusetzen, die sie nicht ahnen konnten, als sie sich begeistert freiwillig meldeten. Die Verluste, die sie an der Somme erlitten, bleiben unvergessen, sowohl in der kollektiven Erinnerung des britischen Volkes als auch bei ihren Familien. Es ist ergreifend, die Reihe von Friedhöfen zu besuchen, die die Frontlinie vom 1. Juli 1916 markieren. Auf unzähligen Grabsteinen findet man einen frischen Kranz, das verblichene Foto eines ernsten Gesichtes über einem Uniformkragen, einen angehefteten Klatschmohn und die Inschrift für den Vater, Großvater oder Urgroßvater. Die Somme bedeutet für Großbritannien das Ende einer Epoche des lebensprühenden Optimismus, zu dem es nie wieder zurückgefunden hat.[60]

Der Krieg an den übrigen Fronten und die Brussilow-Offensive

Während sich in Frankreich die großen Dramen Verdun und Somme abspielten, nahm der Krieg an den übrigen Fronten sehr unterschiedliche Formen an. In Deutsch-Ostafrika, wo Jan Smuts, der brillante Guerillaführer gegen die Briten während des Burenkrieges, 1915 das Kommando übernommen hatte, setzten sich 1916 vier Truppenverbände in Marsch (zwei britische aus Kenia und Njassaland, ein portugiesischer aus Moçambique, ein belgischer aus dem Kongo), um konzentrisch gegen Lettow-Vorbecks schwarze Armee vorzugehen, sie einzuschließen und so den Feldzug zu beenden. Die Alliierten besaßen nahezu 40 000, Lettow-Vorbeck weniger als 16 000 Mann. Dieser teilte seine Truppe, wich mit dem größeren Teil Smuts aus und zog sich kämpfend vom Kilimandscharo südwärts in Richtung Tanga und Daressalam zurück. Er kämpfte, wenn er dazu genötigt war, löste sich jedoch immer wieder vom Feind, bevor er geschlagen wurde. Brücken und Eisenbahnlinien hinter sich zerstörend, verhinderte er eine Einschließung seiner Truppe. Seine afrikanischen Askaris waren überdies immun gegen die meisten parasitären Krankheiten, von denen Menschen im Inneren Afrikas befallen werden können. Seine Gegner, zu denen zahlreiche Europäer und Inder zählten, litten darunter schwer. Ihre ungeheuer hohen Verluste durch Krankheit – auf einen Gefallenen kamen 31 tödlich Erkrankte – waren der wirkliche Grund, warum es ihnen nicht gelang, Lettow-Vorbeck zur Strecke zu bringen. Am Jahresende 1916 war seine kleine Armee noch ebenso leistungsstark und schwer zu fassen wie bei Jahresbeginn.[61]

Die von den Alliierten zunächst unterschätzten Türken rechtfertigten den Erfolg, den sie auf Gallipoli errungen hatten. Ihre Bemühungen, die Offensive gegen den Suezkanal wieder aufzunehmen, wurden zwar von britischen Truppen abgewehrt. Auch ihre Armee im Kaukasus erlitt weitere Niederlagen gegen die Russen, die bis August ihre Verteidigungslinie vom Vansee bis nach Trapezunt am Schwarzen Meer vorschoben. Aber in Mesopotamien fügten die Türken den britisch-indischen Truppen, die 1914 am Schatt el-Arab gelandet waren, eine äußerst demütigende Niederlage zu. Im Laufe des Jahres 1915 stieß die Expeditionsstreitmacht D teils auf dem Landweg, teils den Tigris aufwärts in Richtung Bagdad vor, bis ihre Vorhut im November 1915 Ktesiphon erreichte. Ihre Lage schien viel versprechend, denn sie setzte sich im Herzen des Osmanischen Reiches zu einem Zeitpunkt fest, da die nächsten türkischen Reserven dem britischen Nachrichtendienst zufolge weit weg waren: im 800 km entfernten Kaukasus oder im 700 km entfernten syrischen Aleppo. Dennoch gelang es den Türken irgendwie, genügend Verstärkungen zusammenzuziehen, sodass sie auf dem Tigris Truppen gegen die Expeditionsstreitmacht schicken konnten. Deren Kommandeur, Generalmajor Townshend, kam zu der Auffassung, er habe sich übernommen, und befahl daher den Rückzug nach Kut al-Amara (Al Kut), 160 km flussabwärts. Dort verschanzte sich seine

Truppe in einer Tigrisschleife, um auf Unterstützung zu warten und sich von den Strapazen des langen Vormarsches und des Rückzugs zu erholen. Townshend hatte Proviant für zwei Monate und war in der Führung von Abwehroperationen erfahren. Für seine erfolgreiche Verteidigung der 1896 belagerten Festung Chitral, an der indischen Nordwestgrenze, war er im ganzen Empire gefeiert worden.[62] Die Türken, Meister im Stellungskrieg, waren weit gefährlichere Gegner als die Afghanen bei Chitral. Sie schlossen Townshends Lager mit einem Grabensystem ein und wehrten die Angriffe der Belagerten sowie von Entsatztruppen ab, die zwischen Januar und März viermal ihre Linien zu durchbrechen versuchten. Alle diese Versuche scheiterten; beim letzten – in der Schlacht am Dujaila-Bollwerk – verloren die Briten 1000 Gefallene. Die Türken kamen dabei bis auf 11 km an Townshends Hauptquartier heran. Unmittelbar danach setzte die jährliche Überschwemmung, verursacht durch die Schneeschmelze im Zagrosgebirge, die mesopotamische Ebene unter Wasser. Kut, nunmehr völlig von der Außenwelt abgeschnitten, kapitulierte am 29. April. Townshend ging mit 10 000 Überlebenden in die Gefangenschaft, die für die einfachen Soldaten so hart war, dass 4000 von ihnen starben. Kut wurde erst gegen Ende des Jahres zurückerobert, als nahezu 200 000 britische und indische Soldaten gegen 10 000 Türken und eine Hand voll Deutsche antraten. Wie Saloniki, wo die Alliierten während des ganzen Jahres 1916 weithin erfolglos gegen weit unterlegene Streitkräfte kämpften, war Mesopotamien zu einer ständigen Belastung der alliierten Ressourcen geworden.

An der italienischen Front war, obwohl auch dort die Verteidiger den Angreifern weit unterlegen waren, die Diskrepanz nicht so groß. Die Stärke des italienischen Heeres nahm zu und sollte sich schließlich von 36 auf 65 Divisionen erhöhen. 1916 banden die Italiener 35 der 65 österreichischen Divisionen. Deshalb konnte sich Österreich am Krieg im Osten nicht mehr angemessen beteiligen, was es den Russen erleichterte, in diesem Jahr die Offensive erfolgreich wieder aufzunehmen. Aber trotz ihrer zahlenmäßigen Unterlegenheit vereitelten die Österreicher die unablässigen Versuche der Italiener, auf der Isonzo-Trasse in das österreichisch-ungarische Kernland vorzustoßen. Sie eröffneten sogar ihrerseits eine Gegenoffensive auf die durch Industrie und Landwirtschaft reiche Po-Ebene. Der habsburgische Generalstabschef Conrad hegte eine nahezu persönliche Animosität gegen den früheren Partner im Dreibund. Er hatte sich mit Falkenhayn überworfen, weil ihm die Bestrafung Italiens wichtiger war als die Ausnutzung der gemeinsamen deutsch-österreichischen Erfolge gegen die Armee des Zaren, die mit Gorlice-Tarnów begonnen hatten.

Am 15. Mai 1916, fast genau ein Jahr nach diesem Sieg, eröffnete Conrad seine «Strafexpedition» an der Bergkette nördlich des Trentino, zwischen dem Gardasee und dem Oberlauf der Brenta. Sie begann mit einem gewaltigen Trommelfeuer, bei dem 2000 österreichische gegen 850 italienische Geschütze standen. Aber die Italiener waren durch die offenkundigen Vorbereitungsmaßnahmen der Österreicher gewarnt und kämpften mit heroischer Opferbereitschaft, um die Angreifer in Schach zu halten. Die Rom-Brigade wurde bei der Verteidigung von Piazza nahezu aufgerieben. Daher konnten die Österreicher nirgends weiter als 15 km vorstoßen. Obgleich ihre Verluste geringer waren als die italienischen (80 000 gegen 147 000), erreichte die «Strafexpedition» weder einen Durchbruch noch hielt sie Cadorna, den italienischen Oberkommandierenden, davon ab, seine unerbittliche Offensive am Isonzo fortzusetzen. Die 6. Isonzoschlacht, die im August begann, sicherte die Grenzstadt Görz (Gorizia); die 7., 8. und 9. Isonzoschlacht folgten im September, Oktober und November. Die Italiener erweiterten den Brückenkopf über den Isonzo bei Görz und eroberten einen Stützpunkt auf dem rauen Plateau des Carso. Selbst unter Cadornas gleichgültiger und herzloser Führung und trotz ihrer schweren Verluste und ihres wiederholten Scheiterns schien die italienische Infanterie noch bereit, immer wieder zum Angriff anzutreten.

Der Verlauf der Operationen 1916 in Italien hatte eine für die Alliierten positive Folge: Weil dadurch österreichische Divisionen von der russischen Südfront abgezogen wurden, war es den Armeen des Zaren möglich, gegen den geschwächten Feind eine erfolgreiche Gegenoffensive zu eröffnen. Die Russen waren durch die Vereinbarung von Chantilly vom Dezember 1915 zu einer solchen Offensive verpflichtet, überdies hatte Cadorna deren Eröffnung als dringend notwendig bezeichnet. Die Resultate der russischen Offensive übertrafen die Erwartungen, insbesondere die der *Stavka*, die für 1916 eher eine Wiederaufnahme der Offensive gegen die Deutschen an der russischen Nordwestfront plante anstatt gegen die Österreicher im Süden. Die Deutschen bedrohten durch ihre vorgeschobenen Stellungen im Norden die Hauptstadt Petrograd. Sie hatten die wirtschaftlich leistungsstarken baltischen Provinzen besetzt, und Ludendorff organisierte dort eine blühende Besatzungswirtschaft – das vorwegnehmend, was Hitler nach 1941 sehr viel ungeschickter versuchen sollte. Ludendorff teilte die Region in sechs Verwaltungsbezirke ein, die einem deutschen Militärgouverneur unterstanden, und nutzte ihre landwirtschaftlichen und industriellen Ressourcen für Kriegszwecke. Seine Pläne gingen über das rein Wirtschaftliche hinaus: «Ich beschloss, die Kulturarbeit, die die Deutschen während vieler Jahrhunderte in jenen Ländern getan hatten, in dem besetzten Gebiet aufzunehmen. Aus sich heraus schafft die bunt gemischte Bevölkerung keine Kultur, auf sich allein angewiesen, verfällt sie dem Polentum.»[63] Ludendorff wollte Polen als einen «mehr oder weniger unabhängigen Staat unter deutscher Oberhoheit» verwalten, und im Frühjahr 1917 plante er, in weiten Teilen des Baltikums Deutsche anzusiedeln, die das Land enteigneter Bewohner übernehmen sollten. Zu den Letzteren gehörten nicht die Juden; diese galten, da sie oft Deutsch sprachen, als nützliche Werkzeuge der Besatzungspolitik.[64]

Ludendorffs Plan, die Gebiete des Zaren in Polen und im Baltikum zu germanisieren, veranlasste die *Stavka*, 1916 die Offensive im Norden wieder aufzunehmen. Diese begann – als Reaktion auf einen Appell der Franzosen, sie im Hinblick auf Verdun zu entlasten – am 18. März mit einem Angriff auf beiden Seiten des Narotschsees in Richtung Wilna, die wichtigste Stadt Nordostpolens. Dank der Mobilisierung der russischen Industrie für den Krieg und der Einberufung weiterer Wehrpflichtiger waren die russischen Armeen jetzt ihren Gegnern zahlenmäßig überlegen: im Norden mit 300 000 gegen 180 000, im Mittelabschnitt mit 700 000 gegen 360 000 Mann; nur am südlichen Frontabschnitt, wo Brussilow den Oberbefehl hatte, blieb das Verhältnis mit rund 500 000 Mann auf jeder Seite ausgeglichen. Im Norden waren die Russen überdies zum ersten Mal an Geschützen und Munitionsvorräten weit überlegen; sie besaßen 5000 Geschütze und 1000 Granaten pro Geschütz – beträchtlich mehr als das, was die Deutschen für den Durchbruch bei Gorlice-Tarnów bereitgestellt hatten.[65]

Irgendwie verspielten die Russen jedoch ihren Vorteil. Das vorbereitende Artilleriefeuer war nicht mit dem Angriff der Infanterie der 2. Armee abgestimmt. Diese griff an einem sehr engen Frontabschnitt an, geriet in das Feuer der eigenen Artillerie und wurde dann in dem Frontvorsprung, den sie erkämpft hatte, von deutschen Geschützen aus drei Richtungen unter Beschuss genommen. In den ersten acht Stunden verlor die angreifende Infanterie drei Viertel ihrer Männer, 15 000. Dabei hätten theoretisch 350 000 Mann für die Offensive eingesetzt werden können, wäre sie an einer breiteren Front eröffnet worden. Herangeführte Verstärkungen erhöhten nur die Zahl der Verluste, ohne mehr Boden zu gewinnen. Bis zum 31. März, als die Offensive abgebrochen wurde, betrugen die russischen Verluste insgesamt 100 000 Mann, außerdem 12 000, die dem harten Spätwinter erlegen waren. Im April eroberten die Deutschen, die nur 20 000 Mann verloren hatten, das ganze Gelände zurück, das die Russen zuvor gewonnen hatten.[66]

Die Aussichten der für Juni versprochenen allgemeinen Offensive standen schlecht. Die *Stavka* plante abermals einen Angriff im Norden, nördlich der Pripjetsümpfe, die die Frontlinie unterbrachen. Dem aber widersetzte sich mit allem Nachdruck Ewert, der Oberbefehlshaber der Heeresgruppe, die am Narotschsee versagt hatte. Alexejew, der Generalstabschef, bestand dennoch darauf und sicherte die widerwillige Zusammenarbeit von Ewert und Kuropatkin, dem Oberbefehlshaber der anderen Heeresgruppe am nördlichen Frontabschnitt, indem er ihnen umfangrei-

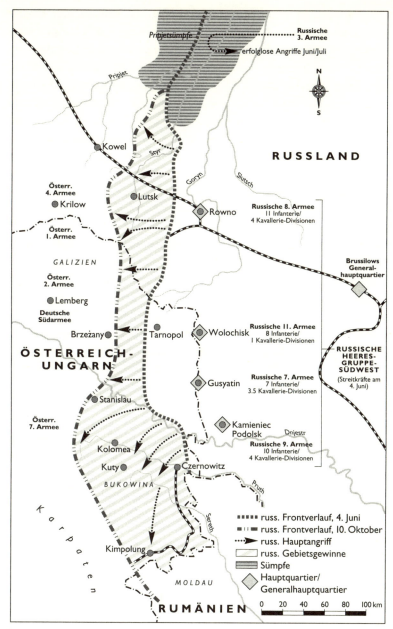

Die Brussilow-Offensive, 1916

che Verstärkungen an Truppen und Material zusagte. Zur Überraschung der Teilnehmer an der Besprechung vom 14. April war Alexei Brussilow, der im März Iwanow als Oberbefehlshaber an der Südfront abgelöst hatte, sofort mit einer Offensive einverstanden. Er glaubte, bei sorgfältiger Vorbereitung sei ein Sieg gegen die geschwächten Österreicher möglich, und da er keine Verstärkungen forderte, erhielt er die Erlaubnis, es zu versuchen. Brussilow hatte seine Talente auf niedrigeren Kommandoebenen bewiesen. Er hatte auch bereits darüber nachgedacht, wie verschanzte Stellungen anzugreifen waren, die von Abwehrfeuer der Artillerie gedeckt wurden und in deren rückwärtigem Gebiet Reserven für Gegenstöße bereitstanden. Nach seiner Auffassung lag die Lösung darin, a) an einer breiten Front anzugreifen, um zu verhindern, dass der Feind an einem vorhersehbar entscheidenden Punkt Reserven konzentrierte, b) die angreifende Infanterie durch tiefe Unterstände zu schützen, während sie auf die Stunde X wartete, c) die Frontlinie so nah wie möglich an die österreichische vorzuschieben, indem man Sappen bis auf 70, stellenweise sogar bis auf 50 m an die feindlichen Schützengräben vortrieb. Das waren große Verbesserungen. In der Vergangenheit hatten die Russen oft ein 1600 m breites Niemandsland gelassen. Das hatte zu schweren Verlusten bei der angreifenden russischen Infanterie geführt, die in ihren ungeschützten Stellungen bereits vor dem Angriff erhebliche Verluste durch gegnerisches Artilleriefeuer erlitten hatte.

Brussilows Vorbereitungsmaßnahmen lohnten sich. Obwohl seine zahlenmäßige Überlegenheit über die Österreicher an der 30 km breiten Angriffsfront nur 200 000 zu 150 000 Mann (bei den Geschützen 904 zu 600) betrug, wurde der Gegner wirklich überrascht, als der Angriff am 4. Juni begann. Die russische 8. Armee schlug die österreichische 4. Armee, nahm das Nachschubzentrum Lutsk ein und stieß mehr als 60 km vor. Die Russen machten unzählige Gefangene, da die erschütterten Soldaten der k.u.k. Armee sich jedem ergaben, der bereit war, sie gefangen zu nehmen. Auch die benachbarten russischen Armeen rückten vor. Den größten Erfolg errang die 9. Armee im Süden, zwischen dem Dnjestr und den Karpaten, wo die österreichische 7. Armee zer-

schlagen wurde, 100000 Mann – hauptsächlich als Gefangene –
verlor und sich Mitte Juni völlig zurückzog.

Anfang Juli gingen auch die russischen Armeen nördlich der
Pripjetsümpfe zur Offensive über. Sie stießen auf Baranowitschi
vor, den alten Sitz des russischen Hauptquartiers. Dabei profitierten sie von den Erfolgen Brussilow und von der Unschlüssigkeit im deutsch-österreichischen Oberkommando, wo die sehr
knappen Reserven am besten einzusetzen seien. Ewerts Offensive
wurde von deutschen Truppen bald zum Stehen gebracht, aber
die Heeresgruppe Brussilows war von Juli bis September weiterhin gegen die Österreicher erfolgreich, die 600000 Mann, darunter 400000 Gefangene, verloren. Die deutschen Truppen, die sich
dem russischen Vorstoß entgegenwarfen, hatten 350000 Mann
verloren; außerdem war ihnen ein 100 km tiefer Gürtel russischen
Territoriums wieder entrissen worden. Wäre es Brussilow materiell möglich gewesen, seinen Sieg auszunutzen und rasch Reserven nach vorn zu werfen, hätte er wahrscheinlich mehr von dem
Boden zurückgewinnen können, der 1915 bei dem großen Rückzug verloren gegangen war; vielleicht hätte er sogar Lemberg und
Przemyśl zurückerobert. Er verfügte über diese Möglichkeiten jedoch nicht. Das Eisenbahnsystem erlaubte ihm keine taktischen
Truppenverschiebungen parallel zur Frontlinie, und die Straßen
wären, selbst wenn er genügend Lastkraftwagen besessen hätte,
für schweren Verkehr ungeeignet gewesen. Dennoch war die
Brussilow-Offensive – nach dem Maßstab des Ersten Weltkriegs,
in dem um jeden Meter Boden gekämpft wurde – der größte Sieg,
den die Alliierten an irgendeiner Front errangen, seit an der Aisne
der Stellungskrieg begonnen hatte.[67]

Dieser Sieg der Russen, der sie allerdings eine Million Verluste
kostete, besiegelte das Schicksal Falkenhayns, dessen Position als
Generalstabschef immer schwächer geworden war, je länger sich
die Schlacht um Verdun hinzog. Seine Entlassung – und seine Ablösung durch Hindenburg – wurde jedoch verschleiert, indem
man ihn zum Oberbefehlshaber einer Armee in dem neuen Feldzug gegen Rumänien ernannte. Rumänien war lange sowohl von
den Alliierten als auch von den Mittelmächten umworben wor-

den, hatte es jedoch bislang klug vermieden, Partei zu ergreifen. Es war vor allem daran interessiert, Siebenbürgen einzugliedern, wo unter habsburgischer Herrschaft drei Millionen Rumänen lebten. Als Brussilows Vorstoß nach Westen nicht nur die Unterstützung Russlands, sondern auch den Zusammenbruch Österreichs zu verheißen schien, schwand allmählich die Unentschlossenheit der rumänischen Regierung. Die Alliierten boten den Rumänen schon lange an, nach einem siegreichen Krieg das rumänische Staatsgebiet auf Kosten Österreich-Ungarns zu erweitern. Jetzt entschloss sich Rumänien törichterweise, den Sprung zu wagen. Am 17. August 1916 unterzeichnete man ein Abkommen, in dem Frankreich und Russland sich verpflichteten, im Falle eines Friedensschlusses Rumänien mit Siebenbürgen, der Bukowina (dem südlichen Teil Galiziens) und dem Banat (dem südöstlichen Teil Ungarns) zu belohnen. Insgeheim hatten sich die beiden Großmächte freilich darauf geeinigt, ihre Zusagen im Ernstfall nicht einzuhalten. Die Rumänen konnten von dieser hinterhältigen Absicht nichts wissen; das entschuldigt aber nicht, dass sie sich auf das Abkommen einließen. Ihre strategische Situation, zwischen einem feindlichen Bulgarien im Süden und einem feindlichen Österreich-Ungarn im Westen und Norden, war so gefährlich, dass sie durch den vermeintlichen Beistand des erst spät zur Offensivstrategie zurückgekehrten russischen Heeres nicht aufgewogen werden konnte. Brussilows Erfolg hatte die Rumänen dazu geführt, den Sprung von der Neutralität in den Krieg zu wagen, aber sein Erfolg war nicht groß genug, um ihre Flanken zu sichern, falls die Deutschen eingriffen oder die Österreicher ihre Divisionen umgruppierten; gegen einen bulgarischen Angriff konnte Brussilow überhaupt nicht helfen.

Dennoch traten die Rumänen am 27. August auf alliierter Seite in den Krieg ein. Sie vertrauten offenbar auf ihre 23 Divisionen, die aus unerschütterlichen Bauern bestanden, und hofften, die russische Offensive nördlich der Pripjetsümpfe würde die Verlegung deutscher Truppen nach Ungarn verhindern, während Brussilows andauernde Offensive die Österreicher in Schach halten würde. Anscheinend rechneten sie nicht mit der Möglichkeit eines bulgarischen oder gar eines türkischen Eingreifens. Zudem überschätzten sie die militärische Kraft ihres schlecht ausgerüsteten Heeres. Alexejew, der russische Oberbefehlshaber, stellte in einem außergewöhnlichen Aufblitzen von Realismus den Bündniswert der Rumänen grundsätzlich infrage; er meinte zu Recht, sie würden das russische Potenzial eher belasten als verstärken. Jedenfalls tat er wenig, um den Rumänen zu helfen. Das Gleiche galt für die Franzosen und Briten in Saloniki, deren Garantie, einen Ablenkungsangriff zu starten, beim Kriegseintritt Rumäniens eine wichtige Rolle gespielt hatte. Schließlich kamen die Bulgaren deren Angriff zuvor; durch Hinweise auf alliierte Vorbereitungsmaßnahmen vorgewarnt und von deutschen sowie türkischen Divisionen unterstützt, überraschten sie die Alliierten am 17. August, schlugen bei Florina die serbische Exilarmee und verzögerten so die Hauptoffensive der Franzosen und Briten bis Mitte September.

Die Rumänen eröffneten, obwohl die Situation sich derart verschlechtert hatte, eine Offensive – nicht, wie die Kommandeure in Saloniki erwartet hatten, gegen Bulgarien, sondern durch die Pässe der Südkarpaten gegen Ungarn. Der Rückschlag ließ nicht lange auf sich warten. Die Österreicher organisierten die lokale Miliz schnell zu einer 1. Armee unter General Arz von Straußenburg; die Deutschen zogen Truppen (darunter bulgarische) zusammen, um in Siebenbürgen und Bulgarien zwei Armeen in Stellung zu bringen: die 9. Armee unter Falkenhayn, dem ehemaligen Generalstabschef, und die 11. Armee unter Mackensen, dem alten Veteranen der Ostfront. Während die Rumänen sich ruhig verhielten, nachdem sie das östliche Siebenbürgen besetzt hatten, trafen ihre Feinde Gegenmaßnahmen und schlugen zu. Am 2. September fielen die Bulgaren in der Dobrudscha ein, der rumänischen Provinz südlich vom Donaudelta. Am 25. September rückte Falkenhayn, zu dessen Truppen das berühmte Alpenkorps gehörte, in Siebenbürgen ein und warf die Rumänen über die Karpatenpässe in das rumänische Tiefland zurück; am 5. Dezember fiel die Hauptstadt Bukarest. Inzwischen hatte Mackensens Armee die Donau überquert und stieß ebenfalls auf Bukarest vor. Auf drei Seiten von vier Gegnern angegriffen (denn die Türken hatten zwei Divisionen auf Schiffen in die Dobrudscha gebracht), zogen sich die Rumänen in ihre östliche Provinz Moldau zurück. Dort verschanzten sie sich, von russischen Truppen unterstützt, bei Wintereinbruch am Sereth, um das Ende des schlechten Wetters abzuwarten.

Der Entschluss der Rumänen, in den Krieg einzutreten, war verhängnisvoll gewesen. Sie hatten 310 000 Mann, nahezu die Hälfte als Gefangene, und fast ihr ganzes Land verloren. Britische Sprengtrupps hatten ihren wichtigsten materiellen Aktivposten, die Ölfelder von Ploieşti (damals die einzige bedeutende Ölquelle Europas westlich des Schwarzen Meeres), gründlich sabotiert, bevor sie dem Gegner preisgegeben wurden. Die Entscheidung der Alliierten, Rumänien zum Kriegseintritt zu verleiten, war ebenfalls unbedacht gewesen. Die nominellen Streitkräfte kleinerer Staaten – Portugals (das im März 1916 in den Krieg eintrat), Rumäniens und selbst Italiens – erhöhten die Kampfkraft der Alliierten nicht, sondern verringerten sie: Die unvermeidlichen Rückschläge, die die kleineren Staaten erlitten, machten die Umleitung von Ressourcen notwendig, um sie zu stützen. Die Niederlage Rumäniens erforderte nicht nur, wie Alexejew vorausgesehen hatte, den Einsatz russischer Armeen, um das Land vor dem völligen Zusammenbruch zu retten. Sie verschaffte den Deutschen während der nächsten anderthalb Jahre auch 1 Million Tonnen Öl und 2 Millionen Tonnen Getreide – die Mittel, die «[ihnen] die Fortsetzung des Krieges bis zum Jahr 1918 ermöglichten».[68] Auch der Kriegseintritt Griechenlands auf alliierter Seite, den Venizelos im Juni 1917 mittels eines von den Alliierten eingefädelten Staatsstreichs inszenierte, brachte den Alliierten nicht den geringsten Vorteil. Die Etablierung eines extrem nationalistischen und antitürkischen Regimes in Athen führte dazu, dass die Griechen sich für die «Große Idee» – die Rückgewinnung der griechischen Herrschaft im Osten der Ägäis – engagierten, was die Bemühungen der Alliierten, im Nachkriegseuropa den Frieden wiederherzustellen, auf Jahre hinaus erschweren sollte.

9 Zusammenbrechende Heere

Der Krieg bot der Welt zu Beginn des Jahres 1917 kaum ein anderes Gesicht als am Jahresanfang 1915, nachdem zwischen den beiden bewaffneten Lagern Europas der Vorhang der Schützengräben heruntergegangen war. An der Ostfront hatte sich die Schützengrabenlinie um 500 km verschoben; im Süden lag ihr Eckpunkt jetzt nicht mehr in den Karpaten, sondern am Schwarzen Meer, im Norden immer noch an der Ostsee. An der österreichisch-italienischen sowie an der griechisch-bulgarischen Grenze verlief eine neue Schützengrabenfront, während es die Stellungen auf Gallipoli und bei Kut nicht mehr gab. Im Kaukasus erstreckte sich eine Front vorgeschobener Posten und Stützpunkte vom Schwarzen Meer bis ins nördliche Persien; auf der Halbinsel Sinai trennte ein unruhiges Niemandsland die britischen Verteidiger des Suezkanals von der türkischen Garnison in Palästina. Hier hatte sich seit 1915 wenig verändert. In Frankreich hatte es überhaupt keine Veränderungen gegeben. Die kämpfenden Armeen hatten sich bei den Offensiven von 1914 an markanten Geländeabschnitten völlig verausgabt – an der Yser, an den niedrigen Anhöhen in Flandern, am Vimy-Rücken, auf dem Kreideplateau an der Somme, an der Aisne und am Chemin-des-Dames, an der Maas bei Verdun, in den Wäldern der Argonnen, in den Vogesen. Diese bildeten weiterhin die Stützpfeiler der Stellungslinie, die inzwischen, wenn auch über ein sehr schmales Gebiet, durch vertiefte Schützengräben sowie durch Drahtverhaue und Unterstände stark verdichtet war. Bei diesen Arbeiten war man vielerorts planmäßig vorgegangen. Besonders auf deutscher Seite hatten die Verteidiger versucht, sich gegen Angriffe durch ausgefeilte Stellungsbauten abzusichern, die 1917 gewöhnlich in drei Gürteln gestaffelt und durch Betonbunker verstärkt waren. Ein großer Teil der Grabarbeiten war aber auch eilig improvisiert, um Stellungen, die man dem Gegner abgenommen hatte, in ein bereits vorhandenes Stellungssystem einzugliedern.

Je dichter das Stellungssystem wurde, desto geringer war die Möglichkeit, seinen Verlauf – und sei es durch die gewaltigste Offensivanstrengung – zu verändern. Die zwei Jahre anhaltenden Beschießungen und Grabenkämpfe über das Niemandsland hinweg hatten zu einer Zone der Verwüstung von ungeheurer Länge (über 650 km von der Nordsee bis zur Schweizer Grenze), aber von nur geringer Tiefe geführt: 1,5 bis 3 km auf jeder Seite des Niemandslandes entlaubte Bäume, weitere 1,5 bis 3 km schwer zerstörte Gebäude, darüber hinaus vereinzelte Zerstörung. Bei Verdun, an der Somme und im Frontvorsprung von Ypern waren ganze Dörfer verschwunden; auf der von Granaten umgepflügten Erde waren nur Ziegelstaub oder Steinhaufen übrig geblieben. Ypern und Albert, einst ansehnliche Kleinstädte, lagen in Trümmern; Arras und Noyon waren schlimm zugerichtet, die Stadt Reims sowie viele Dörfer entlang der Stellungslinie schwer beschädigt. Außer Reichweite der schweren Artillerie – höchstens 10 km – waren Stadt und Land unberührt.

Der Übergang von der Normalität zum Ort des Todes war abrupt, umso mehr als im «rückwärtigen Gebiet» Prosperität herrschte. Die Armeen hatten Geld gebracht; Läden, Cafés und Restaurants florierten, zumindest auf der alliierten Seite der Frontlinie. In der von den Deutschen besetzten Zone führte die Militärregierung ein strenges Regiment über die Wirtschaft: Sie trieb die Kohlenbergwerke, Textilfabriken und Eisenhütten zu Höchstleistungen, rekrutierte Zwangsarbeiter für Landwirtschaft und Industrie, beschlagnahmte landwirtschaftliche Erzeugnisse für den Export in das Reich. Für die Frauen Nordfrankreichs brachte der Krieg harte Jahre, denn sie hatten keine Nachricht von Gatten und Söhnen, die auf der anderen Seite der Linie kämpften, und mussten allein zurechtkommen.[1] Nur wenige Kilometer entfernt, in der französischen «Zone der Armeen», florierte die Kriegswirtschaft. Außerhalb des Streifens der Zerstörung herrschte auf den Straßen reger Verkehr, lange Reihen von Pferdegespannen und Automobilen fuhren hin und her. Auf den Feldern waren neue Zeltstädte und Barackenlager entstanden, um die Soldaten unterzubringen, die – fast wie zur Fabrikschicht – zu den Schützengräben gingen oder von ihnen zurückkamen: vier Tage an der Front, vier Tage in Bereitschaft, vier Tage in der Ruhestellung. An ihren freien Tagen konnten junge Offiziere wie John Glubb ein Pferd nehmen und «auf alten vernachlässigten Reitwegen [ausreiten], in einer strahlend schönen Laube aus lichtem Smaragdgrün. Auf der Erde knirschten die Bucheckern, der ganze Boden war von Anemonen und Schlüsselblumen bedeckt. Wenn ich mitten im Wald anhielt und ruhig auf meinem Pferd saß, war kein Laut von der Welt draußen zu vernehmen, nur das Klimpern meines Zaumzeugs und das Rauschen der Bäume.»[2]

Während die Front sich in ihrem Verlauf, in ihrer Routine und in ihrer seltsamen Vermischung des Alltäglichen und des Ungewöhnlichen nicht änderte, gab es auf der Führungsebene des Krieges nach Ablauf der ersten beiden vollen Kriegsjahre große Veränderungen. Zu Beginn des Jahres 1917 standen an der Spitze des britischen, des französischen und des deutschen Heeres neue Chefs. In Russland, das bald von der Revolution erschüttert werden sollte, war das Prestige, wenn nicht sogar die Kommandogewalt von der *Stavka* auf General Brussilow übergegangen, den einzigen erfolgreichen General des Zaren. In Großbritannien hatte ein Kriegsunfall zu dem Wechsel im Oberkommando geführt. Am 5. Juni 1916 fand Kriegsminister Kitchener auf einer diplomatischen Reise nach Russland den Tod, als der Panzerkreuzer *Hampshire* nördlich von Schottland auf eine Mine auflief. An seine Stelle trat zunächst Lloyd George. Als dieser am 7. Dezember Premierminister wurde, ernannte er Lord Derby zum Kriegsminister. Auch in Frankreich endete im Dezember die lange Herrschaft Joffres. Er wurde abgelöst durch Nivelle, der neue taktische Möglichkeiten gewandt darzulegen wusste. Um Joffre zu trösten, verlieh man ihm die Würde eines *Maréchal de France*. Das deutsche Heer wurde seit Ende August 1916 von dem Duo Hindenburg-Ludendorff geführt, das sich an der Ostfront so hervorragend bewährt hatte. Ihr Ansehen war durch die erfolgreiche Brussilow-Offensive nicht geschmälert worden. Die beiden – vor allem Ludendorff als der geistige Vater der Operationen – setzten in der OHL eine ganz neue Strategie durch: die Rationalisierung der Westfront, um dort Truppen für den Einsatz an anderen Fronten einzusparen, die Mobilisierung der deutschen Wirtschaft für den totalen Krieg und den politisch umstrittenen uneingeschränkten U-Boot-Krieg, um eine Blockade des Gegners zu erreichen.

Würden Veränderungen auf der Führungsebene jedoch irgendetwas verändern? Die Rolle der höheren Generalität im Ersten Weltkrieg gehört zu den strittigsten Fragen seiner Geschichtsschreibung. In den Darstellungen des Krieges finden sich zahlreiche gute und schlechte Generale, in den Reihen der Historiker Kritiker und Befürworter. Alle führenden Befehlshaber des Krieges galten in ihrer Zeit als große Männer: der unerschütterliche Joffre, der leidenschaftliche Foch, der titanenhafte Hindenburg, der erhabene Haig. In der Zwischenkriegszeit zerbröckelte ihr Ruf, großenteils durch die Hand von Memoirenschreibern und Romanciers – Siegfried Sassoon, Erich Maria Remarque, Henri Barbusse –, die durch ihre Darstellung der Kriegswirklichkeit «von unten» unerbittlich das Ansehen derjenigen untergruben, die den Krieg von oben geleitet hatten. Nach dem Zweiten Weltkrieg wurden diese Angriffe auf den guten Ruf fortgesetzt, nunmehr durch populärwissenschaftliche oder akademische Historiker, vor allem in Großbritannien; sie beschrieben nach wie vor die britischen Generale als «Esel, die Löwen führten», als hartherzige Männer, die das zarte Fleisch einer ganzen Generation auf den flandrischen Schlachtfeldern verbluten ließen, oder als psychisch abnormal.[3] Es gab Gegendarstellungen, besonders um den Ruf Haigs zu retten, den Dramatiker und Filmregisseure aufs Korn nahmen, um nachzuweisen, dass der Erste Weltkrieg die Grausamkeit der britischen Klassengesellschaft enthüllt habe. Solche Gegenangriffe gewannen jedoch kaum Boden zurück.[4] Bis zum Ende des Jahrhunderts war der Ruf der Generale, die am Ende des Ersten Weltkrieges hohes Ansehen genossen hatten, durch einen konzertierten Angriff auf ihre Person und ihre Leistung scheinbar endgültig ruiniert.

Es ist heute schwer, den Verdammungsurteilen über die Generale des Ersten Weltkriegs zu widersprechen. Durch ihre Erscheinung, durch ihre Haltung, ihre mündlichen oder schriftlichen Äußerungen stehen diese Männer quer zum Zeitgeist der Gegenwart. Die unbewegten Gesichter, die uns aus zeitgenössischen Fotos anstarren, deuten auf kein Gewissen, das durch die von ihnen herbeigeführten Blutbäder beunruhigt worden wäre; ebenso wenig die Verhältnisse, in denen sie lebten: das abgelegene Schloss, die elegante Umgebung, die glitzernden Automobile, das Kavalleriegefolge, die regelmäßige Routine, die üppigen Mahlzeiten, der ungestörte Schlaf. Joffres zweistündiges Mittagessen, Hindenburgs zehnstündige Nachtruhe, Haigs täglicher therapeutischer Ausritt auf sandbestreuten Wegen, die von Sekt und Hofklatsch geprägten Abendessen der *Stavka* – das alles war meilenweit entfernt von den kalten Verpflegungsrationen, nassen Stiefeln, durchnässten Uniformen, überfluteten Schützengräben, verfallenen und verlausten Unterkünften, mit denen ihre Untergebenen, zumindest im Winter, leben mussten. Lloyd George, zugegebenermaßen ein Radikaler, der seinem eigenen Oberkommando gewiss kritisch gegenüberstand, schrieb einmal: «Der übertriebene Eifer, mit dem die meisten Generale in hohen Stellungen (es gab rühmliche Ausnahmen) eine Gefährdung ihrer Person zu vermeiden suchten, ist eine der anfechtbaren Neuerungen der modernen Kriegführung.»[5]

Es gibt drei Gründe, warum solche Kritik an den Generalen des Krieges als unfair angesehen werden kann. Erstens: Viele Generale setzten sich tatsächlich Gefahren aus, obwohl das nicht unbedingt – eigentlich überhaupt nicht – ihre Pflicht war. Im Ersten Weltkrieg wurden 34 britische Generale durch Artilleriegranaten und 22 durch Gewehrfeuer getötet; im Zweiten Weltkrieg fielen 21.[6] Zweitens: In der Schlacht bei Waterloo war Wellington den ganzen Tag vor den Augen des Feindes an der Front entlanggeritten, im amerikanischen Sezessionskrieg waren mehrere hundert Generale gefallen. Die Praxis, das Hauptquartier weit hinter der

Front einzurichten, war tatsächlich eine «Neuerung» in der Kriegführung, aber sie war durchaus gerechtfertigt, ja sogar notwendig angesichts der ungeheuren Ausdehnung der Fronten, die das Kampfgeschehen ohnehin dem Gesichtskreis jedes Kommandeurs völlig entrückten. Je näher ein General der Schlacht war, desto schlechter platziert war er, um Informationen aufzunehmen und Befehle zu erteilen. Nur am Knotenpunkt der Telefonleitungen, der zwangsläufig hinter der Front lag, konnte er hoffen, Nachrichten über das Kampfgeschehen zu erhalten und eine überlegte Antwort darauf zu übermitteln. Drittens: Das Kommunikationssystem selbst ließ keine schnelle, geschweige denn unmittelbare Verbindung zu, wenn sie am notwendigsten war – in der Hitze des Kampfes. Die wichtigste Neuerung der heutigen Kriegführung ist die Perfektionierung der Überwachung, der Zielfestlegung und der wechselseitigen Kommunikation in Realzeit, das heißt während die Ereignisse ablaufen. Im Golfkrieg von 1991 standen die Kommandeure durch Radar, Fernsehen und vor allem Funk in direkter Verbindung mit der Front; sie empfingen mündliche Berichte und gaben mündliche Anweisungen mit der Unmittelbarkeit eines Telefongesprächs von Person zu Person. Zugleich organisierten sie Feuerunterstützung für ihre Truppen über vergleichbar rasche Kanäle gegen Ziele, die in «virtueller Realität» beobachtet werden konnten.

Ein Kommandeur des Ersten Weltkrieges verfügte über keines dieser Mittel, auch nicht über Funk. Sobald die Stellungen gegraben waren, war er auf ein starres Netz von Telefonleitungen angewiesen, die über die verschiedenen Kommandoebenen – des Bataillons, der Brigade, der Division, des Korps, der Armee – zum Oberkommando zurückführten. In größerer Entfernung von der Front konnte das Kabel ordentlich verlegt werden; in dem «bestrichenen Raum», wo die Granaten fielen, musste es unterirdisch geführt werden. Erfahrungsgemäß wurde es durch Granaten beschädigt, wenn es weniger als 1,80 m tief verlegt war; deshalb wurden die Sohlen der Schützengräben in mühevoller Arbeit vertieft, damit sie den notwendigen Schutz boten. Bis 1916 entwickelte das britische Heer ein ausgefeiltes System der Verzweigung auf jeder Kommandoebene, sodass die verschiedenen Stäbe von einer Vermittlungsstelle aus in drei Richtungen kommunizieren konnten – nach vorn, nach hinten und seitwärts mit den benachbarten Stäben.[7]

Das alles funktionierte hervorragend, bis der Kampf begann. Dann brach das System fast routinemäßig zusammen, und zwar an dem Punkt, auf den es eigentlich ankam: an der Front. Bei den Verteidigern wurden durch das gegnerische Artilleriefeuer die Vermittlungszentren zertrümmert und die wichtigen, vorn postierten Artilleriebeobachter getötet. Die Angreifer verloren, während sie sich vom Kabelnetz entfernten und vorrückten, automatisch den Kontakt zum rückwärtigen Gebiet. Abgewickelte Telefonkabel wurden zwangsläufig beschädigt, und Notbehelfe – Signallampen oder Brieftauben – waren vom Zufall abhängig. Für das unbefriedigende Ergebnis in beiden Situationen gibt es eine Fülle von Belegen. So stellte Oberst von Lossberg in der Abwehrschlacht an der Somme fest, dass es 8 bis 10 Stunden dauerte, bis eine Mitteilung vom Divisionshauptquartier an die Front gelangte; ebenso in umgekehrter Richtung.[8] Bei einem Angriff konnte die Verbindung vollständig zusammenbrechen. Das zeigen die Meldungen vom 1. Juli 1916, dem ersten Tag der Somme-Schlacht, auf fünf Befehlsebenen: Bataillon, Brigade, Division, Armee und Oberkommando.

Der Kommandeur des 11. East-Lancashire-Bataillons, das unmittelbar Feindberührung hatte, meldete um 7.20 Uhr: «Die erste [Angriffs]welle rückte ins Niemandsland vor.» Um 7.42 Uhr «meldete er durch einen Meldegänger [notabene nicht per Telefon] intensives Feuer jeder Art». Um 7.50 Uhr: «Ich schickte Leutnant Macalpine los, um eine Telefonverbindung herzustellen ... Er kehrte zurück und teilte mir mit, die ganze Verbindung sei zerstört.» Sie wurde während des ganzen Tages nicht wiederhergestellt. Um 8.22 Uhr: «Keine Nachricht von meinen Wellen.» Um 9 Uhr: «Sah keine Spur von der 3. oder 4. Welle.» Um 10.01 Uhr: «Keine Meldung von meinen Wellen.» Um 11.25 Uhr: «Keine Nachricht von meinen Wellen.» Um 11.50 Uhr: «Keine Meldungen von meinen Wellen außer Angaben über Verwundete.» Um 15.10 Uhr: «[Benachbarter Verband] ohne Kontakt zu irgendeiner seiner Wellen.» Um 15.50 Uhr: «Brauche dringend mehr Leute.» Um 21.20 Uhr: «Ich habe keine Leuchtraketen ... oder Verey-Lichter [die einzigen Notbehelfe, um der unterstützenden Artillerie etwas zu übermitteln].» Um 21.40 Uhr wurde der Kommandeur selbst «durch eine Granate schwer verwundet.» Auf der nächsthöheren Befehlsebene beobachtete der Brigadier der 94. Brigade, wie die Bataillone vorrückten, verlor dann jedoch die Verbindung zu ihnen. «Die Telefonleitungen bis zu seinem Gefechtsstand funktionierten die ganze Zeit gut, aber von seinem Gefechtsstand nach vorn waren alle unterbrochen, obwohl sie 1,80 m tief in der Erde lagen.» Er berichtete: «[Ein Meldegänger eines Bataillons] wurde auf dem Rückweg dreimal verschüttet und lieferte dennoch seine Meldung erfolgreich ab» – vermutlich eine der wenigen Meldungen, wenn nicht die einzige, die der Brigadier an diesem Tag erhielt. Das Hauptquartier der 31. Division, dem der Brigadier seine Meldungen übermittelte, berichtete um 8.40 Uhr, dieser habe «telefoniert, seine Linie habe die vordersten deutschen Schützengräben überquert, es sei aber sehr schwierig, zu sehen, was vorgehe. Er hat keine präzisen Informationen.» Um 18 Uhr, fast 11 Stunden nach Beginn des Angriffs, meldete der Divisionskommandeur an die nächsthöhere Ebene, das VIII. Korps: «Meine Fernmeldeleute haben auf meine Veranlassung hin versucht, [mit den Truppen] Kontakt aufzunehmen, können jedoch überhaupt kein Signal empfangen.» Dennoch formulierte auf der nächsthöheren Ebene, im Hauptquartier der 4. Armee, der Stabschef an diesem Abend zuversichtlich eine Operationsanweisung für den folgenden Tag, der die Feststellung vorausging: «Große Teile der deutschen Reserven sind inzwischen in dem Kampf hineingezogen worden. Es ist wichtig, den Druck aufrechtzuerhalten und die Verteidiger zu zermürben.» Etwa zur gleichen Zeit notierte Haig, das VIII. Corps habe gemeldet, «sie hätten gut begonnen, aber im Laufe des Tages seien seine Truppen zurückgedrängt worden ... Aufgrund weiterer Meldungen neige ich zu der Annahme, dass nur wenige Männer des VIII. Korps ihre Schützengräben verlassen haben!» Zwei Stunden später verzeichnet das Kriegstagebuch der 31. Division, das 11. East-Lancashire-Regiment, dessen verwundeter Kommandeur vor 8 Uhr morgens gesehen hatte, wie seine Angriffswellen in die feindlichen Stellungen eindrangen, habe noch «30 Mann aller Dienstgrade zur Verfügung, um heute Nacht die Front zu halten». Die später aufgezeichneten vollständigen Verlustmeldungen ergaben, dass dieses Regiment an jenem Tag 234 Gefallene und 360 Verwundete verloren hatte, somit nur 135 übrig blieben.[9]

Es ist leicht, die scheinbare Kälte von Haigs Tagebucheintrag zu kritisieren, niedergeschrieben in der Behaglichkeit seines Schlosses in Beaurepaire am Abend eines Tages, den Haig in der geordneten Routine seines Hauptquartiers in Montreuil verbracht hatte oder an dem er mit seinem Chauffeur durch die sicheren rückwärtigen Gebiete des Schlachtfeldes gefahren war. Während 20 000 Soldaten fielen beziehungsweise verwundet in überlasteten Feldlazaretten oder in der Einsamkeit eines Granattrichters den Tod erwarteten, arbeitete ihr Oberbefehlshaber an seinem Schreibtisch, aß zu Mittag, besuchte seine Untergebenen, speiste zu Abend und bereitete sich auf eine behagliche Nachtruhe vor. Dieser Gegensatz kann wirklich schockierend erscheinen, vor allem wenn man sich daran erinnert, dass Wellington am Abend der Schlacht bei Waterloo, in der er mit seinen Truppen jede Gefahr geteilt hatte, auf seinem müden Pferd zu einer Behelfsunterkunft ritt und dort sein Bett einem verwundeten Mitoffizier überließ.

Solche Gegenüberstellungen sind jedoch unfair. Wellington hatte jede Episode der Schlacht mit eigenen Augen gesehen und ihre Phasen exakt geleitet. Haig war nicht einmal Zuschauer. Er hatte nichts gesehen, nichts gehört (außer dem fernen Donnern der Geschütze) und nichts getan. Es gab für ihn nichts zu sehen und nichts zu tun. Selbst einer seiner jungen Untergebenen, Oberstleutnant Rickman, sah von seinen *Accrington Pals*, nachdem sie in die deutschen Stellungen eingedrungen waren, nur noch «das Glitzern der Sonne auf ihren Dreiecken», den Metallschildern, die als Erkennungsmarke an ihren Tornistern befestigt waren. Zwischen allen Kommandeuren und ihren Männern war der eiserne Vorhang des Krieges niedergegangen und hatte sie voneinander abgeschnitten, als lebten sie in verschiedenen Erdteilen. Hohe Kommandeure besaßen natürlich das Kriegsgerät, mit dem sie diese Kluft überbrücken konnten: die unzähligen hinter den Linien aufgestellten Geschütze. Aber sie hatten nicht die Mittel, das Feuer der Artillerie auf die Stellungen des Gegners zu leiten, der ihre Soldaten tötete. In einem früheren Krieg hätten die Kanoniere die Ziele mit dem bloßen Auge gesehen; in einem späteren Krieg hätten Artilleriebeobachter mit Funkgeräten, die zusammen mit der Infanterie vorgingen, das Feuer der Geschütze mündlich und anhand der Geländekarte geleitet. Im Ersten Weltkrieg wurde der Frontverlauf bis in die kleinste Einzelheit kartographisch verzeichnet und fast täglich auf den neuesten Stand gebracht. Aber der Funkverkehr, durch den das Feuer der Geschütze unverzüglich zum richtigen Zeitpunkt hätte herbeigerufen werden können, existierte noch nicht. Ein «Schützengrabengerät» war in der Entwicklung, aber es waren 12 Männer nötig, um das hauptsächlich aus schweren Batterien bestehende Gerät zu tragen. Luftaufklärer konnten zwar durch Funk die Einschläge der Artillerie korrigieren, sie hatten jedoch keine Verbindung zur Infanterie, die allein hätte darauf hinweisen können, wo das Feuer wirklich benötigt wurde.[10] Vor dem Aufkommen des Panzers wäre die einzige Methode, rasch durch ein Stellungssystem vorzudringen, die enge und ständige Koordinierung von Infanterieangriff und Artillerieunterstützung gewesen. Daher ist es überhaupt kein Wunder, dass die Schlacht an der Somme – wie die früheren und die meisten späteren Schlachten an der Westfront – als militärische Operation scheiterte.

Die meisten Vorwürfe gegen die Generale des Großen Krieges – vor allem Unfähigkeit und Unverständnis – können daher als nicht gerechtfertigt angesehen werden. Die Generale verstanden, nachdem die wirklich unfähigen, verständnislosen und physisch oder psychisch ungeeigneten ausgemustert worden waren, im Großen und Ganzen das Wesen des Krieges und wandten rationale Lösungen an, sofern dies die ihnen zur Verfügung stehenden Mittel zuließen. Wenn die Schlacht begonnen hatte, waren sie jeder Kommunikationsmöglichkeit beraubt. Deshalb suchten sie mit den Hindernissen und Zufällen, die im Laufe einer Schlacht zwangsläufig auftauchen, fertig zu werden, indem sie sich die Eventualitäten im Voraus immer genauer vorstellten und dementsprechende Vorkehrungen trafen. Sie entwarfen Pläne, die das Vorgehen der Infanterie minutengenau vorschrieben und das Artilleriefeuer nahezu metergenau konzentrierten – weniger um dem Ergebnis möglichst nahe zu kommen als um es vorherzubestimmen. Dieser Versuch musste natürlich scheitern. Im menschlichen Leben kann nichts im Voraus festgelegt werden, am allerwenigsten in einem so veränderlichen und dynamischen Zusammenprall von Kräften wie einer Schlacht. Schlachtverändernde Hilfsmittel – zuverlässige, geländegängige Panzer oder tragbare Funksprechgeräte – waren für die Generale unerreichbar (obwohl zum Greifen nahe, denn schon wenige Jahre später gab es sie). So waren die Generale in den eisernen Fesseln einer Technik gefangen, die sich für die Massenvernichtung von Menschenleben nur allzu gut eignete, ihnen aber die Kontrollmöglichkeiten vorenthielt, mit denen sie diese Vernichtung in erträglichen Grenzen hätten halten können.

Die Stimmung in den Krieg führenden Nationen

Ist Vernichtung von Leben jemals erträglich? Das war zu Beginn des Jahres 1917 die Frage, die in jedem Krieg führenden Land unter der Oberfläche lauerte. Frontsoldaten, der militärischen Disziplin unterworfen und durch die Kriegskameradschaft miteinander verbunden, hatten ihre eigenen Mittel und Wege, um der unerbittlichen Erosion zu widerstehen. Welche Probleme sie auch sonst haben mochten, sie wurden bezahlt (wenn auch schlecht) und ernährt (oft reichlich). Im rückwärtigen Gebiet setzte die Tortur des Krieges den Sinnen und der Empfindlichkeit anders zu, durch Sorge und Entbehrung. Der einzelne Soldat weiß, von Tag zu Tag, oft von Minute zu Minute, ob er in Gefahr ist oder nicht. Diejenigen, die er zurücklässt – vor allem Ehefrau und Mutter – leiden unter einer bangen Ungewissheit, die er nicht kennt. Das Warten auf das Telegramm, das den Familien die Verwundung oder den Tod eines Angehörigen an der Front mitteilte, war bis 1917 im allgemeinen Bewusstsein ständig präsent. Allzu viele hatten dieses Telegramm bereits erhalten. Bis Ende 1914 waren 300 000 Franzosen gefallen, 600 000 verwundet, und die Zahlen stiegen ständig an. Bis zum Kriegsende waren 17 Prozent der französischen Einberufenen gefallen, bei den Infanteristen fast 25 Prozent. Diese kamen großenteils aus der ländlichen Bevölkerung, die ein Drittel der Kriegsverluste zu tragen hatte. 1918 gab es 630 000 Kriegerwitwen, die meisten in der Blüte ihrer Jahre und ohne Hoffnung, noch einmal heiraten zu können.[11]

Die schlimmsten Verluste hatten die Franzosen 1914–16 erlitten. In diesen Jahren linderte die neu eingeführte finanzielle Unterstützung, die den Hinterbliebenen direkt ausgezahlt wurde, deren Sorgen. Ein amtlicher Meinungsforscher bezeichnete diese Unterstützungen als «Hauptursache des inneren Friedens und der öffentlichen Ruhe».[12] Die guten Löhne, die in den aufblühenden Kriegsindustrien gezahlt wurden, trugen ebenfalls dazu bei, die Antikriegsstimmung zu dämpfen, desgleichen das verantwortungsvolle Pflügen des Landes, das die plötzlich zu Familienoberhäuptern aufgestiegenen Ehefrauen oder Großväter, deren Söhne an der Front standen, übernahmen und in dem sie Befriedigung fanden. 1914 war Frankreich immer noch überwiegend agrarisch. Man gewöhnte sich daran, dass die jungen Männer abwesend waren, und Nahrung war nirgends knapp. Trotzdem wurden 1917 die Belastungen allmählich sichtbar für diejenigen, deren Aufgabe es war, die öffentliche Stimmung zu beobachten: Bürgermeister, Präfekten, Zensoren. In den Städten, wo viele männliche Arbeiter vom Militärdienst befreit oder sogar für die Fabrikarbeit zurückgeholt worden waren, wurde die Stimmung als befriedigend bezeichnet. Aber «auf dem Land ist die Stimmung beträchtlich gesunken; hier sind die ursprüngliche innere Stärke und Entschlossenheit nicht mehr festzustellen».[13] Im Juni 1917, als dieser Bericht einging, waren innere Stärke und Entschlossenheit im französischen Heer bereits weitgehend geschwunden.

In Deutschland blieb die Entschlossenheit des Heeres und des Volkes stark. Bis Ende 1916 waren zwar über eine Million Soldaten gefallen: 1914 241 000, 1915 434 000, 1916 340 000. Doch die Erfolge an der Front – die Besetzung Belgiens, Nordfrankreichs und Russisch-Polens sowie die Niederwerfung Serbiens und Rumäniens – bewiesen, dass die Opfer nicht vergeblich gewesen waren. Aber die wirtschaftlichen Kosten eines scheinbar erfolgreichen Krieges wurden allmählich zu einer schweren Belastung. So lag die Frauensterblichkeit 1916 um 11,5 Prozent, 1917 um 30,4 Prozent über der Vorkriegsrate – eine Folge der Unterernährung.[14] Frankreich konnte sich von einheimischen Erzeugnissen gut ernähren. Großbritannien konnte bis Mitte 1917, als der uneingeschränkte U-Boot-Krieg der Deutschen sich allmählich hart auswirkte, das Friedensniveau der Nahrungsmittelimporte aufrechterhalten. Aber Deutschland und Österreich spürten seit 1916 die Folgen der Blockade. Im Laufe des Jahres 1917 sank der Verbrauch von Fisch, Eiern und Zucker auf die Hälfte, die Versorgung mit Kartoffeln, Butter und Gemüse ging stark zurück. Im «Kohlrübenwinter» 1916/17 tauchte dieses fade Wurzelgemüse mit wenig Nährwert als Ersatz oder Zusatz bei den meisten Mahlzeiten auf. Luxusartikel, vor allem Kaffee (der den Deutschen fast als lebensnotwendig galt), konnten sich nur noch die Reichen leisten, und wirklich notwendige Dinge, wie Seife und Heizmaterial, waren streng rationiert. «Ende 1916 ... aßen die meisten Bürger Mahlzeiten, die nie ganz sättigten, lebten in kaum geheizten Wohnungen, trugen alte Kleidung, weil es keine neue gab, und hatten undichte Schuhe. Das heißt, sie begannen und beendeten den Tag mit Ersatzartikeln für fast alles.»[15] In Wien, der größten Stadt des Habsburgerreiches, war die Not noch schlimmer. Dort waren die Reallöhne 1916 auf die Hälfte gesunken, und als sie 1917 noch einmal halbiert wurden, begann die ärmere Bevölkerung Hunger zu leiden. Und da 60 Prozent der männlichen Familienoberhäupter an der Front standen, waren ihre Familien auf eine staatliche Unterstützung angewiesen, die keineswegs das Einkommen eines Vaters ersetzte; am Jahresende konnte man dafür nicht einmal zwei Brotlaibe pro Tag kaufen.[16]

Die Stimmung aller Untertanen des Habsburgerreiches hatte sich überdies merklich verändert, als der seit 1848 regierende Kaiser Franz Joseph im November 1916 verstarb. Selbst unter den am wenigsten reichstreuen seiner Völker, den Tschechen und den Serben, hatten ihn viele persönlich verehrt. Den kaisertreuen Kroaten, den Deutschen und den Ungarn galt er als Symbol der Stabilität in ihrem zunehmend baufälligen Vielvölkerstaat. Sein Tod lockerte die Bande, die die zehn wichtigsten Sprachgruppen in Österreich-Ungarn immer noch zusammenhielten: Deutsche, Magyaren, Serbokroaten, Slowenen, Tschechen, Slowaken, Polen, Ruthenen, Italiener und Rumänen. Obwohl sein Nachfolger, Karl I. , den Thron mit jugendlichem Elan bestieg, konnte er angesichts des Krieges keine starke kaiserliche Autorität gewinnen. Wie sein Außenminister, Ottokar Graf Czernin, war Karl I. für Frieden, und als eine seiner ersten Regierungshandlungen kündigte er an, er werde schleunigst versuchen, diesen herbeizuführen. Im März 1917 eröffnete er über seinen Schwager, den Prinzen Sixtus von Bourbon-Parma, indirekte Verhandlungen mit der französischen Regierung, um herauszufinden, unter welchen Bedingungen eine allgemeine Friedensregelung zustande kommen könnte. Da er jedoch vor allem sein Reich unversehrt erhalten wollte und zu diesem Zweck viel deutsches, aber wenig habsburgisches Gebiet zu opfern bereit war, scheiterte seine diplomatische Initiative bald. Die «Sixtus-Affäre» versetzte lediglich die Deutschen in Wut; den Alliierten verriet sie, wie kriegsmüde Österreich war, veranlasste sie aber nicht, ihren Kampf bis zum Endsieg in irgendeiner Weise abzuschwächen.

Die Alliierten hatten bereits einen uneigennützigen Vermittlungsversuch abgelehnt, den der amerikanische Präsident Woodrow Wilson am 18. Dezember 1916 gemacht hatte. Er bat beide Seiten, die Bedingungen darzulegen, die für ihre zukünftige Sicherheit notwendig seien. Deutschland antwortete schon im Voraus, machte keinerlei Zugeständnisse und betonte seinen Glauben an den bevorstehenden Sieg. Der Ton der deutschen Antwort war stark beeinflusst durch die Einnahme Bukarests und den Zusammenbruch der rumänischen Armee Anfang Dezember. Die

Antwort der Alliierten war ebenso kompromisslos, aber sehr detailliert. Sie forderten die Räumung Belgiens, Serbiens und Montenegros sowie der besetzten Gebiete in Frankreich, Russland und Rumänien; Unabhängigkeit für die italienischen, rumänischen, tschechoslowakischen und die anderen slawischen Untertanen des Habsburgerreiches und des Deutschen Reiches; die Beendigung der osmanischen Herrschaft in Südosteuropa und die Befreiung der übrigen Untertanen der Türken. Kurz, die Alliierten wollten die Zerstückelung der drei Reiche, die den Kern des Bündnisses der Mittelmächte bildeten.[17]

Nur Staaten, die ein hohes Maß politischer Einheit besaßen, konnten einen Aufruf zur Beendigung der Feindseligkeiten im 28. Monat eines schrecklichen Krieges so zuversichtlich beantworten. Eine solche Einheit herrschte in Frankreich und Großbritannien, obwohl die führenden Männer beider Länder immer wieder gewechselt hatten. Bei Kriegsausbruch hatten die Parteien der französischen Nationalversammlung darauf verzichtet, Meinungsverschiedenheiten auszutragen; sie hatten eine *union sacrée* geschlossen, deren Ziel das Überleben der Nation und der Endsieg war. Diese Union hatte trotz eines Regierungswechsels überdauert. Im Oktober 1915 war die Regierung Viviani zurückgetreten, aber der neue Ministerpräsident, Aristide Briand, der schon in der alten Regierung ein Ministeramt innegehabt hatte, hielt an der Koalition fest. Auch die Parteien im britischen Unterhaus hatten im Mai 1915 eine Koalition geschlossen, nachdem man dem liberalen Kabinett vorgeworfen hatte, es sei unfähig, der Front in Frankreich einen ausreichenden Munitionsnachschub zu sichern. Doch Herbert Henry Asquith blieb Premierminister und brachte es fertig, nach außen für ein weiteres Jahr Einheit zu demonstrieren. In Munitionsminister Lloyd George hatte er jedoch einen Kollegen, der unerbittlich und zu Recht seinen lahmen Führungsstil kritisierte, und als Anfang Dezember 1916 die Leitung des Krieges neu geordnet werden sollte, wurde Asquith ausmanövriert. Zunächst war er damit einverstanden, dem Kriegskomitee, das drakonische Vollmachten haben sollte, selbst nicht anzugehören. Dann lehnte er die neue Regelung jedoch ab und erzwang den Rücktritt Lloyd Georges. In der anschließenden Konfrontation bot er seinen eigenen Rücktritt an, in der irrigen Annahme, eine Mehrheit im Unterhaus werde diesen ablehnen. Die führenden Kabinettsmitglieder, liberale wie konservative, erkannten Lloyd Georges überlegene Fähigkeiten in einer Zeit der nationalen Krise. Sie überwanden ihre Abneigung gegen seinen Egoismus und seine Verschlagenheit und erklärten sich bereit, ihn als Chef einer neuen Koalitionsregierung anzuerkennen, über der das Kriegskomitee mit nahezu uneingeschränkter Vollmacht herrschen sollte. Die Regierung Lloyd George blieb bis Kriegsende im Amt.

Diese politischen Veränderungen erhielten zwar in beiden Ländern eine Koalitionsregierung aufrecht, lösten jedoch nicht das Problem, das der Unzufriedenheit mit den Regierungen Viviani und Asquith zugrunde lag: deren Verhältnis zum Oberkommando. In Deutschland konnte das Oberkommando durch ein Machtwort des Kaisers neu zusammengesetzt werden, denn dieser vergab als oberster Kriegsherr alle militärischen Positionen. Bis Ende 1916 hatte er bereits Moltke und Falkenhayn entlassen. Auch in Großbritannien erforderte ein Wechsel im Oberkommando theoretisch nur eine Entscheidung des zuständigen Gremiums, in diesem Falle des Kabinetts. Praktisch erschwerte jedoch die Sorge um das Vertrauen der Öffentlichkeit solche Veränderungen. So brachte das Kabinett es lange nicht fertig, Sir John French abzulösen, obgleich dieser offensichtlich für die Leitung der Operationen in Frankreich ungeeignet war. In Frankreich war die Situation noch schwieriger. Joffre besaß als Oberster Befehlshaber in der «Zone der Armeen» von der Verfassung garantierte Vollmachten; selbst Abgeordnete durften die Zone nur mit seiner Erlaubnis betreten. Seine Vollmacht erstreckte sich nicht nur auf die Armeen im Mutterland, sondern auch auf die «Schauplätze der Operationen im Ausland». Infolgedessen saßen die Oberkommandierenden in Frankreich und Großbritannien – und, wie sich bald zeigen sollte, auch in Italien – so fest im Sattel, dass ihre Position weder durch Verlustlisten noch durch Misserfolge erschüttert wurde.

In Großbritannien blieb Haig Oberkommandierender bis zum Kriegsende, obwohl er schon Ende 1917 das Vertrauen Lloyd Georges nahezu völlig verloren hatte. In Frankreich führte der Vertrauensverlust Joffres, der seit dem Beginn der Schlacht um Verdun ständig zugenommen hatte, lediglich dazu, dass man ihm im Dezember 1916 einen erhabenen, allerdings leeren Ehrentitel verlieh. Für das problematische Verhältnis zwischen politischer und militärischer Führung fand man jedoch keine befriedigende Regelung: General Lyautey, der frühere Prokonsul von Marokko, der nach Joffres Entlassung zum Kriegsminister ernannt wurde, erhielt erweiterte administrative Befugnisse, jedoch keine Befehlsgewalt. Auch für Joffre fand sich kein befriedigender Ersatz. Nivelle, von den Politikern ausgewählt, war intelligent und beredsam; er hatte nach dem Verzicht der Deutschen auf die Offensive die Lage bei Verdun verändert und seinen rapiden Aufstieg vom Oberst zum General binnen zwei Jahren durch die Rückeroberung des Forts Douaumont gekrönt. Die Ereignisse sollten jedoch bald beweisen, dass sein Selbstvertrauen übertrieben und das von der Regierung in ihn gesetzte Vertrauen nicht gerechtfertigt war. Im Rückblick ist das leicht zu erkennen, aber damals war es schwierig, sich mit der Fehlbarkeit von Regierungen und Generalstäben abzufinden. Der Unzufriedenheit mit Systemen und Persönlichkeiten in allen Ländern lag die elementare Wahrheit zugrunde, dass die Suche nach etwas oder nach jemand Besserem vergeblich war. Das Kommandoproblem war unter den Bedingungen des Ersten Weltkriegs nicht zu lösen. Die Generale glichen Blinden, Tauben und Stummen: Sie konnten die von ihnen in Gang gesetzten Operationen nicht beobachten, sie konnten die Meldungen über deren Verlauf nicht hören, und sie konnten, sobald der Kampf begonnen hatte, nicht mehr zu denen sprechen, denen sie am Anfang Befehle erteilt hatten. Der Krieg war ihnen über den Kopf gewachsen.

In Deutschland, in Großbritannien und sogar in Frankreich, das bei der Verteidigung seines Territoriums so viele Menschenleben verloren hatte, blieb der Wille des Volkes trotzdem ungebrochen. «Durchhalten» lautete die Parole der Deutschen. Obgleich sie schrecklich gelitten hatten, dachten sie noch nicht daran, ein unbefriedigendes Ergebnis zu akzeptieren.[18] Der Glaube an einen glorreichen Sieg mochte geschwunden sein; aber Zugeständnisse blieben ebenso undenkbar wie eine Niederlage. In Großbritannien, das erst 1916 Massenverluste erlitt, war die Bevölkerung noch stärker zum Durchhalten entschlossen. Im Laufe des Jahres 1916 war der spontane Drang von Millionen, sich freiwillig zu melden, abgeflaut, und es wurden Wehrpflichtgesetze erlassen, die – zum ersten Mal in der britischen Geschichte – Zivilisten zum Kriegsdienst zwangen. Trotzdem verzeichnete das *Annual Register* offenbar wahrheitsgemäß: «Die Aussicht auf ... Opfer ... schwächte die nationale Entschlossenheit, den Krieg bis zu einem erfolgreichen Abschluss weiterzuführen, anscheinend nicht im Geringsten.»[19] Selbst in Frankreich lebte der Gedanke einer «heiligen Union» als ein Band nicht nur zwischen verschiedenen Parteien, sondern zwischen Klassen und Gruppen bis Ende 1916 fort, vor dem Hintergrund, dass «Frankreich das Objekt fremder Aggression war und deshalb verteidigt werden musste».[20] Paradoxerweise lebte auch die Erwartung weiter, der Krieg könne – durch einen deutschen Zusammenbruch oder einen glänzenden französischen Sieg – rasch beendet werden. Diese Hoffnung wurde jedoch alsbald erschüttert.

Die französischen Meutereien

Bei der Besprechung der alliierten Militärs im November 1916 in Chantilly (einer Wiederholung der Chantilly-Konferenz vom Dezember 1915, die zur Schlacht an der Somme und zur Brussilow-Offensive geführt hatte) war für 1917 eine große Offensive geplant worden. Die Italiener sollten ihre Offensiven gegen die Österreicher am Isonzo wieder aufnehmen. Auch die Russen versprachen eine Frühjahrsoffensive; sie nannten zwar keine Einzelheiten, schwärmten jedoch von ihren Möglichkeiten, denn die russische Kriegsindustrie war jetzt voll für den Krieg mobilisiert und produzierte Waffen und Munition in riesigen Mengen.[21] Die Hauptanstrengung sollte allerdings im Zentrum der Westfront, auf dem alten Schlachtfeld an der Somme, von den Franzosen und Briten unternommen werden. Ihr sollte eine Offensive in Flandern folgen, deren Ziel es war, die belgische Küste zu «säubern» und die U-Boot-Basen zurückzugewinnen, von denen aus die Deutschen mit wachsendem Erfolg gegen alliierte Schiffe operierten.

Diese Pläne wurden durch zwei Ereignisse obsolet. Das erste war die Ablösung Joffres durch Nivelle, dessen operative Pläne keine Wiederaufnahme der Sommeschlacht vorsahen. Die Somme war zu einem Zermürbungskampf geworden und die Landschaft trug noch die Narben: kaputte Straßen, weithin unebenes Gelände, verwüstete Wälder, überflutete Talsohlen und ein Labyrinth verlassener Schützengräben, Unterstände und Stützpunkte. Das Gelände an der Somme eignete sich nicht mehr für einen plötzlichen Durchbruch, wie er Nivelle vorschwebte. Nivelle war Offizier der Artillerie, die 1917 als führende Waffengattung im Stellungskrieg galt. Er war davon überzeugt, dass eine neue Artillerietaktik eine «rupture» herbeiführen werde. Unter seiner Leitung sollten zahllose Geschütze die deutschen Verteidigungsanlagen «über die ganze Tiefe der feindlichen Stellung hinweg» mit Feuer eindecken, die Schützengräben zerstören und die Verteidiger lähmen; so würden die Angreifer, unter ununterbrochenem Sperrfeuer vorrückend und noch bestehende Widerstandsnester umgehend, in das rückwärtige Gebiet des Gegners eindringen können, ohne auf Gegenwehr zu stoßen.[22] Da die Somme für eine solche Taktik ungeeignet war, schlug Nivelle vor, zum Terrain und zum Plan von 1915 zurückzukehren. Er wollte an den «Schultern» des großen deutschen Frontvorsprungs auf beiden Seiten der Somme angreifen. Die Franzosen sollten den südlichen Frontabschnitt an der Aisne, den Chemin-des-Dames, als Angriffsfront übernehmen; die Briten sollten an der nördlichen Schulter des deutschen Frontvorsprungs, bei Arras und gegen den Vimy-Rücken, eine neue Offensive eröffnen.

Selbst wenn Nivelle den Plan für 1917 nicht geändert hätte, wäre die Absicht der Alliierten, die Somme-Offensive wieder aufzunehmen, durch eine Entscheidung der Deutschen vereitelt worden. Am 15. März bemerkten die Franzosen, dass der Gegner an der gesamten Front zwischen Arras und der Aisne sich aus seinen Stellungen zurückzuziehen begann. Das war das zweite Ereignis, das Joffre nicht vorausgesehen hatte, als er im November die Chantilly-Konferenz einberief. Im Krieg fügen sich Pläne selten ineinander. Während die Alliierten sich darauf einigten, die Offensive auf dem alten Schlachtgelände zu erneuern, trafen die Deutschen Vorkehrungen, dieses Gelände aufzugeben. Im September 1916 hatten sie begonnen, hinter dem Schlachtfeld der Somme eine «endgültige» Stellung zu errichten, mit dem Ziel, die Frontlinie zu verkürzen und Kräfte – zehn Divisionen – einzusparen, um sie anderswo einzusetzen.[23] Im Januar 1917 war die neue «Hindenburg-Linie» fertig und bis zum 18. März voll besetzt; ihre einzelnen Abschnitte waren nach Gestalten deutscher Heldensagen benannt: Wotan, Siegfried, Hunding und Michel. Als die Briten und Franzosen bemerkten, dass das vor ihnen liegende Gelände geräumt war, rückten sie nach und gruben Anfang April ihre eigenen Stellungen vor gewaltigen deutschen Verteidigungsanlagen, die alles bisher Bekannte übertrafen.

Zum Glück für Nivelle endete die «Hindenburg-Linie» kurz vor dem Chemin-des-Dames, wo er losschlagen wollte, sowie kurz vor dem Frontabschnitt Arras-Vimy, wo die Briten und Kanadier ein wenig früher angreifen sollten. Es war Pech für die Franzosen, dass die Verteidigungsstellungen am Chemin-des-Dames seit September 1914, als die Deutschen sich dort verschanzt hatten, ausgebaut worden waren und zu den stärksten an der Westfront gehörten. Von der Kammlinie hatten die Deutschen weite Einblicke in das rückwärtige Gebiet der Franzosen. Deutsche Artilleriebeobachter konnten von dort nicht nur die Stellungen einsehen, in denen die französische Infanterie sich zum Angriff formieren sollte, sondern auch die Stellungen der unterstützenden Artillerie. Aufgrund der neuen Abwehrtaktik der Deutschen, die im Zusammenhang mit Nivelles erfolgreicher Rückeroberung von Gelände bei Verdun im Dezember 1916 eingeführt worden war, wurde die Frontlinie von minimalen Kräften gehalten. Doch außer Reichweite der feindlichen Artillerie standen Eingreifdivisionen zum Antreten bereit, sobald die ersten Wellen der angreifenden feindlichen Infanterie den Feuerschutz ihrer Artillerie «verloren» hatten.[24] Die von Nivelle geplante «harte» und «brutale» Offensive sollte nicht länger als 48 Stunden dauern, in denen die gesamten deutschen Stellungen durch drei aufeinander folgende Angriffe von jeweils 2 bis 3 km Tiefe überwunden werden sollten. Voraussetzung für das Gelingen war ein enges Zusammenwirken von Infanterie und Artillerie.[25] Nivelle traf jedoch keine Vorkehrungen für das rasche Vorrücken der französischen Artillerie, was auf dem steilen und unebenen Gelände des Schlachtfeldes und unter den dort voraussichtlich herrschenden Umständen ohnehin unmöglich war.

Während die französische 6., 10. und 5. Armee, die zusammen die Heeresgruppe der Reservearmeen bildeten und einige der besten Verbände des Heeres umfassten, den Angriffstermin erwarteten, der schließlich auf den 16. April festgesetzt wurde, bereitete sich die BEF auf ihre eigene unterstützende Offensive vor, die eine Woche früher angesetzt war. Ihr Angriffsziel, das von dem Kanadischen Korps erstürmt werden sollte, war der Kamm des Vimy-Rückens. Von diesem führte der Weg hinunter in die Douai-Ebene und von dort, so hoffte man, in das unbefestigte rückwärtige Gebiet der Deutschen. Hier konnte die Kavallerie schnell vorstoßen und sich mit den Spitzen Nivelles verbinden, sobald diese die Anhöhen an der Aisne beim Chemin-des-Dames, 130 km weiter südlich, überwunden hatten. Die Briten verfügten über eine enorm starke Artillerie und riesige Munitionsvorräte: 2879 Geschütze (auf 9 Frontmeter je eines) und 2 687 000 Granaten. Der Feuersturm sollte von kürzerer Dauer, aber doppelt so stark wie an der Somme im Juli 1916 sein. Außerdem hatte man 40 Tanks zusammengezogen. Das VI. Korps der 3. Armee, das den Hauptstoß führen sollte, konnte seine Infanterie in den großen unterirdischen Steinbrüchen bei Arras bereitstellen und sie durch Tunnel sicher an die Front schleusen. Baukompanien hatten gegenüber dem Vimy-Rücken ähnliche Tunnel für die vier Infanteriedivisionen des Kanadischen Korps gegraben, das dort als erstes Kontingent aus den Dominions eine größere Offensive an der Westfront führte.

Die französischen Meutereien

Das Aprilwetter bei Arras war grässlich. Regen wechselte mit Schnee und Schneeregen, die Temperaturen waren unerträglich niedrig. Nässe und Artilleriefeuer hatten den Kreideboden der Angriffszone in klebrigen Schlamm verwandelt, der überall knöcheltief, stellenweise noch tiefer war. Dieses eine Mal rief die lange Vorbereitungsperiode jedoch keine energischen Gegenmaßnahmen der Deutschen hervor. Der Oberbefehlshaber der deutschen 6. Armee, die am Frontabschnitt Vimy-Arras stand, General Ludwig von Falkenhausen, hielt seine Eingreifdivisionen 24 km hinter der Front. Offenbar meinte er, die sieben Frontdivisionen seien stark genug, dem Ansturm standzuhalten.[26] Das war eine Fehleinschätzung. Sir Edmund Allenby und Sir Henry Horne, die Oberbefehlshaber der 3. und der 1. Armee, besaßen für den Angriff 18 Divisionen und außerdem eine weit überlegene Artillerie. Da die deutschen Kommandeure in der Frontlinie wussten, dass Falkenhausens strategische Reserven weit entfernt standen, hielten sie ihre taktischen Reserven ebenfalls zurück, um sie erst bei einem Zusammenbruch der Front einzusetzen.

Diese Dispositionen erwiesen sich für die Deutschen als verheerend. Ihre Infanterie wurde in ihren Unterständen festgenagelt durch das schwere britische Artilleriefeuer, das auch ihre schützenden Drahthindernisse zerfetzt hatte. Ihre Wachen hörten zwar die Anzeichen des bevorstehenden Angriffs zwei Stunden vor seinem Beginn, konnten das wegen beschädigter Telefonleitungen aber nicht ihrer Artillerie mitteilen, die ohnehin durch das britische Gegenbatteriefeuer bereits ausgeschaltet war.[27] Als die Briten und Kanadier erschienen, die sich hinter ihrer Feuerwalze nach vorn gearbeitet hatten, wurden die Verteidiger in ihren Unterständen entweder getötet oder gefangen genommen; wer Glück hatte, fand gerade noch Zeit, sich nach hinten abzusetzen. Michael Volkheimer vom 3. Bayerischen Reserveregiment am südlichen Ende des Vimy-Rückens erblickte die vorrückenden Wellen fast schon auf der Höhe seiner Stellung und rief einem Kameraden zu: «Hau ab! Die Engländer kommen!» Dann rannte er los, um seinen Regimentskommandeur zu warnen, «das ganze Regiment werde gefangen genommen, falls nicht starke Eingreif-

truppen zur Verfügung stünden ... Solche Truppen waren nicht verfügbar. Deshalb fiel der ganze Höhenrücken ... in Feindeshand, und von unserem Regiment [3000 Mann] gelang es nur etwa 200 Mann, sich zurückzuziehen.»[28]
Der erste Tag der Schlacht bei Arras, der 9. April 1917, war ein Triumph der Briten. In wenigen Stunden durchbrachen sie die deutsche Front in einer Tiefe von 1,5 bis 5 km, machten bei nur geringen eigenen Verlusten 9000 Gefangene und eröffneten scheinbar einen Weg in offenes Gelände. Der Erfolg der Kanadier war sensationell. Gleich im ersten Anlauf nahmen sie die schrecklich kahlen, zerfurchten Hänge des Vimy-Rückens ein, an denen 1915 Tausende von Franzosen verblutet waren, eroberten den Kamm und erblickten von dem steilen rückwärtigen Osthang aus die ganze Douai-Ebene, in der deutsche Artillerie und Reserven zusammengedrängt waren. Ein kanadischer Leutnant schrieb: «Wir konnten sehen, wie die deutschen Kanoniere an ihren Geschützen hantierten, dann aufprotzten und zurückfuhren. Transportwagen mit Hunderten von Soldaten, die von dem Höhenrücken geflohen waren, räumten schleunigst das Feld. Es schien überhaupt nichts zu geben, was unseren Durchbruch verhindern konnte, nichts außer dem Wetter.»[29]

Tatsächlich war es nicht das Wetter, sondern die übliche Starrheit des Planes, die das Fortschreiten der Offensive vereitelte. Eine eingeplante zweistündige Pause nach Erreichen der Ziele hinderte die Angriffsspitzen, weiter vorzurücken. Als sie es taten, wurde der Tag immer kürzer und ihr Schwung ließ nach. Am 10. April tauchten die ersten deutschen Reserven auf, um die Lücke zu schließen. Als die BEF am 11. April den Einbruch durch einen Angriff auf dem rechten Flügel bei Bullecourt zu erweitern suchte, stieß eine australische Division auf einen intakten Drahtverhau, den die wenigen begleitenden Tanks nicht zu durchbrechen vermochten. Daraufhin wurde eine Pause angeordnet, damit Verluste ersetzt werden und die Truppen sich erholen konnten. Zu diesem Zeitpunkt beliefen sich die Verluste auf 20 000 Mann (nur ein Drittel der Verluste am ersten Tag der Somme-Offensive), aber die eingesetzten Divisionen waren erschöpft.

Als die Schlacht am 23. April wieder aufgenommen wurde, hatten die Deutschen Umgruppierungen vorgenommen und Verstärkungen herangeführt, sodass sie an jedem Frontabschnitt zum Gegenangriff übergehen konnten. Infolgedessen setzte die Zermürbung ein, zog sich über einen Monat hin und brachte der BEF weitere Verluste von 130 000 Mann ohne nennenswerten Geländegewinn. Die Verluste der Deutschen waren ebenso hoch, aber nach der Demütigung bei Vimy bauten sie ihre Stellungen rasch wieder auf und waren nicht mehr in Gefahr, an der Arras-Front eine weitere Niederlage zu erleiden.

Inzwischen hatten die Deutschen den Franzosen eine katastrophale Niederlage zugefügt. Ihr Rückschlag bei Vimy hatte zwei Ursachen: Erstens hatten sie mit einem längeren britischen Trommelfeuer gerechnet und deshalb versäumt, ihre Eingreiftruppen rechtzeitig nach vorn zu bringen; zweitens hatten sie am Frontabschnitt Vimy-Arras viel zu wenig Divisionen. Der Ausgleich dafür sollte die Franzosen am Chemin-des-Dames treffen, wo hinter 21 deutschen Divisionen 15 Eingreifdivisionen in Stellung zum Gegenangriff bereitstanden. Während die Deutschen bei Vimy-Arras überrascht worden waren, sollte es an der Aisne umgekehrt sein: Hinweise auf eine bevorstehende große Offensive hatten die Deutschen auf Nivelles Absichten aufmerksam gemacht.[30] Überdies war es zu Sicherheitspannen gekommen. Die Deutschen hatten Dokumente erbeutet, und im Hinterland hatten manche Geheimnisträger den Mund nicht halten können. Nivelle, Sohn einer englischen Mutter, sprach fließend Englisch, und schon im Januar 1917 erklärte er bei einem Besuch in London «beim Abendessen höchst charmant seine Pläne vor einigen bezaubernden und hingerissenen Damen, die unmittelbar danach ihren Freunden alles erzählten, was sie von seinen Ausführungen verstanden hatten».[31]

Auf die eine oder andere Weise hatten die Deutschen zahlreiche Hinweise auf den Durchbruchsplan Nivelles erhalten. Sie hatten auch ihr neues, von Lossberg entwickeltes System der «Verteidigung in der Tiefe» verwirklicht. Dieses ließ die Frontlinie, von Beobachtern abgesehen, fast unbesetzt. Die dahinter liegende «Zwischenzone» hielten Maschinengewehre, auf Stützpunkte oder provisorisch hergerichtete Granattrichter verteilt. Die unterstützende Artillerie war weiter rückwärts nicht in Reihen, sondern unregelmäßig aufgestellt. Die eigentliche Stärke der Verteidigung aber beruhte auf den Reserven, die außer Reichweite der gegnerischen Artillerie, 9 bis 18 km hinter der Front, bereitstanden. Diese Anordnung bedeutete für Nivelles Plan eine Katastrophe: Die französische Infanterie sollte die ersten 3000 m der Front am Chemin-des-Dames – einschließlich eines steilen, bewaldeten Hanges mit zahlreichen natürlichen Höhlen – in drei Stunden überqueren; in den folgenden drei Stunden sollte sie die nächsten 3000 m vorrücken, auf dem rückwärtigen Hang, wo sie aus dem Blickfeld ihrer unterstützenden Artillerie verschwinden würde; die letzten 2000 m sollten in zwei weiteren Stunden zurückgelegt werden. Abgesehen von den Schwierigkeiten, die sich beim Kampf um diese insgesamt 8000 m ergeben mussten (anfänglicher deutscher Widerstand, Stacheldrahthindernisse, umgangene Maschinengewehrnester, örtliche Gegenangriffe), bestand die wesentliche Schwäche von Nivelles Plan darin, dass die Energie der Anfangsphase in einem Abschnitt verausgabt werden sollte, der 2000 m vor den eigentlichen deutschen Verteidigungsstellungen endete. Selbst wenn der französische Vorstoß – was zweifelhaft war – voll gelang, würden die Angreifer, falls sie ihre letzten Ziele erreichten, unmittelbar auf frische Truppen stoßen, denen sie in ihrem erschöpften Zustand schwerlich gewachsen sein würden.

Dennoch hatte sich etwas von Nivelles Glauben an die «rupture» auf seine Soldaten übertragen. Der britische Verbindungsoffizier E. L. Spears schildert eine Szene an der Ausgangslinie im Morgengrauen des 16. April: «Eine fast freudige Erregung, eine geradezu optimistische Erwartung überkam die Truppen. Rings um mich sah ich grinsende Gesichter von Männern, deren Augen leuchteten. Als sie meine Uniform sahen, kamen einige Soldaten erwartungsvoll auf mich zu. ‹Die Deutschen werden uns nicht standhalten..., ebenso wenig wie euch bei Arras. Sie liefen regelrecht davon, nicht wahr?› Die Wirkung der fröhlichen Stimmen wurde erhöht durch die Lichtreflexe auf Tausenden von blauen Stahlhelmen.» Als die Stunde X näher rückte, verstummte die wartende Infanterie, während die Artillerie losdonnerte. Sie sollte mit ihrer Feuerwalze in gewaltigen Sprüngen vorrücken und damit vermeintlich die Infanterie mitreißen. «Der Anfang schien gut», schreibt E. L. Spears. «Das deutsche Sperrfeuer, so der Eindruck, war dilettantisch und unregelmäßig. Von den feindlichen Linien stiegen Hunderte goldfarbener Lichtsignale hoch. Die Deutschen hatten die französischen Angriffswellen erblickt und riefen ihre Geschütze zu Hilfe ... Fast sofort, so schien es jedenfalls, rückte die ungeheure Truppenmasse in meinem Blickfeld vor. Lange, dünne Kolonnen strömten auf die Aisne zu. Plötzlich tauchten aus dem Nichts einige 7,5-cm-Geschütze auf, die Pferdegespanne galoppierten mit gestreckten Hälsen vorwärts, die Fahrer sahen aus, als wollten sie einen Endspurt reiten. ‹Die Deutschen fliehen, die Geschütze gehen vor›, rief die Infanterie triumphierend. Dann begann es zu regnen, und man konnte nicht mehr verfolgen, wie die Offensive weiterging.»[32]

Es war nicht allein die Witterung (Schneeregen, Schnee und Nebel wie am ersten Tag der Schlacht bei Arras), die es unmöglich machte, den weiteren Verlauf der Offensive kartographisch zu erfassen. Die Frontlinie selbst löste sich auf, als die deutsche Verteidigung in Aktion trat. «Das ungestüme Tempo des Vorstoßes wurde nirgends lange durchgehalten. Es verlangsamte sich deutlich, und schließlich kam es zu einem allgemeinen Halt der unterstützenden Truppen, die seit der Stunde X unablässig vorwärts gedrängt hatten. Deutsche Maschinengewehre – in Granattrichtern verteilt, in Nestern konzentriert oder plötzlich am Eingang tiefer Unterstände oder Höhlen auftauchend – forderten fürchterliche Opfer unter den Truppen, die sich jetzt an den zerklüfteten Hängen nach oben kämpften.»[33]

Dem viel zu raschen Tempo der Feuerwalze, die eigentlich die Infanterie decken sollte, konnten die Infanteristen nicht folgen. «Es war überall das Gleiche. Die Infanterie griff fast allenthalben erfolgreich an; dann wurde sie langsamer, denn sie konnte mit der Feuerwalze nicht Schritt halten, die in drei Minuten jeweils

100 m vorrückte und vielfach bald aus dem Blickfeld verschwand. Sobald Infanterie und Feuerwalze voneinander getrennt waren, eröffneten deutsche Maschinengewehre das Feuer – häufig nicht nur von vorn, sondern auch von den Flanken, manchmal sogar von hinten ... An den steilen Hängen der Aisne konnten die Truppen, selbst wo sie nicht auf Widerstand stießen, nur sehr langsam vorrücken. Das von Granaten umgepflügte Gelände bestand aus einer Folge glitschiger Erdrutsche, die wenig oder gar keinen Halt boten. Die Männer zogen sich hoch, indem sie sich an Baumstümpfe klammerten, wurden jedoch durch Drahtverhaue aller Art behindert. Inzwischen drängten sich die nachfolgenden Truppen in den Angriffsgräben – jede Viertelstunde traf ein frisches Bataillon ein. Da die Angriffswellen manchmal wenige hundert Meter, in seltenen Fällen 800 bis 1200 Meter vor den Gräben aufgehalten wurden, kam es zu einem Stau ... Wären die Geschütze der Deutschen ebenso aktiv gewesen wie ihre Maschinengewehre, dann hätte das Gemetzel, das sich an der Front abspielte, auf die hilflosen Männer übergegriffen, die sich in den Gräben drängten und auf den Pfaden nach hinten strömten.»[34]

Das Massaker war auch so umfassend genug. Als der in harten Kolonialkämpfen erprobte Charles Mangin, Oberbefehlshaber der am westlichen Ende des Höhenzuges angreifenden 6. Armee, erfuhr, dass seine Verbände – darunter seine Kolonialtruppen und die Veteranen des «eisernen» XX. Korps – aufgehalten wurden, befahl er: «Wo der Drahtverhau durch die Artillerie nicht zerfetzt wurde, muss er von der Infanterie zerschnitten werden. Wir müssen Boden gewinnen.» Dieser Befehl war völlig sinnlos. Tanks hätten den Drahtverhau aufbrechen können, aber keiner der 128 mit zwei Mann besetzten kleinen Renault-Tanks (die ersten, die von den Franzosen in einer Schlacht eingesetzt wurden), erreichte die deutsche Frontlinie; fast alle blieben in den aufgewühlten Auffahrten stecken. Die auf sich gestellten Infanteristen konnten sich nur vorwärts kämpfen, solange sie noch lebten. Am ersten Tag stießen sie nur 600 m vor. Am dritten Tag wurde die Straße des Chemin-des-Dames erreicht. Am fünften Tag stellten die Franzosen, nachdem sie 130 000 Mann verloren hatten, ihre

Offensive praktisch ein. Zum Ausgleich hatten sie 28815 Deutsche gefangen genommen und an einer 25 km breiten Front einen 6 km tiefen Einbruch erzielt, aber die tiefen deutschen Verteidigungsstellungen blieben intakt. Es hatte keinen Durchbruch gegeben, die Verheißung von Nivelles «rupture» blieb unerfüllt. Am 29. April wurde er abgelöst und durch Pétain ersetzt. Die französischen Verluste, darunter 29000 Gefallene, konnten nicht ersetzt werden.[35]

Auch der Kampfgeist des französischen Heeres ließ sich, zumindest vorläufig, nicht wieder beleben. Fast unmittelbar nachdem die Offensive vom 16. April gescheitert war, begann das, was die französischen Kommandeure als «Akte kollektiver Disziplinlosigkeit» bezeichneten und was die Historiker «die Meutereien von 1917» nennen. Keine dieser beiden Formulierungen beschreibt exakt das Wesen des Zusammenbruches, der besser als eine Art militärischer Streik charakterisiert wird. «Disziplinlosigkeit» bedeutet eine Auflösung der Ordnung, «Meuterei» zieht normalerweise Gewalt gegen Vorgesetzte nach sich. Die Ordnung blieb jedoch im Ganzen erhalten, und die «Meuterer» wandten gegen ihre Offiziere keine Gewalt an. Im Gegenteil, während der «Meutereien» waren die Beziehungen zwischen den einfachen Soldaten und den Offizieren durch einen seltsamen gegenseitigen Respekt gekennzeichnet, als hätten beide Seiten erkannt, dass sie gemeinsam Opfer einer Tortur waren, die für die Mannschaften schließlich unerträglich wurde. Soldaten lebten schlechter als Offiziere, bekamen minderwertigere Nahrung, erhielten weniger Urlaub. Dennoch wussten sie, dass die Offiziere ihre Entbehrungen teilten und sogar höhere Verluste erlitten. Selbst in Verbänden, in denen es zu einer offenen Konfrontation kam, machten die «Meuterer» deutlich, dass sie ihren Offizieren nichts antun wollten. Sie weigerten sich einfach, «in die Schützengräben zurückzugehen».[36] Das war eine extreme Manifestation des Protestes. Die allgemeine Stimmung unter den Beteiligten – Soldaten in 54 Divisionen, das heißt fast der Hälfte des Heeres – war von Abneigung, wenn nicht gar von Weigerung geprägt, an neuen Angriffen teilzunehmen. Gleichzeitig ließen die Soldaten jedoch eine patriotische Bereitschaft erkennen, die Front gegen feindliche Angriffe zu halten. Sie erhoben auch konkrete Forderungen: mehr Urlaub, bessere Nahrung, Besserstellung der Familien der Soldaten, Beendigung der «Ungerechtigkeit» und des «Gemetzels» sowie «Frieden». Diese Forderungen glichen teilweise denen streikender Zivilisten. «Zivile Streiks» gab es im Frühjahr 1917 viele, hervorgerufen durch hohe Preise, Unmut über Kriegsgewinnler und die schwindende Aussicht auf Frieden.[37] Protestierende Zivilisten verlangten gewiss keinen Frieden um jeden Preis, schon gar nicht um den Preis eines deutschen Sieges, aber sie beklagten sich, dass «die Bosse und Großindustriellen fett werden, während das Volk sich zu Tode arbeiten muss, um sich gerade so über Wasser zu halten».[38]

Die Unzufriedenheit der Zivilbevölkerung förderte die Unzufriedenheit der Soldaten, so wie die Sorgen der Soldaten um ihre Familien durch die Sorgen der Frauen und Eltern um ihre Männer und Söhne an der Front verstärkt wurden. Die französische Krise des Jahres 1917 war eine nationale Krise. Deshalb nahm nicht nur die Regierung sie so ernst, sondern auch der von ihr ernannte Nachfolger Nivelles, Philippe Pétain. Trotz seiner äußerlichen Schroffheit verstand Pétain seine Landsleute. Als die Krise sich zuspitzte (man hat mehrere Phasen unterschieden: vereinzelte Ausbrüche im April, Massenversammlungen im Mai, feindselige Zusammenstöße im Juni, schließlich ein Nachlassen der Proteste in der zweiten Jahreshälfte), tat Pétain einiges, um sie einzudämmen und das moralische Selbstvertrauen des Heeres wiederherzustellen. Er versprach, zumindest vorläufig keine Angriffe mehr zu führen – nicht *expressis verbis*, denn damit hätte Frankreich seinen Rang als Krieg führende Macht gefährdet; er betonte, den Truppen werde eine Ruhepause gegönnt und sie würden neu ausgebildet.[39] Da eine neue Ausbildung den Abzug von Truppen von der Front erforderte, führte Pétain auch eine neue Kampfweise ein, die der deutschen «Verteidigung in der Tiefe» ähnelte. Am 4. Juni erließ er Anweisungen, «von der Neigung abzugehen, die Infanterie in den Frontstellungen zusammenzudrängen, was nur die Verluste erhöht». Stattdessen solle die vorderste Linie nur so stark gemacht werden, dass sie den Feind in Schach halten und Artilleriebeobachtung gewährleisten könne.[40] Das Gros der Infanterie solle in der zweiten Linie bereitgehalten werden, in der dritten Linie eine Reserve für Gegenangriffe. Diese Anweisungen verfolgten strikt defensive Ziele. Während die Front auf diese neue Taktik umgestellt wurde, sollten die Offiziere des Heeres, mit Billigung Pétains, versuchen, ihre Männer durch Überredung und Aufmunterung zum Gehorsam zurückzuführen. Der Kommandeur der Infanterie der 5. Division schrieb: «Es dürfen keine harten Maßnahmen ergriffen werden. Wir müssen unser Bestes tun, die Bewegung abzuschwächen durch Überzeugungsarbeit, durch Gelassenheit und durch die Autorität der Offiziere, die den Männern bekannt sind. Vor allem müssen wir auf die Guten einwirken, damit sie die Streikenden zur richtigen Haltung zurückbringen.» Sein Divisionskommandeur stimmte dem zu: «Wir können nicht einfach hart durchgreifen. Das würde mit Sicherheit irreparablen Schaden anrichten.»[41]

Die «Bewegung» – Disziplinlosigkeit, Streik oder Meuterei – wurde dennoch unter Einsatz von Gewalt unterdrückt. Oberkommando und Regierung waren von dem Glauben besessen, das Heer sei durch zivile Antikriegsagitatoren aufgehetzt worden. Deshalb bemühten sie sich, Rädelsführer zu identifizieren, sie vor Gericht zu stellen und zu bestrafen. 3427 Soldaten kamen vor ein Kriegsgericht; von diesen wurden 554 zum Tode verurteilt und 49 tatsächlich erschossen.[42] Viele andere wurden zwar begnadigt, aber zu lebenslänglicher Freiheitsstrafe verurteilt. Ein besonderes Merkmal des Gerichtsprozesses war, dass diejenigen, die vor ein Kriegsgericht gestellt wurden, von ihren eigenen Offizieren und Unteroffizieren unter stillschweigender Zustimmung des Mannschaftsstandes ausgewählt worden waren.

Äußerlich wurde die Ordnung in den französischen Armeen relativ rasch wiederhergestellt. Im August hatte Pétain so viel Vertrauen in ihren Kampfgeist, dass er bei Verdun eine begrenzte Operation eröffnete, nach der die Front wieder dort verlief, wo sie vor der deutschen Offensive vom Februar 1916 gewesen war. Im Oktober drängte eine weitere Operation an der Aisne die Deutschen hinter die Ailette zurück und erreichte damit das Ziel, das Nivelles glückose Offensive am ersten Tag hatte erreichen wollen. Im Allgemeinen hatten jedoch die «Meuterer» ihren Willen durchgesetzt: Zwischen Juni 1917 und Juli 1918 unternahm das französische Heer an der Westfront, von der es zwei Drittel besetzt hielt, keine Offensive und führte an keinem Frontabschnitt eine «aktive» Verteidigung. Die Deutschen, die die Gefährdung der militärischen Disziplin auf der anderen Seite des Niemandslandes unerklärlicherweise nicht bemerkt hatten, begnügten sich damit, die Passivität des Gegners hinzunehmen, da sie anderswo – in Russland, in Italien und gegen die Briten – zu kämpfen hatten.

Das Prinzip «leben und leben lassen» war kein neues Phänomen, weder im Ersten Weltkrieg noch in anderen Kriegen. Es galt im Krimkrieg, in den Stellungen zwischen Petersburg und Richmond 1864/65, im Burenkrieg, wo die Belagerung von Mafeking sonntags unterbrochen wurde, und 1915/16 an weiten Abschnitten der Ostfront. Wenn Soldaten nicht von ihren Offizieren bedrängt werden, sind sie immer bereit, in Ruhestellungen dem Gegner kleine Gefälligkeiten zu erweisen, sich gelegentlich mit ihm zu unterhalten und kleine Dinge des täglichen Bedarfs auszutäuschen oder sogar eine örtliche Waffenruhe zu vereinbaren. Am Weihnachtsfest 1914 hatte es zwischen den Briten und den Deutschen in Flandern eine berühmte Waffenruhe gegeben, die 1915 in kleinem Umfang wiederholt wurde. Die Russen hatten sogar noch 1916 eine Waffenruhe an Ostern und Weihnachten organisiert. An den für größere Offensiven ungeeigneten Abschnitten der Westfront – dazu gehörten die überflutete Zone in Flandern, das belgische Bergbaugebiet, die Argonnen und die Vogesen – gingen beide Seiten, nachdem sie sich ordentlich eingegraben hatten, zu einer friedlichen Routine über. Stellenweise machte die Nähe des Gegners alles andere als «leben und leben lassen» unerträglich. Die Legende berichtet von einem «internationalen Drahtverhau»; er schützte Gräben, die so dicht beieinander lagen, dass jede Seite der anderen erlaubte, das sie trennende Hindernis zu flicken. Selbst an Stellen, wo das Niemandsland tief war, konnten einander gegenüberliegende Verbände sich stillschweigend darauf einigen, die Ruhe nicht zu stören. Das britische Oberkommando missbilligte den Grundsatz «leben und leben lassen» schärfstens und suchte durch diverse Maßnahmen – Anordnung von Stoßtruppunternehmen gegen feindliche Schützengräben, Entsendung von Granatwerfer-Einheiten an bestimmte Frontabschnitte – die Front «aktiv» zu halten, mit greifbaren Ergebnissen.[43] Britische Verbände nahmen im Stellungskrieg Verlustraten von mehreren Dutzend monatlich durchweg hin. Deshalb fanden es die Deutschen beunruhigend, wenn sie an der Front Briten gegenüberlagen. Die Franzosen hingegen waren weniger auf Stoßtruppunternehmen festgelegt. Sie belohnten diejenigen, die an «Patrouillen» teilnahmen, mit Urlaub (während die Briten solche Unternehmen als normale Pflicht ansahen), und zogen es im Allgemeinen vor, ihre Kampfkraft für konventionelle Offensiven aufzusparen. Divisionen, in denen es zu Disziplinlosigkeit gekommen war, bemühten sich, Stoßtruppunternehmen zu organisieren und ihr Engagement den höheren Stellen zu melden. Dennoch fiel das Gros des französischen Heeres nach der Nivelle-Offensive praktisch in die Defensive zurück.[44] Die Anstrengung, den Krieg zu gewinnen, kostete die Franzosen 1914 306 000, 1915 334 000, 1916 217 000 und 1917 (überwiegend vor den Meutereien) 121 000 Gefallene – insgesamt also eine Million Verluste bei einer männlichen Bevölkerung von 20 Millionen. Das dämpfte den Kampfgeist der Franzosen. Zur Verteidigung des Heimatbodens waren sie bereit, zu einer Offensive nicht. Diese Stimmung sollte sich fast ein ganzes Jahr lang nicht ändern.

Revolution in Russland

Nicht nur das französische Heer schreckte 1917 vor den zunehmenden Opfern des Krieges zurück. Auch das russische Heer, nie so fest zusammenhaltend oder so «patriotisch» wie das französische, knirschte in allen Fugen, schon bevor das Oberkommando die Frühjahrsoffensiven vorzubereiten begann, die die russischen Vertreter auf der interalliierten Chantilly-Konferenz im Dezember 1916 versprochen hatten.[45] Die Beschwerden der russischen Soldaten entsprachen denjenigen, die nach der Nivelle-Offensive im französischen Heer laut wurden: schlechte Ernährung, unregelmäßiger Urlaub, Sorge um das Wohlergehen der Familien zu Hause, Groll gegen Kriegsgewinnler, Gutsherren und Drückeberger (die sich der Wehrpflicht entzogen und auf diese Weise gut verdienten), schließlich – und das war bedenklicher – Zweifel am Nutzen von Offensiven.[46] Die militärische Postzensur, die die französische Regierung so genau vor Unzufriedenheit unter den einfachen Soldaten gewarnt hatte, entdeckte Ende 1916 Hinweise auf «eine überwältigende Sehnsucht nach Frieden, ohne Rücksicht auf die Folgen».[47] Zum Glück für das russische Oberkommando verhinderte der außergewöhnlich strenge Winter 1916/17 eine groß angelegte deutsche Offensive, die bei der vorherrschenden Stimmung im Heer des Zaren vielleicht entscheidende Ergebnisse erzielt hätte.

Doch die Lage in Russland war mit der in Frankreich nicht vergleichbar. Selbst während der schlimmsten Unruhen im Jahr 1917, an der Front und in der Heimat, funktionierten in Frankreich Staat und Wirtschaft weiter. In Russland brach die Wirtschaft allmählich zusammen und gefährdete dadurch das Überleben des Staates. Das wirtschaftliche Problem war jedoch nicht – wie in Deutschland oder Österreich – ein unmittelbarer Engpass, herbeigeführt durch Blockade und Bereitstellung von Rohstoffen für die Rüstungsproduktion. Im Gegenteil, das Problem war eine ungehemmte Hochkonjunktur. Die industrielle Mobilisierung in Russland, finanziert durch eine gewaltige Erweiterung von Sonderziehungsrechten und den Verzicht auf einen durch Goldreserven ausgeglichenen Staatshaushalt, hatte eine konstante Nachfrage nach Arbeitskräften zur Folge. Diese wurde befriedigt durch Entlassung von Facharbeitern aus dem Heer (daher die große Unzufriedenheit unter den Soldaten bäuerlicher Herkunft, die für eine Rückkehr ins Zivilleben nicht infrage kamen) und durch Abwanderung vom Kriegsdienst befreiter

Bauern vom Land in die Städte, wo das Einkommen weit höher war als das oft durch Tauschhandel erzielte auf dem Land. Abgewanderte Bauern fanden auch Arbeit in den Bergwerken, wo sich die Zahl der Beschäftigten von 1914 bis 1917 verdoppelte, bei den Eisenbahnen, auf den Ölfeldern, im Baugewerbe und vor allem in Fabriken. Die Belegschaft der Staatsbetriebe wuchs im Laufe des Krieges von 120 000 auf 400 000.[48]

Höhere Löhne und Papiergeld führten zu einer rapiden Inflation, was bei dem provinziellen Finanzsystem des Landes unvermeidlich war. Besonders schlimm wirkte sich die Inflation auf die Agrarproduktion aus. Großgrundbesitzer legten Ackerflächen still, weil sie sich eine Verdreifachung der Landarbeiterlöhne nicht leisten konnten. Kleinere Bauern, die nicht bereit oder nicht in der Lage waren, hohe Preise für Handelsgüter zu zahlen, zogen sich aus dem Getreidemarkt zurück und produzierten nur noch für den Eigenbedarf. Gleichzeitig beförderten die Eisenbahnen, obwohl die Zahl ihrer Beschäftigten seit 1914 von 750 000 auf 1 100 000 gestiegen war, tatsächlich weniger Erzeugnisse in die Großstädte, teils weil die Armeen die Bahn stark beanspruchten, teils weil die Beschäftigung ungelernter Arbeiter das Niveau der Instandhaltung senkte.[49] Anfang 1917, als extrem niedrige Temperaturen die Nachfrage erhöhten, war die Versorgung der Großstädte mit Heizmaterial und Nahrungsmitteln fast zusammengebrochen. Im März reichte der Getreidevorrat in den Lagerhäusern der Hauptstadt Petrograd nur für ein paar Tage.

Es war Lebensmittelknappheit, was die so genannte Februarrevolution hervorrief. (Die Russen lebten noch nach dem alten julianischen Kalender, der 13 Tage hinter dem im Westen üblichen gregorianischen Kalender zurücklag.) Die Februarrevolution war zunächst unpolitisch. Sie richtete sich gegen materielle Entbehrungen und wurde zu einer Revolution nur deshalb, weil sich die Petrograder Garnison weigerte, gegen die Demonstranten vorzugehen, und sich diesen dann anschloss – gegen die Gendarmerie und die Kosaken, die traditionellen Polizeiorgane des Staates. Die Revolution begann als eine Reihe von Streiks. Sie wurden zunächst inszeniert, um des «Blutigen Sonntags» vom 9.

Januar 1905 zu gedenken, als die Kosaken eine Revolte niedergeschlagen hatten. Im Februar (nach unserem Kalender März) weiteten die Streiks sich aus zu allgemeinen, immer wiederholten Forderungen nach «Brot». Die Demonstrationen eskalierten mit einem plötzlichen Temperaturanstieg, der die Unzufriedenen in die Wintersonne hinauslockte, zuerst um irgendwo Nahrungsmittel aufzutreiben, dann um sich den Aktivisten auf den Straßen anzuschließen. Am 25. Februar (10. März) strömten im Zentrum von Petrograd 200 000 Arbeiter zusammen, zertrümmerten Läden und kämpften gegen die zahlenmäßig unterlegene und demoralisierte Polizei.[50]

Die zaristische Regierung war an derartige Unruhen gewöhnt und hatte bisher immer Mittel gefunden, sie niederzuschlagen. Notfalls, etwa 1905, alarmierte sie das Heer, um auf die Massen schießen zu lassen. Im Februar 1917 stand reichlich Militär zur Verfügung: 180 000 Soldaten in der Hauptstadt, 152 000 in der näheren Umgebung. Sie gehörten überdies zu den zuverlässigsten Truppen des Zaren, zu den Garderegimentern (*Preobraschenski*, *Semenowski*, *Ismailowski*, *Pawlowski*, insgesamt 14), die der Dynastie dienten, seit Peter der Große das älteste dieser Regimenter aufgestellt hatte. Das *Preobraschenski*, das immer noch wie in den Kriegen gegen Karl XII. von Schweden eine mitraähnliche Kopfbedeckung trug und in dem herkömmlicherweise der junge Zarewitsch ein Offizierspatent erhielt, war das vornehmste der Garderegimenter. Der Zar suchte seine Soldaten persönlich aus dem jährlichen Rekrutenkontingent aus, indem er mit Kreide ein «P» auf die Kleider der Auserwählten malte. Er verließ sich darauf, dass sie ihn bis zum Tod schützen würden.

Bis 1917 war jedoch die Infanterie der Garderegimenter bereits mehrfach aufgerieben worden. Die in Petrograd stationierte gehörte zu den Reservebataillonen und bestand entweder aus neuen Rekruten oder kriegsversehrten Veteranen, «die keine große Lust verspürten, noch einmal ins Feld zu ziehen».[51] Ihre Offiziere waren größtenteils «unerfahrene Jünglinge», frisch aus den Kadettenschulen übernommen. Manche Soldaten hingegen kamen aus der Schicht der gebildeten Städter, die man in Friedenszeiten mit Bedacht nicht aufgenommen hatte.[52] Einer von ihnen, Fedor Linde, schilderte seine Reaktion auf die ersten Versuche, die Demonstrationen vor dem Taurischen Palais zu unterdrücken: «Ich sah, wie eine junge Frau versuchte, dem galoppierenden Pferd eines Kosakenoffiziers auszuweichen. Sie war zu langsam. Nach einem schweren Säbelhieb auf den Kopf fiel sie unter die Füße des Pferdes. Sie schrie. Ihr animalisches, durchdringendes Schreien bewirkte, dass etwas in mir explodierte. Ich brüllte wütend: ‹Teufel! Teufel! Lang lebe die Revolution! Zu den Waffen! Zu den Waffen! Sie töten unschuldige Menschen, unsere Brüder und Schwestern!›» Linde, ein Feldwebel bei der Finnischen Garde, war in der Kaserne des *Preobraschenski*-Regiments einquartiert. Obwohl die Angehörigen dieses Regiments ihn nicht kannten, folgten sie seinem Ruf, stürzten auf die Straßen und kämpften gegen Gendarmen, Kosaken, Offiziere und nach wie vor loyale Truppen, etwa das *Ismailowski*-Garderegiment und die Garde-Schützen.[53]

Die größten gewalttätigen Demonstrationen fanden am 27. Februar statt. Am 28. Februar war die ganze Petrograder Garnison auf die Seite der Streikenden übergetreten und die Revolution war voll im Gang. Zar Nikolaus, im Hauptquartier in Mogilew isoliert, bewahrte eine für ihn bezeichnende Gleichgültigkeit. Anscheinend glaubte er, wie Ludwig XVI. im Juli 1789, sein Thron sei lediglich durch eine Rebellion der Unterschicht gefährdet. Er begriff nicht, dass die Garnison der Hauptstadt, die wichtigste Stütze seiner Autorität, wie 1789 die französischen Garden in Paris, gegen seine Herrschaft rebellierte und dass die politische Klasse ihrer Führung folgte. Im Taurischen Palais diskutierte das russische Parlament, die Duma, über ihren Auftrag. In Fabriken und Werkstätten, aber auch in militärischen Einheiten bildeten sich spontan Sowjets, Ausschüsse des gemeinen Volkes; sie tagten manchmal nahezu ununterbrochen, verabschiedeten Entschließungen und ernannten Vertreter, die die Repräsentanten der etablierten Obrigkeit beaufsichtigen oder sogar ablösen sollten. In Petrograd hatte der Hauptsowjet ein Exekutivkomitee (*Ispolkom*) nominiert, das als Vertretungsorgan aller politischen Parteien – der marxistischen Menschewiki und Bolschewiki wie der Gemäßigten – fungierte, während die Duma am 27. Februar ein Provisorisches Komitee gebildet hatte, aus dem dann die Provisorische Regierung hervorging. An der Front erkannten die Offiziere des Generalstabes, dass das Rad der Zeit sich nicht zurückdrehen ließ. Ein Plan, unter dem Kommando von General Iwanow eine Strafexpedition gegen Petrograd zu entsenden, wurde vom Zaren selbst wieder aufgegeben, als er sich am 1. März, auf dem Weg zu seinem Landsitz Zarskoje Selo, in Pskow (Pleskau) mit seinen militärischen Beratern traf. Hier gestattete er auch der Duma, eine Regierung zu bilden. Und hier erklärte er sich schließlich am Nachmittag des 2. März zur Abdankung bereit. Während dieser beiden Tage wurde er entscheidend beeinflusst von seinem Generalstabschef Alexejew, der ihm am 1. März folgendes Telegramm geschickt hatte:

> Eine Revolution in Russland – und diese ist unvermeidlich, sobald es zu Unruhen im Hinterland kommt – bedeutet eine schmachvolle Beendigung des Krieges mit all ihren unvermeidlichen und für Russland so schlimmen Folgen. Die Armee ist mit dem Leben in der Etappe besonders eng verbunden. Man kann durchaus davon ausgehen, dass Unruhen in der Etappe auch zu Unruhen unter den Streitkräften führen werden. Es ist unmöglich, von der Armee ungerührt zu verlangen, Krieg zu führen, während im Hinterland eine Revolution vor sich geht. Das jugendliche Alter der meisten Soldaten der gegenwärtigen Armee und ihrer Offiziere, von denen ein sehr hoher Anteil aus Reservisten und frisch beförderten Studenten besteht, rechtfertigt keineswegs die Annahme, dass die Armee gegenüber den Ereignissen, die sich in Russland abspielen, gleichgültig bleiben würde.[54]

Die Abdankung des Zaren hinterließ ein Russland ohne Staatsoberhaupt, denn der vom Zaren zum Nachfolger ernannte Großfürst Michael lehnte ab, und die Duma war nicht bereit, die Nachfolge des Zarewitsch zu akzeptieren. Bald beraubte die Revolution Russland auch seines Regierungsapparates. Denn aufgrund eines Abkommens zwischen der Provisorischen Regierung und dem Exekutivkomitee des Petrograder Sowjets vom 3. März wurden alle Provinzgouverneure entlassen sowie die Polizei und Gendarmerie, die Instrumente ihrer Amtsgewalt, aufgelöst. Außerhalb der Hauptstadt blieben nur die Bezirksräte (*zemstwa*) im Amt, Gremien örtlicher Persönlichkeiten, die weder die Erfahrung noch die Mittel besaßen, die Anordnungen der Provisorischen Regierung durchzuführen. Diese unterlagen ohnehin dem Veto des Exekutivkomitees, das sich die Zuständigkeit für militärische, außenpolitische und die meisten wirtschaftlichen Angelegenheiten anmaßte, sodass der Regierung kaum mehr zu tun übrig blieb als Gesetze zu verabschieden, die der Bevölkerung Rechte und Freiheiten garantierten.[55]

Die beiden Gremien waren sich jedoch wenigstens in einem Punkt einig, nämlich dass der Krieg weitergeführt werden müsse. Ihre Motive waren verschieden: Die der Provisorischen Regierung waren im Wesentlichen nationalistischer Art; das Exekutivkomitee und die von ihm vertretenen Sowjets wollten die Revolution verteidigen. Obwohl sie den Krieg weiterhin als «imperialistisch» und «ungeheuerlich» anprangerten, fürchteten die Sowjets, eine Niederlage gegen Deutschland werde zur Gegenrevolution führen. Deshalb forderten sie am 15. März die «Völker der ganzen Welt» auf, zusammen mit Russland gegen die herrschenden Klassen für den «Frieden» einzutreten; gleichzeitig spornten sie jedoch über die Soldatensowjets das Heer an, den Kampf gegen «die Bajonette der Eroberer» und die «fremden Streitkräfte» fortzusetzen.[56]

Als die Soldaten eine populäre Revolution zu verteidigen hatten, fanden sie zu einer Kriegsbegeisterung zurück, die sie im Winter 1916/17 völlig verloren zu haben schienen. «In den allerersten Wochen» der Februarrevolution waren «die Soldatenmassen in Petrograd nicht nur nicht bereit, etwas über den Frieden zu hören, sie waren nicht einmal bereit, darüber mit sich reden zu lassen». Wie aus den Petitionen der Soldaten an die Provisorische Regierung und an den Petrograder Sowjet hervorgeht, «sah es bei ihnen so aus, als betrachteten sie die Befürworter eines schnellen Friedens als Anhänger des [deutschen] Kaisers».[57] Unter allen im Exekutivkomitee vertretenen sozialistischen Gruppierungen waren nur die Bolschewiki für einen sofortigen Frieden. Sie hüteten sich jedoch, das laut zu äußern, und da alle ihre Führer – Trotzki, Bucharin und Lenin – einstweilen noch im Exil lebten, waren sie dazu auch nicht in der Lage.

Eine erneute Kriegsanstrengung bedurfte einer eigenen Führung, aber weder die tonangebenden Männer des Exekutivkomitees noch die der ursprünglichen Provisorischen Regierung besaßen Ausstrahlung. Das Exekutivkomitee bestand aus sozialistischen Intellektuellen; der Ministerpräsident, Fürst Giorgij Lwow, war ein wohlwollender «Volksfreund». Die Sozialisten, auf abstrakte politische Ideen fixiert, verstanden von praktischen Angelegenheiten nicht viel. Lwow hatte einen hohen, aber hoffnungslos wirklichkeitsfremden Glauben an die Fähigkeit des «Volkes», die zukünftige Richtung selbst festzulegen. Die Bolschewiki wussten, was sie wollten, waren jedoch durch die wieder erwachte Kriegsbegeisterung des Volkes von der Macht ausgeschlossen. In dieser Lage war zu erwarten, dass die Führung von einer dynamischen Persönlichkeit übernommen werden würde. Diese erschien mit Alexander Kerenski, der einen unsozialistischen Machtinstinkt, aber einwandfreie sozialistische Referenzen besaß. Das ermöglichte ihm, die Mitgliedschaft im Exekutivkomitee mit einem Ministeramt in der Provisorischen Regierung zu verbinden; überdies fand er starke Rückendeckung bei einfachen Mitgliedern des Petrograder Sowjets. Zunächst war er Justizminister, im April (Mai) wurde er Kriegsminister und leitete sofort eine Säuberung des Oberkommandos ein, das er als defätistisch ansah. Er ernannte Brussilow, den erfolgreichsten Heerführer, zum Generalstabschef und schickte Kommissare an die Front mit dem Auftrag, unter den einfachen Soldaten den Angriffsgeist zu fördern.

Die Truppen der Petrograder Garnison waren unmittelbar nach der Februarrevolution eisern für den Krieg. Sie forderten bei gelegentlichen Demonstrationen «Krieg für die Freiheit bis zum Sieg» – in der Gewissheit, dass sie nicht gezwungen sein würden, ihr Leben zu riskieren. Denn der siebte der acht Punkte des berüchtigten «Befehls Nr. 1», mit dem Gouverneursposten und Polizei abgeschafft wurden, legte fest, dass «Militäreinheiten, die sich an der Revolution beteiligt hatten, ... nicht an die Front geschickt werden sollten». Die Truppen an der Front feierten Kerenski auf seinen Inspektionsreisen zwar als volkstümliches Idol, waren jedoch eher zurückhaltend gegenüber der so genannten «Kerenski-Offensive» im Juni 1917, die zur Niederwerfung der «fremden Streitkräfte» führen sollte. General Dragomirow, der Oberbefehlshaber der 5. Armee, meldete bedrohliche Symptome: «Solange sie in der Reserve sind, erklären die Regimenter sich bereit, bis zum vollen Sieg weiterzukämpfen; aber wenn sie dann Befehl erhalten, die Schützengräben zu beziehen, sträuben sie sich.»[58] Am 18. Juni begann trotzdem Kerenskis Offensive, nach einem zweitägigen einleitenden Trommelfeuer, gegen die Österreicher im Süden. Sie richtete sich wieder gegen Lemberg, den Angelpunkt der Kämpfe von 1914/15 und das Ziel der Brussilow-Offensive vom Sommer 1916; am mittleren und nördlichen Frontabschnitt sollten unterstützende Offensiven geführt werden. Zwei Tage lang lief die Offensive gut und stieß mehrere Kilometer tief vor. Dann meinten die Angriffsspitzen, ihre Pflicht und Schuldigkeit getan zu haben, und lehnten einen weiteren Vorstoß ab, während die nachgeführten Verbände sich weigerten, sie abzulösen. Fahnenflucht begann, und Schlimmeres. Soldaten, die zu Tausenden die Front verlassen hatten, raubten und plünderten im rückwärtigen Gebiet. Die Deutschen bemerkten das und gingen mit Divisionen, die sie bereits aus dem Westen herangeführt hatten, zum Gegenangriff über. Zusammen mit den Österreichern eroberten sie nicht nur das verlorene Gelände mühelos zurück, sondern stießen weiter vor und trieben die Russen bis zum Sbrutsch (einem Nebenfluss des Dnjestr) zurück. Die Rumänen in der ihnen verbliebenen Enklave nördlich der Donau, die sich der russischen Offensive anzuschließen versuchten, wurden ebenfalls besiegt.

Während die Streitkräfte der Revolution an der Front vom Unglück ereilt wurden, geriet die Revolution auch im rückwärtigen Gebiet in Bedrängnis. Die Kräfte, die den Sturz der Monarchie herbeigeführt hatten, waren – in der politischen Terminologie Russlands – keine Extremisten. Diese Bezeichnung war dem bolschewistischen Flügel der Sozialdemokratischen Partei vorbehalten, dessen Führer im Februar nicht in Petrograd waren. Lenin lebte in Zürich, Bucharin und Trotzki (der damals noch nicht zu den Bolschewiki gehörte) in New York im Exil. Bis April waren alle zurückgekehrt, Lenin mithilfe der deutschen Regierung. Diese witterte eine Chance, den anhaltenden, jedoch schwankenden Kriegswillen Russlands zu untergraben, indem sie die Führer der Friedensbewegung in die von Parteien umkämpfte russische Hauptstadt verpflanzte. Sie brachte Lenin und seinen Zirkel in dem legendären «plombierten Eisenbahnwagen» aus der Schweiz nach Schweden. Von hier reiste die Gruppe nach Petrograd weiter, wo sie nicht nur von den Bolschewiki, sondern auch von Vertretern des Petrograder Sowjets und des Exekutivkomitees begrüßt wurde. Unmittelbar nach seiner Ankunft sprach Lenin vor einer bolschewistischen Versammlung und skizzierte sein Programm: Keine Zusammenarbeit mit der Provisorischen Regierung; Nationalisierung der Banken und des Eigentums, einschließlich des Grundeigentums; Abschaffung des Heeres zugunsten einer Volksmiliz; Frieden ohne Annexionen und Kontributionen; und «alle Macht den Sowjets», die nach seinen Plänen von den Bolschewiki beherrscht werden sollten.[59]

Diese «Aprilthesen» Lenins wurden nicht einmal von seinen bolschewistischen Anhängern unterstützt, denen sie verfrüht erschienen. Lenins erster Versuch, seine Thesen zu verwirklichen, bestätigte ihre Befürchtungen. Als im Juli einige aufsässige Verbände der Petrograder Garnison mit stillschweigendem Einverständnis der Bolschewiki auf die Straßen gingen, um gegen eine Anordnung Kerenskis zu protestieren, der sie an die Front schicken wollte, fand Kerenski genug loyale Truppen, um ihren Aufstand niederzuschlagen. Diese «Juli-Ereignisse» jagten Lenin einen gewaltigen Schrecken ein. Überdies wurde nun bekannt, dass er sich von der deutschen Regierung finanziell unterstützen ließ. Trotzdem arbeitete die Zeit für ihn – nicht weil die «zweite Revolution», für die er sich einsetzte, «notwendigerweise» kommen musste, sondern weil das Feldheer immer weniger bereit war, an der Front zu bleiben. Das Scheitern der Kerenski-Offensive hatte sogar diejenigen Soldaten entmutigt, die der zunehmend leichter werdenden Fahnenflucht widerstanden.

Diese nachlassende Kriegsbereitschaft ermöglichte es den Deutschen, im August am nördlichen Frontabschnitt eine erfolgreiche Offensive zu beginnen, die zur Einnahme Rigas führte, der wichtigsten russischen Hafenstadt an der Ostsee. Militärisch war die Offensive gegen Riga bedeutsam, weil sich dort eine neue Durchbruchstaktik bewährte, die Oberstleutnant Georg Bruchmüller, ein deutscher Artilleriespezialist, entwickelt hatte und die vervollkommnet werden sollte, um sie auch an der Westfront anwenden zu können.[60] Politisch war die Offensive noch bedeutsamer, denn sie löste ein militärisches Unternehmen aus, das eigentlich die Autorität der Provisorischen Regierung stärken sollte, jedoch bald zu deren Zusammenbruch führte.

Die «Juli-Ereignisse» hatten Kerenski, die einzige tatkräftige Führerpersönlichkeit der Regierung, veranlasst, anstelle Lwows das Amt des Ministerpräsidenten zu übernehmen und zugleich das des Kriegsministers zu behalten. Als Ministerpräsident entließ er den von ihm selbst ernannten Oberkommandierenden Brussilow und berief General Lavr Kornilow, der die Fortsetzung des Krieges gegen die Deutschen nachdrücklich befürwortete. Kornilow, Sohn sibirischer Kosaken, war ein Mann des Volkes. Deshalb glaubte er, selbst kriegsmüde Soldaten würden ihm in einem persönlichen Feldzug folgen – zunächst gegen die defätistischen Bolschewiki, dann gegen die Feinde Russlands. Am 25. August befahl er zuverlässigen Truppen, Petrograd zu besetzen, den dortigen Sowjet auseinanderzujagen und die dortigen Regimenter zu entwaffnen, falls die Bolschewiki die Macht ergreifen wollten, was sie offenkundig beabsichtigten. Bereits vor dem Fall Rigas hatte Kornilow von Kerenski ein Reformprogramm gefordert: Aufhebung der Soldatensowjets und Auflösung politisierter Regimenter.[61] Aus militärischer Sicht war dieses Programm durchaus vernünftig. Nur so konnte der Krieg weitergeführt und eine Regierung gerettet werden, die in einem Meer des Defätismus diese Politik unterstützte. Politisch gefährdete Kornilows Programm jedoch die Autorität Kerenskis, denn seine Verwirklichung hätte unvermeidlich zu einem Konflikt mit den Sowjets, mit der kriegsscheuen Petrograder Garnison und mit den Bolschewiki geführt – drei Gruppierungen, mit denen sich die Provisorische Regierung in einem unsicheren Gleichgewicht arrangiert hatte. Während Kornilows Ansehen bei den Gemäßigten stieg, schwand die Autorität Kerenskis allmählich, bis eine Kraftprobe unvermeidlich wurde. Kerenski konnte sich nicht auf Gedeih und Verderb mit Kornilow verbinden, denn er bezweifelte zu Recht, ob dieser über genügend Streitkräfte verfügte, um die Extremisten auszuschalten. Ebenso wenig konnte Kerenski sich den Extremisten zuwenden, denn dadurch wäre die Provisorische Regierung von diesen abhängig geworden, was die Extremsten unter ihnen, die Bolschewiki, zweifellos zu einem Staatsstreich veranlasst hätte. Er konnte nur abwarten. War Kornilow erfolgreich, dann überlebte die Provisorische Regierung. Scheiterte Kornilow, dann konnte Kerenski den politischen Kampf in Petrograd wieder aufnehmen und hoffen, dabei die Parteien gegeneinander auszuspielen. Schließlich ließ Kornilow sich zu einem Putsch überreden, den er nicht geplant hatte; dieser scheiterte, weil seine Soldaten nicht mitmachten – Kornilow wurde entlassen.

Nach seinem Sturz ließ sich nicht länger die Fiktion aufrechterhalten, dass Russland immer noch Krieg führe. Die Provisorische Regierung verlor die ihr noch verbliebene Autorität, denn Kornilows Entlassung kostete Kerenski den Rest der Unterstützung, die er noch bei den Gemäßigten und höheren Offizieren besaß, ohne dass er die linken Kräfte für sich gewonnen hätte. Die Bolschewiki beschlossen jetzt tatsächlich, die «zweite Revolution» einzuleiten, und Lenin, inzwischen der unbestrittene Führer der Partei, wartete nur auf einen Vorwand. Diesen lieferten ihm die Deutschen, die im Laufe des September ihren Erfolg bei Riga ausbauten und Positionen im nördlichen Baltikum besetzten, von denen aus sie Petrograd unmittelbar bedrohen konnten. Daraufhin schlug die Provisorische Regierung vor, den Regierungssitz nach Moskau zu verlegen.[62] Die Bolschewiki prangerten diesen Vorschlag als einen gegenrevolutionären Schachzug an, der den

Sitz der Volksmacht dem deutschen Kaiser ausliefern solle. Dadurch gewannen sie breite Unterstützung für die Schaffung eines Verteidigungskomitees, das befugt war, Petrograd mit allen Mitteln zu verteidigen. Da die Bolschewiki inzwischen über ihre eigenen disziplinierten Roten Garden verfügten und damit rechnen konnten, die Petrograder Garnison für sich zu gewinnen, musste nur noch der Zeitpunkt für den Staatsstreich festgelegt werden. Als Kerenski erkannte, dass dieser nahe bevorstand, ergriff er im Laufe des 24. Oktober halbherzige Maßnahmen zum Schutz der Regierungsgebäude. Seine Anordnungen wurden von Offizieren, die ihm nicht mehr vertrauten, nachlässig befolgt. Das veranlasste Lenin, jetzt loszuschlagen. In der Nacht vom 24./25. Oktober besetzten seine Roten Garden die wichtigsten Punkte in Petrograd – Postämter, Telefonzentralen, Bahnhöfe, Brücken und Banken –, sodass die Bolschewiki am nächsten Morgen die Hauptstadt beherrschten. Die Provisorische Regierung leistete kaum Widerstand und war schnell überwältigt. Am 26. Oktober verkündete Lenin die Bildung einer neuen Regierung, des «Rates der Volkskommissare». Dieser proklamierte sogleich die «Sozialisierung» von Grund und Boden und machte den Mittelmächten ein Friedensangebot, das zunächst einen dreimonatigen Waffenstillstand vorsah.

Dieser dreimonatige Waffenstillstand beendete praktisch die Teilnahme Russlands am Ersten Weltkrieg. Die russischen Armeen begannen sofort, sich aufzulösen; die Soldaten kehrten von der Front in ihre Dörfer zurück, um dort – wie sie meinten – Land in Besitz zu nehmen. Die Deutschen und Österreicher waren zunächst unsicher, wie sie mit Revolutionären verhandeln sollten, die gleichzeitig die Arbeiter aller Länder aufriefen, sich gegen die herrschenden Klassen zu erheben, um überall den Krieg zu beenden. Daher reagierten sie auf Lenins Friedensdekret vom 26. Oktober zuerst zögernd. Als die Weltrevolution – für die Bolschewiki überraschend – ausblieb und sie ihren Friedensappell am 15. November wiederholten, beschlossen die Deutschen, darauf einzugehen. Am 3. Dezember 1917 trafen sich ihre Delegation sowie die Delegationen Österreichs, der Türkei und Bulgariens mit den sowjetischen Vertretern in Brest-Litowsk, der polnischen Festungsstadt am Bug, die Russland 1915 verloren hatte. Die Gespräche, immer wieder vertagt, zogen sich bis ins Jahr 1918 hin. Der von den Deutschen stillschweigend akzeptierte dreimonatige Waffenstillstand lief rasch ab, aber die Bolschewiki wehrten sich, obwohl sie keine Trümpfe in der Hand hatten, beharrlich gegen die Bedingungen der Gegenseite: die Abtrennung Polens von Russland und umfangreiche Annexionen weiter östlich. Lenin verzögerte die Verhandlungen auch deshalb, weil er meinte, nach einer Unterzeichnung des Friedensvertrages würden sich Deutschland und die Alliierten gegen die Sowjetregierung verbünden, um die allgemeine Revolution niederzuschlagen, die – wie er immer noch glaubte – in Westeuropa ausbrechen musste.[63] Schließlich verloren die Deutschen die Geduld und kündigten an, falls Russland ihre Bedingungen nicht annehme, würden sie den Waffenstillstand beenden und so viel von Russland besetzen, wie sie wollten. Am 17. Februar begann ihr Vormarsch. Nach einer Woche waren sie 240 km weit vorgerückt, ohne auf Widerstand zu stoßen, und es sah aus, als würden sie ihren Vormarsch fortsetzen. Da geriet die Sowjetregierung in Panik und befahl ihrer Delegation in Brest-Litowsk, das deutsche Diktat zu unterzeichnen. Der Friedensvertrag überließ den Deutschen 750 000 Quadratkilometer – ein Gebiet, dreimal so groß wie Deutschland; es umfasste ein Viertel der Bevölkerung und der Bodenschätze Russlands sowie ein Drittel seiner landwirtschaftlichen Fläche.

Deutschland hatte bereits die besten Verbände seines Ostheeres an die Westfront verlegt, wo es gegen die Franzosen und Briten kriegsentscheidende Offensiven vorbereitete; es standen also nur noch Teilverbände zur Verfügung, um den neuen Herrschaftsbereich in der Ukraine zu besetzen und auszubeuten. Das russische Heer existierte nicht mehr; seine Soldaten hatten – in der denkwürdigen Formulierung Lenins – «mit den Füßen für den Frieden gestimmt». Schon vor der Oktoberrevolution waren Hunderttausende in feindliche Gefangenschaft gegangen. «1915, beim Rückzug aus Galizien, wurden rund eine Million russische Soldaten Kriegsgefangene, drei Viertel von ihnen freiwillig.»[64]

Die Ostfront, 1917–18

Ende 1917 befanden sich nahezu vier Millionen Russen in der Hand der Deutschen oder Österreicher. Die Zahl der russischen Gefangenen war dreimal so hoch wie die der Gefallenen. Nach jüngsten Schätzungen verlor das zaristische Heer 1,3 Millionen Gefallene, das heißt etwa ebenso viele wie die Franzosen, deren Verluste an Gefangenen unbedeutend waren.[65] Dem russischen Bauernsoldaten fehlte einfach die Einstellung, die einen Deutschen, Franzosen oder Briten an seine Kameraden, an seine Einheit und an die Sache der Nation band. Er «fand die Mentalität der Berufssoldaten unbegreiflich; die Militärpflicht [erschien ihm] vorübergehend und sinnlos».[66] Die Niederlage führte rapide zu einer Demoralisierung. Selbst Soldaten mit Tapferkeitsauszeichnungen fanden es kaum schimpflich, sich einem Feind zu ergeben, der ihnen wenigstens Verpflegung und Unterkunft versprach. Es verdient hohe Anerkennung, dass Russlands Gegner im Ersten Weltkrieg ihre zahllosen Gefangenen mit einer Fürsorge behandelten, die sie im Zweiten nicht zeigten, als drei von fünf Millionen sowjetischen Kriegsgefangenen infolge Hunger, Krankheit und schlechter Behandlung starben. Dass Gefangenschaft nicht unbedingt Entbehrung bedeutete, war möglicherweise ein Grund, warum das russische Heer sich schon vor dem Zusammenbruch des rückwärtigen Gebietes aufzulösen begann. Als die Bolschewiki um Frieden baten, wurde der Zerfall katastrophal.

Im Frühjahr 1918, nach der Besetzung der Ukraine durch die Deutschen, erkannte die Revolutionsregierung, dass ihr die Streitkräfte fehlten, um die Macht zu verteidigen, die sie nominell ergriffen hatte. Der einzige disziplinierte Verband, über den sie verfügte, bestand aus lettischen Freiwilligen, die sich mehr für die nationale Selbständigkeit der Letten als für die bolschewistische Ideologie einsetzten. Die Masse der Bauern war aufs Land zurückgekehrt. In Uniform blieben nur die Entwurzelten, Gesetzlosen und Verworfenen, die bereit waren, jedem Führer zu folgen, der ihnen Nahrung und Wodka verschaffte. Manche dieser Führer waren ehemalige zaristische Offiziere, die als Gegner des Bolschewismus «weiße» Armeen aufstellten; auf der anderen Seite gab es Kommissare, die eine Rote Armee wollten. Beide Seiten suchten verzweifelt Männer sowie Waffen, um sie auszurüsten, und Geld, um sie zu bezahlen. Es begann der russische Bürgerkrieg.

Die Flucht des italienischen Heeres

Nach dem Zusammenbruch des französischen und des russischen Heeres sollten 1917 auch in Italien Armeen zusammenbrechen, allerdings aufgrund einer schweren Niederlage, nicht wegen einer gescheiterten Offensive oder einer sozialen Revolution. Im Oktober durchbrachen die Deutschen und ihre österreichischen Verbündeten bei dem Grenzort Caporetto (Karfreit) die Stellungen, die die Italiener am Isonzo in den letzten zweieinhalb Jahren so mühsam errungen hatten, und drängten die Reste ihrer Armee in die Ebene zurück.

Die Katastrophe von Caporetto kostete die italienische Armee ihren guten Ruf. Seither wird über die militärischen Qualitäten der Italiener oft ordinär gespottet – zu Unrecht. Die Italiener der Stadtstaaten der Renaissance waren hervorragende Soldaten, die Venezianer ein Herrschervolk, dessen Galeeren und Festungen 300 Jahre lang den osmanischen Türken trotzten. Das Königreich Sardinien-Piemont focht im Krimkrieg ebenbürtig neben den Franzosen und Briten und erkämpfte dann kühn gegen Habsburg die nationale Unabhängigkeit und Einheit. Die militärischen Probleme Italiens begannen erst nach der Einigung. Jetzt wurden dem robusten Stamm der piemontesischen Armee, die sich aus den abgehärteten Bewohnern der italienischen Alpen und den fleißigen Bauern und Städtern der Po-Ebene rekrutierte, die Reste der päpstlichen und bourbonischen Armeen des Südens aufgepfropft, Spielzeugarmeen ohne Loyalität zu ihren Herrschern und ohne militärischen Sinn. Anlässlich einer Debatte über neue Uniformen hatte einst der träge König «Bomba» von Neapel zu seinen militärischen Beratern gesagt: «Ihr könnt sie in Rot oder Blau oder Grün kleiden, sie werden trotzdem davonlaufen.» Bomba war Realist. Er wusste: In einem Staat, in dem die Grundbesitzer, die eigentlich als Offiziere dienen sollten, sich hauptsächlich darum kümmerten, den armen oder landlosen Bauern eine möglichst hohe Pacht oder ein Höchstmaß von Arbeit abzufordern, konnte es keine Opferbereitschaft geben.

Die Berufssoldaten der piemontesischen Armee, berühmt für

Der Krieg in Italien, 1915–18

ihr Können beim Einsatz der Artillerie und beim Festungsbau (worin schon die Italiener der Renaissance führend gewesen waren), taten ihr Bestes, um die alten und neuen Elemente zu einem nationalen Heer mit hoher Intelligenz zu verschmelzen; das piemontesische Offizierskorps zeichnete sich vor allen anderen europäischen Armeen dadurch aus, dass es auch Juden Aufstiegsmöglichkeiten bot. Die Qualitätsunterschiede zwischen den Rekruten des Nordens und denen des Südens machten diese Bemühungen weitgehend zunichte. Heute wird bestritten, dass die Süditaliener während des Ersten Weltkrieges beträchtlich schlechtere Soldaten waren als die Norditaliener.[67] Manche Verbände aus dem Süden kämpften tapfer. Dennoch scheint festzustehen: Die besser ausgebildeten und gewandteren Rekruten des Nordens gingen zur Artillerie und zu den Pionieren; die Infanterie rekrutierte sich überwiegend aus dem landwirtschaftlich geprägten Süden. «Durch diese Entwicklungen während des Ersten Weltkriegs wurde die Kluft zwischen dem Norden und dem Süden des Königreichs konserviert», und die armen Süditaliener trugen einen unangemessen hohen Anteil an den Verlusten in einem Krieg, der von der piemontesischen Dynastie des Königreiches herbeigeführt worden war und von Generalen aus dem Norden streng und unbeugsam geleitet wurde.[68]

Unter diesen Umständen ist es höchst anerkennenswert, dass die italienische Armee elf verlustreiche und erfolglose Offensiven gegen die österreichischen Grenzgebirge durchstand. Zwischen Mai 1915 und August 1917 durchschnittlich alle drei Monate eine Offensive – das war mehr, als den britischen oder französischen Armeen an der Westfront zugemutet wurde. Außerdem waren die Bedingungen an der Alpenfront härter: Das Granatfeuer verursachte in dem felsigen Gelände 70 Prozent mehr Verluste als auf der weichen Erde Frankreichs und Belgiens.[69] Auch die disziplinarischen Maßnahmen waren im italienischen Heer strenger. Vielleicht erforderte die soziale Brüchigkeit des italienischen Heeres, wie sein Oberkommandierender Cadorna meinte, bei Pflichtverstößen eine Strenge, die im deutschen Heer oder in der BEF unbekannt war: Exekutionen im Schnellverfahren und die Auswahl der Opfer durch das Los.[70] Es ist unwahrscheinlich, dass Briten oder Deutsche das als «normales Mittel der Überredung» hingenommen hätten. Den schwer geprüften und still duldenden bäuerlichen Infanteristen Italiens gereicht es zur Ehre, dass sie das ertrugen.[71]

Alle Armeen haben jedoch eine Belastungsgrenze. Diese ist erreicht, wenn die Männer der kämpfenden Verbände – mehr oder weniger genau – zu der Einschätzung gelangen, dass ihre Überlebenschancen die Grenze zwischen einem zufälligen Tod und seiner offenbar statistischen Wahrscheinlichkeit überschritten haben. Diese Grenze war für die Franzosen Anfang 1917 überschritten, als die Zahl ihrer Gefallenen schon ebenso hoch war wie die Zahl der Infanteristen in den Frontdivisionen: über eine Million. Ein

en: Paul von Lettow-
beck

en: Die *Seeadler* läuft
4 von Daressalam nach
1tschland aus

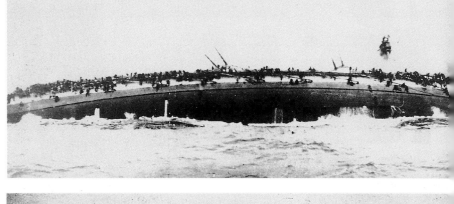

Rechts oben: Torpedoraum eines deutschen U-Boots

Rechts unten: Das amerikanische bewaffnete Handelsschiff *Covington*, vom Torpedo eines deutschen U-Boots getroffen, sinkt vor Brest, 2. Juli 1918

ıks oben: Das Schlachtgeschwader r *Grand Fleet* in der rdsee

ıks Mitte: Der deut- ıe Panzerkreuzer *ücher* sinkt im fecht auf der Dogger- ık, 24. Januar 1915

ıks unten: Der durch ıe Explosion seiner ınitionskammern in ei Teile zerbrochene tische Schlachtkreu- *Invincible.* Schlacht ı Skagerrak, Mai 1916

Rechts oben: Deutsche Fokker-Dreidecker. Richthofen, der erfolgreichste deutsche Jagdflieger, errang viele seiner Luftsiege mit diesem Flugzeugtyp

Links unten: Eine britische Sopwith Camel bei Noyelles-sur-l'Escaut, 8. Oktober 1918. Dieses äußerst wendige Flugzeug war wegen seines Sternmotors bei Start und Landung schwer zu beherrschen

Rechts unten: Die SE 5 a, mit der dieses Geschwader ausgerüstet ist, war in der Endphase des Krieges das erfolgreichste britische Jagdflugzeug

Ein französischer Soldat wird im befreiten Gebiet von der Bevölkerung begrüßt

◄ hessisches Regiment auf dem Rückmarsch über den Rhein bei Koblenz, vember 1918

Oben: Ein Bestattungstrupp auf dem Windmill Cemetery, Monchy-le Preux, für Gefallene der Schlacht von Arras, April 1917

Unten: Tyne Cot Cemetery bei Passchendaele heute. Dieser größte der Commonwealth-Soldatenfriedhöfe birgt die Leichen von 12 000 Soldaten, die in der dritten Ypern-Schlacht fielen, und erinnert an weitere 35 000, deren Überreste nicht gefunden wurden

Überlebender konnte sich daher ausrechnen, dass die Überlebenschance – der «stochastische» Faktor – sich gegen ihn gewendet hatte und dass, wie der britische Tommy sagte, «er dran war». Im Herbst 1915 hatte das italienische Heer, mit 65 Infanteriedivisionen, das heißt 600 000 Mann in den Kampfverbänden, die meisten der Verluste erlitten, die bis zum Kriegsende 571 000 Gefallene betragen sollten, und das Gefühl, «jetzt selber dran zu sein», mag alle erfasst haben. «So unglaublich es klingt, am Vorabend der 11. Isonzoschlacht, die vom 19. August bis zum 12. September auf dem Bainsizza-Plateau ausgetragen wurde, war die Moral der italienischen Soldaten noch immer hoch. Der entscheidende Grund dafür war eher bedenklich: Jeder glaubte, das sei die letzte, entscheidende Schlacht des Krieges.»[72] Das Ergebnis war jedoch äußerst entmutigend. «Das Heer verlor 100 000 Mann, und nach den Geländegewinnen war die italienische Frontlinie verwundbarer als zuvor. 51 Divisionen ... waren in diesen gewaltigen Kampf geworfen worden, aber in der zweiten Septemberwoche schien das Ende des Krieges noch ebenso weit entfernt wie bisher.»

Die Österreicher sahen die Lage anders. Wie im Frühjahr 1915 die Einnahme von Przemyśl und Lemberg durch die Russen Österreich veranlasst hatte, die Deutschen um Hilfe zu bitten, so führte die Wucht des italienischen Angriffs in der 11. Isonzoschlacht zu einem ähnlichen Appell. Am 26. August 1917 schrieb Kaiser Karl an Wilhelm II. : «Teuerer Freund! Die Erfahrungen, die wir in der elften Isonzoschlacht machten, reifen in mir die Überzeugung, dass wir in einer zu erwartenden zwölften Schlacht einen äußerst schweren Stand haben werden. Bei meinen Führern und braven Truppen hat sich die Überzeugung gebildet, dass der schwierigen Lage am wirksamsten und sichersten durch eine Offensive Herr geworden werden könnte. Zu einer solchen reichen meine jetzt am italienischen Kriegsschauplatze kämpfenden Heereskörper nicht aus ...» Er meinte, Deutsche sollten Österreicher an der Ostfront ablösen und die dadurch freigesetzten österreichischen Divisionen könnten an den Isonzo verlegt werden. Schließlich ließ er sich jedoch davon überzeugen, dass es besser sei, deutsche Ersatzdivisionen direkt gegen die Italiener einzusetzen – eine Auffassung, hinter der Ludendorff stand. Nachdem der Plan, von Tirol aus eine Ablenkungsoffensive zu führen, verworfen worden war, fiel die Entscheidung, sieben deutsche Divisionen, die zusammen mit sechs österreichischen die neue 14. Armee bildeten, in einer direkten Gegenoffensive am Isonzo einzusetzen. Die deutschen Divisionen waren speziell für dieses Vorhaben ausgewählt. Zu ihnen gehörte die 117. Division, die aufgrund ihres langen Einsatzes in den Karpaten mit Gebirgskämpfen vertraut war, die 200., die mit Skiern ausgerüstete Truppen umfasste, ferner eine bayerische Gebirgsdivision, das berühmte Alpenkorps; diesem war das Württembergische Gebirgsbataillon zugeteilt, in dem der junge Erwin Rommel Kompaniechef war.[73]

Insgesamt kämpften in der 12. Isonzoschlacht 35 deutsche und österreichische Divisionen mit 2430 Geschützen gegen 34 italienische Divisionen mit 2485 Geschützen. Das reichte für einen Durchbruch nicht aus, nach herkömmlicher Rechnung nicht einmal für eine Offensive. Doch Cadorna hatte aufgrund seiner wiederholten Angriffe die Möglichkeit eines feindlichen Gegenangriffs außer Acht gelassen und überdies Bedingungen herbeigeführt, die dem Gegner einen Erfolg erleichterten. Durch die Einnahme großer Teile des tief eingeschnittenen Isonzotales hatte er versehentlich eine Falle für seine eigenen Truppen geschaffen. Weil er nicht weit genug über den Fluss vorstieß, blieben zwei Brückenköpfe in der Hand des Gegners. So erhielt dieser die Möglichkeit, von Norden talabwärts und von Süden talaufwärts vorzudringen und sich im Rücken der ganzen italienischen 2. Armee zu vereinigen.

Genau das planten die Deutschen und Österreicher. Cadorna hatte seine Truppen an der Frontlinie konzentriert, wo sie am ehesten abgeschnitten werden konnten. Seine Reserven waren viel zu weit rückwärts aufgestellt, als dass sie im Falle einer Krise die Front rechtzeitig hätten erreichen können.[74] Die dazwischenliegenden Stellungen waren fast überhaupt nicht besetzt, obwohl es während des Oktober deutliche Hinweise darauf gab, dass eine gegnerische Operation bevorstand. Cadorna vermochte jedoch nicht deutlich zu erkennen, wo sie stattfinden würde, und aus seinem Stab, der sich vor seiner dominierenden Persönlichkeit fürchtete, riet ihm niemand, seine Streitkräfte am verwundbarsten Frontabschnitt überlegter aufzustellen. Nur General Capello, ein Korpskommandeur der 2. Armee, widersprach der Auffassung Cadornas, dass das in der 11. Isonzoschlacht gewonnene Gelände mit jedem verfügbaren Mann gehalten werden müsse; er wollte sogar zur Offensive zurückkehren.

Das kam objektiv betrachtet nicht infrage. Der Gegner war inzwischen zu stark. In den tiefen Tälern jenseits des Isonzo rückten die deutschen und österreichischen Angriffsdivisionen in mehreren Nächten im Schutz der Dunkelheit vor. Ohne Schwierigkeiten konnten sie, von italienischen Flugzeugpatrouillen nicht entdeckt, am Abend des 23. Oktober ihre Ausgangspositionen beziehen. Am nächsten Morgen wurde das Trommelfeuer gegen die italienischen Artilleriestellungen eröffnet, zunächst mit Gasgranaten (der spätere britische Finanzminister Hugh Dalton, der als junger Artillerieoffizier an der italienischen Front kämpfte, erinnerte sich, dass die italienischen Gasmasken unbrauchbar waren), dann mit Sprenggranaten. Um 7 Uhr waren die italienischen Stellungen verwüstet und der Angriff begann.[75]

Die Angriffsspitzen bildeten die in Slowenien rekrutierte österreichische 22. Division und die 8. Edelweiß-Division, die großenteils aus den berühmten Tiroler Kaiserjägern bestand. Von Flitsch aus flussabwärts vorstoßend, sollten sie dem Isonzotal bis Caporetto folgen und sich dort mit der anderen Angriffsdivision, dem Alpenkorps, vereinigen, das von Tolmino (Tolmein) aus flussaufwärts vorstieß. An der Spitze des Alpenkorps marschierte das Bayerische Leibregiment, unterstützt vom Württembergischen Gebirgsbataillon. Rommel, der einige Kompanien dieses Bataillons führte, begnügte sich als Leutnant ebenso wenig mit einer unterstützenden Rolle wie später als Panzergeneral im Blitzkrieg von 1940. Bald stellte er fest, dass er den Kontakt zum Leibregiment verloren hatte und sich an vorderster Front befand. Vom Feind war so gut wie nichts zu sehen. Später schrieb er: «Ich stehe vor dem Entschluss, die feindliche Stellung hangaufwärts oder talwärts aufzurollen oder in Richtung Hevnikgipfel [eine entscheidende Höhe im Rücken der Italiener] durchzubrechen, und wählte das Letztere. Haben wir erst mal den Gipfel, so ist es leicht, alle italienischen Stellungen an den Hängen aufzurollen. Je weiter wir in die feindliche Tiefenzone eindringen, umso weniger sind ihre Besatzungen auf unser Kommen gefasst, umso leichter wird der Kampf. Anschluss rechts und links kümmert mich nicht.»[76] Rommel praktizierte damals die Taktik der «Infiltration» mit der Infanterie, die er dann im Zweiten Weltkrieg mit Panzern wiederholte. Er trieb tiefe, schmale Korridore in die Linien des Gegners, um dessen Widerstandswillen durch eine Kombination von physischem und psychischem Schock zu brechen.

Was Rommel an seinem kleinen, aber entscheidenden Frontabschnitt erreichte, wiederholte sich anderswo. Die Deutschen und Österreicher drangen im engen Isonzotal vor, umgingen italienische Stützpunkte und suchten das höhere Gelände zu besetzen. Sie rissen in die italienische Front eine gewaltige, 24 km breite Lücke und ließen vier italienische Divisionen isoliert und eingeschlossen hinter sich. Überdies bedrohte die österreichisch-deutsche 14. Armee, je weiter sie vorrückte, zunehmend die Flanken der größeren italienischen Truppenkonzentrationen nördlich und südlich von ihr. An der gesamten Ostfront Cadornas drohte das rückwärtige Gebiet zusammenzubrechen. Die begreifliche Bestürzung des Oberkommandos wurde durch die Panik bei den Mannschaften verstärkt. Gerüchte, der Gegner breche durch, untergruben den Widerstandswillen der einfachen Soldaten – wie 23 Jahre später, als Rommels Panzer hinter der Maas unaufhaltsam durch die demoralisierte französische Armee hindurchstießen. Leutnant Rommel machte immer mehr Gefangene, zuerst ein Dutzend, dann ein paar Hundert, schließlich ein ganzes Regiment: 1500 Mann. Diese zögerten zunächst, sich einem einzelnen Offizier zu ergeben, der sie per Wink mit seinem weißen Taschentuch zur Übergabe aufforderte (Rommel, stets ein Individualist, war allein vorgegangen). Plötzlich warfen sie die Waffen weg, eilten auf ihn zu, hoben ihn auf ihre Schultern und riefen aus tausend Kehlen: «Evviva Germania!»[77]

Die Kapitulation dieses Regiments – es gehörte zur Salerno-

Brigade – erfolgte am dritten Tag der Schlacht bei Caporetto. Inzwischen war die ganze italienische Front am Isonzo zusammengebrochen, die Truppen gehorchten keinem Befehl mehr, nicht einmal dem äußeren Anschein nach, und Hunderttausende Soldaten strömten von den Bergen in die Ebene. Es kam noch schlimmer: «Vorrückende Reserven wurden von den Flüchtenden mit den Rufen ‹Streikbrecher!› ... verhöhnt. [Österreichische Truppen erlebten es immer wieder, dass ihnen] ganze Regimentskolonnen an Gefangenen entgegenzogen, die [ihnen] zuriefen: ‹Evviva l'Austria›.»[78] Am 26. Oktober erkannte Cadorna, von bösen Träumen heimgesucht, dass ein allgemeiner Rückzug auf den Tagliamento, den nächsten größeren Fluss westlich des Isonzo, unumgänglich war. Der vorwärts stürmende Gegner erlaubte ihm nicht, dort auszuruhen. Obgleich die Italiener die Brücken hinter sich sprengten, überquerten die Verfolger den Fluss und hatten die Italiener am 3. November bis zur Piave zurückgeworfen. Diese bildete ein größeres Hindernis und hätte von den jubelnden Siegern nur durch einen entschlossenen Angriff überwunden werden können. Dazu waren sie jedoch nicht imstande, da sie ihre Nachschubverbindungen weit hinter sich gelassen hatten. Trotzdem hatten sie eine außergewöhnliche Leistung vollbracht. In elf Tagen waren sie 130 km vorgedrungen (Venedig lag nur noch 30 km entfernt), hatten den Rückzug der Italiener von ihrer gesamten Bergfront zwischen Tirol und ihrem Angelpunkt an der Adria erzwungen und 275 000 Gefangene gemacht. In der Schlacht waren 10 000 Italiener gefallen – eine nach den Maßstäben des Ersten Weltkrieges relativ niedrige Zahl.

Cadorna tat sein Möglichstes, diese Zahl in die Höhe zu treiben, indem er Versprengte unbarmherzig im Schnellverfahren exekutieren ließ. Ernest Hemingway, der als freiwilliger Sanitäter auf italienischer Seite diente, hat das in seinem Kriegsroman *A Farewell to Arms* («In einem andern Land») unvergesslich geschildert. In Wirklichkeit nahm er an der Schlacht bei Caporetto nicht teil, aber das schmälert keineswegs den Wahrheitsgehalt seines Berichtes, der zu den größten literarischen Darstellungen einer militärischen Katastrophe zählt. Cadornas grausame Gerichtsbarkeit konnte weder die wilde Flucht stoppen noch seinen Kopf retten. Er hatte seinen Landsleuten nie vertraut; sie wiederum hatten es nie fertig gebracht, ihn zu lieben oder auch nur zu respektieren, es sei denn aus Furcht. Als er nach Caporetto versuchte, für den Zusammenbruch des Heeres den Defätismus des rückwärtigen Gebietes verantwortlich zu machen (im August war es vereinzelt zu Streiks und überschwänglicher Begeisterung für «Lenin» und «die Revolution» gekommen), verlor er die Unterstützung der Regierung. Am 3. November bezeichnete er den Rückzug bei Caporetto als «eine Art militärischen Streik» – in Frankreich waren nach der Nivelle-Offensive ähnliche Ansichten geäußert worden. Fünf Tage danach wurde er seines Kommandos enthoben und durch General Armando Diaz abgelöst, der – wie Pétain nach der Nivelle-Katastrophe – dem einfachen Soldaten gegenüber nachsichtiger war, ihm Urlaub und Bequemlichkeiten gewährte, um ihn für die Weiterführung des Krieges zu gewinnen.[79]

Tatsächlich nahm das italienische Heer, wie das französische, die Offensive erst im folgenden Jahr wieder auf, und zwar unterstützt von einem weit stärkeren fremden – hauptsächlich britischen – Kontingent, als es die Franzosen 1918 erhielten. Caporetto, einer der wenigen eindeutigen Siege des Ersten Weltkrieges, war ein Triumph für die Deutschen, eine Bestätigung der militärischen Qualitäten ihrer angeschlagenen österreichischen Bundesgenossen und eine beträchtliche Niederlage für die Alliierten am Ende eines Jahres, das ihnen schwere Rückschläge gebracht hatte. Die Niederlage hatte aber auch eine positive Seite. Sie zwang Frankreich und Großbritannien zu der Einsicht, dass sie ihr planloses System, den Krieg durch lockere Zusammenarbeit und gelegentlich einberufene Konferenzen zu leiten, ändern mussten, wenn sie den Krieg gewinnen wollten. Am 5. November 1917 trat im italienischen Rapallo eine interalliierte Konferenz zusammen. Sie beschloss die Einrichtung eines Obersten Kriegsrats (*Supreme War Council*), der die Strategie der Alliierten koordinieren und unter der Ägide des britischen Premierministers, des französischen und italienischen Ministerpräsidenten und des amerikanischen Präsidenten in Versailles tagen sollte.

Amerika, Unterseeboote und Passchendaele

Präsident Woodrow Wilson hatte erklärt, Amerika sei «zu stolz, um zu kämpfen» – eine Ansicht, die seine persönliche Abneigung gegen den Krieg widerspiegelte. Der hochgesinnte Idealist und Universitätsprofessor war zu der Überzeugung gelangt, Redlichkeit zwischen den Völkern in offener Diplomatie sei das Geheimnis, um Konflikte abzuwenden oder ihnen auszuweichen. 1916 hatte er über seinen Vertrauten, Oberst Edward House, einen entschlossenen Versuch unternommen, die Krieg führenden Mächte zu Verhandlungen zu bewegen unter Bedingungen, die nach seiner Auffassung für alle annehmbar waren; sein Scheitern hatte ihn entmutigt. Wilson machte sich jedoch keine Illusionen über die Bedeutung von Gewalt in den Beziehungen zwischen den Völkern und war durchaus bereit, notfalls Gewalt anzuwenden. 1915 hatte er dem uneingeschränkten U-Boot-Krieg Deutschlands ein Ende gemacht, indem er androhte, zur Sicherung der Freiheit auf den Meeren die amerikanische Seemacht einzusetzen, und er hatte Oberst House ermächtigt, den Alliierten ein militärisches Eingreifen der USA zu versprechen, falls sie seine Bedingungen für eine Friedenskonferenz akzeptierten, die Deutschen aber nicht. Trotzdem hatte er noch im Frühjahr 1917 nicht die Absicht, sein Land in den Krieg zu führen. Auch die amerikanischen Bürger konnten sich nicht dafür begeistern. Unter dem starken Bevölkerungsanteil deutscher Abstammung gab es Aktivisten, die, über den Deutsch-Amerikanischen Bund, dagegen agitierten.

Zwei Ereignisse veränderten die Einstellung der Amerikaner. Das erste war ein plumper deutscher Annäherungsversuch an Mexiko: Die Deutschen offerierten Mexiko ein Bündnis; es sollte Texas, Arizona und New Mexico zurückerhalten, falls Amerika in den Krieg gegen Deutschland eintrat. Dieses «Zimmermann-Telegramm» wurde der amerikanischen Regierung vom Nachrichtendienst der britischen Marine übermittelt (obgleich das US-Außenministerium es bereits unabhängig davon abgehört hatte) und rief in den USA Empörung hervor, als es am 1. März 1917 veröffentlicht wurde. Das zweite Ereignis war die Entscheidung Deutschlands, den uneingeschränkten U-Boot-Krieg wieder aufzunehmen, das heißt Handelsschiffe in internationalen Gewässern ohne Warnung zu versenken.[80] Seit August 1916 hatten die Deutschen darüber diskutiert. Sie wussten, dass das gegen das Seerecht verstieß und Folgen haben musste. Nach den Regeln des «Kreuzerkrieges» musste ein Kreuzer oder Unterseeboot das ins Visier genommene Handelsschiff stoppen, die Mannschaft in die Boote gehen lassen, sie mit Proviant und Wasser versorgen und ihr bei der Überfahrt zur nächsten Küste behilflich sein, bevor das Schiff versenkt wurde. Das uneingeschränkte Verfahren gestattete es U-Boot-Kapitänen, Schiffe durch Granaten oder Torpedos nach Belieben zu versenken. Der Befürworter dieses Verfahrens war Admiral Henning von Holtzendorff, der Chef des deutschen Admiralstabs. Er argumentierte, nur durch eine Großoffensive gegen den britischen Nachschub zur See könne Deutschland den Krieg erfolgreich beenden, bevor die Blockade zu Wasser und die Zermürbung zu Land seine Fähigkeit zur Weiterführung des Krieges ernsthaft beeinträchtige. Durch statistische Berechnungen wies er nach, dass eine monatliche Versenkungsrate von 600 000 Bruttoregistertonnen alliierten, vor allem britischen Schiffsraums Großbritannien in fünf Monaten an den Rand des Hungertodes bringen und gleichzeitig Frankreich und Italien der britischen Kohlelieferungen berauben werde, die sie für ihre Wirtschaft unbedingt benötigten. Ähnlich sollte die deutsche Marine im Zweiten Weltkrieg argumentieren, als sie von Anfang an eine uneingeschränkte Versenkungstaktik anordnete. Im Februar 1917 erhielten die rund 100 U-Boote, die für Operationen in der Nordsee, der Ostsee, im Atlantik und im Mittelmeer zur Verfügung standen, den Befehl zum uneingeschränkten Angriff gegen die 20 Millionen Bruttoregistertonnen britischen Schiffsraums, auf den das britische Mutterland zum Überleben angewiesen war.[81]

Hindenburg und Ludendorff reagierten – im Gegensatz zu Reichskanzler Bethmann Hollweg – begeistert auf Holtzendorffs Denkschrift vom 22. Dezember 1916. Darin argumentierte dieser, «ein bald einsetzender uneingeschränkter U-Boot-Krieg [sei] trotz der Gefahr eines Bruches mit Amerika das richtige Mittel, den Krieg siegreich zu beenden».[82] Am 9. Januar 1917 fiel im Hauptquartier in Pless die Entscheidung, dieses Risiko einzugehen. Der uneingeschränkte U-Boot-Krieg in den Gewässern um die Britischen Inseln, an der französischen Westküste und im Mittelmeer wurde am 1. Februar verkündet.

Die politische Wirkung in den Vereinigten Staaten zeigte sich sofort, und die amerikanische Reaktion war weitaus härter, als die Deutschen erwartet hatten. Am 26. Februar bat Präsident Wilson den Kongress um die Erlaubnis zur Bewaffnung amerikanischer Handelsschiffe – am gleichen Tag, an dem zwei Amerikanerinnen bei der Versenkung des Passagierdampfers *Laconia* durch ein deutsches U-Boot den Tod gefunden hatten. Am 15. März griffen deutsche U-Boote amerikanische Handelsschiffe direkt an und versenkten drei von ihnen. Das war eine offene Herausforderung der Vereinigten Staaten als einer souveränen Macht, und zögernd entschied Wilson, das könne nicht stillschweigend hingenommen werden. Am 2. April gab er in einer Sondersitzung des amerikanischen Kongresses einen Überblick über den deutschen U-Boot-Krieg. Er bezeichnete ihn als einen «Krieg gegen alle Völker» und bat den Kongress, «den Status einer Krieg führenden Macht zu akzeptieren, der [den Vereinigten Staaten] dadurch aufgezwungen worden» sei. Vier Tage später beschloss der Kongress eine offizielle Kriegserklärung an Deutschland. Kriegserklärungen an Österreich-Ungarn, die Türkei und Bulgarien folgten später. Am 18. Mai 1917 wurde die Wehrpflicht eingeführt, und die Streitkräfte der Vereinigten Staaten bereiteten sich unverzüglich auf den Einsatz in Europa vor.

Die Mobilmachung der amerikanischen Marine – sie besaß die zweitgrößte Flotte moderner Schlachtschiffe nach der britischen – veränderte sofort das Gleichgewicht der Seestreitkräfte auf dem Atlantik und in der Nordsee eindeutig zugunsten der Alliierten. Seit Dezember 1917, als fünf amerikanische Dreadnoughts sich der *Grand Fleet* anschlossen, war die deutsche Hochseeflotte mit ihren 15 Großkampfschiffen den 35 Dreadnoughts der *Grand Fleet* hoffnungslos unterlegen.[83] Dagegen war das Heer der Vereinigten Staaten im April 1917 nur 108 000 Mann stark und nicht in der Lage, ins Feld zu rücken. Dass die Nationalgarde – 130 000 Teilzeitsoldaten – der Bundesregierung unterstellt wurde, erhöhte seine Schlagkraft kaum. Die besten amerikanischen Einheiten gehörten zum Korps der Marineinfanterie, das jedoch nur 15 000 Mann umfasste. Dennoch wurde beschlossen, aus einer Division und zwei Brigaden der Marineinfanterie eine Expeditionstruppe zu bilden und sie sofort nach Frankreich zu entsenden. Inzwischen würde die Wehrpflicht ein erstes Kontingent von einer Million Rekruten hervorbringen; eine zweite Million sollte folgen. Man rechnete damit, dass im Laufe des Jahres 1918 zwei Millionen Amerikaner in Frankreich eintreffen könnten.

Das Schreckgespenst eines amerikanischen Millionenheeres verlieh dem Versuch Deutschlands, seine europäischen Gegner durch U-Boot-Angriffe auszuhungern, noch größere Dringlichkeit. Die ersten Monate der uneingeschränkten Versenkung ließen einen Erfolg als möglich erscheinen. 1915 hatten die U-Boote 227 britische Schiffe (855 721 Bruttoregistertonnen) versenkt, die meisten während der ersten Phase des uneingeschränkten U-Boot-Krieges. Während der ersten Jahreshälfte 1916 versenkten sie 610 000 Bruttoregistertonnen Schiffsraum aller Flaggen; als der deutsche Admiralstab jedoch im Mai 1916 zu einer strikteren Einhaltung des Seerechts zurückkehrte, ging die Zahl der Versenkungen abrupt zurück. Anfang 1917, als ein beschleunigtes Bauprogramm die Gesamtzahl der U-Boote auf 148 erhöht hatte, stieg die Zahl der Versenkungen entsprechend an, auf 195 Schiffe (328 391 Bruttoregistertonnen).[84] Mit dem Beginn des uneingeschränkten U-Boot-Krieges im Februar erhöhten sich die Versenkungszahlen von Monat zu Monat sprunghaft: Im Februar waren es 520 412, im März 564 497 und im April 860 334 Bruttoregistertonnen. Das Ziel der nach Holtzendorffs Auffassung für einen Sieg notwendigen 600 000 Bruttoregistertonnen pro Monat war übertroffen worden. Es schien, als sei dieser Trend unaufhaltsam und als drohe den Alliierten die Niederlage.

Die britische Admiralität sah keine Möglichkeit, die Katastrophe abzuwenden. Handelsschiffe zu bewaffnen war sinnlos, wenn U-Boote mit Torpedos angriffen, ohne aufzutauchen. Die Ausfahrten der U-Boot-Stützpunkte zu verminen, brachte keinen Erfolg, denn die britischen Minen waren unzuverlässig, und die U-Boot-Stützpunkte zu zahlreich und zu unzugänglich, als dass eine Sperrung möglich gewesen wäre. Man versuchte, U-Boote zu jagen; aber das glich, selbst auf den Schifffahrtsrouten, dem sprichwörtlichen Suchen nach der Nadel im Heuhaufen. Ein anderes Mittel waren U-Boot-Fallen: Die berühmten Q-Schiffe waren scheinbar harmlose Köder, die keinen Torpedo wert zu sein schienen; tatsächlich aber waren diese als kleine Handelsschiffe getarnten Schiffe schwer bewaffnet. Gelegentlich gelang es ihnen, ein U-Boot in die Falle zu locken, bis die deutschen Kapitäne den Trick durchschauten. Auch das Umleiten von Schiffen, um bekannte Gefahrenzonen zu meiden, reduzierte die Verluste nur so lange, bis die U-Boote ihre Jagdgründe wechselten. Mittlerweile ging der Aderlass scheinbar ungehemmt weiter. Die Verluste an U-Booten waren unbedeutend: Von Oktober bis Dezember 1916 zehn, von Februar bis April 1917 nur neun, zwei davon durch deutsche Minen. Die einzige Waffe der Alliierten gegen deutsche U-Boote, die Wasserbombe, war nur brauchbar, wenn die U-Boote gefunden werden konnten. Aber das Unterwasser-Horchgerät – das einzige Mittel, um U-Boote zu entdecken – hatte nur eine Reichweite von wenigen hundert Metern.

Es gab eine Lösung, den Geleitzug, aber die Admiralität wehrte sich dagegen. Schiffe in Gruppen fahren zu lassen schien, selbst bei Geleitschutz, lediglich eine größere Gruppe von Zielen zu bieten. Im Januar 1917 schrieb die Operationsabteilung der britischen Admiralität: «Je größer die Zahl der einen Geleitzug bildenden Schiffe ist, desto besser sind offenkundig die Aussichten eines U-Bootes, mit seinem Angriff Erfolg zu haben.» Sie kam zu dem Schluss, es sei sicherer, «unabhängig» zu fahren.[85] Diese Analyse war natürlich falsch. Auf den weiten Meeren fiel eine Gruppe von Schiffen kaum mehr auf als ein einzelnes Schiff, und wenn die Gruppe von keinem U-Boot entdeckt wurde, entgingen alle Schiffe dem Angriff. Einzeln und nacheinander fahrende

Schiffe boten dagegen dem U-Boot eine höhere Chance, eines zu sichten und zu versenken. Außerdem hatte sich die Admiralität durch eine weitere mathematische Fehlkalkulation irreführen lassen. Als sie abzuschätzen versuchte, wie viele Geleitschiffe nötig sein würden, falls sie sich für das Konvoisystem entschied, zählte sie alle Abfahrten aus britischen Häfen – wöchentlich 2500 – und kam zu dem Ergebnis, sie habe nicht genug Kriegsschiffe. Erst eine genauere Analyse, durchgeführt von dem neuen Schifffahrtsminister Norman Leslie und einem jüngeren Marineoffizier, lieferte ein realistischeres Bild. Die Zahl der wöchentlich aus Übersee ankommenden Handelsschiffe, die für die Weiterführung des Krieges tatsächlich entscheidend waren, betrug nur 120–140 pro Woche, und für diese ließ sich leicht eine ausreichende Zahl Geleitschiffe finden.[86]

Am 27. April sahen die leitenden Admirale ein – offenbar nicht auf Veranlassung Lloyd Georges, wie gewöhnlich behauptet wird, – dass die Einführung des Konvoisystems unumgänglich war. Am 28. April wurde der erste Geleitzug losgeschickt, der Großbritannien am 10. Mai ohne Verluste erreichte. Nun wurde das Konvoisystem nach und nach für die gesamte Schifffahrt auf dem offenen Meer eingeführt, und die Verluste gingen allmählich zurück. Noch im August beliefen sie sich auf 511730, im Dezember noch auf 399110 Bruttoregistertonnen. Erst im zweiten Quartal des Jahres 1918 fielen die Verluste unter 300000 Bruttoregistertonnen monatlich. Bis dahin waren von dem 30 Millionen Bruttoregistertonnen umfassenden Schiffsraum der Welt binnen eines guten Jahres nahezu 4 Millionen versenkt worden. Das Fahren im Geleitzug hatte den verhängnisvollen Trend umgekehrt. Aber wie im zweiten U-Bootkrieg von 1939–43 führte nicht eine einzelne Maßnahme zur Niederlage des U-Bootes. Systematische Minensperren (zwischen Schottland und Norwegen wurden 70000 Minen verlegt), der Einsatz zahlreicher Flugzeuge und Luftschiffe für Patrouillen gegen U-Boote im Ärmelkanal und in der Irischen See (685 Flugzeuge, 103 Luftschiffe) sowie die Vermehrung der Geleitschiffe (im April 1918 waren es 195) trugen dazu bei.[87]

Eine wichtige indirekte Auswirkung des Konvoisystems war,

dass die U-Boote Küstengewässer aufsuchten, um ohne Geleitschutz fahrende kleinere Schiffe zu jagen. Hier waren die U-Boote für Luftpatrouillen, Unterwasser-Horchgeräte und Wasserbomben leichter erreichbar; darüber hinaus forderten Minenfelder Opfer. Von den 390 während des Krieges gebauten U-Booten gingen 178 verloren, davon 41 durch Minen, nur 30 durch Wasserbomben. Direkte Angriffe auf U-Boot-Stützpunkte, wie der berühmte Überfall auf Zeebrugge (Seebrügge) am 23. April 1918, störten die Operationen der Unterseebotte überhaupt nicht. Aber so unsicher und schwankend der Kampf gegen die U-Boote auch war, Holtzendorffs kriegsentscheidende Versenkungszahlen wurden von den U-Booten nicht erreicht. Auch wenn die Briten den U-Boot-Krieg streng genommen nicht gewannen, so steuerten die Deutschen doch darauf zu, ihn zu verlieren.

Der uneingeschränkte U-Boot-Feldzug veranlasste Großbritannien zu seinem berüchtigtsten Landfeldzug des Krieges: zur dritten Ypernschlacht. Die Briten nennen sie meist die Schlacht bei Passchendaele (Passendale), nach dem Dorf, das zum eigentlichen Ziel ihrer Offensive wurde. In der ersten Ypernschlacht, im Oktober/November 1914, war es der alten BEF gelungen, die Lücke zwischen dem ungeschützten linken Flügel des französischen Heeres und der flandrischen Küste zu schließen und damit die Westfront zu vervollständigen. In der zweiten Ypernschlacht, im April 1915, war die BEF dem ersten Gasangriff des Krieges an der Westfront ausgesetzt gewesen; sie hatte zwar wichtiges Gelände vor der Stadt Ypern verloren, aber die Stellung gehalten. 1917 war die militärische Lage an dem britischen Frontabschnitt eine andere. Die Deutschen waren trotz ihrer Erfolge gegen die Franzosen und die Rumänen und trotz der zunehmenden Schwächung des russischen Heeres nicht mehr imstande (wie noch im Vorjahr bei Verdun), offensive Operationen einzuleiten. Ihre Armeen waren überfordert. Hindenburg und Ludendorff warteten auf eine Verschiebung des strategischen Gleichgewichts, vielleicht durch einen Sieg der U-Boote, vielleicht durch einen endgültigen Zusammenbruch des Zarenreiches; dann wollten sie ihre Streitkräfte zu einem neuen, entscheidenden Unternehmen umgruppieren. Die Briten, die seit der misslungenen Nivelle-Offensive die Weiterführung des Krieges an der Westfront zu tragen hatten, dachten inzwischen über ihre Position nach. Haig – der Held der ersten Ypernschlacht und der Verteidiger der Stadt in der zweiten – hegte seit langem Pläne, den Frontbogen bei Ypern zum Ausgangspunkt einer Gegenoffensive zu machen, um die deutsche Stellungslinie zu durchbrechen. Gleichzeitig sollte ein amphibischer Angriff die Küste «säubern», die Deutschen ihrer Marinestützpunkte bei Blankenberge und Ostende berauben und damit auch den U-Booten einen vernichtenden Schlag versetzen. Am 7. Januar 1916, bald nachdem er French als Oberkommandierender der BEF nachgefolgt war, hatte er das Projekt zum ersten Mal präsentiert. Nach einer Überarbeitung legte er es im November bei der Chantilly-Konferenz vor; dort wurde es jedoch abgelehnt zugunsten von Nivelles Projekt, einen Durchbruch am Chemin-des-Dames zu versuchen. Nach dem Scheitern der Nivelle-Offensive wurde Haigs Flandern-Plan gewissermaßen unumgänglich. Er wurde am 4./5. Mai 1917 bei der britisch-französischen Konferenz in Paris erörtert. Jetzt versicherte Pétain, der Nachfolger Nivelles, die Franzosen würden die Briten durch bis zu vier eigene Angriffe entlasten. Im Juni vermochten die Franzosen ihren Verbündeten nicht länger zu verheimlichen, dass sie diese Zusagen nicht einhalten konnten. Als Haig am 7. Juni in Cassel, bei Ypern, mit Pétain sprach, erfuhr er, dass zwei französische Divisionen sich geweigert hätten, zwei Divisionen an der Front abzulösen. Tatsächlich waren es mehr als 50 Divisionen, und die Versicherung Pétains, es habe im französischen Heer eine ernste Situation gegeben, die jetzt überwunden sei, war alles andere als aufrichtig.[88] Lloyd George hatte die Wahrheit vermutet. Er sagte in Paris zu Pétain: «Aus irgendeinem Grund werdet ihr nicht kämpfen», und forderte ihn heraus, das zu bestreiten.[89] Pétain hatte darauf nur gelächelt und geschwiegen. Im Juni, als die französischen Meutereien nicht länger geleugnet werden konnten, stand fest, dass die Briten ihre Offensive würden allein führen müssen. Nun kam es darauf an, eine Rechtfertigung dafür zu finden.

Haig vertrat eisern die Auffassung, die Briten sollten angreifen, und war überzeugt, sie würden einen Sieg erringen – der beste aller Gründe für einen Kampf. Für seinen Standpunkt sprachen auch lokale Ereignisse südlich des Frontbogens von Ypern. Dort hatte am 7. Juni General Herbert Plumer mit seiner 2. Armee einen von langer Hand vorbereiteten, erfolgreichen Angriff gegen den Höhenrücken von Messines geführt. Messines liegt südlich des Lys-Tales, das die belgische von der französischen Ebene trennt; dieser Höhenrücken ist ein Ausläufer der flandrischen Anhöhen östlich von Ypern, die seit Oktober 1914 von den Deutschen besetzt waren. Hier ist das Gefälle des Geländes so sanft, dass sich dem Auge des zufälligen Besuchers kein beherrschender Punkt bietet. Eine genauere Betrachtung zeigt: Die von den Deutschen eingenommenen Stellungen beherrschten die der Briten auf der ganzen Linie bis zu den einzigen echten Erhebungen in Flandern, dem Mont Kemmel und dem Mont des Cats; gleichzeitig verwehrten sie den Briten den Einblick in das rückwärtige Gebiet der Deutschen zwischen Ypern und Lille.

Seit langem war es das Ziel britischer Truppenführer im Frontbogen von Ypern, den Bergrücken von Messines einzunehmen. Im Laufe des Jahres 1917 hatten britische Mineure 19 Stollen vorgetrieben; diese endeten in Minenkammern, die mit 500 000 kg Sprengstoff voll gepackt waren. Im Morgengrauen des 7. Juni ließen die Briten die Minenkammern hochgehen (die Detonation war in England zu hören), und neun Divisionen gingen vor, darunter die 3. Australische, die Neuseeländische sowie Veteranen des ersten Tages der Sommeschlacht, die 16. Irische und die 36. Ulster-Division. Die Briten hatten ihren Vorstoß durch ein fast dreiwöchiges vorbereitendes Artilleriefeuer eingeleitet, bei dem sie dreieinhalb Millionen Granaten verschossen hatten. Als ihre Angriffswellen den Höhenrücken von Messines erreichten, der durch den Beschuss für alle Zeiten verändert worden ist, stellten sie fest, dass die wenigen überlebenden Verteidiger keinen Widerstand mehr leisten konnten, und nahmen das, was von den deutschen Schützengräben übrig geblieben war, unter geringfügigen eigenen Verlusten ein. Mit einem Schlag hatten die Briten den Gegner von der Südflanke des Frontbogens von Ypern vertrieben. Das verstärkte den Wunsch Haigs, im Zentrum anzugreifen und bis zur flandrischen Küste vorzustoßen.

Einer zweiten größeren Offensive an der Westfront – nach der Somme-Offensive des Jahres 1916 – stand nach wie vor das Zögern des Premierministers im Wege. Die steigenden britischen Verluste – bereits eine Viertelmillion Gefallene – und der dürftige militärische Gewinn, den diese Opfer einbrachten, bedrückten Lloyd George. Er suchte nach Alternativen, gegen die Österreicher in Italien, sogar gegen die Türken im Nahen Osten, um der zentralen militärischen Position Deutschlands «die Stützen wegzuschlagen». Keine dieser Alternativen schien geeignet. Haigs nachdrückliches Drängen auf eine große Flandern-Offensive fand immer mehr Zustimmung. Sein Optimismus hinsichtlich der Erfolgsaussichten wurde nicht geteilt von dem wichtigsten militärischen Berater Lloyd Georges, General Sir William Robertson, einem ehemaligen Kavallerieoffizier, der durch Intelligenz und Charakterfestigkeit die höchste Position des britischen Heeres erreicht hatte. Aber trotz seiner Zweifel zog Robertson die militärische Zielstrebigkeit Haigs den politischen Ausflüchten des Premierministers vor. Er stellte sich schließlich hinter Haig.

Im Juni bildete Lloyd George – nach dem Dardanellen-Ausschuss und dem Kriegsrat – einen weiteren Kabinettsausschuss, der die höhere Leitung des Krieges übernehmen sollte. Dieser «Ausschuss für Kriegspolitik» (*Committee on War Policy*), dem auch Lord Curzon und Lord Milner sowie als Vertrauensmann der Dominions der Südafrikaner Jan Smuts angehörten, trat zum ersten Mal am 11. Juni zusammen. Seine wichtigsten Sitzungen fanden vom 19. bis 21. Juni statt, als Haig seine Pläne vortrug und um ihre Billigung bat. Lloyd George fragte und kritisierte unerbittlich. Er äußerte nur allzu berechtigte Zweifel an Haigs Überzeugung, die Kerenski-Offensive sei bedeutsam, misstraute der Möglichkeit, die U-Boot-Häfen einnehmen zu können, und wollte wissen, wie die Offensive gelingen solle, da man hinsichtlich der Infanterie bestenfalls knapp überlegen und hinsichtlich der Artillerie nur ebenbürtig sei. Während der Diskussion, die sich über zwei Tage hinzog, blieb Haig unerschütterlich. Trotz Lloyd Georges Bedenken wegen der Verluste und insbesondere wegen der Schwierigkeiten, dafür noch Ersatz unter den Zivilisten zu finden, beharrte Haig darauf, dass man den Feind weiter angreifen müsse, und war «ganz zuversichtlich, das erste Ziel erreichen zu können», nämlich den Kamm der Anhöhen bei Ypern.[90] Der springende Punkt der Auseinandersetzung war: Haig wollte kämpfen, Lloyd George nicht. Der Premierminister sah gute Gründe, eine Schlacht zu vermeiden: sie werde viele Soldaten das Leben kosten und kaum materiellen Gewinn einbringen; sie werde nicht kriegsentscheidend sein; weder die Franzosen noch die Russen würden Entlastungsoffensiven führen; man solle das Eintreffen der Amerikaner abwarten; die beste Strategie sei daher eine Folge kleiner Angriffe («die Pétain-Taktik»), nicht eine Wiederholung der Somme-Offensive. Lloyd George schwächte seine Argumentation ab, indem er Unterstützung für Italien forderte, um Österreich aus dem Krieg auszuschalten. Sein größter Fehler war jedoch, dass er Haig und Robertson nicht zum Schweigen brachte – erstaunlich bei einem Mann, der seine Partei und seine Kollegen im Parlament so mühelos beherrschte. Am Ende fühlte er sich als ziviler Premierminister außerstande, seine strategischen Auffassungen seinen militärischen Beratern aufzuzwingen, und war daher genötigt, deren Auffassungen zu übernehmen.[91]

Das sollte schwere Folgen haben. Die «Flandern-Stellung» der Deutschen gehörte geographisch wie militärisch zu den stärksten an der Westfront. Von den niedrigen Anhöhen bei Passchendaele, Broodseinde und Gheluveld blickten die Deutschen auf eine nahezu horizontale Ebene hinab, aus der das Artilleriefeuer der vergangenen drei Jahre jede Spur von Vegetation getilgt hatte. Es hatte auch das in Jahrhunderten entwickelte Entwässerungssystem der Felder zerstört, sodass die in jener Küstenregion häufigen starken Regenfälle das Schlachtfeld rasch überschwemmten und in einen Sumpf verwandelten. Die BEF litt unter dem Morast, und ihr fehlten Tarnmöglichkeiten; die Deutschen hatten ihr Stellungssystem und ihre Drahtverhaue in die Tiefe ausgedehnt sowie ein System von Betonbunkern errichtet.[92] Die fertige Flandern-Stellung war tatsächlich acht Zonen tief. Die erste Linie bildeten Horchposten in Granattrichtern; es folgten drei Linien mit Brustwehren oder Schützengräben, in denen die Frontbataillone der verteidigenden Division lagen; dahinter lag das Großkampffeld mit Maschinengewehrnestern; diese wurden von einer Bunkerlinie unterstützt; im rückwärtigen Kampffeld lagen schließlich die Eingreifverbände der Division in Betonbunkern, die zwischen die Stellungen der unterstützenden Artilleriebatterien eingestreut waren.[93] Ebenso wichtig wie der Aufbau des Verteidigungssystems war die Gliederung der Verteidigungskräfte. Die deutschen Stabsoffiziere hatten im vierten Kriegssommer erkannt, dass zur Verteidigung einer Stellung zwei voneinander abgesetzte Verbände notwendig waren, und ihre Divisionen dementsprechend neu gegliedert. Die Grabenbesatzung, die den ersten Ansturm aushalten sollte, war ausgedünnt worden, sodass sie nur die Kompanien und Bataillone der Frontdivision umfasste. Im rückwärtigen Kampffeld waren die Eingreifdivisionen bereitgestellt; sie sollten vorgehen, sobald der gegnerische Angriff durch die festen Verteidigungsstellungen und durch örtliche Gegenstöße der Fronttruppen zum Stehen gebracht worden war.[94]

Die Flandern-Stellung wurde im Juli 1917 von zehn Divisionen verteidigt; darunter waren so solide und bewährte Verbände wie die 3. Gardedivision und die 111. Infanteriedivision, in der Ernst Jünger beim 73. Füsilierregiment aus Hannover kämpfte. An der Hauptverteidigungslinie, die von der britischen 5. Armee angegriffen werden sollte, verfügten die Deutschen an einem 11 km breiten Frontabschnitt über 1556 Feld- und schwere Geschütze. Die Briten hatten hier 2299 Geschütze konzentriert – also eines auf 5 m, das heißt, ihre Geschützdichte war zehnmal so hoch wie im Juni 1916 an der Somme. Ihre 5. Armee, unter dem Oberbefehl des ungestümen Kavalleriegenerals Hubert Gough, konnte pro Frontkilometer fast eine Division einsetzen. Zu dieser Armee zählten die Gardedivision, die 15. Schottische und die Hochländer-Division, nebeneinander bereitgestellt zwischen Pilckem, wo die britischen den deutschen Garden gegenüberstanden, und den zerfetzten Baumstümpfen von «Sanctuary Wood», südlich von Ypern, wo die ursprüngliche BEF 1914 Schutz gefunden hatte.

Der 5. Armee waren auch 180 Flugzeuge (der insgesamt 508 im Kampfgebiet eingesetzten) zugewiesen worden. Diese sollten über der Front bis zu einer Tiefe von 8 km, wo die Linie der deutschen Beobachtungsballone begann, die Luftherrschaft erringen.[95] Bei guter Sicht konnte man aus dem Korb eines Fesselballons 100 km weit sehen. Das erlaubte dem Beobachter, über den an der Halteleine befestigten Telefondraht die Einschläge der Artillerie mit hoher Genauigkeit und rasch zu korrigieren. Verbesserungen im Funkverkehr erlaubten auch einem Zweisitzer-Beobachtungsflugzeug, das Artilleriefeuer zu leiten, obgleich das schwierig war, denn Gegensprechen war technisch noch nicht möglich. Der Luftkrieg, der 1918 in den Bereichen Tiefangriff und weiträumiger Bombenangriff einen gewaltigen Sprung nach vorn machen sollte, beschränkte sich 1917 noch weitgehend auf Artilleriebeobachtung, das Abschießen von Ballonen und auf Zweikämpfe, um die Luftüberlegenheit zu erringen oder aufrechtzuerhalten.

Die französische Luftwaffe war, obwohl Teil des Heeres, von den Unruhen nicht betroffen, die während des Jahres 1917 die Bodentruppen lähmten. Sie operierte im April und Mai erfolgreich gegen die deutschen Luftangriffe über der Aisne und unterstützte während der dritten Ypernschlacht das *Royal Flying Corps*. Mit ihren besten Flugzeugen, der *Spad 12* und *Spad 13*, war die französische Luftwaffe Anfang 1917 den meisten Flugzeugen ihrer deutschen Gegner überlegen. Sie brachte eine ganze Reihe Flieger-Asse hervor. Die berühmtesten waren Georges Guynemer und René Fonck, die in Luftkämpfen ein todbringendes Können bewiesen. Als Guynemer in der dritten Ypernschlacht am 11. September abgeschossen wurde, ließ der französische Senat den Sieger in 53 Luftkämpfen feierlich im Pantheon beisetzen.[96] Das Jahr 1917 brachte jedoch auch den Aufstieg der berühmtesten deutschen Flieger-Asse, darunter den des Werner Voss (48 Luftsiege) und des legendären «Roten Barons», Manfred von Richthofen (insgesamt 80 Luftsiege). Ihre Erfolge waren nicht nur auf ihr fliegerisches Können und ihren Angriffsgeist zurückzuführen, sondern auch darauf, dass die deutsche Luftwaffe neue Flugzeugtypen erhielt, vor allem den wendigen Fokker-Dreidecker, der im Luftkampf den vergleichbaren britischen und französischen Flugzeugen deutlich überlegen war.

Die Technik des Flugzeugbaus während des Ersten Weltkriegs führte dazu, dass die Überlegenheit zwischen den beiden Seiten oft sehr schnell wechselte. Die «Vorlaufzeiten» in der Flugzeugentwicklung, heute in Jahrzehnten gemessen, dauerten damals Monate, gelegentlich nur Wochen. Ein geringfügig stärkerer Flugzeugmotor – bei einer Ausgangsleistung zwischen 200 und höchstens 300 PS – oder eine kleine Verbesserung des Leitwerkes konnten einen verblüffenden Vorteil bringen. Im Laufe des Jahres 1917 erhielt das *Royal Flying Corps* drei rasch entwickelte und verbesserte Flugzeuge (die Einsitzer *Sopwith Camel* und *S.E.5* sowie das zweisitzige *Bristol*-Kampfflugzeug), die – trotz der Unerfahrenheit vieler ihrer Piloten – durch ihre hohe Zahl den deutschen Veteranen zu schaffen machten.[97] Allmählich gab es auch britische Flieger-Asse, die denen der französischen und deutschen Luftwaffe ebenbürtig waren, vor allem Edward Mannock, James McCudden und Albert Ball. McCudden, früher ein einfacher Soldat, und Mannock, ein überzeugter Sozialist, waren kaltblütige Techniker des Zweikampfes; ihr Werdegang unterschied sich radikal von dem der Mehrheit der in teuren Internaten erzogenen britischen Piloten, deren Repräsentant Albert Ball war.[98] Aber welcher Klasse oder Nation sie auch angehören mochten, alle an dem sich ständig wiederholenden, gnadenlosen Luftkampf Beteiligten zeigten schließlich dessen charakteristische Physiognomie: «abgemagerte Hände, schärfer gewordene Nasen, stark hervortretende Backenknochen, die entblößten Zähne eines grimassenhaften Lächelns und die starren, zusammengekniffenen Augen von Männern, die ihre Furcht unter Kontrolle haben».[99]

Die dritte Ypernschlacht sollte jedoch auf der Erde, nicht in der Luft entschieden werden. Wie bei Verdun und an der Somme hieß die Schlüsselfrage zunächst: Konnte das einleitende Trommelfeuer die gegnerischen Stellungen und deren Verteidiger so schnell und vollständig zermalmen, dass die Angreifer Positionen innerhalb der gegnerischen Linien einzunehmen vermochten, aus denen sie durch Gegenangriffe nicht mehr zu vertreiben waren? Am Anfang sollte kein Durchbruchsversuch stehen, wie Nivelle ihn an der Aisne angestrebt hatte. Die ersten Angriffsziele lagen vielmehr 5 bis 6 km von der britischen Ausgangslinie entfernt, noch im Bereich der unterstützenden Feldartillerie. Sobald diese Ziele genommen waren, sollte die Artillerie ihre Feuerstellungen nach vorne verlegen und der Prozess von neuem beginnen, bis die deutschen Stellungen Stück für Stück geknackt waren und nach Vernichtung der gegnerischen Reserven der Weg in das unverteidigte rückwärtige Gebiet frei war. Das entscheidende Gelände, das in der ersten Phase erobert werden musste, war das 3 km von der britischen Frontlinie entfernte Plateau von Gheluveld (südöstlich von Ypern), dessen leichte Erhebung über das umliegende Tiefland wichtige Vorteile für die Beobachtung brachte.

Das Trommelfeuer der Artillerie, das 15 Tage vorher begonnen hatte und bei dem über vier Millionen Granaten verschossen wurden (vor der Somme-Offensive waren eine Million Granaten verschossen worden), erreichte seinen Höhepunkt am 31. Juli kurz vor 4 Uhr morgens. Begleitet von 136 Tanks, gingen um 3.50 Uhr die Sturmtruppen der 2. und 5. Armee vor, am linken Flügel von einem Teil der französischen 1. Armee unterstützt. Obgleich der Boden durch jahrelanges Artilleriefeuer völlig umgepflügt war, war er an der Oberfläche trocken, sodass nur zwei Tanks stecken blieben. Auch der Infanterie gelang es, stetig vorzurücken. Der Fortschritt am linken Flügel gegen den Bergrücken von Pilckem war rasant; bei Gheluveld lief es nicht so gut. Am späten Vormittag brach wie gewohnt die Verbindung zwischen Infanterie und Artillerie zusammen, überall waren die Telefonleitungen unterbrochen, tief hängende Wolken verhinderten eine Beobachtung aus der Luft. «Einige Brieftauben kamen durch, aber die einzigen Meldungen über den Sturmangriff brachten Meldegänger, die für den Rückweg manchmal Stunden benötigten, falls sie überhaupt ankamen.»[100]

Um 14 Uhr wurde dann planmäßig der deutsche Gegenangriff ausgelöst. Auf die Soldaten des britischen XVIII. und XIX. Korps, die sich gegen Gheluveld vorwärtskämpften, ging ein so schweres Artilleriefeuer nieder, dass die Angriffsspitzen flohen. Zu dem deutschen Granathagel kamen sintflutartige Regenfälle, die das zerklüftete Schlachtfeld bald in Schlamm verwandelten. Der Regen hielt während der nächsten drei Tage an, als die britische Infanterie ihre Sturmangriffe wieder aufnahm und die unterstützende Artillerie in neue Stellungen vorwärtsgeschleppt wurde. Am 4. August schrieb der Kommandeur einer britischen Batterie: «Der Schlamm ist einfach furchtbar, nach meiner Auffassung schlimmer als der Winter. Der Boden ist bis zu einer Tiefe von 3 m umgewühlt und hat die Festigkeit von Haferbrei... Das Innere der Granattrichter ist so weich, das man darin völlig versinken könnte... In ihnen müssen Hunderte von deutschen Gefallenen begraben sein, und jetzt pflügen ihre eigenen Granaten das Gelände noch einmal um und bringen sie wieder zum Vorschein.»[101]

Der Regen und das stockende Vorrücken veranlassten Haig, die Offensive am 4. August zu stoppen, um die Stellung zu sichern. Dennoch erklärte er dem Kriegskabinett in London, der Angriff sei «höchst zufriedenstellend und die Verluste [seien] gering» gewesen. Im Vergleich zur Somme, wo am ersten Tag 20 000 Mann gefallen waren, schienen die Verluste erträglich: Zwischen dem 31. Juli und dem 3. August meldete die 5. Armee 7800, die 2. Armee etwas über 1000 Gefallene und Vermisste. Einschließlich der Verwundeten betrugen die Verluste, zusammen mit denen der französischen 1. Armee, insgesamt etwa 35 000; die Deutschen hatten ähnlich hohe Verluste erlitten.[102] Sie blieben jedoch im Besitz des entscheidenden Geländes und hatten noch keine ihrer Eingreifdivisionen eingesetzt. Kronprinz Ruprecht von Bayern notierte am Abend des 31. Juli in sein Tagebuch, er sei «mit den Ergebnissen sehr zufrieden».

Die Schlacht hatte jedoch erst begonnen. Ruprecht rechnete nicht mit Haigs Entschlossenheit, die Schlacht weiterzuführen, mochten die Verluste noch so sehr ansteigen und das Schlachtfeld noch so nass sein. Am 16. August setzte Haig die 5. Armee für einen Angriff auf Langemarck ein, wo die BEF im Oktober 1914 die deutschen Freiwilligendivisionen abgewehrt hatte; der Bodengewinn betrug nur 500 m. Gleichzeitig befahl er dem Kanadischen Korps einen Ablenkungsangriff im Kohlenrevier um Lens, jener schrecklichen Wüste zerstörter Dörfer und riesiger Abraumhalden, wo die BEF im Winter und Frühjahr 1915 so sinnlos gelitten hatte. Er setzte auch eine Reihe vergeblicher Sturmangriffe auf das Plateau von Gheluveld fort, von dem aus die Deutschen jede Aktion auf dem tieferen Gelände beherrschten. Er gewann wenig Boden, verlor jedoch viele Soldaten.

Am 24. August, nach dem Scheitern des dritten Angriffs auf Gheluveld, entzog Haig die Verantwortung für den Hauptstoß bei Ypern der 5. Armee Goughs und übertrug sie der 2. Armee Plumers. Gough, ein nach den Maßstäben des Ersten Weltkriegs junger General, hatte sich Haig als Kavalleriekamerad empfohlen, der für seinen Schneid und seine Ungeduld bekannt war. Goughs Truppen vertrauten seiner Führungskunst bereits weniger als sein Vorgesetzter. Plumer war älter als Gough und nahm – was für ältere Menschen typisch ist – Rücksicht auf die ihm anvertrauten Truppen. Er kommandierte den Frontabschnitt bei Ypern seit zwei Jahren, kannte alle seine gefährlichen Winkel und hatte sich bei seinen Soldaten beliebt gemacht (soweit das ein General des Ersten Weltkrieges überhaupt konnte), weil er sich um ihr Wohlergehen kümmerte. Jetzt entschied er sich für eine Kampfpause, um eine sorgfältige Vorbereitung der nächsten Phase zu ermöglichen. Diese sollte aus einer Reihe von Vorstößen bestehen, die noch schwächer waren als die Goughs.

Vor der Pause, am 27. August, sollte ein letztes Unternehmen stattfinden, um die Einnahme zweier längst verschwundener Wälder zu versuchen: «Glencarse Wood» und «Inverness Copse», unmittelbar nördlich des zerstörten Dorfes Gheluvelt. Der amtlichen Darstellung zufolge war der Boden «von dem Regen so glitschig und von den mit Wasser angefüllten Granatlöchern so zerklüftet, dass die Truppen nur langsam vorankamen und den Schutz der Feuerwalze bald verloren». Die Soldaten waren während der Nacht angerückt und mussten zehn Stunden auf den Beginn der Schlacht warten. Als sie dann kurz vor 14 Uhr vorgingen, wurden sie bald durch unpassierbares Gelände sowie schweres deutsches Feuer aufgehalten. Edwin Vaughan, während des Krieges Kompanieführer im Warwickshire-Regiment, beschreibt den Versuch seiner Einheit, voranzukommen:

> Wir taumelten vorwärts, während ringsum Granaten einschlugen. Ein Mann vor mir hielt plötzlich an. Wütend verfluchte ich ihn und stieß ihn von hinten mit dem Knie. Sehr leise sagte er: «Ich bin blind, Sir.» Er drehte sich um und zeigte mir, dass ihm ein Granatsplitter Augen und Nase weggerissen hatte: «Mein Gott! Es tut mir Leid, Junge», sagte ich. «Geh einfach weiter, wo die Erde hart ist», und ich ließ ihn in seiner Blindheit zurücktaumeln... Ein Tank war langsam herangekommen und eröffnete das Feuer auf den Feind. Einen Augenblick später war von ihm nur noch ein zusammengeschrumpfter Haufen Eisen übrig; er war von einer schweren Granate getroffen worden. Es war jetzt fast dunkel, und der Feind feuerte nicht mehr. Während ich über die letzte Schlammstrecke stolperte, sah ich, dass in der Nähe des Bunkers Handgranaten explodierten; von der anderen Seite stürmte eine Gruppe Briten heran. Während wir uns alle heranarbeiteten, kam die Boche-Besatzung mit erhobenen Händen heraus ... Wir schickten die 16 Gefangenen über das freie Feld nach hinten. Aber sie waren kaum ein paar hundert Meter gegangen, da wurden sie von einem deutschen Maschinengewehr niedergemäht.

Im Bunker fand Vaughan einen verwundeten deutschen Offizier. Krankenträger brachten einen verwundeten britischen Offizier herein, «der mich fröhlich grüßte. ‹Wo sind Sie getroffen?›, fragte ich. ‹Im Rücken nahe der Wirbelsäule. Könnten Sie meine Gasmaske unter mir wegziehen?› Ich schnitt die Tasche los und zog sie hervor. Dann bat er um eine Zigarette. Dunham reichte ihm eine, und er steckte sie zwischen die Lippen. Als ich ihm Feuer geben wollte, war die Zigarette auf seine Brust gefallen; er war tot.» Vor dem Bunker stieß Vaughan auf eine Gruppe von Deutschen, die sich ihm ergaben:

Die Gefangenen, heruntergekommen und verzweifelt, drängten sich um mich und erzählten mir, was für eine schreckliche Zeit sie durchgemacht hatten: ‹Nichts essen, nichts trinken, immer Granaten, Granaten, Granaten!› ... Ich hatte keinen Mann übrig, um sie nach hinten zu bringen. Deshalb schickte ich sie in Granattrichter, zusammen mit meinen Männern, die viel Wirbel um sie machten und ihre spärlichen Verpflegungsrationen mit ihnen teilten. Aus anderen Granattrichtern war in der Dunkelheit von allen Seiten das Stöhnen und Jammern verwundeter Männer zu hören: das schwache, anhaltende, schluchzende Ächzen des Todeskampfes und verzweifelte Schreie. Offenkundig hatten Dutzende von Schwerverwundeten in neuen Granattrichtern Zuflucht gesucht. Jetzt stieg darin das Wasser immer höher, und da sie sich nicht bewegen konnten, ertranken sie langsam. Bei diesen Schreien sah ich vor meinem inneren Auge schreckliche Bilder: verstümmelte Soldaten, die draußen lagen, darauf hofften, dass ihre Kameraden sie finden würden, und jetzt einen schrecklichen Tod starben, mitten unter den Toten allein in der pechschwarzen Nacht. Und wir konnten nichts tun, um ihnen zu helfen. Dunham weinte leise neben mir, und alle Männer waren bewegt von den herzzerreißenden Schreien.

Damit endeten beinahe die Erfahrungen des Leutnants Vaughan am 27. August. Unmittelbar vor Mitternacht wurde seine Einheit von einer anderen abgelöst, und er führte die Überlebenden seiner Kompanie zu den Linien zurück, von denen sie am 25. August aufgebrochen waren.

Die Schreie der Verwundeten hatten jetzt stark nachgelassen, und während wir den Weg entlang stolperten, wurde uns der Grund nur allzu klar: Das Wasser stand jetzt direkt über dem Rand der Granattrichter ... Ich erkannte [den Bunker des Kommandostandes] kaum wieder, denn er war von einer Granate nach der anderen getroffen worden, und sein Eingang war ein langer Hügel von Toten. Unzählige [Soldaten] hatten hier Deckung gesucht und waren das Opfer von Schrapnells geworden. Ich musste über sie hinwegsteigen, um in den Kommandostand zu gelangen; dabei streckte sich eine Hand aus und klammerte sich an meine Ausrüstung. Entsetzt zog ich unter den Leichen einen Lebenden hervor.

Am nächsten Morgen ließ er seine Leute zum Appell antreten:

> Meine schlimmsten Befürchtungen wurden bestätigt. In der Nähe der Feldküchen standen vier kleine Gruppen heruntergekommener, unrasierter Männer. Die Feldwebel fragten, wer von ihnen gesehen habe, dass einer ihrer Kameraden getötet oder verwundet worden sei. Es wurde eine schreckliche Liste ... Von den 90 Leuten unserer fröhlichen kleinen Schar waren nur noch 15 übrig.[103]

Die Erfahrungen Vaughans waren bezeichnend dafür, wie die dritte Ypernschlacht sich entwickeln sollte. Obwohl die Verluste geringer waren als an der Somme in einem vergleichbaren Zeitraum (18 000 Tote und Vermisste sowie 50 000 Verwundete seit dem 31. Juli), nahm der Kampf für die darin Verwickelten einen gnadenlosen, unheilvollen Charakter an: Sie wurden ständig vom Feind beobachtet in einer vom Regen durchweichten, stellenweise sogar unter Wasser stehenden Landschaft, aus der Gebäude und Vegetation getilgt waren. Fast pausenlos ging wohlgezieltes Geschützfeuer nieder, das sich zu tödlichen Gewittern verdichtete, sooft die Briten einen Angriff auf räumlich nahe Ziele versuchten, die ihnen unerreichbar fern vorkamen, als ein Angriff nach dem anderen fehlschlug.

Am 4. September wurde Haig nach London zitiert, wo man ihn fragte, warum er die Offensive, selbst in der begrenzten Form, wie sie der vorsichtige Plumer vorgeschlagen hatte, fortsetze. Lloyd George gab einen Überblick über die Kriegslage und argumentierte, da Russland gar nicht mehr und Frankreich kaum noch kämpfe, sei es strategisch klug, mit den britischen Ressourcen sparsam umzugehen, bis die Amerikaner 1918 in großer Zahl eintreffen würden. Haig, von Robertson unterstützt, behauptete, gerade wegen der Schwäche der übrigen Alliierten müsse die dritte Ypernschlacht fortgesetzt werden. Er argumentierte, Ludendorff ziehe gegenwärtig Divisionen von der Westfront ab, um die Österreicher zu unterstützen. Lloyd Georges Gegenargumente, man könne gegen die Türken und an der italienischen Front kriegsentscheidende Erfolge erringen, waren noch weniger überzeugend. Deshalb konnte Haig sich durchsetzen. Der abgelöste stellvertretende Generalstabschef Henry Wilson, ein fanatischer Verfechter einer Entscheidung im Westen, vertraute mit bezeichnendem Zynismus seinem Tagebuch an, Lloyd George verfolge den Plan, Haig die Chance zu geben, ins Verderben zu rennen. Wahrscheinlich traf die Einschätzung zu, dass der Premierminister seinen höchsten militärischen Untergebenen ablösen wollte, es aber nicht wagte, bevor dieser sich durch ein offenkundiges Versagen eine Blöße gab.[104] Es war jedoch kein Nachfolger für Haig in Sicht. So wurde, weil ein besserer Mann und ein besserer Plan fehlten, Haigs unkluge Strategie beibehalten, so nachteilig sie auch für seine geduldig leidenden Truppen sein mochte.

Der «Schritt-für-Schritt»-Plan Plumers, auf den die Kampfpause Anfang September vorbereiten sollte, sah drei Phasen vor. In jeder dieser Phasen sollte ein anhaltendes Trommelfeuer einen kurzen, 1500 m tiefen Vorstoß einleiten, durchgeführt von Divisionen an einem jeweils 1000 m breiten Frontabschnitt; auf jeden Frontmeter kamen also 10 Infanteristen. Nach einem dreiwöchigen Trommelfeuer griffen die 1. und 2. Australische Division zusammen mit der 23. und 41. Britischen Division östlich von Ypern auf der Straße nach Menin an. Das begleitende Sperrfeuer ging auf einem 1000 m tiefen Geländestreifen nieder, und unter diesem verheerenden Feuerorkan wichen die Deutschen zurück. Die britischen Angriffe bei «Polygon Wood» am 26. September und bei Broodseinde am 4. Oktober erzielten den gleichen Erfolg. Plumers Taktik – «Einbrechen und Halten» – war erfolgreich. Schließlich hatten die Briten das Plateau von Gheluveld eingenommen und damit das Gebiet unmittelbar östlich von Ypern der deutschen Beobachtung entzogen. Die Frage war, ob die nächsten Angriffe dieser Art gerechtfertigt werden konnten. Die ersten drei, vor allem der auf Broodseinde, hatten den Gegner schwer getroffen. Am 4. Oktober hatte Plumers konzentriertes Artilleriefeuer die zu weit vorn konzentrierten deutschen Eingreifdivisionen getroffen und ihnen, insbesondere der 4. Gardedivision, schwere Verluste zugefügt.[105] Daraufhin verbesserten die

Deutschen abermals ihr Abwehrsystem. Vor dem Angriff auf Broodseinde hatten sie ihre Eingreifdivisionen an das Gefechtsfeld herangeführt, um die britische Infanterie abfangen zu können, sobald sie aus der schützenden Feuerwalze auftauchen würde. Da sie sich so lediglich dem immer stärkeren Feuer der britischen Artillerie ausgesetzt hatten, ordnete Ludendorff eine taktische Veränderung an: Die Front sollte noch mehr ausgedünnt werden, und die Eingreifdivisionen sollten sich weiter rückwärts in Stellungen begeben, die sie erst dann verlassen durften, wenn ein überlegter Gegenangriff, unterstützt von schwerem Sperrfeuer, unternommen werden konnte.[106]

Die britische und die deutsche Gefechtsführung auf dem schrecklichen, zerstörten, durch Granaten umgepflügten und halb unter Wasser stehenden Schlachtfeld von Ypern glichen einander inzwischen exakt, so als hätten die Gegner sich miteinander abgesprochen. Die Angreifer suchten die Verteidiger durch schwerstes Granatfeuer zu erschüttern und den schmalen Geländestreifen, den es bestrichen hatte, zu besetzen. Dann wiederholten die Verteidiger den Vorgang in umgekehrter Richtung, in der Hoffnung, das verlorene Terrain zurückzugewinnen. Es war, falls ein entscheidender Sieg angestrebt wurde, ein völlig aussichtsloses Manöver, und Haig hätte aufgrund der Ereignisse, mit denen er fast täglich konfrontiert war, eine Fortsetzung dieser Agonie, unter der beide Seiten litten, verweigern können.

Selbst diejenigen Historiker des Großen Krieges, die sich für die Technik begeistern und immer bereit sind, jede übersehene Verbesserung der Zündung von Feldartilleriegranaten oder der Reichweite von Granatwerfern hervorzuheben, räumen ein, dass Haig nach Broodseinde seine Offensive hätte abbrechen sollen.[107] Er aber entschied sich unbeugsam für das Weitermachen. Vor Broodseinde hatte er seinen Truppenführern erklärt: «Der Gegner taumelt schon und... ein rechter, entscheidender Schlag könnte zu entscheidenden Ergebnissen führen.»[108] Unmittelbar danach, als Lloyd George heimlich versuchte, die nach Frankreich entsandten Verstärkungen zu begrenzen, schrieb Haig an Robertson, den Chef des Empire-Generalstabes: «Nur die britischen Armeen können in die Lage versetzt werden, eine große Offensive zu unternehmen. [Deshalb] ist unstrittig, dass alles getan werden sollte,... dieses Unternehmen möglichst stark zu machen.»[109]

Die Schlacht im Schlamm bei Ypern – oder bei Passchendaele, wie die Briten sie später nannten – wurde daher fortgesetzt, allerdings nicht mit britischen Soldaten an der Spitze. Einige der besten Divisionen der BEF – die Gardedivisionen, die 8., eine der ältesten regulären Divisonen, die 15. Schottische, die 16. Irische, die 38. Walisische und die 56. Divison aus London – waren durch die Kämpfe im August und in der ersten Septemberhälfte völlig erschöpft. Die einzigen zuverlässigen Sturmdivisionen, über die Haig noch verfügte, gehörten dem ANZAC und dem Kanadischen Korps an, denen die ersten Phasen der Schlacht sowie die schlimmsten der Sommeschlacht ein Jahr zuvor erspart geblieben waren. In der so genannten «ersten Schlacht von Passchendaele» versuchten die Neuseeländische und die 3. Australische Division am 12. Oktober, die Überreste des Dorfes auf der höchsten Anhöhe östlich von Ypern, 46 m über dem Meeresspiegel, zu erobern, wo die Schützengräben und Bunker der zweiten Flandern-Stellung der Deutschen das letzte Hindernis zwischen der BEF und dem rückwärtigen Gebiet des Gegners bildeten. «Wir sind praktisch durch die Verteidigungsstellungen des Gegners durch», sagte Haig am 9. Oktober vor Kriegsberichterstattern, «der Gegner hat nur noch Fleisch und Blut gegen uns.» Fleisch und Blut erwiesen sich unter den gegebenen Umständen als ausreichend. Die Deutschen nahmen die Soldaten des ANZAC von vorn und von den Flanken mit Maschinengewehren unter Feuer, sodass sich diese schließlich auf die Stellungen zurückzogen, von denen sie an diesem triefnassen Tag ihren Vorstoß angetreten hatten. Der Boden war so durchweicht, dass die Granaten der unterstützenden britischen Artillerie im Schlamm versanken, ohne zu explodieren, und bei dem Versuch, einen unbeschädigten Drahtverhau zu überwinden, verloren allein die Neuseeländer fast 3000 Mann.

Nachdem Haig das II. Korps des ANZAC auf diesen sinnlosen Opfergang geschickt hatte, wandte er sich an die Kanadier. General Sir Arthur Currie, der Kommandeur des Kanadischen Korps, kannte den Frontbogen von Ypern seit 1915 und wollte dort keine weiteren Soldaten verlieren. Aufgrund seiner exakten, schulmeisterlichen Denkweise sagte er voraus, der von Haig verlangte Angriff werde «16 000 Mann» kosten. Er hätte sich an seine Regierung wenden und den Angriff verweigern können, doch er fügte sich, nachdem er protestiert hatte, der Anweisung Haigs. Der frühe Wintereinbruch hatte fast ununterbrochenen Regen gebracht. Der einzige Weg nach vorn, zur Höhe des Bergrückens, führte über zwei schmale, von Sümpfen und Wasserläufen umgebene Dämme.[110] Am 26. Oktober, dem ersten Tag der «zweiten Schlacht von Passchendaele», durchbrachen die Kanadier die erste Flandern-Stellung der Deutschen und drangen unter schweren Verlusten etwa 500 m vor. Die 11. Bayerische Division, die diesen Frontabschnitt verteidigte, erlitt ebenfalls schwere Verluste und wurde aus der Gefechtslinie herausgezogen. Am 30. Oktober wurde der Kampf wieder aufgenommen und etwas mehr Gelände erobert. Die 1. und 2. Kanadische Division übernahmen am 6. November die Sturmspitze bei einem neuen Angriff, durch den die Überreste des Dorfes Passchendaele erobert wurden. Am 10. November erfolgte ein letzter Angriff, der die Front sicherte. Die «zweite Schlacht von Passchendaele» hatte die vier Divisionen des Kanadischen Korps 15 634 Gefallene und Verwundete gekostet – fast genau die Zahl, die Currie Anfang Oktober vorausgesagt hatte.[111]

Um was es bei Passchendaele, wie die dritte Ypernschlacht genannt wurde, eigentlich ging, lässt sich nicht erklären. Die Schlacht mag den Druck, der nach den Meutereien auf den Franzosen lastete, gemindert haben. Allerdings gibt es keine Beweise dafür, dass Hindenburg und Ludendorff Pétains Schwierigkeiten so gut kannten, um diese in ihre Pläne einbeziehen zu können. Ihre eigenen Probleme – sie mussten ihren österreichischen Bundesgenossen unterstützen und das Chaos an der russischen Front regeln – verhinderten die Inszenierung eines zweiten Verdun.

Im Herbst 1917 zeigte Pétains «Rehabilitierungsprogramm»

erste Erfolge, sodass das französische Heer am 23. Oktober beim Chemin-des-Dames einen Angriff führen konnte. Dabei gewann es in vier Tagen an einer Frontbreite von 11 km einen 5 km tiefen Geländestreifen zurück – etwa so viel, wie die Briten bei Ypern unter größten Anstrengungen und Opfern in 99 Tagen erreichten. Edmonds, der amtliche britische Historiker, rechtfertigt Haigs ständige Wiederaufnahme der Schlacht um Passchendaele mit dem Argument, sie habe 88 deutsche Divisionen an der Ypernfront gebunden, während «die dort engagierten alliierten Streitkräfte insgesamt nur 6 französische Divisionen und 43 Divisionen aus Großbritannien und den Dominions [Australien, Neuseeland und Kanada] umfassten».[112] Der Gesamtzusammenhang relativiert jedoch dieses Urteil: 88 Divisionen waren nur ein Drittel des deutschen Heeres, die 43 Divisionen Haigs dagegen mehr als die Hälfte des britischen. Es ist unbestreitbar, dass in den Schlammwüsten des Schlachtfeldes von Ypern nahezu 70 000 seiner Soldaten fielen und über 170 000 verwundet wurden. Die Verluste der Deutschen mögen höher gewesen sein (Kontroversen über Statistiken machen dieses Argument wertlos), aber während die Briten sich voll verausgabt hatten, besaßen Hindenburg und Ludendorff in Russland ein zweites Heer, mit dem sie den Krieg im Westen noch einmal von vorn beginnen konnten. Großbritannien verfügte über kein zweites Heer. Obgleich es die allgemeine Wehrpflicht – als Kriegsnotwendigkeit, nicht als Grundsatz seiner Politik – erst nach Frankreich eingeführt hatte, war Ende 1917 jeder Mann rekrutiert, den Landwirtschaft und Industrie entbehren konnten. Großbritannien war dazu übergegangen, Rekruten ins Heer aufzunehmen, die in der Blütezeit der freiwilligen Meldungen auf Anhieb abgelehnt worden wären: Leute, die schwach auf der Brust waren, einen Rundrücken hatten, verkümmert, kurzsichtig oder zu alt waren. Ihre körperlichen Mängel offenbarten, wie verzweifelt Großbritannien Soldaten suchte und wie verschwenderisch Haig mit ihnen umging. An der Somme war aufgrund seiner Einsatzbefehle die Blüte der britischen Jugend getötet und verstümmelt worden; bei Passchendaele hatte er die Überlebenden in tiefste Verzweiflung gestürzt.

Die Schlacht bei Cambrai

Für eine Offensive gegen die Deutschen gab es nur noch ein Mittel, dessen Einsatz der flandrische Schlamm verhindert hatte: die Kriegführung mit Maschinen. Deshalb war der Hauptbestand des Tank-Korps, das im Laufe des Jahres 1917 erweitert worden war, noch intakt. Sein Kommandeur, Brigadegeneral H. Elles, hatte während des Sommers nach einer Möglichkeit gesucht, es nutzbringend einzusetzen. Er hatte General Sir Julian Byng, den Oberbefehlshaber der 3. Armee, für einen Überraschungsangriff mit Panzern gewonnen. Dessen Frontabschnitt verlief über trockenen Kreideboden, auf dem Panzer nicht stecken bleiben würden. Einer der Artillerieoffiziere Byngs, Brigadegeneral H. H. Tudor von der 9. Schottischen Division, hatte inzwischen selbständig einen Plan ausgearbeitet, die Panzer mit einem überraschenden Artillerieschlag zu unterstützen, um den Gegner nicht auf einen bevorstehenden Angriff aufmerksam zu machen. Im August akzeptierte Byng die Pläne von Elles und Tudor, und am 13. Oktober wurden sie, zumindest grundsätzlich, von Haigs Generalstab gebilligt. Anfang November, als die Schlacht bei Passchendaele allmählich abflaute, suchte Haig nach irgendeinem ausgleichenden Erfolg und stimmte auf Byngs Drängen am 10. November dem Elles-Tudor-Plan zu.

Die Offensive sollte zum frühestmöglichen Zeitpunkt bei Cambrai mit über 300 Panzern eingeleitet werden. Ihnen sollten acht Infanteriedivisionen folgen und 1000 Geschütze Feuerunterstützung geben. Herkömmlicherweise begann das Artilleriefeuer erst, nachdem alle Batterien sich eingeschossen, das heißt durch Beobachtung der Einschläge die Zielgenauigkeit ihres Feuers ermittelt hatten – ein zeitaufwendiger Vorgang, der den Gegner stets auf einen bevorstehenden Angriff hinwies und es ihm ermöglichte, Reserven für den bedrohten Frontabschnitt anzufordern. Tudor hatte – mittels elektrotechnischer Geräte – ein Verfahren entwickelt, mit dem für jedes einzelne Geschütz die Abweichung von einer Richtnorm bestimmt werden konnte. Wenn die Abweichungen mathematisch genau auf eine Karte mit

Gitternetz übertragen waren, konnte der Artilleriekommandeur darauf vertrauen, dass seine Batterien die festgelegten Ziele ohne vorheriges Einschießen treffen würden.[113] Die Panzer, an einer 9 km breiten Front massiert, sollten in dichtem Verband fahren. Die Infanterie sollte ihnen unmittelbar folgen, Gefangene einsammeln, Geschützstellungen nehmen und das eroberte Gelände sichern. Den Weg zu den feindlichen Stellungen würden die Panzer ermöglichen, indem sie durch den Drahtverhau – in der «Hindenburg-Stellung» bei Cambrai mehrere hundert Meter tief – Gassen rissen; die Panzer würden auch einen Weg über die Schützengräben schaffen, indem sie Faschinen (Bündel aus Gestrüpp) hineinwarfen, die als Brücken dienten. Die Deutschen besaßen drei Stellungen hintereinander, zusammen über 6 km tief. Es war vorgesehen, alle drei am ersten Tag in einem einzigen Schwung zu durchbrechen. Weil der Frontabschnitt bei Cambrai lange ruhig gewesen war, hatten ihn die Deutschen nur mit zwei Divisionen besetzt, der 20. Landwehr- und der 54. Reservedivision, die von lediglich 150 Geschützen unterstützt wurden. Die 20. Landwehrdivision wurde vom alliierten Nachrichtendienst als «viertklassig» eingestuft. Die 54. Reservedivision war allerdings ein besserer Verband. An seiner Spitze stand der General der Artillerie von Walter, der sich – bei deutschen Militärs etwas Ungewöhnliches – über die Wirkungsmöglichkeit der Panzer Gedanken gemacht und seinen Kanonieren beigebracht hatte, aus geschützten Stellungen auf bewegliche Ziele zu feuern.[114]

Das starke Interesse Walters an Panzeroperationen – zu einer Zeit, als das deutsche Heer überhaupt keine Panzer besaß – sollte für den Ausgang der Schlacht äußerst wichtig werden. Ebenso wichtig war, dass General G. M. Harper, der Kommandeur der im Angriffsschwerpunkt stehenden 51. Hochländer-Division, die Leistungsfähigkeit des Panzers verkannte. Der tapfere, aber konventionelle Harper mochte die Panzer nicht, liebte jedoch seine Soldaten aus dem schottischen Hochland. Er glaubte, die Panzer würden das deutsche Artilleriefeuer auf seine Infanteristen ziehen. Deshalb befahl er ihnen, den Panzern nicht dicht zu folgen, sondern sich 150 bis 200 m hinter ihnen zu halten.[115] Dieser Abstand sollte sich auf den britischen Vorstoß im kritischen Augenblick der Schlacht verhängnisvoll auswirken.

Zunächst lief alles gut. Die unglücklichen deutschen Soldaten am Frontabschnitt bei Cambrai waren auf den Feuerorkan der Artillerie, der am 20. November um 6.20 Uhr über sie hereinbrach, ebenso wenig vorbereitet wie auf das Anrollen dichter Kolonnen von insgesamt 324 Panzern, hinter denen die Infanterie vorrückte. Binnen vier Stunden waren die Angreifer an vielen Stellen mehr als 6 km vorgestoßen, fast ohne Verluste erlitten zu haben: Von der 20. leichten Division hatte das 2. Bataillon aus Durham vier Gefallene, das 14. Bataillon aus Durham nur sieben Verwundete zu verzeichnen.[116]

Im Angriffszentrum sah es freilich anders aus. Dort folgte die 51. Hochländer-Division den Panzern zaghaft mit einigen hundert Metern Abstand und stieß dann auf den von der deutschen 54. Reservedivision verteidigten Abschnitt. Deren Kanoniere begannen, wie General von Walter es ihnen beigebracht hatte, die britischen Panzer zu bekämpfen, sobald diese, ohne Infanterieunterstützung, bei dem Dorf Flesquières auftauchten, und setzten einen nach dem anderen außer Gefecht.[117] Bald waren elf Panzer ausgeschaltet; fünf von ihnen hatte ein einziger deutscher Feldwebel erledigt: Kurt Krüger, der später von einem Hochländer getötet wurde, als die Infanterie der 51. Division endlich zu den Panzern aufschloss. Mittlerweile war es jedoch so spät, dass die Division das ihr für diesen Tag gesteckte Angriffsziel nicht mehr einnehmen konnte. Infolgedessen entstand, während links und rechts die gesamten deutschen Stellungen bei Cambrai durchbrochen worden waren, in der Mitte eine tiefe Einbuchtung zu den britischen Linien. Damit blieb General Byng der klare Durchbruch versagt, den der revolutionäre Plan von Elles und Tudor vorsah.

In England läuteten die Siegesglocken – zum ersten Mal seit dem Beginn des Krieges. Die Siegesfeier war jedoch verfrüht. Byngs Kavallerie, die sich in der Abenddämmerung des 20. November hinter den Panzern einen Weg über das Schlachtfeld gesucht hatte, wurde durch einen intakten Drahtverhau aufgehalten und kehrte um. Seine Infanterie bahnte sich am 21. November und in den folgenden Tagen behutsam einen Weg vorwärts. Am 30. November bewies dann das deutsche Heer wieder einmal seine überwältigende Stärke im Gegenangriff. In den zehn Tagen seit der Eröffnung der Offensive durch die Briten hatte der bayerische Kronprinz Rupprecht, der örtliche Befehlshaber, 20 Divisionen zusammengezogen. Diese eroberten bei einem Angriff im Morgengrauen nicht nur einen Großteil des am 20. November verlorenen Geländes zurück, sondern darüber hinaus einen Geländestreifen, den zuvor die Briten gehalten hatten. Die Schlacht von Cambrai, die zu einem tiefen Einbruch in die deutsche Front hätte führen sollen, endete unentschieden entlang der Linie des so genannten «Drocourt-Quéant-Tausches». Dieser gab den Briten und den Deutschen jeweils einen Geländestreifen, der vorher lange in der Hand des Gegners gewesen war: ein passendes Symbol für das prekäre Gleichgewicht der Macht an der Westfront Ende 1917.

10 Amerika und der Entscheidungskampf

Admiral Eduard von Capelle, Tirpitz' Nachfolger als Staatssekretär des Reichsmarineamtes, hatte am 31. Januar 1917 dem Haushaltsausschuss des Deutschen Reichstages versichert: «[Die Amerikaner] werden nicht ankommen, weil unsere U-Boote sie versenken werden. Also bedeutet Amerika militärisch null und noch einmal null und zum dritten Mal null.»[1] Anfang 1917, drei Monate vor dem Kriegseintritt Amerikas auf der Seite der Alliierten, war sein Heer – im Gegensatz zu seiner starken, modernen Kriegsflotte – tatsächlich unbedeutend. Mit 107 641 Mann nahm es den siebzehnten Platz in der Welt ein.[2] Seit dem Waffenstillstand bei Appomattox 1865 hatte es keine Erfahrungen mehr mit großen Operationen gemacht, und sein schwerstes Kriegsgerät waren schwere Maschinengewehre. Die Reserve, die Nationalgarde, mit 132 000 Mann etwas größer, war die Teilzeitmiliz der 48 Einzelstaaten; sie war schlecht ausgebildet und wurde von der Bundesregierung nur ganz oberflächlich überwacht. Die einzige erstklassige amerikanische Truppe, das 15 500 Mann umfassende *US Marine Corps* (Marineinfanterie), war in den überseeischen Besitzungen und Interventionsgebieten der USA verstreut, unter anderem in mehreren mittelamerikanischen Republiken, in denen die Vereinigten Staaten nach dem Spanisch-Amerikanischen Krieg von 1898 die Kontrolle übernommen hatten.

Im Juni 1917 war jedoch der Oberbefehlshaber einer *American Expeditionary Force* (AEF), General John J. Pershing, in Frankreich eingetroffen, und am 4. Juli, dem amerikanischen Unabhängigkeitstag, hielten Teile seiner 1. Division in Paris eine Parade ab. Im Laufe der folgenden Monate trafen ununterbrochen frische Verbände einer Armee ein, die eine Stärke von 80 Divisionen erreichen sollte – fast 3 Millionen Mann, denn amerikanische Divisionen hatten im Vergleich zu französischen, britischen oder deutschen die doppelte Personalstärke. Bis März 1918 waren 318 000 Amerikaner in Frankreich ausgeschifft worden, die Vorhut von 1,3 Millionen Mann, die bis August eintreffen sollten; bei dem Transport über den Atlantik war kein einziger durch Feindeinwirkung ausgefallen.[3]

Nur selten verändern sich in einem großen Krieg die Chancen der einen oder der anderen Seite durch eine plötzliche, das Gleichgewicht störende Verstärkung. So veränderten sich die Chancen der Gegner Napoleons 1813, als dessen Scheitern in Moskau das russische Heer auf die Seite Großbritanniens und Österreichs brachte. Die Chancen der amerikanischen Nordstaaten gegenüber den Südstaaten änderten sich 1863, als die Einführung der Wehrpflicht die Millionen des Nordens gegen die Hunderttausende des Südens zur Geltung brachte. Die Chancen eines isolierten Großbritannien und einer nahezu besiegten Sowjetunion sollten sich im Dezember 1941 verändern, als Hitlers unüberlegte Kriegserklärung an Amerika die führende Weltmacht zwang, nicht nur das imperialistische Japan, sondern auch das nationalsozialistische Deutschland zu bekämpfen. 1918 brachte die Entscheidung des amerikanischen Präsidenten Wilson, Deutschland und seinen Verbündeten den Krieg zu erklären, der alliierten Seite eine ähnliche Verstärkung. Capelles «Sie werden nicht ankommen» wurde innerhalb von sechs Monaten übertrumpft durch Amerikas melodramatisches «Lafayette, ich bin hier.»

Die Vereinigten Staaten hatten sich aus dem Krieg heraushalten wollen. Sie hatten eine ganze Reihe diplomatischer Zwischenfälle – von der Versenkung der *Lusitania* mit ihren amerikanischen Passagieren bis zu dem Versuch der Deutschen, in Mexiko einen Ablenkungskrieg zu entfachen – hingenommen, ohne auf solche Provokationen mit Gegenschlägen zu antworten. Sobald jedoch Amerika sich für den Krieg entschieden hatte, mobilisierte es die außergewöhnlichen Kräfte der Nation in den Bereichen der industriellen Produktion und der personellen Organisation. Sofort beschloss man, die nach Frankreich zu entsendende Armee durch Einberufung aufzustellen, unter der Aufsicht örtlicher ziviler Musterungsgremien. 1917/18 wurden über 24 Millionen Männer erfasst. Diejenigen, die als die Geeignetsten galten – junge, unverheiratete Männer –, bildeten das erste Kontingent von 2810000 Einberufenen. Zusammen mit denen, die bereits in das reguläre Heer, die Nationalgarde und die Marineinfanterie eingetreten waren, erhöhten sie die Stärke der amerikanischen Landstreitkräfte bis zum Kriegsende auf fast 4 Millionen Mann.

Viele Amerikaner kämpften schon. Manche hatten sich einzeln dem britischen oder kanadischen Heer angeschlossen. Andere waren in die französische Fremdenlegion eingetreten. Zahlreiche amerikanische Piloten dienten bereits in der französischen Luftwaffe, wo sie die «Lafayette-Staffel» bildeten, eine der führenden Fliegereinheiten an der Westfront. Ihre Veteranen vermittelten dem Luftkorps der AEF, als es den Atlantik überquerte, wertvolle Erfahrungen. Die Amerikaner waren gezwungen, fremde Ausrüstung zu übernehmen – da die amerikanische Industrie der AEF keine Tanks, Geschütze oder Flugzeuge liefern konnte, waren sie in dieser Hinsicht weitgehend auf französische Lieferungen angewiesen (3100 Feldgeschütze, 1200 Haubitzen, 4800 Flugzeuge). Dennoch wurden die amerikanischen Piloten wegen ihres fliegerischen Könnens und ihres Schneids rasch berühmt. Ihr führendes Flieger-Ass, Eddie Rickenbacker, wurde in Frankreich ebenso als Held gefeiert wie in seiner Heimat.

Ein wunder Punkt in der Mobilmachung Amerikas war seine Reaktion auf die Bereitschaft der schwarzen Bevölkerung, im Heer zu dienen. W.E.B. Du Bois, einer der bedeutendsten Vorkämpfer für die Gleichberechtigung der schwarzen Amerikaner in der ersten Jahrhunderthälfte, argumentierte: «Wenn das unser Land ist, dann ist das unser Krieg.» Das weiße Amerika, insbesondere das weiße militärische Establishment, glaubte weiterhin, den Schwarzen fehle der soldatische Geist und sie seien nur als Arbeits- und Versorgungstruppen geeignet. Und das, obwohl die «Büffel-Soldaten», die vier regulären Regimenter schwarzer Infanterie und Kavallerie, in den Indianerkriegen immer gute Leistungen gezeigt und schwarze Regimenter im Sezessionskrieg zäh gekämpft hatten. Widerwillig stellte man 1917 eine Division aus Schwarzen auf, die 92., mit einigen schwarzen Offizieren, von denen jedoch keiner einen höheren Rang als den eines Hauptmanns hatte. Sie hielt sich im Kampf nicht gut. Ihr Versagen wurde auf rassisch bedingte Schwächen zurückgeführt. Der Kommandeur des Korps, in dem die 92. Division diente, schrieb: «Arme Neger! Sie sind hoffnungslos von minderer Qualität.» Offenbar nahm kein amerikanischer Berufsoffizier zur Kenntnis, dass die Franzosen sich bereits voll auf die schwarzen Kontingente der *Tirailleurs sénégalais* verließen, die in der zweiten Jahreshälfte 1917 eine Kampfbereitschaft zeigten, die die weißen Franzosen – zumindest vorübergehend – verloren hatten. Man muss es den rassistisch denkenden amerikanischen Offizieren der AEF nachsehen, dass sie die hervorragenden Leistungen schwarzer Kampftruppen in Amerikas Kriegen des späteren 20. Jahrhunderts nicht voraussahen. Die schwachen soldatischen Leistungen schwarzer Amerikaner an der Westfront 1918 sind ein klassisches Beispiel für eine *self-fulfilling prophecy*: Da man von den Schwarzen wenig erwartete, leisteten sie auch wenig.

Der einfache Soldat der alliierten Armeen, der britischen wie der französischen, bemerkte kein Rassenproblem; dieses erwies sich als eine rein innenpolitische Angelegenheit. Den arg mitgenommenen Armeen, die von 1914 bis 1917 angegriffen und verteidigt hatten, gab das Eintreffen der *doughboys* («Mehlklöße») – so wurden die amerikanischen Landser im letzten Kriegsjahr allgemein genannt – neue Hoffnung. Die Amerikaner waren unbeschwert, fröhlich, begeistert und sahen über Schwierigkeiten hinweg. Ihre Einstellung war: «Das werden wir bald erledigen.» Die französischen und britischen Berufssoldaten waren entsetzt über die fehlende militärische Erfahrung der AEF, vor allem in der Artillerietechnik und im Zusammenwirken der Waffengattungen. Sie verbreiteten die Botschaft, die Amerikaner seien nur als Ersatz oder als untergeordnete Truppenteile geeignet. Pershing wollte davon nichts hören. Er bestand darauf, dass dem Engagement seines Landes nur eine einheitliche amerikanische Armee, unter amerikanischem Oberbefehl, angemessen sei. Dieser Anspruch sollte durch den Beitrag, den die AEF zum Sieg leistete, gerechtfertigt werden.

Dass in der Krise des amerikanischen Unabhängigkeitskrieges 1781 die Expeditionstruppe des Marquis de Lafayette den Kolonisten zu Hilfe gekommen war, hatte die Briten mit einer Kräfteverschiebung konfrontiert, der sie nichts entgegensetzen konnten. So gravierend veränderte das Eintreffen der Amerikaner 1917 in Frankreich das Gleichgewicht nicht. Die Deutschen waren in den Jahren 1915 und 1916 durch die notwendige Unterstützung ihrer österreichischen Verbündeten, durch die Verluste bei Verdun und an der Somme sowie durch das unerwartete Wiedererstarken der Russen 1916 überbeansprucht gewesen; aber auch sie waren Ende des Jahres 1917 aus der Talsohle heraus. Der politische Zusammenbruch Russlands hatte an der Ostfront 50 Infanteriedivisionen freigemacht, die die OHL nun an die Westfront verlegen konnte, um eine letzte, kriegsentscheidende Offensive zu versuchen. Und das waren keineswegs mittelmäßige Divisionen. Der völlige Zusammenbruch der russischen Militärmacht Ende 1917 erlaubte der deutschen OHL, im Osten nur so viele Truppen zu belassen, wie nötig waren, um in dem von Deutschen besetzten Gebiet die Ordnung aufrechtzuerhalten und die Lieferung von Erzeugnissen für Deutschland zu sichern: hauptsächlich überalterte Landwehr- und minimale Kavallerieverbände. Die Stoßtruppen, die das Schicksal der Kerenski-Armee besiegelt hatten (Garde- und Gardereservedivisionen, preußische und norddeutsche Divisionen des aktiven Vorkriegsheeres), waren im Laufe des Winters mit der Eisenbahn nach Westen verlegt worden. Dort bildeten sie zusammen mit den bereits an der Westfront stehenden Truppen ein Angriffspotential von 60 Divisionen.[4]

Die OHL, im Westen so lange zu einer Defensivstrategie gezwungen, hatte gründliche Überlegungen angestellt und Vorbereitungen getroffen, um die Angriffsmethoden dieser Truppenmasse zu verbessern. Denn es war die letzte Reserve, die sie aufbringen konnte.[5] Dass das deutsche Heer über keine Panzerwagen verfügte, war ein gravierender Nachteil. Ein schwerfälliger

Prototyp war im Entwicklungsstadium, und die Deutschen setzten britische Tanks ein, die sie im Laufe des Jahres 1917 erbeutet hatten. Aber sie besaßen keine Massen von Panzern, wie sie den Briten und Franzosen bereits zur Verfügung standen. Deshalb setzten Hindenburg und Ludendorff auf eine Verbesserung der Artillerie- und Infanterietaktik, wie sie in den letzten Phasen des Russlandfeldzuges praktiziert worden war; damit wollten sie die Schwäche der Deutschen auf technischer Ebene ausgleichen. Die Infanterie war in großem Umfang mit dem zerlegbaren Maschinengewehr (dem 08/15) ausgerüstet worden, das dem etwas besseren leichten Maschinengewehr der Briten und Franzosen, dem Lewis und dem Chauchat, ungefähr entsprach. Überdies hatten die deutschen Infanteristen geübt, in die Stellungen des Gegners «einzusickern», Widerstandsnester zu umgehen und sich nicht mit deren Bekämpfung aufzuhalten. Diese Taktik nahm den Blitzkrieg vorweg, den das deutsche Heer im Zweiten Weltkrieg bei Operationen motorisierter Kräfte so erfolgreich anwenden sollte. Darüber hinaus hatte jede Angriffsdivision die Anweisung, besondere «Sturmbataillone» leicht ausgerüsteter Infanterie zu bilden. Diese sollten, mit Handgranaten und Karabiner kämpfend, schmale, aber tiefe Schneisen in die gegnerischen Stellungen hineintreiben und sie in isolierte Abschnitte aufbrechen, die dann durch die nachfolgenden Wellen konventioneller Infanterie in langsamerem Tempo erobert werden sollten.

Das Hauptgewicht der deutschen Angriffsplanung lag jedoch auf dem Aspekt der Schnelligkeit. Nivelle hatte ein Jahr zuvor unrealistischerweise gehofft, die deutsche Stellung am Chemin-des-Dames in ein paar Stunden einnehmen zu können. Zur Verwirklichung dieser Hoffnung hatten ihm ausgebildete Truppen und schweres Artilleriefeuer gefehlt. Ludendorff verfügte jetzt über die notwendigen Truppen und Geschütze sowie über einen realistischen Plan. Der Gegner sollte sowohl an einer 80 km breiten Front als auch in der Tiefe angegriffen werden. Die Tiefe des Angriffs wollte Ludendorff durch eine gewaltige Zahl von Geschützen erreichen, die vor dem Angriff Ziele im nahen, mittleren und weiten Wirkungsbereich mit einem vernichtenden Trommelfeuer eindecken sollten. Insgesamt 6473 Geschütze (von Feldgeschützen des Kalibers 7,5 cm bis zu Haubitzen des Kalibers 21 cm und darüber) sowie 3532 Mörser und Minenwerfer sollten innerhalb von fünf Stunden nahezu 1,2 Millionen Granaten verschießen.[6] Alle Geschütze, viele von ihnen aus dem Osten herangeführt, waren vorher auf einem eigens eingerichteten Übungsgelände «eingeschossen» worden. Dabei wurde für jedes einzelne Geschütz die Trefferabweichung von einer theoretischen Norm ermittelt und mit detaillierten meteorologischen Werten (Luftdruck, Windgeschwindigkeit und -richtung) kombiniert. Dadurch wurde, soweit es menschenmöglich war, gewährleistet, dass alle Geschütze die ihnen zugewiesenen Ziele – gegnerische Schützengräben oder Batteriestellungen – trafen. Bei diesem vorbereitenden Feuer sollten sowohl Sprenggranaten als auch Gasgranaten (Tränengas und Erstickung hervorrufendes Phosgen) verschossen werden. Auf diese Weise wollte man den Schutz, den Gasmasken dem Feind boten, überlisten. Das Tränengas sollte die Infanteristen der Gegenseite so stark irritieren, dass sie reflexartig ihre Gasmasken herunterrissen; dann würde das Phosgen sie kampfunfähig machen.[7]

Eine Kombination aller dieser Maßnahmen hatten die Deutschen bei ihrer letzten Offensive gegen die Russen im September 1917 vor Riga ausprobiert. Damals hatte ihre Artillerie ohne vorheriges Einschießen auf die russischen Stellungen gefeuert und so die Voraussetzungen für einen Durchbruch geschaffen. Bei dieser Offensive hatte Bruchmüller, der große Artilleriespezialist, zu Ludendorffs Zufriedenheit nachgewiesen, dass Geschütze, die zuvor hinter der Front eingeschossen worden waren und daher dem Gegner ihre Position erst im Augenblick der Feuereröffnung verrieten, einen erfolgreichen Infanterieangriff ermöglichen konnten.[8]

An dieses erfolgreiche Experiment Bruchmüllers dachte Hindenburg, als er am 11. November 1917 bei einer Besprechung in Mons den Beschluss durchsetzte, durch eine gewaltige Offensive im kommenden Frühjahr die militärische Entscheidung im Westen zu erzwingen.[9] Damit verbanden sich weit reichende Hoffnungen. In einem Brief vom 7. Januar 1918 schrieb Georg von Hertling, seit November 1917 Reichskanzler, an Hindenburg: «Wenn... die in Aussicht genommene neue Offensive... zu dem erhofften durchschlagenden Erfolge führen wird, so sind wir in der Lage, für einen mit den Westmächten zu schließenden Frieden diejenigen Bedingungen zu stellen, welche von der Sicherung unserer Grenzen, unserer wirtschaftlichen Interessen und unserer internationalen Stellung nach dem Kriege gefordert werden.»[10]

Ein abschließender Sieg konnte Zugewinne im Westen einbringen, vor allem die Kontrolle der belgischen Industrie und die Eingliederung des französischen Kohle- und Erzbeckens von Longwy-Briey in das erweiterte deutsche Ruhrgebiet.[11] Die Flämisch sprechende Region Belgiens, die schon immer eine Abneigung gegen das Französisch sprechende Wallonien hatte, war für deutsche Verlockungen anfällig. Im Februar 1917 hatte sich, mit Unterstützung des deutschen Militärgouverneurs, in Brüssel der so genannte Rat von Flandern gebildet; in den folgenden Monaten hatte er für die Flamen Autonomie unter deutscher Schutzherrschaft gefordert. Die Flamen hatten jedoch andere Vorstellungen von Autonomie als die deutsche Besatzungsmacht: Flandern wollte Demokratie und echte Unabhängigkeit; Deutschland verlangte Unterordnung. So scheiterte die deutsche Außenpolitik gegenüber Belgien im Laufe des Jahres 1918 an dem hartnäckigen Liberalismus eines Volkes, dessen pangermanische Gefühle nicht so weit gingen, dass es dafür seine nationalen Rechte preisgeben wollte.[12]

Die Fortsetzung des Kriegs im Osten

Obwohl Deutschland militärisch vor allem mit der Vorbereitung der kommenden Offensive im Westen beschäftigt war, blieben seine politischen Interessen auf den Osten konzentriert, wo das Nationalgefühl weniger ausgeprägt und unabhängige staatliche Gebilde schwächer waren. Deutschland konnte sich ausrechnen, dass es insgesamt bessere Chancen hatte, Völker in ein Vasallenverhältnis zu bringen, die soeben der Herrschaft des Zarenreiches entronnen waren. Die Balten – Litauer, Letten und Esten – hatten sich seit Jahrhunderten ein Gefühl der Verbundenheit mit den Deutsch sprechenden Ländern bewahrt; viele Großgrundbesitzer waren deutscher Abstammung. Finnland strebte, obwohl es im Zarenreich eine gewisse Autonomie genossen hatte, nach voller Unabhängigkeit und war bereit, sich dabei von Deutschland helfen zu lassen. Lenin wollte zunächst den nichtrussischen Völkern erlauben, sich von Russland zu trennen, wenn sie wollten; gleichzeitig ermutigte er jedoch die lokale Linke, mit Unterstützung zurückgebliebener russischer Soldaten prosowjetische Revolutionen zu inszenieren. Da die Deutschen die baltischen Länder aufgrund ihrer erfolgreichen Offensiven 1916 und 1917 bereits besetzt hatten, schlugen sie dort die Revolution rasch nieder und setzten halb unabhängige prodeutsche Regierungen ein (in Litauen allerdings unter lautem Protest), die vergeblich die volle Souveränität zu erreichen suchten.[13]

In Finnland war die Macht im Parlament – einer Institution der alten zaristischen Verfassung – zwischen der Linken und der Rechten ziemlich gleichmäßig verteilt; die Frage, welches Verhältnis man zu Deutschland haben sollte, führte zu einem Bürgerkrieg. Die Rechte war während des ganzen Ersten Weltkriegs prodeutsch gewesen, und eine rein finnische Freiwilligeneinheit, das 27. Jägerbataillon, hatte seit 1916 zusammen mit den Deutschen an der kurländischen Front gekämpft. Die Bereitschaft der Rechten zu einem Bündnis mit Deutschland, nachdem Finnland im Dezember 1917 seine Unabhängigkeit von Russland erklärt hatte, provozierte die Linke zur Gründung einer eigenen Arbeitermiliz. Im Januar 1918 brach der Bürgerkrieg aus. Die Linken besetzten die Hauptstadt Helsinki, die Rechten zogen sich in die nördlichen Provinzen zurück. Die Deutschen schickten den Rechten Waffen: 70 000 Gewehre, 150 Maschinengewehre und 12 Feldgeschütze – durchweg russischer Provenienz. Aus Russland kam auch der Oberbefehlshaber der Streitkräfte der Rechten, Carl Gustav Freiherr von Mannerheim, ein finnischer Adliger und früherer zaristischer Offizier, eine starke Persönlichkeit von außergewöhnlicher militärischer Begabung. Mannerheim war mit 20 Jahren in die Chevalier-Garde, das vornehmste Kavallerieregiment des Zaren, eingetreten. Als Rittmeister hatte er Brussilows «Musterschwadron» der Offizierskavallerieschule in Sankt Petersburg kommandiert. Seine Karriere zeugte von seinen hervorragenden Qualitäten. Im Krieg hatte man ihm die Führung des VI. Kavalleriekorps übertragen und es war ihm gelungen, dieses zusammenzuhalten, als die übrige zaristische Armee sich nach dem Scheitern der Kerenski-Offensive auflöste.[14] Nach der Oktoberrevolution entschloss er sich jedoch, seine Loyalität auf sein Heimatland zu übertragen. Er schlug sich nach Finnland durch, wo er zum Oberbefehlshaber der antibolschewistischen Armee ernannt wurde. Die Petrograder Bolschewiki hatten am 31. Dezember 1917 unter deutschem Druck die Unabhängigkeit Finnlands anerkannt. Aber vier Tage später hatte Stalin den Petrograder Sowjet überredet, die Bedingungen zu ändern, unter denen die Unabhängigkeit gewährt wurde; dann hatte er den finnischen Sozialisten russische Hilfe bei der Errichtung einer «sozialistischen Macht» angeboten. Deren Basis war bereits auf finnischem Boden präsent in Form russischer Verbände, die noch nicht repatriiert waren, und finnischer Roter Garden. Während Mannerheim seine Basis in der ländlichen Region Österbotten festigte, besetzte die Linke die Industriestädte.

Im Januar und Februar 1918 bereiteten beide Seiten eine Offensive vor. Den Roten standen etwa 90 000 Mann zur Verfügung, Mannerheim nur 40 000.[15] Seine Truppen wurden jedoch von Berufsoffizieren geführt und durch Kader des 27. Jägerbataillons verstärkt. Den Roten fehlte es an ausgebildeten Offizieren. Als überdies Deutschland Vorbereitungen traf, den Finnen eine erfahrene Expeditionstruppe – hauptsächlich die «Ostseedivision» unter Generalmajor Rüdiger von der Goltz – zu Hilfe zu schicken, scheute Lenin zunehmend eine Aktion, die eine deutsche Landung in der Nähe des Revolutionszentrums Petrograd provozieren würde. Denn die militärischen Kräfte, über die er dort verfügte, reichten kaum aus, um die bolschewistische Führung vor ihren innenpolitischen Gegnern zu schützen, geschweige denn eine organisierte Expeditionstruppe zurückzuschlagen. Nach der Unterzeichnung des Vertrags von Brest-Litowsk, der den Krieg zwischen Russland und Deutschland offiziell beendete, begann der Petrograder Sowjet tatsächlich die noch in Finnland stehenden russischen Truppen abzuziehen, obgleich er die finnischen Roten heimlich weiter unterstützte.

Mannerheim ergriff die Gelegenheit zu einem Vorstoß. Der Führer der finnischen Nationalisten, Pehr Evind Svinhufvud, war nach seinem Dafürhalten zu deutschfreundlich; er war bereit, sich mit dem deutschen Plan abzufinden, sein Land wirtschaftlich und politisch zu einem Vasallenstaat des Deutschen Reiches zu machen. Mannerheim dagegen wollte «ein freies, selbständiges Finnland mit einer völlig unabhängigen, nationalen Politik.»[16] Anfang März verebbte das Vordringen der Roten in das von Mannerheim beherrschte Österbotten, und dieser ging zur Offensive über. Seine Gegner beherrschten zwar die Hauptstadt, wurden jedoch im Rücken von einer zweiten nationalistischen Truppe bedroht. Diese operierte an der Karelischen Landenge (zwischen dem Finnischen Meerbusen und dem Ladogasee), über die die Nachschublinien der Roten nach Petrograd verliefen. Mannerheim plante einen konzentrischen Vormarsch, der diese Verbindungslinien unterbrechen und gleichzeitig die Roten zwischen zwei aufeinander zulaufenden Offensiven in die Zange nehmen sollte.

Bevor Mannerheim seinen Plan vollenden konnte, landete von der Goltz mit seiner «Ostseedivision» im Hafen von Hangö – früher der vorgeschobene Stützpunkt der zaristischen Kriegsflotte – und rückte auf Helsinki vor, das er am 13. April besetzte. Am 6. April hatte Mannerheim Tampere, das wichtigste Bollwerk der Roten im Süden des Landes, eingenommen – ein Sieg, der es ihm ermöglichte, Truppen südostwärts nach Karelien zu verlegen. Daraufhin zogen sich die Roten fluchtartig über die Grenze nach Russland zurück, und am 2. Mai stießen Mannerheims Armeen auf keinen Widerstand mehr. Finnland war frei von fremdem Imperialismus wie auch von der fremden Ideologie, die dessen Nachfolge angetreten hatte. Aber Finnland war noch nicht unabhängig. Die Deutschen hatten für ihre Unterstützung und für ihr Eingreifen einen hohen Preis gefordert. Am 7. März unterzeichneten beide Länder einen Vertrag, in dem Finnland sich verpflichtete, Bündnisse mit anderen Mächten nur mit deutschem Einverständnis zu schließen. In dem gleichzeitigen Handels- und Wirtschaftsvertrag wurde eine ungleiche Handelsbegünstigung festgelegt: Finnland verpflichtete sich, deutsche Industrieprodukte zollfrei einzuführen; Deutschland behielt sich für finnische Güter (meist Rohstoffe) die Erhebung von Zöllen vor.[17] Die Regierung Svinhufvud war bereit, ein außenpolitisches und wirtschaftliches Vasallenverhältnis, sogar einen deutschen Prinzen für den Thron eines wiederhergestellten finnischen Großherzogtums zu akzeptieren, wenn das den deutschen Schutz gegen die Gefahr einer erneuten sozialen Revolution oder einer russischen Aggression garantierte.[18] Mannerheim war dazu nicht bereit. Sein glühender Nationalismus und sein berechtigter Stolz auf den Sieg seiner Armee bestärkten ihn in seinem Entschluss, sich keiner fremden Autorität zu unterwerfen. Aufgrund seiner festen Überzeugung, dass Deutschland den Weltkrieg nicht gewinnen könne, lehnte er außerdem eine Politik ab, die Finnland mit den strategischen Interessen Deutschlands identifizierte. Am 30. Mai 1918 trat er vom Posten des Oberbefehlshabers zurück und ging nach Schweden ins Exil. Bei Kriegsende kehrte er von dort zurück, um eine ehrenhafte Beilegung der Meinungsverschiedenheiten seines Landes mit den Siegermächten auszuhandeln.

Finnland war, obgleich es sich durch das Bündnis mit Deutschland kompromittiert hatte, dem Chaos des russischen Zusammenbruches schnell und verhältnismäßig schmerzlos entkommen. Seine Gesamtverluste im Krieg betrugen 30 000 Mann. Das war bei einer Bevölkerung von drei Millionen viel, verblasste jedoch zur Bedeutungslosigkeit angesichts der schrecklichen Zahl der Opfer des Bürgerkrieges, der nun das ganze eigentliche Russland ergriff.[19] Dieser Krieg sollte bis 1921 andauern und, direkt oder indirekt, zumindest sieben, vielleicht sogar zehn Millionen Menschenleben fordern – fünfmal so viel wie die Kämpfe der Jahre 1914 bis 1917.[20]

Russland hätte ein Bürgerkrieg erspart bleiben können, wenn die Bolschewiki die in den ersten Monaten der Revolution gewonnenen Vorteile nicht verspielt hätten. Doch sie hofften völlig unrealistisch, der revolutionäre Impuls werde die «kapitalistischen» Staaten unterminieren. Zwischen November 1917 und März 1918 hatten die Bolschewiki in den meisten der 75 Provinzen und Regionen des alten Zarenreiches einen grandiosen innenpolitischen Sieg errungen. Während des sogenannten «Eisenbahnkrieges» waren ausgewählte Scharen bewaffneter Revolutionäre von Petrograd per Eisenbahn ausgeschwärmt, um mit den 900 Sowjets Kontakt aufzunehmen, die in den russischen Städten die offiziellen Verwaltungsorgane abgelöst hatten, und um Gruppen niederzuwerfen, die sich der Oktoberrevolution widersetzten. Während dieser kurzen, aber glorreichen Episode der Revolution leisteten die russischen Eisenbahnen für Lenin, was die deutschen für Moltke 1914 nicht geleistet hatten. Sie brachten die entscheidende Kraft im richtigen Augenblick an die maßgeblichen Punkte. So wurde eine Reihe wichtiger lokaler Erfolge errungen, die insgesamt der Revolution zum Sieg verhalfen.

Dann machten die Bolschewiki, die neuen Herren Russlands, den Deutschen gegenüber Ausflüchte hinsichtlich der Friedensbedingungen, die ihre Macht festigen sollten. Brest-Litowsk war ein harter Frieden: Die Bolschewiki mussten hinnehmen, dass Russisch-Polen sowie der größte Teil des Baltikums von Russland abgetrennt wurden und dass die russischen Truppen Finnland und Transkaukasien unverzüglich räumen sollten; sie mussten sich überdies zu einem Friedensschluss mit den ukrainischen Nationalisten verpflichten, die ihre Unabhängigkeit erklärt hatten.[21] Da Polen und das Baltikum bereits von den Deutschen besetzt waren, Finnland gerade in die Hände von Mannerheims Nationalisten geriet und die Bolschewiki in der Ukraine sowie in Transkaukasien nur eine schwache oder gar keine Macht hatten, lag die Härte des Vertrages von Brest-Litowsk eher im Wortlaut als im Sachverhalt. Die Bolschewiki hätten getrost unterzeichnen können, ohne ihrer tatsächlichen Lage zu schaden – mit dem stillschweigenden Vorbehalt, die sich loslösenden Gebiete wieder einzugliedern, wenn die Situation Deutschlands sich verschlechterte und die ihre sich verbesserte. Die Bolschewiki waren jedoch von der Illusion besessen, die in Russland bereits verwirklichte Weltrevolution bedrohe alle «imperialistischen» Mächte und sie könnten, wenn die Deutschen sie wegen ihres trotzigen Auftretens in Brest-Litowsk schlecht behandelten, die deutschen Arbeiter zum Aufstand gegen ihre Herren provozieren.

Diese Illusionen wurden genährt durch Streiks, die in Deutschland am 28. Januar 1918 ausbrachen. An diesen beteiligten sich eine Million Industriearbeiter, deren Führer «Frieden ohne Annexionen» – das Kernstück der bolschewistischen Außenpolitik – forderten und in einigen Städten Arbeiterräte gründeten.[22] Diese Streiks wurden jedoch rasch unterdrückt. Außerdem war ihr Motiv – wie bei ähnlichen Streiks während des Jahres 1917 in Frankreich – nicht die Begeisterung für die Revolution, sondern Kriegsmüdigkeit sowie die psychische und materielle Not des Krieges. Auf die bolschewistische Führung wirkten diese Streiks verhängnisvoll. Lenin, nüchtern wie gewohnt, riet zwar eindringlich zur Vorsicht und argumentierte praktisch, die durch die Annahme der deutschen Friedensbedingungen gewonnene Zeit müsse zur Stärkung der Revolution gegen ihre Feinde im In- und Ausland genutzt werden. Doch Leo Trotzki, inzwischen Volkskommissar des Äußeren, erlag einem romantischen ideologischen Trieb und konnte die Mehrheit des bolschewistischen Zentralkomitees für seine Auffassung gewinnen. Er propagierte das Schlagwort «Weder Krieg noch Frieden» – in der Hoffnung, die Deutschen würden durch ihre unfaire Behandlung des proletarischen Russland den Zorn der Weltrevolution auf die «Imperialisten» ziehen, zuerst in Deutschland selbst, dann in den übrigen «kapitalistischen» Ländern.[23] Russland würde den Friedensvertrag nicht unterzeichnen; es würde aber auch nicht kämpfen. Diese außergewöhnliche Entscheidung – auf materielle Macht zu verzichten in der Erwartung, die Feinde der Revolution geistig zu überwinden – wurde dadurch betont, dass die russische Regierung am 29. Januar die völlige Demobilisierung ihres Heeres verkündete.[24] In Brest-Litowsk setzte Trotzki sein Ringen mit den Deutschen noch zehn

Tage lang fort. Am 9. Februar schlossen die Deutschen einen Sonderfrieden mit der Ukraine. Gleichzeitig forderten sie die Bolschewiki in einem Ultimatum auf, den Vertrag am nächsten Tag zu unterzeichnen; andernfalls sei der Waffenstillstand vom Dezember 1917 hinfällig und das deutsche Heer werde zusammen mit österreichischen und türkischen Kontingenten die Gebiete besetzen, deren Abtrennung im Vertrag von Brest-Litowsk vorgesehen sei.

Während der darauf folgenden elf Tage überrannten die Deutschen in der Operation «Faustschlag» die bolschewistischen Truppen in Weißrussland (Belarus), in der westlichen Ukraine, auf der Krim, im Industriegebiet am Donez und schließlich, am 8. Mai, am Don. In weniger als zwei Monaten besetzten die Deutschen fast 350 000 qkm russischen Gebietes, darunter Russlands bestes Ackerland, einen Großteil seiner Rohstoffquellen und seiner Industrie. General Max Hoffmann, bei Tannenberg erster Generalstabsoffizier unter Hindenburg und nun Mitglied der deutschen Delegation in Brest-Litowsk, schrieb: «Es ist der komischste Krieg, den ich je erlebt habe... Man setzt eine Hand voll Infanteristen mit Maschinengewehren und einer Kanone auf die Bahn und fährt los bis zur nächsten Station, nimmt die, verhaftet die Bolschewiki, zieht mit der Bahn weitere Truppen nach und fährt weiter. Das Verfahren hat jedenfalls den Reiz der Neuheit.»[25] Es war die Neuheit des Blitzsieges, von dem Schlieffen geträumt und den seit Kriegsbeginn keine deutsche Armee errungen hatte.

Die Erfahrung lehrt, dass Blitzsiege oft schädliche Konsequenzen – gewöhnlich für die Sieger – nach sich ziehen. Die Operation «Faustschlag» hatte Konsequenzen, aber den Schaden erlitten nicht die Deutschen, sondern die besiegten Bolschewiki. Ihre Niederlage hatte drei Folgen: 1. Einige ethnische Minderheiten Russlands ergriffen die Chance, die Herrschaft Petrograds abzuschütteln und eigene Regierungen zu errichten. 2. Die Unfähigkeit der Bolschewiki, die deutsche Invasion abzuwehren, und ihre überstürzte Zustimmung zu einem Friedensdiktat bestärkten die westlichen Alliierten – Frankreich und Großbritannien, aber auch die USA und Japan – in ihrem zaghaften Entschluss, auf russischem Boden militärisch präsent zu sein, um die deutschen Besatzungstruppen einer ständigen militärischen Bedrohung auszusetzen. 3. Der Zusammenbruch der bolschewistischen Streitkräfte, soweit man von solchen überhaupt sprechen konnte, versetzte die russischen Gegner der Revolution in die Lage, eine Gegenrevolution zu inszenieren, die sich rasch zu einem Bürgerkrieg entwickelte.

Die Finnen waren die erste «Nationalität» gewesen, die für ihre Freiheit kämpfte. Die rumänische Minderheit in den Provinzen Bessarabien und Moldau war die nächste. Da Reste der rumänischen Armee in der Nähe standen, rief sie im Januar 1918 eine Moldauische Volksrepublik aus, die sich im April Rumänien anschloss. Sie blieb trotz einer beträchtlichen russischen Minderheit bis 1940 rumänisch. In Transkaukasien, das erst im Laufe des 19. Jahrhunderts unter zaristische Herrschaft gekommen war, lebten insgesamt weniger Russen – meist Stadtbewohner, Eisenbahnarbeiter, Regierungsbeamte oder Soldaten.[26] Die dominierenden Nationalitäten, christliche Georgier und Armenier sowie das moslemische Turkvolk der Aserbaidschaner, erhielten von den Petrograder Bolschewiki im November 1917 das Recht der Selbstverwaltung und riefen im April 1918 eine Föderative Demokratische Republik aus.[27]

Diese Föderation bestand nur einen Monat; sie wurde durch das Wiederaufleben historischer Feindseligkeiten zwischen den drei Nationalitäten beendet. Die Unabhängigkeit Armeniens und Aserbaidschans dauerte bis 1920, als die Bolschewiki die von ihnen gewährten politischen Freiheiten zurücknahmen, die Georgiens bis 1921. In der Zwischenzeit wurden alle drei unabhängigen Staaten durch die direkte oder indirekte Intervention der Krieg führenden Staaten in die letzte Phase des Großen Krieges hineingezogen.

Transkaukasien und das südöstlich davon liegende Transkaspien wären vielleicht rückständige Gebiete geblieben, wenn nicht beide Rohstoffe von größtem strategischem Wert besessen hätten – kaukasisches Öl, im Hafen Baku am Kaspischen Meer raffiniert, und die Baumwolle Turkestans in Transkaspien – und wenn sie nicht beide an eine Eisenbahnlinie angeschlossen gewesen wären, die die Ausfuhr ihrer Produkte ermöglichte. Nach den Bestimmungen des Friedensvertrages von Brest-Litowsk war das bolschewistische Russland verpflichtet, einen Teil dieser Rohstoffe den Deutschen zu liefern. Verständlicherweise wollten die Bolschewiki einen Teil für sich selbst, ebenso die Türken, die zudem den Ehrgeiz hatten, die Turkvölker jenseits des Kaspischen Meeres in das Osmanische Reich einzugliedern. Im Frühjahr 1918 begannen die nach der Operation «Faustschlag» in der östlichen Ukraine und im Donezbecken stehenden deutschen Truppen, südostwärts Richtung Baku vorzustoßen; die Türken überschritten ihre Kaukasusgrenze. Gleichzeitig ließen die Briten – ausgehend von ihrer Basis in Indien und von ihrer Einflusssphäre im südlichen Persien – ihre Truppen in die Region vorrücken.[28]

In den ersten Phasen des Großen Krieges hatten die britisch-indischen Streitkräfte ihre Präsenz in der Region verstärkt, indem sie den so genannten ostpersischen Kordon errichteten; dieser sollte Versuche deutscher, österreichischer und türkischer Agenten unterbinden, an der indischen Nordwestgrenze über Afghanistan Unruhe zu schüren. Die indische 28. Kavalleriedivision war am ostpersischen Kordon stationiert.[29] Eine lokale Truppe, die südpersischen Schützen, sollte die Grenze zwischen dem indischen Belutschistan und Persien kontrollieren.[30] Als bekannt wurde, dass Deutsche und Türken im Frühjahr 1918 einen Vorstoß in Richtung Transkaukasien und Transkaspien planten, verstärkten die Briten ihre Präsenz noch einmal. Im Januar wurde von Mesopotamien aus eine Kolonne britischer Panzer unter General L. C. Dunsterville (die so genannte «Dunsterforce») zum Kaspischen Meer mit dem Ziel Baku entsandt. Ihr folgten im Juni indische Truppen unter General W. Malleson, um in der persischen Stadt Meschhed, südöstlich vom Kaspischen Meer, einen Stützpunkt zu errichten, der ein Vordringen der Deutschen oder Türken in das russische Mittelasien verhindern sollte.

Das waren winzige Truppen in einem ungeheuer großen Gebiet. Aber in dem «Großen Spiel», das Briten und Russen seit dem frühen 19. Jahrhundert um den Einfluss in Mittelasien spielten, hatten auf beiden Seiten nie mehr als eine Hand voll Männer gekämpft. Dass die Zaren in den achtziger Jahren des 19. Jahrhunderts die mittelasiatischen Khanate und Emirate dem russischen Reich einverleibten, hatte Großbritanniens Möglichkeiten eingeschränkt, die Stämme gegeneinander auszuspielen. Diese Möglichkeiten – und ebenso die Russlands auf der Gegenseite – schwanden völlig, als der englisch-russische Vertrag von 1907 die jeweiligen Interessensphären in Afghanistan, Persien und Tibet voneinander abgrenzte.[31] Die Revolution belebte das «Große Spiel» wieder und vervielfachte die Zahl der Mitspieler. Zu den örtlichen Stammesführern, die – von Lenin ermutigt – Behörden der Selbstverwaltung aufgebaut und ein Mittelkaspisches Direktorat organisiert hatten, kamen 35 000 deutsche und österreichisch-ungarische Kriegsgefangene, die als Soldaten von allen Parteien eifrig umworben wurden; diejenigen, die noch bereit waren zu kämpfen, neigten freilich zu den Bolschewiki. Weiter gab es die Bolschewiki selbst, die sich auf Astrachan an der Nordküste des Kaspischen Meeres und auf Taschkent an der Transkapischen Eisenbahn stützten, sowie die deutschen und türkischen Armeen, die von ihren Stützpunkten in der östlichen Ukraine beziehungsweise vom Kaukasus aus Soldaten und Diplomaten in Richtung Baku und darüber hinaus entsandten. Schließlich waren die Briten aktiv: Dunsterville – ein Schulfreund Rudyard Kiplings und die Hauptfigur in dessen Stalky-Geschichten – war hauptsächlich daran interessiert, die Deutschen und die Türken vom Erdöl Bakus fern zu halten und Malleson dabei zu unterstützen, den Türken den Zugang zu den Turkvölkern Mittelasiens, die Nutzung der Transkapischen Eisenbahn und das Schüren von Unruhen in Afghanistan zu verwehren.

Das Drama des Großen Krieges in Mittelasien endete, obwohl es potenziell den Stoff zu einer Sensation bot, kläglich. Dunsterville wurde im September aus Baku vertrieben durch einen türkischen Vorstoß, der dazu führte, dass die armenischen Bewohner Bakus von ihren aserbaidschanischen Gegnern massakriert wurden. Mallesons Vormarsch nach Mittelasien wurde im September schnell abgebrochen, aber erst nach der Ermordung von 26 bolschewistischen Kommissaren, die seine turkmenischen Bundesgenossen aus Baku entführt hatten. Das lieferte der sowjetischen Regierung das Material, um gegenüber der Bevölkerung Mittelasiens die Briten als «Imperialisten» anzuprangern, so lange es einen russischen Kommunismus gab.[32] Weder die deutsche noch die türkische Intervention am Kaspischen Meer war von Dauer: Die eine endete mit der Niederlage Deutschlands an der Westfront, die andere mit dem Zusammenbruch des Osmanischen Reiches nach dem Waffenstillstand vom 31. Oktober 1918. Langfristig gesehen, siegten in Mittelasien die Bolschewiki. Doch der Krieg, den sie schließlich gegen die Kaukasusvölker führten, dauerte bis 1921, und der Kampf gegen die turkmenischen Rebellen in Mittelasien, unter denen der Jungtürke Enver Pascha nach der Niederlage der Türkei einen kurzlebigen, unglücklichen Aufstand entfachte, ging danach noch jahrelang weiter.[33] Die mittelasiatische Episode hat gleichwohl ihre Bedeutung, denn die britischen Versuche waren Bestandteile eines umfassenderen Planes ausländischer Einmischung in russische Angelegenheiten, die die Beziehungen zwischen dem Westen und der Sowjetregierung auf Jahrzehnte hinaus vergifteten und zugleich auf die Außenpolitik der Endphasen des Großen Krieges ein überraschendes Licht werfen.

Alle westlichen Alliierten – nicht nur Frankreich und Großbritannien, sondern auch Amerika und Japan – schickten im Laufe des Jahres 1918 Truppen nach Russland. Aber keine dieser Mächte tat dies ursprünglich mit dem Ziel, die Oktoberrevolution rückgängig zu machen – obwohl sowjetische Historiker ihnen später diese Absicht unterstellten. Die ersten Interventionstruppen, 170 britische Marineinfanteristen, die am 4. März 1918 – einen Tag nach der Unterzeichnung des Friedensvertrages von Brest-Litowsk – in dem nordrussischen Hafen Murmansk landeten, konnten sich sogar auf Trotzki berufen: Dieser hatte zwei Tage zuvor den Murmansker Sowjet telegraphisch angewiesen, «alle und jede Unterstützung» von den Alliierten anzunehmen.[34] Trotzki und die Briten hatten ein gemeinsames Interesse. Der eisfreie Hafen Murmansk, über den zwischen 1914 und 1917 hauptsächlich die britischen Kriegslieferungen für das russische Heer liefen, war mit Kriegsmaterial voll gestopft. Nachdem im finnischen Bürgerkrieg die antibolschewistischen Kräfte gesiegt hatten, mussten Trotzki und Großbritannien damit rechnen, dass die Finnen und ihre deutschen Verbündeten vorrücken würden, um sich dieses Material zu holen. Die «weißen» Finnen, die in der Region von Murmansk auch territoriale Ansprüche geltend machten, brannten darauf. Dass Mannerheim eine so unbedachte und eklatant antibritische Initiative missbilligte, war einer der Gründe, warum er auf das Amt des Oberbefehlshabers verzichtete und sich nach Schweden zurückzog. Trotzki befürchtete, die Finnen würden, sobald sie genug Waffen hätten, mit deutscher Unterstützung gegen Petrograd marschieren. Die Briten dagegen beunruhigte die Aussicht, die Deutschen könnten Murmansk zu einem Marinestützpunkt nördlich der britischen Minensperren ausbauen und von dort ihre U-Boote ungehindert in den Nordatlantik schicken.[35]

Trotzki beanspruchte das britische Kriegsmaterial für seine eigene Rote Armee, die nach der überstürzten Auflösung des alten russischen Heeres am 29. Januar 1918 praktisch durch ein Dekret vom 3. Februar geschaffen worden war; bald folgte ein Dekret über die Wehrpflicht.[36] Die Rote Armee sollte die Revolution gegen ihre wirklichen Feinde verteidigen. Das waren, wie Trotzki in einer Rede vor dem Zentralkomitee im April 1918 erklärte, nicht «unsere *inneren* Klassenfeinde, die bedauernswert sind», sondern «die allmächtigen *äußeren* Feinde, die eine gewaltige zentralisierte Maschine für Massenmord und Ausrottung einsetzen».[37] Mit «äußeren» Feinden meinte er die Feinde der Briten, Franzosen und Amerikaner, das heißt die Deutschen, Österreicher und Türken, die sich nicht nur auf russischem Boden festgesetzt hatten, sondern ihre Herrschaft sogar auf Russlands beste Ackerbau- und Rohstoffregionen in der Ukraine, am Donez und im Kaukasus ausdehnten. Trotz der Unterzeichnung des Vertrags von Brest-Litowsk, der einen theoretischen Frieden zwischen den Bolschewiki und Russlands Feinden gebracht hatte, und trotz der ideologischen Feindschaft der Bolschewiki gegen das kapitalistische System, das Großbritannien, Frankreich und die Vereinigten Staaten repräsentierten, bestand also selbst noch im April 1918 ein gemeinsames Interesse zwischen diesen und den Bolschewiki: die Niederwerfung der Mittelmächte.

Die Verfolgung dieses gemeinsamen Zieles war im November 1917 ins Wanken geraten, als die Bolschewiki einen Waffenstillstand verkündet und die Alliierten zur Aufnahme von Friedensgesprächen mit den Deutschen, Österreichern und Türken aufgefordert hatten.[38] Einen schweren Rückschlag hatte das gemeinsame Interesse im Dezember erlitten, als das Auftreten einer antibolschewistischen Opposition in Russland die Franzosen und Briten ermutigt hatte, Vertreter zu den Gegenrevolutionären zu entsenden, in der Hoffnung, diese würden die russische Kriegsanstrengung aufrechterhalten, die Lenin und Trotzki offenbar beenden wollten.[39] Im Januar war das gemeinsame Interesse wieder belebt worden, sodass die Bolschewiki im Februar das Hilfsangebot der Alliierten als Mittel benutzen konnten, um den Deutschen in Brest-Litowsk bessere Bedingungen abzuringen. Nach dem deutschen Diktatfrieden und seiner Ratifizierung, die Lenin im 4. Sowjetkongress am 15. März nur unter Schwierigkeiten durchsetzen konnte, schien das gemeinsame Interesse zum Erlöschen verurteilt.[40] Aber infolge der Härte der deutschen Besatzungspolitik in der Ukraine und darüber hinaus hätte es weiter bestehen können, wären nicht zufällige und unverhergesehene Ereignisse dazwischengekommen, die den Westen unwiderruflich mit den Bolschewiki verfeindeten.

Im Sommer 1918 ließen sich die westlichen Alliierten eng mit den russischen Gegnern der Bolschewiki ein. Das hatten sie eigentlich nicht beabsichtigt. Obgleich die Politiker des Westens die Oktoberrevolution als eine Katastrophe ansahen und das bolschewistische Programm verabscheuten, bewahrten sie sich genug Realismus, um vor einem irreparablen Bruch mit dem Regime zurückzuschrecken, das die russische Hauptstadt und die Überreste des russischen Verwaltungssystems beherrschte. Die innenpolitischen Gegner der Bolschewiki waren zwar patriotisch, deutschfeindlich und Anhänger der überlieferten Ordnung, aber schlecht organisiert, zerstritten und an den Rändern des russischen Kernlandes verstreut. Ihre wichtigste Gruppierung, die so genannte Freiwilligenarmee, hatten zwei führende Generale des Zaren, Alexejew und Kornilow, ins Leben gerufen, nachdem sie im November 1917 aus ihrem schlecht bewachten Gefängnis in Bychow (in der Nähe des früheren Großen Hauptquartiers in Mogilew) in das Dongebiet nach Südrussland geflohen waren.[41] Den Don hatten sie als ihr Ziel gewählt, weil er die Heimat des größten Kosakenverbandes war. Wegen ihrer glühenden Loyalität zum Zaren schienen die Kosaken für jeden, der die Fahne der Gegenrevolution gegen die Petrograder Bolschewiki erhob, die aussichtsreichsten Verbündeten zu sein. Aber wie die Führer der Freiwilligenarmee rasch erkannten, waren weder die Donkosaken noch die entfernteren Kubankosaken so zahlreich oder so gut organisiert, dass sie die Sowjetmacht wirklich hätten gefährden können. Der Widerstand der Donkosaken wurde im Februar 1918 durch einen sowjetischen Gegenangriff gebrochen, und als Kornilow sich mit der winzigen Freiwilligenarmee über die Steppe auf den Kuban zurückzog, folgte das Unheil: Kornilow wurde von einer zufälligen Granate getroffen. Obwohl an seine Stelle der energische Anton Denikin trat, konnte der neue Führer für seine Flüchtlingstruppe keinen sicheren Stützpunkt finden.[42] Nur 4000 Mann stark, schien sie im April dazu bestimmt, sich unter dem Druck der Bolschewiki und der erbarmungslosen Weite des russischen Raumes aufzulösen.

In dem beginnenden Kampf um die Macht in Russland entstand – für die Bolschewiki, für ihre russischen Gegner und für die westlichen Alliierten – eine völlig neue Lage durch das Auftauchen einer Truppe, mit der keiner gerechnet hatte: die tschechoslowakischen Kriegsgefangenen, die im Zusammenhang mit dem Waffenstillstand vom November 1917 in der Ukraine aus der Gefangenschaft entlassen worden waren. Im April 1918 wollten sie aus Russland ausreisen, um sich den alliierten Armeen an der Westfront anzuschließen. Die Ukraine war damals voll von deutschen und österreichisch-ungarischen Kriegsgefangenen. Während jedoch die Deutschen darauf warteten, von dem vorrückenden deutschen Heer befreit zu werden, waren die beiden stärksten österreichisch-ungarischen Kontingente, die Polen und Tschechen, entschlossen, sich einer Rückführung in die Heimat zu widersetzen. Sie hofften, durch ein Überwechseln ins andere Lager die Befreiung ihrer Heimatländer von der habsburgischen Herrschaft fördern zu können. Die Polen machten den Fehler, sich auf Gedeih und Verderb den separatistischen Ukrainern anzuschließen, und wurden im Februar von den Deutschen überwältigt, als die Rada, das Komitee der ukrainischen Nationalisten, in Brest-Litowsk einen eigenen Friedensvertrag unterzeichnete. Die schlaueren Tschechen verließen sich nicht auf die Rada, sondern bestanden darauf, Russland mit der Transsibirischen Eisenbahn verlassen zu dürfen; im März sicherten sie sich die Zustimmung der Bolschewiki, im Mai waren sie unterwegs.[43] Ihre Reise gefiel weder den Briten, die gehofft hatten, die Tschechen würden nach Norden gehen, um ihnen bei der Verteidigung von Murmansk zu helfen, noch den Franzosen, die es vorgezogen hätten, wenn die Tschechen in der Ukraine geblieben wären, um gegen die Deutschen zu kämpfen. Die Tschechen, die direkte Verbindung zu den im Exil lebenden Führern ihrer provisorischen Regierung – Thomas Masaryk und Eduard Benesch – hatten, blieben eisern. Ihr Ziel war die Endstation der Transsibirischen Eisenbahn am Pazifik, Wladiwostok, von wo sie auf Schiffen nach Frankreich fahren wollten. Sie hatten sich vorgenommen, dass nichts ihre Durchreise unterbrechen sollte.

Sie wurde trotzdem unterbrochen. Am 14. Mai 1918 kam es östlich des Ural in Tscheljabinsk zu einem Streit zwischen den ostwärts fahrenden Tschechen und ungarischen Kriegsgefangenen, die nach Westen zur k.u.k. Armee gebracht werden sollten.[44] Es ging um zwei Arten von Vaterlandsliebe: Die Tschechen wollten eine unabhängige Tschechoslowakei; die Ungarn wollten ihre privilegierte Stellung im Reich der Habsburger erhalten. Ein Tscheche wurde verletzt, sein ungarischer Angreifer gelyncht. Als die örtlichen Bolschewiki intervenierten, um die Ordnung wiederherzustellen, griffen die Tschechen zu den Waffen und warfen die Bolschewiki nieder, um durchzusetzen, dass sie die Transsibirische Eisenbahn für ihre besonderen Zwecke benutzen durften.

40 000 Mann stark und in organisierten Einheiten entlang der ganzen Bahnstrecke von der Wolga bis Wladiwostok verteilt, vermuteten sie mit Recht, die Bolschewiki wollten sie entwaffnen und ihre Organisation zerschlagen; überdies standen sie unter dem Einfluss eines extrem antibolschewistischen Offiziers, Rudolf Gajda. Sie waren nicht nur in der Lage, sondern bald auch in der Stimmung, allen anderen die Benutzung der Eisenbahn zu verweigern.[45] Der Verlust der Transibirischen Eisenbahn war für die Bolschewiki ein schwerer Rückschlag, da ihre Machtergreifung und die Bewahrung ihrer Macht auf der Eisenbahn beruhte. Es sollte noch schlimmer kommen. Die Tschechen, die ursprünglich weder für die Bolschewiki noch für deren russische Gegner Partei ergriffen hatten, eröffneten ostwärts entlang der Bahn eine Reihe harter örtlicher Operationen, die indirekt zum Sturz der Sowjetmacht in Sibirien führten. «Im Juni 1918 waren Sibirien und der Ural [flächenmäßig der weitaus größere Teil Russlands] für die Bolschewiki verloren.»[46]

Inzwischen begannen die Westmächte – entschlossen, die Tschechische Legion zum Dienst an der Westfront heranzuziehen – die Tschechen mit Geld und Waffen zu unterstützen. Diese begeisterten sich plötzlich dafür, Russland erst zu verlassen, wenn sie dem Bolschewismus den Todesstoß versetzt hätten. Gleichzeitig wurden die russischen Antibolschewiki – darunter nicht nur die Truppen des selbst ernannten «Reichsverwesers», Admiral Alexander Koltschak, in Sibirien und die ursprünglichen Bannerträger der Revolte in Südrussland, die Freiwilligenarmee Denikins, sondern auch die Don- und Kubankosaken – durch den Erfolg der Tschechen ermutigt, den Kampf mit neuer Zuversicht wieder aufzunehmen. Da sie scheinbar für die gleiche Sache kämpften wie die Tschechen, verdienten sie offenbar ebenfalls alliierte Unterstützung. Am Anfang hatten die Alliierten nicht beabsichtigt, sich die Bolschewiki zu Feinden zu machen, und es gab dafür gute Gründe, vor allem die echte Feindschaft der Bolschewiki gegen die Deutschen, Österreicher und Türken, die sich alle als Eroberer und Plünderer auf historischem russischem Boden eingenistet hatten. Dennoch befanden sich die Alliierten im

Spätsommer 1918 praktisch im Krieg mit der bolschewistischen Regierung in Moskau, unterstützten die Gegenrevolution in Südrussland sowie in Sibirien und unterhielten eigene Interventionstruppen: die Briten in Nordrussland, die Franzosen in der Ukraine, die Japaner und Amerikaner an der Pazifikküste. Es folgte ein Krieg, der dem Großen Krieg völlig untergeordnet war. In Nordrussland befehligte der Furcht einflößende, körperlich riesenhafte britische General Sir Edmund Ironside – später Chef des Empire-Generalstabes und angeblich das Vorbild für die Gestalt des Richard Hannay in den populären Abenteuergeschichten von John Buchan – eine aus Franzosen, Briten und Amerikanern zusammengesetzte Truppe. Sie machten gemeinsame Sache mit den örtlichen antibolschewistischen Sozialrevolutionären und schoben vom Weißen Meer aus einen 300 km tiefen Verteidigungsgürtel nach Süden vor. Den Winter verbrachten sie an der nördlichen Dwina, während die Bolschewiki Truppen gegen sie organisierten.[47] Inzwischen rekrutierte Ironside eine lokale russische Truppe unter britischen Offizieren, die Slawo-britische Legion, erhielt italienische Verstärkung, nahm die Hilfe eines finnischen Truppenkontingents an, dem es hauptsächlich um die Annexion russischen Territoriums ging (was Ironside natürlich nicht billigen konnte), und arbeitete im Allgemeinen mit den Kommandeuren der britischen Interventionskräfte im Baltikum zusammen. Er schickte Militärmissionen zu den baltendeutschen Milizen in Lettland und Estland – bessere Soldaten habe er nie kommandiert, sagte der spätere Feldmarschall Sir Harold Alexander – und zu den Armeen der sich bildenden Staaten Litauen, Lettland und Estland sowie zur Ostseeflotte des Konteradmirals Sir Walter Cowan.[48] Im Sommer 1919 sollten Cowans Torpedoboote im Hafen von Kronstadt zwei russische Schlachtschiffe versenken, die wichtigsten Bestandteile der Flotte des neuen Sowjetstaates.[49] Im Dezember 1918 landeten die Franzosen in den Schwarzmeerhäfen Odessa und Sewastopol mit Truppen, zu denen griechische und polnische Kontingente gehörten, versuchten lokale russische Legionen unter französischen Offizieren zu rekrutieren, nahmen heikle Beziehungen zu den

«Weißen» auf und begannen, erfolglos gegen die Roten zu kämpfen.[50] Im Fernen Osten waren im August 1918 japanische und amerikanische Truppen in Wladiwostok gelandet, um einen Brückenkopf für die Evakuierung der Tschechischen Legion zu errichten. Dann kam ein französischer Oberkommandierender, General Janin, um die Operationen zu überwachen, während die Briten große Mengen Kriegsmaterial entluden, um die antibolschewistische Armee des Admirals Koltschak zu versorgen. Die Japaner rückten zum Baikalsee vor, die Amerikaner blieben in Wladiwostok. Beide Kontingente kehrten schließlich in ihre Heimat zurück, während die Tschechen, zu deren Unterstützung sie entsandt worden waren, Russland erst im September 1920 verließen.[51] Die alliierte Intervention im russischen Fernen Osten erreichte nur eines: Sie bestätigte in den Augen der Sowjets die grundsätzlich antibolschewistische Politik des Westens.

Seine tatsächliche Politik war genau das Gegenteil. Am 22. Juli 1918 erklärte der britische Premierminister Lloyd George im Kriegskabinett, es sei für Großbritannien völlig gleichgültig, was für ein Regierungssystem die Russen errichteten, eine Republik, einen bolschewistischen Staat oder eine Monarchie. Es spricht einiges dafür, dass Präsident Wilson diese Auffassung teilte.[52] Dies war eine Zeit lang auch die Auffassung der Franzosen. Bis zum April war die führende Partei im französischen Generalstab gegen eine Hilfeleistung für die Antibolschewiki, die «so genannten patriotischen Gruppen», weil diese aus Klassengründen die deutschen Besatzungstruppen unterstützten, während die Bolschewiki, die «von den Mittelmächten hereingelegt worden waren und [jetzt] vielleicht ihre früheren Fehler erkannten», wenigstens die Fortsetzung des Kampfes versprachen.[53] Später revidierte Frankreich diesen Standpunkt und verfolgte von allen Alliierten die härteste Politik gegen den Sowjetstaat. Im Frühjahr 1918 teilte es jedoch die Hoffnungen der Briten und Amerikaner, die Bolschewiki zur Wiedererrichtung einer Ostfront benutzen zu können, um die Alliierten im Westen zu entlasten, wo ihnen die Niederlage drohte. Dass sie auch von den Tschechen die Eröffnung einer neuen Offensive im Osten erwarteten und sich zunehmend zu Komplizen der «Weißen» machen ließen, kompliziert ein Problem, das Lenin und Stalin später so darstellten, als hätten die Alliierten von Anfang an offen die Revolution bekämpft. Tatsächlich suchten die Alliierten verzweifelt nach irgendeinem Weg, um die Deutschen von ihrer entscheidenden Offensive in Frankreich abzulenken. Erst im Juni 1918 wurden sie entschieden antibolschewistisch, und zwar deshalb, weil alles darauf hindeutete, dass die Bolschewiki von ihrem zunächst antideutschen Kurs abgewichen waren und es nunmehr hinnahmen, dass die Deutschen ihr Überleben tolerierten.

Bis Juni 1918 waren sich die Deutschen – genau wie die Alliierten – nicht so recht im Klaren darüber, für welche der in Russland einander bekämpfenden Parteien sie sich entscheiden sollten. Das Heer, das eine Infizierung der Heimat und der Front durch die Bolschewiki befürchtete, wollte diese «liquidieren».[54] Das Auswärtige Amt teilte zwar den Wunsch des Heeres, Russland niederzuhalten und letzten Endes zu zerstückeln, argumentierte jedoch, die Bolschewiki hätten den Friedensvertrag von Brest-Litowsk unterzeichnet, die «patriotischen Gruppen» aber würden ihn ablehnen, deshalb sei es im Interesse Deutschlands, die Ersteren zu unterstützen. Der Kaiser, der zwischen einer pro- und einer antibolschewistischen Politik entscheiden musste, billigte am 28. Juni eine Empfehlung des Auswärtigen Amtes, der bolschewistischen Regierung zu versichern, dass weder die deutschen Truppen im Baltikum noch ihre finnischen Verbündeten gegen Petrograd vorrücken würden (das sie mit Leichtigkeit hätten einnehmen können). Diese Zusicherung ermöglichte es Lenin und Trotzki, ihre einzigen leistungsfähigen Regimenter, die lettischen Schützen, an den westlichen Streckenabschnitt der Transsibirischen Eisenbahn, zwischen Moskau und dem Ural, zu verlegen. Dort griffen sie Ende Juli bei Kasan die Tschechische Legion an. Damit leiteten sie die Gegenoffensive ein, die schließlich die Bahnlinie öffnete, die Tschechen ostwärts in Richtung Wladiwostok abdrängte und den Roten Armeen, die in Sibirien gegen Koltschak und in Südrussland gegen Denikin kämpften, Nachschub und Verstärkungen brachte.[55] Diese Gegenoffensive führte zum

Sieg der Bolschewiki im Bürgerkrieg – nicht trotz des schließlichen Engagements der Alliierten für die «Weißen», sondern aufgrund der Entscheidung Deutschlands, den Bolschewismus am Leben zu erhalten.

Die Wende des Krieges im Westen

Während in den ungeheuren Weiten des Ostens unwissende Armeen planlos aufeinander prallten, traten die Gegner im engen Stellungskrieg an der Westfront zum entscheidenden Kampf an. Der Zusammenbruch der zaristischen Armeen hatte wieder eine strategische Situation geschaffen, wie sie Schlieffen seinem Plan für einen Blitzsieg über Frankreich zugrunde gelegt hatte: eine strategische Pause, in der Russland keine Bedrohung darstellte und in der es Deutschland freistand, seine zahlenmäßige Überlegenheit auf der nach Paris führenden Vormarsch-Achse zu nutzen. Diese Überlegenheit war beträchtlich. Nachdem Ludendorff 40 zweitklassige Infanterie- und 3 Kavalleriedivisionen im Osten zurückgelassen hatte, um die riesigen, den Bolschewiki in Brest-Litowsk abgerungenen Gebiete zu überwachen, konnte er im Westen 192 Divisionen – gegen 178 alliierte – einsetzen.[56] Zu ihnen zählten die meisten alten Eliteverbände des Heeres: die Divisonen der Garde, der Jäger, der Preußen, der Württemberger und die besten der Bayern. So umfasste etwa das XIV. Armeekorps die 4. Gardedivision, die aus Leibregimentern kleiner deutscher Fürstenstaaten bestehende 25. Division, die 1. Preußische Division und die 228. Reservedivision, die im Laufe des Krieges aus brandenburgischen und ostpreußischen Regimentern aufgestellt worden war.[57] Alle hatten im vierten Kriegsjahr einen hohen Anteil an Personalersatz, ja sogar an Ersatz für Personalersatz. Manche Infanterieregimenter hatten Verluste von über 100 Prozent erlitten, sodass nur noch Einzelne die Kader repräsentierten, die 1914 in den Krieg gezogen waren. Trotzdem bewahrten sie als Verbände ihren Korpsgeist, der durch die lange Reihe von Siegen im Osten verstärkt worden war. Nur im Westen hatten die deutschen Armeen ihre Gegner noch nicht überwunden. Im Frühjahr 1918 hatte man den Soldaten des Kaisers versprochen, die bevorstehenden Offensiven würden den abschließenden Sieg bringen. Die deutsche Infanterie wusste nicht, aber ahnte vielleicht, dass sie die letzte Kraftreserve ihres Landes bildete. Großbritannien und Frankreich waren in keiner besseren Lage; beiden fehlte das Menschenreservoir, aus dem sie ihre Verluste hätten ersetzen können. Sie waren jedoch materiell überlegen: 4500 Flugzeuge gegen 3670 deutsche, 18 500 Geschütze gegen 14 000 deutsche, 800 Panzer gegen 10 deutsche. Und sie konnten vor allem damit rechnen, dass ihre Verluste durch Millionen von Amerikanern kompensiert werden würden. Deutschland hingegen hatte alle Ungedienten der wehrfähigen Jahrgänge einberufen, soweit sie nicht für zivile Aufgaben benötigt wurden. Es konnte im Januar 1918 nur auf den Rekrutenjahrgang 1900 zählen, der erst im Herbst für die Einstellung in Frage kam. Somit lastete auf Hindenburg, Ludendorff und ihren Soldaten im März 1918 ein doppelter Imperativ: den zu Krieg gewinnen, bevor die Neue Welt auf dem Alten Kontinent eintraf und dort das Gleichgewicht wiederherstellte, und ihn zu gewinnen, bevor die deutschen Truppen durch das Martyrium eines letzten Angriffs erschöpft waren.

Die Auswahl der Front für diese letzte Offensive war begrenzt, wie sie es stets für beide Seiten gewesen war, seit der Bewegungskrieg im Westen 1914 zu einem Stellungskrieg erstarrt war. Die Franzosen hatten 1915 zweimal einen Durchbruch im Artois und in der Champagne, und 1917 noch einmal in der Champagne versucht; die Briten hatten ihn 1916 an der Somme und 1917 in Flandern, die Deutschen 1916, mit begrenzten Zielen, nur bei Verdun versucht. Jetzt war für die Deutschen die Zeit begrenzter Ziele vorbei. Sie mussten ein Heer, das britische oder das französische, vernichten, wenn sie die Oberhand gewinnen wollten; hinsichtlich der Front konnten sie nur wählen zwischen einem zweiten Versuch bei Verdun oder einem Schlag gegen die Briten.

Auf der schicksalhaften Konferenz am 11. November 1917 in Mons hatten sie die Alternativen geprüft. Oberst Friedrich Graf von der Schulenburg, Chef des Generalstabs bei der Heeresgruppe des deutschen Kronprinzen, plädierte für eine Wiederaufnahme der Offensive an deren Front, das heißt bei Verdun, mit der Begründung, eine noch so schwere Niederlage der Briten werde Großbritannien nicht davon abbringen, den Krieg fortzusetzen. Ein vernichtender Schlag gegen Frankreich – die Front bei Verdun biete dafür das aussichtsreichste Gelände – werde die Lage im Westen verändern. Oberstleutnant Georg Wetzell, der Chef der Operationsabteilung im Großen Generalstab, stimmte dem zu und ergänzte Schulenburgs Analyse: Ein deutscher Sieg bei Verdun werde die französische Kampfmoral zutiefst erschüttern, eine von Amerikanern unterstützte französische Offensive verhindern und die Briten anschließend einem deutschen Angriff aussetzen.

Ludendorff wollte nichts davon wissen. Nachdem er seine Untergebenen hatte ausreden lassen, erklärte er, die deutsche Heeresstärke reiche nur für einen einzigen großen Schlag aus, und legte die dafür notwendigen Voraussetzungen dar. Deutschland müsse so bald wie möglich losschlagen, bevor Amerika starke Kräfte in die Waagschale werfen könne, das heißt Ende Februar oder Anfang März. Das Ziel müsse sein, die Briten zu schlagen. Er prüfte die Frontabschnitte, die dafür in Frage kamen, verwarf Flandern und verkündete, dass ein Angriff bei Saint-Quentin aussichtsreich sei.[58] Das war der Frontabschnitt, aus dem die Deutschen sich im Frühjahr 1917 planmäßig auf die neu erbaute «Hindenburg-Linie» zurückgezogen hatten. Davor lag, was die Briten «das alte Somme-Schlachtfeld» nannten, eine Einöde von Granattrichtern und aufgegebenen Schützengräben. Ludendorff ging davon aus, dass bei einer Angriffsoperation an dieser Stelle (Deckname «Michael») die Sturmdivisionen zunächst an der Somme entlang vorstoßen und dann die britische Front bis zur Kanalküste aufrollen könnten. Dabei blieb es.

Es sollten weitere Konferenzen stattfinden und auf dem Papier weitere Alternativen erwogen werden, darunter eine Offensive in Flandern (Operation «Georg»), eine weitere bei Arras (Operation «Mars») und eine dritte nahe Paris (Operation «Erzengel»). Aber am 21. Januar 1918 gab Hindenburg, nach einer letzten Inspizierung der Armeen, endgültige Anweisungen für «Michael». Am gleichen Tag wurde der Kaiser über das Vorhaben informiert. Am 24. Januar und 8. Februar ergingen vorbereitende operative Weisungen. Am 10. März erließ Hindenburg den detaillierten «grundlegenden Angriffsbefehl»: «Der Michael-Angriff findet am 21. März statt. Einbruch in die erste feindliche Stellung 9.40 vormittags.»[59]

Diese strategische Weisung wurde von ausführlichen taktischen Instruktionen begleitet. Der bayerische Hauptmann i. G. Hermann Geyer hatte in seinem Handbuch *Der Angriff im Stellungskrieg* vom Januar 1918 das neue Konzept der «Infiltration» – ein damals von den Deutschen noch nicht benutzter Begriff – und die offensichtlich damit verbundenen Schwierigkeiten dargelegt. Dieses Konzept, das bei der Operation «Michael» angewandt werden sollte, betonte rasches Vordringen unter Vernachlässigung der Flankensicherung.[60] «Der taktische Durchbruch ist nicht Selbstzweck. Er soll die Chance bieten, die stärkste Form des Angriffs, die Umfassung, anzuwenden... Infanterie, die nach rechts oder links schaut, wird bald anhalten... Die Schnellsten, nicht die Langsamsten, müssen das Tempo angeben... Die Infanterie darf sich nicht zu stark auf die Feuerwalze verlassen.»[61] Die spezialisierten Sturmtruppen der Angriffswellen sollten vor allem «vorwärts drängen». Ludendorff rückte von dem Konzept eines festen strategischen Zieles ab und faßte das Operationsziel von «Michael» folgendermaßen zusammen: «Wir hauen ein Loch hinein. Das Weitere findet sich.»[62]

Viele deutsche Sturmdivisionen hatten in Rußland gekämpft; sie brachten die Zuversicht, die sie durch ihre Siege über die Armeen des Zaren, Kerenskis und Lenins gewonnen hatten, nach Frankreich mit. Die Briten waren jedoch keine Russen. Besser ausgerüstet, besser ausgebildet und bisher an der Westfront unbesiegt, würden sie wohl kaum zusammenbrechen, nur weil eine Bresche in ihre Front geschlagen wurde. Indem Ludendorff die Somme als Hauptangriffszone wählte, hatte er jedoch eine bessere Wahl getroffen, als er wissen konnte. Dort stand die britische 5. Armee, zahlenmäßig fast die schwächste der vier Armeen Haigs; überdies hatte sie in der Schlacht bei Passchendaele schwere Verluste erlitten und sich noch nicht voll erholt. Außerdem wurde sie von einem General geführt, der nicht gerade für Gründlichkeit bekannt war, Hubert Gough. Dabei war der von ihr gehaltene Frontabschnitt der schwierigste im Bereich der BEF.

Gough, ein Kavallerist und Protegé des Kavalleriegenerals Haig, hatte bei der Passchendaele-Offensive eine führende Rolle gespielt und seine Armee hatte dabei hohe Verluste erlitten. Offiziere, die unter Gough dienten, kamen zu der Auffassung, dass die unter seinem Kommando geführten Schlachten deshalb so verlustreich waren, weil er es nicht fertig brachte, die Artillerieunterstützung mit den Infanterieangriffen zu koordinieren, sich auf erreichbare Ziele zu beschränken, offenkundig misslungene Operationen abzubrechen – kurz, weil er die Normen einer effektiven Führung nicht erfüllte. Lloyd George hatte Gough im Winter 1917/18 ablösen wollen, sich jedoch gegen dessen Gönner Haig nicht durchsetzen können. Nun musste sich Gough mit zwei Problemen befassen, die ihn überforderten.

Keines dieser Probleme hatte er selbst geschaffen. Das erste hing mit einer größeren Reorganisation des britischen Heeres zusammen. Anfang 1918 führten die Briten ein, was die Deutschen bereits 1915 und die Franzosen 1917 als notwendig erkannt hatten: Sie verringerten die Stärke ihrer Divisionen von zwölf auf neun Bataillone. Diese Veränderung ließ sich rechtfertigen mit dem Trend, den Anteil der Artillerie gegenüber der Infanterie in den Divisionen zu erhöhen – damit trug man der Tatsache Rechnung, dass die Unterstützung durch schwere Artillerie in dem Maße an Bedeutung gewann, wie der Krieg immer mehr zu einem Kampf zwischen Geschützen wurde. Der eigentliche Grund für die Reorganisation war jedoch schlicht der Mangel an Soldaten. Das britische Kriegskabinett hatte errechnet, dass die BEF 1918 – nur um ihre Verluste zu ersetzen – 615 000 Mann benötigte, dass aber trotz Wehrpflicht nur 100 000 Rekruten zur Verfügung standen.[63] Der Ausweg, auf den man verfiel, war neben der Umrüstung einiger Kavallerieverbände zu Infanteristen vor allem die Auflösung von 145 Bataillonen und die Verwendung ihrer Mannschaften als Verstärkung für die übrigen. Fast ein Viertel der Bataillone mussten ihre Divisionen, in denen sie jahrelang gekämpft hatten, verlassen und sich an fremde Kommandeure, fremde Artilleriebatterien, Pionierkompanien und Nachbarbataillone gewöhnen. Leider hatte Goughs 5. Armee einen hohen Anteil an solchen herausgelösten und neu unterstellten Truppenteilen. Sie war die zuletzt aufgestellte Armee und wies daher die größte Zahl jüngerer, erst im Krieg rekrutierter Verbände auf, die vornehmlich von dem Divisionswechsel betroffen waren. Obwohl die Reorganisation im Januar begann, war sie erst Anfang März abgeschlossen; und danach blieb wegen der administrativen Schwächen Goughs noch viel Integrationsarbeit zu leisten.

Überdies musste Gough seine Armee nicht nur auf einem schwierigen, sondern einem ihm teilweise unbekannten Schlachtfeld bereitstellen. Nachdem sich 1917 bei vielen französischen Verbänden Auflösungserscheinungen gezeigt hatten, war Haig damit einverstanden gewesen, einen Teil der französischen Frontstellungen zu übernehmen – genau den Abschnitt, den Ludendorff für seine große Frühjahrsoffensive wählte. Gough war daher gezwungen, seinen rechten Flügel über die Somme auf das wegen seines schlechten Zustandes berüchtigte französische Schützengrabensystem auszudehnen. Zugleich musste er versuchen, die provisorischen Abwehrstellungen zu vertiefen und zu verstärken, die die Briten hier hinterlassen hatten, nachdem sie zur «Hindenburg-Linie» vorgerückt waren. Das war eine beschwerliche Aufgabe. Die Schützengräben hinter der Frontlinie waren unzureichend und es fehlte Gough an Arbeitskräften, um seinen Frontabschnitt auszubauen. Im Februar verfügte die 5. Armee nur über 18 000 Arbeitskräfte. Durch rücksichtsloses Heranziehen von anderswo und durch Anwerben chinesischer und italienischer Arbeiter erhöhte sich Anfang März ihre Zahl auf 40 000; die meisten Bauarbeiter wurden jedoch beim Straßenbau eingesetzt.[64] Nur ein Fünftel der verfügbaren Arbeitskräfte baute Verteidigungsstellungen, mit folgendem Ergebnis: Die vorderste der drei Verteidigungslinien der 5. Armee war fertig gestellt; die Hauptkampflinie, das Gefechtsfeld, war mit Stützpunkten und Artilleriestellungen gut ausgestattet; doch die dritte oder Braune Linie, auf die sich die Verteidiger notfalls zurückziehen sollten, war lediglich «mit dem Spaten markiert». Das bedeutete: Der Boden war nur etwa 30 cm tief ausgehoben, es gab nur vereinzelte Drahthindernisse, und Maschinengewehrstellungen waren lediglich mit Hinweisschildern bezeichnet.[65]

Gegen diese unvollständigen Stellungen traten die Deutschen am Vormittag des 21. März zum Sturm an. Eine kompakte Masse von 76 erstklassigen deutschen Divisionen fiel über 28 britische Divisionen von unterschiedlicher Qualität her. Hinter einem überraschenden Artilleriefeuer rückten die Deutschen auf einer Breite von 80 km vor. Der Morgennebel verdichtete sich durch den Einsatz von Chlorgas und Phosgen sowie von Tränengasgeschossen. Der Sanitätssoldat A. H. Flint schrieb: «[Da der Nebel jetzt dicht war], konnte man kaum zwei Meter weit sehen und hatte den Eindruck, die Granaten schlügen unmittelbar vor einem ein oder schwirrten einem um den Kopf... Allmählich gewöhnten wir uns daran.»[66] Das Trommelfeuer – Sprenggranaten gemischt mit Blasen hervorrufenden Senfgasgeschossen – dauerte von 4.40 Uhr bis 9.40 Uhr. Dann tauchten, wie es in Hindenburgs Angriffsbefehl vom 10. März festgelegt war, die deutschen Sturmtruppen aus ihren Gräben auf, passierten die Lücken in ihrem Drahtverhau, überquerten das Niemandsland und drangen in die Stellungen der britischen Verteidiger ein.

«Die Artillerie war der große Gleichmacher», schrieb der Berufssoldat E. Atkinson vom 1. West-Yorkshire-Regiment, das von Anfang an in Frankreich gekämpft hatte. «Niemand konnte ein Trommelfeuer länger als drei Stunden aushalten, ohne völlig zu ermatten und abzustumpfen. Wenn [der Jerry] drei Stunden auf dir herumhämmert, dann kann er alles mit dir machen, wenn er herüberkommt. Es wirkt ungefähr so wie eine Narkose. Man kann sich natürlich dagegen wehren... An den anderen Frontabschnitten, an denen ich gelegen hatte, hatten wir so viel Artillerie, dass sie das Feuer des Jerry jedes Mal erwidern und ihn meist zum Schweigen bringen konnte. Aber diesmal gab es kein Vergeltungsfeuer. Er konnte mit uns machen, was er wollte.»[67]

Dennoch hatten eine ausreichende Zahl britischer Verteidiger und ihrer unterstützenden Artilleriebatterien das deutsche Trom-

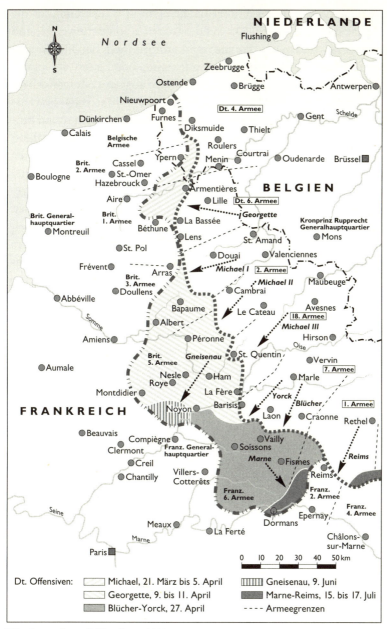

Die deutschen Offensiven 1918

melfeuer überstanden und leisteten verstreut Widerstand, als die Deutschen vorrückten. Da die deutschen Kanoniere weitgehend nach Plan und nach der auf meteorologischen Beobachtungen beruhenden «Pulkowski»-Methode schossen, hatten sie einige Schlüsselziele verfehlt. Als die Deutschen aus dem Niemandsland auftauchten, wurden britische Geschütze und Maschinengewehrnester lebendig, und überlebende Grabenbesatzungen traten hinter die Brustwehr. Der Soldat J. Jolly vom 9. Norfolk-Bataillon schrieb: «Ich nahm meine Stellung ein und konnte die Deutschen deutlich erkennen. Sie kamen in einer Entfernung von 200 bis 300 Metern auf uns zu. Sie hatten unsere vorderste Linie schon genommen. Wir eröffneten das Feuer, und es sah aus, als fielen Hunderte, die über eine Bodenwelle auf uns zukamen. Aber vielleicht warfen sie sich auch nur hin. Ihr Angriff war jedenfalls zum Stehen gekommen.»[68] Ein deutscher Vizefeldwebel, der etwas weiter nördlich kämpfte, schrieb:

> Beim weiteren Vorgehen stießen wir nur auf schwachen Widerstand. Aber dann hob sich der Nebel, und wir wurden von einem Maschinengewehr beschossen. Mehrere Geschosse durchschlugen meinen Uniformrock, aber ich blieb unverletzt. Wir gingen alle in Deckung... Ein Zug aus einer anderen Kompanie schloss sich uns an, und wir erledigten sechs oder sieben Mann in der Maschinengewehrstellung. Mein Zug verlor fünf oder sechs Mann... Ich blickte nach rechts und sah eine Abteilung britischer Gefangener auf dem Wege in unser rückwärtiges Gebiet. Schätzungsweise waren es etwa 120 – vielleicht eine Kompanie. Sie liefen gebückt, um nicht getroffen zu werden. Ich nehme an, das Maschinengewehrnest, das wir eben außer Gefecht gesetzt hatten, hatte dieser Kompanie den Feuerschutz gegeben. Nun musste sie kapitulieren.»[69]

Der Soldat J. Parkinson vom britischen 16. Maschinengewehrbataillon hatte mehr Glück. Er erinnerte sich:

> Ich glaube, wir hätten den Angriff zum Stehen gebracht. Ich führte einen neuen Gurt in das Maschinengewehr ein, als ich einen Stoß im Rücken verspürte. Ich wendete mich um. Hinter mir stand ein deut-

scher Offizier, der mir seinen Revolver in den Rücken drückte. «Komm mit, Tommy. Du hast genug getan.» Ich sagte: «Vielen Dank, Sir.» Ich an seiner Stelle hätte den Maschinengewehrschützen, der mich so lange aufgehalten hatte, umgelegt. Er muss ein [echter] Gentleman gewesen sein. Es war 10.20 Uhr. Ich weiß es genau, denn ich habe auf die Uhr gesehen.»[70]

Um diese Zeit – eine Dreiviertelstunde nachdem die deutsche Infanterie zum Sturmangriff angetreten war – waren nahezu alle britischen Stellungen in der vorderen Verteidigungszone der 5. Armee in einer Breite von 20 km überrannt. Nur hinter dem zerstörten Ort Saint-Quentin war noch ein Stück der Linie in britischer Hand. Es sollte bald fallen, als die Deutschen zur Hauptgefechtszone, zur Roten Linie, vorwärts drängten. Diese weit stärker besetzte Linie wurde um die Mittagszeit, stellenweise schon früher, angegriffen und leistete stärkeren Widerstand, obgleich sie dem einleitenden Trommelfeuer und anschließend der Feuerwalze ausgesetzt gewesen war. Als jedoch die deutsche Infanterie die von ihrer eigenen Artillerie bestrichene Zone betrat, ließ ihr Feuerschutz natürlich nach. Die britische Artillerie, die sich hartnäckig weigerte, einige bereits auf beiden Seiten umgangene Geschützstellungen aufzugeben, trug ebenfalls zur Fortsetzung des Widerstandes bei. Ein deutscher Gefreiter berichtete über ein solches Gefecht:

> Plötzlich wurden wir auf kurze Entfernung mit Schrapnells beschossen und mussten uns zu Boden werfen. Eng zusammengedrängt, fanden wir hinter einem niedrigen Bahndamm Deckung... Wir waren etwa sieben bis acht Kilometer vorangekommen und lagen jetzt im direkten Feuer einer Batterie mittleren Kalibers. Die Abschüsse und die Detonationen der Granaten waren gleichzeitig zu hören. Ein Frontalangriff wäre sinnlos gewesen... So plötzlich es begonnen hatte, hörte es auch wieder auf. Wir konnten aufatmen. Wir standen auf und gingen auf die verlassene Batterie zu. Die Geschützrohre waren noch heiß. Ein paar Kanoniere sahen wir noch fortlaufen.[71]

Im Laufe des Nachmittags verloren die Briten weite Strecken ihrer Roten Linie, entweder weil die Besatzungen davonliefen oder durch die Wucht des Angriffs überrannt wurden. Am schlimmsten war der Bodenverlust südlich von Saint-Quentin, am Verbingungspunkt zur französischen 6. Armee, die am Zusammenfluss von Oise und Aisne stand. Als die britischen Divisionen im südlichsten Frontabschnitt Goughs an Boden verloren, waren die Franzosen gezwungen, ebenfalls zurückzuweichen. Dadurch entstand eine keilförmige Fronteinbuchtung, die direkt auf Paris zielte. Am nördlichen Frontabschnitt Goughs, wo der Frontbogen von Flesquières – ein Ergebnis der Schlacht um Cambrai im November 1917 – sich gegen die deutschen Linien vorwölbte, gelang den Deutschen eine Umfassung, die die britische 3. Armee gefährdete und die beherrschende Stellung der Briten in Flandern zu gefährden drohte. Das Ziel der Operation «Michael», die BEF bis zur Kanalküste aufzurollen, schien in greifbare Nähe gerückt. Der deutsche Angriff zu beiden Seiten von Flesquières sollte den Frontbogen nicht direkt erobern, sondern abschneiden und damit am kritischen Verbindungspunkt zwischen der 5. und der 3. Armee eine Lücke öffnen, durch die ein starker Vorstoß nach Nordwesten geführt werden konnte.

Am Abend des 21. März 1918 hatte die BEF in dem nun schon dreieinhalb Jahre während Grabenkrieg ihre erste echte Niederlage erlitten. An einer 30 km breiten Front hatte sie die gesamte vorderste Linie verloren, mit Ausnahme zweier Abschnitte, die von der Südafrikanischen Brigade beziehungsweise drei Bataillonen des Leicestershire-Regiments heroisch verteidigt wurden. Auch die Hauptlinie war vielfach vom Feind durchbrochen worden. Zahlreiche Geschütze waren verloren gegangen, ganze Einheiten hatten kapituliert oder waren nach hinten geflohen. Diejenigen, die standhielten und kämpften, hatten schwere Verluste erlitten. Insgesamt waren über 7000 britische Infanteristen gefallen und 21 000 in Gefangenschaft geraten. Dieses Resultat war genau umgekehrt wie das vom 1. Juli 1916, als an der Somme 20 000 britische Soldaten gefallen und nur ganz wenige in Gefangenschaft geraten waren: Damals hatten das britische

Oberkommando und die britische Presse von einem Sieg gesprochen. Der erste Tag der Operation «Michael» war zweifellos ein Sieg der Deutschen, obwohl sie mehr Gefallene – über 10 000 – zu beklagen hatten und obwohl die Zahl ihrer Verwundeten weit höher war als die der Briten: fast 29 000 Deutsche gegenüber 10 000 Briten. Einige britische Bataillone hatten ihr Letztes gegeben (etwa das 7. Bataillon der *Sherwood Foresters*, das 171 Gefallene, darunter den Kommandeur, verlor), aber sie waren die Ausnahme. Zehn gefallene Oberstleutnante der Infanterie sind ein Beleg dafür, wie verzweifelt manche Verbände kämpften. Dass sich hohe Offiziere in die vorderste Linie begeben und sich als Vorbild für ihre schwer geprüften Soldaten aufopfern mussten, beweist aber auch das Ausmaß des Durcheinanders. Gut vorbereitete Verbände verlieren, selbst bei einer stürmischen Offensive des Gegners, hohe Offiziere in einem solchen Ausmaß nur dann, wenn die Kampfmoral auf der unteren Ebene zusammengebrochen ist oder wenn sie von oben keine Unterstützung erhalten. Beides traf für die 5. Armee am 21. März zu. Viele Einheiten, durch die Zermürbungsschlachten von 1917 verbraucht, waren nicht imstande, ihre Frontabschnitte zu verteidigen, die ohnehin nur behelfsmäßig befestigt waren, und der Stab der 5. Armee hatte keinen richtigen Plan für den Fall eines Zusammenbruchs vorbereitet. Ein erfahrener Infanterist schrieb im Rückblick: «Ich muss gestehen, der deutsche Durchbruch vom 21. März 1918 hätte nie passieren dürfen. Es gab keinen Zusammenhalt der Führung, keine Entschlossenheit, keinen Kampfwillen und kein einheitliches Vorgehen bei den Kompanien oder Bataillonen.» Es ist zu fragen, ob der Zusammenbruch – denn es war ein Zusammenbruch – in die gleiche psychologische Kategorie gehört wie der des französischen Heeres im Frühjahr 1917, der des russischen Heeres nach der Kerenski-Offensive und der des italienischen Heeres bei Caporetto. Alle vier Heere – wenn man das britische einschließt – hatten bis dahin über 100 Prozent ihrer vollen Infanteriestärke verloren (gemessen an den Zahlen, mit denen sie in den Krieg gezogen waren), und das ging vielleicht einfach über das hinaus, was Menschen zu ertragen vermögen. Falls sich ein Unterschied erkennen lässt, liegt er im Ausmaß des psychologischen Traumas und im Umgang damit. Das französische Heer zeigte in mehr als der Hälfte seiner kämpfenden Verbände Symptome des Zusammenbruchs und benötigte ein Jahr, um sich zu erholen. Das italienische Heer, vor allem die Divisionen an der Isonzofront, machte eine allgemeine Krise durch, erholte sich eigentlich nie wieder und musste durch zahlreiche britische und französische Truppen verstärkt werden. Das russische Heer brach unter der Belastung fortgesetzter Niederlagen, zweier Revolutionen und des Zerfalls der staatlichen Ordnung völlig zusammen und löste sich schließlich auf. Die Krise der britischen 5. Armee war andersartig und weniger gravierend. Ihre Niederlage war zweifellos eher moralischer als materieller Natur. Insofern glich sie der Niederlage von Caporetto, aber ihre Malaise steckte die übrigen drei britischen Armeen nicht an. Sie wurde vielmehr ganz schnell von der 5. Armee selbst wieder unter Kontrolle gebracht. Schon eine Woche nach dem Beginn der deutschen Offensive begann sich die 5. Armee zu erholen und schlug zurück. Sie hatte viel Gelände verloren und war durch andere britische, französische und einige amerikanische Truppen massiv verstärkt worden. Als Großverband hatte sie allerdings immer funktioniert, und viele ihrer Einheiten hatten entschlossen Widerstand geleistet, ihre Stellungen gehalten und sogar Gegenstöße geführt.

Die schlimmsten Tage der deutschen Offensive für die Briten und für die Alliierten insgesamt waren der vierte, fünfte und sechste Tag, der 24. bis 26. März. Zunehmend drohte eine Trennung der britischen von den französischen Armeen und ein weiteres Abdrängen der ganzen britischen Linie nordostwärts zu den Kanalhäfen – genau jenes Aufrollen der britischen Front, das Ludendorff zum Ziel der «Michael»-Offensive erklärt hatte. Die Angst, die Front könnte zusammenbrechen, befiel das französische Oberkommando, ähnlich wie während des Marnefeldzuges. Während jedoch Joffre 1914 jedes ihm zur Verfügung stehende

Mittel eingesetzt hatte, um Fühlung mit der BEF zu halten, ließ sich Pétain, der jetzt die französischen Armeen südlich des britischen Frontabschnittes kommandierte, von seinen Befürchtungen leiten. Am 24. März, um 11 Uhr vormittags, suchte er Haig in dessen Hauptquartier auf und erklärte ihm, er erwarte, nördlich von Verdun selbst angegriffen zu werden, und könne daher den Briten keine weiteren Truppen zu Hilfe schicken; seine Hauptsorge sei jetzt, Paris zu schützen. Als Haig ihn fragte, ob er sich darüber im Klaren sei und sich damit abfinde, dass seine Verweigerung weiterer Hilfe wahrscheinlich zur Trennung ihrer beiden Heere führen werde, nickte Pétain lediglich mit dem Kopf.[72] Haig begriff sofort, dass er es mit einer interalliierten Krise zu tun hatte, und bat sein Kriegsministerium telefonisch, den Kampfwillen Pétains zu stützen. Zwei Tage später fand in Doullens, in der Nähe von Amiens, direkt in der Vormarsch-Achse der deutschen Offensive, eine spontane britisch-französische Konferenz statt. Den Vorsitz führte der französische Staatspräsident Poincaré; die wichtigsten Teilnehmer waren der französische Ministerpräsident Georges Clemenceau, der britische Kriegsminister Lord Milner sowie Pétain, Haig und Foch, der französische Generalstabschef.

Die Besprechung begann nicht gut. Haig schilderte, was der 5. Armee widerfahren war, und erklärte, er habe Pétain gebeten, den Frontabschnitt südlich der Somme zu übernehmen, denn er könne in diesem Abschnitt nichts mehr tun. Pétain protestierte, die 5. Armee sei «zerschlagen», und war so taktlos, Goughs Truppen mit den italienischen bei Caporetto zu vergleichen. Es folgte eine Auseinandersetzung zwischen Pétain und Wilson, dem Chef des Empire-Generalstabes, die damit endete, dass Pétain beteuerte, er habe den Briten alle nur denkbare Hilfe geschickt; sein Hauptziel müsse jetzt die Verteidigung von Amiens sein. Die Angriffsspitzen der Deutschen waren noch mehr als 30 km von Amiens entfernt. Foch, aggressiv wie immer, platzte heraus: «Wir müssen *vor* Amiens kämpfen. Wir müssen da kämpfen, wo wir jetzt stehen... Wir [dürfen] jetzt nicht einen einzigen Schritt mehr zurückgehen.» Sein Eingreifen rettete die Situation. Es gab hastige Gespräche in kleinen Gruppen. Danach einigte man sich plötzlich darauf, dass Haig unter dem Oberbefehl Fochs kämpfen sollte. Foch wurde «von der englischen und französischen Regierung beauftragt, das Handeln der alliierten Armeen an der Westfront in Einklang zu bringen».[73] Diese Formulierung stellte alle Parteien zufrieden – sogar Haig, der seit seiner Ernennung zum Oberbefehlshaber der BEF im Dezember 1915 jede Verwässerung seiner absolut selbständigen Kommandogewalt entschieden abgelehnt hatte. Am 3. April wurde Fochs Machtbefugnis dahingehend erweitert, dass sie «die Leitung der strategischen Operationen» umfasste. Damit war er praktisch der Oberkommandierende aller alliierten Truppen.

Fochs Ernennung erfolgte gerade noch rechtzeitig. Am 5. April waren die Deutschen auf einer 80 km breiten Front 30 km tief vorgestoßen und nur noch 8 km vom Amiens entfernt, das improvisierte Einheiten verteidigten, darunter Pioniere und Eisenbahntruppen, die als Infanteristen kämpften. Die Ernennung eines einzigen Oberkommandierenden mit absoluter Befugnis, französische wie britische Reserven dort einzusetzen, wo sie am dringendsten benötigt wurden, war in einer solchen Krise unbedingt erforderlich. Die Deutschen steckten jedoch in diesem Stadium ihrer Offensive ebenfalls in einer Krise. Das Tempo ihres Vorstoßes hatte sich verlangsamt, und der Vorstoß selbst hatte die falsche Richtung eingeschlagen.

Doch sie nahmen diese Krise nicht wahr. Der Kaiser war von dem Verlauf der Offensive so entzückt, dass er am 23. März den deutschen Schülern einen schulfreien «Siegestag» gewährte und Hindenburg mit dem Großkreuz des Eisernen Kreuzes auszeichnete, das zuletzt Blücher 1815 nach der Schlacht bei Waterloo verliehen worden war. Die Lagekarte zeigte jedoch bereits zu diesem Zeitpunkt Anzeichen einer beginnenden Krise, die mit jedem Tag wachsen sollte. Der größte Erfolg war zu Beginn errungen worden – am äußersten rechten Flügel der britischen Stellungslinie, wo sie die französische südlich der Somme berührte. Deshalb entschied sich die OHL nun, an diesem Frontabschnitt die entscheidende Anstrengung zu unternehmen. Die 2. und 18. Armee sollten die britische und die französische Armee voneinander trennen. Im Rücken und an der rechten Flanke dieser beiden Angriffsarmeen sollte die 17. folgen, während die 6. Armee einen Vorstoß nordwestwärts zur Kanalküste vorbereitete.[74] Mit dieser Anweisung gab man die Strategie eines einzigen, massiven Vorstoßes auf und entschied sich für einen Angriff mit drei Spitzen, von denen keine stark genug war, einen Durchbruch zu erzielen. Wie 1914 beim Vormarsch auf Paris reagierte das deutsche Heer auf die Ereignisse und folgte der Linie des geringsten Widerstandes, statt das Gesetz des Handelns an sich zu reißen.

Die Geländeverhältnisse begannen sich ebenfalls nachteilig für die Deutschen auszuwirken. Je mehr sie sich Amiens näherten, desto tiefer verhedderten sie sich in den Hindernissen des alten Somme-Schlachtfeldes, einer Einöde mit verlassenen Schützengräben, aufgerissenen Straßen und zahllosen Granattrichtern. Die Schlacht an der Somme entschied wohl 1916 nicht den Krieg für die Briten, aber die von ihr hinterlassene Zone der Verwüstung trug dazu bei, dass sie ihn 1918 nicht verloren. Überdies gab es in den rückwärtigen Gebieten des britischen Heeres Luxusartikel im Überfluss, während die über Deutschland verhängte Blockade die einfachsten Dinge des täglichen Bedarfs zu teuren Raritäten gemacht hatte. Das verlockte die vorrückenden deutschen Truppen, immer wieder anzuhalten, zu plündern und sich satt zu essen. Oberst Albrecht von Thaer hielt fest, Ludendorff habe sich darüber geärgert, «dass ganze Divisionen sich festgefressen und festgesoffen haben bei erbeuteten feindlichen Magazinen und nicht den so nötigen Angriff weiter vorwärts trugen.»[75]

Das trostlose Schlachtfeld und die Versuchung zum Plündern waren für die Deutschen vielleicht ebenso verhängnisvoll wie der Widerstand des Gegners. Ihre Schwierigkeiten nahmen zu, als die Briten am 4. April vor Amiens einen vom Australischen Korps geführten Gegenangriff einleiteten. Am nächsten Tag begriff die deutsche OHL, dass das Unternehmen «Michael» zu Ende war. Sie musste «den so überaus schweren Entschluss fassen, den Angriff auf Amiens endgültig einzustellen», da «der feindliche Widerstand stärker war als die deutsche Kraft». Die Deutschen gaben ihre Verluste mit 240 000 Gefallenen und Verwundeten an.

Das waren etwa ebenso viele wie die der Franzosen und Briten zusammen, aber die Auswirkung auf die in der «kriegsentscheidenden» Westoffensive eingesetzten deutschen Kerntruppen überstieg jede zahlenmäßige Kostenberechnung. «Rund 90 deutsche Divisionen... waren eingesetzt worden; dem größten Teil von ihnen fehlten... je etwa 2000 Mann oder mehr.»[76] Während die alliierten Verluste Soldaten aller Kategorien umfassten, von der kämpfenden Infanterie bis zu Nachschubtruppen, trafen die deutschen Verluste eine unersetzliche Elite. Major i. G. Wilhelm Ritter von Leeb, der im Zweiten Weltkrieg eine Heeresgruppe Hitlers führen sollte, vermerkte am 29. März in seinem Tagebuch die Ursache des Scheiterns: «OHL leider umgeschwenkt. Sie hat ihre Entschlüsse nach der Größe des Geländegewinns, nicht nach den Operationszielen gefasst.» Eine Woche später fügte er hinzu: «Man hatte überhaupt kein Operationsziel!»[77]

Junge Stabsoffiziere, darunter Leeb und Thaer, hielten Ludendorff – der kameradschaftliche Geist im Großen Generalstab ließ das zu – Führungsfehler bei der Operation «Michael» vor. Darauf sagte Ludendorff zu Thaer: «Was soll Ihr ganzes Geunke? Was wollen Sie von mir? Soll ich jetzt Frieden á tout prix machen?»[78] Der Tag der Abrechnung war nicht mehr fern. Aber Ludendorff weigerte sich, eine Schlappe einzugestehen. Deshalb eröffnete er, als «Michael» sich seinem Ende näherte, die untergeordnete Operation «Georgette» (eine verkleinerte «Georg»-Offensive) gegen die Briten in Flandern. Deren Ziel, die Kanalküste hinter Ypern, war eigentlich leichter zu erreichen als das von «Michael», denn das Meer lag nur 100 km vom Ausgangspunkt der Offensive entfernt. Aber die Ypern-Front, an deren Stellungen die BEF seit Oktober 1914 arbeitete, war vermutlich stärker als irgendein anderer Teil der Westfront, und die Briten kannten jede Ecke ihrer Schützengräben.

Am 9. April half den Deutschen wieder einmal der Nebel, der ihre vorbereitenden Maßnahmen verbarg. Zudem war ihre schwere Artillerie überlegen, denn für das einleitende Trommelfeuer hatte man Bruchmüllers Zug mit den schweren Geschützen von der Somme nach Norden gebracht. Diese Feuerüberlegenheit kam zunächst den Deutschen zugute. Sie schreckte Haig so sehr, dass er am 11. April der 1. und 2. Armee seinen berühmten Tagesbefehl «Mit dem Rücken zur Wand» bekannt gab: «Jede Stellung muss bis zum letzten Mann gehalten werden. Es darf keinen Rückzug geben. Mit dem Rücken zur Wand und an die Gerechtigkeit unserer Sache glaubend, muss jeder von uns bis zum Ende kämpfen.»[79]

Trotzdem kam es zu einem Rückzug. Denn Foch, der nun seine Befugnis, Reserven zuzuweisen, voll ausschöpfte, vertrat die harte, aber zutreffende Auffassung, die Briten könnten ohne französische Hilfe aushalten und müssten die Schlacht mit ihren eigenen Reserven bestreiten. Die tapfere kleine belgische Armee übernahm einen Teil der britischen Linie, das *Royal Flying Corps* operierte trotz schlechten Flugwetters energisch im Tiefflug, und britische Maschinengewehrschützen fanden eine Fülle von Zielen, als die deutsche Infanterie ihre Angriffe fast im Stil von 1914 vortrug. Am 24. April führten die Deutschen südlich von Ypern einen ihrer seltenen Panzerangriffe; er wurde jedoch durch britische Tanks, die an Zahl wie an Qualität überlegen waren, aufgefangen und zurückgeschlagen. Den Deutschen gelang es, am 25. April eine der flandrischen Anhöhen, den Mont Kemmel, und am 29. April eine weitere, den Scherpenberg, einzunehmen. Aber diese Erfolge markierten die Grenze ihres Vorstoßes. Am 29. April erkannte Ludendorff, dass er – wie einen Monat zuvor an der Somme – sein Pulver verschossen hatte und anhalten musste. Auch seine zweite Offensive hatte nicht die erhoffte Entscheidung gebracht.

Das bekannteste Ereignis der zweiten deutschen Offensive war der Tod des «Roten Barons», Manfred von Richthofen, am 21. April im Luftkampf. Er war mit 80 Luftsiegen das erfolgreichste Flieger-Ass aller Luftwaffen des Großen Krieges. Operationen in der Luft waren jedoch für Sieg oder Niederlage in diesem Krieg nebensächlich – selbst 1918, als allmählich bedeutende Mittel der nationalen Militärbudgets in die Luftstreitkräfte investiert wurden. Die wahre menschliche Bedeutung der «Großen Schlacht in Frankreich» zeigte sich eher in den Berichten des deutschen Sanitätskorps, die im April Bilanz zogen. Sie stellten fest, dass die drei angreifenden Armeen in der Zeit vom 21. März bis 10. April 303450 Mann, «mehr als ein Fünftel [ihres] Bestandes», verloren hatten. Es sollte nicht besser kommen. Schließlich wurde geschätzt, dass die Apriloffensive gegen die Briten in Flandern die Deutschen 120000 Mann kostete; die Gesamtstärke der dabei eingesetzten 4. und 6. Armee hatte 800000 Mann betragen. Der Stabschef der 6. Armee meldete Mitte April: «Die Truppen greifen nicht an, trotz Befehlen. Die Offensive hat sich totgelaufen.»[80]

Nachdem Ludendorff am nördlichen Frontabschnitt gescheitert war, entschloss er sich, es gegen die Franzosen zu versuchen. Von der Nase des Frontvorsprungs, der durch den großen Vorstoß im März entstanden war, konnte er sich entweder nach Nordwesten, wie es sein ursprünglicher Plan vorsah, oder nach Südwesten wenden. Die militärische Logik sprach für die erste Alternative, die das rückwärtige Gebiet der Briten und die Kanalküste bedroht hätte. Für die zweite sprachen die geographischen Gegebenheiten, die eine Vormarsch-Achse im Tal der Oise boten, und die Verlockung des nur 110 km entfernten Paris. Zwischen den Deutschen und Paris lag der Bergrücken des Chemin-des-Dames, an dem Nivelles Offensive im Mai 1917 gescheitert war. Nivelle hatte im alten Stil angegriffen; nach dem einleitenden Trommelfeuer war eine Infanteriewelle nach der anderen vorgerückt. Ludendorff setzte darauf, mit seinem neuen Angriffsstil die französischen Verteidigungslinien durchbrechen zu können. Überdies hoffte er, ein Erfolg werde ihm die Wiederaufnahme der Offensive im Norden ermöglichen, falls er den Gegner dazu bringen konnte, stärkere Reserven an der Front vor Paris zusammenzuziehen. Paris wurde inzwischen direkt angegriffen: Ein Ferngeschütz, die «Dicke Berta», beschoss die Stadt aus einer Entfernung von 120 km, was psychologisch, wenn nicht sogar objektiv beträchtliche Auswirkungen hatte.

Für diese dritte Offensive wurde eine stärkere Artilleriekonzentration an die Front gebracht als je zuvor: 6000 Geschütze, für die 2 Millionen Granaten bereit lagen.[81] Dieser gesamte Munitionsvorrat wurde am Morgen des 27. Mai in etwas mehr als vier

Stunden gegen 16 alliierte Divisionen verschossen; drei davon waren britische Divisionen, die durch die Schlachten im März und April erschöpft waren und sich am Chemin-des-Dames ausruhen sollten. Unmittelbar nachdem das Trommelfeuer beendet war, überschritten 15 Divisionen der deutschen 6. Armee, gefolgt von weiteren 25 Divisionen, eine Reihe von Wasserläufen, um an den Kamm des Bergrückens zu gelangen, ihn zu überwinden und über den rückwärtigen Hang in die dahinter liegende Ebene hinabzustoßen. Sobald sie im offenen Gelände standen, sollten sie laut Operationsplan dort Stellung beziehen, als vorbereitende Maßnahme für die Erneuerung der Offensive im Norden. Aber die sich nun bietende Gelegenheit war so verlockend, dass man sie sich nicht entgehen ließ: Ludendorff entschied sich dafür, die Gewinne der ersten beiden Tage auszunutzen, und trieb seine Divisionen vorwärts bis Soissons und Château-Thierry, sodass seine vorgeschobenen Posten nur noch 90 km von der französischen Hauptstadt entfernt waren. Die Alliierten setzten ihre Reserven so langsam wie möglich ein, denn sie wollten den Deutschen die Genugtuung eines Kampfes auf Leben und Tod verweigern. Gleichwohl waren sie genötigt, am 28. Mai drei Divisionen, am 29. Mai fünf, am 30. Mai acht, am 31. Mai vier, am 1. Juni fünf und am 3. Juni zwei weitere in den Kampf zu werfen. Darunter waren die 3. und 2. Amerikanische Division. Zu der Letzteren gehörte eine Brigade des *US Marine Corps*. Am 4. Juni und in den darauf folgenden Tagen bewies die Marineinfanterie bei Belleau Wood ihre berühmte Zähigkeit, indem sie den Deutschen den Zugang zur Straße nach Reims unerschütterlich verwehrte. (Deren Einnahme hätte die Eisenbahnkapazität der Deutschen, auf die sie für ihren Nachschub angewiesen waren, mehr als verdoppelt). Als in einer frühen Phase der Schlacht französische Truppen sich durch die von amerikanischer Marineinfanterie gehaltenen Stellungen zurückzogen, rieten sie einem ihrer Offiziere, sich mit seinen Männern ebenfalls zurückzuziehen. «Rückzug?», erwiderte Hauptmann Lloyd Williams, mit Worten, die in die Legende der amerikanischen Marineinfanterie eingingen, «Zur Hölle mit euch! Wir sind gerade erst eingetroffen!»[82]

Der Gegenstoß der Marineinfanterie bei Belleau Wood war jedoch nur ein Beitrag zu der allgemeinen Reaktion alliierter Truppen auf die Bedrohung der französischen Hauptstadt. Die Alliierten wussten nicht, dass die Deutschen bereits beschlossen hatten, ihre dritte Offensive am 3. Juni abzubrechen, weil sie zunehmend auf Widerstand stießen. Außerdem waren ihre Angriffstruppen wieder einmal so rasch vorgestürmt, dass ihnen die Nachschubkolonnen nicht mehr folgen konnten. Überdies hatten die Deutschen mindestens weitere 100 000 Mann verloren. Die Alliierten erlitten zwar ebenso hohe Verluste, waren aber – im Gegensatz zu den Deutschen – weiterhin imstande, Ausfälle zu ersetzen. Die Franzosen konnten, nach einem Jahr praktischer Untätigkeit, einen neuen Wehrpflichtigenjahrgang heranziehen. Die Stärke der britischen Infanterie, durch beständige Kämpfe zermürbt, nahm zwar merklich ab (sie fiel zwischen Juli 1917 und Juni 1918 von 754 000 auf 543 000 Mann); doch jetzt trafen monatlich 250 000 Amerikaner in Frankreich ein, und in der Kampfzone oder im rückwärtigen Gebiet standen 25 amerikanische Divisionen.[83] 55 weitere wurden in den Vereinigten Staaten aufgestellt.

Am 9. Juni begann Ludendorff am Matz, einem Nebenfluss der Oise, seine vierte Offensive, um französische Reserven nach Süden zu ziehen und gleichzeitig den Frontbogen, der sich zwischen Reims und Flandern nach Westen vorwölbte, zu erweitern. Noch hatte er sich nicht entschieden, ob er seine Angriffstruppen – wie ursprünglich geplant – in nordwestlicher Richtung einsetzen sollte, um in das rückwärtige Gebiet der Briten vorzudringen, oder in südlicher Richtung, um gegen Paris vorzustoßen. Die Offensive am Matz, ohnehin begrenzter Natur, wurde bereits am 14. Juni abgebrochen, als die Franzosen mit amerikanischer Unterstützung einen Gegenangriff führten und den deutschen Vorstoß stoppten. Dass die Deutschen dem Druck nicht standhalten konnten, war auch auf den ersten Ausbruch der so genannten «spanischen» Grippe zurückzuführen. Tatsächlich handelte es sich um eine weltweite Epidemie, die ihren Ursprung in Südafrika hatte und die im Herbst mit verheerenden Auswirkungen in Europa auftreten sollte. Im Juni befiel sie fast eine halbe Million deutscher Soldaten, die, durch schlechte Verpflegung geschwächt, weit anfälliger waren als die ihnen gegenüberstehenden wohlgenährten alliierten Truppen.

Da Ludendorffs Truppenstärke in einem Maße abnahm, dass er bei einem neuen Angriff nicht mehr mit einer zahlenmäßigen Überlegenheit rechnen konnte, musste er sich jetzt entscheiden zwischen einem wichtigen, aber schwierigeren Unternehmen – dem Angriff auf die Briten in Flandern – und einem leichteren, aber weniger wichtigen – einem Vorstoß auf Paris. Er benötigte fast einen Monat für diese Entscheidung – einen Monat, in dem sich die deutsche Führung auch in Spa traf, um den Verlauf des Krieges und die deutschen Kriegsziele zu überdenken. Die Warenknappheit in der Heimat war inzwischen extrem; dennoch erörterte man die Einführung einer «vollen Kriegswirtschaft». Trotz der nahezu verzweifelten Lage an der Front stimmten der Kaiser, die Regierung und die Oberste Heeresleitung am 3. Juli darin überein, dass zur Ergänzung des Gebietserwerbs im Osten Luxemburg sowie die französischen Erz- und Kohlengruben in Lothringen annektiert werden müssten – als Mindestbedingungen für die Beendigung des Krieges im Westen. Am 13. Juli bewilligte der Reichstag zum zwölften Mal Kriegskredite, um sein Vertrauen zur Politik und zur Strategie des Reiches zu bekunden.[84] Der Staatssekretär des Auswärtigen Amtes, der darauf hingewiesen hatte, dass der Krieg wohl kaum «durch rein militärische Entscheidungen allein» beendet werden könne, war am 8. Juli zum Rücktritt gezwungen worden.[85]

Ludendorff hielt weiterhin an einer militärischen Entscheidung fest und setzte am 15. Juli alle ihm zur Verfügung stehenden Truppen, 52 Divisionen, in einer fünften Offensive gegen die Franzosen ein. Die Verlockung der französischen Hauptstadt erwies sich als unwiderstehlich. Zunächst kam die Offensive glänzend voran. Die Franzosen waren jedoch durch ihren Nachrichtendienst und durch Feindaufklärung vorgewarnt und führten am 18. Juli bei Villers-Cotterêts mit 18 Angriffsdivisionen unter dem hitzköpfigen Mangin einen massiven Gegenangriff. Am gleichen

Tag fuhr Ludendorff nach Mons, um die Verlegung von Truppen nach Flandern für seine lange aufgeschobene Offensive gegen die Briten zu besprechen. Als er von dem französischen Angriff erfuhr, kehrte er sofort um, konnte aber wenig tun, um die Flut einzudämmen. Zusammen mit den Franzosen kämpften fünf der gewaltigen, 28 000 Mann starken amerikanischen Divisionen, und diese frischen Truppen gingen mit einer Gleichgültigkeit gegenüber Verlusten vor, wie man es an der Westfront seit dem Beginn des Krieges selten erlebt hatte.

In der Nacht vom 18./19. Juli zogen sich die deutschen Voraustruppen, die drei Tage zuvor die Marne überschritten hatten, über den Fluss zurück, und in den darauf folgenden Tagen setzte sich der Rückzug fort. Die fünfte deutsche Offensive – die Franzosen sprechen von der zweiten Marneschlacht – war beendet und konnte nicht wiederbelebt werden. Auch die Flandernoffensive gegen die Briten war undenkbar geworden. Nur um die Verluste in den bisherigen Offensiven auszugleichen, waren nach den Berechnungen der OHL monatlich 200 000 Mann Personalersatz erforderlich. Doch selbst bei Heranziehung des nächsten Jahrgangs der Achtzehnjährigen standen den Deutschen nur 300 000 Rekruten zur Verfügung. Die einzige andere Quelle waren die Lazarette, aus denen monatlich 70 000 Rekonvaleszenten zur Truppe zurückkehrten – Männer, deren Tauglichkeit und Kampfwille zweifelhaft waren. Zwischen März und Juli 1918 war die Heeresstärke von 5,1 auf 4,2 Millionen Mann gesunken, und trotz der Durchkämmung jeder Einheit der rückwärtigen Staffeln konnte die Kampfstärke nicht erhöht werden. Die Zahl der Divisionen wurde sogar reduziert; die schwächeren wurden aufgelöst, um die stärkeren aufzufüllen.[86]

Allmählich äußerte das Heer seine Unzufriedenheit mit der Führung laut. Hindenburg blieb zwar eine über jeden Tadel erhabene Galionsfigur, aber innerhalb des Generalstabes wurde jetzt Ludendorffs phantasielose und immer wieder angewandte Strategie frontaler Angriffe kritisiert. Lossberg, der große Taktik-Experte, reagierte auf das Scheitern der fünften deutschen Offensive, indem er argumentierte, das Heer sollte sich auf die

«Siegfried-Linie» von 1917 zurückziehen. Am 20. Juli setzte Major Niemann, OHL-Verbindungsoffizier beim Kaiser, ein Papier in Umlauf, in dem er die sofortige Aufnahme von Verhandlungen mit den Alliierten forderte. Theatralisch bot Ludendorff seinen Rücktritt an, gewann jedoch seine Fassung zurück, als die Alliierten keine Anstalten machten, ihren Erfolg an der Marne auszunutzen. Er vertrat die Auffassung, Lossbergs Forderungen eines Rückzugs seien unbegründet und nichts weise darauf hin, dass die Alliierten die deutschen Stellungen durchbrechen könnten.[87]

Wären die materiellen Bedingungen des Krieges noch die gleichen gewesen wie in den vorangegangenen Jahren, hätte Ludendorffs Analyse sich vielleicht als richtig erwiesen; aber diese Bedingungen hatte sich verändert. Einem deutschen Heer, das seine Verluste nicht mehr zu ersetzen vermochte, stand jetzt ein neuer Gegner, die US-Armee, gegenüber, die vier Millionen unverbrauchter Soldaten im Einsatz oder in der Ausbildung hatte. Die alten Gegner der Deutschen, die Briten und Franzosen, verfügten jetzt über eine neue technische Waffe, ihre Tanks, mit denen sie die Gefechtsbedingungen verändern konnten. Dass die Deutschen keine entsprechende Panzerwaffe entwickelten, muss als eine ihrer schlimmsten militärischen Fehlentscheidungen beurteilt werden. Ihr eigenes Entwicklungsprogramm, zu spät und mit wenig Phantasie begonnen, hatte ein Monstrum hervorgebracht, den mit zwölf Mann besetzten A7V: Pioniere steuerten ihn, Infanteristen saßen an den Maschinengewehren und Artilleristen bedienten die schwere Kanone. Darüber hinaus begrenzten industrielle Engpässe die Produktion auf wenige Dutzend, sodass die deutsche Panzerwaffe hauptsächlich auf 170 Tanks angewiesen war, die man von den Franzosen und Briten erbeutet hatte.[88] Diese hingegen verfügten im August 1918 jeweils über mehrere hundert Tanks. Die Franzosen besaßen unter anderem einen 13 Tonnen schweren Typ von Schneider-Creusot mit einer 7,5-cm-Kanone. Die Briten hatten neben einer Anzahl leichter «Windhund»-Tanks eine geballte Masse von 500 mittelschweren Tanks *Mark IV* und *Mark V*, die sich über ebenes Gelände mit einer Geschwindigkeit von 8 km/h bewegen und lohnende Ziele mit konzentriertem Kanonen- und Maschinengewehrfeuer beschießen konnten.

Die Annahme Ludendorffs vom Juli, er habe die Wahl zwischen einer Offensive gegen die Briten oder die Franzosen, war völlig realitätsfern. Während seine zermürbte Infanterie und seine von Pferden gezogene Artillerie sich über das von Granaten umgepflügte Schlachtfeld der Marne vorwärts kämpften, konzentrierten Foch und Haig vor Amiens 530 britische und 70 französische Tanks mit dem Ziel, über das alte Somme-Schlachtfeld in die provisorischen Abwehrstellungen der Deutschen einzubrechen und tief in deren rückwärtiges Gebiet vorzustoßen. Sie führten den Schlag am 8. August, wobei das Kanadische und Australische Korps die Infanterieunterstützung für den Tankangriff stellten. Diese beiden aus Dominions stammenden Verbände, denen der Aderlass von 1916 erspart geblieben war, setzte Haig inzwischen bei seinen Operationen zunehmend als Angriffsspitze ein. Innerhalb von vier Tagen war das alte Somme-Schlachtfeld großenteils zurückerobert, und Ende August waren die Alliierten bis zu den Außenwerken der «Hindenburg-Linie» vorgestoßen, von der sie durch die deutsche Offensive im März zurückgeworfen worden waren. Ihr Vorstoß wurde teilweise durch bewusstes Zurückweichen der Deutschen erleichtert, denen die Kraft und die Zuversicht fehlten, um außerhalb der starken, vorbereiteten Stellungen von 1917 unentwegt standzuhalten. Am 6. September erklärte Lossberg gegenüber Ludendorff, die Situation könne nur gerettet werden, wenn man sich fast 80 km weit auf eine Stellung an der Maas zurückziehe. Dieser Rat wurde jedoch verworfen, und während der restlichen Septemberwochen festigten die Deutschen ihre Positionen in der «Hindenburg-Linie» und davor.

Mittlerweile übernahm die anwachsende amerikanische Armee eine immer bedeutendere Rolle bei den Operationen. General Pershing hatte bisher den Alliierten widerwillig Verbände und sogar einzelne Einheiten zur Verfügung gestellt, war jedoch entschlossen, die amerikanischen Truppen zu einem gesonderten, möglicherweise kriegsentscheidenden Truppenkörper zusammenzufassen. Am 30. August erreichte er dieses Ziel durch die

Schaffung der «Ersten Amerikanischen Armee». Sie wurde sofort südlich von Verdun eingesetzt, gegenüber dem schwierigen, nassen Gelände des Frontbogens von Saint-Mihiel, der seit 1914 in deutscher Hand war. Am 12. September eröffnete sie die erste ausschließlich von Amerikanern geführte Offensive des Krieges. Die ihr gegenüberstehenden Deutschen waren gerade dabei, den Frontbogen aufzugeben, da ein allgemeiner Rückzug auf die «Hindenburg-Linie» angeordnet worden war. Dennoch wurden sie überrascht und mussten eine schwere Niederlage hinnehmen. Das amerikanische I. und IV. Korps griffen hinter einer Feuerwalze von 2900 Geschützen an, warfen die Deutschen im Verlauf eines einzigen Tages aus ihren Stellungen, erbeuteten 466 Geschütze und machten 13 251 Gefangene. Die Franzosen ließen zwar die «großartige Kampfmoral» der Amerikaner gelten, schrieben jedoch deren Erfolg unfreundlicherweise dem Umstand zu, dass die Deutschen bereits im Rückzug begriffen waren. Es ist richtig, dass viele Deutsche sich nur allzu bereitwillig ergaben, gleichwohl hatte Pershings Armee einen unbestreitbaren Sieg errungen.[89]

Ludendorff zollte den Amerikanern eine Hochachtung, die ihnen die Franzosen versagten. Er führte das wachsende Unbehagen und das Gefühl der drohenden Niederlage im deutschen Heer auf die bloße Zahl von Amerikanern zurück, die täglich an der Front eintrafen. Es war tatsächlich irrelevant, ob die amerikanischen Soldaten gut kämpften oder nicht. Das professionelle Urteil erfahrener französischer und britischer Offiziere, die Amerikaner seien eher enthusiastisch als tüchtig, traf zu. Entscheidend war jedoch, wie ihre Ankunft sich auf den Gegner auswirkte: zutiefst deprimierend. Nachdem die Deutschen in vier Kriegsjahren das Heer des Zaren vernichtet, die Italiener und Rumänen vernichtend geschlagen, die Franzosen demoralisiert und den Briten zumindest einen klaren Sieg verwehrt hatten, waren sie jetzt mit einem Heer konfrontiert, dessen Soldaten in zahlloser Menge sozusagen aus dem Boden wuchsen, als sei eine Drachensaat aufgegangen. In der Vergangenheit hatten Siegeshoffnungen auf berechenbaren Stärkeverhältnissen von Streitkräften beruht. Das

Eingreifen der Vereinigten Staaten hatte jede Berechnung zunichte gemacht. Unter den Deutschland verbleibenden Ressourcen waren nirgends genügend Streitkräfte aufzutreiben, um die Millionen abzuwehren, die Amerika über den Atlantik zu bringen vermochte. Das daraus resultierende Gefühl der Sinnlosigkeit weiterer Anstrengungen untergrub die Entschlossenheit des einfachen deutschen Soldaten, seine Pflicht zu tun.

In dieser Stimmung zogen sich die deutschen Armeen an der Westfront im Laufe des September auf ihre letzte Abwehrstellung, die «Hindenburg-Linie», zurück. Diese folgte großenteils dem Verlauf der ursprünglichen, durch die Kämpfe 1914 entstandenen Westfront, war allerdings in den folgenden Jahren gewaltig verstärkt worden, vor allem im mittleren Frontabschnitt, den man nach dem Rückzug im Frühjahr 1917 befestigt hatte. Als Antwort auf Fochs inspirierenden Aufruf «Tout le monde à la bataille» traten 123 britische, französische, belgische und amerikanische Divisionen (mit 57 weiteren in Reserve) gegen 197 deutsche Divisionen an, von denen der alliierte Nachrichtendienst aber nur 51 als voll kampffähig einstufte.

Ludendorff hatte den 8. August, an dem die britische und französische Panzer-Armada die deutsche Front bei Amiens durchbrach, als «schwarzen Tag des deutschen Heeres» bezeichnet. Sein eigener schwarzer Tag war jedoch der 28. September. Hinter dem ausdruckslosen Gesicht und dem massigen Körper Ludendorffs verbarg sich ein Mensch mit instabilen Gefühlen. Bethmann Hollweg hatte einmal zum Chef des Marinekabinetts gesagt: «Sie kennen Ludendorff nicht. Er ist nur groß in Zeiten des Erfolgs. Wenn es schlecht geht, verliert er die Nerven.»[90] Diese Beurteilung war nicht ganz fair. In den kritischen Tagen des August 1914 hatte Ludendorff die Nerven behalten – mit entscheidender Wirkung. Jetzt aber verlor er sie völlig und wütete «gegen den Reichstag, den Kaiser, die Flotte und die Heimat».[91] Seine Stabsoffiziere schlossen die Tür seines Amtszimmers, um den Lärm seines Tobens zu dämpfen, bis er allmählich seine Fassung zurückgewann. Um 18 Uhr stieg er im Hauptquartier ein Stockwerk nach unten, um Hindenburg aufzusuchen. Dann er-

klärte er dem alten Generalfeldmarschall, dass sofort ein Waffenstillstand geschlossen werden müsse. Die Stellung im Westen sei durchbrochen, das Heer wolle nicht mehr kämpfen, die Zivilbevölkerung habe den Mut verloren, die Politiker wollten Frieden. Hindenburg nahm wortlos Ludendorffs Rechte in seine beiden Hände. Dann trennten sich die beiden, «wie Männer, die etwas Liebes zu Grabe getragen haben».[92]
Die innenpolitischen Konsequenzen sollten bald folgen. Am 29. September – dem Tag, an dem das mit Deutschland verbündete Bulgarien an der Saloniki-Front Waffenstillstandsverhandlungen mit den Franzosen und Briten eröffnete – empfing die OHL den Kaiser, den Reichskanzler Georg von Hertling und den Staatsekretär im Auswärtigen Amt Paul von Hintze im Großen Hauptquartier in Spa, um ihnen vorzutragen, Deutschland müsse jetzt ein eigenes Waffenstillstandsangebot machen. Am 8. Januar 1918 hatte der amerikanische Präsident Wilson dem Kongress einen 14-Punkte-Plan vorgelegt, auf dessen Grundlage alle am Krieg beteiligten Staaten einen ehrenhaften Frieden schließen könnten, der die zukünftige Weltharmonie garantiere. Jetzt beschloss die deutsche Führung, unter Berufung auf diese «Vierzehn Punkte» an die Alliierten heranzutreten. Hintze wies darauf hin, dass angesichts der Unruhe unter den Parteien im Deutschen Reichstag erfolgreiche Verhandlungen nur möglich seien, wenn man entweder eine volkstümliche neue Regierung oder eine Militärdiktatur einführe. Die Konferenz kam zu dem Schluss, nur eine Demokratisierung werde die Alliierten dazu bringen, diejenigen Bedingungen zu gewähren, auf die die Führung immer noch hoffte – zum Beispiel Erhalt von Teilen Elsass-Lothringens und von Deutsch-Polen –, und akzeptierte daher den Rücktritt des Kanzlers Hertling. Am 3. Oktober ernannte der Kaiser den gemäßigten Prinzen Max von Baden zum Reichskanzler, der bereits als Befürworter eines Verhandlungsfriedens bekannt war und sich als Vertreter des Deutschen Roten Kreuzes um Kriegsgefangene kümmerte. Er war überdies ein Gegner Ludendorffs und ließ sich von Hindenburg sofort eine schriftliche Erklärung geben, dass keine Aussicht mehr bestehe, «dem Feind einen Frieden aufzu-

zwingen».[93] Das war ein kluger Schritt, denn in der ersten Oktoberhälfte gewann Ludendorff allmählich seine Fassung zurück. Prinz Max überredete ein weites Parteienspektrum, einschließlich der Mehrheitssozialdemokraten, zum Eintritt in seine Regierung und setzte für den Reichstag Befugnisse durch, die ihm die Monarchie stets verweigert hatte, etwa die Ernennung des Kriegsministers und die Entscheidung über Krieg und Frieden. Ludendorff sprach schon wieder davon, man müsse den Widerstand aufrechterhalten und die Bedingungen des Präsidenten Wilson ablehnen. Diese wurden am 16. Oktober umformuliert und schienen jetzt die Abschaffung der Monarchie zu verlangen, einer jener «willkürlichen, den Frieden der Welt bedrohenden Gewalten», deren unversöhnlicher Gegner der amerikanische Präsident war.

Das Heer an der Front hatte – nach seinem kurzen moralischen Zusammenbruch Ende September, als aus den Stellungen herausgezogene Truppen die Ablösungen als «Streikbrecher» verhöhnt hatten – sogar etwas von seinem alten Geist wiedergefunden und verwehrte den Alliierten ein Vordringen zur deutschen Grenze. In Flandern, wo es zahlreiche Wasserhindernisse gab, wurden die Franzosen zum Ärger Fochs eine Zeit lang aufgehalten. In dieser Situation verfasste Ludendorff am 24. Oktober einen Erlass an das Heer, in dem die Autorität des Reichskanzlers herausgefordert und die Friedensvorschläge Wilsons verworfen wurden: «Die Antwort Wilsons fordert die militärische Kapitulation. Sie ist deshalb für uns Soldaten unannehmbar. Sie ist der Beweis, dass der Vernichtungswille unserer Feinde, der 1914 den Krieg entfesselte, unvermindert fortbesteht... Wilsons Antwort kann daher für uns Soldaten nur die Aufforderung sein, den Widerstand mit äußersten Kräften fortzusetzen.»[94]

Einem Offizier des Generalstabs gelang es, den Erlass zurückzuhalten. Eine Kopie ging jedoch aus Versehen an das Hauptquartier im Osten (OberOst). Der dort zufällig zum Nachtdienst eingeteilte Nachrichtensoldat war Mitglied der Unabhängigen Sozialdemokraten und gab den Erlass an seine Parteizentrale in Berlin durch. Am Nachmittag war er in den Zeitungen zu lesen und entfachte im Reichstag einen Sturm der Entrüstung. Prinz

Max war empört über Ludendorffs Unbotmäßigkeit (die dieser bezeichnenderweise rückgängig zu machen versuchte) und verlangte vom Kaiser, er müsse sich nun zwischen Ludendorff und ihm entscheiden. Ludendorff traf, zusammen mit Hindenburg, am 25. Oktober in Berlin ein; beide hatten das Hauptquartier gegen die ausdrückliche Anweisung des Kanzlers verlassen. Am nächsten Tag wurden sie zum Kaiser ins Schloss Bellevue gerufen, wo man Ludendorff nötigte, seinen Rücktritt anzubieten. Dieser wurde vom Kaiser ohne ein Wort des Bedauerns oder des Dankes angenommen. Hindenburgs Angebot, ebenfalls zurückzutreten, lehnte Wilhelm II. ab. Als die beiden Generale das Schloss verließen, weigerte sich Ludendorff, in Hindenburgs Wagen zu steigen, und ging allein zu seiner Pension, wo seine Frau auf ihn wartete. Er warf sich in einen Sessel, saß eine Weile schweigend da und sagte schließlich unvermittelt: «Du wirst sehen, in vierzehn Tagen haben wir kein Kaiserreich und keinen Kaiser mehr.»[95]

Der Untergang der Reiche

Die Voraussage Ludendorffs traf auf den Tag genau ein. Als jedoch Wilhelm II. am 9. November abdankte, hatten bereits zwei andere Reiche – das der Osmanen und das der Habsburger – um Frieden gebeten. Der Zusammenbruch des Osmanischen Reiches zeichnete sich schon seit einiger Zeit ab. Das türkische Heer hatte nach den Siegen auf Gallipoli und bei Kut in seinem Kampfgeist nachgelassen. Der andauernde Krieg im Kaukasus gegen die Russen hatte seine Kräfte aufgezehrt, und weil die Exekutive chronisch unfähig war, hatte es keine Verstärkungen erhalten. Die Zahl der Divisionen verdoppelte sich zwar während des Krieges von 36 auf 70, aber zu keinem Zeitpunkt existierten mehr als 40 Divisionen, und 1918 waren alle schwach, manche kaum so stark wie eine britische Brigade. Überdies war die Loyalität der arabischen Divisionen seit 1916 zweifelhaft, als der Scherif von Mekka, Hussein, rebellierte. Dessen arabische Armee, die – unter der Leitung eines später berühmten Verbindungsoffiziers, Oberst

T. E. Lawrence – in Arabien und Palästina gegen die Flanken der Türken operierte, zog beträchtliche Streitkräfte von den wichtigen Kampffronten ab. Auch dort mussten die Türken weiterkämpfen: In Mesopotamien gegen eine überwiegend indische Armee und in Palästina gegen eine von Ägypten aus operierende britische Armee, die eine große Zahl australischer und neuseeländischer Kavallerietruppen umfasste.

Im Laufe des Jahres 1917 hatten die Briten Mesopotamien südlich des türkischen Verwaltungszentrums Bagdad erobert; 1918 waren sie bis zum Erdölzentrum Mosul vorgedrungen. Der eigentliche Brennpunkt ihrer Operationen gegen die Türken lag jedoch in Palästina, wo sie 1917 nördlich der Wüste Sinai einen Stützpunkt bei Gaza errichteten. Mehrere Versuche, die Stellungen der Türken bei Gaza zu durchbrechen, führten zu einer Räumung dieser Position durch die Türken und zur Einnahme Jerusalems am 9. Dezember 1917. Im Laufe des Jahres 1918 gruppierte der britische General Allenby seine Streitkräfte um und schob seine Stellungen ins nördliche Palästina vor, wo sie im September denen der Türken bei Megiddo – dem Ort der ersten bekannten Schlacht der Geschichte – gegenüberlagen. Der Durchbruch Allenbys vom 19. bis 21. September führte zum Zusammenbruch des türkischen Widerstandes. Am 30. Oktober musste die türkische Regierung in Mudros, auf der Insel Lemnos, einen Waffenstillstand unterzeichnen.

Das Schicksal Österreichs erfüllte sich auf dem Boden seines verachteten Gegners Italien, wenn auch nicht allein durch dessen Kraft. Nach dem Triumph von Caporetto, der die Italiener in die Po-Ebene hinuntergetrieben hatte, sodass zeitweise sogar Venedig bedroht schien, war die Kriegsanstrengung Habsburgs abgeflaut. Die Italiener gruppierten ihr Heer um und fassten, von der gnadenlosen Diktatur Cadornas befreit, wieder Mut. Die tatsächliche Verteidigung ihres Landes ging jedoch an die Briten und Franzosen über, die unmittelbar nach Caporetto ansehnliche Truppenkontingente an die italienische Front verlegt hatten und dort eine beträchtliche Streitmacht unterhielten, obwohl während des ganzen Jahres 1918 immer wieder Truppen abgezogen werden mussten, um Krisen an der Westfront zu bewältigen. Am 24. Juni versuchten die Österreicher, die nach dem Zusammenbruch Russlands ihre Truppen an der italienischen Front verstärkt hatten, eine Doppeloffensive aus den nördlichen Bergen und an der unteren Piave, wo die Italiener nach Caporetto zum Stehen gekommen waren. Beide Offensiven wurden schnell gestoppt, die an der Piave dank einer ungewöhnlichen Überschwemmung, die die österreichischen Pontonbrücken mit sich riss. Dieses Naturereignis konnte in den Augen des habsburgischen Oberkommandos das Scheitern der Offensive nicht entschuldigen, und Feldmarschall Conrad von Hötzendorf wurde seines Postens enthoben. Der junge Kaiser, Karl I., suchte sein Reich eher auf politischem als auf militärischem Wege zu retten. Am 16. Oktober, zwei Wochen nach der Übermittlung seines Waffenstillstandsangebots an Präsident Wilson, erließ er ein «Manifest an die Völker der Monarchie», in dem er versprach, den Staat in eine Föderation von Nationalitäten umzuwandeln.

Dieses Manifest kam zu spät. Bereits am 6. Oktober hatten seine serbischen, kroatischen und slowenischen Untertanen eine provisorische Regierung der Südslawen («Jugoslawien») gebildet. Am 7. Oktober hatten sich die habsburgischen Polen mit ihren bisher von Deutschen und Russen beherrschten Landsleuten zusammengeschlossen, um ein freies und unabhängiges Polen auszurufen. Am 28. Oktober wurde in Prag eine tschechoslowakische Republik proklamiert. Am 30. Oktober verlangten die deutschen Untertanen Kaiser Karls, die letzte Stütze seiner Herrschaft, in einer verfassunggebenden Versammlung die Freiheit, sich außenpolitisch für einen neuen deutsch-österreichischen Staat entscheiden zu dürfen. Ungarn, nach der Verfassung ein unabhängiges Königreich, bildete am 1. November eine selbständige ungarische Regierung. Die übrigen Nationalitäten des Reiches, Ruthenen und Rumänen, trafen eigene Vorkehrungen für ihre Zukunft. Die Soldaten aller dieser Nationalitäten hatten bereits begonnen, den Widerstand einzustellen, teilweise die Waffen wegzuwerfen und über die neuen Staaten, in die das Reich der Habsburger zerfallen war, in ihre Heimat aufzubrechen.[96]

In dieser Situation eröffnete Diaz, der italienische Oberkommandierende, am 24. Oktober eine Offensive, die als Schlacht von Vittorio Veneto bekannt werden sollte. Mit umfangreicher britischer und französischer Unterstützung gelang es den Italienern, die Piave wieder zu überschreiten und einen Vorstoß zu eröffnen, der eine Woche später auf österreichischem Territorium endete. Unter Schwierigkeiten nahmen die Österreicher am 1. November Waffenstillstandsverhandlungen im Feld auf und stellten am 3. November das Feuer ein. Die Italiener nahmen das erst am folgenden Tag zur Kenntnis. In der Zwischenzeit fielen ihnen 300 000 Gefangene in die Hände.[97]

In der ersten Novemberwoche war daher das Deutsche Reich der einzige Staat der Mittelmächte, der noch kämpfte. Unter dem Druck der Franzosen, Briten, Amerikaner und Belgier versteifte sich der Widerstand des Heeres, während es über die Schlachtfelder von 1914 auf die deutsche Grenze zurückwich. An den Flüssen und Kanälen gab es harte Kämpfe. Die Verluste stiegen – zu den beinahe letzten Opfern des Krieges zählte der britische Dichter Wilfred Owen, der am 4. November beim Übergang über die Sambre fiel. Den an der Front kämpfenden alliierten Soldaten schien es, als werde der Krieg noch lange dauern. Doch hinter der Front, in Deutschland, zerbröckelte der Widerstandswille. Als die Mannschaften der deutschen Hochseeflotte am 30. Oktober den Befehl zu einem letzten Einsatz erhielten, um die Ehre der Flotte zu retten, meuterten sie und weigerten sich, die Schiffe unter Dampf zu setzen. Versuche, die Gehorsamsverweigerer niederzuwerfen, führten dazu, dass die Meuternden die Waffenarsenale aufbrachen, sich Waffen holten und auf die Straßen gingen.[98] Am 3. November, als Österreich einen Waffenstillstand schloss, befand sich Kiel in den Händen von Meuterern, die eine Revolution forderten. Am nächsten Tag musste der Generalinspekteur der Marine, Prinz Heinrich von Preußen, ein Bruder des Kaisers, verkleidet aus der Stadt fliehen.

Wilhelm II. hatte Berlin bereits am 29. Oktober verlassen und war ins Hauptquartier im belgischen Spa gefahren, um dem Heer näher zu sein, auf dessen Loyalität er immer noch baute, und um sich den zunehmenden Abdankungsforderungen zu entziehen. Diese Abreise war offenkundig klug, denn zu Beginn der zweiten Novemberwoche ging die Macht in der Hauptstadt unwiderruflich vom alten kaiserlichen Beamtenapparat auf die Kräfte der Revolution über. Als Kanzler erwirkte Prinz Max noch die Ernennung eines gemäßigten Generals, Wilhelm Groener, zum Nachfolger Ludendorffs. Außerdem setzte er durch, dass der Delegation, die Waffenstillstandsverhandlungen mit dem Feind führen sollte, nicht nur zivile, sondern auch militärische Vertreter angehörten. Auf diese Weise stellte er sicher, dass der Abschluss eines Waffenstillstands ein politisch-militärischer Akt war, von dem sich die Militärs später nicht würden distanzieren können, indem sie seine politischen Bedingungen beanstandeten. Am 9. November, als Berlin in Aufruhr war und die gemäßigten Politiker durch den von Karl Liebknecht und Rosa Luxemburg organisierten Mob bedroht wurden, übertrug Prinz Max das Amt des Reichskanzlers dem Führer der Mehrheitssozialdemokraten, Friedrich Ebert. Das war sein letzter Beitrag für die Zukunft Deutschlands.[99]

Am gleichen Tag wurde der Kaiser in Spa mit seiner Entthronung konfrontiert. Wirklichkeitsfremd wie immer, hatte er die letzten zehn Tage im Hauptquartier davon geträumt, sein Heer gegen sein Volk einzusetzen, obwohl seine Soldaten jetzt offenkundig eine Beendigung des Krieges wollten und sogar in Spa mit den Revolutionären gemeinsame Sache machten. Der Führer der Mehrheitssozialdemokraten, Friedrich Ebert, ein Patriot und sogar ein Anhänger der Monarchie, war gegen die Revolution. Am 7. November sah er jedoch ein, dass seine Partei endgültig in Misskredit geriete, wenn er die auf den Straßen erhobenen Forderungen der Revolution, darunter die Abdankung des Kaisers, nicht übernähme. An jenem Abend warnte er Prinz Max : «Der Kaiser muss abdanken, sonst werden wir die Revolution haben.» Max teilte diese Warnung dem Kaiser in Spa per Telefon mit und fügte, um diesen Schock etwas zu mildern, als Verwandter und als Kanzler hinzu: «Deine Abdankung ist notwendig geworden, um den Bürgerkrieg in Deutschland zu vermeiden.» Der Kaiser wollte davon nichts hören. Erneut drohte er, Fronttruppen gegen das

Volk einzusetzen, und lehnte auch den Rücktritt des Reichskanzlers ab – ein Schritt, der für Max jetzt unumgänglich war. Wilhelm II. erklärte: «Du hast das Waffenstillstandsangebot hinausgegeben. Du musst auch die Bedingungen entgegennehmen.» Dann legte er den Hörer auf.[100]

Die deutsche Waffenstillstandsdelegation hatte bereits die feindlichen Linien überschritten und traf sich mit den französischen Vertretern im Wald von Compiègne, 60 km nordöstlich von Paris. Aber solange die Fragen der Abdankung und der Kanzlerschaft nicht geklärt waren, konnten die deutschen Delegierten nicht unterzeichnen. Foch hatte ihnen die harten Waffenstillstandsbedingungen vorgelegt: Räumung aller besetzten Gebiete, einschließlich des seit 1871 deutschen Elsass-Lothringen; militärische Räumung des linken Rheinufers sowie dreier Brückenköpfe auf dem rechten Ufer: Mainz, Koblenz und Köln; Auslieferung gewaltiger Mengen von Kriegsmaterial; Auslieferung sämtlicher Unterseeboote und Internierung der größeren Schiffe der Hochseeflotte; Annullierung der Friedensverträge von Brest-Litowsk und Bukarest, aufgrund deren die Deutschen die von ihnen eroberten Gebiete im Osten besetzt hatten; Zahlung von Reparationen für Kriegsschäden und – ganz entscheidend – die Hinnahme einer fortdauernden alliierten Blockade.[101] Diese andauernde Blockade garantierte letzten Endes, dass Deutschland in der Versailler Friedenskonferenz Bedingungen akzeptieren musste, die noch härter waren als die des Waffenstillstands.

Während die deutschen Delegierten bei Compiègne abwarteten, welche politische Autorität in Deutschland ihnen die Unterzeichnung des Waffenstillstandsdokumentes erlauben würde, liefen in Berlin und in Spa zwei getrennte Entwicklungen ab. In Berlin übertrug Prinz Max von Baden am 9. November das Amt des Kanzlers an Friedrich Ebert. Mittlerweile gab es keine andere Alternative mehr. Auf den Straßen randalierte der revolutionäre Mob, darunter viele Soldaten in Uniform, und die Führer des kommunistischen Spartakusbundes, Karl Liebknecht und Rosa Luxemburg, traten bereits für eine «Freie Sozialistische Republik» ein, worunter sie einen bolschewistischen Staat verstanden. Die letzte Begegnung zwischen Prinz Max von Baden und Ebert war kurz. Der Schwager des Kaisers verließ Ebert mit den Worten: «Herr Ebert, ich lege Ihnen das Deutsche Reich ans Herz.» Der neue Kanzler antwortete: «Ich habe zwei Söhne für dieses Reich verloren.»[102] Viele deutsche Eltern hätten das Gleiche sagen können.

In Spa sprach am 9. November Wilhelm II. mit den Führungsspitzen seines Heeres. Durch dieses waren die Hohenzollern zur Macht aufgestiegen, und sie hatten sich stets darauf verlassen, dass das Heer ihre Würde und ihr Ansehen aufrechterhalten werde. Der Kaiser glaubte immer noch, seine Untertanen in Feldgrau würden ihrem Soldateneid treu bleiben, auch wenn zivile Politiker in Berlin Akte der Untreue begingen und die radikalisierten Massen auf den Straßen randalierten. Noch am 9. November gab er sich der Illusion hin, er könne das Heer gegen das Volk einsetzen und das preußische Königshaus durch einen Bürgerkrieg retten.[103] Seine Generale wussten es besser. Hindenburg, der hölzerne Titan, hörte ihn schweigend bis zum Ende an. Der prosaische Groener – Sohn eines Zahlmeisters, 1914 Chef des Feldeisenbahnwesens und seit Ende Oktober 1918 Nachfolger Ludendorffs – fand die richtigen Worte. Aufgrund einer Umfrage bei 50 Regimentskommandeuren wusste er, dass die Soldaten jetzt nur eins wollten, «sobald wie möglich Waffenstillstand.» Der Preis dafür sei die Abdankung des Kaisers. Wilhelm II. hörte ihm fassungslos zu. Schließlich fragte er, ob die Truppen denn nicht einen Eid auf die Fahne und ihren Kriegsherrn abgelegt hätten, der sie zum Gehorsam bis in den Tod verpflichte. Da sagte Groener das Unsagbare: «Fahneneid? Kriegsherr? Das sind heute nur noch Worte.»[104]

Der Untergang des Hauses Hohenzollern vollzog sich schnell. Einen Vorschlag, der Kaiser solle den Tod auf dem Schlachtfeld suchen, lehnte Wilhelm II. ab, da das mit seiner Stellung als Oberhaupt der Lutherischen Kirche in Preußen unvereinbar sei. Am 10. November reiste er mit dem Zug in die Niederlande. Bei seiner Ankunft im Schloss Doorn, wo er lange Jahre des Exils verbringen sollte (Hitler stellte ihm während der deutschen Besatzungszeit eine Ehrenwache zur Verfügung), bat er um «eine Tasse guten englischen Tee». Am 28. November unterzeichnete er die Abdankungsurkunde. Da seine sechs Söhne sämtlich auf die Nachfolge verzichtet hatten, gab damit die Hohenzollerndynastie die Führung des deutschen Staates und auch die preußische Krone auf.

Seit dem 9. November war Deutschland ohnehin praktisch eine Republik, obwohl sie erst im Februar 1919 einen Präsidenten erhielt, Friedrich Ebert. Doch es war eine Republik ohne Substanz, da ihr eine wesentliche Komponente jedes politischen Gebildes fehlte: bewaffnete Streitkräfte, um sich gegen Feinde zu verteidigen. Die letzte disziplinierte Aktion des alten kaiserlichen Heeres war der Rückmarsch in die Heimat. Dort löste es sich auf: Die Soldaten legten ihre Uniform und ihre Waffen ab und gingen nach Hause. Gleichwohl war die deutsche Republik voll von Bewaffneten. Wie anderswo in der veränderten politischen Landschaft Mittel- und Osteuropas – in den neuen Republiken Polen, Finnland, Estland, Lettland und Litauen, in der nominellen Monarchie Ungarn, in Deutsch-Österreich – wimmelte es von Truppen, die alten und neuen Doktrinen oder revolutionären Ideologien anhingen. Im ethnisch gemischten Jugoslawien, in der Tschechoslowakei und in Polen, das im Westen gegen deutsche Freikorps, im Osten gegen die Bolschewiki um seine Grenzen kämpfen musste, dominierte der Nationalismus. In Finnland, in den baltischen Staaten, in Ungarn und in Deutschland drohten Bewaffnete die rote Revolution zu verwirklichen. Diese wurde in Osteuropa auf Kosten innerer Kämpfe niedergeschlagen. In Deutschland drohte sie eine Zeit lang kampflos zu gewinnen, da die verfassungsmäßige republikanische Staatsform zunächst keine bewaffnete Macht besaß, um gegen die Bolschewiki vorzugehen. Doch aus den Trümmern des alten kaiserlichen Heeres stellten Männer, die nur das Soldatenhandwerk gelernt hatten, spontan so viele Verbände auf (etwa die Garde-Kavallerie-Schützen-Division, das Freiwillige Landesjägerkorps, das Landesschützenkorps, das Freikorps Hülsen), dass sie in Berlin und vielen anderen Städten den deutschen Bolschewismus in Straßenkämpfen mit roher Gewalt niederwerfen konnten. Die neue republikanische Regierung blieb den Generalen dieses improvisierten Heeres zur Dankbarkeit verpflichtet. Seine Regimenter bildeten den Kern des «Hunderttausendmann-Heeres», das die Friedenskonferenz von Versailles 1919 den Deutschen zugestand.[105] Während die politische Zukunft Deutschlands in der Hauptstadt und in den Ländern durch Bürgerkriege entschieden wurde, rückten die alliierten Armeen vor, um das linksrheinische Deutschland sowie die drei Brückenköpfe Mainz, Koblenz und Köln zu besetzen, die ihnen aufgrund der Waffenstillstandsbedingungen zustanden. Die Soldaten der Besatzungsarmeen, mit Ausnahme der Franzosen, verbrüderten sich rasch mit der Bevölkerung. Feindschaft wurde bald durch Freundschaft überlagert, umso bereitwilliger, als Verpflegungsrationen der Soldaten von den Feldküchen in die Küchen deutscher Familien wanderten, um dort Menschen zu ernähren, die noch immer von der kärglichen Kriegskost leben mussten, weil die Alliierten ihre Blockade aufrechterhielten. Weit mehr als die Androhung einer vollständigen Besetzung Deutschlands war es der Hunger, der die deutsche Nationalversammlung schließlich dazu brachte, am 23. Juli 1919 den Friedensvertrag zu billigen. Zwei Tage zuvor war die bei Scapa Flow internierte deutsche Hochseeflotte von ihren Besatzungen in einem letzten Protest gegen die Härte der Friedensbedingungen versenkt worden.

Es war eine Ironie der Geschichte, dass die Marineoffiziere des Kaisers als letzte Ruhestätte für ihre stolzen Schlachtschiffe einen britischen Ankerplatz wählten. Hätte Wilhelm II. sich nicht auf den strategisch überflüssigen Versuch eingelassen, es mit der britischen Seemacht aufzunehmen, wäre die verhängnisvolle Feindschaft zwischen den beiden Ländern vermieden worden, überdies vielleicht auch das neurotische Klima des Argwohns und der Unsicherheit, das zum Ersten Weltkrieg führte. Das unbezeichnete Grab der kaiserlichen Geschwader am äußersten Ende der britischen Inselgruppe erinnert an selbstsüchtigen und letzlich sinnlosen militärischen Ehrgeiz.

Es ist eines der zahlreichen Gräber, die uns der Große Krieg hinterlassen hat. Die Chronik seiner Schlachten bildet die bedrückendste Literatur im Bereich der Militärgeschichte. Zum Gedenken an die grauen Millionen, die auf den eintönigen Ebenen der Picardie und Polens in den Tod gingen, ertönen keine glänzenden Trompeten; für die Generale, die sie in das Gemetzel trieben, werden keine Litaneien gesungen. Die politische Hinterlassenschaft des Krieges ist unfassbar: Europa als Mittelpunkt einer Weltkultur ruiniert, christliche Königreiche durch die Niederlage in atheistische Diktaturen des Bolschewismus oder des Nationalsozialismus verwandelt, wobei der oberflächliche Unterschied zwischen diesen Ideologien angesichts ihrer Grausamkeit gegen gewöhnliche, anständige Menschen völlig irrelevant ist. Die schlimmsten Auswüchse unseres Jahrhunderts, das mit dem Ersten Weltkrieg begann, entsprangen dem von diesem hinterlassenen Chaos: das vorsätzliche Verhungernlassen unzähliger russischer Bauern, weil sie angeblich Volksfeinde waren, die Ausrottung von rassisch Verfemten, die Verfolgung von intellektuellen und kulturellen Hassobjekten der Ideologie, das Abschlachten ethnischer Minderheiten, die Vernichtung kleiner Nationalstaaten, die Zerstörung von Parlamenten und die Knechtung schweigender Millionen durch arrivierte Kommissare, Gauleiter und Militärs. Davon ist am Ende des 20. Jahrhunderts zum Glück nicht mehr viel übrig geblieben. Europa ist wieder, wie um 1900, wohlhabend, friedlich und eine Macht, die Gutes in der Welt bewirkt.

Die Friedhöfe bleiben. Viele derjenigen, die im Kampf fielen, konnten nie bestattet werden. Granaten hatten ihre Körper zerfetzt und die Einzelteile verstreut, sodass sie nicht wieder zu erkennen waren. Viele andere Gefallene konnten während der Kämpfe nicht geborgen werden und waren später nicht mehr aufzufinden; sie waren in zerfallenen Granattrichtern oder eingestürzten Schützengräben begraben oder verwesen in dem von der Schlacht hinterlassenen aufgerissenen Erdreich. Von den russischen oder türkischen Soldaten erhielten nur wenige ein anständiges Begräbnis. Viele deutsche und österreichische Soldaten, die auf den Schlachtfeldern an der Ostfront fielen, wurden einfach wieder zu Erde. Auf den Schlachtfeldern im Westen bemühten sich die Kämpfenden eher, die geziemenden Formen zu wahren. Von Anfang an wurden Soldatenfriedhöfe angelegt, mit der Erfassung von Gräbern beauftragte Offiziere markierten die Grabstellen, und wenn die Zeit es zuließ, hielten Militärgeistliche und die Kameraden der Gefallenen sich an das feierliche Zeremoniell. Trotzdem blieben bei Kriegsende die Überreste von fast der Hälfte der Gefallenen vermisst. Von einer Million Kriegstoten des Britischen Empire, meist in Frankreich oder Belgien gefallen, wurden über 500 000 nie gefunden oder konnten, falls sie aufgefunden wurden, nicht identifiziert werden.[106] Auch von den 1,7 Millionen französischen Gefallenen blieb ein ähnlich großer Anteil verschwunden. Frankreich bestattete seine Kriegstoten auf verschiedene Weise, teils in Einzelgräbern, teils – wie bei Verdun – in kollektiven Beinhäusern. Die Deutschen mussten auf fremdem Boden kompakte, unauffällige Friedhöfe anlegen und hoben oft gewaltige Massengräber aus. Bei Vladslo in Belgien, wo die meisten der 1914 im «Kindermord von Ypern» gefallenen Freiwilligen liegen, bedeckt eine Steinplatte die Überreste von über 20 000 jungen Männern.[107]

Die Briten entschieden sich bei der Ehrung ihrer Gefallenen für ein anderes, völlig einheitliches Verfahren. Jeder Gefallene erhielt ein Einzelgrab, auf dem der Name, das Alter, der Dienstgrad, das Regiment sowie Tag und Ort des Todes verzeichnet wurden. Falls die Identität nicht festgestellt werden konnte, bekam der Grabstein eine von Rudyard Kipling verfasste Inschrift: «A Soldier of the Great War Known Unto God» (Ein Soldat des Großen Krieges, den Gott kennt). Er hatte selbst seinen einzigen Sohn verloren. Die Namen der Vermissten wurden auf Denkmälern verzeichnet, deren größtes, in Thiepval, die Namen der 70 000 Vermissten der Sommeschlacht festhält. Die Soldatenfriedhöfe, ob groß oder klein, wurden mit einer Mauer umgeben und als traditionelle englische Gärten bepflanzt, auf den Gräbern Rosen und Staudenrabatten, dazwischen Rasen. Alle, außer den kleinsten Friedhöfen, erhielten als Mittelpunkt ein Kreuz für die Gefallenen und die größeren einen symbolischen Altar, den Gedenkstein, mit der ebenfalls von Kipling verfassten Inschrift: «Their Name Liveth For Evermore» (Ihr Name lebet ewiglich). Schließlich wurden mehr als 600 Soldatenfriedhöfe angelegt und der Obhut der Kriegsgräberkommission des Empire übergeben. Nachdem diese durch eine von der französischen Regierung offiziell bestätigte Übertragungsurkunde die Grundstücke als *sépultures perpétuelles* erhalten hatte, beauftragte sie über 1000 Gärtner, sich um die Soldatenfriedhöfe für alle Zeiten zu kümmern. Alle existieren heute noch, von den Gärtnern der Kommission ehrfürchtig gepflegt, häufig besucht von Briten, manchmal – wie ergreifende Gedenkkarten bezeugen – von den Urenkeln der Bestatteten, aber auch von Neugierigen aus vielen Ländern. Alle Besucher sind gerührt von der außerordentlichen Schönheit dieser Friedhöfe. Achtzig Jahre des Mähens und Zurechtstutzens haben die ursprüngliche Absicht erfüllt, ihnen «das Aussehen eines kleinen Parks oder Gartens» zu geben, und der Strom der Zeit hat ihnen eine klassische Reife verliehen. Im Frühling, wenn die Blumen erblühen, sind die Friedhöfe Orte der Wiedergeburt und beinahe der Hoffnung, im Herbst, wenn das Laub fällt, Stätten der Kontemplation und des Gedenkens.

Der Streifen britischer Soldatenfriedhöfe, der sich von der Kanalküste bis zur Somme und darüber hinaus erstreckt, bildet zugleich eine idealisierte Gedenkstätte für *alle* auf den Schlachtfeldern des Großen Krieges Gefallenen, derer nicht gedacht wird. Ihre Zahl ist gewaltig. Zu den Gefallenen des Britischen Empire und Frankreichs kommen 1,5 Millionen des Habsburgerreiches, 2 Millionen Deutsche, 1,7 Millionen Russen, 460 000 Italiener und viele Hunderttausende Türken, die nie gezählt wurden.[108] Im Verhältnis zur Zahl derjenigen, die sich freiwillig meldeten oder eingezogen wurden, könnte die Zahl der Opfer erträglich erscheinen. Für Deutschland waren es 3,5 Prozent aller im Heer Dienenden. Berechnet man den prozentualen Anteil der jüngeren Jahrgänge, dann überschreiten die Zahlen bei weitem das, was emotional verkraftet werden konnte. Zwischen 1914 und 1918 war die männliche Sterbeziffer in Großbritannien sieben- bis achtmal, in Frankreich (wo 17 Prozent des Heeres fielen) zehnmal so hoch wie in Friedenszeiten. Die Verluste bei den jüngsten Altersgruppen in Deutschland waren ähnlich hoch: «Zwischen 1870 und 1899 wurden etwa 16 Millionen Knaben geboren; nahezu alle wurden im Krieg eingezogen und rund 13 Prozent fielen.»[109] Nimmt man die Zahlen für diejenigen Gruppen, die aufgrund ihres Alters sofort zum Heer eingezogen wurden, so ergeben sich – wie in Frankreich und Großbritannien – noch höhere Verluste. «Die Jahrgänge 1892–1895, das heißt die jungen Männer, die bei Kriegsausbruch 19 bis 22 Jahre alt waren, wurden um 35–37 Prozent reduziert.»[110] Es fiel also jeder Dritte.

Kein Wunder, dass man im Deutschland der Nachkriegszeit von einer «verlorenen Generation» sprach, dass deren Eltern durch den gemeinsamen Schmerz verbunden waren, dass die Überlebenden das Gefühl hatten, auf unerklärliche Weise dem Tod entronnen zu sein, und oft eine Spur von Schuld, manchmal Wut und Rachegelüste empfanden. Solche Gefühle lagen britischen und französischen Kriegsteilnehmern fern, die lediglich hofften, dass die Schrecken des Stellungskrieges sich nicht wiederholen würden, solange sie oder ihre Söhne lebten. Sie gärten jedoch in den Köpfen vieler Deutscher, vor allem in dem «Frontsoldaten» Adolf Hitler, der im September 1922 in München eine Rachedrohung ausstieß, die den Boden für einen zweiten Weltkrieg bereitete.

Der Zweite Weltkrieg war die Fortsetzung des Ersten. Er lässt sich tatsächlich nur erklären aus der Verbitterung und der Labilität, die der Erste hinterließ. Im wilhelminischen Deutschland brodelte trotz seines enormen wirtschaftlichen Erfolges und trotz des weltweiten Ansehens seiner Wissenschaftler die Unzufriedenheit, insbesondere wegen der Diskrepanz zwischen seiner industriellen und militärischen Macht und seinem außenpolitischen Rang unter Königreichen und Republiken – vor allem Großbritannien und Frankreich, die nicht nur den leeren Titel «Reich», sondern ein wirkliches Reich besaßen. Diese Unzufriedenheit der Vorkriegszeit verblasste neben derjenigen, die die Deutschen nach dem Versailler Vertrag ergriff. Sie mussten das 1870/71 eroberte

Elsass-Lothringen wieder herausgeben und einem unabhängigen Polen alte deutsche Siedlungsgebiete in Schlesien und Westpreußen abtreten; sie wurden gedemütigt durch eine erzwungene Abrüstung, die ihr Heer auf eine kleine Polizeitruppe reduzierte, ihre Schlachtflotte völlig auflöste und ihre Luftwaffe verbot; die Fortsetzung der Hungerblockade zwang sie, einen schmachvollen Friedensvertrag zu unterzeichnen. Der Groll, den das republikanische Deutschland infolgedessen hegte, war weit stärker als derjenige, der vor 1914 seine internationalen Beziehungen und seine Innenpolitik vergiftet hatte. Die hohe Gesinnung der liberaldemokratischen Regierungen der Weimarer Republik vermochte diesen Groll nicht zu lindern. Im Gegenteil, gerade ihre innen- und außenpolitische Mäßigung in den Jahren, als ihr wirtschaftliches Scheitern den deutschen Mittelstand verarmen ließ und ihre Unterwürfigkeit gegenüber der alliierten Besatzungs- und Reparationspolitik am Nationalstolz nagte, nährte die Kräfte des Extremismus. Während der ganzen zwanziger Jahre trieb die liberale Demokratie in Deutschland auf einem Wirbel gegensätzlicher Strömungen, des Marxismus und des Nationalsozialismus, denen sie schließlich zum Opfer fallen sollte.

Die Befreiung der Völker Osteuropas von der Herrschaft Deutsch sprechender Dynastien, der Hohenzollern und der Habsburger, brachte den neu gegründeten Nachfolgestaaten gleichfalls wenig Ruhe. Keiner von ihnen – Polen, die Tschechoslowakei, das Königreich der Serben, Kroaten und Slowenen (beziehungsweise Jugoslawien, wie es seit 1929 hieß) – begann seine unabhängige Existenz mit einer solchen Homogenität, dass er ein geregeltes politisches Leben hätte führen können. Die Unabhängigkeit Polens war von Anfang an verhängnisvoll gefährdet durch seine Versuche, seine Grenze extrem weit nach Osten vorzuschieben, wie es historisch fast nicht mehr zu begründen war. In dem anschließenden Krieg mit Sowjetrussland entgingen seine Armeen nur mit knapper Not einer Niederlage. Dass sie schließlich unerwartet siegten, war offenkundig ein nationaler Triumph, belastete jedoch den neuen Staat mit Minderheiten, hauptsächlich Ukrainern, die den polnischen Bevölkerungsanteil auf 60 Prozent sinken ließen. Die Einverleibung deutscher Siedlungsgebiete in das westliche Polen und die Abschnürung Ostpreußens vom deutschen Reichsgebiet sollte dann Hitler 1939 den Vorwand für eine Neuauflage der Aggression von 1914 liefern. Die Tschechoslowakei erbte von den Habsburgern im Sudetenland ebenfalls eine deutsche Minderheit; so fehlte auch diesem neuen Staat ein ethnisches Gleichgewicht, was sich 1938 verhängnisvoll auf seine Unverletzlichkeit auswirken sollte. Die unausgeglichene ethnische Zusammensetzung Jugoslawiens hätte bei gutem Willen in ein Gleichgewicht gebracht werden können; aber die Entschlossenheit der orthodoxen Serben, insbesondere über die katholischen Kroaten zu herrschen, untergrub schon sehr bald den staatlichen Zusammenhalt. Interne Antipathien beraubten Jugoslawien der Kraft, sich 1941 gegen den Angriff Italiens und Deutschlands zu wehren.

Den beiden Verlierern der Region, Ungarn und Bulgarien, blieben durch Gebietsverluste solche Disharmonien erspart. Die Verluste Ungarns waren jedoch so umfassend, dass es in die Nachkriegszeit mit heftigen Protesten gegen seine Nachbarstaaten eintrat, die durch die Grenzveränderungen Gebiete gewonnen hatten. Der Hauptgewinner, Rumänien, für sein militärisch katastrophales Eingreifen auf der Seite der Alliierten mehr als großzügig belohnt, erbte dadurch eine permanente Quelle des Konflikts mit Ungarn, möglicherweise auch mit der Sowjetunion. Denn Rumäniens Minderheiten machten mehr als ein Viertel seiner Bevölkerung aus.

Auch Griechenlands Bevölkerung wuchs, jedoch auf Kosten eines völlig unüberlegten Eroberungsfeldzuges gegen die scheinbar todgeweihten Türken. Die Griechen meinten, endlich sei der Augenblick der «Großen Idee» gekommen: die Wiedervereinigung der Gebiete, die im Laufe der Geschichte von Hellenen besiedelt worden waren, das Leitmotiv des griechischen Nationalismus seit der Unabhängigkeit 1830. Daher marschierten sie im Juni 1919 in Kleinasien ein. Ein erfolgreicher Vorstoß brachte ihre Truppen fast bis nach Ankara, der Hauptstadt der späteren türkischen Republik. Aber dann gelang es Kemal, dem Sieger von Gallipoli, eine entschlossene Gegenoffensive zu organisieren und im September 1922 das griechische Heer zu besiegen. Im Friedensvertrag von Lausanne (1923) einigten sich das geschlagene Griechenland und die siegreiche Türkei auf einen Austausch der in ihren Staatsgebieten lebenden Minderheiten. Diese Regelung beendete die Präsenz der Griechen in den Küstenstädten der östlichen Ägäis, wo zumindest seit der Zeit Homers Griechen gelebt hatten, und brachte zu den vier Millionen Griechen des europäischen Festlands mehr als eine Million heimatloser Flüchtlinge. Viele von diesen waren so lange von den Urquellen griechischer Kultur abgeschnitten gewesen, dass sie nur noch Türkisch sprachen. Die Armut, in die sie verfielen, und der Kummer, den sie mitbrachten, sollten den Klassenhass nähren, der sich 1944–1947 in einem Bürgerkrieg entlud.

Ein Balkanproblem, das den Ersten Weltkrieg ausgelöst hatte, führte somit nach seinem Ende zu neuen Balkanproblemen, die bis zum Ausbruch des Zweiten Weltkriegs andauerten und heute noch virulent sind. Wenn einer der typisch lebensmüden Beamten des Habsburgerreiches heute wieder geboren würde, könnte er durchaus fragen, was sich eigentlich verändert habe. Natürlich hat sich in Ost- und Südosteuropa, der Brutstätte des Ersten Weltkrieges, vieles geändert, hauptsächlich infolge der rücksichtslosen territorialen und ethnischen Reorganisation dieser Region durch Stalin nach dem Sieg der Roten Armee 1945. Die Reiche sind endlich untergegangen, das sowjetrussische als Allerletztes. Viele Minderheiten sind verschwunden, insbesondere aus Polen und aus der heutigen Tschechischen und der Slowakischen Republik. Doch zahlreiche Minderheiten sind noch vorhanden, vor allem in den Ländern, wo Stalin sich nicht durchsetzte: Rumänien, Ungarn und im ehemaligen Jugoslawien. Eine fremde Macht, die UNO, fordert heute vom serbischen Staat das Recht, dessen politische Verbrecher zu bestrafen – wie es die Habsburger 1914 forderten. In den Tälern der Save und der Drina operieren fremde Truppen – wie 1915. Das alles ist sehr rätselhaft.

Aber der Erste Weltkrieg, seine Ursachen und sein Verlauf, sind überhaupt ein Rätsel. Warum riskierte ein wohlhabender

Kontinent – auf dem Gipfel seines Erfolges, seines globalen Reichtums, seiner globalen Macht und seiner geistigen und kulturellen Errungenschaften – alles, was er für sich gewonnen hatte und alles, was er der Welt bieten konnte, in der Lotterie eines bösartigen und mörderischen regionalen Konflikts? Warum brachen die Krieg führenden Mächte, als wenige Monate nach seinem Ausbruch die Hoffnung auf eine rasche Beendigung des Konflikts allenthalben geschwunden war, ihre militärischen Anstrengungen nicht ab, sondern machten zum totalen Krieg mobil und setzten schließlich die Gesamtheit ihrer jungen Männer in einem sinnlosen wechselseitigen Gemetzel ein? Vielleicht ging es um ein Prinzip. Aber das Prinzip der Unantastbarkeit eines internationalen Vertrags, das Großbritannien zum Kriegseintritt veranlasste, war kaum den Preis wert, der schließlich für seine Aufrechterhaltung bezahlt werden musste. Es ging auch um die Verteidigung des nationalen Territoriums; dafür kämpfte Frankreich, obwohl es damit seinem nationalen Wohl in fast unerträglicher Weise schadete. Das Prinzip der Verteidigung eines Sicherheitsbündnisses, das den Kriegserklärungen Deutschlands und Russlands zugrunde lag, wurde bis zu einem solchen Extrem verfolgt, dass die Sicherheit angesichts der Auflösung staatlicher Strukturen jeden Sinn verlor. Das Motiv Österreichs, elementares Staatsinteresse, der älteste aller Kriegsgründe, wurde gegenstandslos, als die Säulen des Habsburgerreiches einstürzen.

Folgen lassen sich natürlich nicht vorhersehen. Dagegen können Erfahrungen nur allzu leicht in die Zukunft projiziert werden. Die Erfahrungen der Frontkämpfer des Ersten Weltkriegs – die Wahrscheinlichkeit, im Schmutz des Schlachtfeldes verwundet zu werden oder qualvoll zu sterben – wurden bald als unvermeidlich angesehen. Auch darin liegt ein Geheimnis. Wo nahmen die anonymen Millionen – ununterscheidbar grau, in gleicher Weise aller Schönheiten beraubt, die nach der Überlieferung das Leben des Kriegers erträglich machten – die Entschlossenheit her, den Kampf durchzuhalten und an seinen Sinn zu glauben? Dass sie das taten, ist eine der unbestreitbaren Tatsachen des Großen Krieges. In den Schützengräben der West- und der Ostfront blühte die Kameradschaft; sie knüpfte Bande engster Brüderlichkeit zwischen völlig Fremden und erhob die durch vorübergehende Zugehörigkeit zum gleichen Regiment entstandene Loyalität in den Rang einer Blutsverbindung auf Leben und Tod. Männer, die in den Unterständen auf engstem Raum zusammenleben mussten, gingen Bindungen ein, die weit stärker waren als Freundschaften in Friedenszeiten: Sie konnten sich aufeinander verlassen und opferten sich sogar füreinander auf. Das ist das letzte Geheimnis des Ersten Weltkriegs. Er brachte nicht nur Gefühle des Hasses, sondern auch der Liebe hervor. Wenn wir diese begreifen könnten, würden wir das Geheimnis des menschlichen Lebens eher begreifen.

Anmerkungen

Kapitel 1

1. Aus A. Hitler, *Mein Kampf*, zitiert nach A. Bullock, *Hitler*, vollständig überarb. Neuausgabe, Düsseldorf 1969, S. 69 f
2. M. Gilbert, *The Holocaust*, London 1987, S. 17.
3. Persönliche Besuche.
4. J. Winter, *Sites of Memory, Sites of Mourning*, Cambridge 1995, S. 92 f.
5. G. Ward/E. Gibson, *Courage Remembered*, London 1989, S. 89 f.
6. R. Whalen, *Bitter Wounds. German Victims of the Great War*, Ithaca 1984, S. 33.
7. V. Ackermann, «La vision allemande du soldat inconnu», in.: J.-J. Becker u. a., *Guerre et cultures 1914–1918*, Paris 1994, S. 390 f.
8. F. Thébaud, «La guerre et le deuil chez les femmes françaises», in: Becker, *Guerres*, S. 114 f.
9. Whalen, *Bitter Wounds*, S. 41.
10. B. Jelavich, *History of the Balkans*, Bd. 2, Cambridge 1985, S. 121.
11. M. Broock, «Britain Enters the War», in: R. Evans/H. P. v. Strandmann (Hg.), *The Coming of the First World War*, Oxford 1988, S. 169.
12. K. Baedeker, *Österreich-Ungarn*, 29. Aufl. Leipzig 1913, S. 409 f.
13. Zitiert nach G. Best, *Humanity in Warfare*, London 1980, S. 40.
14. Vgl. M. Howard, «Men Against Fire», in: P. Paret (Hg.), *Makers of Modern Strategy*, Princeton 1986, S. 510–526.
15. Vgl. die Karten der deutschen, französischen und russischen Militärbezirke in: *Times History of the War*, Bd. 1, London 1914.
16. J. Lucas, *Fighting Troops of the Austro-Hungarian Empire*, New York 1987, S. 84.
17. A. Gordon, *The Rules of the Game*, London 1996, S. 354 f.

Kapitel 2

1. J. Keegan, *The Mask of Command*, London 1987, S. 40–42.
2. Vgl. besonders G. Parker «The Making of Strategy in Habsburg Spain», in: W. Murray/M. Knox/A. Bernstein (Hg.), *The Making of Strategy*, Cambridge 1994.
3. P. Contamine, *War in the Middle Ages*, Oxford 1984, S. 26.
4. J. Thompson, *The Lifeblood of War*, London 1991, Kap. 2.

5 M. Howard, *The Franco-Prussian War*, London 1981, S. 26 f.
6 J. Hittle, *The Military Staff*, Harrisburg 1961, Kap. 2.
7 C. Hibbert, *The Destruction of Lord Raglan*, London 1984, S. 15 f.
8 D. Porch, *The March to the Marne*, Cambridge 1981, S. 331.
9 H. Nicolson, *The Evolution of Diplomatic Method*, London 1954, S. 75.
10 B. Sullivan, «The Strategy of the Decisive Weight. Italy 1882–1922», in: Murray/Knox/Bernstein, *The Making*, S. 332.
11 N. Stone, «Moltke and Conrad», in: P. M. Kennedy (Hg.), *The War Plans of the Great Powers 1880–1914*, London 1979, S. 234.
12 J. McDermott, «The Revolution in British Military Thinking from the Boer War to the Moroccan Crisis», in: Kennedy, *The War Plans*, S. 105.
13 L. Turner, «The Significance of the Schlieffen Plan», in: Kennedy, *The War Plans*, S. 200; vgl. G. Ritter, *Der Schlieffenplan. Kritik eines Mythos*, München 1956, S. 17, Anm. 7.
14 A. J. P. Taylor, *The Struggle for Mastery in Europe*, Oxford 1954, S. 317.
15 Ritter, *Der Schlieffenplan*, S. 79.
16 Ebd., S. 81.
17 Ebd., S. 30–34, 36–58, sowie die Karten 1–3, 5 und 6; das Zitat findet sich auf S. 81.
18 G. Craig, *The Politics of the Prussian Army*, Princeton 1955, S. 278 f.
19 Ritter, *Der Schlieffenplan*, S. 150.
20 H. Herwig, «Strategic Uncertainties of a Nation State: Prussia-Germany 1871–1918», in: Murray/Knox/Bernstein, *The Making*, S. 259; zitiert nach Alfred von Schlieffen, *Gesammelte Schriften I*, Berlin 1913, S. 17.
21 Ritter, *Der Schlieffenplan*, S. 187.
22 Ebd., S. 194.
23 Ebd., S. 151.
24 Ebd., S. 153.
25 Ebd., S. 154.
26 Ebd., S. 188.
27 Ebd., S. 156.
28 Ebd., S. 157.
29 Ebd., S. 154–156.
30 J. Edmonds, *Military Operations, France and Belgium 1914*, Bd. 1, London 1928, Anhang 31.
31 Ebd., Skizze 5.
32 Ritter, *Der Schlieffenplan*, S. 153, 192.
33 A. Bucholz, *Moltke, Schlieffen and Prussian War Planning*, New York 1991, S. 267.
34 A. Gat, *The Development of Military Thought*, Bd. 2, Oxford 1992, S. 153–157.
35 Etat-major de l'armée, *Les armées françaises dans la grande guerre*, Paris 1922–1939, Bd. 1/1, Anhang, S. 21.
36 S. Williamson, «Joffre Reshapes», in: Kennedy, *The War Plans*, S. 145.

37 Gat, *The Development*, Bd. 2, S. 155.
38 Williamson, «Joffre Reshapes», S. 147.
39 Ebd.
40 Ebd., S. 135.
41 J. Snyder, *The Ideology of the Offensive*, Ithaca 1984, S. 182.
42 B. Menning, *Bayonets Before Bullets. The Russian Imperial Army 1861–1914*, Bloomington 1992, S. 245.
43 Ebd., S. 247 f.
44 Zitiert nach Ritter, *Der Schlieffenplan*, S. 25; vgl. Stone, «Moltke and Conrad», S. 224.
45 F. Graf Conrad von Hötzendorf, *Aus meiner Dienstzeit 1906–1918*, Bd. 1, Wien 1921, S. 394–396; vgl. Stone, «Moltke and Conrad», S. 228.
46 Conrad, *Aus meiner Dienstzeit*, Bd. 1, S. 403–405; vgl. Stone, «Moltke and Conrad», S. 229.
47 G. Tunstall, *Planning For War Against Russia and Serbia. Austro-Hungarian and German Military Strategies 1871–1914*, New York 1993, S. 138.
48 D. Herrmann, *The Arming of Europe and the Making of the First World War*, Princeton 1996, S. 156.
49 J. Gooch, «Italy During the First World War», in: A. Millett/W. Murray, *Military Effectiveness*, Bd. 1, Boston 1988, S. 294.
50 Herrmann, *The Arming of Europe*, S. 176.
51 Bucholz, *Moltke, Schlieffen*, S. 309.
52 Ebd., S. 285.

Kapitel 3

1 C. Macartney, *The Habsburg Empire 1790–1918*, London 1968, S. 806.
2 V. Dedijer, *Die Zeitbombe*, Wien 1967, S. 533 f.
3 Macartney, *The Habsburg Empire*, S. 806.
4 Jelavich, *History of the Balkans*, Bd. 2, S. 111 f.
5 Macartney, *The Habsburg Empire*, S. 807.
6 W. Jannon, *The Lions of July*, Novato 1995, S. 18 f. Zitiert nach *Diplomatische Aktenstücke zur Vorgeschichte des Krieges 1914*, 1. Teil, Berlin 1928, S. 1–12.
7 Jannon, *The Lions*, S. 31.
8 *The Annual Register 1914*, London 1915, S. 312.
9 I. Geiss, *Juli 1914*, München 1965, S. 285; B. Tuchman, *August 1914*, Bern/München 1979, S. 105.
10 L. Albertini, *The Origins of the War of 1914*, Bd. 2, London 1953, S. 456; zitiert nach *Die deutschen Dokumente zum Kriegsausbruch*, hg. von M. Graf Montgelas und W. Schücking, 4 Bände, Berlin 1919 (im Folgenden zitiert: Deutsche Dokumente), Bd. 1, Nr 257.
11 Tunstall, *Planning for War*, S. 83.
12 *Deutsche Dokumente*, Bd. 1, Nr. 242; vgl. Tunstall, *Planning for War*, S. 122.

13 Albertini, *The Origins*, Bd. 2, S. 598, 608; vgl. Turner, «The Significance», S. 263 f.
14 Ebd., S. 264.
15 Albertini, *The Origins*, Bd. 2, S. 538; Geiss, *Juli 1914*, S. 259.
16 Turner, «The Significance», S. 264.
17 Ebd., S. 265.
18 J. Edmonds, *A Short History of World War I*, London u. a. 1951, S. 130–133.
19 Geiss, *Juli 1914*, S. 285.
20 Albertini, *The Origins*, Bd. 2, S. 554 f.; zitiert nach Geiss, *Juli 1914*, S. 259, 288.
21 Albertini, *The Origins*, Bd. 2, S. 557.
22 Jannon, *The Lions*, S. 220.
23 Zitiert nach Geiss, *Juli 1914*, S. 269 f. bzw. Conrad v. Hötzendorf, *Aus meiner Dienstzeit*, Bd. 4, S. 152 f.; vgl. Albertini, *The Origins*, Bd. 2, S. 673 f.
24 Albertini, *The Origins*, Bd. 2, S. 618.
25 Ebd., S. 572.
26 Ebd., S. 623; vgl. G. Ritter; *Staatskunst und Kriegshandwerk*, Bd. 2, München 1960, S. 323.
27 Zitiert nach *Deutsche Dokumente*, Bd. 3, Nr. 490 f.; vgl. Albertini, *The Origins*, Bd. 3, S. 40.
28 Albertini, *The Origins*, Bd. 3, S. 73 f.
29 Ebd., S. 69 f. (aus den Memoiren des Marschalls Joffre).
30 Ebd., S. 183.
31 Moltke, *Erinnerungen – Briefe – Dokumente*. Stuttgart 1922, S. 19–22; vgl. Albertini, *The Origins*, Bd. 3, S. 172 ff.

Kapitel 4

1 M. Paléologue, *Am Zarenhof während des Weltkrieges. Tagebücher und Betrachtungen*, Bd. 1, München 1925, S. 44 f.
2 Aus A. Hitler, *Mein Kampf*, zitiert nach A. Bullock, *Hitler*, S. 31.
3 *Reden Kaiser Wilhelms II.*, zusammengestellt von A. Matthes, München 1976, S. 162.
4 A. Grasser, *Vingt jours de guerre aux temps héroiques*, Paris 1918, S. 35 f.
5 R. Cobb, «France and the Coming of War», in: Evans/Strandmann (Hg.), *The Coming of the First World War*, S. 133.
6 Zitiert nach F. Nagel, *Fritz*, Huntington 1981, S. 15–19.
7 Bucholz, *Moltke, Schlieffen*, S. 163.
8 Ebd., S. 278.
9 Cobb, «France and the Coming», S. 136.
10 P. Vansittart, *Voices from the Great War*, London 1981, S. 25.
11 L. Macdonald, *1914. The Days of Hope*, London 1987, S. 54.
12 Ebd., S. 55.
13 E. Spears, *Liaison 1914*, London 1968, S. 14.

14 *Je serais soldat*, Paris 1900.
15 W. Bloem, *Vormarsch*, Leipzig 1916, S. 119.
16 E. Rommel, *Infanterie greift an*, 2. Aufl. Potsdam 1937, S. 21.
17 P. Haythornthwaite, *The World War One Sourcebook*, London 1996, S. 100f.
18 Tuchman, *August 1914*, S. 160f.
19 R. Keyes, *Outrageous Fortune*, London 1984, S. 7.
20 Williamson, «Joffre Reshapes», S. 138f.
21 Ebd., S. 141f.
22 Albertini, *The Origins*, Bd. 3, S. 462; vgl. Tuchman, *August 1914*, S. 128.
23 Albertini, *The Origins*, Bd. 3, S. 469.
24 Tuchman, *August 1914*, S. 129.
25 M. Howard u. a., *The Laws of War*, New Haven 1994, S. 10.
26 H. Gibson, *A Journal from Our Legation in Belgium*, New York 1917, S. 91.
27 Haythornthwaite, *The World War*, S. 150.
28 Zitiert nach Tuchman, *August 1914*, S. 168.
29 Intelligence Staff, *American Expeditionary Force, Histories of 251 German Divisions Which Participated in the War 1914–18*, Washington 1920, S. 23.
30 M. Derez, «The Flames of Louvain», in: H. Cecil/P. Liddle, *Facing Armageddon*, London 1996, S. 619f.
31 A. von Harnack, *Reden und Aufsätze. Neue Folge*, Bd. 3: *Aus der Friedens- und Kriegsarbeit*, Gießen 1916, S. 287f.
32 Derez, «The Flames», S. 622.
33 Ebd.
34 *251 Divisions*, S. 280–290.
35 S. Tyng, *The Campaign of the Marne*, Oxford 1935, S. 53.
36 Zitiert nach Tuchman, *August 1914*, S. 168.
37 Tyng, *The Campaign*, S. 54.
38 D. J. Goodspeed, *Ludendorff. Soldat, Diktator, Revolutionär*, Gütersloh 1968, S. 51.
39 C. Duffy, in: *Purnell's History of the First World War*, Bd. 1, London 1970, S. 137.
40 Major a. D. Wesener, «Der erste Einsatz der 42-cm-Mörser im Weltkrieg», in: R. Schindler (Hg.), *Eine 42-cm-Mörser-Batterie im Weltkrieg*, Breslau 1934, S. 84.
41 Duffy, in: *Purnell's History*, Bd. 1, S. 138.
42 Goodspeed, *Ludendorff*, S. 53.
43 Zitiert nach C. Duffy, *Frederick the Great*, London 1985, S. 154.
44 *Les armées*, Bd. 1/1, Anhang 8.
45 D. Johnson, *Battlefields of the World War*, New York 1921, S. 425–429.
46 Porch, *The March to the Marne*, S. 178.
47 *Les armées*, Bd. 10/2, passim.
48 *Les armées*, Bd. 1/1, S. 156f.
49 Tyng, *The Campaign*, S. 68f.

50 Ebd., S. 72f.
51 Ebd., S. 79.
52 *Les armées*, Bd. 1/1, S. 357.
53 Reichsarchiv (Hg.), *Der Weltkrieg*, Bd. 1, Berlin 1925, S. 310.
54 Ebd., S. 313f.
55 Ebd., S. 314.
56 Tyng, *The Campaign*, S. 86.
57 *Les armées*, Bd. 1/1, S. 425.
58 Tyng, *The Campaign*, S. 101.
59 Ebd., S. 102f.
60 Vgl. A. Horne, *To Lose a Battle*, London 1969, S. 57.
61 Tyng, *The Campaign*, S. 108.
62 H. Contamine, *La revanche 1871–1914*, Paris 1957, S. 261.
63 Tyng, *The Campaign*, S. 117.
64 Edmonds, *Military Operations 1914*, Bd. 1, S. 65f.
65 J. Terraine, *Mons*, London 1960, S. 90.
66 R. Kipling, «On Greenhow Hill», in: *Life's Handicap*, London 1987, S. 79–96.
67 Bloem, *Vormarsch*, S. 118.
68 Ebd., S. 153.
69 Ebd., S. 119.
70 Reichsarchiv (Hg.), *Der Weltkrieg*, Bd. 1, S. 500.
71 Tyng, *The Campaign*, S. 117.
72 Spears, *Liaison*, S. 192.
73 Zitiert ebd., S. 526f.
74 Bloem, *Vormarsch*, S. 195f.
75 Edmonds, *Military Operations 1914*, Bd. 1, S. 494.
76 Tyng, *The Campaign*, S. 144f.
77 Edmonds, *Military Operations 1914*, Bd. 1, S. 163.
78 Spears, *Liaison*, S. 228–232.
79 Tyng, *The Campaign*, S. 156.
80 Ritter, *Der Schlieffenplan*, S. 153.
81 D. Showalter, *Tannenberg*, Hamden 1991, S. 294f.
82 Zitiert nach H. von Kuhl, *Der Marnefeldzug 1914*, Berlin 1921, S. 118; Tyng, *The Campaign*, S. 172.
83 Bloem, *Vormarsch*, S. 218.
84 Kuhl, *Marnefeldzug*, S. 121.
85 R. Van Emden, *Tickled to Death to Go*, Staplehurst 1996, S. 59f.
86 Ebd., S. 60f.
87 Tuchman, *August 1914*, S. 400.
88 Ebd., S. 430.
89 Tyng, *The Campaign*, S. 172; vgl. Kuhl, *Marnefeldzug*, S. 118.
90 Contamine, *Revanche*, S. 261.
91 *Les armées*, Bd. 10/2, S. 608ff.

92 Tuchman, *August 1914*, S. 356–362.
93 Edmonds, *Military Operations 1914*, Bd. 1, S. 473–477.
94 Spears, *Liaison*, S. 366f.
95 Zitiert nach Tuchman, *August 1914*, S. 435.
96 Ritter, *Der Schlieffenplan*, Karte 3; Bucholz, *Moltke, Schlieffen*, S. 210.
97 Zitiert nach Kuhl, *Marnefeldzug*, S. 130f.
98 Zitiert nach Tuchman, *August 1914*, S. 448; vgl. Kuhl, *Marnefeldzug*, S. 170.
99 Tyng, *The Campaign* S. 239.
100 R. Holmes, *The Little Field Marshal*, London 1981, S. 230.
101 Ebd., S. 229.
102 Spears, *Liaison*, S. 415.
103 Tyng, *The Campaign*, S. 241; Kuhl, *Marnefeldzug*, S. 209.
104 G. Aston, *Foch*, London 1929, S. 122.
105 W. Müller-Loebnitz, *Die Sendung des Oberstleutnants Hentsch am 8.–10. September 1914*, Berlin 1922, S. 13.
106 Ebd., S. 14.
107 Ebd., S. 19.
108 Ebd., S. 22.
109 Ebd., S. 25f., 31, 40f.; Bülows Funkspruch zitiert nach W. Paul, *Entscheidung im September. Das Wunder an der Marne*, Esslingen 1974, S. 355.
110 Reichsarchiv (Hg.), *Der Weltkrieg*, Bd. 4, Berlin 1926, S. 451.
111 Porch, *The March to the Marne*, S. 202.
112 Herrmann, *The Arming of Europe*, S. 90.
113 Terraine, *Mons*, S. 217.
114 Johnson, *Battlefields*, S. 292f.
115 Edmonds, *Military Operations 1914*, Bd. 1, S. 326.
116 Ebd., S. 378.
117 Zitiert nach D. Mason, in: *Purnell's History*, Bd. 1, S. 296.
118 Duffy, in: *Purnell's History*, Bd. 1, S. 377f.
119 Edmonds, *Military Operations 1914*, Bd. 1, S. 404.
120 Duffy, in: *Purnell's History*, Bd. 1, S. 380f.
121 Ebd., S. 380.
122 Edmonds, *Military Operations 1914*, Bd. 1, S. 380.
123 L. Sellers, *The Hood Battalion*, London 1995, S. 24f.
124 C. Cruttwell, *A History of the Great War*, Oxford 1936, S. 100.
125 S. Menezes, *Fidelity and Honour*, New Delhi 1993, S. 247.
126 Edmonds, *Military Operations 1914*, Bd. 2, S. 268.
127 M. Geyer, *Deutsche Rüstungspolitik 1860–1980*, Frankfurt a. M. 1984, S. 83ff.
128 T. Nevin, *Ernst Jünger and Germany*, London 1997, S. 43.
129 Bullock, *Hitler*, S. 31.
130 Edmonds, *Military Operations 1914*, Bd. 2, S. 124.
131 Ebd., S. 259.

132 Reichsarchiv (Hg.), *Schlachten des Weltkrieges*, Bd. 10: *Ypern 1914*, Oldenburg/Berlin 1925, S. 123f.
133 Mehrere persönliche Besuche.
134 E. Jünger, *In Stahlgewittern*, in: Werke Bd. 1, o. J., S. 11.
135 Macdonald, *1914. The Days of Hope*, S. 418.
136 *Ypern*, S. 204.
137 Ebd., S. 206.
138 Edmonds, *Military Operations 1914*, Bd. 2, S. 324.
139 *Ypern*, S. 217.
140 Edmonds, *A Short History*, S. 75; G. Pedroncini, *Histoire militaire de la France*, Bd. 3, Paris 1991, S. 289; R. Wall/J. Winter, *The Upheaval of War*, London 1988, S. 16–18.
141 Wall/Winter, *The Upheaval*, S. 27.
142 Ebd., S. 25.
143 Edmonds, *Military Operations 1914*, Bd. 2, S. 223.
144 P. Mason, *A Matter of Honour*, London 1974, S. 417.
145 Edmonds, *Military Operations 1914*, Bd. 2, S. 406.

Kapitel 5

1 Wellington's Despatches, 30. 6. 1800.
2 Vgl. Tunstall, *Planning for War*, Kap. 4; Bucholz, *Moltke, Schlieffen*, S. 167, 176.
3 Edmonds, *A Short History*, Karte 2.
4 N. Stone, *The Eastern Front 1914–1917*, London 1975, S. 48.
5 Showalter, *Tannenberg*, S. 536.
6 Stone, *Eastern Front*, S. 49.
7 Ebd.
8 D. Jones, «Imperial Russia's Forces at War», in: Millett/Murray, *Military Effectiveness*, Bd. 1, S. 275.
9 V. Buldakov u. a., «A Nation at War. The Russian Experience», in: Cecil/Liddle, *Facing Armageddon*, S. 542.
10 Menning, *Bayonets Before Bullets*, S. 228.
11 Jones, «Imperial Russia's Forces», S. 273.
12 Stone, *Eastern Front*, S. 55.
13 Ebd., S. 58f.
14 Ebd., S. 59.
15 Showalter, *Tannenberg*, S. 147.
16 Jones, «Imperial Russia's Forces», S. 261; Showalter, *Tannenberg*, S. 170.
17 Showalter, *Tannenberg*, S. 153.
18 R. Asprey, *The German High Command at War*, London 1991, S. 63.
19 Stone, *Eastern Front*, S. 62.
20 Showalter, *Tannenberg*, S. 170.
21 Ebd., S. 230.
22 Ebd., S. 289.

23 Ebd., S. 324.
24 Persönlicher Besuch.
25 Asprey, *German High Command*, S. 80
26 Tunstall, *Planning for War*, S. 95f.
27 J. Clinton Adams, *Flight in the Winter*, Princeton 1942, S. 13f.
28 Ebd., S. 19.
29 Ebd., S. 27.
30 G. Wawro, «Morale in the Austro-Hungarian Army», in: Cecil/Liddle, *Facing Armageddon*, S. 400.
31 Lucas, *Fighting Troops of the Austro-Hungarian Empire*, passim.
32 Menning, *Bayonets Before Bullets*, S. 230.
33 E. von Glaise-Horstenau (Hg.), *Österreich-Ungarns letzter Krieg 1914–1918*, Bd. 1, Wien 1930, S. 69f., 178–181.
34 Relation de l'état-major russe, *La Grande Guerre*, Paris 1926 (übersetzt von E. Chapouilly; im Folgenden zitiert: Relation), S. 139.
35 Glaise-Horstenau, *Österreich-Ungarns letzter Krieg*, Bd. 1, Beil. 10.
36 Ebd., S. 71–73.
37 Stone, *Eastern Front*, S. 88.
38 Ebd.
39 Glaise-Horstenau, *Österreich-Ungarns letzter Krieg*, Bd. 1, S. 273.
40 Relation, S. 249.
41 Stone, *Eastern Front*, S. 90; Glaise-Horstenau, *Österreich-Ungarns letzter Krieg*, Bd. 1, S. 273.
42 G. Rothenburg, *The Army of Franz Joseph*, West Lafayette 1976, S. 176.
43 Glaise-Horstenau, *Österreich-Ungarns letzter Krieg*, Bd. 1, S. 74.
44 Stone, *Eastern Front*, S. 90.
45 Buldakov, «A Nation at War», S. 540.
46 H. Dollinger, *Der Erste Weltkrieg*, München 1924, S. 98f.
47 Menning, *Bayonets Before Bullets*, S. 228, 260.
48 Rothenburg, *Army of Franz Joseph*, S. 143.
49 M. Howard, «Men Against Fire», in: Paret, *Makers of Modern Strategy*, S. 519.
50 Menning, *Bayonets Before Bullets*, S. 250.
51 Goodspeed, *Ludendorff*, S. 104f.
52 Relation, S. 290.
53 Glaise-Horstenau, *Österreich-Ungarns letzter Krieg*, Bd. 1, Beil. 15.
54 Relation, S. 436.
55 Ebd., S. 446f.
56 Ebd., S. 462.
57 Ebd., S. 463.
58 Stone, *Eastern Front*, S. 104.
59 Persönlicher Besuch 1989.
60 Glaise-Horstenau, *Österreich-Ungarns letzter Krieg*, Bd. 1, S. 595–598.
61 Jones, «Imperial Russia's Forces», S. 278f.

62 Glaise-Horstenau, *Österreich-Ungarns letzter Krieg*, Bd. 2, Beil. 1.
63 Ebd., S. 271.
64 Rothenburg, *Army of Franz Joseph*, S. 84.
65 Glaise-Horstenau, *Österreich-Ungarns letzter Krieg*, Bd. 2, S. 141–143.
66 Stone, *Eastern Front*, S. 114.
67 Rothenburg, *Army of Franz Joseph*, S. 185.
68 *Illustrated London News*, 21. 4. 1915.
69 *251 Divisions*, S. 541 ff.
70 Stone, *Eastern Front*, S. 118.
71 Ebd., S. 117.
72 S. Schama, *Landscape and Memory*, New York 1996, S. 65 f.
73 Glaise-Horstenau, *Österreich-Ungarns letzter Krieg*, Bd. 2, S. 270 f.

Kapitel 6

1 Stone, *Eastern Front*, S. 135.
2 C. Duffy, *The Fortress in the Age of Vauban*, London 1985, S. 42.
3 J. Keegan, *The Face of Battle*, London 1976, S. 208.
4 E. Solano, *Field Entrenchments*, London 1915, S. 209.
5 J. Dunn, *The War the Infantry Knew*, London 1987, S. 77.
6 Ebd., S. 97 f.
7 Ebd., S. 111 f.
8 Keegan, in: *Purnell's History*, Bd. 2, London 1970, S. 579.
9 G. C. Wynne, *If Germany Attacks*, London 1940, S. 15.
10 Ebd., S. 17.
11 Keegan, in: *Purnell's History*, Bd. 2, S. 584.
12 C. Messenger, *Trench Fighting*, London 1972, S. 37.
13 Johnson, *Battlefields*, S. 470.
14 Keegan, in: *Purnell's History*, Bd. 2, S. 576–587.
15 Ebd., S. 583.
16 Bucholz, *Moltke, Schlieffen*, S. 285 f.
17 Asprey, *German High Command*, S. 151–155.
18 Holmes, *The Little Field Marshall*, S. 264.
19 J. Edmonds, *Military Operations, France and Belgium 1915*, Bd. 1, London 1928, S. 15.
20 Ebd., S. 59–65.
21 Ebd., S. 68 f.
22 Ebd., S. 74.
23 Wynne, *If Germany Attacks*, S. 29.
24 Ebd., S. 28.
25 Ebd., S. 30 f.
26 Ebd., S. 40.
27 D. Omissi, *The Sepoy and the Raj*, London 1994, S. 117 f.
28 I. Hogg, in: *Purnell's History*, Bd. 2, S. 609–611.
29 W. Aggett, *The Bloody Eleventh*, Bd. 3, London 1995, S. 121.

30 Edmonds, *Military Operations 1915*, Bd. 1, S. 289.
31 A. Bristow, *A Serious Disappointment*, London 1995, S. 163.
32 Wynne, *If Germany Attacks*, S. 63.
33 Ebd., S. 64.
34 K. von Forstner, *Das Königlich-Preußische Reserve-Infanterie-Regiment Nr. 15*, Berlin 1929, S. 226–230.
35 E. Spiers, «The Scottish Soldier at War», in: Cecil/Liddle, *Facing Armageddon*, S. 326.
36 Edmonds, *Military Operations 1915*, Bd. 1, S. 143.

Kapitel 7

1 G. Craig, *Germany 1866–1945*, Oxford 1981, S. 119.
2 T. Wise, in: *Purnell's History*, Bd. 1, S. 321–329.
3 L. Gann/P. Duignan, *The Rulers of German Africa*, London 1977, S. 217.
4 B. Farwell, *The Great War in Africa*, London 1987, S. 71.
5 Ebd., S. 81–84.
6 Ebd., S. 102.
7 Gann/Duignan, *The Rulers*, S. 105.
8 Farwell, *The Great War*, S. 204.
9 P. G. Halpern, *A Naval History of World War I*, Annapolis 1994, S. 76.
10 Ebd., S. 91.
11 Ebd., S. 94f.
12 J. Moore (Hg.), *Jane's Fighting Ships of World War I*, London 1990, S. 237.
13 R. Hough, *The Great War at Sea*, London 1983, S. 147f.
14 Halpern, *A Naval History*, S. 230.
15 Jelavich, *History*, Bd. 2, S. 127.
16 Halpern, *A Naval History*, S. 63.
17 P. Mason, *A Matter of Honour*, London 1974, S. 425.
18 Omissi, *The Sepoy*, S. 148.
19 Menezes, *Fidelity and Honour*, S. 278.
20 *Imperial Gazetteer of India*, Bd. 4, Oxford 1907, S. 109–111.
21 M. Gilbert, *Winston Churchill*, Bd. 2, London 1967, S. 611.
22 A. Palmer, *The Decline and Fall of the Ottoman Empire*, London 1992, S. 226.
23 Ebd., S. 230.
24 M. Broxup (Hg.), *The North Caucasus Barrier*, London 1992, S. 45ff.
25 B. Menning, «The Army and Frontier in Russia», in: *Transformations in Russian and Soviet Military History*, Colorado Springs 1986, S. 34.
26 K. Ahmed, *Kurdistan in the First World War*, London 1994, S. 88f.
27 Ebd., S. 91.
28 D. Muhlis, *Ottoman Military Organisation*, Istanbul 1986, S. 11–15.
29 Halpern, *A Naval History*, S. 29.
30 Taylor, *The Struggle*, S. 532.
31 J. Whittam, *The Politics of the Italian Army*, London 1977, S. 186–189.

32 J. Edmonds, *Military Operations, Italy*, London 1949, S. 11 f.
33 Ministero della Guerra, *L'Esercito Italiano nella Grande Guerra*, Bd. 1, Rom 1927, S. 168–170.
34 Whittam, *The Politics*, S. 194.
35 Edmonds, *Military Operations, Italy*, S. 12.
36 Ebd., S. 13f.
37 Stone, *The Eastern Front*, S. 145.
38 Ebd., S. 317, Anm. 5.
39 Edmonds, *Military Operations 1915*, Bd. 1, S. 56.
40 S. Bidwell/D. Graham, *Fire-Power*, London 1982, S. 96.
41 Stone, *The Eastern Front*, S. 149.
42 Asprey, *The German High Command*, S. 184f.
43 Reichsarchiv (Hg.), *Schlachten des Weltkrieges*, Bd. 30: D. von Kalm, *Gorlice*, Berlin/Oldenburg 1930, S. 33.
44 Goodspeed, *Ludendorff*, S. 133.
45 Stone, *The Eastern Front*, S. 182.
46 Ebd., S. 187.
47 Jones, «Imperial Russia's Forces», S. 278f.
48 G. Cassar, *The French and the Dardanelles*, London 1971, S. 35–40.
49 *First Report of the Dardanelles Committee*, S. 15.
50 R. Rhodes James, *Gallipoli*, London 1965, S. 13.
51 Ebd., S. 28.
52 Ebd., S. 38.
53 Ebd., S. 53.
54 Cassar, *The French*, S. 114.
55 Rhodes James, *Gallipoli*, S. 64.
56 C. Pugsley, *Gallipoli. The New Zealand Story*, London 1984, S. 30.
57 Ebd., S. 34.
58 C. Aspinall-Oglander, *Gallipoli*, Bd. 2, London 1929, S. 114.
59 A. Livesay, *An Atlas of World War I*, London 1994, S. 61.
60 Aspinall-Oglander, *Gallipoli*, Bd. 2, Skizze 5 A.
61 Rhodes James, *Gallipoli*, S. 61.
62 Pugsley, *Gallipoli*, S. 360.
63 Adams, *Flight in the Winter*, S. 42–44.
64 Ebd., S. 45f.
65 Cassar, *The French*, S. 35.
66 Ebd., S. 226–235.
67 A. Palmer, *The Gardeners of Salonika*, London 1965, S. 55.
68 Ebd., S. 62.

Kapitel 8

1 M. Lewis, *The Navy of Britain*, London 1948, S. 112–139.
2 Moore (Hg.), *Jane's Fighting Ships*, S. 35–49.
3 A. J. Marder, *From the Dreadnought*, Bd. 2, Oxford 1965, S. 238f.

4 Gordon, *The Rules of the Game*, S. 355.
5 Ebd., S. 355 sowie S. 664, Anm. 69.
6 Halpern, *A Naval History*, S. 30–32.
7 Ebd., S. 36f.
8 J. Campbell, *Jutland*, London 1986, S. 373f.
9 Halpern, *A Naval History*, S. 299.
10 Gordon, *The Rules of the Game*, S. 21.
11 Halpern, *A Naval History*, S. 289f.
12 P. M. Kennedy, «The Development of German Naval Operations Plans against England 1896–1914», in: Kennedy (Hg.), *The War Plans*, S. 188; zitiert nach W. Hubatsch, *Der Admiralstab und die obersten Marinebehörden in Deutschland 1848–1945*, Frankfurt a. M. 1958, S. 150–152.
13 Halpern, *A Naval History*, S. 38.
14 Marder, *From the Dreadnought*, Bd. 2, S. 437.
15 O. Groos, *Der Krieg in der Nordsee*, Bd. 4, Berlin 1924, S. 45f.
16 Ebd., S. 315.
17 Ebd., S. 316.
18 Marder, *From the Dreadnought*, Bd. 2, S. 445.
19 J. Keegan, *Battle at Sea*, London 1993, S. 129.
20 Marder, *From the Dreadnought*, Bd. 3, S. 175f.
21 Halpern, *A Naval History*, S. 327.
22 Ebd., S. 419f.
23 G. Rochet/G. Massobrio, *Breve Storia dell'Esercito Italiano 1861–1943*, Turin 1978, S. 184f.
24 Stone, *The Eastern Front*, S. 209–211.
25 J.-J. Becker, *The Great War and the French People*, Lemington Spa 1985, S. 22f.
26 *Les armées*, Bd. 10/1, passim.
27 C. Hughes, «The New Armies», in: I. Beckett/K. Simpson (Hg.), *A Nation in Arms*, London 1990, S. 105.
28 Beckett/Simpson, *A Nation*, Anhang I, S. 235f.
29 Asprey, *The German High Command*, S. 218f.; zitiert nach E. von Falkenhayn, *Die oberste Heeresleitung 1914–1916 in ihren wichtigsten Entschließungen*, Berlin 1920, S. 182–184.
30 I. Clarke, *Rumours of War*, Oxford 1996, S. 117f.
31 A. Horne, *Des Ruhmes Lohn. Verdun 1916*, Minden 1965, S. 70.
32 Ebd., S. 145.
33 Ebd., S. 215.
35 Cruttwell, *A History of the Great War*, S. 249.
36 Horne, *Des Ruhmes Lohn*, S. 356–374.
37 Ebd., S. 400.
38 *251 Divisions*, S. 8–11.
39 Asprey, *The German High Command*, S. 111f.
40 Holmes, *The Little Field Marshal*, S. 256.

41 Ebd., S. 314.
42 Ebd., S. 308.
43 G. De Groot, *Douglas Haig*, London 1988, S. 117f.
44 Ebd., S. 44.
45 *251 Divisions*, passim.
46 Beckett/Simpson, *A Nation*, S. 235f.
47 P. Griffith, *Battle Tactics of the Western Front*, London 1994, S. 56.
48 T. Travers, *The Killing Ground*, London 1987, S. 144.
49 M. Farndale, *A History of the Royal Artillery. The Western Front 1914–18*, London 1986, S. 144.
50 Travers, *The Killing Ground*, S. 140.
51 Ebd.
52 Vgl. etwa die bibliographischen Hinweise auf T. Travers, P. Griffith und G. Sheffield in: Cecil/Liddle, *Facing Armageddon*, S. 413ff.
53 M. Browne, *The Imperial War Museum Book of the Somme*, London 1996, S. 67.
54 Keegan, *The Face*, S. 245.
55 Fourth Army Records, Public Record Office, WO 158/233–6, July 2, 1916.
56 Wynne, *If Germany*, S. 118.
57 Ebd., S. 122f.
58 Clarke, *Rumours*, S. 93.
59 K. Macksey/J. Batchelor, *Tank*, London 1971, S. 14–25.
60 Persönlicher Besuch 1996; *The Daily Telegraph*, 29. 6. 1996.
61 Farwell, *The Great War*, S. 293.
62 Vgl. G. Robertson, *Chitral. The Story of a Minor Siege*, London 1897.
63 E. Ludendorff, *Meine Kriegserinnerungen 1914–1918*, Berlin 1919, S. 138.
64 Asprey, *The German High Command*, S. 207–209.
65 Stone, *The Eastern Front*, S. 227f.
66 Ebd., S. 230f.
67 Asprey, *The German High Command*, S. 236–240.
68 Stone, *The Eastern Front*, S. 265.

Kapitel 9

1 R. Cobb, *French and Germans, Germans and French*, Oxford 1983, S. 3–35.
2 J. Glubb, *Into Battle*, London 1978, S. 153.
3 Vgl. passim A. Clark, *The Donkeys*, London 1961; L. Wolff, *In Flanders Fields*, London 1958; N. Dixon, *On the Psychology of Military Incompetence*, London 1976.
4 J. Terraine, *Haig. The Educated Soldier*, London 1963.
5 Zitiert nach F. Davies/G. Maddocks, *Bloody Red Tabs*, London 1995, S. 26.
6 Ebd., S. 23.
7 Griffith, *Battle Tactics*, S. 171.

8 Wynne, *If Germany*, S. 125.
9 Public Record Office, WO 95/2366, 95/820, 153, 167/256/11.
10 Bidwell/Graham, *Fire-Power*, S. 141–143.
11 Thébaud, *La guerre et le deuil*, S. 113.
12 Becker, *The Great War*, S. 21.
13 Ebd., S. 227.
14 Wall/Winter, *The Upheaval of War*, S. 30.
15 Moyer, *Victory Must Be Ours*, S. 164.
16 Wall/Winter, *The Upheaval of War*, S. 117.
17 Cruttwell, *History of the Great War*, S. 363f.
18 Moyer, *Victory Must Be Ours*, S. 165–171.
19 T. Wilson, *The Myriad Faces of War*, London 1986, S. 407.
20 Becker, *The Great War*, S. 324.
21 Stone, *The Eastern Front*, S. 282.
22 E. Spears, *Prelude to Victory*, London 1939, S. 42.
23 Wynne, *If Germany*, S. 134.
24 Ebd., S. 166f.
25 Spears, *Prelude*, S. 40f.
26 Wynne, *If Germany*, S. 180f.
27 Ebd., S. 174.
28 A. McKee, *Vimy Ridge*, London 1966, S. 102.
29 Ebd., S. 116.
30 Spears, *Prelude*, S. 331.
31 Ebd., S. 41.
32 Ebd., S. 489f.
33 Ebd., S. 492.
34 Ebd., S. 493.
35 Ebd., S. 509.
36 L. Smith, *Between Mutiny and Obedience. The Case of the French Fifth Infantry Division during World War I*, Princeton 1994, S. 185.
37 Becker, *The Great War*, S. 217–222.
38 Ebd., S. 219.
39 G. Pedroncini, *Les mutineries de 1917*, Paris 1967, Kap. 4.
40 Smith, *Between Mutiny*, S. 218f.
41 Ebd., S. 197.
42 Ebd., S. 206f.
43 T. Ashworth, *Trench Warfare 1914–18. The Live and Let Live System*, London 1980, S. 15f.
44 Smith, *Between Mutiny*, S. 225f.
45 Stone, *The Eastern Front*, S. 282.
46 Becker, *The Great War*, S. 220f.
47 A. Wildman, *The End of the Russian Imperial Army*, New York 1980, S. 109.
48 Stone, *The Eastern Front*, S. 284f.
49 Ebd., S. 299f.

50 O. Fidges, *A People's Tragedy*, London 1996, S. 378.
51 Wildman, *The End*, S. 128.
52 Ebd., S. 149.
53 Zitiert nach Fidges, *A People's Tragedy*, S. 315.
54 R. Pipes, *Die Russische Revolution*, Bd. 1, Berlin 1992, S. 531 f.
55 Ebd., S. 551.
56 Ebd., S. 564.
57 Ebd., S. 563.
58 Wildman, *The End*, S. 335.
59 Pipes, *Die Russische Revolution*, Bd. 2, S. 102 f.
60 Wynne, *If Germany*, S. 294.
61 Fidges, *A People's Tragedy*, S. 445.
62 Pipes, *Die Russische Revolution*, Bd. 2, S. 241 f.
63 Ebd., S. 413.
64 Buldakov, «A Nation at War», S. 542.
65 Pipes, *Die Russische Revolution*, Bd. 2, S. 144.
66 Buldakow, «A Nation at War», S. 542.
67 Gooch, «Italy», S. 181.
68 Whittam, *The Politics of the Italian Army*, S. 197.
69 J. Gooch, «Morale and Discipline in the Italian Army 1915–18», in: Cecil/Liddle, *Facing Armageddon*, S. 437.
70 Ebd., S. 440.
71 J. Keegan, «An Army Downs Tools» (Rezension von L. Smith, Between Mutiny and Obedience), in: *The Times Literary Supplement*, 13. 5. 1994, S. 3 f.
72 Rochet/Massobrio, *Breve storia*, S. 185.
73 C. Falls, *Caporetto*, London 1966, S. 25 f. Der Brief Kaiser Karls ist abgedruckt bei A. Arz von Straußenburg, *Zur Geschichte des Großen Krieges 1914–1918*, Wien/Leipzig/München 1924, S. 171.
74 Falls, *Caporetto*, S. 36 f.
75 Ebd., S. 40.
76 Rommel, *Infanterie greift an*, S. 241.
77 Ebd., S. 298.
78 A. Krauß, *Das «Wunder von Karfreit»*, München 1926, S. 65; Falls, *Caporetto*, S. 49.
79 Gooch, «Morale and Discipline», S. 442.
80 J. Pratt, *A History of United States Foreign Policy*, New York 1959, S. 477–482.
81 Halpern, *A Naval History*, S. 337–339.
82 Zitiert nach H. Michaelis/E. Schraepler, *Ursachen und Folgen. Eine Urkunden- und Quellensammlung zur Zeitgeschichte*, Bd. 1, Berlin 1958, S. 141.
83 Halpern, *A Naval History*, S. 404.
84 Ebd., S. 335 f.
85 J. Terraine, *Business in Great Waters*, London 1989, S. 52 f.
86 Ebd., S. 54.

87 Ebd., S. 148.
88 R. Blake, *The Private Papers of Douglas Haig 1914–1919*, London 1952, S. 236.
89 Wolff, *In Flanders Fields*, S. 77.
90 J. Terraine, *The Road to Passchendaele*, London 1977, S. 156.
91 Ebd., S. 166.
92 P. Oldham, *Pillboxes on the Western Front*, London 1995, Kap. 6.
93 Wynne, *If Germany*, S. 288f.
94 Ebd., S. 295f.
95 J. Edmonds, *Military Operations, France and Belgium 1917*, Bd. 2, London 1948, S. 134.
96 J. Morrow, *The Great War in the Air*, London 1993, S. 202.
97 Ebd., S. 186f.
98 N. Steel/P. Hart, *Tumult in the Clouds*, London 1997, S. 25, 214.
99 A. Kernan, *Crossing the Line*, New York 1994, S. 108.
100 Farndale, *History of the Royal Artillery*, S. 203.
101 Ebd., S. 204.
102 Edmonds, *Military Operations 1917*, Bd. 2, S. 148.
103 E. Vaughan, *Some Desperate Glory*, London 1981, S. 219–232.
104 Wolff, *In Flanders Fields*, S. 165–167.
105 Wynne, *If Germany*, S. 307f.
106 Ebd., S. 308–310.
107 P. Griffith, *The British Army's Art of Attack 1916–18*, London 1994, S. 89.
108 De Groot, *Douglas Haig*, S. 341.
109 Ebd., S. 343.
110 D. Morton, *A Military History of Canada*, Toronto 1992, S. 149.
111 D. Morton, *When Your Number's Up*, London 1993, S. 171.
112 Edmonds, *A Short History*, S. 252.
113 Farndale, *History of the Royal Artillery*, S. 216f.
114 *251 Divisions*, S. 224.
115 Travers, *The Killing Ground*, S. 22.
116 Farndale, *History of the Royal Artillery*, S. 223.
117 Ebd., S. 224.

Kapitel 10

1 F. Fischer, *Griff nach der Weltmacht. Die Kriegszielpolitik des kaiserlichen Deutschland 1914/18*, 3. verb. Aufl. Düsseldorf 1964, S. 400.
2 M. E. S. Harries, *The Last Days of Innocence*, London 1997, S. 89.
3 Ebd., S. 324.
4 *251 Divisions*, S. 97.
5 M. Middlebrook, *Der 21. März 1918. Die Kaiserschlacht*, Berlin/Frankfurt a. M./Wien 1979, S. 239–241.
6 Ebd., S. 39.
7 Ebd.

8 C. Falls, *The Great War*, London 1959, S. 285.
9 Fischer, *Griff nach der Weltmacht*, S. 827.
10 Ebd.
11 M. Kitchen, *The Silent Dictatorship*, London 1996, S. 248.
12 Fischer, *Griff nach der Weltmacht*, S. 584f.
13 Ebd., S. 606–626.
14 R. Luckett, *The White Generals*, New York 1971, S. 126–130.
15 Ebd., S. 142.
16 G. Mannerheim, *Erinnerungen*, Zürich/Freiburg i. Br. 1952, S. 240.
17 Fischer, *Griff nach der Weltmacht*, S. 678f.
18 Ebd., S. 680f.
19 E. Mawdsley, *The Russian Civil War*, New York 1989, S. 27.
20 Ebd., S. 286f.
21 Pipes, *Die Russische Revolution*, Bd. 2, S. 408f.
22 Ebd., S. 410.
23 Ebd., S. 411.
24 Mawdsley, *The Russian Civil War*, S. 34.
25 K. F. Novak (Hg.), *Die Aufzeichnungen des Generalmajors Max Hoffmann*, Bd. 1, Berlin 1929, S. 187.
26 Mawdsley, *The Russian Civil War*, S. 34f.
27 Ebd., S. 225–229.
28 C. Ellis, *The British Intervention in Transcaspia 1918–19*, London 1963, S. 12.
29 G. Uloth, *Riding to War*, Privatdruck 1993, S. 8f.
30 G. Bayliss, *Operations in Persia 1914–19*, London 1987, S. 210f.
31 Ellis, *The British Intervention*, S. 12.
32 Ebd., S. 57–65.
33 Ebd., S. 12.
34 Luckett, *The White Generals*, S. 196.
35 Ebd., S. 197.
36 Pipes, *Die Russische Revolution*, Bd. 2, S. 457f.
37 Mawdsley, *The Russian Civil War*, S. 59.
38 J. Bradley, *Allied Intervention in Russia*, London 1968, S. 2.
39 Ebd., S. 11–14.
40 Ebd., S. 18.
41 Mawdsley, *The Russian Civil War*, S. 20.
42 Ebd., S. 21.
43 Bradley, *Allied Intervention*, S. 18.
44 Luckett, *The White Generals*, S. 163.
45 Bradley, *Allied Intervention*, S. 94f.
46 Mawdsley, *The Russian Civil War*, S. 97.
47 Luckett, *The White Generals*, S. 198–208.
48 N. Nicholson, *Alex*, London 1963, S. 57–66.
49 G. Bennet, *Cowan's War*, London 1964, S. 157.

50 P. Kencz, *Civil War in South Russia*, New York 1977, S. 182-191.
51 Bradley, *Allied Intervention*, S. 106-131.
52 Pipes, *Die Russische Revolution*, Bd. 2, S. 536.
53 M. Carley, *Revolution and Intervention*, New York 1983, S. 38.
54 Pipes, *Die Russische Revolution*, Bd. 2, S. 495.
55 Ebd., S. 497f.
56 H. Herwig, *The First World War*, New York 1997, S. 400f.
57 Middlebrook, *Der 21. März*, S. 240.
58 J. Edmonds, *Military Operations, France and Belgium 1918*, Bd. 1, London 1935, S. 139.
59 Reichsarchiv (Hg.), *Der Weltkrieg*, Bd. 14, Berlin 1944, S. 85.
60 Herwig, *The First World War*, S. 399f.
61 Edmonds, *Military Operations 1918*, Bd. 1, S. 156.
62 P. Graf Kielmansegg, *Deutschland und der Erste Weltkrieg*, 2. Aufl. Stuttgart 1980, S. 633f.
63 Edmonds, *Military Operations 1918*, Bd. 1, S. 51.
64 Ebd., S. 99.
65 Ebd., S. 123.
66 Middlebrook, *Der 21. März*, S. 92.
67 Ebd., S. 98.
68 Ebd., S. 117.
69 Ebd., S. 122f.
70 Ebd., S. 123.
71 Ebd., S. 159f.
72 Edmonds, *A Short History*, S. 286.
73 Reichsarchiv (Hg.), *Der Weltkrieg*, Bd. 14, S. 205.
74 Herwig, *The First World War*, S. 406f.
75 A. von Thaer, *Generalstabsdienst an der Front und in der OHL*, Göttingen 1958, S. 198.
76 Reichsarchiv (Hg.), *Der Weltkrieg*, Bd. 14, S. 253f.
77 Wilhelm Ritter von Leeb, *Tagebuchaufzeichnungen und Lagebeurteilungen aus zwei Weltkriegen*, hg. von Georg Meyer, Stuttgart 1976, S. 111, 115.
78 Thaer, *Generalstabsdienst*, S. 197.
79 C. Barnett, *Anatomie eines Krieges*, München/Esslingen 1963, S. 391.
80 W. Deist, «Der militärische Zusammenbruch des Kaiserreiches», in: U. Büttner (Hg.), *Das Unrechtsregime*, Bd. 1, Hamburg 1986, S. 111f.
81 O. Riebicke, *Was brauchte der Weltkrieg?*, Berlin 1936, S. 37.
82 Harries, *The Last Days*, S. 251.
83 Edmonds, *A Short History*, S. 323.
84 Fischer, *Griff nach der Weltmacht*, S. 845.
85 G. Ritter, *Staatskunst und Kriegshandwerk*, Bd. 4, München 1968, S. 383-386.
86 Herwig, *The First World War*, S. 421f.
87 Kitchen, *The Silent Dictatorship*, S. 247-249.

88 Herwig, *The First World War*, S. 421.
89 Harries, *The Last Days*, S. 345.
90 Goodspeed, *Ludendorff*, S. 204, 206.
91 Ebd., S. 209.
92 Ebd.
93 R. Watt, *Der Kaiser geht*, Frankfurt a. M. 1971, S. 120f.
94 Goodspeed, *Ludendorff*, S. 213.
95 Ebd., S. 214f.
96 Macartney, *The Habsburg Empire*, S. 829–833.
97 Ebd., S. 833.
98 Watt, *Der Kaiser geht*, S. 130–134.
99 Ebd., S. 157.
100 Ebd., S. 152.
101 Cruttwell, *A History of the Great War*, S. 595f.
102 Prinz Max von Baden, *Erinnerungen und Dokumente*, Stuttgart 1927, S. 643.
103 W. Groener, *Lebenserinnerungen*, hg. von F. Hiller von Gaertringen, Göttingen 1957, S. 460.
104 Watt, *Der Kaiser geht*, S. 154.
105 N. Jones, *Hitler's Heralds*, London 1987, Anhang 4.
106 Ward/Gibson, *Courage Remembered*, S. 281.
107 Winter, *Sites of Memory*, S. 108.
108 Herwig, *The First World War*, S. 439; Whalen, *Bitter Wounds*, S. 40.
109 Wall/Winter, *The Upheaval*, S. 16–27.
110 Whalen, *Bitter Wounds*, S. 41.

Bibliographische Hinweise

Amtliche Darstellungen des Ersten Weltkrieges

Weder Russland noch die Türkei veröffentlichten amtliche Darstellungen, denn die staatliche Struktur dieser beiden Reiche war durch den Krieg und den anschließenden Bürgerkrieg zerstört worden. Auch von amerikanischer Seite gibt es keine amtliche Darstellung; die Regierung der Vereinigten Staaten gab jedoch eine Reihe von Bänden zu besonderen Aspekten des Krieges heraus. Die wichtigsten amtlichen Darstellungen haben die Briten, die Franzosen, die Deutschen, die Österreicher und die Australier veröffentlicht. Die französische Darstellung ist ausführlich, aber trocken; der brauchbarste Band ist der in zwei Teilen erschienene zehnte Band, der die Schlachtordnungen sowie die Veränderungen auf der Führungsebene der Divisionen und größeren Truppenverbände verzeichnet. Die amtliche österreichische Darstellung enthält ebenfalls wertvolle Schlachtordnungen und ist nicht so nüchtern wie die französische. Die 14 vom Reichsarchiv herausgegebenen Bände der offiziellen deutschen Darstellung der «militärischen Operationen zu Lande» weist den distanzierten Stil des Generalstabes auf, ist jedoch für die Aktionen des deutschen Heeres unentbehrlich; die ebenfalls vom Reichsarchiv herausgegebenen «Schlachten des Weltkrieges» (z. B. die Bände «Ypern 1914» und «Gorlice») sind ebenfalls nützlich. Die amtliche britische Reihe enthält ausführliche Berichte über die Operationen des Heeres auf allen Kriegsschauplätzen, eine Geschichte der Flotte und der Luftwaffe, einige Bände technischen Inhalts (über die medizinische Versorgung und das Transportwesen) sowie eine Reihe äußerst detaillierter Gefechtsordnungen, die für ein Verständnis der Rolle Großbritanniens im Krieg unerlässlich sind. Der amtliche australische Historiker, C. W. E. Bean, sammelte von vielen Kriegsteilnehmern persönliche Erinnerungen. Daher weisen die von ihm herausgegebenen Bände eine menschliche Dimension auf, die keine der übrigen amtlichen Darstellungen erreicht; sie nehmen bereits diejenige Betrachtungsweise vorweg, die in der großartigen amerikanischen Geschichte des Zweiten Weltkrieges so erfolgreich angewandt wurde. Die Titel dieser offiziellen Darstellungen sind:
J. E. Edmonds, *Military Operations, France and Belgium 1914–1918*, London 1922–1948, und Begleitbände anderer Autoren über Operationen in Italien, Mazedonien, Ägypten und Palästina, an den Dardanellen, in Persien sowie in Ost- und Westafrika. Zum Seekrieg: J. Corbett / H. Newbolt, *Naval Operations*,

London 1920–1931. Zum Luftkrieg: W. Raleigh/H. Jones, *The War in the Air*, Oxford 1922–1937. État-Major de l'armée (Hg.), *Les armées françaises dans la grande guerre*, 10 Bde., Paris 1922–1939. Reichsarchiv (Hg.), *Der Weltkrieg 1914 bis 1918*, 14 Bde., Berlin 1925–1944. Österreichisches Bundesministerium für Heereswesen und Kriegsarchiv unter Leitung von E. von Glaise-Horstenau (Hg.), *Österreich-Ungarns letzter Krieg 1914–1918*, Wien 1930–1938. C. W. E. Bean, *Australia in the War of 1914–1918*, Sydney 1921–1943.

Allgemeine Darstellungen

Es gibt nur wenige zufrieden stellende allgemeine Darstellungen des Krieges, vielleicht wegen der von ihm hervorgerufenen Leiden und Hassgefühle. Die Verlierer zogen es vor zu vergessen, und selbst die Sieger konnten sich kaum mit Begeisterung an die Ereignisse erinnern, die ihre Bevölkerung buchstäblich dezimiert hatten. Die Briten, die im Vergleich mit den übrigen Großmächten noch die geringsten Verluste erlitten, brachten die erfolgreichsten allgemeinen Darstellungen hervor: J. E. Edmonds, *A Short History of World War I*, London u. a. 1951; ein knapper, jedoch umfassender Überblick über die militärischen Operationen. C. B. Falls, *The First World War*, London 1960; treffend und kompakt. M. Ferro, *La Grande Guerre*, Paris 1969; dt. u. d. Titel: *Der große Krieg 1914–1918*, Frankfurt a. M. 1988; die erste allgemeine Darstellung mit einer philosophischen und kulturellen Dimension. A. J. P. Taylor, *The First World War. An Illustrated History*, London 1963; kurz und bündig, wie bei diesem Autor üblich. H. Herwig, *The First World War. Germany and Austria 1914–1918*, New York 1997; gibt einen Überblick über den Forschungsstand und ist umfassender als der Titel vermuten lässt. C. R. M. F. Cruttwell, *A History of the Great War*, London 1934, ein veraltetes, aber glänzend geschriebenes Werk. Es soll ersetzt werden durch Hew Strachan (Hg.), *The Oxford Illustrated History of the First World War*, Oxford/New York 1998.

Kriegsursachen

Der plötzliche Übergang von einem scheinbar tiefen Frieden zu einem heftigen allgemeinen Krieg innerhalb weniger Wochen des Hochsommers 1914 trotzt immer noch Erklärungsversuchen. Nachdem die Historiker es aufgegeben hatten, bestimmten Nationen die Schuld am Krieg zuzuweisen, wandten sie sich zunächst der fast ebenso umstrittenen Untersuchung der Ursachen und schließlich einer Analyse der Verhältnisse zu.

Die Grundlage jeder Diskussion bleibt L. Albertini, *The Origins of the War of 1914*, 3 Bde., Oxford 1952–1957 (italienische Originalausgabe: *Le origini della guerra del 1914*, 3 Bde., Mailand 1942–1943); dieses Werk bietet eine detaillierte Chronologie der Krise und Auszüge aus den wichtigsten Dokumenten. Eine neuere, sorgfältig ausgewogene Analyse der Verhältnisse findet man bei J. Joll, *1914. The Unspoken Assumptions*, London 1984; dt. u. d. Titel: *Die Ursprünge des Ersten Weltkriegs*, München 1988. Wesentliche Werke zur Entwicklung der Krise in jedem der wichtigeren am Krieg beteiligten Staaten sind: I. Geiss (Hg.), *Juli 1914. Die europäische Krise und der Ausbruch des Ersten Weltkrieges*, München 1965; J. Gooch, *Army, State and Society in Italy 1870–1915*, New York 1989; J. Keiger, *France and the Origins of the First World War*, New York 1983; S. Williamson, *Austria-Hungary and the Origins of the First World War*, New York 1991; sowie Z. Steiner, *Britain and the Origins of the First World War*, New York 1977, ein Buch, das besonders auf die offizielle britische Diplomatie eingeht. Fritz Fischer – *Griff nach der Weltmacht*, Düsseldorf 1961, und *Krieg der Illusionen*, Düsseldorf 1969 – entfachte von neuem den Streit um die Kriegsschuld Deutschlands. Obgleich beide Bücher zur Zeit ihrer Veröffentlichung in Deutschland Empörung hervorriefen, bleiben sie wichtig.

Zwei Werke über die Stimmung in Europa vor dem Ersten Weltkrieg sind grundlegend: M. Eksteins, *Rites of Spring*, Boston 1989; dt. u. d. Titel: *Tanz über Gräbern. Die Geburt der Moderne und der Erste Weltkrieg*, Reinbek bei Hamburg 1990, sowie R. Wohl, *The Generation of 1914*, Cambridge (Mass.) 1979.

Pläne für den Kriegsfall

G. Ritter, *Der Schlieffenplan. Kritik eines Mythos*, München 1958, analysiert die Texte des deutschen Generalstabschefs, die seine Armeen anderthalb Jahre nach seinem Tod in einen verhängnisvollen Krieg stürzten; vielleicht die wichtigste Einzeldarstellung zum Ersten Weltkrieg, die jemals veröffentlicht wurde. Wertvolle Kommentare liefern B. Tunstall, *Planning for War Against Russia and Serbia*, New York 1993; A. Bucholz, *Moltke, Schlieffen and Prussian War Planning*, New York 1991; D. Herrmann, *The Arming of Europe and the Making of the First World War*, Princeton 1996; sowie die Untersuchungen bei P. M. Kennedy (Hg.), *The War Plans of the Great Powers 1880–1914*. London 1979.

Die Kriegführung

Im Unterschied zur Planung für den Krieg gibt es zu seiner Strategie nur wenige Forschungsarbeiten. Dagegen haben Fragen der Taktik stets zu Untersuchungen angeregt, vielleicht weil man begriff, dass eine erfolgreiche taktische Lösung die wichtigste strategische Notwendigkeit war – besonders an der Westfront. In den letzten Jahren hat die junge Generation britischer, australischer und kanadischer Historiker die Forschung belebt. Drei führende Autoren sind: T. Travers, *The Killing Ground. Command and Technology on the Western Front*, London 1987; ders., *How the War Was Won*, London 1992; P. Griffith, *Battle Tactics of the Western Front. The British Army's Art of Attack, 1916–1918*, London 1992; ders., *Forward into Battle. Fighting Tactics from Waterloo to Vietnam*, Rambsbury 1990; sowie H. Herwig, *The First World War. Germany and Austria-Hungary 1914–1918*, New York 1997. Keiner von ihnen erreicht die Prägnanz des ehemaligen amtlichen britischen Historikers G. C. Wynne, *If Germany Attacks*, London 1940; ein bis heute unübertroffenes Werk, das untersucht, wie die Briten und Franzosen ihre Angriffstaktik gegen befestigte Stellungen veränderten und wie die Deutschen darauf reagierten. Wertvolle Einblicke in die Auswirkungen des Stellungskrieges auf die «inaktiven» Frontabschnitte liefert T. Ashworth, *Trench Warfare. The Live and Let Live System*, London 1980. Drei wichtige Bücher über die Generalität werfen ein Licht auf die Strategie des Krieges: C. Barnett, *The Swordbearers*, London 1963, dt. u. d. Titel: *Anatomie eines Krieges. Eine Studie über Hintergründe und entscheidende Phasen des Ersten Weltkrieges*, München/Esslingen 1963; M. Kitchen, *The Silent Dictatorship. The Politics of the German High Command under Hindenburg and Ludendorff*, London 1976; R. Asprey, *The German High Command at War*, New York 1991.

Die Streitkräfte

Über die Streitkräfte des Ersten Weltkriegs, besonders über das britische Heer, gibt es eine umfangreiche Literatur. Zu den besten Werken zählen: P. Simkins, *Kitchener's Army*, Manchester 1986, ein wissenschaftlicher Liebesdienst für die größte Freiwilligenarmee des Krieges; ferner I. Beckett/K. Simpson (Hg.), *A Nation in Arms. A Social Study of the British Army in the First World War*, Manchester 1985. Gute Werke über das französische Heer sind D. Porch, *The March to the Marne*, Cambridge 1981; L. Smith, *Between Mutiny and Obedience*, Princeton 1994; R. Challener, *The French Theory of the Nation in Arms*, New York 1955; E. Weber, *Peasants into Frenchmen*, London 1977, enthält aufschlussreiche Abschnitte über die Akzeptanz der Wehrpflicht bei der französischen Landbevölkerung vor 1914. G. Pedroncini, *Les mutineries de 1917*, Paris 1967, ist noch immer ein Standardwerk. B. Menning, *Bayonets Before Bullets. The Imperial Russian Army 1861–1914*, Bloomington 1994, ist hervorragend und wird ergänzt durch A. Wildman, *The End of The Russian Imperial Army*, Princeton 1980. G. Rothenberg, *The Army of Francis Joseph*, West Lafayette 1976, ist das beste englischsprachige Werk über die Soldaten Österreich-Ungarns. J. Lucas, *Fighting Troops of the Austro-Hungarian Army*, Speldhurst 1987, bietet eine Fülle wertvoller Details. Über das deutsche Heer liegt immer noch kein gutes Werk in englischer Sprache vor. Glänzende Kapitel über die Heere der einzelnen Nationen enthält A. Millet/W. Williamson, *Military Effectiveness*, Bd. 1, Boston 1988. J. Gooch, *Army, State and Society in Italy 1870–1915*, New York 1989, ist ausgezeichnet. D. Omissi, *The Sepoy and the Raj*, London 1994, über die indische Armee, ist hervorragend. Über das türkische Heer im Ersten Weltkrieg gibt es noch keine umfassende Darstellung in englischer Sprache.

Über die deutsche Flotte liegen mehrere ausgezeichnete Untersuchungen vor: J. Steinberg, *Yesterday's Deterrent. Tirpitz and the Birth of the German Battle Fleet*, London 1965; H. Herwig, *Das Elitekorps des Kaisers. Die Marineoffiziere im wilhelminischen Deutschland*, Hamburg 1977; ders., *Luxury Fleet*, London 1980. Das klassische Standardwerk über die britische Flotte bleibt A. J. Marder, *From the Dreadnought to Scapa Flow*, 5 Bde., London 1961–1970.

M. Vego, *Austro-Hungarian Naval Policy 1904–1914*, London 1996, berichtet Interessantes über die Vorbereitungen für den Seekrieg zwischen Österreich und Italien in der Adria.

Die technische Literatur zum Luftkrieg hat einen beträchtlichen Umfang, aber zur Luftwaffe der führenden Nationen gibt es nur wenige bedeutende Werke. Eine interessante Untersuchung ist D. Winter, *The First of the Few. Fighter Pilots of the First World War*, London 1982.

Schlachten und Feldzüge

Eine alte, heute weitgehend in Vergessenheit geratene Darstellung eines Feldzuges bleibt für dieses Thema wertvoll: S. Tyng, *The Campaign of the Marne*, Oxford 1935. Das beste Werk über die gleichzeitige Schlacht im Osten ist D. Showalter, *Tannenberg*, Hamden 1991. N. Stone, *The Eastern Front 1914–1917*, New York 1975, ist unentbehrlich. Wichtige Werke über die Schlachten an der Westfront sind: E. L. Spears, *Liaison 1914. A Narrative of the Great Retreat*, New York 1931; ders., *Prelude to Victory*, London 1939 (über die Nivelle-Offensive); M. Middlebrook, *The First Day on the Somme*, London 1971; ders., *The Kaiser's Battle*. London 1978, dt. u. d. Titel: *Der 21. März 1918. Die Kaiserschlacht*, Berlin/Frankfurt a. M./Wien 1979 (zur Eröffnung der deutschen Offensive 1918); A. Horne *The Price of Glory*, London 1962, dt. u. d. Titel: *Des Ruhmes Lohn. Verdun 1916*, Minden 1965 (eine klassische Darstellung der Schlacht von Verdun); A. McKee, *Vimy Ridge*, London 1962; L. Wolff, *In Flanders Fields*, London 1958 (eine leidenschaftliche Darstellung der Kämpfe bei Passchendaele). C. B. Falls, *Caporetto*, London 1966, und A. Palmer, *The Gardeners of Salonika*, London 1965, sind die besten englischen Untersuchungen über die Front in Italien beziehungsweise in Mazedonien. Gallipoli hat eine Fülle von Literatur – oft von hohem Rang – hervorgebracht. Gute Gesamtdarstellungen sind: A. Moorehead, *Gallipoli*, London 1956 (veraltet, aber höchst lesenswert); R. Rhodes James, *Gallipoli*, London 1965; G. Cassar, *The French and the Dardanelles*, London 1971. Nützliche Werke über die entfernteren Kriegsschauplätze sind: C. B. Falls, *Armageddon 1918*, London 1964 (über Palästina); A. Barker, *The Neglected War. Mesopotamia 1914–1918*, London 1967; B. Farwell, *The Great War in Africa*, London 1987. *Purnell's History of the First World War*, herausgegeben von B. Pitt und P. Young, London 1969–1971, ist ein achtbändiges Handbuch, das Darstellungen aller Kriegsereignisse – teilweise von führenden Historikern – enthält; eine wertvolle Quelle, vor allem für unbekanntere militärische Aktionen (z. B. Tsingtao, Kaukasus). C. Ellis, *The Transcaspian Episode*, London 1963, ist eine glänzende Monographie über die britische Intervention in Südrussland 1918. Das Eingreifen der Alliierten in Russland sowie die militärischen Aspekte der russischen Revolution und des russischen Bürgerkrieges behandeln: J. Wheeler-Bennett, *Brest-Litovsk. The Forgotten Peace*, London 1966; J. Bradley, *Allied Intervention in Russia*, London 1968; R. Luckett, *The White Generals*, New York 1971; P. Kencz, *Civil War in South Russia*, New York 1977; M. Carley, *Revolution and*

Intervention, New York 1983; E. Mawdsley, *The Russian Civil War*, New York 1989. Besondere Aspekte des Seekrieges sind gut dargestellt bei: J. Goldrick, *The King's Ships Were at Sea. The War in the North Sea, August 1914 – February 1915*, Annapolis 1984; G. Bennet, *Coronel and the Falklands*, New York 1962; ders., *Cowan's War. The Story of British Naval Operations in the Baltic 1918–1920*, London 1964; ferner P. G. Halpern, *A Naval History of World War I*, Annapolis 1994. J. Terraine, *Business in Great Waters*, London 1989, ist die beste Gesamtdarstellung des U-Boot-Krieges. Unter den zahlreichen Werken über die Seeschlacht am Skagerrak verdienen besondere Beachtung N. Campbell, *Jutland. An Analysis of the Fighting*, London 1986, und A. Gordon, *The Rules of the Game*, London 1996.

Politik und Wirtschaft

Zu den wichtigsten Werken über Politik und Wirtschaft während des Krieges gehören: V. Berghahn, *Rüstung und Machtpolitik. Zur Anatomie des ‹Kalten Krieges› vor 1914*, Düsseldorf 1973; G. Feldman, *Arms, Industry and Labor in Germany 1914–1918*, Princeton 1966; D. French, *British Strategy and War Aims*, London 1986; J. Galantai, *Hungary in the First World War*, Budapest 1989; M. Geyer, *Deutsche Rüstungspolitik 1860–1980*, Frankfurt a. M. 1984; P. Guinn, *British Strategy and Politics 1914–1918*, Oxford 1965; Z. Zeman, *The Break-up of the Habsburg Empire 1914–1918*, London 1981.

Kultur und Gesellschaft

In jüngster Zeit haben französische Historiker bemerkenswerte Beiträge zur Sozial- und Kulturgeschichte des Krieges geliefert, z. B. J.-J. Becker/S. Audoin-Rouzeau, *Les sociétés européennes et la guerre de 1914–1918*, Paris 1990; J.-J. Becker u. a., *Guerre et cultures 1914–1918*, Paris 1994; J.-J. Becker, *La France en guerre 1914–1918*, Paris 1988; ders., *The Great War und the French People*, Leamington Spa 1985. Beckers englischer Mitarbeiter, J. Winter, hat zusammen mit W. Wall herausgegeben: *The Upheaval of War. Family, Work and Welfare in Europe 1914–1918*, Cambridge 1988. J. Winter, *Sites of Memory, Sites of Mourning. The Great War in European Cultural History*, Cambridge 1995, ist eine ergreifende Abhandlung über die Bemühungen von Soldaten und bürgerlichen Gemeinden, das vom Krieg verursachte Leid zu ertragen, rational zu erklären und nicht zu vergessen. Eher literarisch und heute eines der berühmtesten Bücher über den Großen Krieg ist Paul Fussell, *The Great War and Modern Memory*, Oxford 1975, eine Studie über die Widerspiegelung des Krieges in der englischen Literatur, besonders in Romanen und Memoiren. Ein älteres, aber noch immer wertvolles französisches Äquivalent ist J. Norton Cru, *Témoins*, Neuauflage Nancy 1993. Zwei wichtige Werke über die Erfahrungen der Deutschen im Ersten Weltkrieg sind: L. Moyer, *Victory Must Be Ours. Germany in the Great War, 1914–1918*, London 1995, und R. Whalen, *Bitter Wounds. German Victims of the Great War*, Ithaca 1984. T. Wilson, *The*

Myriad Faces of War. Britain and the Great War, 1914–1918, Cambridge 1986, zeichnet ein facettenreiches Bild der britischen Kriegserfahrungen. Eine interessante amerikanische Perspektive bietet E. Leed, *No Man's Land. Combat and Identity in World War I*, Cambridge 1979.

Biographien

Die militärischen Führer des Ersten Weltkriegs haben bis heute nur wenige Bewunderer gefunden. Das erscheint zunehmend unfair. Sie standen vor einer fast unlösbaren Aufgabe (mit schwachen, ja unzureichenden Mitteln eine stark befestigte Front aufzubrechen), und keiner war ein schlechterer General als die Übrigen. Ein interessantes Kollektivporträt zeichnet C. Barnett, *Anatomie eines Krieges*, München/Esslingen 1963; dargestellt sind der jüngere Moltke, Admiral Jellicoe, Pétain und Ludendorff. B. Liddell Hart, *Foch. The Man of Orleans*, London 1931, dt. u. d. Titel: *Foch. Der Feldherr der Entente*, Berlin 1938, eine verständnisvolle Biographie, hat die Zeit überdauert. Ebenso J. Wheeler-Bennett, *Hindenburg. The Wooden Titan*, London 1936; dt u. d. Titel: *Der hölzerne Titan. Paul von Hindenburg*, Tübingen 1969. D. Goodspeed, *Ludendorff*, London 1966; dt. u. d. Titel: *Ludendorff. Soldat, Diktator, Revolutionär*, Gütersloh 1968, ist hervorragend. Haig bleibt ein Rätsel: ein tüchtiger militärischer Fachmann, der gegenüber seinen Mitmenschen kaum Gefühle zeigte. J. Terraine, *Haig. The Educated Soldier*, London 1963, liefert eine parteiische Rechtfertigung seiner Leistungen; G. De Groot, *Douglas Haig*, London 1988, ist skeptischer und hebt die irrationale Seite seines Charakters hervor; Beachtung verdient auch D. Winter, *Haig's Command*, London 1991. Unentbehrlich ist R. Blake (Hg.), *The Private Papers of Douglas Haig 1914–1919*, London 1952. Ebenso Ph. Magnus, *Kitchener*, New York 1959. D. Smythe, *Pershing*, Bloomington 1986, ist die beste Biographie des Generals der (amerikanischen) Armeen. R. Holmes, *The Little Field Marshal*, London 1981, ist eine ausgezeichnete Biographie über Sir John French. Empfehlenswerte Biographien britischer Admirale sind: A. Temple Patterson, *Jellicoe*, London 1969; R. Mackay, *Fisher of Kilverstone*, Oxford 1973; S. Roskill, *Earl Beatty*, London 1980.

Personenregister

Albert I., König der Belgier (1909–34) 123–126, 132, 186, 190
Albertini, Luigi, ital. Historiker 97
Albrecht von Württemberg, Herzog, dt. Heerführer 141
Alexander d. Gr., König v. Makedonien 43 f, 314
Alexander, Sir Harold, brit. Feldmarschall 543
Alexejew, Michail, russ. General 225, 231, 330, 422, 427 f, 467, 540
Allenby, Sir Edmund, brit. General 452, 576
d'Amade, frz. General 155
Angell, Norman, liberaler brit. Autor 22–24
Apis, Oberst, serb. Geheimdienstchef 81
Arnim, Sixt von, dt. General 177
Arz von Straußenburg, Arthur, k.u.k. General 427
Asquith, Arthur, Sohn des brit. Premierministers 351
Asquith, Herbert Henry, brit. Premierminister (1908–16) 445
Atkinson, E., brit. Berufssoldat 552
Aubier, frz. General 137

Bacon, Francis, Zeitgenosse Shakespeares 73
Baedeker, Karl, dt. Verleger 29 f
Ball, Albert, brit. Hauptmann 500
Barbusse, Henri, frz. Autor 434

Beatty, Sir David, brit. Admiral 371–373, 378 f, 382–384
Below, Otto von, dt. General 212
Benesch, Eduard, tschech. Politiker 541
Berchtold, Leopold Graf, österr. Außenminister (1912–15) 82 f, 85–89, 95, 100 f
Berthelot, Henri, frz. General 184
Beseler, Hans von, dt. General 188, 191 f
Bethmann Hollweg, Theobald von, dt. Reichskanzler (1909–17) 49, 86, 93, 99–101, 103, 105, 269 f, 488, 572
Beumelburg, Werner, dt. Historiker 195
Beyers, Christiaan, südafrikan. Offizier 297
Birdwood, Sir William, austral. General 345
Bismarck, Otto von, dt. Reichskanzler (1871–1890) 27, 50 f, 68
Blixen, Karen, dän. Autorin 298
Bloem, Walter, dt. Hauptmann 116, 120, 150 f, 154, 161
Böhm-Ermolli, Eduard von, k.u.k. General 230, 241
Bonneau, frz. General 137 f
Boroevic, k.u.k. Feldmarschall 241 f, 323
Botha, Louis, Burengeneral 297
Brenan, Gerald, brit. Offizier 413
Brialmont, Henri, belg. General 122

Briand, Aristide, frz. Politiker 332, 357, 445
Brinckmann, dt. Hauptmann 131
Brooke, Rupert, brit. Kriegsdichter 351
Bruchmüller, Georg, dt. Oberst 472, 525, 562
Brudermann, Rudolf von, k.u.k. General 229
Brussilow, Alexei, russ. General 235f, 241, 422, 424–426, 433f, 469, 472, 528
Buchanan, Sir George, brit. Botschafter in Sankt Petersburg 93
Bucharin, Nikolai, sowjet. Politiker 469, 471
Bulgakow, russ. General 246
Bülow, Fürst Bernhard, dt. Reichskanzler (1900–1909), dt. Botschafter in Rom (1914–15) 320
Bülow, Karl von, dt. General 133, 145, 157, 159, 173, 175f, 179–181, 187
Byng, Sir Julian, brit.General 512, 514

Cadorna, Luigi Graf, Generalstabschef des ital. Heeres (1914–17) 322f, 420f, 480, 482f, 485, 576
Cambon, Jules, frz. Botschafter in Berlin (1907–14) 93f
Cambon, Paul, frz. Botschafter in London (1898–1920) 108
Capelle, Eduard von, dt. Admiral, Staatssekretär des Reichsmarineamtes 520
Capello, Luigi, ital. General 483
Carden, brit. Admiral 334, 336
Cassell, F. L., dt. Soldat 411
Castelnau, Noël de, frz. General 138–140, 185, 394
Churchill, Winston, brit. Politiker 21, 188, 306, 310, 332, 334f, 371, 415

Clayton, Reverend Tubby, anglikan. Geistlicher 262
Clemenceau, Georges, frz. Politiker 264, 559
Clouting, Ben, brit. Offizier 162
Cobb, Richard, brit. Historiker 114
Cochin, Augustin, frz. Offizier 397
Conneau, frz. General 139
Conrad von Hötzendorf, Franz Graf, Generalstabschef der k.u.k. Armee (1906–17) 68–71, 85, 88f, 95, 99, 101, 221–223, 225, 227–232, 235, 238, 241–244, 247, 324, 326, 328, 390, 420
Cowan, Sir Walter, brit. Admiral 543
Cradock, Christopher, brit. Admiral 304
Currie, Sir Arthur, kanad. General 510
Curzon, Lord, brit. Politiker 496
Czernin, Ottokar Graf, österr. Außenminister (1916–18) 444

Dalton, Hugh, brit. Artillerieoffizier 483
Danilow, russ. General 225, 231
D'Annunzio, Gabriele, ital. Dichter 320
Deguise, belg. General 188
Dellmensingen, Konrad Krafft von, dt. General 139, 141
Denikin, Anton, russ. General 540, 542, 545
Derby, Lord, brit. Kriegsminister (Dez.1916) 433
Diaz, Armando, ital. General 486, 578
Dimitrijevic, Dragomir s. unter Apis
Dragomirow, russ. General 470
Driant, Émile, frz. Oberstleutnant 391, 393
Dubail, Auguste, frz. General 138–140

Personenregister 621

Du Bois, W. E. B., amerik. Politiker 521
Duisberg, Carl, dt. Industrieller 281
Dunsterville, L. C., brit. General 535f

Ebert, Friedrich, dt. Sozialdemokrat 17, 579–582
Edmonds, brit. Militärhistoriker 511
Eitel Friedrich, preuß. Prinz 157
Elles, brit. Brigadegeneral 512, 514
Emmich, Otto von, dt. General 123, 127f, 132, 135f
Enver Pascha, türk. Kriegsminister (1914–18) und Vizegeneralissimus 308, 314–316, 537
Ewert, russ. General 422, 425

Falkenhausen, Ludwig von, dt. General 452
Falkenhayn, Erich von, preuß. Kriegsminister (1913–15), Chef des dt. Generalstabes (1914–16) 86, 100f, 186f, 191, 195, 235, 240, 245, 257, 259, 268–270, 275, 280, 285, 326–328, 352, 389–392, 394–397, 400f, 406, 413, 420, 425, 427, 446
Ferguson, brit. Oberstleutnant 282
Fisher, Sir John, brit. Admiral 304, 306, 334f, 365, 369f, 375
Flint, A. H., brit. Soldat 552
Foch, Ferdinand, frz. General und (seit 1918) Marschall 140, 153, 166, 176f, 188, 191, 195, 256, 404, 434, 559f, 563, 570, 572, 574, 580
Fonck, René, frz. Jagdflieger 499
Franchet d'Espérey, Louis, frz. General 157f, 166, 175, 177, 256, 332
François, Hermann von, dt. General 211, 214, 216
Franz Ferdinand, österr. Thronfolger 30, 79f, 82

Franz Joseph, Kaiser von Österreich (1848–1916) 80, 85f, 88, 101, 118, 225f, 229, 232, 444
French, Sir John, brit. Feldmarschall 148f, 152, 155f, 165f, 173ff., 186, 190, 195, 270, 274, 284, 334, 401, 403f, 446, 494

Gajda, Rudolf, tschech. Revolutionär 542
Galliéni, Joseph, frz. General 164–167
Gallwitz, Max von, dt. General 354
Gamelin, frz. General 21
Gaulle, Charles de, frz. Offizier 394f
Georg V., König von Großbritannien (1910–1936) 30, 375, 403
Geyer, Hermann, dt. Hauptmann i. G. 549
Glubb, John, brit. Offizier 433
Goltz, Rüdiger Graf von der, dt. General 528
Gough, Sir Hubert, brit. General 498, 503, 550f, 556, 559
Grey, Sir Edward, brit. Außenminister (1905–16) 46, 72, 90–92, 94f, 319
Groener, Wilhelm, dt. General 579, 581
Gronau, Hans von, dt. General 171f
Guynemer, Georges, frz. Jagdflieger 499

Haber, Fritz, dt. Chemiker 281
Haeften, Hans von, dt. Major 269
Haig, Sir Douglas, brit. Feldmarschall 148, 192, 274, 284, 388f, 401, 403–408, 412, 414, 434f, 438f, 447, 494–497, 502f, 506–512, 549–551, 559f, 563, 570
Hamilton, Sir Ian, brit. General 337–340, 345, 348f
Hankey, Maurice, brit. Politiker 334

Hannibal, punischer Feldherr 43, 54
Harnack, Adolf von, dt. Kirchenhistoriker 129
Harper, G. M., brit. General 513
Hašek, Jaroslav, tschech. Autor 233
Hausen, Max von, dt. General 145, 159, 176f, 180f
Heeringen, Josias von, dt. General 139
Heinrich von Preußen, Prinz, Bruder Wilhelms II. 578
Hemingway, Ernest, amerik. Autor 485
Hentsch, Richard, dt. Oberstleutnant 178–180, 352
Hertling, Georg Graf von, dt. Reichskanzler (1917–18) 526, 573
Herwig, Holger, dt. Historiker 54
Hindenburg, Paul von, dt. Generalfeldmarschall 213–219, 230, 235–237, 239, 245, 269–271, 280, 327, 401, 404, 425, 434f, 488, 493, 510f, 524–526, 533, 547–549, 560, 568, 572f, 575, 581
Hintze, Paul von, Staatssekretär des Auswärtigen (1918) 573
Hipper, Franz von, dt. Admiral 382
Hitler, Adolf 13, 17, 21, 55, 113, 191, 213, 240, 421, 520, 581, 587
Hoffmann, Max, dt. General 213f, 235, 533
Holbrook, William, brit. Unteroffizier 194f
Holtzendorff, Henning von, Chef des dt. Admiralstabes 488, 490, 493
Homer 29, 351
Horne, Sir Henry, brit. General 452
Hötzendorf s. unter Conrad von Hötzendorf
House, Edward, amerik. Oberst 487
Hoyos, Alexander Graf, österr. Diplomat 83, 86
Hunter-Weston, brit. General 345, 408

Hussein, Scherif von Mekka 313f, 575
Ironside, Sir Edmund, brit. General 543
Iwanow, Nikolai, russ. General 220, 241f, 424, 467

Jaafar Pascha, türk. Offizier 314
Jagow, Gottlieb von, Staatssekretär des Auswärtigen (1913–16) 95
Janin, frz. General 544
Januschkewitsch, Nikolai, Chef des russ. Generalstabes 97–99, 102f, 106
Jellicoe, Sir John, Oberbefehlshaber der *Grand Fleet* 368, 376, 378f, 382–84
Joffre, Joseph, Chef des frz. Generalstabes (seit 1911), Oberbefehlshaber aller frz. Truppen (Dez. 1915-Dez.1916) 48, 63, 66, 72, 97, 99, 132, 136–139, 141–144, 148, 152f, 155f, 158, 161f, 164–169, 172–176, 185f, 188, 198, 256, 259–261, 269f, 274, 284, 332, 334, 357f, 386, 388f, 394, 399, 404, 433–435, 446f, 449f, 558
Jolly, J., brit. Soldat 554
Judenitsch, Nikolai, russ. General 316
Jünger, Ernst, dt. Autor 191, 194, 498

Kaiser s. unter Wilhelm II.
Karl d. Gr., Kaiser (800–814) 44
Karl I., Kaiser von Österreich (1916–18) 444, 481, 577
Karl XII., König von Schweden (1698–1718) 465
Kemal, Achmed, türk. General 313
Kemal Atatürk, Mustafa, türk. Offizier und Politiker 346f, 350, 404, 589

Kemp, Jan, südafrikan. General 297
Kerenski, Alexander, russ. Politiker
469–474, 496, 528, 549, 557
Kestell-Cornish, brit. Leutnant 282
Keyes, Roger, brit. Kommodore 338, 370
Kipling, Rudyard, brit. Dichter 340, 536, 585f
Kitchener, Horatio Herbert, brit. Feldmarschall, Kriegsminister (1914–16) 165, 173, 269, 271, 284, 312, 332, 334f, 339, 348f, 387f, 433
Kluck, Alexander von, dt. General 59, 122, 144, 149, 160, 163f, 172f, 175f, 178, 180, 185
Kokoschka, Oskar, österr. Maler 233
Kollwitz, Käthe, dt. Künstlerin 193
Koltschak, Alexander, russ. Admiral 542, 544f
Konstantin I., König der Griechen (1913–17) 355, 358
Köppen, dt. Hauptmann 179
Kornilow, Lavr, russ. General 472f, 540
Kralowetz, österr. Stabsoffizier 244
Kress von Kressenstein, Franz, dt. Oberst 313
Krüger, Kurt, dt. Feldwebel 514
Kuropatkin, Alexei, russ. General 422

Lafayette, Marquis de, frz. General (18. Jh.) 523
Langle de Cary, Fernand de, frz. General 141, 143
Lanrezac, Charles, frz. General 142, 144–148, 152, 155–159, 163f, 166f, 172f
Lawrence, T. E., brit. Agent in Arabien 576
Lawson, W. R., brit. Journalist 24
Leeb, Wilhelm Ritter von, dt. Major i.G. 562

Leman, Gérard, belg. General 126, 131f, 134f
Lenin, Wladimir Ilijtsch, russ. Revolutionär 469, 471, 473–475, 528, 531f, 536, 539, 545, 549
Leopold II., König der Belgier (1865–1909) 123
Lermontow, Michail, russ. Dichter 314
Leslie, Norman, brit. Schifffahrtsminister 492
Lettow-Vorbeck, Paul von, dt. Offizier 298–301, 417f
Lichnowsky, Karl Max Fürst, dt. Botschafter in London (1912–14) 91
Liebknecht, Karl, Führer des Spartakusbundes 579f
Ligne, Fürst von, österr. Feldherr im Siebenjährigen Krieg 135
Liman von Sanders, Otto, dt. General 308, 318, 338, 346
Lloyd George, David, brit. Premierminister (1916–22) 284, 334, 433, 435, 445–447, 492, 494, 496f, 506–508, 544, 550
Lossberg, Fritz von, dt. Oberst 413f, 437, 454, 568–570
Ludendorff, Erich, Generalleutnant, Stabschef Hindenburgs 131–133, 146, 159, 213f, 216, 230, 235–238, 240, 269f, 280, 327–329, 401, 421, 434, 482, 488, 493, 506, 508, 510f, 524f, 546–549, 551, 558, 561–576, 579, 581
Ludwig XIV., König von Frankreich (1643–1715) 139, 251
Ludwig XV., König von Frankreich (1715–1774) 185, 264
Luxemburg, Rosa, Mitbegründerin der KPD 579f
Lwow, Fürst Giorgij, russ. Politiker 469, 472
Lyautey, Louis, frz. General 447

Mackensen, August von, dt. General 214, 216, 241, 326–328, 352, 354, 356, 427
Malleson, W., brit. General 535f
Mangin, Charles, frz. General 148, 288, 457, 567
Mannerheim, Carl Gustav Freiherr von, finn. General und Politiker 528–530, 538
Mannock, Edward, brit. Jagdflieger 500
Marinetti, Emilio, ital. Autor 320
Maritz, Salomon, südafrikan. Oberst 297
Marlborough, Herzog von, brit. Feldherr 43
Marx, Karl, dt. Philosoph und Politiker 27
Mas de Latrie, frz. General 158
Masaryk, Thomas, tschech. Politiker 541
Maud'huy, de, frz. General 187
Maunoury, Michel, frz. General 143, 153, 164, 171, 173f
Max von Baden, Prinz, dt. Reichskanzler (1918) 574f, 579f
McCudden, James, brit. Jagdflieger 500
Mensdorff, Graf, österr. Botschafter in London 91
Messimy, frz. Kriegsminister (bis Aug. 1914) 97, 106, 153, 165
Meyer-Waldeck, Alfred, dt. Gouverneur von Kiautschou 293
Michael, russ. Großfürst 467
Michel, Victor, frz. Generalstabschef (1911) 62f, 165
Millerand, Alexandre, frz. Kriegsminister (seit Aug. 1914) 165
Milner, Lord, brit. Politiker 496, 559
Mischlaewski, russ. General 316
Mohammed V., Sultan (1909–18) 309f, 312

Moltke, Helmuth Graf von (der Ältere), Generalfeldmarschall, Chef des Großen Generalstabes (1857–1888) 45, 50f, 55, 307
Moltke, Helmuth von (der Jüngere), Chef des dt. Generalstabes (1906–1914) 60, 68–71, 99–101, 103, 105–107, 128, 141, 145, 159–161, 163–165, 168f, 173, 179–181, 203, 212f, 235, 256, 268, 270, 401, 446, 531
Monro, Sir Charles, brit. General 349
Müller, Karl von, dt. Korvettenkapitän 303
Mussolini, Benito, ital. Revolutionär 320

Napoleon (Bonaparte), Kaiser der Franzosen (1804–1815) 31, 37, 43, 45, 50, 203, 236f, 251, 404, 520
Napoleon III., Kaiser der Franzosen (1852–1870) 43f, 138, 390
Nicolson, Harold, brit. Diplomat 47
Nikolai Nikolajewitsch, russ. Großfürst 236, 241, 330, 332
Nikolaus II., Zar (1896–1917) 31f, 34, 66, 92, 94, 97, 99f, 102, 107, 113, 330, 466f
Nivelle, Robert, frz. General 175, 399, 433, 447, 449–451, 454f, 458f, 461–463, 486, 494, 501, 524, 564

Owen, Wilfred, brit. Kriegsdichter 578

Paléologue, Maurice, frz. Botschafter in Sankt Petersburg 97f, 102f, 113
Palmerston, Lord, brit. Staatsmann 364
Parkinson, J., brit. Soldat 554
Pašić, Nikola, serb. Ministerpräsident (1904–18) 90, 92

Personenregister 625

Paulus, Friedrich, dt. Offizier 399
Pershing, John J., amerik. General 519, 522, 570f
Pétain, Philippe, frz. General, seit 1918 Marschall 284f, 394, 397, 399, 459f, 486, 494, 510, 559
Peter I., König v. Serbien (1903–21) 224, 356
Philipp II., König v. Spanien (1556–98) 43
Pius X., Papst (1903–14) 26
Planck, Max, dt. Physiker 130
Plettenberg, dt. General 157
Plumer, Sir Herbert, brit. General 495, 503, 506f
Poincaré, Raymond, frz. Präsident (1913–20) 88–90, 93, 104, 107, 332, 559
Potiorek, Oskar, k.u.k. General 223f
Pourtalès, Friedrich von, dt. Botschafter in Sankt Petersburg 99, 103, 107
Princip, Gavrilo, serb. Attentäter 80, 224
Prittwitz und Gaffron, Max von, dt. General 206, 211–214
Putnik, Radomir, serb. Oberkommandierender 222–224, 354, 356

Quast, Ferdinand von, dt. General 178

Radko-Dimitriew, russ. General 326
Raglan, Lord, brit. Heerführer im Krimkrieg 46
Rawlinson, Henry, brit. General 405, 407f, 412
Raynal, frz. Major 398f
Redl, Alfred, österr. Oberst 67
Remarque, Erich Maria, dt. Autor 434
Rennenkampff, Paul von, russ. General 206, 208, 210f, 214–216, 218f

Richard Löwenherz, König v. England (1189–99) 44
Richthofen, Manfred von, dt. Jagdflieger 500, 563
Rickenbacker, Eddie, amerik. Jagdflieger 521
Rickman, brit. Oberstleutnant 439
Rilke, Rainer Maria, dt. Dichter 233
Robeck, John de, brit. Admiral 337
Robertson, Sir William, militär. Berater Lloyd Georges 496f, 506
Rommel, Erwin, dt. Offizier 120, 482–484
Röntgen, Wilhelm, dt. Physiker 130
Ruffey, Pierre, frz. General 141
Rupprecht von Bayern, Kronprinz, dt. Heerführer 139, 141f, 176, 181, 269f, 391, 396, 399, 502, 515
Russki, russ. General 229f, 235f, 241
Ryckel, de, belg. Oberst 126

Salandra, Antonio, ital. Ministerpräsident (1914–16) 320
Samsonow, Alexander, russ. General 206, 208, 210f, 214–218
Sarrail, Maurice, frz. General 357f
Sasonow, Sergei, russ. Außenminister (1910–16) 93, 97–99, 102, 107
Sassoon, Siegfried, brit. Kriegsdichter 434
Sawyer, H. V., brit. Soldat 118
Scheer, Reinhard, dt. Admiral 377–379, 381–385
Schilinski, Jakow, russ. General 67, 210, 215
Schlieffen, Alfred Graf von, dt. Generalstabschef (1891–1905) 49–63, 68, 71, 122, 140, 144, 149, 158–160, 163, 167–169, 178, 203, 212, 214, 266, 326, 533, 546
Schnee, Dr. Albert, Gouverneur von Deutsch-Ostafrika 299
Schoen, Wilhelm Freiherr von, dt. Botschafter in Paris 106

Scholtz, Friedrich von, dt. General 214, 216
Schulenburg, Friedrich von der, dt. Oberst 548
Selliers, Antonin de, belg. Generalstabschef 125
Shaw, brit. Major 344
Shaw-Stewart, Patrick, brit. Kriegsfreiwilliger 351
Sidi Achmad, Führer der Senussi 314
Sievers, russ. General 246
Sixtus, Prinz von Bourbon-Parma, Schwager des Kaisers Karl I. von Österreich 444
Smith-Dorrien, Sir Horace, brit. General 154
Smuts, Jan, südafrikan. General 297, 300, 417, 496
Solschenizyn, Alexandr, russ. Autor 208
Sonnino, Giorgio, ital. Außenminister 320
Sordet, frz. Kavalleriegeneral 141, 167
Souchon, Wilhelm, dt. Admiral 308
Spears, Edward, brit. Offizier 118, 152, 455 f
Spee, Maximilian Graf von, dt. Admiral 303–305, 367
Stalin, Jossif, russ. Revolutionär 528, 545, 590
Stern, Albert, brit. Ingenieur 415
Stewart, John, brit. Major 287
Sturdee, Sir Doveton, brit. Admiral 305
Suchomlinow, Wladimir, russ. Kriegsminister 66 f, 102
Sueter, Murray, brit. Ingenieur 415
Svinhufvud, Pehr, finn. Nationalist 529
Swinton, Ernest, brit. Pionieroffizier 415

Tatistschew, russ. Militärbevollmächtigter in Berlin 102
Taylor, A. J. P., brit. Historiker 47
Thaer, Albrecht von, dt. Oberst 562
Thomas, Albert, frz. Munitionsminister 284
Tirpitz, Alfred von, dt. Großadmiral 101, 519
Tisza, István Graf, ungar. Ministerpräsident (1913–17) 85–89
Tolstoi, Leo, russ. Dichter 28, 207, 314
Townshend, Sir Charles, brit. General 418 f
Treitschke, Heinrich von, dt. Historiker 292
Trotha, Adolf von, dt. Stabsoffizier 377
Trotzki, Leo, russ. Revolutionär 469, 471, 532, 537–539, 545
Tudor, H. H., brit. General 512, 514
Tyrwhitt, Sir Reginald, brit. Admiral 370

Vauban, frz. Festungsbaumeister (17. Jh.) 390
Vaughan, Edwin, brit. Kompanieführer 504–506
Veith, österr. Oberst 244
Veliaminow, russ. General (19. Jh.) 315
Venizelos, Eleftherios, griech. Ministerpräsident (1910–15, 1917–20) 318, 354 f
Victoria, Königin v. Großbritannien (1837–1901) 30
Viktor Emmanuel III., König v. Italien (1900–46) 320, 322
Viviani, René, frz. Ministerpräsident (1914–15) 90, 93, 332, 357
Volkheimer, Michael, bayr. Soldat 452
Voss, Werner, dt. Jagdflieger 499

Personenregister 627

Waldersee, Alfred Graf von, dt. Generalstabschef (1888–91) 50 f
Waldersee, Georg von, dt. Major i. G. 213
Walter, von, dt. General 513 f
Wegener, Wolfgang, dt. Korvettenkapitän 375
Wellington, Herzog von, brit. Feldherr 155, 203, 251, 435, 439
Wells, H. G., brit. Autor 415
Wet, Christiaan de, Held des Burenkriegs 297
Wetzell, Georg, dt. Oberstleutnant i. G. 548
Wilhelm II., dt. Kaiser (1888–1918) 30, 48, 51, 66, 75, 83, 86 f, 93 f, 99–102, 105, 107, 113, 123, 126, 128, 159, 168, 230 f, 245, 269 f, 328, 355, 376, 384, 390, 446, 474, 481, 549, 560, 575, 578, 580–583
Williams, Lloyd, amerik. Hauptmann 565
Wilson, Sir Henry, brit. Generalstabsoffizier und Chef des Empire-Generalstabes 72, 156, 184, 507, 559
Wilson, Woodrow, amerik. Präsident (1913–21) 444, 487, 489, 520, 544, 573 f, 577
Wittgenstein, Ludwig, österr. Philosoph 232

Ortsregister

Aachen 122f, 133
Abbéville 121
Adrianopel 331
Agram 322
Ailette 264, 461
Aisne 36, 58, 157, 181, 184–188, 192, 197f, 256, 258, 264, 266, 360, 425, 449f, 454, 456f, 460, 499, 501, 556
Al Qurnah 312
Albert (Frankreich) 405, 416
Aleppo 418
Allenstein 206
Amiens 143, 153, 267, 405, 559–561, 570, 572
Ancre 410, 415f
Andenne 128f
Angerapp 208
Ankara 589
Antwerpen 115, 125, 132, 144, 159, 186–189
Ardennen 141, 144
Ardennes 258
Argonnen 259, 264, 266, 461
Arlon 141
Ärmelkanal 108, 187, 280, 374, 548, 556, 561f, 564, 586
Arras 19, 21, 259, 261, 263, 267, 449–451, 453–455, 548
Artois 252, 258f, 263, 266, 273f, 280, 284, 286
Astrachan 536
Aubers 263, 273
Augustow 237, 245f

Auschwitz 13
Auvelais 146

Bagdad 318, 418, 576
Bahrain 311
Baikalsee 544
Bailleul 262
Bainsizza 321, 323
Bainsizza-Plateau 481
Baku 534–537
Balkan 96, 291, 306, 308, 317, 332, 354, 356f, 360
Ballon d'Alsace 265
Baltikum 329, 421, 473, 531, 543, 545
Banat 426
Bapaume 407, 416
Baranowitschi 425
Barbados 303
Barchon, Fort 131, 133
Bar-le-Duc 395
Bar-sur-Aube 152
Basel 184
Basra 309, 312
Battice 128
Bazentin 414
Beaumont Hamel 410
Beaurepaire 439
Belfort 121, 137, 252
Belgisch-Flandern 189
Belgrad 90, 92, 95f, 98, 101, 221f, 224, 352, 355f
Belleau Wood 565f
Belzec 13

Bergen-Belsen 14
Berlin 57, 83, 86, 93, 96, 98, 117,
  129, 159, 168, 204f, 217, 239,
  575, 579f, 582
Berry-au-Bac 185
Besançon 137, 391
Beskiden 244
Bessarabien 534
Blankenberge 494
Bois des Caures 391, 393
Boncelles, Fort 134
Bonfol 265
Bordeaux 147, 166
Borodino 207
Bosporus 331, 336
Boulogne 121, 148
Bremen 115
Breslau 238f
Brest-Litowsk 328, 330, 475, 529,
  531–533, 535, 537–539, 541,
  545f, 580
Bretagne 173
Broodseinde 192, 497, 507f
Brüssel 26, 52, 54, 126, 132, 159,
  191
Buckinghamshire 195f
Budapest 234, 241f, 322
Bug 228, 330, 475
Bukarest 427, 580
Bukowina 426
Bulair 339f, 346
Bullecourt 453
Bychow 540
Bzura 21, 240

Caen 147
Calais 358
Cambrai 155, 512–515, 556
Cambridge 29
Cannae 54
Caporetto 243, 322, 478, 483, 485f,
  557–559, 576f
Carso 321, 323, 420
Cassel 262, 494

Châlons 121
Champagne 14, 259, 263f, 266, 273,
  280, 284–288, 547
Chantilly 272, 284, 358, 385, 388,
  421, 448
Charleroi 145f
Chatalja 35, 251
Château-Salins 139
Château-Thierry 565
Châtillon-sur-Seine 152
Chaudfontaine 134
Chemin-des-Dames 185f, 264,
  449–451, 454f, 457, 494, 511,
  524, 564f
Cherbourg 147
Chitral 419
Compiègne 121, 163, 185, 580
Contalmaison 414
Coronel 304f, 367
Côtes de Meuse 136
Courcelette 416
Creil 117
Czernowitz 244, 251, 329

Damaskus 313, 318
Danzig 206
Dardanellen 272, 319f, 331f, 334–
  336, 340, 344, 346, 351, 358
Daressalam 298, 417
Delville 414
Den Haag 27, 32, 34
Deutsch-Eylau 206
Dieuze 139
Diksmuide 190, 262
Dinant 128
Dnjestr 225, 228, 230, 360, 424
Dobrudscha 427f
Dodekanes 318, 321
Doggerbank 370–373, 376, 383
Don 533, 540
Donau 98, 219, 222, 354f
Donez 533, 535, 538
Doorn 581
Douai 263, 273, 283, 451, 453

Douala 294
Douaumont, Fort 393, 398, 400, 447
Dover 375
Drau 322
Drina 222–224, 360, 590
Dublin 344, 346, 350
Dujaila 419
Dunajec 232
Dünkirchen 188
Durham 514
Dwina 543

Edinburgh 26, 374, 378
Elbe 374
Elsass 61, 167, 172
Elsass-Lothringen 50, 61, 135, 144, 185f, 198, 580, 588
Embourg, Fort 134
Ems 374
Epernay 121
Épinal 136
Erzincan 318
Erzurum 316
Eupen 123
Euphrat 311, 318
Evegnée, Fort 133

Falklandinseln 305, 367
Feodosia 308
Festubert 279
Finnischer Meerbusen 529
Flandern 52, 55, 57, 187f, 198, 257–259, 266, 272f, 280, 284, 449, 461, 494, 497–498, 509f, 547f, 556, 562, 564, 566–568, 574
Flémalle, Fort 135
Fléron, Fort 134
Flers 415f
Flesquières 514, 556
Florenz 29
Florina 427

Galizien 221, 223, 225, 228, 238f, 257, 267, 269, 330, 426, 475
Gallipoli 292, 314, 317, 335, 339–341, 344, 346, 349–352, 354, 357, 359, 376, 405, 408, 418, 575, 589
Garoua 294
Gaza 576
Genf 26
Gent 192
Gheluveld 192, 195, 262, 497, 501–503, 507
Ginchy 415
Givet 143, 148
Gloucestershire 195
Gnila Lipa 228–230
Gorlice 243, 253, 324, 326
Gorlice-Tarnów 270, 280, 324, 326, 329, 352, 354, 359, 401, 420, 422
Görz 420
Grand Couronné 140
Grand Morin 169, 176
Graudenz 204, 208
Grodno 328, 330
Großer Bittersee 313
Guillemont 415
Guise 157f
Gumbinnen 211f, 214

Hamburg 115, 218
Hampshire 344f
Hangö 529
Hannover 498
Hartlepool 371
Hartmannsweilerkopf 259
Harwich 370
Helgoland 370, 372, 376, 385
Helgoländer Bucht 370f, 378, 381, 383
Helsinki 527, 529
Höhe 304 396f
Hollogne, Fort 135
Hooge, Schloss bei Ypern 196
Huy 54

Ortsregister 631

Île-de-France 55
Insterburg 206
Ismailia 313
Isonzo 321–324, 328, 359, 389, 420, 448, 478, 481–485, 558
Iwangorod 236–239, 330

Jade 374
Jassin 300
Julische Alpen 321, 323
Jütland 378

Kalimegdan 98
Kap Helles 335, 339–345, 348f, 351
Kap Hoorn 305
Karelien 529
Karlowitz 317
Karlsbad 29
Karpaten 204f, 219f, 225, 227, 232, 234f, 237, 239, 241f, 244f, 247, 322–324, 326, 329f, 359, 424, 427, 482
Kars-Erzurum 316
Kasan 207, 545
Kaukasus 291, 308, 314–317, 319, 325, 332, 359, 418, 535f, 538, 575
Kiautschou 293
Kilimandscharo 417
Klagenfurt 322
Koblenz 159, 580, 583
Kokosinseln 303
Köln 116, 580, 583
Kolomea 244
Komarow 228
Königgrätz 213
Königsberg 205f, 208, 211, 214f
Konstantinopel 251, 303, 308, 316, 318, 320, 331, 335f, 352
Korfu 357
Kousseri 294
Kowno 326, 328, 330
Krakau 204, 219, 227, 232, 236, 238f, 241f, 253, 270

Krasnik 227
Krim 533
Krithia 348
Kronstadt 543
Ktesiphon 418
Kuban 540
Kumkale 335f, 339, 344, 346, 348, 350
Kut al-Amara 418f, 575

La-Bassée-Kanal 190, 193, 263
Ladogasee 529
Lahore 198
Lancashire 346
Landes 36
Landrecies 154
Langemarck 190f, 193, 503
Lantin, Fort 134
Lapanow 242, 324
La Rochelle 165
Le Cateau 121, 154f, 165, 173
Le Havre 147f, 165
Lemberg 135, 204, 225, 228–231, 234, 324, 425, 470, 481
Lemnos 335, 338, 348, 358, 576
Leningrad 13
Lens 263, 503
Les Boeufs 416
Le Transloy 416
Liers 134
Lille 189, 191, 263, 267, 391, 495
Limanowa 242f, 247, 324
Lodz 240f, 328
Loncin, Fort 132, 134
London 13, 23–25, 27, 91, 93f, 108, 114, 198, 320, 358, 371, 378, 454, 502, 506, 509
Longwy 142
Loos 279, 286f, 406
Lothringen 61, 63, 133, 138, 140, 153, 167, 172, 176f, 191, 199, 567
Lötzen 210, 219
Löwen (Louvain) 19, 129, 185
Lowestoft 377

Lublin 227
Lupkow-Pass 241
Lutsk 329, 424
Lüttich, (Liège) 54, 122 f, 125–127, 131–135, 144, 146, 391, 396
Lys 190, 255

Maas (Meuse) 21, 36, 52, 54, 122, 127 f, 130–132, 136, 142–144, 147 f, 152, 160, 163, 172, 184, 258 f, 264–266, 390, 393–397, 399 f, 410, 484, 570
Mainz 580, 583
Majuba 297
Malines (Mechelen) 186
Mametz 414
Mandschurei 35
Manzikert 316
Marienbad 29
Marienburg 204, 213
Marmarameer 331, 335
Marne 36, 58 f, 144, 164, 167, 169, 172, 176–178, 180 f, 197, 256, 258, 264–266, 352, 568–570
Maroilles 154
Martinpuich 415
Masuren 205, 244–246, 257
Masurische Seen 204, 211, 217, 219, 235
Matz 566
Maubeuge 135, 159, 185
Meerut 198
Megiddo 576
Mekka 303
Melun 116
Memel 251, 328
Menin 195 f, 507
Méry 161
Meschhed 535
Mesopotamien 386, 390, 419, 535
Messines 192, 263, 495
Metz 61, 116, 264, 266
Meurthe 140 f, 184, 265 f
Meurthe-et-Moselle 258

Meuse s. Maas
Mezières-Hirson 273
Modder 35, 150
Mogilew 466
Moldau 428, 534
Mons 59, 145, 147, 150 f, 153 f, 165, 173, 525, 547, 568
Mons-Condé-Kanal 148 f
Mont des Cats 262, 495
Mont Kemmel 262, 495, 563
Montmédy 121, 142
Montreuil 439
Mora 294 f
Morawa 224
Morval 415
Mosel 136, 160, 169, 172, 266
Moskau 74, 203, 389, 473, 520, 543, 545
Mosul 576
Mudros 339, 576
Mülhausen (Mulhouse) 136–139
München 113
Munster 344–346, 350
Murano 15
Murmansk 537 f, 541

Nairobi 299
Namur 54, 122, 125, 135, 144 f, 148, 159, 268, 391, 396
Nancy 121, 136, 140, 265 f
Narew 329
Narotschsee 421 f
Neufchâteau 141
Neuve-Chapelle 273–276, 278–280
New York 471
Newcastle upon Tyne 388
Nieuwpoort 189 f, 251, 261 f
Njemen 235
Nogat 204
Northamptonshire 195
Nowogeorgiewsk 326, 328, 330
Noworossisk 308
Noyon 184, 264
Nsanakang 294

Odessa 308, 543
Oise 36, 58, 157, 164, 258, 264, 556, 564
Oranje-Fluss 297
Orkney-Inseln 374
Ostende 189, 494
Österbotten 529
Ostpreußen 16, 37, 74, 159, 204–208, 212, 214, 217f, 220, 230, 235–237, 244f, 247, 268, 589
Ourcq 169, 171f, 175, 177
Oxford 29, 46
Oxfordshire 195f

Paris 27, 29, 31, 52, 57, 59f, 72, 90, 93f, 104, 106, 114, 116–118, 121f, 152f, 158, 160f, 163–169, 173, 175, 178, 180, 188, 199, 257, 267, 272, 466, 494, 519, 548, 556, 559, 561, 564–567
Pas-de-Calais 36, 258
Passchendaele 190, 192, 262, 493, 497, 509–512, 549f
Peking 28
Petersburg s. Sankt Petersburg
Petit Morin 169, 171, 175f
Petrograd 421, 464–467, 471–474, 528f, 531, 538f, 545; vgl. auch Sankt Petersburg
Piave 577f
Piazza 420
Picardie 266
Pilckem 498, 501
Pless 328, 489
Plewna 318
Ploieti 428
Po-Ebene 15, 420
Polygon Wood 507
Pontisse 133f
Poperinge 262
Port Arthur 35, 293
Port Stanley 305
Portsmouth 364
Posen 211, 239, 328

Pozières 414
Prag 577
Pressburg (Bratislava) 227
Pripjet 360
Pripjetsümpfe 204, 329, 360, 422, 426
Przemyśl 135, 204, 225, 228, 230, 232, 237–239, 244, 247, 328, 425, 481
Pskow 467

Queue-du-Bois 131

Rangun 309
Rapallo 486
Rastenburg 213
Rava Russka 231
Reims 19, 168, 184f, 256, 259f, 264, 565f
Rhein 29, 61, 116, 136, 153, 199
Richmond 461
Riga 472f, 525
Rjasan 227
Rom 29
Rosyth 374, 378, 381
Rotterdam 13
Rouen 147f, 165
Rozoy 175
Rufiji-Delta 302
Russisch-Polen 66, 68f, 99, 204f, 220, 224, 323, 329, 531
Rybinsk 227

Saar 138
Saarbrücken 138
Saarburg 138f
Sainte-Menehould 264
Saint-Gond 171, 176
Saint-Mihiel 259, 265, 571
Saint-Nazaire 165
Saint-Omer 272
Saint-Quentin 155, 157f, 548, 555f
Salamanca 203
Salisbury 15, 263

Saloniki 332, 354f, 357–359, 386, 390, 419, 427, 573
Sambre 144–148, 152, 159, 173, 410, 578
San 225, 227, 232, 237f
Sanctuary Wood 499
Sandhurst 401
Sankt Petersburg 31, 65, 93, 97f, 100, 103f, 113, 389, 461, 528
Sarajevo 30, 80, 91, 104, 220, 224
Sari Bair 343, 346
Sarikamis 316
Save 222f, 322, 354f, 590
Sbrutsch 470
Scapa Flow 374f, 378, 381, 583
Scarborough 371
Schatt el-Arab 311, 418
Scherpenberg 563
Schlesien 204, 208, 217, 235f, 239, 588
Sedan 121
Sedd el-Bahr 348, 350
Seilles 128
Seine 58, 153, 165f, 173
Sereth 428
Sewastopol 308, 543
Sézanne 166
Sibirien 542
Siebenbürgen 426f
Siedlec 241
Sinai 576
Siwa 314
Skagerrak 305, 369f, 373, 381–385
Slowenien 318
Sobibór 13
Sofia 352
Soissons 261, 565
Somme 14, 36, 52, 153, 159, 164, 168, 187f, 252, 258f, 261, 263f, 266, 273, 284f, 322, 388f, 400f, 404–407, 410, 412–417, 437, 440, 448–451, 453, 495–498, 500–502, 506, 509, 511, 523, 547–549, 551, 559–563, 570, 585f
Souchez 286
Souville, Fort 399f
Spa 159, 567, 573, 578–581
Spion Kop 150
Stalingrad 13
Stallupönen 211
Straßburg (Strasbourg) 61, 136
Straße von Otranto 306
Stuttgart 116
Suezkanal 312f, 315, 418
Susdal 207
Sussex 195
Sussex Downs 263
Suvla 340, 348f, 351

Tagliamento 485
Tamines 128
Tampere 529
Tanga 300, 417
Tannenberg 16, 215, 218, 234, 237, 245f, 269, 401, 533
Tarnopol 229
Tarnów 253, 326
Taschkent 536
Tavannes, Fort 399
Theresienstadt 224
Thiepval 131, 410, 416, 585
Thionville 61
Thorn 204, 239
Tigris 311, 318, 418
Tirol 243, 318, 321, 482
Tokio 26
Tolmino 483
Toter Mann 396f
Toul 121, 136
Trafalgar 368
Transkaspien 534
Transkaukasien 534
Trapezunt 418
Treblinka 13
Trentino 321, 389, 420
Troja 339, 351

Trouée de Charmes 136
Tschadsee 294
Tscheljabinsk 541
Tschenstochau 241
Tsingtau 293
Tugela 35, 150
Turkestan 534

Uglitsch 207
Ukraine 308, 390, 477, 533, 535f, 538–540
Ulster 406
Ural 541f, 545

Vansee 316, 418
Vaux 393, 396, 398f
Velpe 126
Venedig 15, 29, 485
Venizel 185
Verdun 19, 21, 131, 135f, 143, 153, 184, 259f, 264, 266, 272f, 322, 324, 390–396, 398–401, 406, 413f, 416f, 425, 447, 450, 460, 493, 500, 510, 523, 547f, 559, 571, 585
Versailles 292, 486, 580, 583
Vesle 184
Vieil Armand 259
Villers-Cotterêts 567
Vilvoorde 186
Vimy 131, 263, 273, 283f, 286, 454
Vimy-Rücken 449, 451–453
Vitry-le-François 139, 144, 152
Vittorio Veneto 578
Vladslo 585
Vogesen 136, 153, 184, 259, 265, 461
Vorarlberg 243

Wales 195
Wardar 223

Warsage 128
Warschau 13, 21, 204f, 210, 225, 231, 235–241, 280, 283, 326, 328
Washington 74, 92
Waterloo 119, 155, 203, 435, 439, 560
Weichsel 204, 211, 215f, 225, 232, 235, 237–241, 257, 324, 329f
Weißrussland 533
Wereszyca 228, 230–232
Weser 374
Westpreußen 208, 588
Whitby 371
Wien 15, 92, 94, 233
Willenberg 217
Wilna 329, 421
Wiltshire 14
Windhuk 297f
Wkra 240, 280
Wladimir 207
Wladiwostok 541f, 544f
Woëvre 264
Wolga 542
Worcester 195

Yaoundé 295
Yarmouth 371
Ypern 19, 189–193, 195–197, 254f, 257, 260, 262f, 274, 280–284, 493–497, 499, 501, 503, 507–511, 562f, 585
Yser 188–190, 193, 261f

Zagrosgebirge 419
Zarskoje Selo 467
Zeebrugge 493
Zlota Lipa 228–230
Zlotchow 229
Zürich 471

Bildnachweise

1. Tafelteil

Hindenburg (RHPL)
Schlieffen (AKG)
Ludendorff (RHPL)
Wilhelm II. verleiht das Eiserne Kreuz (RHPL)
Conrad von Hötzendorf (RHPL)
Haig und Joffre (RHPL)
Pétain (ETA)
Brussilow (RHPL)
Kemal Atatürk (RHPL)
Das Garde-Pionierbataillon verlässt Berlin (ETA)
Ein russischer Reservist nimmt Abschied (Novosti)
Französische Infanteristen auf dem Weg zur Front (ND-Viollet)
Belgische Infanterie erwartet die Invasion (ETA)
MG-Einheit eines französischen Infanterieregiments (ND-Viollet)
Französische 7,5-cm-Geschütze im Einsatz (Sammlung Viollet)
Deutsche Infanteristen des Regiments Nr. 147 (ETA)
Russische Transportkolonne (ETA)
Soldaten des französischen 87. Regiments (ETA)
Die *1st Lancashire Fusiliers* in einem Verbindungsgraben (TRH)
Feldposten der *Grenadier Guards* (ETA)
Arbeitskolonne des Manchester-Regiments (ETA)

2. Tafelteil

Von einem Knüppeldamm abgerutschter Wasserwagen (ETA)
Australier auf einem Laufsteg im «Schlosswald» (ETA)
Der serbische Führungsstab (RHPL)
Österreichische Gebirgsartillerie (TRH)
MG-Einheit der österreichischen Gebirgsjäger (TRH)
Französisches 7,5-cm-Feldgeschütz (RHPL)
Österreichische 30,5-cm-Haubitze (RHPL)
Britische Soldaten mit einem Vickers-MG (TRH)
Lichtsignalposten der *Royal Engineers* (TRH)
Deutsche Infanterie beim Üben (RHPL)

Deutsche Infanterie in einem Verbindungsgraben (AKG)
Nachrückende britische Infanterie (AKG)
Britische Mark-IV-Panzer beim Vorrücken (AKG)
Amerikanische Infanterie geht vor (AKG)
Türkische Kanoniere (RHPL)
Australier und die Königliche Marineinfanterie (ETA)
Verwundete ANZAC-Soldaten (TRH)

3. Tafelteil

Paul von Lettow-Vorbeck (AKG)
Die *Seeadler* (AKG)
Das 4. Schlachtgeschwader der *Grand Fleet* (ETA)
Der deutsche Panzerkreuzer *Blücher* (TRH)
Der Schlachtkreuzer *Invincible* (TRH)
Torpedoraum eines deutschen U-Boots (ETA)
Das amerikanische bewaffnete Handelsschiff *Covington* (TRH)
Deutsche Fokker-Dreidecker (TRH)
Eine britische Sopwith Camel (TRH)
Die SE 5a, das erfolgreichste britische Jagdflugzeug (TRH)
Ein französischer Soldat wird im befreiten Gebiet von der Bevölkerung begrüßt (RHPL)
Ein hessisches Regiment auf dem Rückmarsch über den Rhein (RHPL)
Eine Bestattungstrupp auf dem Windmill Cemetery (TRH)
Tyne Cot Cemetery bei Passchendaele heute (TRH)

Abkürzungen

AKG – AKG, London
ETA – E.T. Archive, London
Novosti – Novosti Press Agency, London
RHPL – Robert Hunt Picture Library, London
TRH – TRH Pictures, London

John Keegan

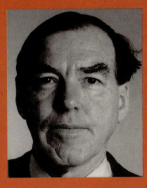

unterrichtete nach einem Geschichts- und Politikstudium in Oxford viele Jahre Militärgeschichte an der britischen Militärakademie in Sandhurst. Heute ist er Redakteur des «Daily Telegraph» und hat zahlreiche Bücher verfasst. In Deutschland erschienen bisher *Die Kultur des Krieges* und *Die Maske des Feldherrn*.

«In seinem grandiosen Panorama der Militärgeschichte verliert John Keegan das Grauen und Elend des Krieges nie aus dem Auge. Sein Buch ist letzten Endes ein Plädoyer für den Weltfrieden.»
«Rheinischer Merkur» über *Die Kultur des Krieges*

Die Welt im Krieg, 1914